清华大学地区研究丛书·专著
Area Studies Book Series, Tsinghua University-Monographs
IIAS

姜景奎 张静 主编

东南亚多民族国家整合的迷思
（1970-2019）

夏方波 著

The Myth of Political Integration of Multi-ethnic States in Southeast Asia
(1970-2019)

中国社会科学出版社

图书在版编目（CIP）数据

东南亚多民族国家整合的迷思：1970—2019 / 夏方波著. -- 北京：中国社会科学出版社，2024.10.
ISBN 978-7-5227-4260-1

Ⅰ. D733.062

中国国家版本馆 CIP 数据核字第 2024UE8683 号

出 版 人	赵剑英
责任编辑	侯聪睿
责任校对	王　潇
责任印制	张雪娇

出　　版	中国社会种学出版社
社　　址	北京鼓楼西大街甲 158 号
邮　　编	100720
网　　址	http://www.csspw.cn
发 行 部	010-84083685
门 市 部	010-84029450
经　　销	新华书店及其他书店
印　　刷	北京君升印刷有限公司
装　　订	廊坊市广阳区广增装订厂
版　　次	2024 年 10 月第 1 版
印　　次	2024 年 10 月第 1 次印刷
开　　本	710×1000　1/16
印　　张	31
插　　页	2
字　　数	433 千字
定　　价	178.00 元

凡购买中国社会科学出版社图书，如有质量问题请与本社营销中心联系调换
电话：010-84083683
版权所有　侵权必究

序

陈琪

(清华大学国际关系学系教授)

"仲春遘时雨，始雷发东隅"，东晋著名诗人陶潜曾如此抒发对春回大地生机勃勃之季节轮换的感慨。正在意大利著名风景胜地贝拉吉奥（Bellagio）参加一个关于世界粮食安全研讨会之际，接到夏方波博士的越洋手谕，嘱我为其新著作序。心情一时大悦，面对阿尔卑斯山南麓科莫湖的浩瀚美景，欲欣然命笔，然无奈会期紧凑，只好打道回府。甫落地北京即仔细拜读夏博士的书稿，透过厚重的笔触和婉转的叙事，依稀生出见斯文如同五柳先生遇春而喜的心境。

夏博士书稿的主题于我而言并不陌生。2018年，方波从北大印尼语专业本科毕业并进入清华大学发展中国家研究博士生项目，用功于现代东南亚的比较政治学领域。忝为导师的我见证了他不绝吟于六艺之文、不停披于百家之编的努力勤奋，成一家之言以争东风第一枝的高远志向，最终实现了从语言学科班到社会科学修行的惊艳转身。在此破茧成蝶的艰辛学术之旅中，能率先接奉其即付梓书稿，实属一启蓬心而快慰莫名。

自民族主义思潮滥觞于欧洲并流布席卷全球每个角落，如同西方人类初祖受到诱惑吃了善恶树上的果子而痴迷于辨别善恶羞耻，民族自决观念便成为追求国家主权整合和族群分化独立的民族主义运动一体两面的矛盾性叙事并呈现于不同地区和国家的历史进程。既有主权政府如何应对具有强烈情感动员的分离主义运动而强化政治稳定，限于既定政治实体的主体民族和少数族群又何以处心谋求政治自立而内外捭阖，两者之间的张力和博弈结果所导致的或烽烟或止戈，成为世界政治学的显学分支。

　　夏博士的大著对 1970 年代以来东南亚国家政府治理分离主义运动的策略差异及其变化给予了具有理论创新和历史深度的分析考察。他的研究发现在民族国家整合、政治精英的聚合动员、脆弱国家的军政关系等比较政治学的主流理论解释和实证研究方面构成了修正和发展性的对话，在应对分离主义运动的赋权和压制的传统二分争论中提供了颇具动态情境性的政策启示。煌煌四百页之言源于一个明确的经验性问题，对于频繁产生的威胁主权和国家统一的分离主义冲突，东南亚多民族国家应对分离地区的自决诉求和挑战为何采取了不同的主导性策略？作者在对汗牛充栋的现有文献的细致精当评论和采撷取舍基础上，构建了分析政府经略剿抚的理论框架，体现了作者娴熟的概念化和实证操作化功底，三对东南亚国家应对分离运动的巧妙案例过程追踪和比较，表明作者对国别对象的扎实知识积累和深入洞见。更难能可贵的是匠心独具的实证研究设计、理论推论和案例详述的逻辑严谨、材料选取和理论总结的客观平衡。

　　窃以为当下国内外政治学研究开始涌现两种显著的对立趋势，或日益数字化而疏离传统主要政治议题，或耽溺于经验案例故事而理论含义阙如。夏博士的著作颇具雄心地将地区国别研究的细节丰富性、社会科学的理论普适性和现实政策需求的相关性三者之间具有某种内在冲突的不同理路追求在既定多种限制的著述中进行了有机的融合，在东南亚分离主义运动这一研究领域的学术碑林中，必然拥有后来者无法忽视或必须回应的一席之地。但正如作者所意识到的，二战后国家应对分离主义冲突时的压制性策略表现为国家的主导性行为并呈上升趋势，从而意味着总体上国家向分离主义运动的妥协意愿趋于下降，这或许可以开启后续研究的理论创新和生发的灵感空间。

　　顾炎武曾引唐杜牧《答庄充书》曰："自古序其文者，皆后世宗师其人而为之。今吾与足下并生今世，欲序足下未已之文，固不可也。"这无疑警醒我，上述管窥蠡测的断论未免落入好为人序的偏见，希不至于辜负或误读夏博士的手教。得书之喜，敬申寸悃，是序浅陋之见伏候读者卓裁。古人云："学无常师，负笈不远险阻。"唯愿站在今日的起点上伫望夏博士灿若星汉之未来，不复一一。

2024 年 3 月 25 日
于清华胜因院 27 号

前　言

第二次世界大战后，新一轮亚非民族独立浪潮中诞生的众多国家经历着国家建构整合和族群身份分化的双重历史过程，二者联系与冲突产生的政治悖论表现为频发的分离主义运动。泰国、印度尼西亚和菲律宾等国在分离主义"是剿是抚"的问题上，经略方式差异显著：泰国坚持分而治之策略，印度尼西亚和菲律宾多次改弦易辙后，最终以妥协策略解决了主要的分离主义运动。第二次世界大战后东南亚多民族国家在应对分离挑战时，为什么有的政府长期贯彻一种策略，有的政府策略却频繁更替呢？为什么执政基础迥异的政府会采取相同的策略，政治议程相近的政府却会选择背道而驰的策略呢？

既有研究从国家主权、接触反应、政治制度、国际压力四个视角解释政府应对分离运动的策略选择问题，但大多数都忽视了政府应对策略的内在差异，也未能打开分离运动动员过程和政府内部互动的黑箱。基于政策供需逻辑，本书搭建了分离群体与母国政府之间的互动过程及其内生特征如何影响政府策略选择的理论框架。政府在"经略剿抚"时，首先考虑分离问题需要以何种政策来应对。可用的参考系是分离运动形成了何种程度的威胁，即分离运动在运动凝聚力、社会支持和国际化三个方面的动员情况，这决定了分离运动的动员强度。派系竞争的分离运动形成的军事威胁与议价能力较弱，内部存在战略性分化空间，政府无须付出大规模战争或政治改革成本，倾向于分而治之的组合策略。相比之下，若分离运动实现组织聚合，政府将面临军事威胁和议价能力更强的互动对象，政府需要考虑自身的政策供给能力，这取决于政府能否控制利益相关者的干预。集中控制的政权能够规制军队，避免否决政治，推动妥协策略落地；而分散制衡的政权则难以承担政治改革成本，倾向于依赖强制力量维持政治生存，对分离运动实施镇压。

三对东南亚国家应对分离运动的案例（1972—1981年马科斯政府与2001—2006年他信政府、1998—2001年埃斯特拉达政府与1998—2004年哈比比—瓦希德—梅加瓦蒂政府、2004—2005年苏西洛政府与2016—2019年杜特尔特政府）检验了研究假设。研究发现，东南亚多民族国家建设中的政府行为逻辑不仅与分离问题本身相关，而且深深受制于政权内部互动和角力：其一，军政关系的失衡导致领导人在安全政策上极易遭到军事精英挟持；其二，否决政治让分离问题成为领导人转移矛盾、争取支持的潜在政策抓手，导致政府应对策略发生显著分化。本书突破了分离运动政治学分析对政府行为的静态预设，拓展了政府作为复合多元行为体的解释空间，为不同分离问题场景中的政府动机、约束及策略选择逻辑提供了新的见解。

目　　录

第一章　导论 ·· （1）
　　第一节　印度尼西亚政府应对分离主义冲突的政策变迁 ········· （1）
　　第二节　经略剿抚：分离主义冲突的应对难题 ····················· （5）
　　第三节　研究方法 ·· （8）
　　第四节　结构安排 ·· （15）

第二章　学术争鸣与反思 ·· （16）
　　第一节　国家主权视角 ·· （16）
　　第二节　接触反应视角 ·· （23）
　　第三节　政治制度视角 ·· （36）
　　第四节　国际压力视角 ·· （45）
　　第五节　评估与反思 ··· （51）

第三章　分离主义的国家应对理论 ······································· （57）
　　第一节　分离主义问题与政府回应：主权与治权的双重竞争 ··· （57）
　　第二节　分离运动互动中政府的角色及其选择难题 ·············· （62）
　　第三节　政府应对分离主义运动的策略选择 ······················ （78）
　　第四节　政府经略剿抚的逻辑 ······································ （82）
　　第五节　探寻东南亚经验的比较方式 ······························ （98）

第四章 民族国家建构与分离主义运动的触发 (105)
- 第一节 "天主教化"与菲南摩洛分离运动的起源 (105)
- 第二节 "叻塔尼永"与泰南马来穆斯林分离运动的起源 (136)
- 第三节 "政教之争":印尼亚齐分离运动的起源与动员 (155)
- 第四节 小结 (169)

第五章 恩威并施 分而治之 (172)
- 第一节 摩洛分离运动与马科斯独裁时期(1972—1981年)的政策选择 (172)
- 第二节 泰南分离运动与他信政府时期(2001—2006年)的政策选择 (222)
- 第三节 小结 (263)

第六章 政出多门 干戈于内 (265)
- 第一节 摩洛分离运动与拉莫斯—埃斯特拉达政府时期(1997—2001年)的政策选择 (265)
- 第二节 亚齐分离运动与哈—瓦—梅政府时期(1998—2004年)的政策选择 (308)
- 第三节 小结 (352)

第七章 举政肃齐 绥怀远人 (354)
- 第一节 亚齐分离运动与苏西洛政府时期(2004—2005年)的政策选择 (354)
- 第二节 摩洛分离运动与杜特尔特政府时期(2016—2019年)的政策选择 (391)
- 第三节 小结 (427)

第八章　总结与展望 (429)
第一节　"经略剿抚"的实证检验结果 (429)
第二节　主要研究发现与创新之处 (440)
第三节　未来研究展望 (446)

参考文献 (449)

后　记 (486)

第一章

导 论

第一节 印度尼西亚政府应对分离主义冲突的政策变迁

作为多民族国家,印度尼西亚(以下简称"印尼")政治发展面临一个突出问题——未完成的国家与民族建构导致分离运动与族群冲突频发。自建国以来,印尼政治精英在国家和民族建构等问题上冲突不断,民族主义、共产主义与伊斯兰主义力量展开激烈交锋,建国方案从联邦制转向集中制,政府权力从总统制转向议会制,宪法废立成为印尼国家和制度建设的重要表征。尽管民族主义力量在苏加诺的领导下通过反抗殖民主义、压制伊斯兰主义、联合左翼力量和第三世界的不结盟运动成为政治权力核心,确立了潘查希拉(Pancasila)的建国原则在解决政治、宗教和族群事务方面的根本地位。[1] 但是,在构建国族认同、平衡各族群权利的问题上,印尼政治精英并没有建立起有效的权力分享方案,仅仅依靠不偏不倚的政治原则无法让边缘和少数族群的权益得到保证,导致印尼国家与民族建构处在滞后状态。[2]

---

[1] Herbert Feith, *The Decline of Constitutional Democracy in Indonesia*, Equinox Publishing, 2006, pp. 387 – 394.

[2] Gerry van Klinken, "Ethnicity in Indonesia", in Colin Mackerras ed., *Ethnicity in Asia*, Routledge Curzon, 2003, pp. 64 – 85.

自 20 世纪 40 年代起，伊斯兰教国运动（Darul Islam）、南马鲁古共和国（Republik Maluku Selatan）、巴布亚独立组织（Organisasi Papua Merdeka，OPM）、东帝汶独立革命阵线（Frente Revolucionária de Timor Leste Independente，Fretilin）、自由亚齐运动（Gerakan Aceh Merdeka，GAM）等分离运动接连出现，引发了边缘性叛乱、极端化暴力乃至内战等不同程度的冲突，分离活动几乎成为每一届印尼政府都必须应对的政治问题，如图 1-1 所示。[①] 分离运动与印尼政治变迁产生持续共振，成为研究印尼政治的有效切口。例如，丹·斯莱特（Dan Slater）认为印尼地方分离势力是驱动印尼政治精英形成稳定联盟的重要推力，在印尼早期国家治理中，军队与精英在打击分离势力和宗教极端主义等问题上取得一致，成为维系国家权力的重要保障。[②] 但是，不少学者从族群关系角度切入，

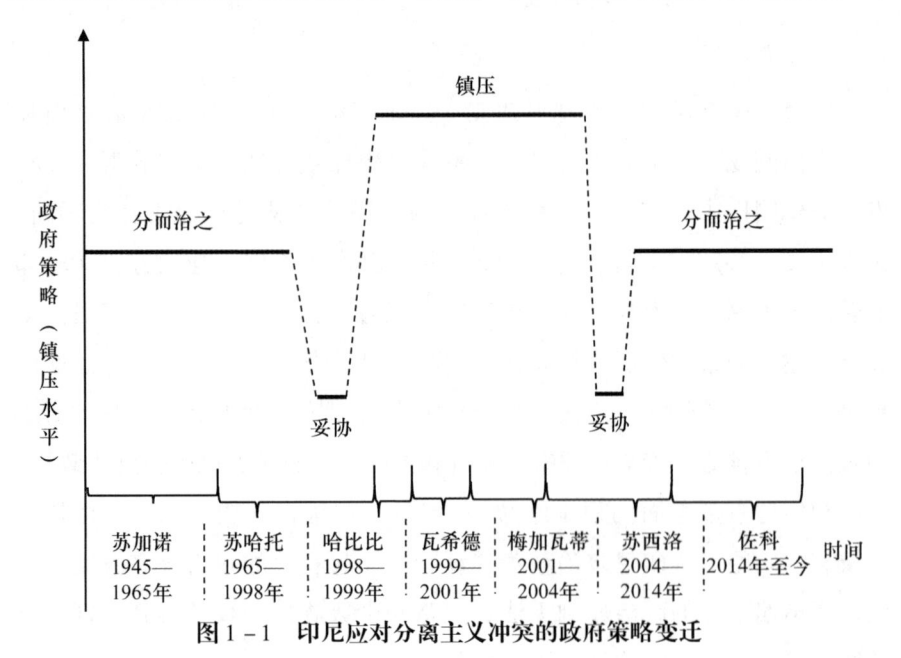

图 1-1 印尼应对分离主义冲突的政府策略变迁

资料来源：笔者自制。

[①] Barbara F. Walter, *Reputation and Civil War: Why Separatist Conflicts are So Violent*, Cambridge: Cambridge University Press, 2009, pp. 137 – 167.

[②] Dan Slater, *Ordering Power: Contentious Politics and Authoritarian Leviathans in Southeast Asia*, Cambridge: Cambridge University Press, 2010, pp. 111 – 113.

发现虽然爪哇精英联盟不断强化，却无法遮盖印尼国家建构的顽疾，反而是其塑造的日益强盛的内部殖民政策推动着印尼少数族群，尤其是外岛地区成为分离运动生长的土壤。①

通过观察印尼自建国以来历届政府应对分离运动的策略选择，可以发现不同政府时期所采取的政策有显著的不同。在苏加诺时期（1945—1967 年），面对伊斯兰教国运动、南马鲁古共和国以及巴布亚独立组织的分离活动，苏加诺政府有着不同的政策取向。针对伊斯兰教国运动，苏加诺政府秉持"分而治之"策略，前期放任其成长活动，但是到了1957 年，苏加诺开始对其集中镇压，通过武力打击西爪哇、苏门答腊等地的叛乱分子，与此同时选择与亚齐地区谈判，同意给予亚齐地区特殊自治地位。另外，1950 年建立的南马鲁古共和国同样在印尼政府的"镇压"和"利诱"之下加入印尼共和国，叛乱组织在三个月内被扫清，部分成员逃离至荷兰建立流亡政府，一直维持至今。与之相似，苏加诺政权对巴布亚采取"分而治之"策略，打击分离组织和独立派别，通过经济政策和族群同化等方式融合巴布亚地区的亲雅加达派系，成功地将巴布亚留在印尼的版图之中。② 与苏加诺截然不同的是苏哈托时期（1967—1998 年）针对分离运动采取的策略，这一时期活动频繁的分离运动主要包括自由亚齐运动、巴布亚独立组织以及东帝汶独立革命阵线，苏哈托政府对其均采取"分而治之"策略，偏重于镇压，保持强硬姿态，不惜在其政权极度不平稳的时期，犯下针对东帝汶和亚齐等地区的人权罪行。③

1998 年苏哈托政体崩塌后，印尼历届民主政府的反分离策略仍旧存在巨大不同。哈比比政府（1998—1999 年）在应对亚齐、巴布亚和东帝

---

① 庄礼伟：《印度尼西亚社会转型与族群冲突——亚齐民族分离运动个案研究》，《世界民族》2005 年第 1 期。

② Krzysztof Trzcinski, "Hybrid Power-Sharing in Indonesia", *Polish Political Science Yearbook*, Vol. 46, No. 1, 2017, pp. 168 – 185.

③ M. C. Ricklefs, *A History of Modern Indonesia Since c. 1200*, Stanford, CA: Stanford University Press, 2002, pp. 389 – 395.

汶三地的分离活动时采取了不同的应对策略。哈比比在东帝汶问题上采取"妥协"策略，首次打开民族自决的通道，允许东帝汶在国际监督下进行独立公投，最终东帝汶脱离印尼建国。① 在亚齐和巴布亚问题上，哈比比的政策受到军方束缚，虽然上任之初倾向于与之对话，容忍其分离活动，尝试缓和两地与政府的紧张关系，防止分离活动进一步扩大，但最终仍旧回到了增兵"镇压"策略。②

瓦希德政府（1999—2001年）在应对亚齐和巴布亚的态度上同样前后变化巨大。1999—2000年，瓦希德政府力主与两地的分离组织精英对话，允许巴布亚举办两次全民大会，后者借此提出和平独立的诉求；然而，在2000年10月后，瓦希德政府的政策发生大转弯，转向强硬"镇压"策略，在两地增派驻军，实施军事接管和紧急状态，打压暴乱和示威活动，导致暴力冲突不断蔓延。③ 在瓦希德遭到弹劾后，主张对亚齐与巴布亚强硬的梅加瓦蒂成为总统（2001—2004年），进一步强化了镇压政策，在巴布亚地区拖延执行特殊自治法，拒绝举行民主选举，更在国会推动下将巴布亚地区分为三个省。④ 在亚齐地区，梅加瓦蒂颁布第18号亚齐自治法，以此为由逼迫自由亚齐运动放下武器。2003年5月，梅加瓦蒂政府开展强力镇压和大规模军事行动，实行了近一年的军事戒严政策。⑤

印尼进入民主巩固阶段后，其应对分离运动的策略选择虽然具备了稳定性，却仍呈现出一定的变化。苏西洛政府时期（2004—2014年），采取"妥协"策略，在政府军具备对亚齐军事优势的情况下，苏西洛政府选择向自由亚齐运动主动抛出橄榄枝，与之进行和谈，签订《赫尔辛

---

① Adam Schwarz, *A Nation in Waiting: Indonesia's Search for Stability*, Boulder, CO: Westview Press, 2000, pp. 420 – 421.
② 薛松：《分权与族群分离运动：基于印尼的分析》，《国际政治科学》2019年第4期。
③ 武文侠：《印度尼西亚的民族分离主义运动》，《世界民族》2005年第2期。
④ Marcus Mietzner, "Local Elections and Autonomy in Papua and Aceh Mitigating or Fueling Secessionism?", *Indonesia*, No. 84, 2007, pp. 1 – 39.
⑤ 张洁：《民族分离与国家认同——关于印尼亚齐民族问题的个案研究》，社会科学文献出版社2012年版，第177—179页。

基协定》，赋予其高度自治地位，成功与亚齐达成和解，分离组织转型成为合法的地方政党（亚齐党），参与亚齐自治，亚齐地区的分离活动逐渐平息。① 但是，苏西洛政府针对巴布亚采取"分而治之"策略，利用分权自治、改善人权、经济社会发展等吸引巴布亚民众，缓和冲突。2007年后，苏西洛开始强化"镇压"手段，利用警察部队开展安全行动，将分离分子作为罪犯进行处置。② 佐科政府（2014年至今）时期整合了苏西洛任职内针对巴布亚的政策，坚持"分而治之"策略，更加偏重于利用发展抑制分离运动，将推动巴布亚地区的经济发展和社会福利放在第一位，辅之以镇压手段打击分离活动，拒绝与任何分离组织谈判，并效仿梅加瓦蒂于2022年将巴布亚地区从两个省进一步分为五个省，包括巴布亚、西巴布亚、南巴布亚、中巴布亚和高地巴布亚。③

第二节　经略剿抚：分离主义冲突的应对难题

相比于第二次世界大战后新生的民族国家，中国长期面临如何处理民族关系的问题，《论语·季氏将伐颛臾》便提出母国如何对待存在潜在威胁的国内社群或地区的问题，孔子主张"远人不服，则修文德以来之"，反对"谋动干戈于邦内"。中国历代王朝也一直将"经略边疆"视为朝政要务，指向的也是国家如何选择应对策略（即"剿抚之辩"）的问题。④ 同样的问题也出现在第二次世界大战后全球发展中地区的众多新民族国家之中，民族自决权成为引领独立叙事的核心观念和法律基础。

---

① Edward Aspinall, "The Construction of Grievance: Natural Resources and Identity in a Separatist Conflict", *The Journal of Conflict Resolution*, Vol. 51, No. 6, 2007, pp. 950-972.
② Institute for Policy Analysis of Conflict, "The Current Status of the Papuan Pro-Independence Movement", August 24, 2015.
③ Emirza Adi Syailendra, "Papua Region: New President, New Strategies", *Jakarta Post*, May 12, 2015.
④ 孔子认为季孙氏动干戈的理由"不在颛臾，而在萧墙之内"，显示了政权内部互动很可能诱发国家对分离运动采取镇压策略，本书论证的核心观点与之部分相似。

民族自决权观念为既有主权国家带来了"麻烦",不少国家出现了(甚至不止一个)分离主义运动。新一轮亚非民族解放和独立浪潮中诞生的众多新民族国家经历了国家建构(Nation Building)整合和族群身份(Ethnic Identification)分化的双重历史过程,二者的联系与冲突产生的政治悖论表现为分离主义运动。① 分离主义运动挑战了国家主权和领土完整,对国际体系、国际关系、地区稳定以及国家发展都产生了深刻影响。②

根据尼古拉斯·桑巴尼斯(Nicholas Sambanis)等学者整理的数据集,或可一窥国家应对分离主义冲突策略选择的总体分布和变化趋势。1945—2012年,在该数据集统计的共120个多民族国家中总共出现464个分离主义运动,分离主义1945—1987年呈现稳步增长的趋势,在1989年东欧剧变前后出现爆炸式增长,其中原苏联地区的分离运动从20世纪80年代初的5个增加至1991年的68个。2000年后,分离运动虽呈现逐渐下降的趋势,但截至2012年仍有327个活跃的分离运动。分离运动的平均活跃年数为30.15年,绝大多数分离运动在兴起之初是以和平方式进行的,转向暴力模式的分离运动数量为150个,其中重复发生(即在平息一段时间后再度活跃)的分离运动共有36个。③ 由此可知,第二次世界大战后分离主义冲突往往是一个较长周期的互动过程,其间常常伴随着冲突升级,其引发的暴力冲突和政治博弈是令多民族国家尤为头疼的"顽疾"。

此外,由于分离主义运动的持续性特征,国家在应对分离主义挑战时,其策略选择也呈现多样性和波动性,如图1-2所示。同样基于桑巴尼斯等学者的数据集可以发现,国家在应对分离主义冲突时往往首先选择采取压制性策略(即镇压),在国家策略选择的总体占比为91.21%,

---

① 钱雪梅:《民族自决原则的国际政治限制及其含义》,《民族研究》2005年第6期。
② 杨恕、李捷:《分裂主义国际化进程研究》,《世界经济与政治》2009年第12期。
③ Nicholas Sambanis, Micha Germann and Andreas Schädel, "SDM: A New Data Set on Self-Determination Movements with an Application to the Reputational Theory of Conflict", *Journal of Conflict Resolution*, Vol. 62, No. 3, 2018, pp. 656 – 686.

从时间趋势上看，压制性策略的比重趋于上升，意味着总体上国家向分离主义运动妥协的意愿趋于下降。

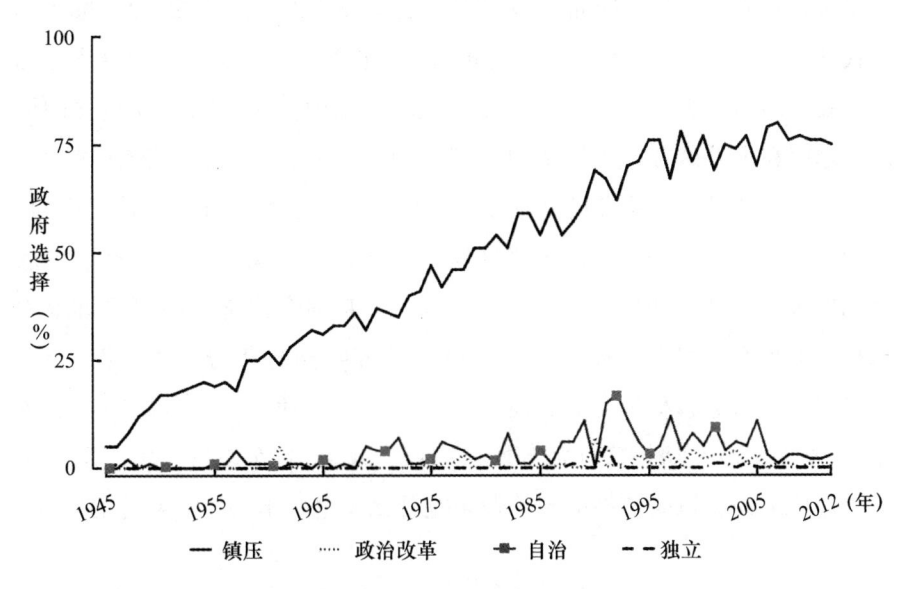

图 1-2　国家应对分离主义挑战的策略选择（1945—2012 年）

资料来源：笔者自制。

相比之下，政治改革、分权自治和允许独立等选择仅占 8.79%。其中，自治是国家妥协和让步时常用的策略选择，在妥协策略中占 77.1%；而允许独立的情况最少，仅占 0.28%。在面对分离挑战时，国家由压制性策略转向妥协（政治改革、分权自治和允许独立其中之一）平均需要 9.56 年。不过，在国家承担妥协成本的情况下，仍有不少分离主义运动处于活跃状态，寻求从政府手中获取更多让步，甚至是完全独立。根据该数据集计算，共有 89 个分离主义运动在国家妥协后选择再次发起挑战，因而潜在的冲突复发效应给国家策略选择带来了更多的不确定性，也让国家为何在特定情况下采取相应手段，成为值得探索的问题。

东南亚地区多民族国家的策略选择同样呈现出差异化、多样化的特征。例如，泰国政府针对南部马来穆斯林分离主义运动长期采取分而治之的策略，而印尼和菲律宾在应对分离运动时出现了策略变迁，但最终都通过"妥协"结束分离主义运动。相比之下，缅甸政府的应对策略选择同样是多样化的，但其长期面临国内多股复杂分离组织的挑战，20世纪90年代的大规模和解政策并未实现民族问题的长效解决，虽然多个分离运动再度爆发回到暴力冲突之中，但总体互动框架中不再突出民族独立的诉求。越南在驱逐福洛等分离组织后，坚持采取分而治之的组合策略。

基于上述经验现象和统计数据，我们会产生困惑：对于频繁产生的、威胁主权和国家统一的分离主义冲突，为什么东南亚多民族国家会采取不同的策略选择（镇压、分而治之、妥协）应对分离地区的自决诉求和挑战？为何有时采取强硬镇压的策略（如苏哈托时期的亚齐政策），有时采取镇压与融合相结合的分而治之策略（如苏西洛与佐科的巴布亚政策），有时采取妥协策略（如苏西洛的亚齐政策）？东南亚多民族国家应对分离主义冲突策略选择的政治逻辑是什么？这是本书旨在回答的问题。

第三节　研究方法

一　研究范围

本书的研究对象为分离主义运动。在政治学的有关讨论中，"分离"一词用英文表达时，学界大多使用separation和secession两个单词，而"分离主义"则使用separatism和secessionism。其中，separation以及表达"分离主义"的separatism同时包含分离、地方分权和自治等内涵，概念相对杂糅。对此，彼得·里昂（Peter Lyon）认为，separation的定义应更加偏重于某个政治实体"作为某个政治共同体的一员拒绝被进一步地合并"，寻求自身权利和自治。[①] 约翰·伍德（John R. Wood）进一步认为，separatism指的是"在某些政策领域上对地方性权利和地方自

[①] Peter Lyon, *Separatism and Secession in the Malaysian Realm*, 1948, p. 65; W. H. Morris-Jones, *Collected Seminar Papers the Politics of Separatism*, Institute of Commonwealth Studies, University of London, 1976, pp. 69–78.

治的需求"①。

相比之下,当涉及脱离现属国家并加入另一个国家或建立新国家等行为时,secession 和 secessionism 是学界更常用的概念。在中文语境中,常用"分离—分离主义"和"分裂—分裂主义"两组词语。使用"分离主义"一词的学者,强调分离概念的主体性和分离性,阿伦·布坎南(Allen Buchanan)认为,分离主义是"分离群体希望将国家管辖权限制在其群体和所控制地区之外"②。学者们达成共识的一点是分离主义试图从现属的、得到国际社会承认的国家正式脱离,建立一个新的主权国家。③

"分裂主义"带有一定的负面色彩,其认为"分裂"是一种非正义、不合法的行为。因而,杨恕在区分"分离主义"与"分裂主义"时,对"分裂主义"的概念定义中有一个关键表述,即"现存国家的一部分人口的分离行为受到所属国家的反对"④。与"反对"词汇色彩不同,国际法学家詹姆斯·克劳福德(James Crawford)在对"分离主义"的定义中使用"without the consent of former sovereign",强调"未得到国家同意"的客观状态。⑤ 但是,部分学者认为,"国家同意"或"反对"与分离主义的概念定义并无直接关系,他们在其定义中只强调"领土分离"和"建立新国家"。⑥ 可见,两种概念定义拥有基本相似的内涵,但是对于分离行为的目的性和合法性问题存在不同的看法。

---

① John R. Wood, "Secession: A Comparative Analytical Framework", *Canadian Journal of Political Science*, Vol. 14, No. 1, 1981, pp. 107 – 134.
② Allen Buchanan, "Toward a Theory of Secession", *Ethics*, Vol. 101, No. 2, 1991, pp. 322 – 342.
③ Viva Ona Bartkus, *The Dynamic of Secession*, UK: Cambridge University Press, 1999, p. 9.
④ 杨恕:《分裂主义界定研究》,《国际政治研究》2010 年第 3 期。
⑤ James Crawford, *The Creation of States in International Law*, Oxford: Oxford University Press, 2006, p. 375.
⑥ Peter Radan, "Secession: A Word in Search of a Meaning", in Aleksandar Pavkovic and Peter Radan, eds., *On the Way to Statehood: Secession and Globalization*, Burlington, VT: Ashgate, 2008, p. 18; Glen Anderson, "Secession in International Law and Relations: What Are We Talking About?", *Loyola of Los Angeles and Comparative Law Review*, Vol. 35, No. 3, 2013, p. 344.

总的来说，分离主义需要满足五个要素（构成性要素与行为性要素），如图1-3所示。第一，现存国家内一块有限范围的领土；第二，领土内有一定数量的人口生活；第三，这一群体拥有共同利益和集体认同感；第四，发起一场政治运动要求建立以这块领土为基础的新的独立国家；第五，该运动尝试获得其他国家和国际组织的承认。① 布鲁诺·科皮捷（Bruno Coppietiers）提炼出"分离主义运动"（Secessionist Movement）和"分离主义过程"（Secessionist Process）的概念，前者强调有诉求、有组织的政治运动，后者则突出一系列旨在将某个地区从中央政府的控制中脱离的事件或行动，为分离主义的概念细化提供了思路。②

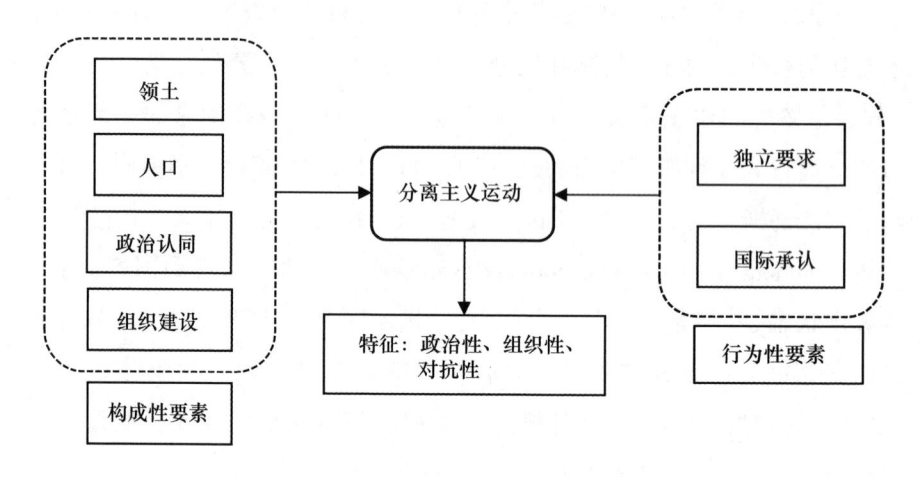

图1-3 分离主义运动要素与特征

资料来源：笔者自制。

由此可见，分离主义运动具备政治性、组织性和对抗性的特征。首先，在政治性方面，分离主义运动有明确的政治诉求，即要求限制现属

---

① Aleksandar Pavković and Peter Radan, *Creating New States: Theory and Practice of Secession*, UK, USA: Ashgate Publishing, 2007, pp. 33-44.
② Bruno Coppietiers, "Introduction", in Bruno Coppieters and Richard Sakwa, eds., *Contextualizing Secession: Normative Studies in Comparative Perspective*, New York: Oxford University Press, 2003, pp. 4-5.

国家的权威，在具体的人口、领土之上建立新的独立国家，并且寻求其他国家的承认。其次，在组织性方面，分离主义运动为了实现政治目标需要建立组织，具体包括建立领导层、汲取资源、招募人员以及发起行动等方面的组织性事务，即所谓"分离运动的组织建设"。① 最后，在对抗性方面，分离主义运动旨在挑战现属国家的主权和管理权，在与国家或中央政府的互动过程中，不可避免地产生认同、利益和行动等方面的对抗性现象。② 基于上述有关分离主义概念定义、构成要素和性质特征的讨论，本书对"分离主义运动"做出以下定义。

> 现存得到国际社会承认的国家中的一部分人口，在未得到所属国家同意的情况下，以有组织的方式试图将其某一范围内的领土从所属国家分离，并建立得到其他国家或国际组织承认的新的独立国家的政治活动。

在此基础上，我们可以理解何为"分离主义冲突"，即在满足分离主义运动五个要素和三个特征的基础上，在手段上选择暴力冲突的方式以实现自己的政治诉求，并对社会安全和稳定产生实质性威胁和冲击。

从研究的地区范围来看，本书选取了三个不同的东南亚地区分离主义运动——摩洛分离运动、泰南分离运动和亚齐分离运动，具体涉及6个（3组）案例：其一，马科斯独裁时期（1972—1981年）与他信政府时期（2001—2006年）；其二，拉莫斯末期—埃斯特拉达政府时期（1997—2001年）与哈比比—瓦希德—梅加瓦蒂政府时期（1998—2004年）；其三，苏西洛政府时期（2004—2005年）与杜特尔特政府时期（2016—2019年）。但是，这并不意味着东南亚其他国家不存在分离主义

---

① Paul Staniland, *Networks of Rebellion: Explaining Insurgent Cohesion and Collapse*, Ithaca, New York: Cornell University Press, 2014, pp. 10 – 11.

② Barbara F. Walter, *Reputation and Civil War: Why Separatist Conflicts Are So Violent*, Cambridge: Cambridge University Press, 2009, pp. 7 – 9.

运动，例如缅甸、越南都出现过分离主义运动，其中缅甸的克钦族、克伦族、克耶族、掸族等分离运动规模较大且主体多样，但其内部频繁分裂和联合的特质以及于20世纪50年代末同时向缅甸吴努政府提出挑战，与泰国南部马来穆斯林分离运动中泰国政府的政策选择有着一定的相似之处。① 相比之下，越南在20世纪90年代兴起的下高棉分离活动虽然建立了社会组织，但并未建立政治化武装，其主要在境外采取国际化路径寻求独立；而西原地区分离势力的主要武装"福尔罗"组织也在1985年沙太战役后逃入柬埔寨并于1992年向联合国投降解散，其后主要采取抗议和暴乱等低烈度形式争取自决，并未再建立拥有暴力武装的政治组织，因而本书未将其作为核心案例进行分析。②

二 案例比较

本书中三场东南亚地区分离运动（摩洛分离运动、泰南分离运动和亚齐分离运动）的历时较长，这一过程中政府应对分离运动的策略选择为本书提供了丰富的、可供检验理论假设的案例。本书在开展案例比较时尝试兼顾"案例间比较"和"案例内比较"的方法。案例比较的定性研究，逻辑基础在于约翰·密尔（John Mill）提出的求同法，这种方法试图在一些具有较大差异的案例中寻找共性，即"从共变中寻找原因"。③ 但是，求同法存在夸大"共性"作用的问题，后续研究者加入求异法的思维，形成正反案例相对比的常见方法，以共同使用求同和求异的方法。④

本书案例比较的操作如下：通过分组（6个案例、3个组别）实施

---

① 阳举伟、左娅：《缅甸族群冲突与族群和解进程探究》，《东南亚研究》2018年第4期。
② 唐桓：《越南的下高棉民族分离主义问题》，《世界民族》2006年第2期；兰强：《2001年以来越南西原地区民族融合研究》，《思想战线》2022年第3期。
③ Theodore W. Meckstroth, "'Most Different Systems' and 'Most Similar Systems': A Study in the Logic of Comparative Inquiry", *Comparative Political Studies*, Vol. 8, No. 2, 1975, pp. 132 - 157.
④ 叶成城、唐世平：《基于因果机制的案例选择方法》，《世界经济与政治》2019年第10期。

跨国多案例的"横向比较",在自变量和干预变量相似的情况下,检验理论解释能否对差异较大的政治环境中的政府行为选择产生足够的解释力,其具体组内比较的安排为马科斯独裁时期(1972—1981年)与他信政府时期(2001—2006年)的比较、拉莫斯末期—埃斯特拉达政府时期(1997—2001年)与哈比比—瓦希德—梅加瓦蒂政府时期(1998—2004年)的比较,以及苏西洛政府时期(2004—2005年)与杜特尔特政府时期(2016—2019年)的比较。随后,通过组内案例和组间衔接的方式(主要指的是菲律宾政府三个时段比较、印尼政府两个时段比较以及泰国他信政府两次任期的比较)贯彻"案例内研究"(Within-case Study)原则,这种方法旨在追寻自变量在因果过程中产生影响的方式,从而避免选择性偏误的问题。[1] 通过对分离主义运动案例不同阶段的比较分析,以及对其他分离运动案例在相似条件下的比较,可以有效地控制干扰变量的影响,突出自变量对因变量的作用方式。[2]

三 过程追踪

在开展多案例比较的基础上,本书尝试以过程追踪为分析方法,该方法是捕捉和验证因果机制的有力工具。[3] 作为一种分析工具,过程追踪的主要目的和功用是揭示原因与结果之间的过程(机制),以历史阐述的方式分析事件过程,并对理论及其假设的中间机制和变量间的互动关系进行验证。过程追踪法的优势在于能够在检验理论假设的同时,排除一些竞争性解释,剔除掉虚假因果关系,也有助于理解因果关系及其过程的复杂性。[4] 在开展案例研究时,过程追踪法发挥的主要功能是检

---

[1] David Collier, James Mahoney and Jason Seawright, "Claiming Too Much: Warnings About Selection Bias", in Henry E. Brady and David Collier, eds., *Rethinking Social Inquiry: Diverse Tools, Shared Standards*, Lanham: Rowman & Littlefield Publishers, 2010, pp. 95 – 98.

[2] 阎学通、孙学峰:《国际关系研究实用方式》,人民出版社2007年版,第108—116页。

[3] GaryKing, Robert O. Keohane and Sidney Verba, *Designing Social Inquiry: Scientific Inference in Qualitative Research*, Princeton: Princeton University, 1994, p. 86.

[4] 曲博:《因果机制与过程追踪法》,《世界经济与政治》2010年第4期。

验理论和排除竞争性解释，分析菲律宾、印尼和泰国政府应对分离主义运动的政策决策过程是其中最为重要的部分，最终策略选择的产生作为结果需要展现自变量与具体机制在这一过程中如何发挥作用。

过程追踪的具体思路如下：由于政府策略选择是"刺激—反馈"过程，即分离组织对中央政府提出政治诉求，中央政府需要对其进行反馈，分离运动动员强度与政权控制模式的作用反映在"刺激—反馈"的过程中。在本书的案例研究中，开展过程追踪的具体操作方式是将不同分离主义运动的案例分为不同环节进行集中分析，以发现分离运动动员强度与政权控制模式如何变化，以及具体机制（包括军事威胁、议价能力、否决政治以及军事规制）是如何影响决策的。在一些理论预期的模糊地带，通过观察催化与遏制因素的作用方式，有助于理解为何政府策略在特定情况下倾向于强化（削弱）镇压（妥协）手段的程度。

四 文献研究和访谈

案例研究与过程追踪的研究方法需要使用文献研究法和访谈法，在证据材料方面获得足够的支撑。

第一，在文献资料方面，本书在开展案例研究时，使用了分析菲律宾、印尼和泰国分离主义运动以及政治经济变迁相关的英语、中语和印尼语文献，主要类型有历史著作、学术期刊文章、学术或智库报告、新闻报纸、评论文章、媒体报道、领导人讲话与回忆录以及政府文件等。2021—2022 年，笔者前往印尼国家档案馆，并在 2022—2023 年于菲律宾国立大学迪利曼分校通过第三世界研究中心查找了相关档案和文件资料。

第二，在统计资料方面，数据主要来自国际组织、菲律宾、印尼和泰国官方统计机构公布的人口普查数据、经济发展数据、财政预算与开支数据、国防数据等。

第三，在访谈资料方面，笔者分别于 2021 年 11 月至 2022 年 11 月、2022 年 12 月至 2023 年 3 月在印度尼西亚大学、菲律宾国立大学迪利曼分校进行访问学习，其间借助会议交流、相关人士介绍以及邮件电话等渠道联系到部分曾经亲历分离运动相关事件和决策的人士，开展了共计30次非正式访谈。访谈对象包括前分离组织成员、前军队与警察人员、前政府官员、宗教人士、记者以及长期研究东南亚分离运动的学者等，积累了一定数量的一手访谈资料。此外，笔者还通过邮件和线上会议软件与泰国相关问题的研究者使用英语进行了共计10次线上访谈。需要指出的是，由于分离主义问题在菲律宾、印尼、泰国都属于较为敏感的政治问题，因而笔者能够进行的访谈次数以及访谈形式受到了一定限制。

第四节　结构安排

本书分为八章，各章内容安排如下。

第一章阐述了研究问题、研究意义、研究范围、研究方法和论文结构。

第二章是对分离主义运动中政府应对选择的既有研究成果的回顾和反思。

第三章阐述本书的理论建构与研究设计，主要包括基本概念、理解分离运动的总体框架、政府应对选择的理论框架以及案例选择。

第四章对比了菲律宾、印尼和泰国三场主要分离运动的缘起与诞生，为之后的比较分析提供历史溯源和背景性知识。

第五章到第七章根据自变量和干预变量的变化以及研究假设，选择菲律宾、印尼和泰国三场主要分离运动中不同阶段的政府应对选择案例。其中，第五章对比马科斯独裁时期（1972—1981年）与他信政府时期（2001—2006年）的分而治之策略，第六章对比拉莫斯末期—埃斯特拉达政府时期（1997—2001年）与哈比比—瓦希德—梅加瓦蒂政府时期（1998—2004年）的镇压策略，第七章对比苏西洛政府时期（2004—2005年）与杜特尔特政府时期（2016—2019年）的妥协策略。

第八章是假设检验总结、研究发现与创新点，以及研究不足与未来展望。

第二章

学术争鸣与反思

基于米莉卡·布克曼（Milica Zarkovic Bookman）关于分离主义事前—事中—事后的观点，本书认为，如果将分离主义作为完整事件进行分析，可以划分为生成、互动与解决三个环节；事件过程存在四个主要行为体，即分离组织、母国、国内社会与国际社会。[1]

政府应对分离运动的策略选择问题属于分离主义事件的互动和解决两个环节，行为主体是母国政府。因此，文献综述归纳与分析主要从国家视角展开，寻找现有研究对国家策略选择逻辑的理论解释。在决定文献回顾范围时，本书聚焦于梳理两类文献——直接相关文献和权威文献，并从经验事实、理论逻辑和研究设计等方面对相关文献进行批评，以求在研究中克服既有成果中的不足和缺陷。[2] 总体而言，既有研究主要从以下四个角度回答政府应对分离运动的策略选择问题：国家主权视角、接触反应视角、政治制度视角、国际压力视角。

第一节 国家主权视角

国家主权视角主要关注政府从国家主权出发在分离主义问题上的收益判断问题：如果采取镇压或妥协策略，政府可能获得的收益是什么？

---

[1] Milica Zarkovic Bookman, *The Economics of Secession*, UK: Palgrave Macmillan, 1993, p.38.
[2] 孙学峰、阎学通：《国际关系研究中的文献回顾》，《世界经济与政治》2007年第6期。

是否能够捍卫国家主权是基本出发点，因而从这一视角出发的解释主要有两个——领土价值和权力维持。

一 领土价值

领土作为现代民族国家构成的基本要素，是分离主义运动与国家间争夺的核心目标。前者需要一块具体的领土以建立独立国家，后者则认为领土是其权威中不可或缺的部分。因而，坚持领土价值解释的学者认为，由于领土包含重要价值，国家在应对分离主义运动时，往往很难采取妥协策略。例如，保罗·胡斯（Paul K. Huth）和托德·阿利（Todd L. Allee）发现，领土价值对于冲突发展进程有着显著影响，当领土价值尤为突出，或者一国已经占有该领土时，政府领导人更不可能采取妥协政策。[1] 约翰·巴斯克斯（John A. Vasquez）研究发现，与领土相关的争端往往更容易升级为敌对或冲突行为，甚至引发战争。[2]

如果从国家或政府视角理解领土价值，可以划分为三个方面。

第一，领土具备重要的自然资源（能源、矿产和土地等）和税收价值。[3] 研究内战和资源诅咒问题的著名学者迈克尔·罗斯（Michael L. Ross）发现，在领土资源价值较高的情况下，尤其是存在石油资源时，国家将更加倾向于发动针对分离主义的镇压行动，而后续冲突时间将会更加漫长。[4] 石油在分离主义冲突中扮演着催化剂的角色，甚至推动其演化为内战。[5]

---

[1] Paul K. Huthand and Todd L. Allee, *The Democratic Peace and Territorial Conflict in the Twentieth Century*, Cambridge: Cambridge University Press, 2003, pp. 58 – 63.

[2] John A. Vasquez, *The War Puzzle*, Cambridge: Cambridge University Press, 1993, pp. 23 – 24.

[3] David B. Carter, "The Strategy of Territorial Conflict", *American Journal of Political Science*, Vol. 54, No. 4, 2017, pp. 969 – 987.

[4] Michael L. Ross, "What Do We Know about Natural Resources and Civil War?", *Journal of Peace Research*, Vol. 41, No. 3, 2008, pp. 337 – 356.

[5] Philipp Hunziker and Lars-Erik Cederman, "No Extraction without Representation: The Ethno-Regional Oil Curse and Secessionist Conflict", *Journal of Peace Research*, Vol. 54, No. 3, 1985, pp. 365 – 381.

第二，领土是一种权力资源，具有显著的安全价值。在国际关系领域的现实主义理论范畴中，领土被认为是一国权力构成中最稳定的因素，而国家主权需要建立在领土控制之上。① 国家建设理论认为，对边缘地区使用武力以维持统一，有助于国家实力的增长，强国家首先是内部稳定的。② 这一逻辑对国家应对希望占据领土的分离主义运动同样适用，约翰·伍德发现国家做出镇压决策的时间点大多数都是分离主义运动已经让国家丧失对部分领土的实际控制权，对国家安全构成了直接威胁。③ 芭芭拉·沃尔特（Barbara Walter）强调了分离地区领土价值对国家应对策略的影响，她认为克什米尔、戈兰高地等地区的战略位置极其重要，导致国家不可能对这种地区活跃的分离主义运动做出任何让步。④

第三，领土是现代民族国家认同的关键构成。以赛亚·鲍曼（Isaiah Bowman）在讨论第二次世界大战后国家在领土相关问题面临的决策困境时指出，"对个人（国民）而言……（祖国的）领土是朴素亲切的，能够唤醒个体与群体性情感"⑤。领土的认同价值是国家凝聚力和推动民族国家建构的重要资源，因而分离主义运动的政治诉求对主权、领土完整、民族认同和国家统一等核心价值资源构成直接挑战，国家或中央政府有足够的动机和理由采取镇压手段，以维护国家和民族的利益。⑥ 对于分离组织而言，其争取的独立领土也拥有族群民族认同的重要价值，费伦将由领土群体情感驱动的边缘—中央斗争称为"大地之子动力学"（Sons

---

① Benjamin O. Fordham, "Power or Plenty? Economic Interests, Security Concerns, and American Intervention", *International Studies Quarterly*, Vol. 52, No. 4, 1981, pp. 737–758.

② Charles Tilly, "War Making and State Making as Organized Crime", in Peter B. Evans, Dietrich Rueschemeyer and Theda Skocpo, eds., *Bringing the State Back In*, Cambridge: Cambridge University Press, 1985, pp. 169–191.

③ John R. Wood, "Secession: A Comparative Analytical Framework", *Canadian Journal of Political Science*, Vol. 14, No. 1, 1946, pp. 107–134.

④ Barbara F. Walter, *Reputation and Civil War: Why Separatist Conflicts are So Violent*, Cambridge: Cambridge University Press, 2009, p. 5.

⑤ Isaiah Bowman, "The Strategy of Territorial Decisions", *Foreign Affairs*, 1946, Vol. 24, No. 2, pp. 177–194.

⑥ 吴志成、迟永：《领土争端研究评析》，《教学与研究》2015年第10期。

of the Soil Dynamics),并认为这种分离主义冲突持续时间更长、更难解决。[①] 沃尔特认为这种领土认同层面的对抗是一种"要么全有、要么全无"(All-or-Noting)的零和博弈,因而国家对分离主义运动采取妥协策略变得更加困难。[②]

领土价值与族群冲突爆发理论有一定相似之处,尤其在理论逻辑方面,后者有关贪婪、怨恨和恐惧等的思路都能够在领土价值的解释中找到对应的部分。[③] 但是,领土价值的解释力有限,难以解释政府策略的多样性。实际上,领土在不同层面的价值对国家如何认知分离主义运动存在不同影响,一国可以选择出让资源价值以换取国家认同价值,即通过妥协策略让渡部分价值来维持国家统一,并结束分离主义运动。这是领土价值所忽视的政府策略选择空间。

二 权力维持

权力维持指在面对分离运动挑战时,国家的基本约束是如何维持权力完整和不受威胁。由于现代民族国家较少由单一民族构成,这种族群构成特性使得族际关系成为国家需要着重考虑的问题。分离运动对独立建国的政治追求,一个重要原因在于现属国家的族际关系存在歧视性,分离群体认为其利益受到国家政策的损害。从国家视角来看,如何防止未来可能发生的分离主义运动(多米诺骨牌效应)成为其面对现有分离运动时需要预先准备的问题。[④] 维瓦·巴特库斯(Viva Ona Bartkus)认为,分离运动的一个重要约束是国家镇压能力。不过国家镇压能力的威

---

① James D. Fearon, "Why Do Some Civil Wars Last So Much Longer Than Others?", *Journal of Peace Research*, Vol. 41, No. 3, 2004, pp. 275 – 301.

② Barbara F. Walter, *Reputation and Civil War: Why Separatist Conflicts are So Violent*, Cambridge: Cambridge University Press, 2009, p. 6.

③ 陈冲:《机会、贪婪、怨恨与国内冲突的再思考——基于时空模型对非洲政治暴力的分析》,《世界经济与政治》2018年第8期; David Siroky, Carolyn Warner and Gabrielle Crawford, et al., "Grievances and Rebellion: Comparing Relative Deprivation and Horizontal Inequality", *Conflict Management and Peace Science*, Vol. 37, No. 6, 2020, pp. 694 – 715.

④ Henry E. Hale, "The Parade of Sovereignties: Testing Theories of Secession in the Soviet Setting", *British Journal of Political Science*, Vol. 30, No. 1, 2000, pp. 31 – 56.

慑和遏制效应存在不确定性，既可能改变某些群体的分离偏好，也可能加剧部分族群的分离活动。①

基于巴特库斯的思路，芭芭拉·沃尔特从多民族国家政府如何维持"信誉"（Reputation）的角度切入，解释国家应对分离主义运动的策略选择问题。沃尔特认为，政府领导人有时选择镇压，有时选择妥协的原因在于，国内潜在挑战者的多寡。她认为，国家在选择应对策略时会首先考虑三个条件：一是预期挑战者数量，二是挑战者占据土地的价值，三是政府争夺的预期成本。由于族群与国家的互动是一种重复博弈，且存在信息不对称问题，政府和族群都有动机隐匿关于分离和镇压偏好的私有信息。从政府角度出发，如果预期挑战者（族群数量）多，政府则越有可能选择镇压策略，承担军事行动的成本有利于建立拒绝任何分离活动的战略信誉，对潜在的分离运动形成威慑。但是，如果国家潜在挑战者数量较少，那么国家缺少建立反对分离活动的战略信誉的动机，则越有可能采取妥协策略。②

沃尔特的研究不仅为分离主义运动的研究给出新的解释，也为国家行为的"信誉"理论提供了经验证据的支撑。③ 但是，后续研究对信誉理论提出了挑战。例如，埃里卡·福斯伯格（Erika Forsberg）利用"族群权力关系数据"（EPR）发现，沃尔特的核心观点没有得到质量更高的数据支撑。④ 在国家策略行为方面，朱莉·乔治（Julie A. George）指出，除了镇压和妥协之外，通过权力分享的融合策略也是国家应对分离

---

① Viva Ona Bartkus, *The Dynamic of Secession*, UK: Cambridge University Press, 1999, pp. 51 – 78.

② Barbara F. Walter, *Reputation and Civil War: Why Separatist Conflicts are So Violent*, Cambridge: Cambridge University Press, 2009, pp. 20 – 38.

③ Eric Keels and J. Michael Greig, "Reputation and the Occurrence and Success of Mediation in Civil Wars", *Journal of Peace Research*, Vol. 56, No. 3, 2019, pp. 410 – 424.

④ Erika Forsberg, "Do Ethnic Dominoes Fall? Evaluating Domino Effects of Granting Territorial Concessions to Separatist Groups", *International Studies Quarterly*, Vol. 57, No. 2, 2013, pp. 329 – 340.

主义的策略选择之一。① 鲍曼（Nils-Christian Bormann）和萨文（Burcu Savun）研究发现，国家镇压策略无法达到完全抑制分离主义运动效果，而是存在两个条件：第一，只有当国家对开展暴力活动的分离运动采取妥协策略时才会引发更多的分离活动和冲突事件；第二，只有那些对国家政策不满的族群才有动机发起分离运动，意味着国家需要重视族群政策的公平性，才能更有效地抑制分离运动。②

此外，国家作为一个行为体并不是一块铁板，其内部存在不同力量，在应对分离运动上的成本、利益和偏好不尽相同。例如，作为关键决策者的领导人对国家应对策略存在较大影响，分离运动与领导人政治生存联系在一起，如果领导人在应对分离问题上付出过大代价，其政治权力将受到威胁。因而，当领导人政治压力增大时，对于分离运动的宽容程度则越低，越有可能开展镇压。沃尔特认识到了领导人对政府决策的影响，但是把领导人的政治压力等同于"剩余任期"，认为如果领导人预期任期越长，意味着其将会面对更多的潜在挑战者，政治压力也就越大，更有通过实施镇压来付出成本、建立信誉的意愿。③ 但是，沃尔特对领导人政治生存的操作化存在一定缺陷，预期任期属于制度层面的压力，而领导人在应对分离运动时还会受到其他行为体的影响，如利益集团、社会联盟和政治反对派等，原因在于分离运动的爆发与升级带来的成本会被转化为其他行为体对领导人政策失败（绩效压力）与损害社会政治稳定（问责压力）的认知。④ 因此，政府和领导人应对分离主义运动的策略选择会影响到国家内部的资源分配和政治合法性问题，其他行为体有动机对政府施压以改变政策，或争夺资源和权力。

---

① Julie A. George, *The Politics of Ethnic Separatism in Russia and Georgia*, New York: Palgrave Macmillan, 2009.
② Nils-Christian Bormann and Burcu Savun, "Reputation, Concessions, and Territorial Civil War: Do Ethnic Dominoes Fall, or Don't They", *Journal of Peace Research*, Vol. 55, No. 5, 2018, pp. 671–686.
③ Barbara F. Walter, *Reputation and Civil War: Why Separatist Conflicts are So Violent*, Cambridge: Cambridge University Press, 2009, pp. 20–38.
④ 张宏斌：《利益集团的政治与经济影响研究》，博士学位论文，上海交通大学，2014年。

需要注意的是，有关国内冲突中"政府动力学"（Government Dynamics）的研究仍处于相对滞后的状态。不少学者针对叛乱一方的内部互动展开了较多讨论，组织形态、组织内部关系、组织间关系以及组织与社会关系等方面都得到不同程度的关注。[1] 针对上述情况，克莱顿·泰恩（Clayton L. Thyne）认为，简单地使用政体类型、领导人任期等指标无法揭示政府结构的影响，面对冲突时政府一方的信息不对称和承诺问题会因为政府内部行为体数量、意识形态（政治极化）以及制度约束等增加冲突的可能，泰恩将上述政治特征概括为"政府稳定性"（Government Stability）。利用"武装冲突数据库"（ACD），他发现如果政府实力越强、权力越稳固，内战持续时间越短。核心逻辑是政治权力稳固的领导人能够拥有更多与叛乱组织谈判和解决冲突的空间。[2]

泰恩研究的不足在于没有解释领导人为何有动机与叛乱组织谈判。例如，威权体制下领导人的权力一般更为稳固，有更强的能力和更低的国内成本去镇压叛乱，而不是与之妥协。[3] 渡边彩（Aya Watanabe）修正了泰恩的研究路径，她试图打开政府行为体互动过程的黑箱，将"否决者"（Veto Players）作为重点观察的对象。通过对比阿罗约（2001—2010年）和阿基诺（2010—2016年）两任菲律宾政府在解决棉兰老地区的摩洛穆斯林问题过程中总统、参众两院和最高法院的行为，她认为政府成功妥协需要进行有效的政治改革，以扫清政府从现状政策转向分配性政

---

[1] Wendy Pearlman, "Spoiling Inside and out: Internal Political Contestation and the Middle East Peace Process", *International Security*, Vol. 33, No. 3, 2008, pp. 79 – 109; Paul Staniland, *Networks of Rebellion: Explaining Insurgent Cohesion and Collapse*, Cornell University Press, 2014; Kathleen Gallagher Cunningham, *Inside the Politics of Self-determination*, New York: Oxford University Press, 2014.

[2] Clayton L. Thyne, "Information, Commitment, and Intra-War Bargaining: The Effect of Governmental Constraints on Civil War Duration", *International Studies Quarterly*, No. 56, 2012, pp. 307 – 321.

[3] Bruce Bueno de Mesquita, James D. Morrow and Randolph Siverson, et al., "An Institutional Explanation of the Democratic Peace", *American Political Science Review*, Vol. 93, No. 4, 1999, pp. 791 – 807.

策的障碍，达成让政府行为体得以接受妥协策略的安排。① 不过，上述解释仍有不足。首先，解释对象偏重于政府采取妥协策略的成败，而不包括采取镇压策略的情况；其次，尽管强调政府内部行为体的互动，但缺少对军队与政党的分析，同时没有纳入分离地区和分离组织的影响，很难适应长时段、多案例的检验。

第二节　接触反应视角

接触反应视角强调政府与分离组织间的互动关系是影响政府策略选择的关键过程。首先，在接触端，政府策略选择的成本计算需要考虑的因素包括分离运动实力、组织构成、分离方式与国际合法性等；其次，在反应端，政府需要依据接触过程中获取的信息选择预期收益最大的策略。本书尝试从静态与动态路径的划分归纳上述文献，提炼出实力对比和战略互动两个解释。

一　实力对比

实力对比的解释认为，如果分离主义运动实力越强大，国家越有可能采取妥协策略以避免付出过大代价，分离主义运动越有可能获得独立。前者实力强大的直接表征为，分离主义运动能够通过暴力方式将其所在领土范围内的母国政府的军事和行政力量排除在外，将独立建国变为既成事实。② 不过，对于分离主义运动而言，在对政府作战中取得决定性胜利的概率并不大。但是，通过这种方式取得的战争结果往往更加稳定，

---

① Aya Watanabe, "The President-Led Peace Process and Institutional Veto Players: The Mindanao Conflict in the Philippines", *Asian Journal of Comparative Politics*, Vol. 3, No. 1, 2018, pp. 1–19.

② James Crawford, "State Practice in International Law in Relation to Unilateral Secession", in Anne F. Bayefsky ed., *In Self-Determination in International Law: Quebec and Lessons Learned*, The Hague, The Netherlands: Kluwer Law International, 2000.

妥协方式带来的成果容易被复发性冲突所破坏。①

莫妮卡·托夫特（Monica Duffy Toft）的研究指出，当分离组织取得战争胜利时，更能抑制政府采取后续的镇压策略。②"绝对胜利创造持久和平"，内战理论中的这一规律反映的是力量均势逻辑，战争失败者在思考是否复仇时需要考虑再度被击败的较大可能性，从而限制其可选策略的范围。③

（一）分离组织实力：对政府选择的成本约束

现有研究认为，分离主义运动的实力强弱主要取决于四个因素：资源汲取、组织建设、社会支持与外部支援。

第一，资源汲取包括物质资源和情感资源两个类型。物质资源一般指自然资源或税收收入，如果分离组织能够有效利用这些物质资源进行政治动员、组织化、武装化甚至国际化，其实力则能得到有效保证。例如，唐世平、熊易寒等人研究认为，在分离地区相对剥夺感强烈的情况下，石油资源带来的收入很容易成为分离组织扩军备战的重要资金来源。④ 在和平时期，如果某一地区单独掌握资源收入的控制权，那么分离主义运动出现的概率会显著上升。⑤ 情感资源指的是分离地区由于历史事件、经济发展不平等、内部殖民关系、歧视性族群政策等因素形成的相对剥夺感和怨恨情感。⑥ 这些情感是分离组织可以利用的重要资源，艾丽斯·朱利亚诺（Elise Giuliano）研究认为，"民族主义经理人"能够

---

① Roy Licklider, "The Consequences of Negotiated Settlements in Civil Wars, 1945 – 1993", *American Political Science Review*, Vol. 89, No. 3, 1995, pp. 681 – 690.

② Monica Duffy Toft, *Securing the Peace: The Durable Settlement of Civil Wars*, Princeton, N. J.: Princeton University Press, 2010, pp. 32 – 36.

③ Dawn Brancati, "Decentralization: Fueling the Firs or Dampening the Flames of Ethnic Conflictand Secessionism?", *International Organization*, Vol. 60, No. 3, 2006, pp. 651 – 685.

④ 唐世平等：《石油是否导致族群战争？——过程追踪法与定量研究法的比较》，《世界政治研究》2018 年第 1 期。

⑤ 熊易寒、唐世平：《石油的族群地理分布与族群冲突升级》，《世界经济与政治》2015 年第 10 期。

⑥ 卢凌宇、古宝密：《怨恨、机会，还是战略互动？——国内冲突起因研究述评》，《国际观察》2019 年第 2 期。

通过对政治经济不平等的形象塑造和信息传播让群体性不满情绪转化为集体行动乃至一场政治运动。[1]

第二，在组织建设方面，现有研究关注组织生成、内部关系、成员招募以及资源汲取等内容。克里斯汀·巴克（Kristin M. Bakke）等将组织建设划分为三个维度：组织数量（多/寡）、制度化水平（强/弱）和权力分配（集中/分散），影响着组织间内斗模式、领导权更替和资源分配等关键过程。[2] 保罗·斯坦尼兰（Paul Staniland）基于战前网络与社会基础两大关键要素，提炼出四种组织类型：整合型组织、先锋型组织、地方型组织和碎片型组织。就实力而言，整合型组织能够有效控制基层组织，协调各方合作和调配资源，同时保证谈判时能够做出可信承诺，因而是最有可能在与政府对抗时取得胜利的组织类型。[3] 斯科特·盖茨（Scott Gates）指出，地理、族群与意识形态三个变量产生的距离问题是叛乱组织进行招募、管理、维系忠诚和组织凝聚力的重要驱动力。[4] 杰里米·温斯坦（Jeremy M. Weinstein）进一步认为，初始资源禀赋限制了组织领导人的招募策略，通过分配物质利益，或围绕族群、宗教、文化或意识形态开展呼吁，改变成员加入组织的利益和成本分布，两种策略的使用受到初始资源的限制。后者在社会禀赋的驱动下形成重视长期回报并能与民众合作的行动主义团体，前者塑造的是只看重短期收益并倾向使用强制力量对待民众的机会主义团体。[5]

---

[1] Elise Giuliano, *Constructing Grievance: Ethnic Nationalism in Russia's Republics*, Cornell University Press, 2011; Jacques Bertrand, *Nationalism and Ethnic: Conflict in Indonesia*, New York: Cambridge University Press, 2004, pp. 135 – 183.

[2] Kristin M. Bakke, Kathleen Gallagher Cunningham and Lee J. M. Seymour, "A Plague of Initials: Fragmentation, Cohesion, and Infighting in Civil Wars", *Perspectives on Politics*, Vol. 10, No. 2, 2012, pp. 265 – 283.

[3] Paul Staniland, *Networks of Rebellion: Explaining Insurgent Cohesion and Collapse*, Ithaca, New York: Cornell University Press, 2014, pp. 17 – 34.

[4] Scott Gates, "Recruitment and Allegiance", *Journal of Conflict Resolution*, Vol. 46, No. 1, 2002, pp. 111 – 130.

[5] Jeremy M. Weinstein, *Inside Rebellion: The Politics of Insurgent Violence*, Cambridge University Press, 2007, pp. 7 – 21.

第三，在社会支持方面，分离运动需要通过社会汲取资源，招募成员，获取合法性。菲利普·罗斯勒（Philip Roessler）和大卫·奥尔斯（David Ohls）将社会支持作为分离组织实力的核心，他们将"分离组织战争能力"定义为"在动态的、不确定的讨价还价环境中争夺国家权力控制权的潜在能力"。在讨价还价的过程中经由获得社会支持而产生的权力是分离组织议价的关键杠杆，如果分离组织能够持续稳定地获取社会支持，其对于国家的威胁能力则越强，国家将越倾向于妥协策略，包括下放自治权和分享中央政府权力等。① 东南亚研究学者也有类似发现，如彼得·查克（Peter Chalk）在对比棉兰老、亚齐和泰南三地的分离活动后认为，分离主义运动的实力以及冲突持续时间主要取决于其所获得的民众支持程度。②

第四，外部支援主要通过资源输入和合法性承认两种方式影响分离组织的实力。③ 资源输入是指外部国家或组织出于自身利益或战略考虑，通过向分离组织输送资金、物资、武器装备和军事训练等方式，对其进行援助。④ 由于涉及干涉内政和威胁国家主权的问题，容易激化母国政府的政策，分离组织的合法地位也可能受到彻底否定，甚至遭到覆灭。例如，美国艾森豪威尔政府自1957年年底开始对苏门答腊的独立武装进行大规模军事援助，促使印尼政府采取镇压策略予以应对。⑤ 合法性承认指的是外部国家或组织借助自决权、人权等问题，通过承认分离主义运动的合法性，对其进行支持。这种外部支援能在母国政府采取镇压或

---

① Philip Roessler and David Ohls, "Self-Enforcing Power Sharing in Weak States", *International Organization*, Vol. 72, No. 2, 2018, pp. 423–254.

② Peter Chalk, "Separatism and Southeast Asia: The Islamic Factor in Southern Thailand, Mindanao, and Aceh", *Studies in Conflict & Terrorism*, Vol. 24, No. 4, 2018, pp. 241–269.

③ Peter B. White, David E. Cunningham and Kyle Beardsley, "Where, When, and How Does the UN Work to Prevent Civil War in Self-Determination Disputes?", *Journal of Peace Research*, Vol. 55, No. 3, 2018, pp. 380–394.

④ Gina Miller and Emily Ritter, "Emigrants and the Onset of Civil War", *Journal of Peace Research*, Vol. 51, No. 1, 2014, pp. 61–64.

⑤ 高艳杰：《美国对印尼领土问题的政策与美印（尼）关系（1956—1966）》，博士学位论文，华东师范大学，2012年。

开展谈判时,限制其镇压力度或谈判议价空间。布里奇特·柯金斯(Bridget Coggins)认为,外部合法性承认存在"门槛效应",取决于国际承认能否达到一定数量,因而分离组织的国际化行动具有重要影响(东帝汶属于典型案例)。[1] 在外部支援的效果方面也存在不确定性,亚历克西斯·赫拉克利斯(Alexis Heraclides)关于外部干预的经典研究发现,外部支援(干涉)虽然时常发生,但是其推动作用并不明显,甚至支援也不一定是为了帮助分离运动实现独立目标。[2]

(二)国家实力:对政府选择的能力约束

一般而言,国家实力强于分离组织,但并不意味着国家必然实施镇压,战争成本也是高昂的,大规模暴力冲突实际上更为少见。许多研究将国家实力作为控制变量,但也有部分学者强调"国家能力"对政府策略的影响。[3] 研究内战和冲突的国际关系学者将国家能力划分为三个方面——军事能力、官僚行政能力和国家机构的质量与凝聚力。[4] 需要指出的是,卢凌宇等国内学者认为国家能力包括四个方面,即财政汲取能力、军事/暴力能力、官僚/行政机构水平和政府稳定性。[5]

斯蒂芬·塞德曼(Stephen M. Saideman)和玛丽·乔勒·扎哈尔(Marie-Joëlle Zahar)将国家威慑能力作为国家实力影响分离运动的重要机制,具体指三个方面:一是国家能否让挑战者付出巨大代价,二是国

---

[1] Bridget Coggins, *Power Politics and State Formation in the Twentieth Century: The Dynamics of Recognition*, USA: Cambridge University Press, 2014, pp. 17 – 20;方金英:《东帝汶独立的由来及其前景》,《现代国际关系》1999 年第 12 期;靳晓哲:《东南亚地区分离运动的发展路径与现实走向研究——以东帝汶、印尼亚齐、泰国南部为例》,《南洋问题研究》2019 年第 1 期。

[2] Alexis Heraclides, "Secessionist Minorities and External Involvement", *International Organization*, Vol. 44, No. 3, 1990, pp. 341 – 378.

[3] 王绍光、胡鞍钢等学者对国家能力的定义是"国家将自己的意志、目标转化为现实的能力"。参见王绍光、胡鞍钢《中国国家能力报告》,辽宁人民出版社 1993 年版,第 6 页。

[4] Cullen S. Hendrix, "Measuring State Capacity: Theoretical and Empirical Implications for the Study of Civil Conflict", *Journal of Peace Research*, Vol. 47, No. 3, 2010, pp. 273 – 285.

[5] 卢凌宇:《西方学者对非洲国家能力(1970—2012)的分析与解读》,《国际政治研究》2016 年第 4 期。

家的威胁是否可信,三是现状是否是可接受的。较强的国家威慑能力可以有效抑制分离运动。① 但是,国家实力和威慑力的作用是有条件的。斯塔西斯·凯利维斯(Stathis N. Kalyvas)认为,国家需要有区别地针对挑战者使用镇压策略,确保其只打压分离分子,为忠诚于政府的人提供保护。② 不过,识别亲政府群体与分离群体意味着国家需要付出更多收集信息的成本,否则只能采取无差别镇压的方式肃清反叛者,导致更多的民众产生怨恨和不满,反而难以根除分离主义。

国家能力的逻辑相对清晰,国家军事能力能提升分离地区集体行动的成本,产生威慑效应,汲取能力和官僚行政能力可以通过妥协策略向分离地区提供自治权或公共产品,缓解怨恨和相对剥夺感;强大的国家能力能够确保承诺可信性,掌握更多分离地区偏好和能力的信息,提升政府议价能力。③ 不过,部分学者认为能力与策略之间没有必然关联,而是如何使用的问题,政府内部力量之间互相制衡的过程,导致应对选择出现变化。④ 亨利·黑尔(Henry E. Hale)在解释分离主义运动时绕开了对国家能力的直接使用,而是着重分析国家军事与族群政策的组合如何影响分离主义运动,他认为国家需要让分离群体建立起"关于中央政府性质的地方信念",如果国家希望遏制分离主义运动,那么其均衡策略是向分离地区分享收益(妥协)或者展示军事镇压的意愿与能力。但是,该解释存在的不足是未能区分政策的时机问题,讨论范围也仅指向

---

① Stephen M. Saideman and Marie-Joëlle Zahar, "Causing Security, Reducing Fear: Deterring Intra-State Violence and Assuring Government Restraint", in Stephen M. Saideman and Marie-Joëlle Zahar, eds., *Intra-State Conflict, Governments and Security Dilemmas of Deterrence and Assurance*, New York: Routledge, 2008, pp. 10 – 11.

② Stathis N. Kalyvas, *The Logic of Violence in Civil War*, Cambridge: Cambridge University Press, 2006.

③ James D. Fearon, "David D. Laitin. Ethnicity, Insurgency, and Civil War", *American Political Science Review*, Vol. 97, No. 1, 2003, pp. 75 – 90.

④ Stephen M. Saideman and Marie-Joëlle Zahar, "Causing Security, Reducing Fear: Deterring Intra-State Violence and Assuring Government Restraint", in Stephen M. Saideman and Marie-Joëlle Zahar, eds., *Intra-State Conflict, Governments and Security Dilemmas of Deterrence and Assurance*, New York: Routledge, 2008, pp. 12 – 13.

"联邦制国家"。①

在国家视角下,实力对比只构成政府决策的一个参考点,并不能单独决定政府是采取妥协还是镇压策略。在具体案例上,实力对比存在解释力不足的问题。以亚齐问题为例,在 2003 年左右自由亚齐运动已经发展得颇为壮大,根据实力对比的理论预期,印尼政府应更加倾向于妥协,但是梅加瓦蒂仍旧采取了大规模军事镇压策略。②

二 战略互动

战略互动关注政府与分离组织间的互动关系,认为双方都能够依据不同的条件组合(偏好、能力等信息)做出相应决策,部分学者称之为"政府与挑战者的博弈过程"。③ 对于二者如何互动存在许多不同视角和观点,现有研究大多数是"挑战者中心的",战略互动的解释能够将国家和挑战者置于大致平等的位置上。④ 为了简化复杂的文献脉络,本书主要回顾政府策略选择的相关文献。

(一)国家与挑战者互动中的战略困境

詹姆斯·费伦(James Fearon)对战争爆发的开创性研究为解释分离运动中的互动提供了重要理论支撑,在解释政府行为选择时,首先需要考虑三个难以解决的问题,即信息不对称、承诺不可信和议题不可分割性。

首先,议题不可分割性。罗伯特·鲍威尔(Robert Powell)认为,议题不可分割性来源于国内政治和其他机制,而非议题本身,属于"相对次要的解释",仅仅是承诺问题的一个特例。⑤ 因而,后续研究大多数关

---

① Henry E. Hale, *The Foundations of Ethnic Politics: Separatism of States and Nations in Eurasia and the World*, Cambridge University Press, 2008, pp. 72 – 89.

② 张洁:《民族分离与国家认同——关于印尼亚齐民族问题的个案研究》,社会科学文献出版社 2012 年版,第 153—154 页。

③ Christopher Balttman and Edward Miguel, "Civil War", *Journal of Economic Literature*, Vol. 48, No. 1, 2010, p. 11.

④ 卢凌宇、古宝密:《怨恨、机会,还是战略互动?——国内冲突起因研究述评》,《国际观察》2019 年第 2 期。

⑤ Robert Powell, "War as a Commitment Problem", *International Organization*, Vol. 60, No. 1, 2006, pp. 169 – 203.

注信息和承诺在冲突中如何发挥作用的问题。费伦认为谈判失败和冲突爆发主要有三种解释：第一，领导人并非完全理性，其决策可能基于情感，或者领导人没有足够的能力计算利益和损失；第二，领导人可能是完全理性的，但是因为代理人问题而倾向于避免内化所有冲突带来的损失；第三，领导人可能是完全理性且能够内化损失，但是因为发现战争不可避免而发动战争。①

其次，信息不对称问题。行为体拥有关于自身军事能力和获胜收益的私人信息，也有动机歪曲私人信息。如果一方愿意付出更多，那么就越有可能避免冲突。但是，由于私人信息和歪曲动机的存在，国家在计算收益与损失时，为了最大化自己的收益，往往不愿意透露自己的真实信息，而冲突爆发恰恰是因为行为体缺乏关于军事能力的信息，导致其错误估计对方的军事实力或歪曲了对手的动机和意愿。② 一般而言，冲突的代价是高昂的，因而存在谈判空间，但由于军事力量方面存在的信息不对称问题阻碍了谈判，只有私人信息披露之后，双方才可能协商并达成协议。③

最后，承诺不可信问题。与现实主义国际关系中无政府状态下安全困境的逻辑相似，由于缺乏能够推动协议执行的机制或力量，行为体很难让对方相信自己会信守承诺，也不相信对方会执行承诺。费伦提出承诺问题导致冲突的三种情况：一是进攻方优势下的先发制人，二是无政府状态下承诺问题带来的预防性战争，三是影响未来议价能力的争议性问题而引发的战争。④

---

① James D. Fearon, "Rationalist Explanations for War", *International Organization*, Vol. 49, No. 3, 2006, pp. 379 – 414.

② Robert Powell, "War as a Commitment Problem", *International Organization*, Vol. 60, No. 1, 2006, pp. 169 – 203.

③ Aya Watanabe, "The President-Led Peace Process and Institutional Veto Players: The Mindanao Conflict in the Philippines", *Asian Journal of Comparative Politics*, Vol. 3, No. 1, 2018, pp. 1 – 19.

④ James D. Fearon, "Rationalist Explanations for War", *International Organization*, Vol. 49, No. 3, 1995, pp. 401 – 409.

在费伦看来，当期的让步意味着放纵对手未来的实力增长。鲍威尔认为这一逻辑同样适用于国内冲突，国内各种力量在国家权力和资源分配方面也存在不可信承诺问题，各方都有动机在实力壮大之后修改现状，即国内权力分配的变迁机制贯穿着费伦提出战争爆发的三种情况。[①] 费伦与莱汀（David D. Latin）也意识到行为体内部关系对承诺问题的影响，如果组织内部能维持较高的凝聚力，将会更加有利于协议的达成。[②] 上述情况与安全困境类似，尽管要付出巨大代价，但由于不可信承诺，国内冲突的各方仍倾向于选择战斗而非谈判。因此，承诺问题是裁军、和平谈判等内战和解过程的重要阻碍。[③]

（二）组织内部分化与政府的策略性回应

信息与承诺问题是战略互动文献在解释政府应对分离运动的策略选择时绕不开的重要机制。作为战略互动的经典研究之一，凯瑟琳·坎宁安（Kathleen Gallagher Cunningham）的系列研究回答了为何国家在应对不同分离运动时会采取不同的策略选择，她称之为"自决政治"。她认为，在分离运动中行为体不是整体化的，其内部存在不同的派系和团体，分离运动的组织特征能解释国家的策略选择问题。

族群政治的传统理论认为，当一国存在较多族群民族主义团体时，该国家将会面临更多的暴力冲突，因为当多样化团体共享一个政治空间时，会对国家有效回应多种诉求的能力形成抑制，诱使少数族群挑战国家。[④] 坎宁安认为，分离组织的"内部分化"导致了国家与分离组织互动的两种可能逻辑：第一，"分化—征服"路径，分裂的分离组织将导

---

① Robert Powell, "War as a Commitment Problem", *International Organization*, Vol. 60, No. 1, 2006, pp. 169 – 203.

② James D. Fearon and David D. Laitin, "Explaining Interethnic Cooperation", *American Political Science Review*, Vol. 90, No. 34, 1996, pp. 715 – 735.

③ Barbara F. Walter, *Committing to Peace: The Successful Settlements of Civil Wars*, Princeton, NJ: Princeton University Press, 2002, pp. 26 – 27; James D. Fearon, "Why Do Some Civil Wars Last So Much Longer Than Others?", *Journal of Peace Research*, Vol. 41, No. 3, 2004, pp. 275 – 301.

④ Lars-Erik Cederman and Luc Girardin, "Beyond Fractionalization: Mapping Ethnicityonto Nationalist Insurgencies", *American Political Science Review*, Vol. 101, No. 1, 2007, pp. 173 – 185.

致整体实力下降、议价能力不足以及无法发出可信承诺等问题,这种情况下国家将拒绝做出妥协,更加倾向于镇压策略,这与传统理论是一致的;第二,"分化—妥协"路径,由于存在信息不对称的问题,国家采取妥协策略的效果是可以获取更多有关分离组织偏好的信息,进而有针对性地提升温和派的地位,并排除"战略性分离主义者"。①

政府策略选择还受到政府内部政治的影响。坎宁安认为,政府内部派系的制度化水平一般强于分离组织,但是在制度和权力分配上产生的"否决派系"能够深刻地影响国家策略选择,如果否决派系越多,那么政府决策越容易陷入僵持局面,政策难以有效调整。在决策上相对僵持的政府的承诺对于分离组织是更加可信的。据此,坎宁安研究发现,若处于"适度分化"状态,政府能在一定程度上克服政策僵局,让分离组织相信承诺,就越有可能与分离组织达成妥协,避免内战。②

在坎宁安的理论中,国家拥有后发优势,其策略选择能利用分离组织的内部特质,使用妥协策略改变分离组织内部不同派系间的权力分布。但是,坎宁安的研究也发现,当国家尝试使用妥协策略分化分离组织时,冲突频次也会随之增加,这一发现得到了"反叛组织碎片化"与"内战复发"文献的证实。③ 不过,坎宁安理论的不足是政府策略与分离运动特征之间存在内生性问题,这与传统族群冲突理论相似。朱利安·武赫尔芬尼希(Julian Wucherpfennig)等的研究对此进行了反思,他们认为政府有动机对可能产生冲突的族群采取排斥措施,防止他们使用国家资源或通过内部政变的形式威胁到政府权力。④ 根据这一逻辑,"分化—妥

---

① Kathleen Gallagher Cunningham, "Divide and Conquer or Divide and Concede: How Do States Respond to Internally Divided Separatists?", *American Political Science Review*, Vol. 105, No. 2, 2011, pp. 275-297.

② Kathleen Gallagher Cunningham, *Inside the Politics of Self-Determination*, New York: Oxford University Press, 2014, pp. 28-45.

③ Peter Rudloff and Michael G. Findley, "The Downstream Effects of Combatant Fragmentation on Civil War Recurrence", *Journal of Peace Research*, Vol. 53, No. 1, 2016, pp. 19-32.

④ Julian Wucherpfennig, "Philipp Hunziker, Lars-Erik Cederman. Who Inherits the State? Colonial Rule and Postcolonial Conflict", *American Journal of Political Science*, Vol. 60, No. 4, 2016, pp. 882-898.

协"路径中政府的妥协策略很可能正是导致分离组织内部分化的原因，而不是组织分化的结果，这是对坎宁安理论的有力质疑。埃莱诺拉·斯巴达（Eleonora La Spada）的新近研究同样挑战了坎宁安，她发现内部分裂的分离运动中的派别间竞争和分歧制约了政府以满足所有相关行为者的方式谈判让步的能力，从而产生了镇压运动的动机，实际上构建了与"分化—镇压"相反的解释。①

（三）分权自治的政治经济学——局部分权理论

部分学者尝试从政治经济学角度分析国家与分离主义之间的互动关系，理论源头是查尔斯·蒂伯特（Charles M. Tiebout）提出的"用脚投票"理论，即居民会根据不同地区政府的公共物品和税负组合，选择定居地点。② 在此基础上，阿尔贝托·阿莱西纳（Alberto Alesina）与恩里科·斯波洛雷（Enrico Spolaore）对国家与地区规模和边界进行了开创性研究，规模经济与偏好异质性之间的权衡塑造了国家或区域的边界形态和大小。③ 上述文献为政治经济学研究分离主义运动搭建了基础理论，重视"地区间转移和补偿机制"对分离主义运动的抑制作用（"让所有人高兴的艺术"），即国家可以通过财政转移支付、财富再分配以及下放自治权等方式缓解分离主义的威胁。④

不过，在国家施行分权策略安抚分离主义运动的效果问题上存在不少争论。例如，恩里科·斯波洛雷认为，分权策略既可能降低分离运动

---

① Eleonora La Spada, "Costly Concessions, Internally Divided Movements, and Strategic Repression: A Movement-Level Analysis", *International Studies Quarterly*, Vol. 66, No. 4, 2022.

② Charles M. Tiebout, "A Pure Theory of Local Expenditures", *The Journal of Political Economy*, Vol. 64, No. 5, 1956, pp. 416 – 424.

③ Alberto Alesina and Enrico Spolaore, "On the Number and Size of Nations", *The Quarterly Journal of Economics*, Vol. 112, No. 4, 1997, pp. 1027 – 1056.

④ Alberto Alesina and Enrico Spolaore, *The Size of Nations*, The MIT Press, 2003; Ori Haimanko, Michel Le Breton and Shlomo Weber, "Transfers in a Polarized Country: Bridging the Gap between Efficiency and Stability", *Journal of Public Economics*, Vol. 89, No. 7, 2005, pp. 1277 – 1303; Michel Le Breton and Shlomo Weber, "The Art of Making Everybody Happy: How to Prevent a Secession", *IMF Staff Papers*, Vol. 50, No. 3, 2003, pp. 403 – 435.

的预期收益，也可能提升分离主义成功的可能性。① 克里斯汀·巴克（Kristin M. Bakke）和埃里克·维贝尔斯（Erik Wibbels）探索了财政分权加剧冲突的条件，他们发现当区域间经济发展水平差距过大时，财政分权将会加剧经济不平等，引发分离运动。道恩·布兰卡迪（Dawn Brancati）从政治动员角度解释了"分权与分离的悖论"，他认为分权是将参与政治的权利下放至地方，在此情况下"地方性政党"将致力于强化民族和地区认同，制定有利于某些群体的立法，并动员群体参与其中，从而加剧了族群冲突和分离活动。②

让·皮埃尔·特朗坎特（Jean-Pierre Tranchant）试图寻找分权抑制分离的关键机制，通过整合"地方自治指数"（RAI）和"族群权力关系"（EPR）两个数据库，他发现在缺少自治的情况下，分权策略能在一定程度上抑制分离，而当分权策略能够真正让分离地区掌握自主政策权力时，分权缓和分离运动的效果最强。③ 萨宾·弗拉曼德（Sabine Flamand）进一步扩展了上述研究，他发现"局部分权"抑制分离运动的机制取决于两个变量——"分权能否降低多样性成本"和"分权是否可逆"。当分权能够降低多样性成本并且存在可逆性时，分离地区会由于得到足够收益并且担心中央收回下放权力而在分离问题上表现得更加谨慎。④ 不过，学者对于国家实施分权的动机也存在不同意见，例如，乌戈·潘尼扎（Ugo Panizza）等学者认为国家为了预防分离运动的产生，尤其是多民族、领土广阔的国家将会更加倾向于实施财政分权，地方自治需求来源于经济增长和人口扩张。⑤

---

① Enrico Spolaore, "Federalism, Regional Redistribution and Country Stability", IEB – IEA, Barcelona, June 19 – 20, 2008.

② Dawn Brancati, "Decentralization: Fueling the Fire or Dampening the Flames of Ethnic Conflict and Secessionism?", *International Organization*, Vol. 60, No. 3, 2003, pp. 651 – 685.

③ Jean-Pierre Tranchant, "Decentralisation, Regional Autonomy and Ethnic Civil Wars: A Dynamic Panel Data Analysis, 1950 – 2010", MPRA Paper, 2016.

④ Sabine Flamand, "Partial Decentralization as a Way to Prevent Secessionist Conflict", *European Journal of Political Economy*, Vol. 59, No. 59, 2019, pp. 159 – 178.

⑤ Ugo Panizza, "On the Determinants of Fiscal Centralization: Theory and Evidence", *Journal of Public Economics*, Vol. 74, 1999, pp. 97 – 139; Mohammad Arzaghi and Vernon J. Henderson, "Why Countries Are Fiscally Decentralizing", *Journal of Public Economics*, Vol. 89, 2005, pp. 1157 – 1189.

(四) 积重难返——路径依赖的解释

在解释国家策略选择时，还有一部分学者坚持路径依赖的解释，即国家政策变化受到先前政策或政治关系的影响。如果国家在前期与分离主义运动的互动中采取了强硬政策，则其在妥协问题上更有议价空间；如果国家之前已经采取过妥协政策，而分离主义运动仍旧复发，那么国家将难以再次妥协，将更加倾向于强硬政策，如此形成了一条"分离冲突自我实现"的道路。

大卫·西罗基（David S. Siroky）和约翰·库菲（John Cuffe）认为，分离地区的"权力分享状态"和"自治状态"影响国家对分离主义运动的安抚能力。如果分离地区被排除在权力分享之外，国家可以运用分权策略进行安抚，但是分权将会带来该地区集体行动能力的提升。若国家此时选择取消其自治地位，该地区将会有更强的动机开展分离活动，国家无法再利用妥协策略缓和分离活动，镇压策略将是国家更加偏好的选项。可见，国家与分离地区间的前期互动模式能够影响后续策略的选择范围。[1] 基于上述研究，米查·格曼（Micha Germann）与尼古拉斯·桑巴尼斯（Nicholas Sambanis）进一步发现，"失去自治"往往容易激起非暴力的分离活动，但是从非暴力到暴力的升级，是因为国家权力对分离地区的"政治排斥"导致非暴力表达政治诉求的途径受限。[2]

路径依赖的解释体现了在分离问题中国家行为并非从始至终皆具有战略性特质。例如，对分离地区采取的歧视性、排斥性和掠夺性政策很可能并不是国家有意激化该地区的怨恨与相对剥夺感，不少学者认为这是"政策失误"，抑或是国家央地关系变化过程中不可避免的结果，是国家自主性或中央政府为了获取更多利益而采取的政策，预防分离主义

---

[1] David S. Siroky and John Cuffe, "Lost Autonomy, Nationalism and Separatism", *Comparative Political Studies*, Vol. 48, No. 1, 2015, pp. 3–34.

[2] Micha Germann and Nicholas Sambanis, "Political Exclusion, Lost Autonomy, and Escalating Conflict over Self-Determination", *International Organization*, Vol. 75, No. 1, 2020, pp. 1–26;

运动不在其策略考量之内，这是后续研究需要小心处理的地方。[①]

第三节　政治制度视角

政治制度视角关注一国族群关系、央地关系、政体类型等结构或制度性因素对国家应对分离主义运动策略选择的影响。不少学者在展开政体影响的讨论时，往往会将具体的政治制度纳入其中（如选举制度、政党竞争模式、政府权力关系、央地关系、政策透明度），因而进行整合性分析能帮助理解结构和制度性因素在分离政治中的作用。

一　政体类型

政体类型强调不同政体（民主政体、威权政体、选举式威权政体等）对国家策略选择的影响。对于政府选择而言，政体本质上是一种"行政约束"。政体类型也关注内战中的信息和承诺问题，重点讨论政体与制度如何通过这两个机制影响冲突和政府选择过程。

不少西方学者认为，由于存在问责制度，民主国家在应对分离运动时会表现得更加克制，更不可能采取镇压手段，而是通过妥协满足分离地区的政治诉求，抑制分离意愿；相比之下，由于缺乏社会政治压力，独裁/威权国家往往难以容忍分离主义的挑衅，更倾向于镇压分离运动。[②] 此外，坚持民主和平论的学者还认为，民主国家能够解决私有信息问题并且做出可信承诺。例如，彼得·考希（Peter F. Cowhey）认为民主国家可信承诺的来源有三个方面：选举制度对领导人政策的选择性激

[①] 陈衍德等：《多民族共存与民族分离运动：东南亚民族关系的两个侧面》，厦门大学出版社2009年版。

[②] Steven C. Poe and C. Neal Tate, "Repression of Human Rights to Personal Integrity in the 1980s: A Global Analysis", *American Political Science Review*, Vol. 88, No. 4, 1994, pp. 853–872; Christian Davenport, *State Repression and the Domestic Democratic Peace*, Cambridge: Cambridge University Press, 2007; 郝诗楠、高奇琦：《分离主义的成与败：一项基于质性比较分析的研究》，《世界经济与政治》2016年第6期。

励、政府权力制衡、政府行为的透明性和可观察性。① 费伦也认为，民主政府由于内部存在分权制衡以及多元行为体的互动，制定政策更加低效且困难，但是这些制度约束能迫使领导人的决策更加透明公开，让领导人和公民都能在协议达成之后信守诺言。②

基于上述逻辑，在现实世界中我们应该观察到的现象为，民主国家更能够安抚分离运动，完成民族整合和国家建设。但是，分离运动中的民主和平论并不能站稳脚跟，相反其夸大了民主制度的效用。

首先，梅斯奎塔（Bruce Bueno de Mesquita）等的研究指出，问责制和透明度要求民众拥有关于政策与结果之间关系的知识，但是由于了解这些知识需要付出成本，而"大代表选举团"制度下民众的选票却无法改变选举结果，这导致选民缺少改变政策的激励（参与决策的信息成本），同时由于资源稀缺性和过大的获胜联盟导致领导人无法通过"旁支付"的私人物品获得选区支持，必须将资源投入那些能够帮助自己维持政治生存的政策，导致民主国家在面对战争时比威权国家会更加偏执地倾注资源。③

其次，民主政体的多元行为体对政策制定的影响力是非对称的，在危机时期即使民众在议题显著性的吸引下关注度上升，但是相比于组织化的利益集团，其对谈判过程和条款的影响力更低。再者，民主政体在政治延续性上存在更大不确定性，领导人更替倾向于自己制定的政策，但是不同领导人之间需要对政治遗产进行取舍，党派斗争下现任政府有较大可能性推翻前任的遗产（公用地悲剧）。④ 因此，受冷漠选民、利益

---

① Peter F. Cowhey, "Domestic Institutions and the Credibility of International Commitments: Japan and the United States", *International Organization*, Vol. 47, No. 2, 1993, pp. 299 – 326.

② James D. Fearon, "Ethnic War as a Commitment Problem", Paper presented at the Annual Meetings of the American Political Science Association, New York, August 30 – September 2, 1994.

③ Bruce Bueno De Mesquita, James D. Morrow and Randolph M. Siverson, et al., "An Institutional Explanation of the Democratic Peace", *American Political Science Review*, Vol. 93, No. 4, 1999, pp. 791 – 807.

④ Bruce Bueno De Mesquita and Randolph M. Siverson, "War and the Survival of Political Leaders: A Comparative Study of Regime Types and Political Accountability", *The American Political Science Review*, Vol. 89, No. 4, 1995, pp. 841 – 855.

集团以及政治周期等因素的影响，民主国家做出可信承诺的能力反而降低了。①

此外，民主制度的缺陷在转型政体中存在被放大的风险。例如，施耐德关于"从投票到暴力"的经典研究发现，民主转型会导致国内冲突的增加，弱势政府很难抑制族群精英的冒险策略，后者在选举政治中寻觅到利用和强化民族主义/族群民族主义的机会，从而实现争夺权力和资源的目的，导致民主与冲突产生紧密联系。② 拉尔斯·埃里克·塞德曼（Lars-Erik Cederman）等学者研究发现，转型政体初期的选举制度尤其容易引发冲突，非竞争性选举产生的输家效应和精英动员族群民族主义，导致针对政府的暴力冲突发生。③

在此基础上，霍华德·赫格雷（Havard Hegre）等学者进一步研究认为，虽然非民主制度通常缺乏执政合法性，为社会动员提供了强有力的借口，即非民主制度被视为一种政治机会。但是，不同于纯粹的民主或威权政体，中间政体（转型政体）由于融合了政治自由和镇压两种特质，镇压策略的使用导致了怨恨的产生（动机），政治开放允许不满群体参与和组织反对政府的活动（机会），因而更容易引发抗议、叛乱以及其他形式的国内冲突（如边缘地区发起的分离与叛乱运动），此时中央政府由于威权制度能够聚拢更多的资源，更加偏向于采取镇压策略应对边缘性的分离运动。④ 政体类型与国家威慑能力也存在密切联系。例

---

① Erik Gartzke and Kristian Skrede Gleditsch, "Why Democracies May Actually Be Less Reliable Allies", *American Journal of Political Science*, Vol. 48, No. 4, 2004, pp. 775–795.

② Jack Snyder, *From Voting to Violence: Democratization and Nationalist Conflict*, W. W. Norton & Company, 2000, p. 32; Ted R. Gurr, *Peoples versus States: Minorities at Risk in the New Century*, Washington, D. C.: USIP Press, 2000, pp. 5–7.

③ Lars-Erik Cederman, Kristian Skrede Gleditsch and Simon Hug, "Elections and Ethnic Civil War", *Comparative Political Studies*, Vol. 46, No. 3, 2013, pp. 387–417.

④ Havard Hegre, Tanja Ellingsen and Scott Gates, et al., "Toward a Democratic Civil Peace? Democracy, Political Change, and Civil War, 1816–1992", *The American Political Science Review*, Vol. 95, No. 1, 2001, pp. 33–48; David S. Siroky and Christopher W. Hale, "Inside Irredentism: A Global Empirical Analysis", *American Journal of Political Science*, Vol. 61, No. 1, 2017, pp. 117–128.

如，施耐德与罗伯特·杰维斯（Robert Jervis）的研究指出，在威慑能力方面，民主国家由于复杂的决策程序可能会使其难以维持成本高昂且长期有效的政策，相比之下威权国家由于其统治者不受约束，更能有效地使用武力对分离组织等国内挑战者形成威慑。①

可见，民主国家在应对内战、分离主义运动等内部冲突问题上的所谓"优越性"是有条件的，不能一概而论。简单推论民主政体之下政府会采取妥协策略，而威权政体导致政府采取镇压策略，这样的二分法忽略了现实世界的多样性。虽然民主国家更有可能采取妥协策略应对分离主义运动，但是这并不意味着镇压处在民主国家选择范围之外。正如泰恩指出的，政体指标无法测度政府内部的不一致性和变化程度，民主国家无法自然而然地化解信息与承诺问题。②

二 族群/央地关系

族群/央地关系强调一国族群构成、族群权力关系、央地制度等因素对政府策略选择的影响。虽然这些变量常与分离主义运动为何产生联系在一起，但是其对政府的应对策略也有着直接影响。

第一，一国族群构成对分离主义运动的进程有着重要影响。人们对国家族群构成与国内冲突间关系的关注来源于南斯拉夫和卢旺达的族群冲突，族群怨恨、经济不平等（相对剥夺感）问题成为文献争论较多的理论视角。桑巴尼斯指出，对国内冲突的研究需要超越宏观变量，对族群构成影响的探究为微观行为的介入提供了有效的路径，帮助我们研究有关个人或群体行为与内战之间的因果关系。③ 随后，部分学者尝试测

---

① Jack Snyder and Robert Jervis, "Civil War and the Security Dilemma", in Jack Snyder and Barbara Walter eds., Civil Wars, Insecurity, and Intervention, New York: Columbia University Press, 1999, pp. 15 – 37.

② Clayton L. Thyne, "Information, Commitment, and Intra-War Bargaining: The Effect of Governmental Constraints on Civil War Duration", International Studies Quarterly, Vol. 56, 2012, pp. 307 – 321.

③ Nicholas Sambanis, "Using Case Studies to Expand Economic Models of Civil War", Perspectives on Politics, Vol. 2, No. 2, 2004, pp. 259 – 279.

度—国族群构成,以期进行跨国数据的比较研究。①

基于国家族群结构的测量,学者们发现族群结构与国内冲突之间存在密切关系。例如,荷西·蒙塔尔沃(José G. Montalvo)和玛塔·雷纳尔·奎罗(Marta Reynal-Querol)研究发现二者呈"倒U型"关系:当族群分化程度较低时,这意味着一国存在单一族群主导,能够对其他少数族群形成强大的控制力,不容易爆发大规模的族群冲突;当族群分化程度较高时,每个族群所占一国人口比重都较低且接近,族群身份认同受到淡化和稀释,同样不容易引发冲突;当族群分化程度为中等水平时,一国中有几个较大规模的族群共存,将会引发对中央政府权力的激烈竞争,导致国内冲突的爆发。② 后续大量研究探索了族群结构导致冲突爆发的条件性因素,例如,族群的地理分布(聚居模式),集中分布的族群能够产生身份认同,协调行动,进行大规模族群动员③;族群间经济不平等,导致怨恨与剥夺感产生,从而引发族群冲突;④ 等等。

虽然族群关系与权力分配的不对称结构容易引发冲突,但是学者对族群构成与国家策略的理论逻辑存在不同意见。例如,安妮·桑托斯(Anne Noroha Dos Santos)认为在族群构成缺少主体族群的国家中,如果国家采取镇压手段应对分离主义运动,那么将会导致分离运动的爆发性扩散(催化效应),国家需要谨慎考虑镇压对政局稳定的长期负面作用。⑤ 相比之下,芭芭拉·沃尔特的理论将族群的不对称构成视为国家

---

① Daniel N. Posner, "Measuring Ethnic Fractionalization in Africa", *American Journal of Political Science*, Vol. 48, No. 4, 2004, pp. 849 – 863; Lars-Erik Cederman and Luc Girardin, "Beyond Fractionalization: Mapping Ethnicity onto Nationalist Insurgencies", *American Political Science Review*, Vol. 101, No. 1, 2007, pp. 173 – 185.

② José G. Montalvo and Marta Reynal-Querol, "Ethnic Polarization, Potential Conflict, and Civil Wars", *American Economic Review*, Vol. 95, No. 3, 2005, pp. 796 – 816.

③ Nils B. Weidmann, "Geography as Motivation and Opportunity: Group Concentration and Ethnic Conflict", *The Journal of Conflict Resolution*, Vol. 53, No. 4, 2009, pp. 526 – 543.

④ Marie L. Besançon, "Relative Resources: Inequality in Ethnic Wars, Revolutions, and Genocides", *Journal of Peace Research*, Vol. 42, No. 4, 2005, pp. 393 – 415;查雯:《族群冲突理论在西方的兴起、发展及局限》,《国外社会科学》2013年第6期。

⑤ Anne Noroha Dos Santos, "A Theory of International Intervention in Secessionist War", Ph. D. dissertation, University of California Riverside, 2004.

采取预防性策略的理由，为了避免当下妥协带来其他族群的分离活动，国家必须采取镇压策略打压已经发展起来的分离主义运动。① 可见，二者对政府行为的预期处在完全相反的路径上，前者认为国家不会采取过度强硬的措施，而后者认为国家不得不维护自己的信誉。

族群结构需要经由中介变量的作用才能影响到分离运动与政府策略选择，如族群间经济不平等关系、政治排斥、怨恨与不满的积蓄（霍洛维茨提出的"对被统治的恐惧"）等。② 坎宁汉和尼尔斯·魏德曼（Nils B. Weidmann）将解释政府策略选择的视角落在地方政治层面，他们认为地方行政单元中的族群结构将会限制国家应对的策略选择，依托于三个机制：妥协政策中少数族群成本收益差异、族群相对地位、地方多数族群的歧视政策。这三个机制限制了国家采取妥协策略缓解少数族群不满的能力，地方"主导族群"更有可能与国家发生分离冲突，促使国家采取镇压的次优策略。③ 但是，这并不意味着国家不会对其采取妥协策略，原因在于该研究涉及的范围划定为拥有稳定行政单元的国家以及冲突爆发阶段，并没有包括族群与国家互动的后续过程。

值得注意的是，巴里·波森（Barry R. Posen）将安全困境理论引入国内冲突，尤其是族群冲突的研究，对族群关系与国内冲突进行了机制方面的开创性探索。波森认为国家逐渐衰弱会导致一个近似的"无政府状态"，加剧族群的恐惧心理，从而引发族群冲突。④ 后续研究不断细化安全困境如何引发族群冲突的具体过程，提出如承诺问题、

---

① Barbara F. Walter, *Reputation and Civil War: Why Separatist Conflicts are So Violent*, Cambridge: Cambridge University Press, 2009, pp. 7 – 9.
② Donald L. Horowitz, *Ethnic Groups in Conflict*, Berkeley, Los Angeles, London: University of California Press, 2000, pp. 186 – 190.
③ Kathleen Gallagher Cunningham and Nils B. Weidmann, "Shared Space: Ethnic Groups, State Accommodation, and Localized Conflict", *International Studies Quarterly*, Vol. 54, No. 4, 2010, pp. 1035 – 1054.
④ Barry R. Posen, "The Security Dilemma and Ethnic Conflict", *Survival*, Vol. 35, No. 1, 1993, pp. 27 – 47.

冲突螺旋等机制。① 唐世平在此基础上尝试提出一种整合的族群冲突理论，揭示影响二者的因素与机制。他们认为，恐惧、不满、仇恨和精英动员族群的能力是安全困境机制的调节变量，政治不稳定、族群政党、族群政策、经济衰退、经济差距、历史冲突以及族群人口分布等因素通过上述四个调节变量激活或遏制安全困境。②

另外，安全困境理论存在三个方面的缺陷：首先，族群构成不一定导致族群间简单的分割、对立及互相猜疑的过程，即使是多民族国家，如果其族群间混合程度较高，国家衰弱也不一定带来群体情绪和能力的显著变化；其次，安全困境理论的出发点是国家失败，强国家与弱国家都不在其解释对象的范畴之内，但是该理论对影响到后续冲突发生的"国家失败的原因"没有进行探讨；最后，安全困境理论将冲突限定在族群之间，而忽视了政府与族群间的互动关系，在国内冲突类型多样化的情况下，理论解释力略显不足。③

第二，由制度协调的央地关系影响国家的策略选择。广义的央地关系是指国家纵向权力与资源分配的基本关系，不同类型的央地关系和过程，如联邦制/单一制、协和民主/聚合模式、地方自治/失去自治，将会影响族群关系、权力关系和资源分配等诸多方面。以阿伦·利普哈特（Arend Lijphart）和唐纳德·霍洛维茨（Donald L. Horowitz）为代表的两派学者对央地关系和制度设计展开了激烈争论，是当下探讨族群问题无法绕开的文献成果。利普哈特认为，以大联合政府、比例性原则、群体自治、少数否决和族裔性政党为特征的协和民主模式能够帮助多族群国

---

① Badredine Afri, "Ethnic Fear: The Social Construction of Insecurity", *Security Studies*, Vol. 8, No. 1, pp. 151 – 203; James D. Fearon and David Latin, "Explaining Interethnic Cooperation", *American Political Science Review*, Vol. 90, No. 1, 1996, pp. 715 – 735.

② 唐世平：《"安全困境"和族群冲突——迈向一个动态和整合的族群冲突理论》，《欧洲研究》2014年第3期。

③ Stephen M. Saideman and Marie-Joëlle Zahar, "Causing Security, Reducing Fear: Deterring Intra-State Violence and Assuring Government Restraint", in Stephen M. Saideman and Marie-Joëlle Zahar, eds., *Intra-State Conflict, Governments and Security Dilemmas of Deterrence and Assurance*, New York: Routledge, 2008, pp. 7 – 9.

家（尤其是分裂型社会）实现政治协商和稳定，有助于抑制族群分离等国内冲突的发生。① 但是，利普哈特还指出协和式民主模式发挥作用需要满足一定条件，即没有多数主导族群（权力无法垄断）、族群规模相近（有利于制衡与合作）、族群数量较少（减少政策否决点）、存在外部威胁（提升内部凝聚力）、社会经济水平相近（相对剥夺感较低）、族群分布集中（限制族群间普遍接触）。②

相反，霍洛维茨认为"强化各个族群在国家中的具体利益"是防止内部冲突发生的最佳方式，聚合模式的关键机制是通过激励形成跨族群联合，以弱化族群中心主义，其设想的制度包括替代性投票选举制度、建立中间派与承诺型联盟、地域性总统选举制度、行政联邦制度。他进一步指出中间派联盟的产生能够消除族群间的政治分歧，发挥族际合作社会化功能。③ 利普哈特与霍洛维茨对族群关系调和的制度设计处在不同的路径之上，前者认为族群界线的清晰化和制度化有助于协作的产生；而后者认为族群界线只能强化族群内部认同和动员，通过制度激励能塑造跨族群的政治认同，降低族群认同在政治过程中的显著性。④

不少学者质疑了利普哈特按照族群界线搭建的政治架构所能发挥的功效。例如，劳伦斯·安德森（Lawrence Anderson）、马克尔·赫克特（Michael Hechter）等学者研究认为，联邦制、比例代表制（选举制度）都可能对国内冲突起到反向作用，这些制度能为族群领导人提供物质、人员、认同等支持，强化包括分离运动等在内的地区性族群组织的力量，

---

① Arend Lijphart, "Consociational Democracy", *World Politics*, Vol. 21, No. 2, 1969, pp. 509 – 536.

② Arend Lijphart, *Democracy in Plural Societies: A Comparative Exploration*, New Haven: Yale University Press, 1977, pp. 54 – 88.

③ Donald L. Horowitz, *Democratic South Africa? Constitutional Engineering in a Divided Society*, Berkeley: University of California Pres, 1991, p. 191; Donald L. Horowitz, "Conciliatory Institutions and Constitutional Processes in Post-Conflict States", *William and Mary Law Review*, Vol. 49, No. 4, 2008, pp. 1213 – 1248.

④ 左宏愿:《族群冲突与制度设计：协和民主模式与聚合模式的理论比较》,《民族研究》2012 年第 5 期。

进而挑战国家。① 克里斯塔·德威克斯（Christa Deiwiks）进一步识别了联邦制对族群分离主义的抑制作用，他认为联邦制本身具有连续性，通过省级边界与族群定居区域的匹配度衡量联邦制的制度特性，发现当匹配度达到中等水平时，联邦制则会加剧分离主义；而越接近完美匹配，联邦制则越能抑制分离主义。②

需要指出的是，虽然"宪政工程学"相关文献较少直接回应国家策略选择的问题，但是其对央地制度设计的提炼和分析，可以帮助我们寻找到什么是影响族际政治的关键制度。不少学者对这些制度的具体作用方式进行了深入分析。例如，斯蒂芬·塞德曼（Stephen M. Saideman）认为，多民族国家中分离运动往往威胁到国家政治权力平衡，将会增加其他群体的不安全感，更有可能在分离问题上产生扩散效应。③ 泰德·格尔（Ted R. Gurr）认为，制度层面的权力下放是政府抑制分离运动的重要妥协机制。④ 安德烈·勒库尔斯（André Lecours）以加泰罗尼亚、英格兰、佛兰德斯和南蒂罗尔为例发现，权力下放的抑制功能是有差异的，其决定性因素是自治的性质，相比于可能刺激分离活动的静态自治，动态自治更能防止分离运动的产生。⑤

乔尔·塞尔威（Joel Selway）和卡里斯·特普曼（Kharis Templeman）利用整合后的新数据集研究发现，当族群结构趋向于高分化度时，比例代表制和议会民主制将会加剧国内冲突，没能如利普哈特所说发挥抑制作用。⑥ 塞德曼和扎哈尔认为，选举制度对政府使用暴力构成了限

---

① Michael Hechter, *Containing Nationalism*, New York: Oxford University Press, 2000, pp. 140 – 141.

② Christa Deiwiks, *Ethnofederalism: A Slippery Slope towards Secessionist Conflict?* ETH Zurich, 2011, pp. 7 – 24.

③ Stephen M. Saideman, "Is Pandora's Box Half-Empty or Half-Full?", in David A. Lake and Donald Rothchild, eds., *The International Spread of Ethnic Conflict: Fear, Diffusion, and Escalation*, Princeton, NJ: Princeton University Press, 1998.

④ Ted R. Gurr, "Ethnic Warfare on the Wane", *Foreign Affairs*, Vol. 79, 2000, pp. 52 – 64.

⑤ André Lecours, "Nationalism and the Strength of Secessionism in Western Europe: Static and Dynamic Autonomy", *International Political Science Review*, Vol. 43, No. 3, 2020, pp. 1 – 15.

⑥ Joel Selway and Kharis Templeman, "The Myth of Consociationalism? Conflict Reduction in Divided Societies", *Comparative Political Studies*, Vol. 45, No. 12, 2012, pp. 1542 – 1571.

制性条件，即使政府充分控制军队和警察等暴力机器，为了促使分离组织放下武器需要保证政府未来不会使用其镇压能力来对付其政治对手（包括和解后的分离地区），特定制度设计有助于提供可信承诺。他们指出，与其他选举制度相比，比例代表制和权力分享都可能增加少数群体的政治权力，使得政府不太可能利用武力打压潜在的联盟对象。① 威廉·诺米科斯（William G. Nomikos）的研究验证了上述观点，精英在设计权力分享制度时，相比于向内分权，更可能向对其产生威胁的外部群体分享权力。②

第四节　国际压力视角

分离主义问题作为现代国际关系中的重要议题，外部性力量的介入对母国政府应对选择有着重要影响。国际压力视角关注国际体系下大国选择和国际规范对母国政府行为选择造成的压力，以下分别从国际规范和国际干预两个方面展开文献回顾。

一　国际规范

国际规范的解释坚持建构主义路径，认为国家在应对分离主义运动时受到国际规范的影响，如殖民地解放运动和民族自决权等潮流和观念的扩散与内化，让国家倾向于采取妥协策略应对分离问题。民族国家的出现本身也可以被视为一种规范扩散的现象，威斯特伐利亚体系建立之后，以领土为基础的主权是当代国家概念和制度的政治合法性基础。③

---

① Stephen M. Saideman and Marie-Joëlle Zahar, "Causing Security, Reducing Fear: Deterring Intra-State Violence and Assuring Government Restraint", in Stephen M. Saideman and Marie-Joëlle Zahar, eds., *Intra-State Conflict, Governments and Security Dilemmas of Deterrence and Assurance*, New York: Routledge, 2008, pp. 12 – 13.

② William G. Nomikos, "Why Share? An Analysis of the Sources of Post-Conflict Power-Sharing", *Journal of Peace Research*, Vol. 58, No. 2, 2021, pp. 248 – 262.

③ Andreas Wimmer and Yuval Feinstein, "The Rise of the Nation-State across the World, 1816 to 2001", *American Sociological Review*, Vol. 75, No. 5, 2010, pp. 764 – 790.

自决原则同样经历了漫长的发展过程，其渊薮是法国大革命时期产生的个人中心主义，到20世纪50年代殖民主义结束时逐渐演化为以人民或国家为中心的自决运动。

第二次世界大战结束后，在建立新的国际体系时，自决权利被确立为一项国际社会准则，殖民主义不再是合法现象，其标志是联合国大会1952年通过的《关于民族与国族的自决权决议》，以及1960年联合国第1514号关于《给予殖民地国家和人民独立宣言》的决议，对民族自决权的确立，即所谓的"威尔逊运动"，由此结束了欧洲国家和发展中国家之间的殖民关系。① 该决议制定了一套指导国际法发展的原则，包括否定人民"受他国征服、统治和剥削"，并有权"自由地决定他们的政治地位，自由地发展他们的经济、社会和文化"。② 但是，国际社会普遍认为规范变迁带来的自决权具体适用于殖民地和去殖民化运动，然而分离主义群体对自决权利的解释更为宽泛，母国政府往往对此持否认态度。因而，国家领土主权和民族自决权的两个准则之间存在着十分紧张的关系。③

虽然主权国家往往拒绝在国内承认任何分离权利，但是分离运动将自决权作为遭遇持续性排斥和歧视政策时，保障自身群体权利的"最后屏障和手段"。④ 现有分离/自决权利理论主要关注三个方面的道德理论：集体性的原生自决权（分离的民族主义理论）、自主性选择的自决权（分离的选择理论），以及自我保护的自决权（唯一归因理论）。⑤ 分离运

---

① Erez Manela, *The Wilsonian Moment: Self-Determination and the International Origins of Anticolonial Nationalism*, Oxford: Oxford University Press, 2009.

② 张颖军：《国际法上的民族自决权原则：基于〈联合国宪章〉和国际法院的解释》，《武汉大学学报》（哲学社会科学版）2014年第5期。

③ Kathleen Gallagher Cunningham and Katherine Sawyer, "Is Self-Determination Contagious? A Spatial Analysis of the Spread of Self-Determination Claims", *International Organization*, Vol. 71, No. 3, 2017, pp. 585 – 604.

④ Clyde N. Wilson, "Secession: The Last, Best Bulwark of Our Liberties", in David Gordon ed., *Secession, State and Liberty*, New Brunswick: Transaction Publishers, 1998, pp. 89 – 90.

⑤ Wayne Normann, *Negotiating Nationalism: Nation-Building, Federalism, and Secession in the Multinational State*, New York: Oxford University Press, 2006, p. 183.

动在论证自身合法性时大多数选取上述理论之一,前二者的核心逻辑是原生主义和自由主义,如果是处在去殖民化浪潮之外的分离活动,往往很难得到母国或国际社会的认可。唯一归因理论是论证分离运动正义性的重要道德基础,在西方国家和学者长期鼓吹之下,由于分离地区经济发展水平滞后和母国采取的歧视政策,被认为是严重侵犯人权的行为,成为西方国家对外干涉的工具,也鼓励了一些分离运动的兴起,造成主权国家与分离地区的严重对立和冲突,为国家与分离运动间的互动增加了外部干涉、国际法律以及规范等层面的困难。[①]

在规范如何影响国家行为方面,泰德·格尔针对20世纪末以来的分离运动发现,国家采取妥协策略应对分离问题已经成为一种被普遍接受的规范性行为,"各国政府都已认识到,由自决运动引发的冲突代价过于高昂,最好的解决方式是通过谈判,努力达成抑制暴力的协议",因而各国政府都更加愿意保护少数群体权利,其表现为"歧视性政策的减少,政治自主权的增加,以及通过权力分享将少数群体纳入政治合作之中"。[②] 格尔的预期得到了后续开发的实证证据的支持,拉尔斯·埃里克·塞德曼等学者在整合"族群权力关系"和"武装冲突"两个数据集之后发现,如果对遭受歧视政策迫害的族群采取妥协政策能够在一定程度上降低冲突,包容性政策如分享权力、下放权力、民主自治等都是促进冲突和解的重要手段。[③]

但是,规范对于理解和预测国家应对分离运动的策略行为而言并不是一个很好的变量:首先,不同国际规范之间存在冲突,自决权国际规范是分离运动赖以生存和活动的重要合法性依据,但是其尚无法构成国家妥协的充分条件,民族国家的主权规范却发挥着反方向的作用,母国为了维护主权有动机镇压其国内的分离运动;其次,即使当下越来越多

[①] 李捷、杨恕:《分裂主义及其国际化研究》,时事出版社2013年版,第83—84页。
[②] Ted R. Gurr, "Ethnic Warfare on the Wane", *Foreign Affairs*, Vol. 79, 2007, pp. 52 – 64.
[③] Lars-Erik Cederman, Kristian Skrede Gleditsch and Julian Wucherpfennig, "Predicting the Decline of Ethnic Civil War: Was Gurr Right and for the Right Reasons?", *Journal of Peace Research*, Vol. 54, No. 2, 2017, pp. 262 – 274.

的国家选择采取妥协策略应对分离主义以避免付出镇压的高昂代价,但是对于为何有些国家在特定情况下采取镇压策略的现象,国际规范不能提供有力的理论解释。在规范没有变化的情况下,这一解释尤其难以适用于案例内变化现象,规范如何在不同情况中发挥作用的机制尚不明确。

二 国际干预

对母国政府而言,分离运动能否得到外部支持是影响其策略选择的重要因素之一。国际干预的解释认为,分离运动能够得到国际社会的物质性干预——经济与军事援助,或者合法性干预——得到国际承认。

与前文"实力对比"中有关分离组织实力的讨论相似,物质性干预将会作用于两个方面:第一,增强分离组织实力和议价能力,对政府施加高昂战争成本的威胁;第二,直接影响国家的策略选择,但是其作用方式存在不确定性,既有可能通过经济制裁、军事封锁/威慑等手段限制国家镇压,也有可能因为干涉内政迫使母国(或为母国政府提供机会结构)镇压分离运动。相关文献在前文(见"实力对比")已有回顾,不再赘述。合法性干预是讨论的重点,现有文献讨论了国际社会何时选择支持分离运动,以及其对母国政府应对策略会产生何种影响。

约翰·伍德讨论了国际合法性干预如何形成,以及其对母国选择的具体影响。他认为在国家允许分离或对分离运动发动战争的不同选择中,一个关键因素是道德合法性的存在与否。首先,分离运动普遍希望能够得到国际社会的承认,其中关键机制是分离组织能否证明其拥有代表性或大多数支持,如果分离主义者能够在全民公决或能够在检验公众舆论和民意的选举上证明其拥有大量民众的支持,分离组织的政治主张将会赢得国际社会的尊重。此时,如果中央政府选择无视这一民意上的授权,或者采取强力镇压,将会导致分离组织的行动更具合法性。[①] 不过,分

---

① John R. Wood, "Secession: A Comparative Analytical Framework", *Canadian Journal of Political Science*, Vol. 14, No. 1, 1981, pp. 107–134.

离组织能否有机会举行全民公决或参与选举,取决于母国政治制度、分离时机以及母国政府意愿等因素,那些未经民意检验的分离运动是其不能解释的。

部分学者尝试从体系层面切入,关注体系大国对分离运动和母国政府选择的影响。基于民族国家生成的研究,艾伦·詹姆斯(Alan James)指出,主权国家的诞生不仅需要领土,还需要宪法独立和国际承认,这三个方面构成了威斯特伐利亚体系之后新国家产生的充分条件。[①] 布里奇特·柯金斯(Bridget Coggins)对分离主义国际承认的时机问题进行了深入研究。分离运动目标能否达成,除了母国国内政治过程之外,还受到国际体系内其他国家承认与否的影响:"没有外部合法性,这个行为体就不能算作国家。"柯金斯选择从"反转的第二意象"出发,将国际承认视作在政治动机驱使下大国领导人战略性决策的结果。影响这一过程的主要三个因素为,国际安全关切、国内政治安全和国际体系的稳定。她发现,当大国认为一个新国家的出现能够削弱其对手,或者将会产生积极的安全收益时,将更可能支持分离运动的独立。当大国国内存在分离运动或潜在挑战者时,由于他们担心国际承认会向国内群体发出自己支持独立的信号,即使大国实力强大,也不太可能公开承认新国家。[②]

在此基础上,柯金斯认为,新国家在国际承认问题上存在一个阈值,一旦承认国数量超过这个阈值,那么其外部合法性就将进入相对稳定状态。但是,国际承认背后依旧是大国政治逻辑,大国在"承认政治"上需要协调彼此的行动,其体系性偏好可以从三个方面判断:一是维护国际体系的稳定与和平,二是确保对新国家的群体性支持,三是在拒绝承认时分散可能的报复成本。如果大国无法保持偏好一致,其结果是维持

---

① Alan James, *Sovereign Statehood: The Basis for International Society London*, UK: Allen and Unwin Publishers, 1986, p. 147.
② Bridget Coggins, *Power Politics and State Formation in the Twentieth Century: The Dynamics of Recognition*, USA: Cambridge University Press, 2014, pp. 17 – 20.

现状，分离运动就难以成为得到国际承认的新国家。① 此外，分离地区的内在特点也会影响国际承认的可能性，如果分离运动的拟议领土跨越多个国家的边界，或者该领土尚未能作为组织化的领土单元存在，其独立诉求就不太可能得到国际承认。②

柯金斯的理论认为，母国政府思考如何应对分离运动策略选择取决于两个方面：第一，分离运动能否得到现有大国对其合法性的公开承认；第二，母国政府在国际体系中的地位和对外关系是否能让大国维持现状。从母国视角出发，如果分离运动得到外部大国的承认和支持，那么母国将更加倾向于采取妥协策略来缓解外部压力。大国承认不仅仅影响分离运动的合法地位，而且由于大国拥有更多的战略资源以及政治经济影响力，能够对母国政府的策略选择产生重要影响。

大卫·西罗基等的研究验证并修正了柯金斯的大国选择理论。他们以科索沃的国际承认为案例，发现德法英等国家在科索沃独立问题上采取协调一致的支持行动是由于美国的大力推动，但是俄罗斯拉拢其他国家拒绝承认科索沃显示了大国在体系稳定方面的利益并不是其承认趋同的唯一动力。美俄对科索沃所属势力范围和规则制定权存在分歧和竞争，国际社会在科索沃问题上态度的分化正是因为各国分别处在美国和俄罗斯势力范围之内，与二者经济和军事联系密切。不过，大国选择对分离主义国际承认的影响存在时间上的衰减规律，随着时间增长，其他国家是否承认将取决于其他因素。"尽管承认在决定新国家是否出现和分离主义冲突的结果方面起着根本性的作用……大国竞争，而不是其他因素，是单边分离得到国际承认的决定因素。"③

---

① Bridget Coggins, "Friends in High Places: International Politics and the Emergence of States from Secessionism", *International Organization*, Vol. 65, No. 3, 2011, pp. 433 – 467.

② Bridget Coggins, "How Do States Respond to Secession? The Dynamics of State Recognition Diego Muro", *Barcelona Centre for International Affairs*, December 2017; Eckart Woertz, Secession and Counter-Secession, Barcelona: CIDOB Barcelona Centre for International Affairs, 2018, pp. 27 – 29.

③ David S. Siroky, Milos Popovic and Nikola Mirilovic, "Unilateral Secession, International Recognition, and Great Power Contestation", *Journal of Peace Research*, Vol. 58, No. 5, 2020, pp. 1 – 19.

此外，阿赫桑·巴特（Ahsan I. Butt）开创性地探究了外部干预如何影响国家应对分离运动的策略选择。他认为国家会衡量分离地区未来爆发战争的可能性（依据族群身份和地区局势判断），如果分离地区独立后会威胁母国所在地区的力量平衡并引发权力转移，那么国家将选择镇压（镇压力度依据第三方支持分离运动的程度），否则国家将对分离运动采取妥协。① 巴特的研究侧重将分离运动作为一种对于国家的外部威胁进行分析，而默认国家会对非外部干预的分离运动进行妥协，实际上简化了国家内部分离问题的互动过程，值得进一步探索。

第五节　评估与反思

一　既有研究不足及其原因

从文献回顾可以看出，既有文献对母国政府如何应对分离运动的回答尚存不足，很多情况下仅仅关注分离运动的兴起，致力于研究分离问题生命周期的前半段。除此之外，现有解释要么尝试剖析分离组织产生的微观机制，要么将注意力放在冲突解决和长期和平的条件之上，忽视了政府应对分离问题策略选择背后的政治过程及其对冲突解决的影响。其原因有以下几点。

第一，现有分离主义研究依旧以"西方中心"路径为主流。不少学者在考察发展中国家的分离主义问题时，往往将"民族国家建设失败"作为其研究的出发点，其中隐含的价值判断是非西方国家的现代化发展程度不足以应对分离问题。

第二，现有研究认为政府应对选择取决于三个方面——分离组织实力、政府内部互动以及国际干预。但是，大部分研究工作都试图回答"政府如何能够有效应对分离运动"以及"在什么情况下分离运动更容

---

① Ahsan I. Butt, *Secession and Security: Explaining State Strategy against Separatists*, Ithaca and London: Cornell University Press, 2017, pp. 17–41.

易得到解决",缺少对政府应对行为的系统研究,大多数情况下政府很难单纯地从以最小成本应对分离主义的绝对理性角度选择相关策略。

第三,比较政治研究偏好国与国的比较研究,因为其能够产生普适的理论成果。然而,正如近年来比较政治学中兴起的"次国家研究"流派指出的那样,跨国研究忽略了国内制度、结构和单元的多样性,其理论适用性在向下检验的过程中容易出现问题。[1]

二 扩展理论的切入点

从理论推进的角度来看,既有研究对经验事实、变量关系以及理论逻辑等方面的探讨为本书开展进一步研究提供了基础和空间。总体而言,既有解释分离主义运动中政府策略选择的理论需要厘清以下问题。

第一,分离运动的内部动态对于政府选择有何种影响?基于上述文献回顾可以发现,分离运动内部动态的作用问题存在矛盾乃至针锋相对的观点。第二次世界大战后掀起的民族独立和国家建设浪潮,使得探析分离主义运动的源起问题成为重中之重,并激发了众多学者对族群关系、精英互动以及身份建构等方面的探讨,在内战研究中进一步引入了叛乱组织建设的视角,然而在回答政府在特定情况下究竟如何选择应对方式的问题上却仍然莫衷一是。

朴素的族群关系研究大都将国家镇压视为政府行为选择的常态,对于政府策略的内在变化并不是十分关心。在詹姆斯·费伦系统性地阐述战争的"理性主义解释"之后,新一代的分离冲突研究者受到启发,开始关注分离运动内部动态如何影响政府选择,代表之一为凯瑟琳·坎宁安的一系列研究成果,她尝试打开分离运动内部动态的"黑箱",并结合内战研究对叛乱组织的研究,尤其是"行为体分裂理论"(Theory of

---

[1] Agustina Giraudy, Eduardo Moncada and Richard Snyder, "Subnational Research in Comparative Politics Substantive, Theoretical, and Methodological Contributions", in Agustina Giraudy, Eduardo Moncada and Richard Snyder, eds., *Inside Countries: Subnational Research in Comparative Politics*, Cambridge University Press, 2019, pp. 1 – 37.

Actor Fragmentation），提出经典的"分化—妥协"解释，为在理性选择范畴内思考政府行为提供了新的基础。但是，坎宁安的研究遭到了后续理论探索与实证检验的挑战，如朱利安·武赫尔芬尼希、埃莱诺拉·斯巴达等，前者认为"分化—妥协"理论中政府的妥协策略很可能正是导致分离组织内部分化的原因，而不是组织分化的结果；后者则通过新的数据集发现内部分裂的分离运动中的派别竞争和分歧制约了政府通过满足所有相关行为者的方式谈判让步的能力，从而产生了镇压运动的动机，构建了"分化—镇压"解释。

为何众多学者的理论直觉和实证证据产生如此对立的看法呢？笔者认为原因有二。一方面，现有研究对于政府策略选择的时间定序存在模糊地带，政府策略作为因变量的因果关系识别和检验需要首先明确其定义和时序，说明为何特定策略是受到分离运动内部动态的影响，而非政府政策形塑了分离运动的状态。较为有效的方法是清楚地界定政策变化的分期和差异，将政府在某一时期策略选择的解释起点落在这段时间之前，通过时间定序避免因果倒置的问题。另一方面，既有强调行为体分裂视角的理论解释缺少了"政府动力学"的分析维度，所谓"分化—妥协"与"分化—镇压"的争论都服从同一个假定——政府是单一的理性行为体。该假定在很大程度上造成了政府政策选择不同解释之间的矛盾问题。例如，美国对外使用武力的政策变迁也体现了上述问题。奥巴马政府为了镇压塔利班于2009年增兵阿富汗，却在2010年12月开始转向撤出阿富汗，力图放弃针对塔利班的直接军事干预。后续研究发现这一转变实际上受到了奥巴马政府国内财政改革、美国国内舆论民意转变以及奥巴马不信任持强硬立场的美军高层等因素的影响。[①] 对于"分化—妥协"的解释而言，在打击对象状态未发生明显变化（甚至内部变得更为团结）的情况下，政府政策的急剧变化是其无法回应的经验事实，这提醒我们需要关注政府自身变化对其选择的重要影响，可以成为解决既

[①] Carter Malkasian, *The American War in Afghanistan: A History*, Oxford University Press, 2021, pp. 259–380.

有解释互相对立问题的"理论突破口"。

第二，政府如何认知（思考）分离主义挑战并做出相应选择？既有研究大多数承认政府会对分离主义运动进行领土价值、主权利益、国家信誉、军事实力等方面的思考，这一类研究以芭芭拉·沃尔特的"国家信誉理论"为代表，认定在分离主义运动威胁国家主权或可能产生示范效应的情况下，政府更倾向于选择镇压。不可否认的是，这种推断符合一般直觉，但是如果观察多民族国家进行国家建构的过程，可以发现其反而对于族群关系有着更为谨慎的处理方式。尤其是在主导族群无法构成人口大多数的情况下，领导人会有意避免采取过于强硬的方式镇压争取政治权利的地区或族群，这意味着并不是所有多民族国家都必须或者必然会将维护国家信誉、避免潜在挑战者作为第一要务，现实情况更多的是在维持主权完整的前提下与分离地区或组织进行对话甚至是实施妥协，这是沃尔特等学者开展定量研究所无法回答的问题，值得进一步探讨。

这一问题的复杂性同样体现在军事实力、国家能力等解释之中。归根结底，政府如何认知分离主义挑战并做出反馈的过程存在多个维度因素的影响。例如，政府领导人的个人经历和意识形态，执政党对立法机构的控制程度和政党政治纲领，强制力量的职业化程度（文武/军政关系），国内社会的民意走向以及政治反对派的行动，等等。多元行动者的存在及影响是目前推进政府动力学的难点和突破口所在，既有研究尝试提炼了诸如领导人任期、政体形态、政府稳定性、军政关系等变量，在特定维度上推进了我们对政府选择的理解，但是仍然存在顾此失彼的问题，难以适应多案例比较的检验。不过，如果寻找到更具统合性或者适应性的核心变量以完善对政府选择的分析，那么则能为这一领域研究提供新的创见。这提醒我们，为了推进这一解释，需要探寻能够准确反映多元利益互动以及政府政治过程的关键变量，并在因果链条上发现相关的中间机制，从而搭建起更具解释力的理论框架。

第三，国际政治中的干涉如何作用于政府的策略选择？既有研究大都认同国际干涉对分离运动命运有着重要的影响，甚至发现凡是得以成功独立的运动无不存在外部干预的作用。这一探讨是值得肯定的，毕竟建立新的民族国家需要国际社会的普遍承认和接纳，如果存在国际合法性，母国政府接受自决的可能性更高。那么，是否意味着外部干预的存在就一定能让政府采取妥协呢？答案是否定的。相反，国际干涉往往容易成为领导人开展国内政治动员的最佳借口，如前文提及的，苏加诺时期针对美国在苏门答腊支持反政府武装开展了大规模的镇压行动。可见，外部干涉既可能成为迫使政府妥协的"最后一根稻草"，也可能成为促使政府实施强硬镇压的"催化剂"，其对政府策略选择的作用方式取决于政府自身的状态、认知和反应，而不是外部干涉单方面决定的产物。因而，在后续研究中需要将国际干涉与母国政府联系起来分析，才能得出更可靠的结论。

当然，这并不意味着抛弃分离群体的作用。在文献综述中大量研究表明分离组织具有不可忽视的作用，而国际干涉在很大程度上既可能限制或催化母国政府的选择，也可通过增强或弱化分离组织发挥影响，其具体方式需要结合案例进行具体分析，难以一概而论。实际上，既有内战研究已经发现国际干涉对叛乱组织的影响同样具有策略性，国际行为体通过输入物质性资源塑造叛乱团体，如果其有助于叛乱组织的集权制度，则叛乱组织更有可能维持凝聚力；而如果其旨在构建内部制衡，那便可能引发叛乱组织的分裂。外部支持者的选择取决于其利益诉求与叛乱领袖是否一致，其同样可能将外部支持作为控制叛乱组织的"胡萝卜与大棒"。[1]

不过，是否有必要将国际干涉的策略性纳入解释框架需要慎重考虑。因为母国政府在大多数情况下很难掌握外部干涉如何影响分离组织的完

---

[1] Nicholai Hart Lidow, *Violent Order: Rebel Organization and Liberia's Civil War*, Cambridge, MA: Cambridge University Press, 2016, pp. 6 – 7; Henning Tamm, "Rebel Leaders, Internal Rivals, and External Resources: How State Sponsors Affect Insurgent Cohesion", *International Studies Quarterly*, Vol. 60, No. 4, 2016, pp. 599 – 610.

全信息。在这种情况下，母国政府更多地依靠自身对分离问题的认知并结合政府内部互动进行最后的策略选择。需要指出的是，阿赫桑·巴特提出的"地缘安全理论"为我们思考政府对国际干涉的反应模式提供了一条可借鉴的路径，国家会衡量分离地区未来爆发战争的可能性（依据族群身份和地区局势判断），如果分离地区独立后会威胁母国所在地区的力量平衡并引发权力转移，那么国家将选择镇压（镇压力度依据第三方支持分离运动的程度），实际上提醒我们改变地缘格局的外部干涉更有可能是母国政府实施镇压的"增压阀"。

第三章

分离主义的国家应对理论

第一节 分离主义问题与政府回应：
主权与治权的双重竞争

在分析分离主义问题中政府行为模式之前，需要明确政府如何看待分离运动，即分离运动在何种层面成为政府需要应对的重要问题。[①] 在国家与政府的视角下理解分离运动有着重要意义，其回答了为何政府需要在应对分离运动时考虑采取特定策略——调整政策、开展镇压或实施改革。

一 分离主义的主权之争

首先，在国家的视角下，分离主义运动是针对主权开展的政治竞争。根据前文对分离主义运动的定义可知，分离主义运动开展的政治活动对国家主权、领土完整以及暴力垄断都构成了直接威胁和挑战，分离主义作为一种政治现象与"民族自决权"和"民族自决运动"有着紧密联系。[②] 从政治学对"主权"概念的定义来看，主权指国家的对内最高权与对外独立权。最先从绝对主义和专制主义王权思想出发定义和论述主

[①] 杨恕、李捷：《我国分裂主义理论研究的现状及其发展》，《国际政治研究》2014年第5期。

[②] 曾令良：《论冷战后时代的国家主权》，《中国法学》1998年第1期。

权的法国政治思想家让·布丹（Jean Bodin）强调主权作为一种国家权力是"绝对和永恒的"，主权不仅不容分割而且凌驾于法律之上，但主权归属与权力行使是相分离的，明确了国家与政府之间的关系，后者是治理国家的机制。①《布莱克维尔政治学百科全书》指出，主权是"构成最高仲裁者属性的权力或权威，仲裁者对做出决策以及解决政治体系内的争端具有某种程度的最终权力，能够进行这种决策意味着对外部力量的独立性和对于内部团体享有最高权威或支配权"。② 分离主义在法律层面进行自我合法性论证时，将"对内自决权"与"对外自决权"作为其法理基础，二者的结合导致分离主义运动超越了追求自主与自治的合理范畴，将独立权与脱离权纳入分离主义的政治过程，挑战了国家主权的不可分割性。

在国际法的争论中，主权国家往往拒绝承认土著居民的对外自决权。法学家认为，国家的主权原则"从逻辑上排除了自决权，如果国际法要保证现行国家的主权，就不能同时允许主权在自决权的名下受到侵犯"③。此外，1648年威斯特伐利亚体系之后，"国家"的构成要素（土地、主权和人民）中主权是决定性要素，主权国家以主体民族建构国家权力机制，构成对内保护、对外御敌的国家功能体系。④ 马克思·韦伯（Max Weber）等对国家的定义中进一步明确了国家对内保护的功能属性，他们认为"国家是一种在一个给定范围领土内（成功地）垄断了暴力合法使用权的人类共同体"⑤。从族群与民族国家的关系来看，以分离主义为核心的族群问题，实际上是民族国家"去国家化"和"去中心化"的后果，破坏了国家与民族间的相互支撑关系。⑥ 可见，那些

---

① 郑红：《布丹的主权理论与近代西方绝对主义国家观》，《浙江学刊》2005年第4期。
② ［英］戴维·米勒等：《政治学百科全书》，中国政法大学出版社1992年版，第725页。
③ Tomuschat Christian, *Modern Law of Self-Determination*, Dordrecht, Boston, London: Martinus Nijhoff Publishers, 1993, p. 23.
④ 任剑涛：《找回国家：全球治理中的国家凯旋》，《探索与争鸣》2020年第3期。
⑤ Max Weber, John Dreijmanis and Gordon C. Wells, *Max Weber's Complete Writings on Academic and Political Vocations*, New York: Algora Publishing, 2008, p. 156.
⑥ 周光俊：《族群分离运动治理：缘起、结构与议题》，《探索与争鸣》2020年第6期。

选择暴力方式开展分离活动的组织与国家的暴力垄断形成对抗关系，国家必然需要对这种侵犯进行回应，以维护主权与暴力垄断的完整性。

在 20 世纪七八十年代兴起的回归国家学派的讨论中，其代表学者西达·斯考切波（Theda Skocpol）将国家定义为"以行政权威为首的并由该行政权威在某种程度上妥善协调的一套行政、治安和军事组织，任何国家都是首先和主要从社会索取资源，利用这些资源来创立和维持的强制组织和行政组织"①。在国家自主性的逻辑中，国家需要通过运用其强制力量维持现存秩序和自身利益，这是国家的"第一项基本任务"。② 从斯蒂芬·克拉斯纳（Stephen Krasner）基于"国家利益"（National Interest）定义下的国家自主性来看，核心决策者的偏好服务于"共同体的统一性和整体福利"。③ 在同样十分重视国家理论的道格拉斯·诺斯（Douglass C. North）看来，国家有两个目标，"一是界定产权结构的竞争与合作的基本原则，使统治者的租金最大化"，"二是在第一个目标框架中降低交易费用以使社会产出最大，从而使国家税收增加"。诺斯认为"理解国家的关键在于为实现对资源的控制而尽可能地利用暴力"。④

照此推论，从政治性质来看，分离运动对国家而言接近斯考切波所定义的"危机"时期，其对国家基本职能、目标、利益甚至生存都构成了一定的威胁。第一，从国家权力来看，对国家构成基本要素人口、领土与主权都提出挑战的分离运动来说，其"希望将国家的政治权威限制在本群体及其所占据的区域之外，限制国家权力的管辖范围"，对于国

---

① ［美］西达·斯考切波：《国家与社会革命：对法国、俄国和中国的比较分析》，何俊志、王学东译，上海人民出版社 2003 年版。
② 张勇、杨光斌：《国家自主性理论的发展脉络》，《教学与研究》2010 年第 5 期。
③ Stephen Krasner, *Defending the National Interest*: *Raw Materials Investment and U. S. Foreign Policy*, Princeton: Princeton University Press, 1978, pp. 5-6.
④ ［美］道格拉斯·诺斯：《经济史中的结构与变迁》，陈郁、罗华平译，上海人民出版社 1994 年版，第 24 页。

家现存秩序和利益是一种显性威胁，如果分离运动实现自身政治目标，国家将面临人口下降、领土缺失以及主权范围缩小的被动局面。① 第二，从国家利益和目标来看，对于拥有自主性的国家而言，分离主义运动的政治活动会对国家资源控制、财政收入以及统治者租金造成巨大的负面影响，拿起武器进行反叛的分离组织破坏了国家对暴力的垄断，不利于共同体的统一性和整体福利。② 不过，需要指出的是，在现实情况中，分离运动较少能将国家真正推向"危机"之中，原因在于其难以凭借一己之力导致国家丧失正当性，更困难的则是完全破坏国家强制组织的连贯性和有效性，这与分离组织能力、外部干预强度以及国家本身脆弱性有密切关系，将在后文深入讨论。

二 分离主义的治权之争

对政府而言，分离运动是对其"治权"的争夺。政府作为国家代理组织，发挥着统治和社会管理的职能，分离主义运动是对特定领土范围内的部分人口的组织化动员，尝试将其置于政府权力范围之外，对政府管理职能形成了直接冲击。可以说，分离主义运动及其组织是对国家主权与政府治权在某一领土范围内的争夺。除了主权之外，治权的概念对于思考政府与分离运动的关系有着重要意义，揭示了国家视角下的分离运动所具备的另一层性质。所谓治权，是对主权概念的发展与创新，属于主权的派生性权力，指一国政府由主权所有者赋予的对国家进行治理的权力。马克斯·韦伯认为，"治权必须具有合法性，这是治权所不可违背的和不可废除的基础"③。治权在中国政治实践中的讨论较多，最先起源于孙中山提出的"权能分立"，即政治中包含政权和治权两个力量，

---

① 丁诗传、葛汉文：《对冷战后民族分离主义运动的几点思考》，《现代国际关系》2000年第11期。
② 陆洋、史志钦：《巴基斯坦地方民族主义运动和国家治理政策探析》，《国际论坛》2017年第1期。
③ [德] 马克斯·韦伯：《论经济与社会中的法律》，张乃根译，中国大百科全书出版社1998年版，第261页。

政权（主权）是人民之权，而治权则是政府之权。①

随着后续的现实发展和学术推进，治权的概念被运用于与周礼体制、贤能政治以及一国两制等相关议题的研究之中。② 在有关一国两制的讨论中，王邦佐与王沪宁指出，一国两制包含以主权为转移的体制，又包括部分地区以治权为根据的体制，治权体现为香港的体制与法制。③ 张笑天认为，主权与治权相分离存在三种情形：第一种分离指国际关系学强调的，作为内部权威的主权与作为实际控制的治权间的分离，这一现象在全球化时代普遍存在，是两权分离的程度问题，即"治权在数量上的增减变化并不导致主权的增强或弱化"④；第二种分离指孙中山提出的政权与治权关系，表现为在政治哲学层面取法乎上的人民主权原则，落实为"人民选择统治者，政府施行统治权"；第三种分离指的是国际法承认的国家主权与作为领土管辖的治权间的分离，某一范围的领土的实际控制者并非领土主权的所有者，但出于某种考虑，国际法赋予了实际控制者以治权（管辖权），摩洛哥对西撒哈拉30余年的占领现状体现了两权分离的状态⑤。

从上述讨论可以看出，治权在广义上涉及政府对某一领土的管辖权或管治权，而分离运动是在得到某一领土内部分人口支持的基础上，调动资源开展分离活动，实力较强的分离运动甚至能在某一领土内发挥替代性治理功能，实际上是对政府治权的阻断。即使分离运动未能形成替代性治理，或未能实施内战问题中安娜·阿乔纳（Ana Arjona）等学者所定义的"反叛者的治理"（Rebel Governance），但是其对自治权的主张在未得到国家主权或政府承认的情况下，依旧妨碍了国家/政府权力对这

---

① 孙中山：《孙中山选集》，人民出版社2011年版，第398—482页。
② 李若晖：《主权在上治权在下——周礼德性政治要论》，《中山大学学报》（社会科学版）2016年第3期；白彤东：《主权在民，治权在贤：儒家之混合政体及其优越性》，《文史哲》2013年第3期。
③ 王邦佐、王沪宁：《从"一国两制"看主权与治权的关系》，《政治学研究》1985年第2期。
④ 盛文军等：《经济全球化进程中的国家主权》，《社会主义研究》1999年第3期。
⑤ 张笑天：《试论主权治权分离的理论基础与现实可能》，《台海研究》2015年第4期。

一领土范围的投射。① 在讨论分离运动与政府的关系时，巴特库斯认为分离运动对于国家/政府而言是一种"分离危机"（Secession Crisis），这种危机是"在国家内部一些代表一个地域上集中社群的领导人将不满转化为分离要求，他们拥有来自社群内部动员支持或使用武力迫使中央政府回应的能力"，这种危机同样揭示了政府回应的必要性。② 因此，在国家/政府视角下，分离运动之所以能引起其重视，或曰国家必须对其进行回应，根本原因是分离运动对国家/政府构成了主权与治权的双重竞争。

第二节 分离运动互动中政府的角色及其选择难题

主权与治权的讨论明确了国家/政府回应分离主义挑战的必要性与不可回避性，但并不意味着国家行为是线性的或消极被动的。③ 现有解释国家/政府行为的理论常常偏重于某一特定因素，广泛使用定量方法及其识别的因果关系很难完全适用于解释具体案例的发生过程及结果分化的现象。但是，定量研究对变量间关系的探讨对质性研究而言具有重要的启发意义。④

在文献回顾部分，现有研究从四个视角出发对分离问题中的政府行为选择提出多样化的解释。为了展开对政府行为模式的分析，理解分离问题互动中政府的动机、约束以及基本选择格外重要。

在国家主权、接触反应、政治制度、国际压力等四个视角的文献梳理中，我们可以对政府行为的三个基本维度进行归纳。

---

① Ana Arjona, Nelson Kasfir and Zachariah Mampilly, *Rebel Governance in Civil War*, Cambridge: Cambridge University Press, 2015, pp. 1 – 19.
② Viva Ona Bartkus, *The Dynamic of Secession*, UK: Cambridge University Press, 1999, p. 10.
③ Alyssa K. Prorok, "Leader Incentives and Civil War Outcomes", *American Journal of Political Science*, Vol. 60, No. 1, 2016, pp. 70 – 84.
④ Gary Goertz and James Mahoney, *A Tale of Two Cultures: Qualitative and Quantitative Research in the Social Sciences*, Princeton University Press, 2012, pp. 1 – 13.

(1) 政府应对分离运动的三种可能动机，即经济收益、权力稳定和国家秩序（安全）；

(2) 政府应对分离运动的三类约束难题，即承诺困境、否决困境和融合困境；

(3) 政府应对分离运动的两种基本选择，即妥协、镇压。

基于上述三个基本维度，本书尝试对分离问题中政府的角色和行为进行系统的分析，以此寻找影响政府行为的关键变量与机制，为后续搭建解释框架建立基础。

一　分离主义运动中的四方互动

分离主义问题从发生、互动到解决三个阶段涉及四个主要行为体——政府、分离组织、社会/分离地区社会与外部力量，如图 3-1 所示。分离问题的主要互动方集中在国内政治场景之中，分离组织虽然可能因为外部力量的鼓励或其他分离运动的示范效应而向中央政府发出挑战，但是这些因素更可能是一种机会窗口或推动力量，其发生根源依旧离不开国内政治与经济因素的驱动，因而政府、分离组织和社会是分离问题中主要的行为体，三者构成了联系密切的闭环结构。外部力量发挥作用很难突破三角框架的范畴，而是借由三者间的关系影响分离问题的走向。

政府指国家的代理组织，政府通过行政权威（Executive Authority）发挥着领导和协调作用。[1] 斯考切波对国家的定义强调政府行政权威的作用，她认为"国家指的是以行政权威为首的并由该行政权威在某种程度上妥善协调的一套行政、治安和军事组织，国家首先和主要从社会索取资源，利用这些资源来创立和维持的强制组织和行政组织"[2]。在讨论

---

[1] Joel S. Migdal, *Strong Societies and Weak States: State-Society Relations and State Capabilities in the Third World*, Princeton University Press, 1988, pp. 18-20.

[2] ［美］西达·斯考切波：《国家与社会革命：对法国、俄国和中国的比较分析》，何俊志、王学东译，上海人民出版社 2003 年版。

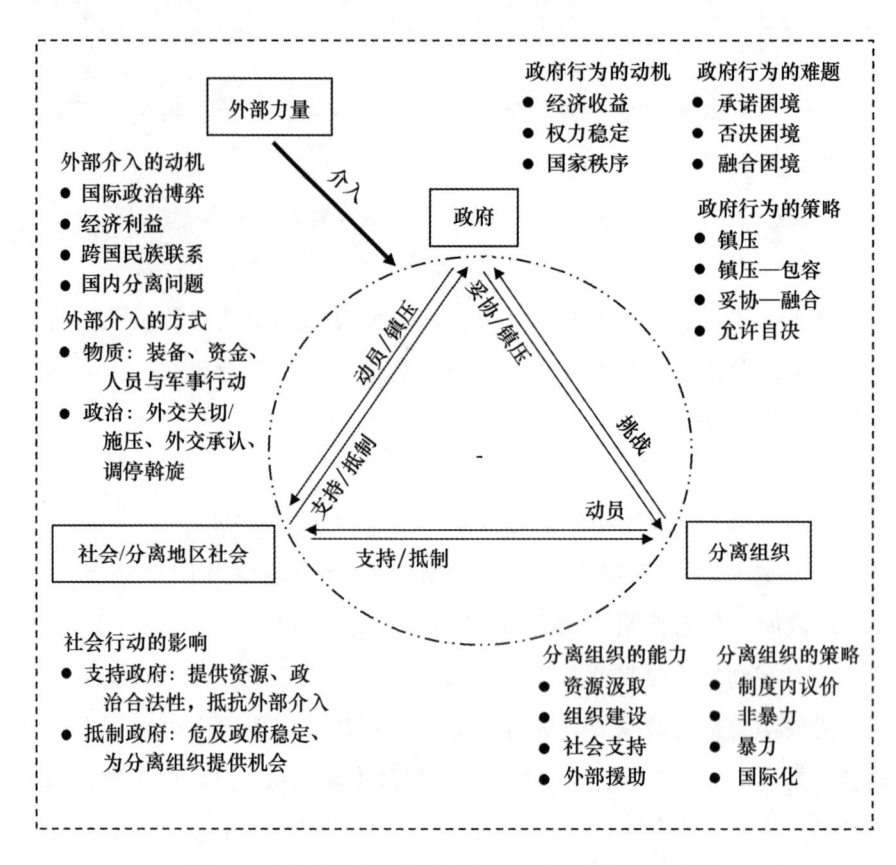

图 3-1 分离主义问题中的四方互动及其主要变量

政府行为或偏好变化时，除了领导人（核心决策者）之外，本书主要考虑行政学定义下政府之外的主要行为体，包括政治派系（政党）、军队、立法机构等也纳入讨论的范畴，原因在于掌握行政权威的政府在制定政策、采取行动时需要协调政治派系、军队以及立法机构，而非单纯由领导人（核心决策者）主导形成国家偏好或政府行为，在选择妥协或镇压策略时，皆涉及政治派系、军队以及立法机构的影响。[①]

[①] Aya Watanabe, "The President-Led Peace Process and Institutional Veto Players: The Mindanao Conflict in the Philippines", *Asian Journal of Comparative Politics*, Vol. 3, No. 1, 2018, pp. 1–19.

需要注意的是，在本书的讨论中，国家与政府（中央政府）存在概念上的重叠。由于分离问题直接挑战了主权与治权，实际上作为国家代理组织的政府在很大程度上与国家面临相同的激励或约束，基本上代表着国家意志，这里不做细致区分。这一点也体现在当下内战文献之中，不少学者在其讨论与分析中时常交替使用 state 与 government/central government，虽然存在概念上的不完全重合，但是并不影响整体逻辑的表达和分析。[1]

社会指的是国家内部公民以及公民社会。后者来自米格代尔（Joel S. Migdal）关于国家—社会关系的定义，社会指公民社会（Civil Society），包括正式和非正式的社会自愿结成的运动、团体和组织。[2] 在分离主义问题的四方互动模型中，社会包括两部分——与国家概念对应的"社会"以及"分离地区的社会"。社会对国家偏好或政府行为影响的可能途径包括民意、选举制度、利益集团等，分离组织与政府都需要与社会进行互动，前者需要从分离地区的社会（如普通民众、宗教组织、学生团体等）中汲取资源，获得支持，并影响社会其他群体（如其他潜在分离群体、民间组织等）对国家/政府施加压力[3]；后者则需要应对来自社会的压力，在应对分离主义问题上达成共识，同时分离地区的社会同样能够成为政府拉拢或镇压的对象，以分化或抑制分离组织的社会支持[4]。可以说，社会构成连接政府与分离组织尤为重要的一环，这也是为何在谈及分离主义问题治理时，大多数研究都将社会作为关键维度之一。

分离组织，依据前文给出的定义，指分离主义运动的组织化产物

---

[1] Stathis N. Kalyvas, *The Logic of Violence in Civil War*, Cambridge: Cambridge University Press, 2006.

[2] Joel S. Migdal, *Strong Societies and Weak States: State-Society Relations and State Capabilities in the Third World*, Princeton University Press, 1988, pp. 18–20.

[3] Philip Roessler and David Ohls, "Self-Enforcing Power Sharing in Weak States", *International Organization*, Vol. 72, No. 2, 2018, pp. 423–254.

[4] Stathis N. Kalyvas, *The Logic of Violence in Civil War*, Cambridge: Cambridge University Press, 2006.

(构成要素包括意识形态、领导阶层和组织);① 分离主义运动的定义是,现存得到国际社会承认的国家中的一部分人口,在得到所属国家同意的情况下,以有组织的方式试图将其某一范围内的领土从所属国家分离,并建立得到其他国家或国际组织承认的新的独立国家的政治活动。分离组织能够利用分离地区的怨恨、贪婪或相对剥夺感进行广泛的政治动员,基于分离地区社会提供的支持,向政府提出分离挑战。在分离组织与政府关系上,不少研究发现分离组织的行为选择也是具有策略性的,例如坎宁安认为分离组织提出挑战的前提是"常规政治"(Conventional Politics)无法解决分离组织与政府的议价问题,如果分离组织具备以下特征,更有可能采取暴力的挑战方式——分离群体规模大、邻国存在同族、政治上受到排斥、经济上面临歧视政策、内部分化且追求独立、母国经济发展水平低。相比之下,非暴力的分离活动更容易在分离族群地理分布不集中、政治排斥、经济歧视以及非民主制度中产生。②

此外,分离组织会尝试走国际化路线,通过引入外部力量的干预以获得更多资源、外部干预甚至国际承认,以实现自己的政治目标。杨恕和李捷对分离主义(分裂主义)国际化的相关问题进行了深入研究,他们将分离主义所需要的外部支持划分为物质支持(人员、物资)与精神支持(政治、国际承认)两种类型;分离组织国际化的判断标准有二,一是分裂主义组织建立复杂的海外活动网络,二是国际社会对其独立诉求的高度关注和介入;进一步地,分离主义国际化策略亦有不同类型,包括权利诉求式国际化和暴力恐怖式国际化;分离主义具备国家间扩散效应,从影响范围上看,呈现的递进式形态包括周边型国际化以及区域、全球型国际化。③

---

① John R. Wood, "Secession: A Comparative Analytical Framework", *Canadian Journal of Political Science*, Vol. 14, No. 1, 1981, pp. 107 – 134.

② Kathleen Gallagher Cunningham, "Understanding Strategic Choice: The Determinants of Civil War and Nonviolent Campaign in Self-Determination Disputes", *Journal of Peace Research*, Vol. 50, No. 3, 2013, pp. 291 – 304.

③ 杨恕、李捷:《分裂主义国际化进程研究》,《世界经济与政治》2009 年第 12 期;李捷、杨恕:《分裂主义及其国际化研究》,时事出版社 2013 年版,第 110—113 页。

外部力量，指的是母国之外的国际行为体，如国家、国际组织、跨境族群或侨民团体等。[1] 外部力量对一国分离主义问题的影响方式以母国政府、社会与分离组织三方互动关系为媒介，增强或限制其中一方在分离主义问题中的行为选择，中介变量包括各方实力、行为合法性以及权力稳定性等。总的来看，外部力量的介入方式可以划分为物质（武器装备、资金、通信运输网络、军事训练、军事打击等）与政治（外交关切/施压、外交承认、调停斡旋等）两个基本类型，但是根据不同主体进行分类，可以将外部力量介入方式分为国家政治干涉型、民族宗教联系型、散居者支持型、联合国介入型。[2]

外部介入有程度上的区别。例如，赫拉克利斯将外部力量的介入划分为程度递进的三个阶段：第一，低度介入（Low Involvement），指人道主义干预；第二，中度介入（Medium Involvement），指延伸性的非军事介入，提供避难所、基地、资金援助或情报等方面的支持；第三，高度介入（High Involvement），或称"干预"（Intervention），指涉及物质层面的军事介入行为，包括提供武器装备、军事顾问、战斗人员，进而升级为有限的直接武装冲突，最后是大规模军事干预或国家间战争。[3] 在赫拉克利斯的基础上，后续研究尝试识别外部力量介入的原因与动机，发现介入原因主要包括以下三个方面：第一，国际政治和国家安全原因，例如，通过介入分离主义问题打击母国政府，削弱其实力，还有大国间竞争引发的代理人战争以分离主义问题作为切入点，从而导致外部介入的发生。[4] 第二，经济因素，例如，国家在国内利益集团（比较典型的是美国跨国公司）的

---

[1] Alexis Heraclides, "Secessionist Minorities and External Involvement", *International Organization*, Vol. 44, No. 3, 1990, pp. 341 – 378.

[2] 杨恕、李捷：《分裂主义国际化进程研究》，《世界经济与政治》2009年第12期。

[3] Alexis Heraclides, "Secessionist Minorities and External Involvement", *International Organization*, Vol. 44, No. 3, 1990, pp. 341 – 378.

[4] Stephen Saideman, *The Ties That Divide: Ethnic Politics, Foreign Policy, and International Conflict*, Columbia University Press, 2001, pp. 13 – 35；陈翔：《内战为何演化成代理人战争》，《世界经济与政治》2018年第1期。

推动下介入分离主义问题,争夺经济利益。① 第三,介入发起国的国内因素,如与分离地区的族群联系、本国国内是否存在分离主义问题等将会影响外部力量的干预与否。②

在上述呈现的分离主义问题的四方互动中,突出强调分离运动挑战的场景,即当分离主义运动向政府提出关于自治乃至独立的政治挑战时,政府(需要)选择采取何种策略应对(及其可能出现的政策变化)。尽管对研究场景给出了具体限定,但是本书认为,在解释政府应对行为时,我们有必要将分离主义问题中的四个主要行为体以及他们的互动关系考虑在内。

二 政府应对分离运动的可能动机

从文献回顾部分来看,政府应对分离运动存在三种可能的动机,即经济收益、权力稳定和国家秩序(安全)。但是,从利益主体层次来看,这三种动机可能是由政府内部不同主体决定的,如图3-2所示。

第一,经济收益动机可能来自政府与军队。分离主义问题中的经济收益指分离地区的领土价值,尤其指分离地区资源和税基为政府或军队带来的经济收益,驱动政府或军队在处理分离问题时尽量保证经济收益不被分离运动所破坏,这是一种经济理性的动机。不过,在理解经济收益的动机时,需要注意到分离地区资源开发和税基收入对于政府相关主体之间的不同关系。其一,政府财政收入与分离地区的经济价值直接相关,如果分离地区贡献了占比较高的政府财政收入,那么政府将有动机采取更多、更加强硬的手段应对分离组织,以维持政府财政稳定。③ 其

---

① David N. Gibbs, *The Political Economy of Third World Intervention: Mines, Money, and U. S. Policy in the Congo Crisis*, University of Chicago Press, 1911, pp. 30 – 36.

② Jeffrey Herbst, "The Creation and Maintenance of National Boundaries in Africa", *International Organization*, Vol. 43, No. 4, pp. 673 – 692; Stephen M. Saideman, "Ties versus Institutions: Revisiting Foreign Interventions and Secessionist Movements", *Canadian Journal of Political Science*, Vol. 40, No. 3, 2004, pp. 733 – 747.

③ Michael L. Ross, "What Do We Know about Natural Resources and Civil War?", *Journal of Peace Research*, Vol. 41, No. 3, 2004, pp. 337 – 356.

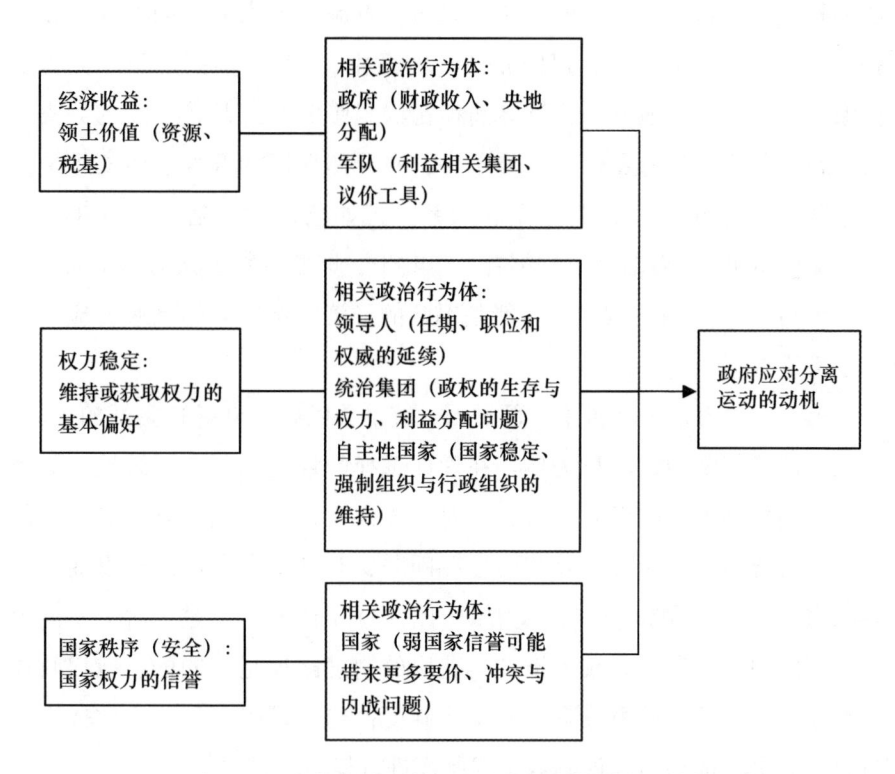

```
┌─────────────┐    ┌──────────────────┐
│ 经济收益：   │    │ 相关政治行为体：  │
│ 领土价值(资源、│───│ 政府(财政收入、央地│
│ 税基)       │    │ 分配)             │
└─────────────┘    │ 军队(利益相关集团、│
                   │ 议价工具)         │
                   └──────────────────┘

┌─────────────┐    ┌──────────────────┐
│ 权力稳定：   │    │ 相关政治行为体：  │    ┌──────────┐
│ 维持或获取权力│───│ 领导人(任期、职位和│───│ 政府应对分离│
│ 的基本偏好   │    │ 权威的延续)       │    │ 运动的动机 │
└─────────────┘    │ 统治集团(政权的生存│    └──────────┘
                   │ 与权力、利益分配问题)│
                   │ 自主性国家(国家稳定、│
                   │ 强制组织与行政组织的│
                   │ 维持)             │
                   └──────────────────┘

┌─────────────┐    ┌──────────────────┐
│ 国家秩序(安全)：│──│ 相关政治行为体：  │
│ 国家权力的信誉 │   │ 国家(弱国家信誉可能│
└─────────────┘    │ 带来更多要价、冲突与│
                   │ 内战问题)         │
                   └──────────────────┘
```

图 3-2　政府应对分离运动的动机及其相关行为体

二，政府利益分配模式可能受到分离主义问题的影响，原因在于政府应对分离主义的不同选择涉及地方转移支付和武力资源调度的政策问题。

地方转移支付需要计算政府能否平衡不同地区转移支付的分配问题，分离组织对自治权和政府支持政策的要求可能对地区间利益分配构成威胁，从而驱使政府进行政治或财政分配的改革以安抚分离主义。[1] 武力资源调度则涉及军队利益问题，军队需要政府财政或其他收入来源以维持自身地位和发展。在军政关系的理论讨论中，政权往往需要在经济问

---

[1] Michel Le Breton and Shlomo Weber, "The Art of Making Everybody Happy: How to Prevent a Secession", *IMF Staff Papers*, Vol. 5, No. 3, 2003, pp. 403–435.

题上收买以控制军队或换取军队的忠诚,发展中国家采取的方式更多的是向军队提供经济特权,以防止政变的发生。① 对于国家建构不完善的国家而言,中央与地方、族群之间存在的紧张关系,及其引发的分离主义问题是军队向政府要价的重要条件,在分离地区的开发、治安维护方面军队内部存在利益相关集团和派系。正如芭芭拉·盖迪斯(Barbara Geddes)指出,"大部分文献都有一个共识,即职业军人认为军队的生存和效率高于一切"②。因而,可能是军队的经济收益问题驱动政府应对分离主义挑战。

第二,权力稳定动机来自领导人、统治集团以及具备自主性的国家。此三者都是典型的政治行为体,在理性选择的理论路径中,政治行为体的基本偏好是维持或者获得权力,对领导人而言是任期、职位和权威的延续,对统治集团而言是政权的生存问题,对具备自主性的国家而言则是国家稳定(强制组织与行政组织的维持)问题。③ 不过,对于不同政体类型的国家而言,其权力维持与获取的制度路径是不同的,威权政体依赖继承、庇护与权力分享等非正式制度,选举式威权与民主政体则通过政党竞争、选举与代议制等正式制度进行权力更替。④

分离主义问题的出现对领导人、统治集团和国家都构成了权力稳定层面的威胁:首先,对于领导人而言,分离主义运动寻求自治或独立,领导人如果无法有效应对,可能导致其付出国内政治成本(来自国内民众与反对派),则代价为权威受损、政治生存受到冲击。⑤ 其次,统治集

---

① Milan W. Svolik, "Contracting on Violence: The Moral Hazard in Authoritarian Repression and Military Intervention in Politics", *Journal of Conflict Resolution*, Vol. 57, No. 5, 2013, pp. 765 – 794.

② Barbara Geddes, "What Do We Know About Democratization After Twenty Years?" *Annual Review of Political Science*, No. 2, 1999, pp. 115 – 144.

③ Helen Milner, *Interests, Institutions, and Information*, Princeton: Princeton University Press, 1997, pp. 34 – 36.

④ Andreas Schedler, *The Politics of Uncertainty: Sustaining and Subverting Electoral Authoritarianism*, Oxford University Press, 2013.

⑤ Alyssa K. Prorok, "Leader Incentives and Civil War Outcomes", *American Journal of Political Science*, Vol. 60, No. 1, 2016, pp. 70 – 84.

团划定了政治权力和经济利益分配的群体和阶层边界，分离主义运动的政治目标是希望权力与利益在新的群体中进行重新分配，这一诉求迫使统治集团采取行动，例如，民主制度下的执政党有动机争取意识形态相近的分离地区的选票以维持自己的权力和优势。① 最后，除了主权与治权的双重竞争外，分离主义问题中外部力量的介入阻碍了国家对内事务的最高性，也不利于在国际竞争中对自身利益的维护和国家优势的追求。②

基于制度层面的差别，不少学者认为权力稳定动机下的政府行为选择呈现不同规律，威权政体受到制度约束更弱，因而更有可能采取镇压措施对付分离主义，相比之下，民主政体的应对行为更加多样。③ 当然，也有学者并不认可制度决定的逻辑，例如，泰恩在其研究中认为，如果领导人权力拥有稳固的基础，就有与分离组织谈判并解决冲突的余地，这可以帮助反对派建立对战后承诺的期望。④ 这些理论与经验证据的分歧意味着单纯从政体和制度层面思考权力稳定动机下的行为体选择是不够的。

第三，国家秩序（安全）动机，指的是多民族国家中族群关系对国家秩序和安全存在重要影响，族群关系的破裂将会带来恐怖主义、分离主义以及其他形式的冲突甚至是内战。与权力稳定动机中的自主性国家不同，国家秩序（安全）动机是一种信誉理论。国家秩序动机认为，如果国家无法有效应对第一位挑战者，国家可能在分离运动的挑战中失去信誉，引发族群冲突的"多米诺骨牌效应"，引发更多的族群和地区向

---

① Leonce Röth and André Kaiser, "Why Accommodate Minorities Asymmetrically? A Theory of Ideological Authority Insulation", *European Journal of Political Research*, Vol. 58, No. 2, 2019, pp. 557–581.

② Alexis Heraclides, "Secessionist Minorities and External Involvement", *International Organization*, Vol. 44, No. 3, 1990, pp. 341–378.

③ Christian Davenport, *State Repression and the Domestic Democratic Peace*, Cambridge: Cambridge University Press, 2007.

④ Clayton L. Thyne, "Information, Commitment, and Intra-War Bargaining: The Effect of Governmental Constraints on Civil War Duration", *International Studies Quarterly*, Vol. 56, 2012, pp. 307–321.

政府要价的行为，甚至演化为国家的崩溃。①

不过，在现实政治中，国家秩序（安全）动机是政府应对分离主义挑战的常用"说辞"，因而难以判断维护国家秩序与安全是否是政府行为的真实动机。例如，1990年1月面对帝力发生的分离叛乱活动，印尼的穆达尼（Murdani）将军在其措辞强硬的演说中指出，"就算有再多叛乱，就算对政府的意见再大，我们都会将其全部粉碎。这不是为了镇压东帝汶人，而是为了在物质上和其他方面维护印度尼西亚领土的统一"②。

三 政府应对分离运动的约束难题

政府在应对分离主义运动时，并不是单纯地从动机层面思考其策略选择，而是在互动过程中可能面临不同类型的约束难题。本书将其划分为三个类型，即承诺困境、否决困境和融合困境。这三大难题在政府决策的不同阶段出现，来源于政府与不同行为体间的互动关系，难题产生的根本原因是行为体利益偏好的不一致导致其有动机利用自己的信息、位置和权力对政府决策进行干扰、挑战或否定。

首先，承诺困境，指的是由于缺乏能够推动协议执行的机制或力量，行为体很难让对方相信自己会信守承诺，也不相信对方会执行承诺。丽莎·马丁（Lisa L. Martin）指出，"做出承诺是政治的核心困境，在更一般的意义上也是社会互动的核心困境。"③ 在政治互动中，由于博弈在多数情况下属于多轮博弈，承诺是行为体之间进行合作的必要条件。但是，承诺困境之所以对相关行为体而言是一种不可回避的约束，原因在于其

---

① Nils-Christian Bormann and Burcu Savun, "Reputation, Concessions, and Territorial Civil War: Do Ethnic Dominoes Fall, or Don't They?", *Journal of Peace Research*, Vol. 55, No. 5, 2018, pp. 671–686.

② Adam Schwarz, *A Nation in Waiting: Indonesia's Search for Stability*, Boulder, CO: Westview Press, 2000, p. 210.

③ Lisa L. Martin, *Democratic Commitments: Legislatures and International Cooperation*, Princeton, New Jersey: Princeton University Press, 2000, p. 36.

涉及利益分配以及时间不一致性等问题。正如托马斯·谢林指出的，"承诺意味着放弃一些选择，并放弃对自己未来行为的一些控制，而且这样做是有目的的。目的就是影响别人的预期和选择"①。承诺困境存在于多个场景中，在分离主义问题的发生、互动与解决中都存在承诺问题，这与通过承诺问题解释族群冲突的路径相似。② 对于政府而言，承诺困境意味着政府无法为其尝试解决分离问题的政策（如政府出台政策承诺不侵犯分离地区利益）对分离组织做出可信的承诺，政府将难以与分离组织达成合作，并从中获得潜在收益。③ 在信息不对称的情况下，政府与分离组织如果对现状不满，都有动机进一步升级暴力手段的使用。④

不过，在现实案例中并不是不存在以妥协达成解决的分离主义问题，印尼亚齐、东帝汶等分离地区的解决方案表明承诺困境并非不能克服的难题。现有研究发现了几个可能影响承诺困境的因素：第一，领导人激励，包括领导人任期、政治压力、内战责任等，这些因素改变领导人在互动中的激励，改变其做出可信承诺的能力。例如，艾丽莎·普罗克（Alyssa K. Prorok）认为，领导人如果在冲突问题上负有责任，当其面临较强的观众成本（民众与反对派）约束时，领导人将无法在谈判中做出可信承诺，失败与媾和的结果带来的内部惩罚驱使领导人破坏协议。⑤ 第二，组织结构，包括分离组织与政府的结构特征是否稳定、凝聚力高低、派系整合程度，将会影响双方发出可信承诺的能力，但是坎宁安认为分离组织与政府的结构与其承诺能力是不对称的，前者如果越分化，

---

① ［美］托马斯·谢林：《承诺的策略》，王永钦、薛峰译，上海人民出版社2009年版，第1页。
② James D. Fearon, *Ethnic War as a Commitment Problem*, Stanford University, 1995, p. 3.
③ Finn E. Kydland, "Edward C. Prescott. Rules Rather than Discretion: The Inconsistency of Optimal Plans", *Journal of Political Economy*, Vol. 85, No. 3, 1977, pp. 473–491.
④ James D. Fearon, "Rationalist Explanations for War", *International Organization*, Vol. 49, No. 3, 1995, pp. 401–409.
⑤ Alyssa K. Prorok, "Leader Incentives and Civil War Outcomes", *American Journal of Political Science*, Vol. 60, No. 1, 2016, pp. 70–84.

其承诺能力越弱，后者的派系分化却能提升政府的承诺能力。[1] 第三，第三方担保与协议设计，核心机制包括增加权力分享以减少机会主义行动，通过部队隔离增加战斗成本，迈克尔·马特斯（Michaela Mattes）与布尔库·萨文（Burcu Savun）的研究验证了上述机制，并认为其有效解决了冲突双方的承诺问题。[2]

其次，否决困境，指的是政府策略无论是选择妥协还是镇压都可能遭遇"否决者"的阻碍，导致其改变现状的能力变弱，甚至难以做出政策调整。"否决者"的相关讨论常见于公共政策领域，如亚当·普沃斯基（Adam Przeworski）指出的，"几乎所有的利益结构都包含着合作和冲突，但公共决策总是承载着分配效应，即使号称普世主义的立法，也会对拥有不同资源和财富的人产生不同的影响"[3]。不过，现有研究发现，无论是经济相关的贸易政策、财政政策、利率政策，还是非经济领域的安全政策、社会政策、环境政策都会产生一定的分配效应，为我们在其他研究议题中探讨政策过程中的否决问题提供了借鉴。[4]

同样，相关文献在讨论分离主义问题中政府选择时，也开始注意到其中存在的否决困境。在应对分离运动时，政府可能的策略选择都需要付出一定的成本，如果向分离组织妥协，政府需要进行政治权力与经济利益的再分配；如果选择镇压分离组织，政府将会消耗政府财政，承担使用武力的责任，甚至威胁到国内社会稳定，对其他政治行为体的利益造成损害。虽然从政府行为选择来看，如果在承诺困境未得到缓解的情况下，其更有可能采取镇压策略应对分离运动，国家对暴力的合法垄断

---

[1] Kathleen Gallagher Cunningham, *Inside the Politics of Self-Determination*, New York: Oxford University Press, 2014, pp. 28–45.

[2] Michaela Mattes and Burcu Savun, "Fostering Peace after Civil War: Commitment Problems and Agreement Design", *International Studies Quarterly*, Vol. 53, No. 3, 2009, pp. 737–759.

[3] [美] 亚当·普沃斯基：《国家与市场：政治经济学入门》，郦菁、张燕译，格致出版社、上海人民出版社2009年版，第80页。

[4] 田野：《国家的选择：国际制度、国内政治与国家自主性》，上海人民出版社2014年版，第88页。

也让其对于分离组织而言在力量上拥有相对优势。① 但是，国家强制力量的使用是存在成本的，如果镇压手段带来的成本过于高昂，那么政府的强硬政策可能会在出台之前受到"否决者"的影响。如果政府因为镇压成本过于昂贵，或其镇压策略遭到"否决者"的阻碍，进而选择妥协策略应对分离运动，那些受到政治与经济改革影响的行为体将会成为妥协政策的"否决者"。从政策逻辑来看，政府想要推进某项政策，必须获得其他"否决者"的同意，后者为政府核心决策者提供了不同的机会和限制。②

那么"否决者"指的是哪些政治行为体呢？从理性选择制度主义出发，乔治·泽比利斯（George Tsebelis）将"否决者"定义为，对改变现状而言其同意是不可或缺的行为体。泽比利斯认为否决者存在两个基本类型——由国家宪法产生的"宪法否决者"和由政治博弈产生的"政党否决者"。③ 不过，泽比利斯对否决者的划分基于宪政体制与竞争性民主选举制度，并没有考虑威权体制下的否决者问题。在后者中，军队、利益集团、政党甚至寡头与地主都能够通过正式或非正式的制度渠道参与或影响政府决策的制定。在威权稳定的相关研究中，学者们将政治吸纳的制度与机构安排（议会、政党、选举、内阁等）作为统治者拉拢反对力量的妥协方式，以追求政权的生存与稳定，他们在某些情况或议题中发挥着否决者的作用。④ 可见，否决者的产生与否并不取决于政体类型，其数量也是不固定的。正如爱德华·曼斯菲尔德和海

---

① Stephen M. Saideman and Marie-Joëlle Zahar, "Causing Security, Reducing Fear: Deterring Intra-State Violence and Assuring Government Restraint", in Stephen M. Saideman and Marie-Joëlle Zahar, eds., *Intra-State Conflict, Governments and Security Dilemmas of Deterrence and Assurance*, New York: Routledge, 2008, pp. 10 – 11.

② Ellen M. Immergut, *The Rules of the Game: The Logic of Health Policy-Making in France, Switzerland, and Sweden*, in Sven Steinmo, Kathleen Thelen and Frank Longstreth, eds., *Structuring Politics: Historical Institutionalism in Comparative Analysis*, Cambridge University Press, 1992, p. 64.

③ George Tsebelis, *Veto Players: How Political Institutions Work*, Princeton: Princeton University Press, 2002, pp. 19 – 20.

④ Jennifer Gandhi, *Political Institutions under Dictatorship*, UK: Cambridge University Press, 2008, pp. 180 – 188.

伦·米尔纳指出的,"国内政治大多都不是由单一决策者主导的且对领导人无任何限制的纯粹等级制。偏好不同的国内集团如果拥有否决权,便会围绕政策开展竞争"①。简单而言,否决困境的相关理论研究指出,对政府而言,如果否决者的数量越多,那么其政策受到的阻力将会越大。

最后,融合困境,指的是当政府无法继续开展镇压时,政府采取妥协策略可能会增加分离组织挑战政府的能力(两个方式——政府内斗与外部挑战),诱使潜在群体效仿,导致政府未来可能再度面临分离主义的挑战。② 丹尼斯·杜尔(Denis M. Tull)和安德烈亚斯·梅勒(Andreas Mehler)揭示了以权力分享为核心的妥协政策可能存在的"隐性成本"(Hidden Costs),他们认为非洲国家"民族团结政府"广泛采用的"权力分享协议"(Power-Sharing Agreements)创造了一种激励结构,鼓励其他族群或地方的领导人发动分离与叛乱活动。③ 非洲的案例显示了政府妥协政策的负面效果,即向分离组织释放善意反而会加剧分离活动,导致更多不稳定现象的产生。本杰明·格雷厄姆(Benjamin A. T. Graham)等学者的近期研究细致地区分了妥协政策发挥作用的条件,他们认为权力分享往往导致政治制度变得更不稳定,甚至引发崩溃,而恰恰是限制性的制度有利于分歧解决、制度生存和政治稳定。④ 融合困境常见于族群结构不稳定、国家能力弱以及政府内部冲突激烈的分离主义场景中:第一,族群结构上如果掌握权力的族群无法对分离族群形成绝对优势,

---

① Edward D. Mansfield and Helen V. Milner, *Votes, Vetoes, and the Political Economy of International Trade Agreements*, Princeton: Princeton University Press, 2012, pp. 16 – 17.

② Nils-Christian Bormann, Lars-Erik Cederman, Scott Gates, et al., "Power Sharing: Institutions, Behavior, and Peace", *American Journal of Political Science*, Vol. 63, No. 1, 2019, pp. 84 – 100.

③ Denis M. Tull and Andreas Mehler, "The Hidden Costs of Power-Sharing: Reproducing Insurgent Violence in Africa", *African Affairs*, Vol. 104, No. 416, 2005, pp. 375 – 398.

④ Benjamin A. T. Graham, Michael K. Miller and Kaare W. Strøm, "Safeguarding Democracy: Power sharing and Democratic Survival", *American Political Science Review*, Vol. 111, No. 4, 2017, pp. 686 – 704.

那么采取妥协策略放松对分离地区的压制,将分离族群纳入政治权力架构,很可能带来后者实力增长以及对更大自治权或对国家权力的进一步追求,其逻辑与安全困境中的恐惧机制相似。[1] 第二,在国家能力较弱的情况下,政府在采取妥协策略之后可能产生对其他族群或地区的示范效应,即其他族群或地区认为向中央要价有可能得到政府妥协的收益,而国家能力弱放大了前者的要价空间,后者则难以有效威慑潜在群体的效仿动机。[2] 第三,政府内部冲突激烈的直接表征是政府派系林立且相互竞争,缺少稳定的权威和领导力量,在这种情况下的可能后果有二:一是当政府采取妥协策略时,分离组织分得一部分政治权力与经济收益,这将激化政府内部冲突,导致其他族群或地区的代表发动新的分离运动;二是分离组织进入政府后利用其内部竞争分化政府力量,联合反对派系发起政变或新的分离运动,厄立特里亚从埃塞俄比亚的成功分离即是"里应外合"的典型案例。[3]

总体而言,政府面临三个约束难题对其选择有着重要影响,如何化解上述难题或许可以为我们解释政府应对分离运动的策略选择提供一条思路,即我们可以思考以下三个问题:政府在选择具体策略时可能存在的约束难题是什么?政府是否拥有化解上述难题的能力?如果无法化解,那么其与政府具体策略选择之间是什么关系?同时,上述三个难题都存在弱化其阻碍作用的因素,即表3-1中总结得出的"影响因素"。这些影响因素在政府选择时的状态及其如何改变约束难题的作用,也是需要重点考虑的问题。

---

[1] Stephen M. Saideman and Marie-Joëlle Zahar, "Causing Security, Reducing Fear: Deterring Intra-State Violence and Assuring Government Restraint", in Stephen M. Saideman and Marie-Joëlle Zahar eds., *Intra-State Conflict, Governments and Security Dilemmas of Deterrence and Assurance*, New York: Routledge, 2008, pp. 7-9.

[2] Lars-Erik Cederman, Kristian Skrede Gleditsch and Julian Wucherpfennig, "The Diffusion of Inclusion: An Open-Polity Model of Ethnic Power Sharing", *Comparative Political Studies*, Vol. 51, No. 10, 2018, pp. 1279-1313.

[3] 闫健:《非洲的分离主义运动何以能成功?——对厄立特里亚和南苏丹的比较分析》,《世界政治研究》2020年第3期。

表 3-1　　　政府应对分离运动的约束难题及其影响因素

类型	承诺困境	否决困境	融合困境
难题	不可信承诺导致政府无法与分离组织达成合作	"否决者"导致政府无法改变现状	权力分享可能引发更多分离运动，危及政府权力
影响因素	领导人激励 组织结构 第三方担保 协议制度设计	利益分配模式 宪政制度安排 国内相关政治行为体数量	族群结构 国家能力 政府稳定性

资料来源：笔者自制。

第三节　政府应对分离主义运动的策略选择

在讨论政府应对分离运动的动机与约束难题后，政府策略选择的类型是本书理论解释的对象，这里需要明确其划分、操作化和测量方式。在现有研究中，针对政府策略选择进行细致划分的研究较少，其中以芭芭拉·沃尔特为代表，沃尔特基于马里兰大学国际发展与冲突管理中心提供的《和平与冲突年报》中的数据与信息，针对分离主义问题中政府的选择搭建了一个数据库，也为后续研究提供了一个基本的划分框架。① 沃尔特将国家应对分离主义运动的策略划分为四个类型（沃尔特将之操作化为一种顺序变量，有程度强弱的次序之分）：一是"不妥协"，二是"不涉及领土问题的部分妥协"或称"改革"，三是"让渡一定领土自治权力的部分妥协"，四是"允许分离地区独立的完全妥协"。②

可见，沃尔特对政府策略划分是依据政府对分离运动的妥协程度进行的，具体指标包括是否允许参与政府事务、是否拥有文化自主权、是否拥有政治与经济自主权、是否拥有独立权（几项指标为政府妥协政策

---

① "Peace and Conflict", Center International for Development and Conflict Management, University of Maryland.

② Barbara F. Walte, "Building Reputation: Why Governments Fight Some Separatists but Not Others", *American Journal of Political Science*, Vol. 50, No. 2, 2006, pp. 313-330.

由低至高的排序）。不过，沃尔特对政府策略划分存在覆盖面上的问题，她将每一个样本（案例）中的政府妥协程度最高的一次回应作为整个案例的政府应对选择，对每个样本的内部变化不做任何细致区分。这无疑弱化了其测量的准确性，存在以偏概全的问题，可能带来测量误差和选择性偏误。由于本书采取定性研究方法，对定量方法中的测量问题不做过多讨论，但是沃尔特的划分方式对我们思考政府策略选择具有启发性。

与沃尔特区分妥协程度的划分方式不同，严庆从一般学理剖析的角度将国家应对分离主义运动的行为模式（治理模式）进行了归纳划分。他提炼出五种政府应对模式，分别是严厉打击模式（立法、武力打击、控制精英、禁止民族政党等）、政治容留模式（权力分享、联邦制、文化/区域自治）、认同调控模式（淡化族属意识、模糊化族类边界）、柔性控制模式（针对族群精英的政治吸纳）和抑制外部干预模式（分离问题上的特殊互惠制度）。严庆认为上述五种模式相互独立，但应交叉组合使用，需要根据本国实际情况具体分析。[①] 这为我们划分政府策略选择提供了更为细致的参考，但是观察政府现实的应对方式可以发现，政府在应对分离运动时往往采取混合手段，时而边打边谈，时而谈谈打打，这对其行为选择的类型划分提出了更高的要求。

需要注意的是，在概念生成和定义阶段，类型化主要是将概念划分为彼此独立、相互排斥的子类型，以便选择更合适的概念。[②] 基于上述两种划分方式及其不足之处，本书尝试将政府应对分离运动的策略划分为两种基本类型及三个子集。由于分离运动对政府提出的是主权与治权的双重竞争，分离运动类似于内战问题中的反叛者角色，政府针对分离运动会采取两种基本回应方式，要么同意分离运动提出的政治要求，要么拒绝分离运动并对其进行镇压，因此政府基本回应方式包括妥协与镇压。

在本书的定义中，镇压（Repression）指的是国家为防止或控制可能改变现状或权力分配的挑战而采取的任何业已进行（或威胁性）的限制

[①] 严庆：《民族分裂主义及其治理模式研究》，《国际安全研究》2015 年第 4 期。
[②] 刘丰：《类型化方法与国际关系研究设计》，《世界经济与政治》2017 年第 8 期。

或强制性行动。① 任何（合法的或非法的、暴力的或非暴力的）用于阻止人们在国家内部参与有关他们自己的治理的行为都可以被认为是镇压，而镇压的目标要么是为了降低反对者威胁政府的能力，要么是为了削减反对者的行动意愿。② 从镇压执行主体来看，镇压既包括政府受权机构开展的镇压，也包括政府扶持的代理人的镇压行动。镇压从暴力程度上可以划分为非暴力镇压和暴力镇压，前者包括针对反对者的监视、骚扰、宵禁、拒绝批准集会和抗议，后者包括非法逮捕、刑罚以及武力打击。③

根据艾米莉·里特（Emily Ritter）和考特尼·康拉德（Courtenay R. Conrad）二人的新近研究，国家使用镇压手段具有策略性，因此从时间顺序上看，镇压还可以划分为预防性镇压（Preventive Repression）和回应性镇压（Responsive Pepression），不过预防性镇压的使用可能导致反对活动难以被观察到，因为其目的是在反对团体开展行动之前就破坏其行动意愿及能力。对于本书讨论的分离运动而言，其并不属于预防性镇压的范畴，这是由政府策略行为具有回应性质这一前提所决定的。同时，在现有研究中，预防性镇压并不影响回应性镇压或政府后续行动的方式选择，所以这里没有将预防性镇压列入所需解释的因变量范畴。④

妥协（Accommodation），指的是政府对分离组织提出的诉求进行正面回应，通过在政策层面满足其诉求，以缓和或终结分离组织的政治行动。这种让步之所以被认为是一种妥协，关键在于反叛（分离）组织成

---

① Robert J. Goldstein, *Political Repression in Modern America From 1870 to the Present*, Cambridge, MA: Schenkman Publishing Company, 1978, p. xxviii; Emily Hencken Ritter and Courtenay R. Conrad, "Preventing and Responding to Dissent: The Observational Challenges of Explaining Strategic Repression", *American Political Science Review*, Vol. 110, No. 1, 2016, pp. 85 – 99.

② Johan Galtung, "Violence, Peace, and Peace Research", *Journal of Peace Research*, Vol. 6, No. 3, 1969, pp. 167 – 191; Christopher M. Sullivan, "Undermining Resistance: Mobilization, Repression, and the Enforcement of Political Order", *Journal of Conflict Resolution*, Vol. 60, No. 7, 2015, pp. 1 – 28.

③ Christian Davenport and Molly Inman, "The State of State Repression Research Sincethe 1990s", *Terrorism and Political Violence*, Vol. 24, No. 4, 2012, pp. 619 – 634.

④ Emily Hencken Ritter and Courtenay R. Conrad, "Preventing and Responding to Dissent: The Observational Challenges of Explaining Strategic Repression", *American Political Science Review*, Vol. 110, No. 1, 2016, pp. 85 – 99.

功实现了部分政治胜利（改变现状，而政府屈服于此）。① 在妥协的测量方面，本书修正了沃尔特的方式，认为妥协在部分情况下不是单独发生的政策选择。具体而言，妥协指的是政府部分满足分离组织的政治诉求，但是满足的方式可以具体划分为两类：第一，允许参与政府事务、文化自主权、政治经济自治权等三个方面；第二，完全妥协则指政府允许分离地区开展公投，即将独立权赋予分离地区。不过，与沃尔特不同的是，政府的应对选择存在组合策略的情况，即政府可能同时采取妥协和镇压的手段，这里归纳为"分而治之"。分而治之是政府采取的混合方式，即有区别地对待分离主义运动中的行为体，包括群体内区分与群体间区分，前者指分离组织内部的不同行为体，这里指强硬派与温和派，政府可以区别使用镇压与妥协；后者指分离组织与分离地区社会，政府可以选择镇压分离组织，而向分离地区社会采取妥协，给予其不反对政府的收益，如参与政治、承诺自治、给予经济上的补贴等。

基于上述政府选择的两个基本类型及其各自存在的程度上的区分可知，政府应对分离运动并不单纯地使用某一种方式，而是在特定情况下会采取混合方式，引出了因变量的三个取值——镇压、分而治之、妥协，见表3-2。②

表3-2　　　　　　政府应对分离运动的策略选择类型

策略选择	不开展镇压	开展镇压
不妥协		类型1：镇压 类型方式： 非暴力镇压（监视、骚扰、宵禁、拒绝批准集会和抗议） 暴力镇压（非法逮捕、刑罚以及武力打击）

---

① Virginia Page Fortna, "Do Terrorists Win? Rebels' Use of Terrorism and Civil War Outcomes", *International Organization*, Vol. 69, No. 3, 2015, pp. 523–524.

② 此处排除了"不妥协+不镇压"的策略组合，本书将这一情况视为政府处于内部协商和博弈的政策酝酿阶段，政府只有做出明确的政策主张和具体行动才会被视为一种应对方式。

续表

策略选择	不开展镇压	开展镇压
妥协	类型3：妥协	类型2：分而治之
	类型方式： 允许参与政府事务、文化自主权、政治经济自治权 允许分离地区自决独立	类型方式： 镇压分离组织、收买分离地区民众 镇压分离组织强硬派、收买温和派

资料来源：笔者自制。

第四节 政府经略剿抚的逻辑

上文对政府行为动机、约束难题和选择类型的讨论为我们解释政府行为模式提供了重要的基础。政府在应对分离主义运动时，如果想选择镇压手段，可能约束其选择的难题是否决困境，相比之下政府选择妥协手段则更加困难，因为其需要应对的难题包含三个方面：承诺困境、否决困境与融合困境。分而治之策略由于有利于政府兼顾其内外的各方利益，面临三种困境的可能性更小。

在进行理论建构时，结合上述讨论，本书需要做出两个假定。

（1）当分离运动提出政治挑战时，政府需要在政策层面对其做出回应。

（2）国家/政府对分离组织具有强制力量层面的优势，并且倾向于压制分离挑战，选择成本更低、更加可行的应对策略。

本书认为探求政府应对策略的研究应该"将重点放在因果机制的分析上"，研究的目标应该是识别"机制和过程"。[①] 围绕上述政府选择面临的三个约束难题，本书以"分离运动动员强度"为自变量，以"政权

---

① Doug McAdam, *Sidney Tarrow and Charles Tilly Dynamics of Contention*, New York: Cambridge University Press, 2001.

控制模式"为干预变量，识别了其中的四个主要机制（军事威胁、议价能力、否决政治以及军事规制），构建了一个解释政府应对分离主义运动行为选择的分析框架，如图3－3所示。[1]

一 自变量：分离运动动员强度

基于政策供需的逻辑，政府如何选择分离主义的应对方式，需要考虑两个方面的问题：其一，考虑需求端的问题，即分离主义问题需要何种方式的应对；其二，考虑政府的政治改革与强制性权力的供给能力之外，回答政府能够提供何种方式的应对的问题。[2] 本书认为，政府在分离运动的产生阶段往往很难预期后者可能选择的行为，这也是为何分离运动发生学的研究中存在对所谓"国家政策失误导致分离"现象的探讨。更多的现实情况是，政府在发生分离运动或者接收到分离地区明确的政治信号时才会开始酝酿应对方式，因而政府选择最为直观的参考系是分离运动提出了何种程度的挑战，这也是"政策需求—供给框架"解释政府应对选择的逻辑起点。

当然，分离运动的挑战程度很难从资源多寡、人数多少、地理分布等单一层面得到有效展现。因而，在解释需求端的问题时，本书尝试提出"分离运动动员强度"的概念。这一概念综合了既有研究关于族群动员理论（资源动员、精英煽动、族群凝聚力等），反叛组织建设（组织数量、制度化水平、权力分配等）和分离运动发生学（分离活动家、族群政党等）的相关概念。查尔斯·蒂利和西德尼·塔罗将抗争政治的动员（Mobilization）定义为"在某一特定时间点上没有提出争议性要求的人如何开始这样做"，强调"动员方式"问题；而本书定义的"分离运动动员强度"（Mobilization Intensity of Secessionist Movements）更加侧重"动员程度"。[3] 具体而言指的是，分离运动在多大程度上实现了运动凝

---

[1] 刘丰：《概念生成与国际关系理论创新》，《国际政治研究》2014年第4期。
[2] 聂宏毅、李彬：《中国在领土争端中的政策选择》，《国际政治科学》2008年第4期。
[3] Charles Tilly and Sidney Tarrow, *Contentious Politics*, New York: Oxford University Press, 2015, p. 38.

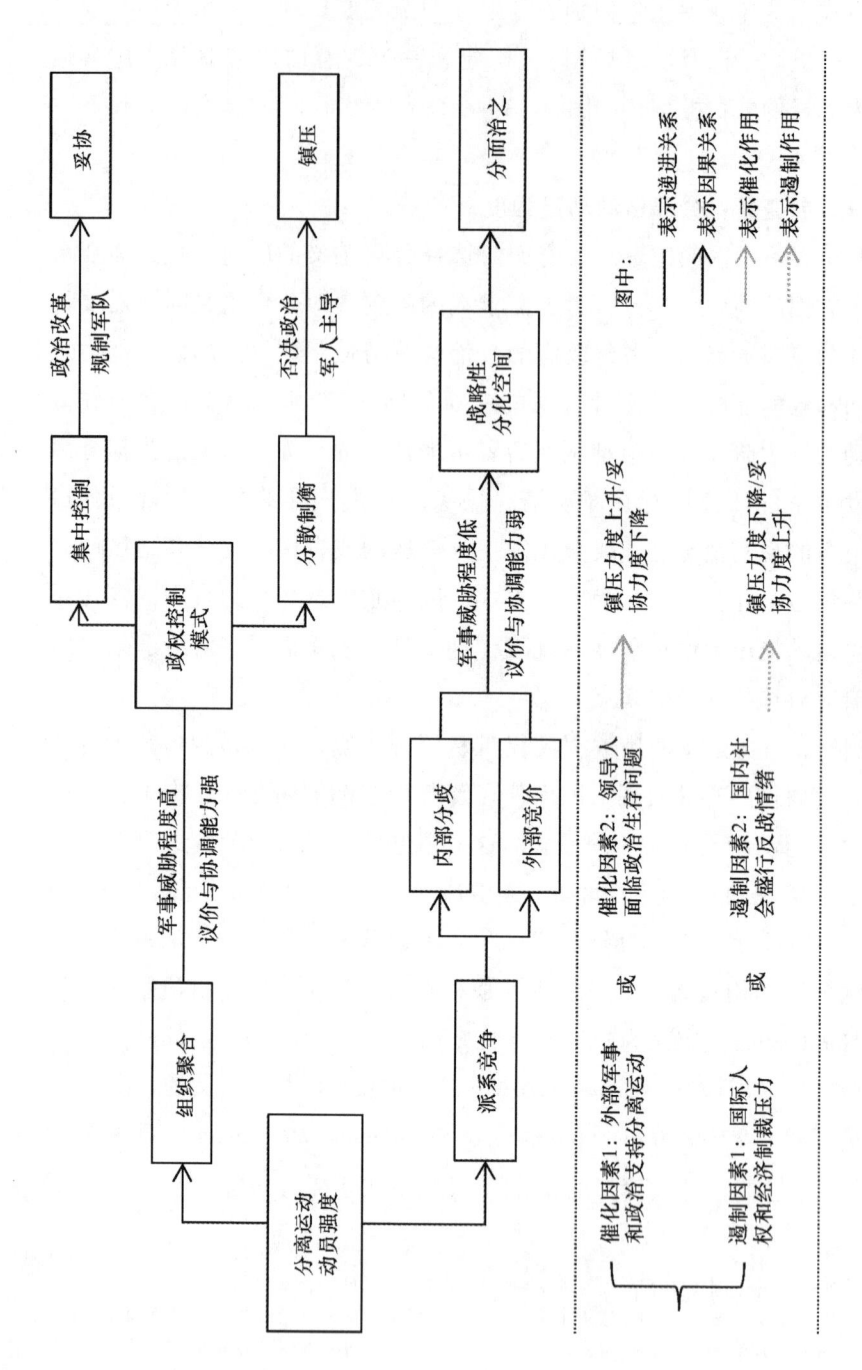

图 3－3　政府应对分离主义冲突的策略选择及其机制

聚力、社会支持以及国际化等三个方面的建设,这将直接影响分离运动对国家形成的军事威胁高低以及与政府互动过程中的议价能力。从政策需求—供给框架来看,分离运动动员强度指向了分离问题的应对需求程度,如果分离运动动员形成了"组织聚合"的强度,则分离组织能够拥有更高的"军事威胁"和"议价能力",从而影响政府的应对方式;相反,如果分离运动是"派系竞争"的动员强度,分离组织存在对政府开展竞争性议价("外部竞价"),以及争夺资源、人口与支持("内部分歧")的动机,产生坎宁安提出的国家实施"战略性分化"的空间,采取"分而治之"的组合策略提升温和派地位和排除激进派,这种选择对于政府而言成本相对更低。[1] 从时间维度上看,这一概念具有动态性,即分离运动动员可能随着时间和条件的改变产生状态上的变迁,其军事威胁和议价能力也会随之改变,产生不同程度的政策应对需求。

在具体测量方面,基于上文提出的分离主义问题中的四方互动模型,本书定义的分离运动动员强度主要考虑三个方面的因素,包括分离运动自身建设水平、分离组织与分离地区社会的关系、外部力量的角色。提炼上述三个因素的逻辑在于,分离组织自身建设水平影响了分离运动在军事冲突方面的战斗力、代表一致性和议价能力;分离组织与分离地区社会的关系影响前者的汲取能力、政治合法性等,分离地区社会是分离组织关键的资源来源;国际化水平直接反映了分离运动的国际合法性,通过引入国家关注、调停等外部因素,从而对母国政府形成国际压力,为对话与谈判提供正式渠道和时机,提高议价能力。基于上述定义,分离运动动员强度的操作化包括以下三个测量指标:分离运动凝聚力、分离组织社会支持度以及国际化水平,见表3-3。

---

[1] Kathleen Gallagher Cunningham, "Divide and Conquer or Divide and Concede: How Do States Respond to Internally Divided Separatists?", *American Political Science Review*, Vol. 105, No. 2, 2011, pp. 275-297.

表3-3　　　　　　　　　　分离运动动员强度指标

指标	组织聚合	派系竞争
分离运动凝聚力	资源动员能力强；组织领导人权威显著且连续；组织统一化程度高	组员动员能力弱；组织领导人频繁更替且权威弱；组织分裂且合作程度低
分离运动的社会支持度	社会组织支持分离；民众追随特定领导人或分离组织；分离组织能从分离地区社会有效获取庇护、情报、资金及人员等方面的支持	社会组织不完全支持分离；较少民众追随领导人或分离组织；分离组织在庇护、信息、资金及人员等方面与分离地区社会脱钩
国际化水平	以第三方调停、公开谈判等形式在国际层面与母国政府互动	未能建立相关国际机制或渠道与母国政府互动

资料来源：笔者自制。

第一，分离运动凝聚力。作为一种广义上的社会运动，不同分离运动对国家提出挑战的能力是不同的，其主要影响因素涉及两个层面，其一是分离运动的资源动员能力，其二是分离运动的组织建设。[1] 资源动员是分离组织形成的基础，包括认同动员和行动动员，当分离组织拥有较强的资源动员能力时，其能够获得资金、人员、信息与其他物质资源，同时能够塑造群体意识与话语架构，丰富的资源输入能够帮助分离组织形成更强的组织凝聚力。[2]

组织建设对分离运动的影响在于，分离组织领导人能力的强弱以及群体协调能力的强弱，前者影响组织的向心力，领导人的存在能够激发群体的集体意识和需求，制定政治纲领，并与政府开展议价[3]；后者影

---

[1] Paul Staniland, *Networks of Rebellion: Explaining Insurgent Cohesion and Collapse*, Ithaca, New York: Cornell University Press, 2014, pp. 17-34.

[2] Kristin M. Bakke, Kathleen Gallagher Cunningham and Lee J. M. Seymour, "A Plague of Initials: Fragmentation, Cohesion, and Infighting in Civil Wars", *Perspectives on Politics*, Vol. 10, No. 2, 2012, pp. 265-283.

[3] Elise Giuliano, *Constructing Grievance: Ethnic Nationalism in Russia's Republics*, Cornell University Press, 2011, pp. 13-20.

响组织的集体行动，分裂的/派系林立的组织会影响分离组织的政治代表性、议价能力和战斗能力，激进派甚至使用成本强加战略（恐怖主义、和谈期间继续叛乱等），加剧承诺困境，破坏协议的达成[1]。相比之下，统一化程度高的组织能够追求一致的政治目标，在战斗中能发挥更大力量。[2] 从现实情况来看，不同分离运动之间存在显著的运动凝聚力差距，集中体现在组织形式上，包括私人武装、社会团体、暴力组织（恐怖组织、游击队、准军队）以及类似政党的政治组织等。这些不同形式的组织在军事能力、组织规模等诸多方面都具有明显差异，可以说分离运动凝聚力越高，其展现的组织形式越趋近于具有单一领导核心的、类似政党的政治组织。

第二，分离运动的社会支持度。亨利·基辛格指出，"只要游击队不失败，那么他们就是获胜的一方"[3]。这实际上揭示了分离组织社会支持是其生存的根基，即"有效的暴动需要大量的社区群众支持"[4]。根据桑巴尼斯的论述，在不考虑政治目标实现与否的情况下，测量分离组织的成功程度是基于其有效抵抗政府的能力来衡量的，即分离组织能够在多大限度上避免失败并且付出最低水平的成本。[5] 本书认为，社会支持的意义在于分离运动向内整合政治代表性和动员资源，其对于分离运动与政府议价、开展和维持军事叛乱等互动过程有着关键作用。如果分离运动长期依赖外部资源，并且缺少与分离地区社会的联系，无论其组织建

---

[1] Barbara F. Walter, *Committing to Peace: The Successful Settlement of Civil Wars*, Princeton, NJ: Princeton University Press, 2002, pp. 20 – 21; Andrew H. Kydd and Barbara F. Walter, "Sabotaging the Peace: The Politics of Extremist Violence", *International Organization*, Vol. 56, No. 2, 2002, pp. 263 – 296.

[2] Kathleen Gallagher Cunningham, "Actor Fragmentation and Civil War Bargaining: How Internal Divisions Generate Civil Conflict", *American Journal of Political Science*, Vol. 57, No. 3, 2013, pp. 659 – 672.

[3] Henry A. Kissinger, "The Viet Nam Negotiations", *Foreign Affairs*, 1969, pp. 211 – 234.

[4] Roger D. Petersen, *Resistance and Rebellion*, Cambridge: Cambridge University Press, 2001, p. 2.

[5] Nicholas Sambanis, "What Is Civil War?", *Journal of Conflict Resolution*, Vol. 48, No. 6, 2004, pp. 814 – 858.

设程度有多高，也极易遭遇"夭折"和"崩溃"的命运。缺少政治代表性的致命之处在于，分离运动内部可能产生政治诉求和分离战略的关键分歧，争相与政府开展议价将导致议价能力匮乏，引发分离运动自身的承诺困境，让愿意和谈的政府也无法找到稳定的对话伙伴来实现政治解决。

基于现有研究，本书将社会支持强度划分为三个层次：其一，社会组织的支持强弱，由于社会组织往往依托传统社群纽带建立，相比于分离组织，其与分离地区民众的联系更为直接且密切，能够发挥聚集民意、动员群众、汲取资源和提供管理等代理功能，其与分离组织的关系是社会支持强度的重要指标。[①] 其二，分离地区民众是否追随领导人或分离组织，能够为分离组织凝聚政治诉求和共识，保持意识形态的稳定性，保持分离组织与社会的联系网络，同时提高分离组织及其领导人的代表性和政治合法性。[②] 其三，分离地区社会能否为分离组织提供信息、资金与人员等资源，道格·迈克亚当（Doug McAdam）的社会运动理论指出，"面对镇压时，成员、团结激励、沟通网络和领导者是至关重要的四种资源"，相比于外部资源输入，来自分离地区社会的资金与人员更具稳定性和持续性，而这构成了分离组织行动能力和生存能力的基础。[③]

第三，国际化水平。王联认为，"西方发达国家出于自身战略利益和建立西方主导下的国际新秩序的需要，在一国内部的少数民族问题上大做文章"，"加剧了民族问题的国际化"，这种"新干涉主义"往往加剧民族分离的矛盾与冲突，导致问题复杂化。[④] 西方国家通过新干涉主义推动他国民族问题的国际化，体现了第二次世界大战后自决权成为外部

[①] Kristin M. Bakke, Kathleen Gallagher Cunningham and Lee J. M. Seymour, "A Plague of Initials: Fragmentation, Cohesion, and Infighting in Civil Wars", *Perspectives on Politics*, Vol. 10, No. 2, 2012, pp. 265–283.

[②] Aleksandar Pavković and Peter Radan, *Creating New States: Theory and Practice of Secession*, UK, USA: Ashgate Publishing, 2007, p. 44.

[③] Doug McAdam, *Political Process and the Development of Black Insurgency, 1930–1970*, Chicago: University of Chicago Press, 1999, p. 46.

[④] 王联：《试析民族问题的国际化及其影响》，《世界民族》2000年第2期。

力量干预内政的关键手段之一。分离运动也倾向于寻求国际支持，将分离问题推向国际化，其目的是争取与母国政府"平等对话"，将自身塑造为现代民族国家体系的"潜在成员"。杨恕和李捷基于主体和动机将分离运动的国际化划分为国家政治干涉型、民族宗教联系型、散居者支持型以及联合国介入型，而从分离势力的角度则划分为权利诉求国际化和暴力恐怖式国际化。[①]

上述讨论为界定"国际化程度"提供了基础。由于分离运动动员强度这一变量的出发点为分离群体，因而本书将国际化定义为"分离运动是否能在国际层面与母国政府互动"。[②]该定义强调的是分离运动发挥自主性推动分离问题国际化的战略在多大程度上引入了国际机制。虽然能否实现国际化在很多情况下是大国政治和地缘博弈的结果，但是相比于未能实现在国际层面与母国政府互动的分离运动而言，较高国际化程度的分离运动有着更加制度化的互动渠道和较为稳定的议价基础，也更有可能引入有利于政治解决、迫使政府妥协的国际性力量，为分离运动与政府互动提供一个相对稳定的讨价还价空间（Bargaining Space）。国际化程度低的分离运动只能在国内框架下与政府开展互动，很难得到第三方担保、国际监督等机制的保障，因而可能面临否决政治、承诺困境等问题的干扰。在这种情况下，政府应对选择拥有更大的调整空间，不仅能自主决定政治解决的方案，也可以随时破坏协议，恢复镇压，所以分离运动很难有效限制政府的后续行动。

二　干预变量：政权控制模式

分离主义运动对政府形成的是主权与治权的双重竞争，从二者直观实力对比来看，"统治政权拥有潜在的强制性权力，能够镇压政治上的

[①] 杨恕、李捷：《分裂主义国际化进程研究》，《世界经济与政治》2009年第12期。
[②] 李捷、杨恕：《分裂主义及其国际化研究》，时事出版社2013年版，第106页。

异见群体"。① 虽然政权的强制性权力可能受到不发达的政治制度的影响，但即使是弱小的国家仍然可以动员警察、军队和官僚机构对分离主义发出的挑战进行回应。"国家/政府对这种力量的垄断，如果使用得当，可以挫败大多数刚开始的分离主义运动。"②

但是，国家/政府对于分离运动的实力优势并不意味着政府镇压行动一定能够针对分离问题形成有效治理，因而需要解释的重点为，为何有的政府能够实施妥协，有的政府倾向于采取镇压策略。同时，政府的妥协策略需要在内部互动中形成政治改革的共识，由于这一政治过程涉及相关政治行为体之间的互动，并且面临否决者的制约，前者需要考虑行为体之间的互动关系，后者则需要考察否决者的数量与性质。这提出了关于"强制力量控制和政治改革的供给能力问题"。

为了将二者置于同一个框架之内，本书试图用"政权控制模式"解释强制力量控制与政治改革的供给能力。需要注意的是，在同一个国家，政府所具备的政权控制模式不是一成不变的，即使是同一届政府，强制力量控制与政治改革的能力也会发生一定的变化。那么，影响政权控制模式变化的因素有哪些呢？

"政权控制模式"是影响国家/政府控制强制力量、实施政治改革的重要因素，定义为政权对既有权力、资源和暴力等要素的控制权分布状况。依据控制权分布的集中程度可以划分出"集中控制"和"分散制衡"两种基本的政权控制模式。政权控制模式的概念尝试跳脱政体类型的争论，民主国家亦可能实施镇压的事实已经对分离运动中的"民主和平论"实现了祛魅，"被统治者的意愿可以有效地制约民主国家的政府决策"的论述也被证明是有限度的，因而绕开西方文献有关政体的意识形态之争，可以专注于政权特性及其对否决政治和军事规制的影响。③

---

① Viva Ona Bartkus, *The Dynamic of Secession*, UK: Cambridge University Press, 1999, p. 55.
② Viva Ona Bartkus, *The Dynamic of Secession*, UK: Cambridge University Press, 1999, p. 55.
③ Benjamin I. Page and Robert Y. Shapiro, "Effects of Public Opinion on Policy", *The American Political Science Review*, Vol. 77, No. 1, 1983, pp. 175 – 190; Bruce Bueno de Mesquita, Alastair Smith and James Morrow, et al., *The Logic of Political Survival*, Cambridge, MA: MIT Press, 2003.

在政权控制模式的三个要素维度中,其一,权力要素决定了权力分布和政治行为体间的互动关系,在集中控制模式下,权力的集中分布有利于减少否决者对政策的阻碍,使得政府更有可能在对外行动中协调一致,资源调度和暴力控制也更为直接和有效。其二,资源要素决定了政权承受治理和改革成本以及针对挑战者运用强制性力量的能力问题,同时也影响着政治行为体的行为动机(在分离问题上的偏好),政权可以利用资源要素对相关行为体实施游说、收买和拉拢,降低否决者对政治改革的阻碍。其三,暴力要素直接影响着政府使用强制性力量的机会、效率与风险,如果强制性力量拥有较大的自主性(如产生个体利益或利用军事专业知识获取决策权),那么政府开展妥协时可能遭遇在国家安全政策上具有"私人利益"的强制性力量的"蓄意破坏",从而加剧分离冲突。[1]

既有研究缺少对政权控制模式的直接讨论,但是从不同侧面涉及了上述三个要素。例如,国家能力的相关文献重视国家汲取能力和国家强制能力的讨论,认为国家的财政汲取能力是领土—主权国家最基础、最重要的能力,既是国家建构的首要任务,也是建设其他国家能力的基础和保障;而强制能力涉及国家运用强制权力对外有能力抵御外来的威胁,对内有能力维持国家安宁。[2] 本书对政权控制模式的操作化从三个基本要素(权力、资源和暴力)的控制权分布出发,判断政权控制模式的类型——"集中控制"和"分散制衡",见表3-4。

表3-4 政权控制模式的类型指标

指标	集中控制	分散制衡
权力关系是否存在核心	核心权威控制权力关系,可以在一定程度上决定权力分配与更替;否决者数量少	权力相互竞争、制衡,缺少核心权威或核心权威无法控制权力分配;否决者数量多

---

[1] Vincenzo Bove, Mauricio Rivera and Chiara Ruffa, "Beyond Coups: Terrorism and Military Involvement in Politics", *European Journal of International Relations*, Vol. 26, No. 1, 2020, p. 266.

[2] 王绍光:《国家汲取能力的建设——中华人民共和国成立初期的经验》,《中国社会科学》2002年第1期;王绍光:《国家治理与基础性国家能力》,《华中科技大学学报》(社会科学版)2014年第3期。

续表

指标	集中控制	分散制衡
资源分配是否正式化	依据庇护关系分配资源；对社会的资源汲取倾向于获利和分配租金	依据正式财政制度分配资源；政治行为体以竞争性方式获取资源
强制力量是否服从政权	强制组织依附于核心权威；服从于中央/文官政府决策	强制组织不依附于核心权威，具备一定独立性

资料来源：笔者自制。

第一，是否存在一个核心权威控制国家权力关系。权力关系涉及权力获得与分配两个方面，是否存在核心权威的表现在于，权力的获得与分配是依靠自下而上的竞争性方式还是依赖自上而下的统合性方式。前者的直接表现为选举制度的运用，各个政治力量依据制度和规则对权力展开争夺，根据最小获胜联盟进行权力分配。但是，这并不意味着选举制度下的权力获得就一定是竞争性的，如果在选举体制中存在"独大型政党"（Dominant Party），那么该党就能基本掌握政府权力的各个方面，此时选举制度就无法成为该政权权力关系呈现竞争性的证据。[①]

因此，要考察是否存在这样一个核心权威对国家权力关系进行控制，需要根据不同政府的具体情况进行讨论，具体策略是识别国家政治中的关键行为体与政权的权力关系处于何种状态。例如，马克·汤普森在研究菲律宾总统制度时指出需要观察关键行为体的状态，"在菲律宾的背景下，四个选举外的战略团体在马科斯政权期间和之后的总统政治中发挥了关键作用——大企业、天主教会、公民社会活动家和军队"，菲律宾相关政权能否在权力关系层面实现对这几个关键行为体的集中控制就影响到其政权控制模式。[②] 因而，要结合不同政权在权力关系上的具体控

[①] Kenneth F. Greene, "Dominant Party Strategy and Democratization", *American Journal of Political Science*, Vol. 52, No. 1, 2008, pp. 16–31.

[②] Mark R. Thompson, "The Presidency: A Relational Approach", in Mark R. Thompson and Eric Vincent C. Batalla, eds., *Routledge Handbook of the Contemporary Philippines*, 2018, p. 124.

制情况才能加以判断。

第二，资源是否基于非正式制度进行分配。资源分配与利益分配问题直接相关，庇护意味着"具有较高社会经济地位的个人使用自己的影响力和资源向社会经济地位较低的被庇护者提供保护和利益，被庇护者给予庇护者一般性的支持和帮助作为回报"①。基于庇护关系的非正式制度能够赋予政权更强的激励、更小的否决阻力以及更高的效率使用强制性权力，即政权能够从特定地区汲取资源获得收益，同时利用资源通过庇护关系网络收买否决者以改变现状，并激励强制组织开展更加有效的镇压活动。相反，如果资源分配依据正式的财政制度，那么政府就难以自由地利用资源对相关政治行为体施加激励或收买，相关政治行为体则更有可能争夺政策涉及的利益，互相牵制，难以改变政策，修改现状。

根据泽比利斯对"否决者"的定义（对改变现状而言其同意是不可或缺的行为体），否决者存在两个基本类型——由国家宪法产生的"宪法否决者"和由政治博弈产生的"政党否决者"。②从机制上看，权力关系和资源控制影响的是政权能否规避否决政治，政权可以利用这两个要素实现对否决者的说服、收买以及吸纳，从而减少政治改革面临的政治阻力，推动妥协策略的通过和实施。需要注意的是，在寻求妥协时对否决政治的规避不是即时的，而是与在政权产生之初对自身执政基础（民主政体）或统治联盟（威权政体）的建设相关：前者能够采取政党联盟、内阁名单、国家财政预算等正式手段拉拢反对党（在非成熟的民主制度中也存在非正式手段）；后者则尤其重视对军队、利益集团、寡头与地主以及反对派的拉拢，其说服、收买以及吸纳可能更具非正式制度的特征。另外需要考虑的是，政权生存危机是否影响了政权对权力关系和资源控制的构建，如果领导人迫于政治生存问题而实施收买，那么在

---

① Susan C. Stokes, "Political Clientelism", in Robert E. Goodin ed., *The Oxford Handbook of Political Science*, Oxford University Press, 2011, p. 2.

② George Tsebelis, *Veto Players: How Political Institutions Work*, Princeton: Princeton University Press, 2002, pp. 19–20.

这种情况下领导人无法形成有效的集中控制，反对派和否决者会倾向于借助政治危机开展进一步议价而不是完全服从领导人的安排。①

第三，强制组织是否依附于核心权威。这一指标与一国的军政关系密切相关，需要考察柏拉图提出的"监管之人谁监管"问题，或亨廷顿提出的"专家与政治家的关系"问题。在指标判定方面，这里借鉴了米兰·斯沃里克（Milan W. Svolik）对军队参与政权的四分法，即不参与（None）、间接参与（Indirect）、个人参与（Personal）和团体参与（Corporate）。间接参与和个人参与存在概念上的重合，即不少军官是加入某个政党后参与政权的，可以将其整合为部分参与。② 政权对强制组织控制可以划分为两种状态，如果暴力机器只有部分处在政权控制之下（如部分军队将领），能够在一定程度上发挥维持政权稳定的有限作用，则此政权对强制组织的控制较弱；如果强制组织被政权完全控制并有效整合（军队制度化参与政权），则此政权对强制组织的控制力较强。

强制力量的控制维度直接影响政权能否实现"军事规制"，即在应对分离运动的选择上能否充分决定镇压与否。正如军政关系文献所言，"军方可以详细描述特定敌人造成的威胁的性质，但只有文官才能决定是否感到威胁，如何以及是否做出反应。军官评估风险，文官判断风险"③。如果政权依附于强制组织，或者无法有效控制强制组织，后者有可能破坏政权实施妥协的意图和环境，制造国内安全危机，并主导针对分离运动的安全政策。既有研究显示，在内阁和政治局（东欧共产主义体制）等精英政治机构中，更多的军事代表可能引发更频繁的冲突，并且造成冲突的升级，这种吸纳军事精英、分享文官权力的做法正是军政

---

① Jennifer Gandhi, *Political Institutions under Dictatorship*, UK: Cambridge University Press, 2008, pp. 180 – 188.

② Milan W. Svolik, *The Politics of Authoritarian Rule*, Cambridge University Press, 2012, pp. 32 – 34.

③ Peter D. Feaver, "Civil – Military Relations", *Annual Review of Political Science*, No. 2, 1999, p. 215.

关系失衡时领导人依赖军事支持以稳固政权的产物。① 从个体层面来看，军官"将军事力量视为标准操作程序"，军事经验"产生了使用暴力的专业知识"，进而"排挤了其他应对军事挑战的潜在解决方案，导致军官倾向于使用武力解决的感知偏见"。② 同时，军政关系的新近研究也发现领导人将安全决策下放军事部门既能"逃避责任"（Avoiding Responsibility），又有助于"诱骗军队"（Cajoling the Military）以缓解军政矛盾。③ 因而，可以预期的是，政权在依赖或无法控制强制力量时，更加难以实现"军事规制"，不利于实施政治改革和妥协策略，军事精英将掌握安全政策的主导权，导致镇压策略最终落地。

可见，政权控制模式影响政府应对选择的两个机制为否决政治和军事规制，与"政府稳定性"的解释有共通之处。后者对于不稳定政府的预期是"妥协产生过高的声誉成本"和"对脆弱合法性的挑战将迫使政府做出严厉回应"。④ 这在变量关系上与分散制衡的政权控制模式对政府选择的预期相同。不过，政府稳定性的解释缺少对政府内部互动的深入分析，停留在声誉、合法性等相对抽象的概念上，所谓"严厉回应"指向的不一定是外部挑战者，对于分散制衡的政权而言，强硬态度更可能是防止内部争斗对政权稳定的影响。相比之下，政权控制模式将分析过程落在多元行为体的具体选择之上，如反对党、宗教团体、军队等实体机构如何参与影响政府的应对选择，能够更加充分地展现各方博弈和决

---

① Todd Sechser, "Are Soldiers Less War-Prone than Statesmen?", *Journal of Conflict Resolution*, Vol. 48, No. 5, 2004, pp. 746 – 774; Jessica Weeks, "Strongmen and Straw Men: Authoritarian Regimes and the Initiation of International Conflict", *American Political Science Review*, Vol. 106, No. 2, 2012, pp. 326 – 347.

② Jessica Weeks, *Dictators at War and Peace*, Ithaca, New York: Cornell University Press, 2014, p. 24; Michael Horowitz and Stam Allan, "How Prior Military Experience Influences the Future Militarized Behavior of Leaders", *International Organization*, Vol. 68, No. 3, 2014, p. 532.

③ Polina Beliakova, "Erosion by Deference: Civilian Control and the Military in Policymaking", *Texas National Security Review*, Vol. 4, No. 3, 2021, pp. 56 – 75; Polina Beliakova, "Erosion of Civilian Control in Democracies: A Comprehensive Framework for Comparative Analysis", *Comparative Political Studies*, Vol. 54, No. 8, 2021, pp. 1393 – 1423.

④ Patrick M. Regan and Errol A. Henderson, "Democracy, Threats and Political Repression in Developing Countries", *Third World Quarterly*, Vol. 23, No. 1, 2002, pp. 119 – 136.

策的过程。

三 政府应对选择：过程与机制

本书尝试将分离运动动员强度作为自变量搭建起解释政府应对选择的解释框架，其对政府应对选择的影响受到政权控制模式的干预作用，从而产生了三种不同的应对方式，如图3-5所示。这一解释框架的具体过程和中间机制如下。

第一，从政策需求—供给的逻辑出发，本书将分离运动中政府应对选择问题的解释起点落在分离运动提出的挑战需要何种应对方式之上。简单而言，由于分离运动自身在实力、诉求和组织方式等方面存在显著差异，孱弱的分离运动很难得到政府重视，实力强大的分离运动更能得到政府的关注。分离运动之间的差异可以归纳为"分离运动动员强度"，涉及分离运动的运动凝聚力、社会支持以及国际化程度，这三个方面影响了分离运动的整体军事能力、政治合法性以及与政府的互动框架。

第二，基于战争爆发的理性主义路径，分离运动动员强度对于政府应对选择的影响通过"军事威胁"与"议价能力"两个关键机制发挥作用。如果动员强度是"派系竞争"的状态，分离运动不仅很难实现一致的政治领导、军事组织建设、资源汲取，而且在大多数情况下社会支持及其产生的政治合法性与代表性处于不一致的状态，与政府搭建国际化的对等互动框架也存在阻碍。因而，处于派系竞争动员强度的分离运动针对政府形成的军事威胁程度以及议价能力都相对有限，导致政府缺乏付出政治代价实施改革和妥协的动力。派系竞争的动员强度也让分离组织存在对政府实施竞争性议价（"外部竞价"），以及组织内部争夺资源、人口与支持（"内部分歧"）的动机，这意味着政府拥有针对分离运动实施"战略性分化"的空间。派系竞争的动员强度导致分离运动的整体军事威胁能力较弱，无须全力镇压予以应对，代表性不统一以及议价能力弱的结果是政府很难相信温和派寻求政治解决的能力和决心，可能遭到激进派成本强加战略的蓄意破坏。因而，政府将更加倾向于选择整体成本更低的

"分而治之"组合策略，通过恩威并施的方式分化分离运动，"收买"温和派/分离地区民众，"镇压"激进派/分离组织，从而抑制分离挑战。

第三，相比于派系竞争，处于"组织聚合"动员强度的分离运动具备更强的"军事威胁"和"议价能力"，在军事作战和政治和谈两个方面对母国政府提出更高的政策应对需求。分而治之的组合策略将因为缺少战略性分化空间而变得收效甚微，很难有效应对分离运动提出的挑战。在这种情况下，政府将不得不采取单一策略予以应对，但是政府存在两种不同且互斥的应对选择——镇压或者妥协。此处应对选择的不确定性意味着需要引入供给端的解释因素加以分析，即政府是否有能力实施妥协策略。不同于镇压，妥协策略如果实施得当对于治理分离运动可能更具持续性，但是妥协政策的供给面临更多约束难题，不仅需要拥有政治改革能力，说服反对派对分离群体让利，而且需要实现对强制力量的有效控制，让在镇压分离运动上具有"私人利益"的军警部门从中抽身。

第四，政权控制模式回答了政府政治改革能力和强制力量控制力的问题，对于区分在分离运动处于组织聚合的情况下政府何时选择镇压/妥协具有解释力。基于权力关系、资源分配以及强制力量三方面的控制权分布状况，政权控制模式可以划分为两种模式——"集中控制"和"分散制衡"。当政权控制模式处于集中控制时，政权不仅能有效地利用权力关系（吸纳、控制反对派）和资源分配（游说、收买反对派）推进政治改革，而且能够基于对强制力量的控制促使军警部门遵从停火、撤离等妥协策略的前序步骤。因而，从机制上看，集中控制的政权能够更加有效地规避"否决政治"并实现"军事规制"，使得分离运动相信政府的承诺（解决了否决和承诺困境），政府的"妥协"策略得以相对顺利地落地。

第五，当政权控制模式处于分散制衡时，政府开展妥协策略存在否决政治的阻碍，政治解决方案可能遭遇社会团体、反对派等不同行为体的抵制。即使政府能够在一定程度上避免否决者的影响，但是由于缺少对强制力量的控制，军警部门也有动机通过自主安全行动、寻找代理人、公开抵制等方式破坏和平进程，使得分离运动不相信政府承诺，诱发冲突复发或升级，导致政府不得不实施"镇压"。当然，分散制衡的政权控制也意味着领导人在实施妥协之初不得不考虑政权生存的需求，主动避免与反对派和强制力量在分离问题上发生冲突，选择让强制力量主导安全政策，以换取强制力量的政治支持，其结果是政府选择"镇压"策略应对分离运动。

第六，本书还识别了影响政府选择的催化和遏制因素。在催化因素方面，"外部军事和政治支持分离运动"以及"领导人面临政治生存问题"将促使政府镇压力度上升或妥协力度下降。前者是国家捍卫主权和安全的逻辑，当外部行为体干涉母国政府的国内问题、侵犯主权、威胁国家安全时，将会提升（削弱）政府实施镇压（妥协）的意愿；后者则是政府领导人政治生存的逻辑，当领导人面临弹劾、政变等内部问题时，分离问题可能成为领导人转移矛盾、树立声誉、争取政治支持的工具，因而也会提升（削弱）政府实施镇压（妥协）的意愿。遏制因素包括"国际人权和经济制裁压力"以及"国内社会盛行反战情绪"。国际人权和经济制裁压力属于国际干预和调停的逻辑，母国政府面临经济困境以及对外依赖，将会削弱（提升）政府实施镇压（妥协）的意愿。[1] 国内社会盛行反战情绪则是公众舆论影响政府政策（观众成本）的逻辑，政府面临国内惩罚（民调支持下降、政策阻力加大、选举淘汰、精英问责等），将削弱（提升）政府实施镇压（妥协）的意愿。[2]

第五节 探寻东南亚经验的比较方式

一 研究假设

根据上述理论框架，本书提出三个研究假设。

---

[1] Stephen M. Saideman, "Explaining the International Relations of Secessionist Conflicts: Vulnerability Versus Ethnic Ties", *International Organization*, Vol. 51, No. 4, 1997, pp. 721–753.

[2] James D. Fearon, "Signaling Foreign Policy Interests: Tying Hands versus Sinking Costs", *Journal of Conflict Resolution*, Vol. 41, No. 1, 1997, pp. 68–90; Jessica L. Weeks, "Autocratic Audience Costs: Regime Type and Signaling Resolve", *International Organization*, Vol. 62, No. 1, 2008, pp. 35–64.

H1：当分离运动动员强度处于派系竞争时，分离运动对政府的军事威胁和议价能力偏弱，政府缺少改革和妥协的动力，会选择"分而治之"的组合策略。

H2：当分离运动动员强度处于组织聚合时，分离运动对政权具有更强的军事威胁和议价能力，若政权控制模式为分散制衡，政府会选择"镇压"的单一策略。

H3：当分离运动动员强度处于组织聚合时，分离运动对政权具有更强的军事威胁和议价能力，若政权控制模式为集中控制，政府会选择"妥协"的单一策略。

二 案例选择

正如"研究方法"一节中提及的，为了检验研究假设，本书的案例选择聚焦于东南亚地区，原因有三：第一，东南亚地区的分离主义运动具有长时段和多样性的特征，历史纵深与地区多元性让其成为选择案例、检验理论的理想空间；第二，东南亚地区历来以多元化著称，相比于其他地区，其内部多样性和差异性得以满足差异化案例选取的基本要求，在相异案例中寻找关键相似性的求同法具有适用性；第三，东南亚地区国家建构、民族认同和政体变迁具有较强的共时性特征，经历了许多相似的关键节点和关键事件（殖民浪潮、日本侵略、民族解放运动以及亚洲金融危机等），这一地区的国家却走上了不同的政治发展方向，这种共时性变迁和差异化走向更有利于观测变量和机制的作用关系。①

从比较历史分析的角度来看，这种案例选取的好处包括，其一，共时性让案例比较趋近于平行设计；其二，有利于比较控制变量、解释因果；其三，通过多案例比较发现共同的概念和模式；其四，多个案例比

---

① Dan Slater and Erica Simmons, "Informative Regress: Critical Antecedents in Comparative Politics", *Comparative Political Studies*, Vol. 43, No. 7, 2010, pp. 886–917.

较下的理论框架能够解释不同社会发生的相同过程。[①] 同时，也能在一定程度上规避变量太多而样本（案例）太少的问题，从而聚焦于关键变量、核心机制，寻求充分打开构成因果联系的具体过程，并排除那些具有干扰性和伪因果性的冗杂变量。这一目标能够借助对有限案例的深入描述和追踪，以接近于深描的方式进行案例分析。[②] 因此，本书不仅计划开展案例间的比较研究，而且希望实施案例内的比较，以实现更加精细和稳健的案例检验过程。案例选择的背景和控制变量情况如下。

首先，本书所选择的6个案例分布于三个国家，分别为菲律宾、印尼和泰国。这使得6个案例在国家层次的许多关键指标上具有较强的相似性，见表3-5，包括国家发展水平、单一主导族群、独立事件、殖民历史、威权经历以及亚洲金融危机影响等诸多方面。这些相似性保证了所选6个案例情况在国家层面的可比性，确保了案例之间的平行和共时关系，有利于开展控制比较，避免国家之间的系统性差异过大造成对识别因果联系和机制过程的阻碍。

表3-5　　　　　　　　　　案例的国家层次概况

国家	菲律宾	印尼	泰国
政治制度	单一制、多党民主	单一制、多党民主	君主立宪、议会民主
人口（2020年）	1.08亿	2.67亿	0.68亿
主导族群/宗教（占比）	天主教徒（85.9%）	爪哇族（45%）	泰族（74%）
国家发展水平	新型工业化国家	新型工业化国家	新型工业化国家
GDP/人均GDP（2020年，美元）	3674亿；人均3372	10888亿；人均4038	5092亿；人均7295

[①] Theda Skocpol and Margaret Somers, "The Uses of Comparative History in Macrosocial Inquiry", *Comparative Studies in Society and History*, Vol. 22, No. 2, 1980, pp. 174-197.
[②] James Mahoney, "Strategies of Causal Assessment in Comparative Historical Analysis", in James Mahoney and Dietrich Rueschemeyer, eds., *Comparative Historical Analysis in the Social Sciences*, Cambridge University Press, 2003, pp. 373-406.

续表

国家	菲律宾	印尼	泰国
国际影响力	小国或中等强国（存在分歧）	中等强国	中等强国
独立时间	1946年7月4日	1945年8月17日	君主制（1932年6月24日立宪革命）
殖民历史	西班牙、美国、日本殖民	荷兰、日本殖民	半殖民地
反共运动	长期打击	9·30事件	长期打击
威权统治	马科斯时代	苏哈托时代	多届军政府
亚洲金融危机影响	重创	重创且引发政治转型	重创
同盟关系	美国盟友	无盟友	美国盟友

资料来源：笔者自制。

在三国之中，印尼无论是人口、经济总量还是领土面积都大于泰国和菲律宾，但是其人口集中于爪哇岛等内岛岛屿上，人均发展水平和群岛特征（地方社群、家族以及寡头能够参与争夺国家权力）与菲律宾相近，许多学者也常将印尼和菲律宾作为比较对象。[1] 泰国在20世纪90年代之后也进入地方豪强（"地方自治精英"）利用地方庇护关系瓜分国家权力的时代。[2] 当然，泰国在国家体量上相对更小，人均发展水平高于印尼与菲律宾，但没有达到发达国家与发展中国家的差距。不过，由于泰国国王在一定程度上摆脱了宪法文本规定的"虚位君主"，构建起了所谓"网络君主制"，在许多政治博弈的关键时刻，泰王及其代理人（如炳·廷素拉暖等）发挥了积极干预的作用，扮演着裁决者的角色。[3] 这种具有实质政治影响力和干涉意愿的君主及其派系网络，为本书检验

---

[1] 例如 Jeffrey A. Winters, *Oligarchy*, Cambridge University Press, 2011.

[2] 马克·R. 托马森、龙羽西：《选举主义中的道义经济学：论菲律宾和泰国民粹主义的兴起》，《南洋问题研究》2017年第4期。

[3] Duncan Mc Cargo, "Network Monarchy and Legitimacy Crises in Thailand", *The Pacific Review*, Vol. 18, No. 4, 2005, pp. 499–519.

理论提供了差异化的环境。

在具体案例层面，表3-6尝试总结了与既有竞争性解释相关的一些关键变量以及案例间差异化设计之处。在本研究面临的竞争性解释方面，既有文献中具有代表性的解释是国家信誉理论、适度分化理论以及地缘安全理论，分别关注族群结构、否决派系以及地缘格局的影响。从表3-6可知，本书选取的6个案例在族群结构方面都属于多民族国家（存在潜在挑战者）。除马科斯独裁政权之外，案例2至案例6都存在否决派系，并且在外部干预和地缘格局上案例2至案例5都处于后冷战美国在东南亚战略收缩时期。案例1和案例2在外部干预上存在邻国干涉现象。案例3和案例5面临人权问题和国际组织的干预，案例4和案例6则处于无显著干预状态。这有利于排除外部干预与地缘格局的影响，在解释力层面排除了竞争性解释的影响，有利于控制竞争性变量对政府应对选择的干扰，更加有效地识别因果联系和过程机制。

案例检验过程中尤为关键的另一点是本书选取的6个案例在因变量取值上的显著差异。案例1与案例2是政府选择"分而治之"，案例3与案例4是政府选择"镇压"，案例5与案例6是政府选择"妥协"。同时，三组案例的组内对比尽量贯彻差异最大化原则，通过不同国别案例的比较，寻求相似自变量、干预变量和因变量的过程性检验。

从表3-7可以看出，三组案例的划分在分离运动缘起、分离方式、邻国干涉程度、政权属性、经济背景、地区形势等方面都处于差异状态。这有助于实施跨国多案例的"横向比较"，比较在相似自变量和干预变量的情况下，以及差异较大的政治环境中，本书的解释框架能否对政府行为选择产生足够的解释力。

表3-6 案例背景概况

案例	分离挑战	分离背景	分离方式	分离运动外部支持	政权属性	经济背景	国际格局与地区形势
1. 马科斯政府（1972—1981年）	摩洛分离运动	少数族群——穆斯林；地理集中；国家整合；歧视性政策；内部殖民	完全独立；暴力武装；内战	伊斯兰会议组织；利比亚；马来西亚沙巴州	威权体制；打击反对派	石油危机时期	冷战；尼克松主义后美国在东南亚战略收缩；全球反恐
2. 他信政府（2001—2006年）	泰南分离运动	少数族群——穆斯林；地理集中；国家整合；歧视性政策；内部殖民	独立；加入马来西亚；自治暴力武装；	马来西亚吉兰丹州（接壤）；中东部分国家基金	民粹政治；新型资本集团与农民联盟	亚洲金融危机后经济快速恢复	单极格局；反恐战争，成为美国重要的非北约盟国
3. 拉莫斯胡—埃斯特拉达政府（1997—2001年）	摩洛分离运动	少数族群——穆斯林；地理集中；国家整合；歧视性政策；内部殖民	独立；自治；暴力武装；内战	伊斯兰会议组织	民粹政治兴起	亚洲金融危机	单极格局；亚洲金融危机后美国拒绝给予经济安全保障，但美菲达成《访问部队协议》
4. 哈比比-瓦希德-梅加瓦蒂政府（1998—2004年）	亚齐分离运动	少数族群——亚齐族；地理集中；失去自治地位；资源掠夺；族群压制	公投自决；独立；暴力武装；内战	缺少显性国际行为体支持	民主转型政权初始政权	亚洲金融危机后经济缓慢恢复	单极格局；东帝汶人权问题导致西方国家干预，制裁印尼
5. 苏西洛政府（2004—2005年）	亚齐分离运动	少数族群——亚齐族；地理集中；失去自治地位；资源掠夺；族群压制	公投自决；独立；暴力武装；内战	海啸引发国际舆论和国际组织关注	民主巩固时期政权	亚洲金融危机后经济快速恢复	单极格局；中国与东盟关系"黄金十年"
6. 杜特尔特政府（2016—2019年）	摩洛分离运动	国家整合；地理集中；歧视性政策；内部殖民	自治；暴力武装；	缺少显性国际行为体支持	民粹主义；强人政治	加入中国"一带一路"倡议	中美战略竞争加剧时期

资料来源：笔者自制。

表 3-7　　研究假设与案例预期

		政权控制模式	
		分散制衡	集中控制
分离运动动员强度	派系竞争	组合策略：分而治之（H1）	
		1. 泰国马来穆斯林分离运动：他信政府时期（2001—2006 年）	2. 菲律宾摩洛分离运动：马科斯政府时期（1972—1981 年）
	组织聚合	单一策略：镇压（H2）	单一策略：妥协（H3）
		菲律宾摩洛分离运动：拉莫斯末期—埃斯特拉达政府时期（1997—2001 年） 印尼亚齐分离运动：哈比比—瓦希德—梅加瓦蒂政府时期（1998—2004 年）	印尼亚齐分离运动：苏西洛政府时期（2004—2005 年） 菲律宾摩洛分离运动：杜特尔特政府时期（2016—2019 年）

第四章

民族国家建构与分离主义运动的触发

第一节 "天主教化"与菲南摩洛分离运动的起源

菲律宾摩洛穆斯林分离运动兴起于20世纪60年代末,其根源却可以追溯至西班牙殖民时期出台的相关政策,尤其是宗教和政治层面实施的"南北分治"让摩洛穆斯林在菲律宾族群权力结构中成为边缘化最为严重的族群之一。在美国占领菲律宾以及菲律宾独立后,这种政治上的失衡结构依旧未能得到任何改善。菲律宾政府的政策忽视摩洛穆斯林群体的利益诉求,一系列经济问题导致摩洛穆斯林社群的怨恨和不满逐渐积累,与天主教社群的长期冲突促使摩洛穆斯林政治化、组织化。①

一 三百年摩洛战争与西班牙殖民者"南北分治"

(一)摩洛穆斯林的族群状况

摩洛地区在语言和文化上存在内部异质性,不像泰南马来穆斯林或亚齐穆斯林拥有更强的内部一致性,学者们估计该地区有6—13个不同

---

① 彭慧:《二战后菲律宾穆斯林民族构建的尝试——对摩洛分离运动的另一种解释》,《世界民族》2011年第3期。

语言文化和生活方式的部族。① 自西班牙殖民者抵达之前的13世纪或14世纪开始,摩洛地区的伊斯兰教信仰就经由阿拉伯人的商业活动、与当地精英通婚等方式较为广泛地传播开来,摩洛穆斯林建立了许多初具规模的苏丹王国,如苏禄苏丹国(在其顶峰时期,统治范围包括苏禄群岛、婆罗洲部分地区、巴拉望岛和棉兰老岛)、拉瑙苏丹国和马京达瑙苏丹国等。这些苏丹国基于伊斯兰教法和穆斯林社群中的世俗领袖组建起了具有较强组织性的、等级森严的王国统治。王国的苏丹掌握着世俗和宗教结合的双重权威,由王国官员辅佐。这一统治集团经由大督(*Datu*)阶层嵌入穆斯林社群,摩洛穆斯林的基本单位是大督领导的不同社群,而大督是摩洛地区传统社群的世袭领袖,是政治领导者、大地主、法官和宗教领袖的结合体,领导着特定社群的自由民和奴隶。不仅如此,苏丹王族之间普遍通过联姻、联盟和经贸关系等方式建立密切联系,家族之间的联盟提高了伊斯兰的共同身份认同。

菲南穆斯林有三个主要的部族或社群,分别为位于苏禄群岛的最早皈依伊斯兰教的陶苏格人(Tausug)、棉兰老岛哥打巴托地区的马京达瑙人(Maguindanao),以及聚居在棉兰老岛西北部拉瑙湖附近的马拉瑙人(Maranao)。他们都建立了苏丹国,活跃于抵抗西方殖民与侵略者的一线,争取摩洛地区的自主权利。在伊斯兰教的联系之下,穆斯林社群之间形成了相对一致的宗教身份和文化属性。②

(二)西班牙殖民战争的影响

西班牙殖民时期的政策给菲律宾建国后的族群冲突埋下了隐患。西班牙王国的海外殖民活动在传播天主教的宗教使命催化下具有很强的强制性和侵略性。基于"教皇授权论""开化论"以及"解放论"等海外殖民扩张理论,西班牙国王菲利普二世曾经言道:"朕是上帝的工具:

---

① Melvin Mednick, "Some Problems of Moro History and Political Organization", in Peter G. Gowing and Robert D. McAmis, eds., *The Muslim Filipinos*, Manila: Solidaridad Publishing House, 1974, pp. 14–15.

② Moshe Yegar, *Between Integration and Secession: The Muslim Communities of the Southern Philippines, Southern Thailand, and Western Burma/Myanmar*, Lexington Books, 2002, p. 191.

重要问题是吕宋王国的皈依,而上帝已预先指定朕来实现这个目的,为此目的而挑选朕做他的国王。"① 因而,自1565年黎牙实比(Miguel López de Legazpi)率领西班牙探险队进入菲律宾开始,西班牙殖民者采取武力征服、挑拨部族关系、改变宗教信仰等不同方式在吕宋岛和米沙扬群岛等还处于名为"巴朗盖"的传统社会形式的地区快速建立了殖民统治,并依托三个支柱——封建专制主义、委托监护制以及政教合一的教会统治。②

西班牙在穆斯林统治时期遭受了宗教迫害和"收复失地运动"的斗争,让西班牙殖民者对于穆斯林存在较强的排斥仇视心理,他们将菲南穆斯林蔑称为与"摩尔人"一样肮脏和懒惰的"摩洛人"。在西班牙殖民者成功征服菲律宾中北部地区后,随即于1578年和1596年发动了两次针对菲律宾南部群岛的大规模殖民远征。在1578年殖民远征开始时,西班牙殖民者对菲南穆斯林地区的殖民政策便大致确定下来,其体现在弗朗西斯科·德桑德的训令之中:第一,迫使摩洛人承认西班牙主权;第二,与穆斯林开展贸易,开发该地区的自然资源;第三,打击穆斯林对西班牙船只的海盗活动,终止他们对米沙扬和吕宋岛地区天主教社群的侵扰;第四,促进摩洛人的西班牙化和皈依天主教。③

三百年摩洛战争的整体趋势是西班牙殖民者逐渐掌握主动权,但是西班牙的征服存在明显的乏力现象,无法实现对菲南穆斯林诸岛的完全控制,相反各苏丹国利用欧洲列强之间的矛盾,较为有效地延缓了穆斯林地区的殖民进程。在19世纪末苏丹国在武力对抗上失去了优势而签署了诸多丧失主权的协议,但是穆斯林社群自主开展的针对西班牙殖民者的斗争一直持续至西班牙离开菲律宾,他们将战死于此斗争中的穆斯林称为"殉教者"(Shahid),穆斯林社群承担起了捍卫"伊斯兰世界"

---

① 周南京:《西班牙天主教会在菲律宾殖民统治中的作用》,《世界历史》1982年第2期。
② 施雪琴:《西班牙天主教在菲律宾:殖民扩张与宗教调适》,博士学位论文,厦门大学,2004年。
③ 占薇:《菲律宾摩洛人与泰南马来穆斯林的分离主义运动比较研究》,硕士学位论文,厦门大学,2009年。

(*Dar al-Islam*) 的职责。这种内部荣誉和团结的产生让西班牙对菲南穆斯林社群和诸苏丹国的控制只是名义上的,"摩洛的政治结构、法律、内部行政、宗教、社会条件和实践都没有受到西班牙在南部军事存在的影响,摩洛人不认为自己是被征服的民族,不认为自己是西班牙的殖民地,也不认为自己是受西班牙统治的民族"[1]。

这种自我身份的思考同样适用于摩洛穆斯林对于自己与菲律宾民族之间关系的辨析。随着19世纪末西班牙殖民统治的衰弱,菲律宾民族主义运动发展起来,高潮是1896年爆发的民族主义起义,极大地削弱了西班牙对吕宋岛的控制,并在美国的支持下于1899年1月23日成立菲律宾共和国。独立运动领导人阿奎纳多认为,从种族、历史和地理上说,南方穆斯林是菲律宾不可分割的一部分。1899年1月1日,阿奎纳多呼吁苏禄和棉兰老的穆斯林进行谈判,在尊重伊斯兰信仰和传统的前提下,建立一个以联邦为基础的共和国。1899年1月19日,阿奎纳多在给苏禄苏丹的信中称苏禄苏丹为"我的兄弟",承诺菲律宾将尊重所有人的传统和信仰,邀请苏丹加入菲律宾共和国。[2] 不过,菲南穆斯林对菲律宾天主教徒的中央政府并无好感,因为驱逐西班牙人后出现的仍是一个天主教徒统治的国家。

(三) 西班牙殖民政策的影响

西班牙殖民者在菲律宾的统治创造了在宗教文化上截然不同的两个群体,分别是北部天主教化的低地族群和南部未被征服的穆斯林社群,二者被西班牙殖民者捆绑在一起形成了在政治权力分配和国家治理参与度上完全不均衡的族群关系结构,并由此产生了天主教菲律宾人和南部穆斯林之间的仇视和敌对情感。[3] 三百年摩洛战争中西班牙殖民者大量

---

[1] Moshe Yegar, *Between Integration and Secession: The Muslim Communities of the Southern Philippines, Southern Thailand, and Western Burma/Myanmar*, Lexington Books, 2002, p. 207.

[2] Louis Q. Lacar, "Neglected Dimensions in the Development of Muslim Mindanao and the Continuing Struggle of the Moro People for Self-Determination", *Journal of the Institute of Muslim Minority Affairs*, Vol. 9, No. 2, 1988, p. 297.

[3] Thomas M. McKenna, *Muslim Rulers and Rebels: Everyday Politics and Armed Separatism in the Southern Philippines*, University of California Press, 1998, pp. 6 – 7.

使用菲律宾北部皈依天主教的部族参与征服南部穆斯林,让双方结下了一种争夺统治权和自主权的宿怨,并且战争提升了南部穆斯林社群的动员程度,尤其是天主教传教行动引发的宗教压力(包括强迫皈依、信仰论争和对伊斯兰宗教设施的破坏等),伊斯兰宗教领袖竭力提升南部地区伊斯兰化的速度和水平,在各部族之间搭建起宗教联系和认同。抵抗殖民斗争的过程伴随着天主教社群与穆斯林社群之间的冲突,彼此袭击和摧毁城镇、村庄等定居点,这也成为菲律宾独立后族群冲突的常见形态。

不过,菲南穆斯林在反抗殖民斗争取得的长期成就,却反而让摩洛穆斯林在菲律宾的民族国家建构之中处于缺位状态,棉兰老岛的穆斯林社群在国家政治层面的"失声"更成为菲律宾建国后的常态,而在由天主教低地族群主导的政府(菲律宾独立后的大部分时间内国家最高行政职位和国会席位只在天主教低地族群精英之间流转)及其政策之下,棉兰老岛的穆斯林社群逐渐积累起强烈的怨恨和不满,为后来的分离主义运动提供了基础。

虽然西班牙殖民者未能实现对摩洛穆斯林的完全控制,但是依旧通过商贸、移民等政策对穆斯林地区及其与北部天主教徒之间的关系产生了直接影响。[1] 棉兰老地区穆斯林社群针对天主教社群及菲律宾政府的怨恨源头是自1850年起由西班牙殖民者推行的移民计划,鼓励无地的天主教徒向其他岛屿和地区移民,以实现对棉兰老岛的渐进殖民。在棉兰老岛尚未形成土地所有权制度的情况下,来自吕宋和维萨亚斯的天主教徒大量涌入棉兰老岛(至西班牙殖民结束时棉兰老地区人口中约50%为天主教徒,30%为穆斯林,20%为原住民)。[2] 西班牙殖民者的移民计划不仅极大地改变了棉兰老地区的族群人口结构,还导致穆斯林社群和来此定居的天主教徒社群之间在土地所有权和公民权问题上产生了尖锐的矛盾,前者的经济状况日趋恶劣,政治权利也受到歧视,造成棉兰老岛的穆

---

[1] 马燕冰、黄莺:《菲律宾》,社会科学文献出版社2007年版,第87—88页。
[2] Lim Joo-Jock, *Armed Separatism in Southeast Asia*, Singapore: Institute of Southeast Asian Studies, 1984, p. 223.

斯林社群无法对菲律宾形成稳固的国族认同和归属感，转而倾向于拥抱其社群文化和族群身份认同，为族群民族主义的诞生和传播提供了"温床"。①

可以说，西班牙殖民时期的"南北分治"是菲南穆斯林斗争的结果，西班牙未能实现对穆斯林地区的完全占领，却也在事实上造就了北部天主教社群和南部穆斯林之间的隔阂感、陌生感，以及在移民和传教政策之下引发了两大社群之间的日常碰撞、对立和矛盾；而西班牙殖民者的征服活动、菲律宾天主教移民也让穆斯林完成了对身份归属和族群认同的自我构建，诱发了菲律宾民族国家建构的原生裂痕，也让菲律宾民族主义独立运动对民族国家构建的初次尝试遭遇挫折。

二 美国殖民时期的"以北治南"和"天主教化"

美国在实现对菲律宾全境的征服后，其延续了西班牙的殖民策略，建立"以北治南"的统治模式，在政治上忽略南部穆斯林社群的诉求，依旧视其为低人一等的"摩洛人"。美国鼓励北部天主教社群向南部移民，利用土地法推动该地区的土地私有化，让移民获得土地，开发资源，并通过任用北部天主教徒官员治理南部，推进美式教育和"菲律宾化"政策，实现了菲南地区行政与立法机构的"天主教化"，进一步固化了北部天主教低地族群在国家政治中的主导地位和南部穆斯林社群缺位的族群关系结构。②

（一）美国殖民征服的局限

美西战争之后，1898年8月14日，美国《巴黎条约》宣布菲律宾为美国领土，并成立了以梅里特为军事总督的军政府，美国军队于1899年5月18日和1899年12月分别从西班牙政府手中夺取了霍洛和三宝颜的控制权。为了征服吕宋岛等菲律宾北部地区，美国尝试拉拢南部穆斯

---

① Damien Kingsbury, "Vertical Distinction as Civic Failure: State-Nation Disjuncture", in Damien Kingsbury and Costas Laoutides, eds., *Territorial Separatism in Global Politics: Causes, Outcomes and Resolution*, Routledge, 2015, pp. 54 – 56.

② 靳晓哲：《菲律宾南部摩洛问题的演进、症结与前景》，《南亚东南亚研究》2019年第2期。

林，防止后者支持菲律宾北部的民族独立力量。约翰·贝茨准将负责与苏鲁苏丹贾马鲁尔·基拉姆二世谈判，基拉姆希望重新获得苏禄苏丹国的主权，而贝茨的主要目标是保证摩洛穆斯林在美菲战争中保持中立，双方签署的《贝茨条约》以自治的口头许诺收买苏禄国王和其他穆斯林社群领袖，确保了菲南穆斯林保持中立。① 1902 年 4 月 16 日，菲律宾共和军向美军投降；7 月 4 日，西奥多·罗斯福宣布大赦，象征菲律宾第一共和国的灭亡，进入美属菲律宾时期。

美军在击溃菲律宾革命政府后，转而对菲南穆斯林社群开展镇压。② 美国在菲律宾的驻军希望尽快建立对菲律宾全境的控制，但是遭遇了摩洛穆斯林的强烈抵抗，双方开展了数场规模较大的战役，包括 1902—1904 年马拉瑙战役、1903 年哈桑起义、1906 年巴德·达霍战役、1913 年巴德·巴格萨克战役等一系列冲突。③ 这些冲突给美军和摩洛穆斯林都带来了不同程度的人员伤亡，但是美国的军事实力让摩洛穆斯林很难像抵抗西班牙殖民统治一样反抗美国，其结果是美国对菲南摩洛地区实现了更为有效的控制。但是，由于美国在菲南穆斯林诸岛的殖民统治在一开始就以"自治"作为筹码，换取苏丹、大督和穆斯林社群的信任，也让摩洛穆斯林在之后与美国殖民当局的互动中频繁提出自治、独立甚至并入美国的要求，美国殖民征服非但未能让摩洛穆斯林与菲律宾北部社群产生认同感，相反提高了穆斯林群体对自主权利的诉求，并将之作为与美国殖民者、菲律宾北部中央政府议价的基本框架。

（二）美国殖民政策与现代化冲击

正如保罗·克莱默（Paul A. Kramer）指出的，美国人将菲律宾人分成了"文明的"基督徒与"野蛮的"万物有灵论者和穆斯林，并让基督徒承担起治理现代国家的"白人负担"（White Man's Burden）——构建

---

① Madge Kho, "The Bates Treaty", Sulu Online Library.
② 占薇：《菲律宾摩洛人与泰南马来穆斯林的分离主义运动比较研究》，硕士学位论文，厦门大学，2009 年。
③ Moshe Yegar, *Between Integration and Secession: The Muslim Communities of the Southern Philippines, Southern Thailand, and Western Burma/Myanmar*, Lexington Books, 2002, pp. 214–219.

了菲律宾"以北治南"的政治格局。① 美国实现对穆斯林地区的控制后实施的政策存在明显的发展主义倾向,希望在穆斯林社群引入"先进的"和"现代化的"制度、设施和观念,以"吸引政策"让菲南穆斯林融入美属菲律宾。然而这一政策对穆斯林原生社会产生了极大冲击,加剧了菲南穆斯林对美国殖民者和所谓天主教徒主导的美属菲律宾的排斥感。美国在菲南穆斯林地区的殖民政策无一例外都固化了摩洛穆斯林的族群认同和自主意识。

美国在菲南穆斯林地区实施了以下几方面政策。

第一,改造穆斯林传统社会经济关系。相比于北部地区实施的文官统治,菲南穆斯林地区由美国高级军官直接管制,如在棉兰老和苏禄穆斯林地区任命的第一个军事长官是乔治·W. 戴维斯准将(1901 年 8 月至 1902 年 7 月),其在任期间完全从美国人的认知出发对穆斯林社群实施"改造",力图消除那些他认为"落后"和"低效率"的传统经济模式,建立税收(如人头税、道路税)和关税制度,并开展土地调查、登记和制图以及人口普查,希望树立明确的土地所有制,掌握穆斯林人口的情况。此外,戴维斯还试图完全取缔奴隶制,严禁海盗活动。然而,这些改革冲击了穆斯林传统社会经济的运行逻辑,例如,穆斯林自身对于土地不存在明确的边界和所有权,而是根据村落分布依靠族内权威和关系分配土地,而美国对穆斯林土地所有面积的限制和歧视也加剧了前者的不满,见表 4-1。税收制度和取缔奴隶制给穆斯林上层(一般为地主、贸易商和奴隶主)带来了压力,导致在许多地方爆发反对美国军事占领的事件。

表 4-1 美国殖民期间出台的土地法案

时间	文件名	法案内容
1902 年 11 月	《土地登记法(第 496 号法案)》	要求对任何个人或团体占用的所有土地进行登记

---

① Paul A. Kramer, *The Blood of Government: Race, Empire, the United States, and the Philippines*, The University of North Carolina Press, 2006, pp. 88–158.

续表

时间	文件名	法案内容
1903年4月	《公共土地法（第718号法案）》	废除（不承认）摩洛苏丹、大督和部落首领的土地赠与
1903年10月	《公共土地法（第926号法案）》	宣布所有未根据第496号《公共土地法》登记的土地为公共土地，因此可用于宅基地、购买或租赁
1905年	《采矿法》	宣布菲律宾和美国公民可自由勘探、占领和购买所有公共土地
1907年	《地籍法》	确认土地所有权
1919年	《公共土地法（第2874号法案）》	允许天主教菲律宾人申请24公顷的土地，公司可申请1024公顷，穆斯林不得超过10公顷
1936年11月	《联邦第141号法案（取代1919年的第2874号法案）》	将穆斯林可申请土地面积减少到4公顷，对基督徒自留地的规定改为16公顷（仍是穆斯林可拥有土地的四倍），而对公司的规定仍为1024公顷

资料来源：笔者根据相关资料整理而成。①

第二，建立现代行政体系，但均由天主教徒控制。在殖民政府层面，美国开始让更多的菲律宾人进入其中担任重要职务，美国1916年出台的《琼斯法案》扩大菲律宾人的自治权并承诺在适当情况下允许菲律宾独立，根据该法案美国建立非基督教部落局，隶属内政部，管理一切异教徒（包括穆斯林）事务，其主要菲律宾人官员都是天主教徒。而到了1912年以后，除教育部以外，各部部长皆由菲律宾人担任，与此同时参议院和众议院中的菲律宾人代表比重也逐渐增加，但绝大多数都是天主教徒，这种现象也扩展到了摩洛地区，出现行政体系"天主教化"的趋势。1903年6月1日至1913年9月1日，美国将菲南穆斯林地区合并为

---

① Macapado Abaton, "Muslim Historical Roots of the Contemporary Moro Armed Struggle in the Philippines", *Dansalan Quarterly*, No. 12, 1992, pp. 3–58; Brenda Batistiana, *Land Tenure Stories in Central Mindanao*, Davao City, Philippines: Local Governance Support Program in ARMM, 2009, p. 92.

摩洛省，划分五个区：三宝颜、拉瑙、哥打巴托、达沃和苏禄。摩洛省同样由军官担任省长，随着文官职员数量的增加，越来越多天主教菲律宾人进入穆斯林地区政府，在1913年建立苏禄省和棉兰老省后这种"天主教化"越发严重。时任总督卡朋特将穆斯林地区划分为七个区，并将教育、公共工程、卫生、法律以及农业和公共土地发展等事务的管理从总督所在地三宝颜转移到马尼拉，导致"以北治南"政治结构的产生。更重要的一点是，卡朋特试图正式取缔菲南苏丹君主制，1913年与苏禄苏丹签署协议，后者完全放弃苏丹国的领土主权，成为美国保护下的穆斯林精神领袖，也让穆斯林社群领袖填补了苏丹的权力空白，成为动员穆斯林的新主导力量，改变了传统的集权型动员模式，发展出社群分散型动员的新特点。

第三，宗教上替代伊斯兰教育和教法。在司法方面，美国殖民者希望能够向所有菲律宾人灌输个人主义、法律面前人人平等、政教分离和地方民主等美式民主价值观，因此他们在摩洛省建立现代法院制度取代穆斯林社群的伊斯兰教法系统。但是，美国构建的司法体系对穆斯林传统领袖构成了直接威胁，伊斯兰教法和当地习惯法中宗教和政治权力都属于苏丹和大督，美国引入的宗教—国家、宗教—政治相分离的西方概念是当时穆斯林所不理解的。[1] 此外，美国总统西奥多·罗斯福同意时任军事总督伦纳德·伍德的建议，1904年3月2日单方面搁置《贝茨协议》，不再为苏丹和大督提供补贴，导致反抗爆发。此外，美国推动义务教育，公立学校的数目从1913年的72所增加到1919年的336所，利用奖学金吸引穆斯林学生，并强制要求大督发挥表率作用，将孩子送至公立学校，冲击了穆斯林社群传统的伊斯兰教育系统（*Madarsah*）。

第四，扩大北部天主教徒向南部诸岛移民。美国殖民者和北方的民族主义者都意识到了南部岛屿的自然资源对菲律宾经济发展的重要性，越来越多的移民在殖民政府的鼓励和支持下前往南部地区，占据所谓

---

[1] Peter G. Gowing, "America's Proconsuls in Mindanao 1899 – 1913", *Dansalan Quarterly*, Vol. 3, No. 1, 1981, pp. 5 – 28.

"公共土地"及资源。移民最初主要集中在棉兰老岛的北部和东部海岸，并逐渐扩展至附近其他岛屿，向西部和中部的穆斯林社群逼近。1913年，美国通过建设农业殖民地的法案（菲律宾委员会第2254和2280号法案），旨在增加农业生产，改善菲律宾人口的地理分布平衡，使移民成为南部地区的土地所有者。[1] 基于此，卡彭特计划让天主教移民和穆斯林定居在一起，希望让二者共同开发棉兰老岛的资源，让天主教移民的"先进生产力"吸引摩洛穆斯林，最终形成一种同质的菲律宾文化。[2] 为此，美国殖民者为来自北方的天主教移民从事农业工作提供资金援助、住房以及其他福利。1915年，2362户天主教移民家庭定居于棉兰老岛，大部分定居点位于哥打巴托。1913—1917年，约有8000名定居者迁入。1919年，美国通过法律，赋予各个地区自行组织定居点和建立殖民地的权力，到1936年，棉兰老岛上政府开辟的农业殖民地人口约为3万—3.5万人。据估计，1903—1939年，北部天主教移民为棉兰老岛增加了140万人口。[3] 大量移民的涌入和土地私有制对南部岛屿土地的分配，加剧了穆斯林社群对天主教徒的怨恨，原因在于穆斯林社群的土地制度是集体所有的，只在重要的农业地区存在明确的边界（如拉瑙湖、哥打巴托平原等地区），土地根据习惯法耕种，而当美国人引入土地私有制、土地调查和登记造册时，大部分穆斯林都没有登记地契或所有权，导致外来移民和种植园主得以非常轻易地获得穆斯林的土地。[4]

在美国直接统治菲律宾期间，摩洛穆斯林对于现代化观念驱使下的殖民政策表达了自己的不满并采取了行动进行抵制。1921年，由于要求

---

[1] Jennifer Marie Keister, *States within States: How Rebels Rule*, University of California, San Diego, 2011, p. 123.

[2] Samuel K. Tan, *The Filipino Muslim Armed Struggle 1900 – 1972*, Filipinas Foundation Inc, 1977, pp. 71 – 80.

[3] Peter G. Gowing, "Muslim-American Relations in the Philippines, 1899 – 1920", *Asian Studies*, Vol. 6, No. 3, 1968, pp. 372 – 382.

[4] Moshe Yegar, *Between Integration and Secession: The Muslim Communities of the Southern Philippines, Southern Thailand, and Western Burma/Myanmar*, Lexington Books, 2002, pp. 223 – 224.

实施义务教育，拉瑙地区发生了武装冲突。1923 年，马拉瑙人因拒绝纳税、不愿在政府学校接受义务教育而发生了起义，在美国镇压下起义的领导人和 54 名支持者被杀。1923 年 5 月，由于实施人头税、义务教育法和土地调查，巴拉望岛也爆发了武装抵抗。① 对于穆斯林社群而言，美国殖民政策侵犯了他们的传统，实施抵抗是为了捍卫穆斯林社群的集体利益，而那些得到美国培训和装备后进入摩洛地区的天主教徒警察则被视为异族的、敌对的占领军，成为摩洛穆斯林攻击的首要对象。在 1921 年棉兰老人民向美国总统提交的请愿书中，他们也表达了自己对菲律宾国家毫无认同："不经我们的同意，就把我们的人民抛弃，把我们的国家交给北方的菲律宾人，让他们统治（我们），这是一种非常不公正的行为。"②

20 世纪 30 年代美国经济大萧条，为了防止菲律宾产品冲击美国市场价格，糖业、牛奶业等行业部门开始游说国会让菲律宾独立，1933 年 1 月美国国会通过《海尔—哈卫斯—加亨独立法案》，也称《菲律宾独立法案》，在时任菲律宾参议院议长曼努埃尔·奎松的游说下，同年 10 月出台修正案《泰丁斯—麦克杜菲法案》，设置了 10 年的过渡期（1946 年 7 月 4 日完全独立）。在此期间，菲律宾进入自治状态，自治宪法由民选的宪法会议制定，美国则继续掌握菲律宾的外交权，有关移民、外贸和货币的法案也需要得到美国总统的批准方可生效。摩洛人普遍反对这项法案，对美国决定放弃对南部地区的直接控制，并同意将领土移交给天主教菲律宾人感到失望。1935 年第一次大选后，菲律宾正式建立自治政府，当选总统的奎松开始实施民族主义的国内政治和经济政策，在行政、经济、军事、语言以及教育等诸多方面提出一系列改革和发展方案推动国家的"菲律宾化"。③

---

① Samuel K. Tan, *The Filipino Muslim Armed Struggle 1900－1972*, Filipinas Foundation Inc, 1977, pp. 100－106.

② Salah Jubair, *Bangsamoro: A Nation under Endless Tyranny*, Kuala Lumpur: IQMarin SDN BHD, 1999, p. 293.

③ 马燕冰、黄莺：《菲律宾》，社会科学文献出版社 2007 年版，第 101—103 页。

虽然奎松力图在独立之前实现菲律宾民族的建构，但是其在南部穆斯林该如何成为菲律宾民族一部分的问题上态度强硬。奎松放弃了美国殖民者实施的吸引政策，取而代之的是基于所谓"平等主义"的政治经济一体化计划，核心在于取缔摩洛穆斯林存在的特权问题。1936年3月，国会棉兰老岛和苏禄事务委员会建议废除非基督教部落局，虽然南方议员和摩洛穆斯林表示反对，但奎松仍于1936年12月31日关闭该局，任命了新的棉兰老岛和苏禄岛专员，由天主教菲律宾人担任，直接向劳动部和内政部负责，专员被赋予广泛权力，协调南方所有政府机构的工作。此外，奎松政府还解散了根据穆斯林法律裁定摩洛人纠纷的穆斯林委员会。针对穆斯林社群尚存的苏丹和大督头衔，奎松借助1936年苏禄苏丹吉拉姆离世的契机，宣布菲律宾自治政府不再承认苏丹头衔，并在1938年的政府备忘录中重申菲律宾政府已取消苏丹和大督的头衔，这引发了穆斯林贵族和精英的不满。[1]

在1936年6月16日的演讲中，奎松宣布政府将在南部地区安置吕宋岛和米沙扬的天主教菲律宾人，向定居者开放人口稀少的棉兰老岛和苏禄岛的大片土地，以发展南部经济。[2] 在菲律宾自治政府的支持下，自北向南的移民速度比美国直接统治时期更快，定居地点集中于拉瑙和哥打巴托。同时，国际和国内投资也在增长，部分穆斯林贵族和精英与政府合作，注册为穆斯林社群公共土地的所有者，然后将土地卖给定居者或种植园主。1939年，菲律宾自治政府又在南方推行新的农业定居计划。同年6月，国家土地安置局成立，负责处理土地，组织安置工作和农业耕种，给予北方的移民和复员士兵获得土地的机会，大大提升了涌入南部岛屿的移民数量。此外，菲律宾政府机构在推行移民安置和土地交易时明显偏袒天主教菲律宾人，将资源和土地登记优先划拨给

---

[1] Mamintal A. Tamano, "Problems of the Muslims: A National Concern", in Peter G. Gowing and Robert D. McAmis, eds., *The Muslim Filipinos*, Manila: Solidaridad Publishing House, 1974, p. 262.

[2] Moshe Yegar, *Between Integration and Secession: The Muslim Communities of the Southern Philippines, Southern Thailand, and Western Burma/Myanmar*, Lexington Books, 2002, pp. 231 – 232.

外来移民。①

（三）日本占领时期

1941年12月9日，日本在偷袭珍珠港后立刻对菲律宾的美国海军基地实施了轰炸，日军先在吕宋岛北部登陆，两天后在南吕宋的黎牙实比登陆，并开始进攻马尼拉。日军势如破竹，"远东陆军部队"司令道格拉斯·麦克阿瑟等美军军官和自治政府官员撤离，建立流亡政府，直到1944年年底太平洋战争局势反转，麦克阿瑟和流亡政府才重返菲律宾，于1945年7月5日解放菲律宾。日占期间，日本侵略者在菲律宾扶植傀儡政权"行政委员会"，建立军事专政制度，全面控制菲律宾政治和经济部门，为侵略战争输血，同时推行奴化教育，1943年10月宣布承诺给予菲律宾"独立"，拉拢部分上层精英。②

日占期间，日本人在摩洛穆斯林地区推行安抚政策，不干涉穆斯林内部事务，争取穆斯林精英的合作。不过，日本侵略军并没有改变自治政府时期的南部政策架构，而是通过替换傀儡官员和军事镇压手段实施统治，因而未能赢得大部分穆斯林的支持。摩洛穆斯林同样将日本人视为异族，不认同日本对穆斯林地区的占领，部分穆斯林开始组织抗日力量，通过游击战的形式反抗日本殖民统治，拉瑙、苏禄和哥打巴托等地都出现了较为活跃的武装抗日力量，在一定程度上实现了与天主教菲律宾抗日武装的合作，并得到了美国提供的武器装备支持。③

简单而言，日本占领时期没有针对南部摩洛穆斯林出台系统性的新政策，而是专注于利用菲律宾资源为日本侵略战争提供支持，因而没有改变美国殖民时期的政策。值得注意的是，在反抗日本侵略的战争中部分穆斯林与天主教徒开展了合作，为战后菲律宾独立奠定了基础，然而美国殖民者在重返菲律宾之后恢复了美国殖民时期的主要政策。国家独

---

① Ralph Benjamin Thomas, *Muslim but Filipino: The Integration of Philippine Muslims, 1917-1946*, University of Pennsylvania, 1971, pp. 193-197.

② 金应熙:《菲律宾史》，河南大学出版社1990年版，第576—585页。

③ Moshe Yegar, *Between Integration and Secession: The Muslim Communities of the Southern Philippines, Southern Thailand, and Western Burma/Myanmar*, Lexington Books, 2002, pp. 232-235.

立的窗口期没有让摩洛穆斯林融入民族国家建构，反而继续处于国家政治和经济发展的边缘地带，北部天主教的中央政府继续统治着摩洛穆斯林社群，这为菲律宾独立后摩洛穆斯林分离主义运动的兴起埋下了隐患。

需要指出的是，美国殖民至日占时期（1901—1945年），摩洛穆斯林的抵抗运动出现了一些新的特点。首先，社群领导权处在"去贵族化"的过渡阶段，随着美国殖民政策走向现代化，革除封建和传统旧制，苏丹和大督阶层的妥协性使其屈服于美日殖民者的收买政策，很大程度上失去了对穆斯林社群的有效控制，在抵抗美日殖民统治的过程中抵抗运动领导权去中心化，缺少统一领导力量，族内权力的混乱和真空为菲律宾独立后的分离运动派系分化埋下了伏笔。其次，美日殖民和第二次世界大战的进行让摩洛穆斯林开始接触到组织程度更高和灵活性更强的抗争模式——游击战，加之现代化程度更高的武器装备流入摩洛穆斯林地区，提高了穆斯林地区的民间武装水平。再次，摩洛穆斯林精英承认美国对其拥有主权，多次尝试联系美国政府，寻求摩洛独立，包括1921年提交给沃伦·哈丁的请愿书、1924年提交给美国国会的《三宝颜宣言》，以及1936年马拉瑙121位大督给罗斯福的书信，"要求美国继续统治摩洛穆斯林或允许独立"，成为其在民族国家体系中寻求"自决"的初次尝试。[1] 最后，菲律宾自治政府时期奎松政府继承了美国殖民理念，在菲律宾一体化战略中试图将摩洛穆斯林融入菲律宾的民族国家建构，然而现代民族国家构建的政策都强化了穆斯林社群与天主教菲律宾人的界线，摩洛穆斯林"似乎更加信任美国人，他们认为天主教菲律宾人相比之下对穆斯林社群的宗教和文化身份更具威胁性"[2]。

---

[1] Ronald James May, "The Wild West in the South: A Recent Political History of Mindanao", in Mark Turner and Ronald James May, eds., *Mindanao: Land of Unfulfilled Promies*, Quezon City: New Day Publishers, 1992, pp. 125–146; Paul J. Carnegie, Victor T. King and Zawawi Ibrahim, *Human Insecurities in Southeast Asia*, Springer, 2016, p. 125.

[2] Moshe Yegar, *Between Integration and Secession: The Muslim Communities of the Southern Philippines, Southern Thailand, and Western Burma/Myanmar*, Lexington Books, 2002, pp. 234–235.

三 独立后的国家建构：整合政策与分离动员强度

菲律宾独立后，作为推广美国制度的试验品和"东方的民主橱窗"，可以说"（菲律宾）这个民族大熔炉的形象对美国人而言比仍在寻找民族认同感的菲律宾人更有吸引力"①。然而，菲律宾政府于20世纪50年代初推行与美殖民时期一脉相承的"整合政策"，尝试利用文化教育、移民和土地政策实现对穆斯林社群的同化，却恶化了穆斯林群体的政治地位和经济状况，穆斯林群体失去了土地所有权，成为世居之地的"少数民族"，让分离运动离爆发仅剩一步之遥。②

（一）选择性整合：菲律宾独立后的国家建构

独立后，菲律宾效仿美国三权分立的政体形式，建立了美式行政、立法和司法体制以及政党制度和选举制度，其中众议员按照各省人口比例选出，任期4年；参议员共24位，由全国普选产生，任期6年，每2年改选1/3，成为穆斯林精英参与国家政治的重要渠道。1946年4月23日，菲律宾自治政府举行最后一次选举，从国民党分裂出来的罗哈斯集团建立了自由党，在美国的支持下击败了国民党及其领导人奥斯敏纳，并于7月4日建立菲律宾共和国，罗哈斯成为第三共和国第一任总统，由此进入与美式民主相似的运行时期，国民党与自由党在此后26年间轮流执政。在此期间，菲律宾政府的南部政策基本上延续了美国殖民和自治政府时期的思路，继续实施"定居殖民主义"，而穆斯林则将归还土地和重建政治自决视为"去殖民化"的两个必要条件，这也成为后来分离运动的两大核心诉求。③ 菲律宾独立后，在民族独立运动以及从美国

---

① David Steinberg, "Tradition and Response", in John Bresnan ed., *The Philippines: The Marcos Era and Beyond*, Princeton University Press, 1986, p. 30.

② 陈衍德、彭慧：《菲律宾现代化进程中摩洛人的处境与反抗（1946—1986）》，《南洋问题研究》2007年第1期。

③ Hannah Neumann, "Identity-Building and Democracy in the Philippines: National Failure and Local Responses in Mindanao", *Journal of Current Southeast Asian Affairs*, Vol. 29, No. 3, 2010, p. 64.

手中争取完全独立的过程中,天主教徒和他加禄人成为菲律宾共和国的缔造者,在美式民主价值观的催化下,菲律宾国家建构的控制权落在了北部天主教徒手中。菲律宾共和国的统治精英将南部摩洛穆斯林地区视为不可分割的一部分,但是穆斯林群体对菲律宾国家能力渗透的抵抗让北部天主教徒精英在国家建构的问题上只有两个选择:其一,在地理上缩小穆斯林的活动空间;其二,在文化上同化穆斯林。①

不过,菲律宾独立后并未着手开展民族和国家认同层面的建构,也没有对摩洛穆斯林开展任何有关菲律宾共和国建构的接触和对话,而是专注于建设与美国的"特殊经济政治关系"以及解决胡克运动问题。致力于排除美国干涉的"菲人第一"民族主义运动成为菲律宾国家建构的优先事务,在很大程度上忽视了摩洛穆斯林对菲律宾国家认同的建设。

菲律宾政府在首要困难——经济重建与复苏等问题上一筹莫展,由于代表美国利益的罗哈斯政府在大选后立即与美国签订了《美菲总关系条约》和《美菲关于菲律宾独立后过渡时期中的贸易和有关事项的规定》等不平等条约,菲律宾在关税、投资、汇率、债务和治外法权等方面仍然是实质上的美国殖民地,是美国随意掠夺原材料和倾销产品的市场,而菲律宾在独立后经济每况愈下,财政赤字、贸易逆差等让经济发展持续萎靡。② 由于菲律宾政府存在的系统性贪腐现象(倒卖物资、破坏外汇管制等)进一步破坏了国内经济秩序,其经济依旧未能恢复至战前水平。到了20世纪50年代季里诺政府建设中央银行、实施外汇和进口管制等保护性措施之后,菲律宾经济才开始恢复和发展。

菲律宾政府面临的另一大问题是胡克武装。第二次世界大战结束后,美国势力重新渗透菲律宾罗哈斯政府并对左翼力量实施镇压,在此情况下菲律宾共产党重拾武装斗争路线,1946年8月重新组织人民武装力量

---

① Hannah Neumann, "Identity-Building and Democracy in the Philippines: National Failure and Local Responses in Mindanao", *Journal of Current Southeast Asian Affairs*, Vol. 29, No. 3, 2010, p. 67.

② 金应熙:《菲律宾史》,河南大学出版社1990年版,第638—642页。

总司令部和人民抗日军（胡克运动），抵抗菲律宾政府军的镇压，并要求废除与美不平等条约，实施土地改革以及释放抗日军战士，等等。季里诺在继任总统后开始力求美国支持建设军队和提供援助，在国防部长拉蒙·麦格赛赛的主持下对胡克运动实施武力镇压、收买赦免和扶持经济等组合政策，扭转了胡克武装的势头，在大规模围剿行动（如1954年的雷电行动）之下，1955年年底游击队人数减少到1000人以下。①

为了配合上述问题的解决，季里诺政府设立"土地和移民开发公司"负责移民和荒地开垦，成为大地主、资本家和外资瓜分未开垦土地的"元凶"。在美国和菲律宾国内大资本的冲击下，摩洛穆斯林的土地受到直接冲击。时任国防部长麦格赛赛专门设立"经济开发兵团"，承诺向投降的胡克武装人员提供棉兰老岛的大片土地，成为缓解胡克运动压力的关键政策。麦格赛赛认为，"菲律宾必须作为一个整体来处理国家面临的问题，南方存在的各种可能性可以用来减轻北方的困难。"②1953年麦格赛赛担任总统后，继续鼓励迁移人口和开垦荒地，他撤销了土地和移民开发公司，建立国家重新安置与复兴管理局，注入500万比索和后续每年300多万比索的拨款。该机构在棉兰老和巴拉望设立移民垦殖区，1954—1956年每年分别组织迁入1000户、8044户和6000户移民家庭，每户平均分配到10公顷土地。

表4-2　　　　棉兰老岛人口及其比例（1903—2000年）

年份	摩洛穆斯林（人）	占比（%）	非穆斯林（人）	占比（%）	总数（人）
1903	250000	76	77741	24	327741
1913	324816	63	193882	37	518698
1918	358968	50	364687	50	723655

---

① Jeff Goodwin, *No Other Way Out: States and Revolutionary Movements, 1945-1991*, Cambridge University Press, 2001, pp. 118-120.

② Moshe Yegar, *Between Integration and Secession: The Muslim Communities of the Southern Philippines, Southern Thailand, and Western Burma/Myanmar*, Lexington Books, 2002, p. 247.

续表

年份	摩洛穆斯林（人）	占比（%）	非穆斯林（人）	占比（%）	总数（人）
1939	755189	34	1489232	66	2244421
1948	933101	32	2010223	68	2943324
1960	1321060	23	4364967	77	5686027
1970	1669708	21	6293224	79	7963932
1980	2504332	23	8400911	77	10905243
1990	2690456	19	11579280	81	14269736
2000	3641480	20	14492384	80	18133864

资料来源：笔者根据相关资料整理而成。①

20世纪50年代后，北部天主教菲律宾人大量涌入穆斯林地区，1954—1958年，仅在哥打巴托就有约23400个基督徒家庭定居。从1960—1970年，哥打巴托的天主教徒人数增加了一倍以上。1960—1976年，有超过一百万的天主教徒移民至棉兰老岛定居。② 在棉兰老岛、苏禄群岛和巴拉望的23个地区中，只有5个地区的穆斯林占多数，即马京达瑙省、南拉瑙省、苏禄省、巴西兰省和塔威塔威省。1903年棉兰老岛人口密度为5人/平方千米，到1948年人口密度上升到19人/平方千米。③ 1903年，棉兰老岛总人口约32万人，其中有25万穆斯林（76%的穆斯林和24%的非穆斯林），由表4-2可知，在20世纪30年代末菲律宾联邦成立之时，摩洛穆斯林已经沦为少数族群，仅占棉兰老岛人口的34%，到20世纪60年代末分离运动爆发之时，穆斯林人数只占总人

---

① Menandro Sarion Abanes, *Ethno-Religious Identification and Intergroup Contact Avoidance: An empirical study on Christian-Muslim relations in the Philippines*, Nijmegen Studies in Development and Cultural Change, LIT Verlag, 2014.

② Michael O. Mastura, "Development Program for Mindanao and Sulu: Retrospect and Prospect", in Peter Gowing ed., *Understanding Islam and Muslims in the Philippines*, Quezon City: New Day Publishers, 1988, pp. 144 – 146.

③ John F. Kantner and Lee McCaffrey, eds., *Population and Development in Southeast Asia*, London: Lexington Books, 1975, pp. 31 – 56.

口的20%，非穆斯林则占80%。①

族群比重的急剧变化导致美式宪政民主的政治建构无法解决穆斯林群体面临的经济压迫、政治歧视和族群冲突。虽然参众两院中选举出了几位穆斯林议员，但是无法改变政府政策，保护穆斯林的土地和生活。天主教徒大量涌入导致穆斯林传统土地被政府宣布为公共土地，被细分并出售给岛外迁入的大企业、政客和商人，而许多穆斯林却被赶回内陆和山林。摩洛穆斯林将政府视为贪婪地掠夺穆斯林土地的天主教徒的帮凶，自20世纪50年代初起，天主教徒定居者与摩洛穆斯林之间冲突事件不断增加，至20世纪60年代末"可获得的土地被移民尽数瓜分"。②

实际上，战后初期菲律宾国家建设的失败在于其只在纸面上包容少数族群。1954年菲律宾国会派遣议员团（阿隆托委员会）调查摩洛穆斯林社群状况撰写的报告指出："这些穆斯林既不认为自己是菲律宾公民，也不认为自己是国家一部分；相反，宗教是他们身份的核心因素。他们更愿意被称为穆斯林，忠于马拉瑙、陶苏格、马京达瑙等部族，农村穆斯林尤其如此。"③调查团认为应该尽快提升穆斯林地区的经济发展和教育水平，1957年菲律宾国会据此出台《国家一体化委员会法案》，建立负责穆斯林地区的国会委员会，以"提高穆斯林经济、社会、教育和政治参与水平，促进他们充分和永久地融入国家社会"。④同年，菲律宾政府在马拉维市建立棉兰老国立大学，以满足南部的教育需求，还在1961年成立了棉兰老发展局（但直到1963年7月3日才开始运作），负责短期发展项目，如改善交通和卫生服务，协调私人和公共部门，安排财政援助促进工商农业发展。但棉兰老发展局行政效率低下，加上腐败和预

---

① Moshe Yegar, *Between Integration and Secession: The Muslim Communities of the Southern Philippines, Southern Thailand, and Western Burma/Myanmar*, Lexington Books, 2002, p. 246.

② Patricio N. Abinales, *Making Mindanao: Cotabato and Davao in the Formation of the Philippines Nation-State*, Manila: Ateneo De Manila University Press, 2000, p. 123.

③ Peter G. Gowing and Robert D. McAmis, *The Muslim Filipinos*, Manila: Solidaridad Publishing House, 1974, p. 43.

④ Moshe Yegar, *Between Integration and Secession: The Muslim Communities of the Southern Philippines, Southern Thailand, and Western Burma/Myanmar*, Lexington Books, 2002, p. 244.

算不足，实际效果有限。① 菲律宾政府在穆斯林社群推动的发展项目大多数情况下面向大督阶层，将国家资源输送给亲政府的大督。例如，通过提供津贴，给年轻的穆斯林接受高等教育的机会，1958—1967 年，接受政府津贴的穆斯林由 109 人增加到 1210 人，其中大部分是大督的子女。② 不过，出乎菲律宾政府意料的是这些接受高等教育的穆斯林青年开始自我组织并为摩洛穆斯林的前途谋求出路，在之后的分离运动中扮演了重要角色。

因而，摩洛穆斯林在菲律宾建国之初的身份认同排序仍以部族为主（部落＞部族＞穆斯林＞摩洛人＞菲律宾人）。③ 穆斯林经历了人口和社会经济两个层面的衰退和苦痛，在国家政策中的边缘化和受压迫经历让其身份认同中摩洛人和伊斯兰教两个属性成为联系各个部落和部族的关键要素。

（二）分离动员的机会窗口：沙巴主权争端与雅比达事件

1963 年，马来西亚联邦的成立诱发了地区政治动荡——沙巴主权争端和印马对抗，成为菲律宾摩洛穆斯林开展分离运动的诱发因素之一。沙巴主权争端根源于 1878 年文莱苏丹与英国人签订的《割让北婆罗洲条约》，该条约出现翻译语言问题，爪夷语和英语对于沙巴（北婆罗洲）究竟是"租借"还是"授予"的不同意义导致了分歧。美国殖民菲律宾时期也对沙巴主权提出异议，认为其只是苏禄苏丹暂时租借给英国人的。菲律宾在 1946 年独立后也曾对英国政府颁布的将北婆罗洲公司管理的土地转为英皇室领地的《北婆罗洲让渡法令》表示外交抗议。1957 年，苏禄苏丹海勒姆一世宣布终结《割让北婆罗洲条约》并收回沙巴，英国对

---

① Moshe Yegar, *Between Integration and Secession: The Muslim Communities of the Southern Philippines, Southern Thailand, and Western Burma/Myanmar*, Lexington Books, 2002, pp. 244 – 245.

② Thomas M. Mc Kenna, "The Sources of Muslim Separatism in Cotabato", *Pilipinas*, No. 21, 1993, pp. 9 – 10.

③ Wahab I. Guilal, "Perceptions of Democracy and Citizenship in Muslim Mindanao", Maria S. Diokno ed., *Democracy and Citizenship in Filipino Political Culture: Philippine Democracy Agenda Volume 1*, Quezon City: Third World Studies Center, 1998, p. 161.

此表示自己拥有对沙巴的主权是毫无争议的。而当英国于1962年准备组建马来西亚联邦时，马卡帕加尔政府开展外交努力，与马来西亚和印尼协商，请求联合国调查沙巴主权和公民意愿问题，但未能阻止沙巴进入马来西亚联邦。[1]

1965年，马科斯获选总统之后，为了减少美国对菲律宾外交政策过度干涉，积极参与地区事务，在沙巴和马来西亚联邦问题上，他主张缓和与马来西亚的关系，才能解决沙巴问题（即他并不承认马来西亚对沙巴拥有主权）。双方于1966年6月3日恢复外交关系，发布联合公报，称双方将以和平方式解决沙巴问题。次年8月，菲印马新泰五国签署《曼谷宣言》，成立东南亚国家联盟，马科斯政府也在9月与马来西亚政府合作签署反走私协议，力求解决南部地区猖獗的走私问题。

然而，马科斯并未放弃在沙巴问题上继续努力。马科斯政府秘密开展了"自由行动"（Operation Merdeka）渗透计划，目的是派遣训练有素的突击队渗透沙巴州实施破坏，从而让菲律宾有能力对沙巴开展军事干预。1967年，马科斯秘密授权爱德华多·马尔泰利诺少校，负责代号为"雅比达"（Jabidah）的秘密突击队，方案策划者包括菲律宾武装部队高级将领、时任国防部副部长西奎奥。行动的第一阶段由马尔泰利诺率领17名特工组成的先遣队进入沙巴实施侦察和心理战。第二阶段，马尔泰利诺招募180名来自苏禄的陶苏格人前往马尼拉湾入口处的科雷吉多岛接受游击训练，计划利用穆斯林身份潜入沙巴，并承诺为士兵分配土地。然而，1968年3月18日，在训练完成之前，由于原以为是参与反共行动的穆斯林，发现真相后抵制任务，军官为防止走漏风声，杀害了新兵，一位名为吉宾·阿鲁拉（Jibin Arula）的新兵得以逃脱。[2]

阿鲁拉作为幸存者受到了反对派和穆斯林精英的重视，刚刚上任的

---

[1] 郭剑、喻常森：《菲律宾与马来西亚关于沙巴的主权纠纷》，《南洋问题研究》2015年第2期。

[2] E. S. Fernandez, "Philippine-Malaysia Dispute over Sabah: A Bibliographic Survey", *Asia-Pacific Social Science Review*, No. 7, 2008, pp. 53 – 64.

参议员小贝尼尼奥·阿基诺（Benigno S. Aquino Jr.）极力谴责雅比达事件，他于1968年3月28日在国会发表《雅比达！邪恶的特种部队》演讲，称此次事件"是马科斯为确保他对权力的掌控而制定的计划"，并向国会、媒体和公众揭发了雅比达屠杀的"真相"，长篇列举了马科斯的六大罪状（重用罪犯、欺骗民众、滥用职权和国防经费以及危害外交关系等）。[1] 阿基诺的演讲引起全国高度关注，穆斯林群情激奋，要求国会开展调查。马科斯政府坚决否认训练新兵是为了渗透沙巴，称穆斯林士兵死亡是因为他们在训练期间不能忍受艰苦环境。由于缺乏实质性证据，很难给参与屠杀的军官定罪，涉事军官被无罪释放，这进一步激怒了穆斯林。[2] 国会参议院得出一个重要结论——马科斯需为大屠杀负责。南拉瑙省国会议员拉希德·卢克曼呼吁国会启动弹劾程序（遭遇失败后，卢克曼对菲律宾国家政治感到失望，开始谋求分离）。[3]

　　学者普遍认为，雅比达大屠杀是马科斯政府点燃摩洛分离运动最重要的导火线之一。[4] 1974年4月，菲律宾记者在塔威塔威采访了摩解武装力量的一名指挥官，后者指出摩洛分离运动的成因是"雅比达大屠杀，土地掠夺，以及广大民众对菲律宾政府未能解决摩洛社会、政治以及经济问题的失望"[5]。雅比达事件的关键作用在于，激活了穆斯林知识分子和学生群体的政治意识。马科斯政府的所作所为在菲律宾穆斯林社群中，尤其是受过教育的年轻人当中，引起了轩然大波。在穆斯林政客和知识分子的资助下，穆斯林学生在马尼拉集会抗议，组织示威游行。穆斯林学生在马拉卡南宫前放置一口空棺材，并值守一周。

---

[1]　演讲原文参见 Benigno S. Aquino Jr.，"Jabidah! Special Forces of Evil?"，*Offical Gazette*，March 28, 1968.

[2]　张静：《后冷战时期菲律宾穆斯林分离运动研究》，硕士学位论文，厦门大学，2007年。

[3]　Joseph E. Fallon，"Igorot and Moro National Reemergence"，*Fourth World Journal*，Vol. 2，No. 1, 1989.

[4]　W. K. Che Man，*Muslim Separatism*: *The Moros of Southern Philippines and the Malays of Southern Thailand Singapore*，Oxford University Press，1990，pp. 76 – 77.

[5]　Lela Garner Noble，"The Moro National Liberation Front in the Philippines"，*Pacific Affairs*，Vol. 49，No. 3, 1976，p. 409.

雅比达事件之前，穆斯林知识分子对政治没有明显的兴趣，而屠杀让他们步入政治舞台，要求穆斯林精英和政客伸张正义，保护社群权益。这些学生和知识分子以努·密苏阿里为代表，后来成为分离运动的核心力量之一。[1]

此外，雅比达事件引起了阿拉伯国家和穆斯林世界的广泛关注。马来西亚对此表示谴责，并且由于马科斯政府随后颁布"5446 号共和国法案"强调对沙巴主权主张，两国互相关闭大使馆，双方关系降到冰点。[2]更重要的是，时任沙巴首席部长敦·马士达化对菲律宾意图渗透沙巴和屠杀穆斯林感到愤怒（马士达化是一位虔诚且狂热的穆斯林，在沙巴地区实施伊斯兰教化政策，实现了大部分非穆斯林的皈依）。[3] 马士达化拒绝做出任何让步，在马来西亚政府的默许下，积极接收摩洛穆斯林难民，为摩洛穆斯林武装提供庇护以及武装培训，利比亚和巴基斯坦等伊斯兰国家为摩洛穆斯林武装提供的武器装备也经由马士达化执掌的沙巴转运至菲律宾，成为分离运动的重要推动力量。[4] 中东地区的利比亚、科威特和伊斯兰会议组织等国家和组织也公开谴责马科斯政府的行为，指控后者对穆斯林实施种族灭绝，向马科斯政府施压。伊斯兰世界的关注和干预让摩洛穆斯林得到了资金资源和国际支持。[5]

（三）摩洛穆斯林精英的族内整合与分离动员强度

雅比达事件为分离主义动员提供了机会窗口，而穆斯林精英开展族群动员的意愿和能力也在 20 世纪 60 年代末变得更加充分。阿比纳莱斯（Patricio N. Abinales）分析认为，西班牙殖民时代依赖的移民政策得以顺利推进与穆斯林传统领袖如大督等阶层对政策的利用以及与殖民政府的

---

[1] Lucman, Haroun Al Rashid, Bantayog, May 26, 2016.
[2] 傅聪聪等：《南海争端视域下马菲两国领土主权纠纷：陆海联动与潜在风险》，《印度洋经济体研究》2021 年第 3 期。
[3] Paul Rafaelle, *Harris Salleh of Sabah*, Hong Kong: Condor Publishing, 1986.
[4] Shanti Nair, *Islam in Malaysian Foreign Policy*, Routledge, 2013, pp. 67–69.
[5] Moshe Yegar, *Between Integration and Secession: The Muslim Communities of the Southern Philippines, Southern Thailand, and Western Burma/Myanmar*, Lexington Books, 2002, p. 257.

共谋有着密切联系。20世纪60年代前,尽管穆斯林领袖实施了反抗,但是很多大督与天主教移民社群保持着相对和平的关系,借助移民定居点大督可以从国家和市场获益,同时移民也支持大督的主导地位,大督将"天主教移民定居点视为他们与国家精英之间构建恩庇关系的新形式"。① 但是,由于穆斯林与天主教徒之间的经济不平等以及失地农民和贫困率的增加,棉兰老岛等地区偷盗、抢劫、走私和非法开采等犯罪活动导致社会秩序恶化,为了保卫自己的安全和财富,富有的天主教徒地主和政客等精英阶层开始"雇用武装暴徒、建设私人军队",而"穆斯林和部落则依靠传统的宗族关系组织起来",棉兰老岛等地区冲突越发宗派化。②

具体表现为两种形式:其一,天主教徒移民反抗实施压迫和剥削的大督;其二,天主教徒针对性地攻击穆斯林社群。这种日常抗争和冲突形式伴随着20世纪60年代棉兰老等地区的政治竞争而不断激化,天主教移民社群中开始出现一些更加激进的政客和团体,他们依托人口分布上的优势构建自己的政治权力基础,对大督阶层的"政治霸权"提出挑战。③ 在1971年选举开始前,天主教徒政客唆使"伊拉加"(Ilaga)等暴力团体(与时任北拉瑙省省长阿西尼奥·奎布兰扎关系密切)恐吓、袭击摩洛穆斯林,将其驱赶出城镇;而穆斯林也开始组建民兵组织(与奎布兰扎的竞争对手——国民党议员阿里·迪马波罗关系密切),如"黑衫军"(Blackshirts)和"梭子鱼"(Barracudas)保卫穆斯林,并对天主教徒实施报复反击。④ 在此过程中,菲律宾在南部岛屿的军警部门

---

① Patricio N. Abinales, "War and Peace in Muslim Mindanao: Critiquing the Orthodoxy", in Paul David Hutchcroft ed., *Mindanao: The Long Journey to Peace and Prosperity*, Singapore: World Scientific, 2016, p. 52.
② Ronald James May, "The Wild West in the South: A Recent Political History of Mindanao", in Mark Turner and Ronald James May, eds., *Mindanao: Land of Unfulfilled Promies*, Quezon City: New Day Publishers, 1992, p. 129.
③ Aslihan Saygili, *Democratization, Ethnic Minorities and the Politics of Self-Determination Reform*, Columbia Universiy, 2019, p. 133.
④ Lela Garner Noble, "The Moro National Liberation Front in the Philippines", *Pacific Affairs*, Vol. 49, No. 3, 1976, p. 410.

明显偏袒伊拉加等天主教暴力团体，甚至直接参与对穆斯林的迫害。① 最严重的事件是 1971 年发生的"马尼里大屠杀"，一群伊拉加武装分子以和平会议为借口，屠杀了聚集在一座清真寺内的 70—80 名穆斯林（其中甚至有儿童）。然而，菲律宾警方没有对屠杀作出任何反应，让穆斯林怀疑政府、天主教徒政客和伊拉加武装分子之间存在勾结与合谋关系。② 这些针对穆斯林的暴力事件和公开歧视（包括雅比达事件），成为摩洛穆斯林"反马尼拉情绪的试金石"，激化了穆斯林与天主教社群的矛盾。③

在此背景下，摩洛穆斯林精英内部分化为传统贵族、知识精英以及伊斯兰主义者等不同团体，因此动员强度也出现派系竞争特质（但在程度上要低于泰南马来穆斯林分离运动）。④ 首先，传统贵族大多数是苏丹后裔和大督阶层，掌握着大量土地和财富并在菲律宾拥有一定政治地位和资源，其中具有代表性的包括前哥打巴托省省长尤德托戈·马达兰、国会议员拉希德·卢克曼和众议员多玛卡奥·阿隆托（Domacao Alonto）等，他们作为传统贵族深谙菲律宾庇护主义民主政治的游戏规则。其次，在雅比达事件中活跃起来的知识精英，主要包括以密苏阿里为代表的受过教育的、有一定专业知识的青年精英，他们公开批评菲律宾政府的歧视性政策，抗议政府和天主教移民对棉兰老岛土地和资源的掠夺性开发，开始加入分离主义运动。⑤ 最后，伊斯兰主义者是接受中东伊斯兰复兴浪潮影响的虔诚穆斯林，他们大多数接受过系统的伊斯兰教育，将伊斯兰主义思想融入摩洛穆斯林的斗争，典型代表是哈希

---

① Thomas M. Mc Kenna, *Muslim Rulers and Rebels: Everyday Politics and Armed Separatism in the Southern Philippines*, University of California Press, 1998, p. 154.
② Rames Amer, *Conflict Management and Dispute Settlement in East Asia*, Ashgate Publishing, 2013, p. 66.
③ Jennifer Marie Keister, "States within States: How Rebels Rule", Ph. D. dissertation, University of California, San Diego, 2011, p. 128.
④ 夏方波、陈琪:《双重整合博弈与分离主义运动的进程性模式分异》,《世界经济与政治》2022 年第 6 期。
⑤ Cesar Adib Majul, *The Contemporary Muslim Movement in the Philippines*, Berkeley, CA: Mizan Press, 1985, p. 45.

姆·萨拉马特。①

在对抗天主教移民和菲律宾政府的过程中，摩洛穆斯林精英选择了不同的方式捍卫本土社群的利益，塑造了摩洛分离运动的初始特征，即派系竞争。

第一，传统贵族利用自身资源和权威率先举起分离主义旗帜。1968年5月，哥打巴托省前省长尤德托戈·马达兰建立"穆斯林独立运动"（后改名"棉兰老独立运动"，以下简称"独立运动"），成为摩洛人中第一个明确主张分离主义的组织，其政治诉求是"建立一个棉兰老和苏禄伊斯兰共和国"。② 作为摩洛分离运动的先驱和初期的领导组织，独立运动在分离主义的框架下将菲南穆斯林主要社群都囊括，并利用雅比达屠杀事件和对菲律宾政府与天主教徒的怨恨作为动员的情感基础，独立运动确实赢得了部分民众的支持（约四分之一穆斯林表示支持），并将不少穆斯林精英和积极分子吸纳进来与马科斯政府就穆斯林权利和独立问题进行博弈。③ 与此同时，国会议员拉希德·卢克曼在弹劾马科斯失败后，转向支持训练穆斯林青年进行武装抵抗（其中包括被送往马来西亚沙敦·马士达化处接受训练的密苏阿里），并从伊斯兰国家募集资金。他于1970年将"第二次世界大战"前组织"伊斯兰武装组织联盟"改组为争取摩洛穆斯林自治的"邦萨摩洛解放组织"并任最高执行委员会主席。该组织分别委任了各地抵抗组织的领袖，密苏阿里被任命为苏禄军事委员会主席，阿隆托（Abulkhayr Alonto）被任命为拉瑙军事委员会的主席，萨拉马特被任命为哥打巴托军事委员会主席。

不过，马达兰发起分离运动的真实动机值得商榷。马达兰作为穆斯林领袖曾参加抗日游击战争，并在哥打巴托连任过5次省长，却由于政

---

① MILF Leader to "Nida'ul Islam", Nida'ul Islam, April-May 1998.
② 金应熙：《菲律宾史》，河南大学出版社1990年版，第760页。
③ T. J. S. George, *Revolt in Mindanao: The Rise of Islam in Philippine Politics*, Oxford University Press, 1980, p. 152.

党政治斗争在占人口多数的天主教徒的压力下被迫辞职,失去了地位和权力。① 与此同时,尽管菲南穆斯林普遍贫困潦倒,但是传统贵族并没有为他们谋求福利,反而更加关心自己在菲律宾政治中的地位和权力,穆斯林对大督阶层的尊崇已渐消失。② 因而,作为一个失势的传统领袖,马达兰有足够的动机去恢复自身政治地位和权势,组织分离运动向马科斯政府要价对其而言是个可行的选择。马达兰的自利性体现为其不断弱化独立运动建立之初的强硬姿态,通过后续宣言和文件声明伊斯兰国家将让所有人享受平等的公民权利,更在1968年8月26日一份政策声明中将独立运动政治诉求修改为寻求在联邦制度下建立一个州级单位,可见马达兰不想过度挑战国家,试图缓和天主教徒对独立运动的敌意。③ 马科斯认识到了马达兰的个人诉求,于1968年10月11日亲自接见马达兰,会后宣布任命其为总统穆斯林事务顾问。马达兰在此番招安之下基本上失去了其在独立运动中的权威。④ 由此可见,传统贵族领导的分离组织在意识形态上虽然初步建构了摩洛民族主义的雏形,但是其立场具有显著的妥协性,实际上是为私人利益服务的工具,因此更加能够接受自治方案和针对性的收买策略。

第二,知识分子精英领导的分离组织在一段时期内整合了较多分离力量。1971年年中,密苏阿里在三宝颜举行了第一次分离组织会议,参会主体是之前在马来西亚接受游击战训练的90人中效忠于密苏阿里的骨干(包括阿隆托和卢克曼之子吉米·卢克曼等人),以及独立运动中的一些高层领导和干部。这次会议批判了独立运动争取摩洛民族独立的路线,尤其是领导人马兰达的投机主义行为,并且建立起一个新的独立领

---

① Thomas M. McKenna, *Muslim Rulers and Rebels: Everyday Politics and Armed Separatism in the Southern Philippines*, University of California Press, 1998, pp. 143-149.

② Samuel K. Tan, *The Filipino Muslim Armed Struggle, 1900-1972*, Filipinas Foundation, 1997, pp. 117-118.

③ T. J. S. George, *Revolt in Mindanao: The Rise of Islam in Philippine Politics*, Oxford University Press, 1980, pp. 130-134.

④ Thomas M. McKenna, *Muslim Rulers and Rebels: Everyday Politics and Armed Separatism in the Southern Philippines*, University of California Press, 1998, p. 148.

导组织——"摩洛民族解放阵线"(MNLF,简称摩解),由密苏阿里担任主席。摩解在其成立纲领中表明该组织的政治目标是把摩洛穆斯林的家园故土从菲律宾的统治下解放出来,成立一个独立的"摩洛民族国家"。① 此外,摩解还吸纳了一些独立运动的前领导人,让他们在新的领导层中担任职务,包括前国会议员卢克曼和在摩解担任中央委员会副主席萨拉马特(努鲁伊斯兰组织的领导人)等。② 摩解的积极分子主要来自两个圈子:在菲律宾大学等世俗教育机构学习的学生和阿拉伯国家伊斯兰学校的学生。③ 密苏阿里等受过世俗高等教育的知识精英在接触马克思主义后,认为应该扫除摩洛传统贵族的封建制度,但这些贵族又是密苏阿里开展分离运动斗争的主要资助方和支持者,导致其不得不在摩解意识形态建构上妥协,这为后续摩解深陷派系斗争埋下了隐患。④

有学者称摩解的成立"最引人注目的是,它是由年轻一代的非贵族摩洛精英发起的,而不是那些压迫摩洛穆斯林的传统穆斯林领导人创建的"⑤。摩解将自己的组织划分为两个基本模块:其一,政治模块,即密苏阿里领导的中央委员会,及其下属的中央职能部门、省级和村级委员会,以中央委员会为代表的摩解中央领导层都在海外开展活动,并将的黎波里作为摩解总部驻地。政治模块发挥的关键作用是输送意识形态和物质资源,密苏阿里和萨拉马特通过与伊斯兰国家的政治外交联系,在国际社会寻求军事斗争的必要资源,在穆斯塔法的支持下通过马来西亚

---

① 吴杰伟:《菲律宾穆斯林问题溯源》,《当代亚太》2000 年第 12 期。

② Elisio R. Mercad, "Culture, Economics, and Revolt in Mindanao: The Origins of the MNLF and the Politics of Moro Separatism", in Lim Joo-Jock ed., *Armed Separatism in Southeast Asia*, Singapore: Institute of Southeast Asian Studies, 1984.

③ Carmen A. Abubakar, "Islamization of the Southern Philippines: An Overview", in F. Landa Jocano ed., *Filippino Muslims: Their Social Instiutions and Cultural Achievements*, Quezon City: University of the Philippines, Asian Center, 1983, pp. 12 – 13.

④ Ivan Molloy, "The Decline of the Moro National Liberation Front in the Southern Philippines", *Journal of Contemporary Asia*, Vol. 18, No. 1, 1988, pp. 69 – 70.

⑤ T. J. S. George, *Revolt in Mindanao: The Rise of Islam in Philippine Politics*, New York: Oxford University Press, 1980, pp. 201 – 202.

的沙巴州将资源转送至菲南分离武装的手中。① 其二，军事模块，主体为摩洛民族军（Bangsa Moro Army，BMA），由阿隆托担任战地指挥官，负责留在菲南地区指挥前线作战，阿隆托统领苏禄、哥打巴托和拉瑙三个军事司令部（其指挥官由三族领袖担任），下设地市级和村级的军事单位。据统计，摩解投入对菲律宾政府作战的武装人员人数约在1万至3万之间。在作战方面，摩解在1972—1973年主要开展传统的阵地战，通过袭击并占领城市和有利地形，建立固定阵地以防御政府军的反攻，这种作战方式需要大量人员和装备的投入，摩解曾一度占领苏禄群岛90%以上的地区。②

第三，伊斯兰主义者崛起加剧了摩洛分离主义运动的派系竞争。自1975年起，由于摩解开始与马科斯政府接触并举行和谈，摩解中央委员会副主席萨拉马特及其领导的激进摩洛穆斯林派系（包括57名摩解军官，大多数是来自伊斯兰学院的穆斯林青年）与密苏阿里的矛盾爆发，他们对密苏阿里放弃独立选择与马科斯政府谈判寻求自治的方案感到不满，他们不仅要求摩洛人的独立，而且希望能够建立起一个遵守沙里亚法的伊斯兰国家。③ 萨拉马特依靠棉兰老岛的马京达瑙族和马拉瑙族的支持，以伊斯兰学院的穆斯林青年和原隶属于摩解的地区性机构库塔瓦图革命委员会（Kutawatu Revolutionary Committee，KRC）为基础，逐渐建立起一套完全独立于摩解的穆斯林分离组织——摩洛伊斯兰解放阵线（Moro Islamic Liberation Front，MILF，简称"摩伊解"），并于1984年公开宣布正式成立。萨拉马特坚持伊斯兰主义路线，寻求完全独立，吸引了诸多拥有宗教权威和号召力的伊斯兰教士进入摩伊解高层，以及大批

---

① Lela Gardner Noble, "The Moro National Liberation Front in the Philippines", *Pacific Affairs*, Vol. 49, No. 3, 1976, pp. 405 – 424.

② Cesar Adib Majul, *The Contemporary Muslim Movement in the Philippines*, Berkeley: Mizan Press, 1985.

③ Datu Michael O. Mastura, "The Crisis in the MNLF Leadership and the Dilemma of the Muslim Autonomy Movement", *Collected Papers of the Conference on The Tripoli Agreement: Problems and Prospects*, Manila: International Studies Institute, University of the Philippines, 1985, pp. 15 – 16.

虔诚的菲南穆斯林加入摩伊解,至20世纪90年代已经发展成拥有超过12000名战斗人员,13个军事营地和33个控制区的武装分离组织。① 相比于前两类分离组织,摩伊解的组织建设和内部领导权威更具系统性,内部派系之争更少,并且对占领地区实施了更加高效的治理,与穆斯林社群形成了有效联系,因而在后期取代摩解成为摩洛分离运动中实力最强的组织。② 此外,需要指出的是,伊斯兰主义和萨拉菲主义意识形态路径下,由于动员资源的稀缺性,极易产生极端组织和恐怖主义,摩洛分离运动中的典型代表是阿布沙耶夫组织(Abu Sayyaf Group,ASG),不少学者认为其曾隶属于摩解或摩伊解,但是在其创始人阿卜杜加拉克·简加拉尼(Abdurajak Janjalani)的影响下,阿布沙耶夫组织崇尚宗教恐怖主义,主张以圣战的方式开展伊斯兰革命。③ 不过,该组织逐渐脱离了分离主义道路,菲律宾情报和国家安全研究中心主席隆美尔·班劳伊指出,"阿布沙耶夫早期阶段依赖宗教意识形态吸引追随者,但逐渐退化为以金钱利诱的方式招募新成员的土匪组织",因而很难称得上是为摩洛自决奋斗的分离组织。④

摩洛穆斯林由于精英内部对于分离运动政治路线的不同思考,逐渐形成了很难完全兼容的意识形态,从而在一定程度上塑造了摩洛分离运动派系竞争的动员强度。传统贵族虽然是摩洛分离运动的始作俑者,但是妥协性使其很快消亡。不过,其早期活动培养了摩洛分离运动开展斗争的主要力量,包括密苏阿里、阿隆托、萨拉马特等在内的知识精英和

---

① 美国给出的军事力量评估认为,摩伊解拥有35000—40000名全职游击队员,而摩解自称其武装力量有约12万名战士和30万名民兵,参见 Rizal G. Buendia, "The Mindanao Conflict in the Philippines: Ethno-Religious War or Economic Conflict?", in Aurel Croissant, Beate Martin and Sascha Kneip, eds., *The Politics of Death: Political Violence in Southeast Asia*, Lit Verlag Berlin, 2006, p. 154.

② Jennifer Marie Keister, "States within States: How Rebels Rule", Ph. D. dissertation, University of California, San Diego, 2011, p. 2.

③ 李捷、靳晓哲:《转型与升级:近年菲律宾南部恐怖主义发展研究》,《国际安全研究》2018年第5期。

④ 卢光盛、胡辉:《身份与利益——东南亚恐怖主义根源探析》,《世界民族》2020年第2期。

伊斯兰主义者都在前者的旗帜下加入分离运动。同时，尽管密苏阿里在摩解之中拥有较强的领导权威，但是很难实现自上而下的完全控制，摩解的武装力量中存在陶苏格人、马京达瑙人和马拉瑙人的部族区分，其分属于不同部族领袖的控制，这种部族区隔嵌入分离组织后，作用于领导层之间的派系竞争，最终在摩洛分离运动与菲律宾政府的互动过程中产生了系统性的影响——派系内斗导致菲律宾政府长期选择分而治之的组合策略。

第二节 "叻塔尼永"与泰南马来穆斯林分离运动的起源

尽管本书关注的是第二次世界大战后的分离主义运动，但是大部分发展中国家的分离主义冲突与殖民时代和前现代社会有着密不可分的关系，这一点同样体现在泰国南部穆斯林群体发起的分离主义运动中，他们的历史身份认同根植于北大年王国等苏丹国家时期，后者与暹罗（泰国）王朝之间的恩怨持续了一百余年（1785—1932年），而在1932年泰国建立君主立宪制之后，符合本书定义的分离主义运动开始萌芽。

一 泰国南部五省的历史身份与族群认同

由于泰国在第二次世界大战前保持了相对独立，没有完全沦为西方列强的殖民地，泰国南部地区的分离主义冲突更多地受到王国遗产、民族国家构建以及宗教族群认同的影响。泰国南部地区曾兴起北大年王国（中国史料称之为"狼牙修国"），公元9—11世纪，由于其独特的地理位置，北大年控制着诸多重要的港口和航道，经济曾一度繁荣，也在阿拉伯商人的影响下，于1457年皈依伊斯兰教并建立苏丹国，成为东南亚传播伊斯兰教的窗口，也让该地区成为泰国当下穆斯林人口最为密集的区域。北大年在暹罗地区扩张政策之下（先后5次南下扩张,于 1785 年成功征服北大年王国)与后者建立起了依附和从属关系,不定期开展进贡和朝觐活动,北大年由此融入了地区性朝贡体系。

尽管如此,北大年王侯曾多次起兵反对却克里王朝,这一地区的长期不安定让拉玛二世于 1816 年将北大年划分为 7 个区域(实际上是傀儡国家),将该地区民众大量迁移至曼谷附近,并推动曼谷佛教信徒前往这些地区定居,以平衡人口和族群分布,为后续的宗教族群冲突埋下隐患。① 1826 年,英国东印度公司代表英国与暹罗签订《伯尼条约》,承认暹罗对马来北部四州的宗主地位(并默认了暹罗对北大年地区的统治),以换取暹罗对英国贸易和对缅战争的支持。② 由于"划一为七"的自治方案并没有有效遏制南部地区起兵对抗却克里王朝,后来拉玛三世于 1831 年将揭竿而起的赛武里地区"一分为四"。

到了拉玛五世朱拉隆功时期,丹龙·腊贾努巴(Damrong Rajanubhab)王子推动的"特萨披班"(Thesaphiban)行政制度改革,将附属国和自治区的权力收归中央,从曼谷精英中选拔常驻专员进入南部地区,从半世袭的省级总督手中接管权力。③ 随后,中央政府于 1902 年逮捕并罢免了五世苏丹,正式宣告北大年王国的终结,并赋予穆斯林和暹罗公民同等待遇。新宪法致力于建立现代财政体系,向泰国南部地区提出征税规定,曼谷和马来人之间收入分配的模式是前者占 87.5%,后者仅占 12.5%。④ 由于马来人的不满,其收入份额在 1903 年增加到 20%,但仍然触怒了北大年地区的权贵(王侯、总督及地方首领等),于 1903 年引发地区性叛乱。⑤ 在镇压叛乱后泰国政府于 1907 年将南部自治区重新划

---

① 林灿婵:《泰国南部分离主义运动研究》,博士学位论文,云南大学,2018 年。
② Treaty between the King of Siam and Great Britain, June 2018, p. 26.
③ Tej Bunnag, *The Provincial Administration of Siam, 1892 – 1915: The Ministry of the Interior under Prince Damrong Rajanubhab*, Kuala Lumpur: Oxford University Press, 1976.
④ Tej Bunnag, *Kan Pokkrong Thesapbibal Kong Siam B. E. 2435 – 2458 (The provincial administration of Siam, 1892 – 1915)*, Bangkok: Thammasat University Press, 1989, p. 194.
⑤ Surin Pitsuwan, *Islam and Malay Nationalism: A Case Study of the Malay-Muslims of Southern Thailand*, Bangkok: Thai Khadi Research Institute, Thammasat University, 1985.

为4个地区。① 随后，在1909年签署的《1909年英国—暹罗条约》中，暹罗通过将《伯尼条约》获得的对马来北部四州的主权（领土面积约45.6万平方千米）割让给英国，以换取国家的独立地位，避免沦为殖民地（主要是换取治外法权的回归，但是以暹罗出台现代化法律为前提）。不过，该条约首次明确了暹罗对南部地区（由北大年府、陶公府、宋卡府、沙敦府和惹拉府组成）的主权。②

南部诸府对暹罗而言具有重要战略意义，其一，该地区人口集中于农村，是重要的稻米产区，拥有丰富的劳动力，能够补充曼谷地区的市场相应需求。③ 其二，南部地区毗邻英属马来亚及其藩属国，是防止英国殖民力量渗透和推进的前线地带，朱拉隆功在设立国防部时专门将南部省份划归其负责（之后转由内政部直接管理）。④ 因而朱拉隆功改革的过程中重点对南部地区实施权力回收和族群同化政策，推行了以教育、宗教和国家认同三个方面为主轴的整合政策，在泰国推广标准泰语、佛教信仰和宗教设施（瓦特拉延王子负责推动），塑造民众对暹罗的公民感——众人皆是恩主（国王）的附属，应履行忠顺、纳税、服兵役、接受教育等义务，为后续分离主义冲突埋下了族群怨恨的种子。⑤ 不仅如此，行政改革中入驻南部省份的中央官员对穆斯林宗教和文化一无所知，而且违逆当地民俗行事，他们将南部马来人视为二等公民，用"Khaek"（异族）这个词形容马来人，导致穆斯林和中央政府官员之间产生了深刻的不信任、仇恨和对立。而1921年开始实施的义务教育法更是将义务泰语教育推广到了南部地区，威胁到了南部穆斯林传统教育支柱——伊

---

① Margaret L. Koch, "Patani and the Development of A Thai State", *Journal of the Malaysian Branch of the Royal Asiatic Society*, Vol. 50, No. 2, 1977, pp. 69–88.
② 杜振尊、于文杰：《〈曼谷条约〉前后登嘉楼与暹罗和英国关系考略》，《历史教学》（下半月刊）2014年第6期。
③ [美]芭芭拉·沃森·安达娅、伦纳德·安达娅：《马来西亚史》，黄秋迪译，中国大百科全书出版社2010年版，第141页。
④ [美]戴维·K.怀亚特：《泰国史》，郭继光译，东方出版社2009年版，第186—187页。
⑤ [美]戴维·K.怀亚特：《泰国史》，郭继光译，东方出版社2009年版，第202—203页。

斯兰宗教学校的生存,并于 1922 年引发南部叛乱,虽然叛乱很快被镇压,但进一步加深了南部穆斯林对暹罗中央政府的抵触情绪。①

朱拉隆功时期对现代化军队以及行政体系建设的关注(每年约投入 45%—50% 的财政经费),使暹罗建立起强大的官僚和军人队伍,其内部酝酿的精英主义和民族主义对于后续暹罗政治变迁和南部地区政策有着至关重要的影响。② 由于拉玛七世重新重用皇室成员和保皇派,加之大萧条的影响,以披耶帕凤和比里·帕侬荣为首的部分军官和官僚在 1932 年发动"六二四"政变,废除君主专制,改为君主立宪制,暹罗进入军人统治时期(1933 年披耶帕凤再次发动政变赶走保皇派的披耶·玛奴巴功政府)。不过,马来穆斯林很快意识到立宪民主实际上并不能解决他们的困境:1933 年第一次大选马来穆斯林三省当选的议员基本都是佛教徒,尽管在 1937 年的选举中成功地选出穆斯林代表进入议会,但是 1938—1948 年选举中马来族穆斯林省份的席位主要由泰国佛教政客占据。③ 除了政治上缺少代表性,在这段时期内,随着中央集权和政府能力的增强,南部地区开始进入泰国政府整合政策的视野。亲日派的銮披汶·颂堪在 1934 年 9 月出任陆军副总司令和国防部长后,就开始酝酿在南部地区推行"泰化"政策,在 1938 年担任总理(兼任外交和国防部长)独揽大权后,受到法西斯民族扩张主义的影响,其逐步发展出"泛泰主义"理念。④

从 1939 年 6 月到 1942 年 1 月,銮披汶政府陆续出台 12 个名为"叻塔尼永"(Ratthaniyom)(或称"文化训令")的国家规范(文件)⑤:第一,改国号暹罗为泰,塑造统一的泰民族认同感,并将散居于周边国家

---

① Ahmad Amir Bin Abdullah, "Southern Thailand: Some Grievances of the Patani Malays", *Journal of International Studies*, Vol. 4, 2008, pp. 102–111.
② 贺圣达:《朱拉隆功改革与泰国的现代化进程》,《世界历史》1989 年第 4 期。
③ Thanet Aphornsuvan, *Rebellion in Southern Thailand: Contending Histories*, Singapore: ISEAS Publishing, 2007, p. 34.
④ 朱大伟:《銮披汶·颂堪政府时期的泛泰主义研究(1938—1944)》,《淮北师范大学学报》(哲学社会科学版)2013 年第 2 期。
⑤ 金勇:《泰国銮披汶时期的文化政策及其意涵》,《东方论坛》2013 年第 5 期。

的泰族人纳入"泛泰主义"的框架内,为在国内推行少数民族同化政策和扩张周边领土(如"收复"法属印度支那和缅甸掸邦等地区)以建立"泰帝国"打下了基础。① 第二,针对少数民族出台强制同化政策,鼓吹"泰国性"(Thainess),将信仰和践行佛教视为爱国,将佛教上升为一种政治意识形态,少数民族成为受到歧视的"异族",相关政策直接压制了少数民族的风俗信仰。例如,1941年颁布的《皇家泰民族生活指导法令》,废除泰国境内少数民族的语言文化习惯权利,其中针对马来穆斯林群体的规定包括禁止星期五主麻日、取缔穆斯林法律和法庭、禁止咀嚼槟榔、禁止使用马来传统的头顶搬运而必须使用泰式肩扛,等等。②

由此可见,泰国南部地区(尤其是北大年、惹拉及陶公三府)在宗教和族群构成方面有别于泰国其他地区,其自身拥有非常悠久的独立苏丹国历史,在乡村地区依旧保留着稳固的传统伊斯兰社会关系。泰国南部3省的大多数居民是马来穆斯林(相比之下沙敦府虽然穆斯林占67%,但仅有10%属于马来族),占该地区人口的77%。根据2000年泰国人口普查,3省穆斯林人数为,陶公约546450人(占其人口的82%)、北大年482760人(占其人口的81%)、惹拉286005人(占其人口的69%)。③ 这些马来穆斯林非常自豪于其高度独特的身份——"北大年""马来族""穆斯林",这三个身份标记将他们与其他泰国人清楚地区分开,而与马来西亚毗邻的位置也让不少泰国南部的马来族穆斯林难以完全接纳自己泰国公民的身份。露丝·麦克维(Ruth McVey)认为,"泰南身份的二元性区分了一般穆斯林和拥有北大年身份认同的马来穆斯林"④。北大年府宋卡王子大学学者斯利颂波(Srisompob Jitpirom-

---

① Andrew D. W. Forbes, "Thailand's Muslim Minorities: Assimilation, Secession, or Coexistence?", *Asian Survey*, Vol. 22, No. 11, 1982, pp. 1056–1073.

② Clive J. Christie, *A Modern History of Southeast Asia: Decolonization, Nationalism and Separatism*, London: Tauris, 1996, pp. 176–177.

③ N. John Funston, *Southern Thailand: The Dynamics of Conflict*, Washington: East West Center, 2008, p. 7.

④ Ruth McVey, "Identity and Rebellion among Southern Thai Muslims", in Andrew D. W. Forbes ed., *The Muslims of Thailand, Vol. 2: Politics of the Malay Speaking South*, Bihar, India: Centre for Southeast Asian Studies, 1989, p. 52.

sri）进一步指出："泰南的马来穆斯林有自己的现实认知，从宗教、社会和历史的角度来看待世界，特点是强烈的地区自豪感和深刻的宗教信仰。北大年马来人视自己为一个内部群体，对外界极度不信任，他们倾向于认为泰国其他地区的穆斯林不够虔诚，受泰国社会的影响太深。历史上，泰南马来穆斯林强烈反对学习泰语，认为这是压迫者的语言，与这种抵抗联系在一起的是对国家教育体系的拒绝，视为旨在消灭马来人的同化政策。"[1]

泰南马来穆斯林的这种历史身份认同和社会网络并没有被泰国政府"国族建设"过程中长期的同化和压制政策所打破，反而在自身文化和权益受到侵犯时屡次发起叛乱，尽管都以失败告终，但是在多次暴力抗争中维持了对传统马来穆斯林这一身份的认同感。[2] 在第二次世界大战前后，泰国政府大肆宣扬大泰民族主义，身份对立和族群民族主义越发突出，成为第二次世界大战后泰国南部地区分离主义冲突产生的重要根源和基础。

二 民族国家建构与第二次世界大战后泰南穆斯林的初次议价

1944 年，銮披汶政府因亲日立场以及对英美宣战等支持轴心国的举动被自由泰人运动推翻，泰国进入短暂的文官政府时期。在此期间，自由泰人运动建立的文官政府放松了针对泰国南部地区的同化政策，于1945 年颁布"伊斯兰庇护"法令（the Patronage of Islam Act），尊重穆斯林民众的宗教信仰和习俗，并赋予穆斯林领袖管理穆斯林地区事务的权力，也正是这一法案让哈吉·素龙（Haji Sulong）得以担任北大年伊斯兰事务委员会（Pattani Provincial Council for Islamic Affairs）的主席。[3] 此

---

[1] Duncan Mc Cargo, *Tearing Apart the Land：Islam and Legitimacy in Southern Thailand*, Ithaca, New York：Cornell University Press, 2008, pp. 3 – 6.

[2] Joseph Chinyong Liow, *Muslim Resistance in Southern Thailand and Southern Philippines：Religion, Ideology, and Politics*, East-West Center, 2006, p. 25.

[3] James Ockey, "Elections and Political Integration in the Lower South of Thailand", in Michael J. Montesano and Patrick Jorey, eds., *Thai South and Malay North：Ethnic Interactions on a Plural Peninsula*, 2008, p. 133.

外，在第二次世界大战期间，北大年穆斯林领袖、北大年王国王子——东姑·马哈茂德·马尤丁（Tengku Mahmud Mahyuddin）主张与英国结盟，组建"泛北大年马来人运动"（Greater Patani Malay Movement），协助发动针对日本人的游击战，希望借此让北大年能够在盟军胜利后获得独立。1945年，在东古·阿卜杜勒·贾拉勒（Tengku Abdul Jalal）的率领下，泰南马来人向英国发起请愿，要求英国保证泰南马来人能够独立。然而，英国在马来半岛的优先事务是防范马来亚共产党，因而搁置了泰南马来人的诉求，主张由泰国内部解决泰南穆斯林问题，而美国也以相似的战略考量支持泰国维持完整主权的状态。① 泰南马来穆斯林领袖们对于该地区未来出路的分歧也在此期间展露，第一支力量是哈吉·苏龙·托克米纳领导的抵抗力量，目标是在北大年地区建立一个伊斯兰共和国；第二支力量则是北大年王国王子东姑·马哈茂德·马尤丁领导的"泛北大年马来人运动"，主张复辟北大年苏丹国。②

尽管泰南穆斯林领袖希望与中央政府解决南部马来穆斯林问题，但是文官政府短短几年就遭遇挫折，民族和解的努力也跌落谷底。在日常政治方面，马来穆斯林也"无力改变腐败和无能的内政部和省级政府官员，他们的腐败行为加剧了经济困难和不安全感，大多数马来族穆斯林领袖和民众开始对政府失去信心"③。1947年11月，由以屏·春哈旺中将为首、约40名下级军官组成的"政变团"（泰国国家军事委员会）在銮披汶的策划和指挥下发动军事政变推翻了銮探隆·那瓦沙瓦少将的民选政府，与反对派领袖宽·阿派旺达成互不干涉的交易后扶持其上台担任总理，并出台恢复部分王室权力的1947年临时宪法，而后1948年4月政变集团迫使宽·阿派旺辞职，由銮披汶再度出任首相。政局的急剧

---

① Clive J. Christie, *A Modern History of Southeast Asia: Decolonization, Nationalism and Separatism*, London and New York: Tauris Academic Studies, 1996, pp. 177–181.

② Micheal Vickery, "Thai Regional Elites and Reforms of King Chulalongkorn", *Journal of Asian Studies*, Vol. 29, No. 4, 1970, p. 871.

③ Thanet Aphornsuvan, *Rebellion in Southern Thailand: Contending Histories*, Singapore: ISEAS Publishing, 2007, p. 35.

变化让刚刚"重见天日"的泰南穆斯林群体再度陷入焦虑。原因在于，1947年4月3日中央政府派出一个调查委员会前往南部穆斯林地区，希望了解当地马来穆斯林的困难和诉求，以北大年伊斯兰委员会主席哈吉·素龙为首的泰南穆斯林领袖借此机会向曼谷民选政府递交请愿书，希望中央政府能够保证"伊斯兰庇护"法令仍将得到尊重，并提出七点要求：第一，北大年四省并入同一个地方政府，其首长须是四省本土人，并由四省人民选举产生；第二，本省80%的公务员须为信奉伊斯兰教的穆斯林；第三，马来语和暹罗语同为官方语言；第四，将马来语作为小学的教学语言；第五，设立穆斯林法院执行伊斯兰法律；第六，四省的财政应由自己支配；第七，成立穆斯林委员会。① 时任总理銮探隆将请愿书提交内阁讨论，但是内阁大都认为当下中央与泰南穆斯林省份的权力关系和治理结构无须重组，如果满足素龙的要求，可能导致国家分裂。② 对此，哈吉·素龙等马来穆斯林领袖难以接受，开始采取不合作政策，公开抵制1948年1月的选举。

然而，哈吉·素龙等马来领袖的举动惹恼了再度政变上台的銮披汶政府，后者以叛国罪下令逮捕了包括哈吉·素龙在内的许多泰南穆斯林领袖，并解散了北大年伊斯兰委员会。这次逮捕导致"杜松尼奥事件"（Dusun Nyior Incident）发生，泰南穆斯林村民与泰国警察和军队爆发冲突，有超过1000人参与了公开暴力冲突，导致大约400名马来穆斯林农民和30名警察死亡，銮披汶政府随即宣布该地区进入紧急状态并实施镇压，同时派遣三个特警兵团，其任务名义上是打击"共产党"，约2000—6000名泰国穆斯林南下逃往马来亚寻求庇护。③ 此次镇压的影响

---

① Lukman Thaib, *Political Dimension of Islam in Southeast Asia*, Kuala Lumpur: National University of Malaysia, 1996, p. 96.

② Thanet Aphornsuvan, "Malay Muslim 'Separatism' in Southern Thailand", in Michael J. Montesano and Patrick Jorey, eds., *Thai South and Malay North: Ethnic Interactions on a Plural Peninsula*, 2008, p. 101.

③ M. Ladd Thomas, "Political Socialization of the Thai Islam", in R. T. Sakai ed., *Studies on Asia*, Lincoln, 1966, p. 93.

逐渐蔓延至国际层面，1948年北大年马来人向英国政府请愿，要求英国政府拒绝承认重新上台的銮披汶政府，除非后者能纠正自己在泰南的镇压行为。同年，大约25万泰南马来人向联合国提交了一份请愿书，要求允许北大年、惹拉和陶公三省脱离泰国，加入新成立的马来亚联邦。①尽管此时泰南穆斯林仍未组建真正的分离主义运动，但是与本书理论预测一致的是，泰南穆斯林采取的国际化策略，包括提请英国干预等，触怒了銮披汶政府，其再度针对泰南穆斯林开展了镇压，逮捕了请愿书的主要签署者。

不过，此次交锋引发了国际舆论的关注和施压（如阿拉伯联盟、印度尼西亚和巴基斯坦等伊斯兰国家），迫使通过政变夺权而合法性薄弱的銮披汶政府向泰南马来人做出了一定的让步：第一，政府向马来人社区保证，在南部省份选举行政官员时会更加谨慎；第二，在可能的情况下，行政官员应该对伊斯兰法律和习俗有一定的了解；第三，政府办公室将尊重穆斯林节日，在此期间暂停政府活动；第四，允许马来血统的泰国政府雇员穿着马来服装；第五，中央政府将为一些清真寺的建设和维护提供补贴；第六，将在曼谷开设一所穆斯林学院；第七，沙里亚法将适用于泰国穆斯林社区的婚姻和继承事宜。②从这些所谓"让步"的内容来看，其无疑是一种"收买"，对于哈吉·素龙提出的七点要求仅仅是象征性回应，未能在制度层面确保泰南马来穆斯林的权益，避重就轻地放松了对宗教法律和马来习俗的少部分限制，并用修缮清真寺作为一种指向穆斯林领袖的补偿手段。而在实施层面，銮披汶政府承诺的改革执行迟滞且有选择性，基本没有改变马来穆斯林在国家层面边缘化的实际状况。③

---

① T. M. Fraser, *Fishermen of South Thailand*, New York: Holt, Rinehart and Winston, 1966, pp. 100 – 101.

② Andrew D. W. Forbes, "Thailand's Muslim Minorities: Assimilation, Secession, or Coexistence?", *Asian Survey*, Vol. 22, No. 11, 1982, p. 1070.

③ Clive J. Christie, *A Modern History of Southeast Asia: Decolonization, Nationalism and Separatism*, London and New York: Tauris Academic Studies, 1996, pp. 185 – 187.

尽管哈吉·素龙的请愿遭到銮披汶政府的镇压，但是他为泰南马来穆斯林争取权利和对共同身份的强调，使其成为泰南穆斯林"分离主义运动之父"。当然，这并不意味着素龙的相关政治诉求是寻求独立和分离，相反他是在承认现状的基础上塑造马来穆斯林的族群身份认同。哈吉·素龙曾向泰国政府诉称："我们马来人意识到，我们是被暹罗人所征服的。暹罗政府用'泰国伊斯兰'一词提醒我们的失败，我们并不赞赏这一称呼。因此，我们恳请政府给予我们'马来穆斯林'的称谓，让外界认为我们与泰国人不同。"① 而泰南马来穆斯林在文化整合政策下遭遇的困境可谓触及了穆斯林社群生活的根本要素，据统计，1943—1947年，马来穆斯林在泰国法院没有提起过任何民事诉讼，而是选择前往毗邻的英属马来西亚的吉兰丹、吉达等地的伊斯兰法庭申诉。② 曼谷法政大学教授他内（Thanet Aphornsuvan）指出："政治上，哈吉·素龙在穆斯林运动中的出现是非常重要的。对于马来民族主义的复兴而言，一个新的方式已经创建了起来——基于伊斯兰原则的政治自治。哈吉·素龙领导的穆斯林运动因此成为群众运动，这也是第一次群众运动的领导权落在了宗教领袖手中。"③ 而从实际的方案设计来看，哈吉·素龙意图纠正朱拉隆功改革时期忽视地方性的"特萨披班"制度，曼谷委派的专员往往忽视马来穆斯林的本土习俗和准则，反而更加代表中央政府的利益，导致央地关系失衡。正如邓肯·麦卡戈（Duncan Mc Cargo）指出："哈吉·苏龙的提议是在自治背景下构建代议制官僚体系；他设想地方官员为民选的地方政府履职，而不是为曼谷工作。"④

---

① Numan Hayimasae, *Haji Sulong Abdul Kadir（1895-1954）: Perjuangan dan Sumbangan Beliau Kepada Masyarakat Melayu Patani*, Universiti Sains Kebangsaan Malaysia, 2002, p. 83.

② Thanet Aphornsuvan, *Rebellion in Southern Thailand: Contending Histories*, Singapore: ISEAS Publishing, 2007, pp. 36-37.

③ Thanet Aphornsuvan, *Origins of Malay Muslim "Separatism" in Southern Thailand*, Asia Research Institute Working Paper Series, No. 32, Singapore: National University of Singapore, 2004, pp. 13-14.

④ Duncan Mc Cargo, *Tearing Apart the Land: Islam and Legitimacy in Southern Thailand*, Cornell University Press, 2008, p. 60.

可见，第二次世界大战结束前后，是泰南穆斯林积极寻求与政府合作解决马来穆斯林治理改革的重要窗口期，由于泰南穆斯林积极参加抗日运动，与此时上台的泰国文官政府有着良好的合作基础，双方也切实放松了銮披汶时期对泰南穆斯林地区的文化高压政策，尊重马来穆斯林传统宗教和社会习俗。但是，双方在行政制度改革的问题上却陷入停滞，即使是相对开明的文官政府也在此问题上表现出审慎态度。这一局面与泰国战后亟待解决的内外困局有着密切的关系：第一，文官政府本身相对脆弱，拉玛八世的离奇死亡让保皇派、军人集团与左翼文官政府之间的矛盾日益尖锐，后者存在被政变颠覆的显著风险，在泰南地区改制很可能诱发更大的执政困局。第二，泰南马来穆斯林领袖存在寻求如英国、联合国等外部力量支持其独立的行动，允许泰南穆斯林建立一个统一的马来穆斯林省份，存在进一步分裂国家的风险，尤其是威胁到了以国家、宗教（佛教）、国王三位一体为基础的泰民族不可分割的核心信念。① 第三，泰南穆斯林社群对自己的命运有着不同的预期，哈吉·素龙所提交的请愿书只是众多诉求中的一种路线和观点，在未能实现一致代表性的情况下，其寻求文官政府改革制度是相当困难的。第四，战后泰南马来穆斯林遭遇了严重的经济困难，尤其是粮食短缺（只能依靠从英属马来亚走私大米来缓解），助长了马来穆斯林对泰国政府的不信任和族群民族主义情绪，让马来穆斯林的政治诉求更加难以统一。②

銮披汶集团通过政变再次上台并恢复军事威权统治则彻底抹除了泰南穆斯林领袖试图政治和解的可能性。对于坚持泰民族主义的銮披汶政府而言，"泰国南部穆斯林地区的自治倾向促成了'民族国家神话'的周期性重现，即使自治可能不再可行，民族国家也会保持活力，以激励

---

① Chalermkiat Khunthongpet, *Haji Sulong Abdul Kadir: Kabot Rue Wiraburut Bang Si Changwad Pak Tai* (*Haji Sulong Abdul Kadir: A Tebel or Hero of the Four Southern Provinces*), Bangkok: Matichon Press, 2004, p. 79.

② Thanet Aphornsuvan, *Rebellion in Southern Thailand: Contending Histories*, Singapore: ISEAS Publishing, 2007, pp. 39–40.

公民不断支持民族国家的存在"①。因而，銮披汶集团长期采取强硬姿态对待泰南穆斯林的权益诉求，不仅进一步弱化了泰南穆斯林对泰国的国家认同感，更加深了其对自身命运的担忧，也成为泰南穆斯林分离主义运动诞生的直接导火索。

三 派系竞争：泰南分离主义运动的正式诞生

20世纪50年代末和60年代初成为泰南分离运动诞生的窗口期，这一时间节点的产生受到泰国国内外诸多因素的共同影响，如精神领袖遭迫害、泰南经济受挫、马来亚联邦成立、泰国政变及其整合政策的强化，等等。在复杂环境中诞生的泰南分离主义运动并不像菲律宾摩洛分离运动和亚齐分离运动那样具有相对清晰的组织架构和关系，而是众多分离组织争相向泰国政府提出挑战，除了要求独立之外，其具体政治诉求和路线都存在明显差异。而泰南分离主义运动之所以显得如此割裂，原因在于南部三省在领导权威、意识形态、动员对象以及资源来源方面都出现了分化（将在后文案例部分的"分离运动动员强度"进行分析）。

第一，马来穆斯林领袖哈吉·素龙及其后代遭到迫害，刺激了马来穆斯林的精英阶层。他们在思想上更加疏远泰国政府及其培植的穆斯林领袖和官员。在1948年被銮披汶政府逮捕后，哈吉·素龙在狱中服刑4年6个月，于1952年获释（被要求定期向警局报到）。然而，1954年他向宋卡省警局报到后便神秘失踪。马来穆斯林普遍认为，哈吉·素龙和他的同伴，包括他的长子万·奥斯曼·艾哈迈德（Wan Othman Ahmad），于1954年8月13日晚被时任警察总长西雅农（Phao Siyanond）将军及其下属杀害，"据说，他们被绑在石头上，溺死在怒岛（Nu Island）的海中"②。这一事

---

① Saroja D. Dorairajoo, "Violence in the South of Thailand", *Inter-Asia Cultural Studies*, Vol. 5, No. 3, 2004, pp. 465–471.

② Nantawan Haemindra, "The Problem of the Thai-Muslims in the Four Southern Provinces of Thailand (Part Ⅱ)", *Journal of Southeast Asian Studies*, Vol. 8, No. 1, 1977, p. 85; Panomporn Anurugsa, *Political Integration Policy in Thailand: The Case of the Malay Muslim Minority*, University of Texas at Austin, 1984, p. 141.

件，再度激发了泰南马来穆斯林的不满，随之发生了一些冲突事件，强化了穆斯林对泰国是"异族国家"（Alien State）的看法。①

更加重要的影响是，马来穆斯林精英开始意识到哈吉·素龙所主张的自治道路在中央政府眼中无异于分裂国家的行为，单纯追求自治权力不仅无法换来马来穆斯林经济和社会生活的发展进步，更会直接遭到军警部门的镇压，导致他们开始思考其他更加激进的政治方案。正如一位北大年学者总结的那样，"曼谷认为北大年地区穆斯林社群的文化自治是对泰国国家领土完整的威胁，而北大年穆斯林则认为'民族自决'的概念是每一个人民的基本权利"②。

第二，20世纪50年代末及60年代泰南穆斯林地区经济陷入困境。加之长期的族群结构和政治权力的不匹配，导致社会不平等和怨恨情绪不断积攒，为分离主义运动提供了动员环境和客观条件。泰南穆斯林三省是泰国农业占比最高地区之一，绝大多数穆斯林从事小规模的农业或渔业等生产工作，其经济社会发展长期处于滞后状态，只有9%的人口接受过中学教育，仅1.7%的人口上过大学，相比之下，当地的佛教徒教育水平更高，两个指标分别为13%和9.7%。因而，穆斯林群体基本被禁锢在社会底层，依赖第一产业为生，而仅占当地人口6%左右的泰族佛教徒和华人则大多数居住在城镇，占据着商业、矿产开采以及经营大种植园等利润更丰富的行业，并拥有着大部分的贸易公司，垄断着南部地区的进出口贸易。③ 同时，南部三省的政府雇员中仅有2.4%是穆斯林，而佛教徒的占比为19.2%，是前者的8倍。④ 因而，尽管南部穆斯林能够选举自己的政治代表前往曼谷担任穆斯林领袖和国王伊斯兰事务

---

① Syed Serajul Islam, "The Islamic Independence Movements in Patani of Thailand and Mindanao of the Philippines", *Asian Survey*, Vol. 38, No. 5, 1998, p. 446.

② W. K. Che Man, "National Integration and Resistance", in Volker Grabowsky ed., *Regions and National Ntegration in Thailand, 1892 – 1992*, Wiesbaden: Harrassowitz Verlag, 1995, p. 249.

③ 何平：《泰国马来穆斯林问题的由来与发展》，《世界民族》2006年第1期。

④ Srisompob Jitpiromsri and Panyasak Sobhonvasu, "Unpacking Thailand's Southern Conflict: The Poverty of Structural Explanations", *Critical Asian Studies*, Vol. 38, No. 1, 2006, pp. 95 – 117.

顾问（泰语称之为 Chularajamontri，即"朱拉罗阁门特里"），但在本地政府治理上穆斯林毫无代表性。

不仅如此，20世纪50年代末及60年代，随着朝鲜战争对大宗商品价格的拉动效应消退，作为泰南三省支柱产业的橡胶价格大幅下降，导致北大年地区的经济显著衰退，人均收入受到巨大影响。在橡胶价格稳定的时期，南部穆斯林在收入分成上本就不占优势，被国家财政、海关和部分实力更强的佛教徒商人拿走了较多分成。而橡胶价格的崩盘，导致泰南马来穆斯林普遍认为，"中央政府考虑的是从泰南提取的税收和关税，并不关心引入投资和技术支持，而泰南的锡和橡胶资源及其收入都被佛教徒和华人抢走"[1]。同时，由于生产工具相对落后，很多泰南马来穆斯林渔民也无法与华人和佛教徒经营的大型现代化渔船竞争。政治和经济的双重打击导致泰南马来穆斯林普遍都对既有体制和中央政府产生了怨恨，希望改变困局，这也成为分离主义运动领袖们可以利用的重要资源。

第三，马来亚联合邦独立，对泰南马来穆斯林产生了示范效应。部分马来亚地区民族主义者积极声援泰南马来穆斯林，促使分离主义和族群统一主义倾向的产生和扩散，试图建立独立国家或加入马来亚联邦。如前文所述，在第二次世界大战前后泰南马来穆斯林领袖与泰国政府议价的过程中，其就已经产生了寻求加入英属马来亚以及获取国际社会支持的路线，正是受到当时盛行的泛马来民族主义的影响。这一观念以马来民族团结和自治为目标，因而引发了不少泰南马来穆斯林领袖的回应，对"大马来民族"这一民族和群体概念产生了强烈的归属感。[2]

马来亚地区民族主义政治团体，如马来西亚人民社会党（Partai Sosialis Rakya Malaysia，PSRM）和马来西亚伊斯兰党（Partai Islam Se-Mala-

---

[1] Astri Suhrke, "Loyalists and Separatists: The Muslims in Southern Thailand", *Asian Survey*, Vol. 17, No. 3, 1977, p. 241.

[2] 彭慧：《20世纪以来泰国马来穆斯林民族主义的演化与发展》，《南洋问题研究》2009年第4期。

sia，PAS）都对泰南马来穆斯林群体进行过声援，鼓励其加入马来亚联邦，甚至于直接支持分离主义运动。① 1957年8月31日，马来亚联合邦正式脱离英国殖民统治，成为独立国家，强化了泰南马来穆斯林的民族主义情绪。② 1958—1960年，泰南马来穆斯林地区广泛流传的读物是《北大年马来王国史》和《独立之光》，这些读物都力图塑造马来穆斯林的历史和族群身份认同，甚至鼓吹独立和分离思想。③ 可见，即使是銮披汶政府开展了10余年的整合和同化政策，泰南马来穆斯林却愈发认同马来民族主义，并在20世纪50年代末走向了政治化、组织化和公开化的道路。

第四，泰国国内政局变化也是诱发分离主义运动的关键因素。1957年9月，沙立·他那叻政变上台后，摒弃了西式民主道路，开始着手打造"泰式民主"的军人威权体制，基于武力压力，改造经济结构和政治文化传统的方式实现20世纪50年代末到60年代军人集团对泰国政治权力的全面垄断。④ 在此基础上，沙立政府开始强化国家整合政策，其"威权加发展"的二元治国逻辑同样被运用于泰南地区，导致泰南马来穆斯林的政治生存环境进一步恶化，强化了穆斯林群体内部的怨恨与民族主义情绪以及马来亚联邦的示范效应。⑤ 虽然沙立政府名义上希望改善泰南马来穆斯林的社会经济发展水平，提升他们对泰国的认同感和归属感，但实际上沙立政府仍旧力图将马来穆斯林融入泰国。沙立上任后第一次正式视察泰南时便感叹边境省份的居民不像是泰国人，"他们连泰语都不会，"沙立在其演讲中说道，"希望东北部、北部和中部的同胞

---

① W. K. Che Man, *Muslim Separatism*: *The Moros of Southern Philippines and the Malays of Southern Thailand*, Oxford University Press, 1990, p. 159.
② 靳晓哲：《当代东南亚分离运动的起源、发展与治理》，博士学位论文，南京大学，2020年。
③ 彭慧：《20世纪以来泰国马来穆斯林民族主义的演化与发展》，《南洋问题研究》2009年第4期。
④ 周方冶：《从威权到多元：泰国政治转型的动力与路径》，博士学位论文，中国社会科学院研究生院，2011年。
⑤ 任一雄：《沙立的民主尝试及其"泰式民主"》，《东南亚》2001年第3期。

能到南部定居、谋生,增加南部省份对王国的忠诚。那里有许多肥沃的处女地。政府将为你们分配土地,建立居所……怀揣着雄心和耐心,用自己的双手去奋斗。为了你们自己、为了你们的家庭、为了你们的国家。"①

据此,沙立政府推出提升南部边境省份国家和文化认同的政策,包括两个方面:第一,人口迁移,即通过自助定居计划在南部地区重新安置更多泰族人和佛教徒,将北方特别是东北地区的无地农民转移到南部地区,并将南部地区的土地分配给他们(向每一个符合条件的移民家庭提供7—10英亩的土地)。② 在具体实施过程中这些移民得到了当地官员的特别照顾,帮助其获得土地所有权、地产证,提供资金和技术援助,等等。③ 据估计,自1961年起,约有10万来自泰国各地的泰族佛教徒移民泰南地区(仅在1969年约15000个家庭移民,近60000人在政府资助下迁移到了南方)。④ 第二,沙立政府认为马来穆斯林传统的伊斯兰学校(Pondok)"教学质量低",不利于提升泰文化教育。⑤ 于是,沙立政府在1961年颁布"新国民教育计划",推动在南方建立由教育部直接管理的公立学校系统,并试图改造传统的伊斯兰学校,提供资金帮助其转型为国家承认的"伊斯兰私立学校"(Islamic Private Schools, IPS),要求其以泰语为教学语言,并讲授除伊斯兰宗教文化之外的世俗课程。⑥

沙立政府的政策虽被部分学者称为"在国家—宗教—国王的旗帜下

---

① Thanet Aphornsuvan, *Rebellion in Southern Thailand: Contending Histories*, Singapore: ISEAS Publishing, 2007, p. 57.
② 孟庆顺:《泰国南部问题的成因探析》,《当代亚太》2007年第6期。
③ Arong Sutthasat, "Thai Society and the Muslim Minority", in Andrew D. W. Forbes ed., *The Muslims of Thailand, Vol. 2, Politics of the Malay Speaking South*, Bihar: India, Centre for South East Asian Studies, 1989, p. 100.
④ W. K. Che Man, *Muslim Separatism: The Moros of Southern Philippines and the Malays of Southern Thailand*, Singapore: Oxford University Press, 1990, p. 38.
⑤ Surin Pitsuwan, *Islam and Malay Nationalism: A Case Study of the Malay Muslims of Southern Thailand*, Bangkok: Thai Khadi Research Institute, Thammasat University, 1985, pp. 168 – 169.
⑥ N. John Funston, *Southern Thailand: The Dynamics of Conflict*, Washington: East West Center, 2008, pp. 12 – 13.

实现民族统一的"、"渐进的政治一体化"①，但实际上进一步侵犯了南部马来穆斯林的经济机会和宗教生活空间。首先，移民的大量涌入以及地方政府对其特别照顾，加剧了马来穆斯林的相对剥夺感，这一"人口均衡政策"冲击着南部马来穆斯林社群的根基，导致不少穆斯林失去了传统土地和就业机会，相对而言遭受的损失更大。其次，佛教徒的进入与穆斯林产生了宗教和文化领域的矛盾和对立，相对而言缩小了马来穆斯林的宗教活动范围，加深了穆斯林领袖的不满。②最后，对传统伊斯兰学校的干涉更是直接威胁了穆斯林宗教领袖的利益，其主要收入以及社群权威大多数在物质层面依托传统宗教学校，使其对抗政府的动机和意愿变得更加强烈。克里斯蒂（Clive Christie）也指出，"正是从这时起，北大年分离主义和统一主义的现代政治运动开始了。"③

上述多重因素在20世纪50年代末和60年代初的交织和碰撞，催生了泰南马来穆斯林的分离主义运动。与摩洛穆斯林分离主义运动相比，泰南马来穆斯林的分离主义运动更加分散，在诞生之初缺少单一主导的分离组织，呈现高度分裂的状态，其中有三个比较有代表性和规模较大的组织。

第一，由哈吉·素龙的学生东姑·阿卜杜尔·贾拉勒（Tengku Abdul Jalal）于1959年创建的"北大年伊斯兰解放阵线"（Barisan Islam Pembebasan Patani，BIPP），后于1986年改名为"北大年民族解放阵线"（Barisan Nasional Pembebasan Patani，BNPP）。该组织主张相对激进的伊斯兰主义，在追求马来穆斯林独立的同时，主张对泰国政府和佛教徒发动"圣战"。该组织的领导层主要由马来传统贵族和保守的穆斯林领袖构成，属于马来穆斯林上层阶级领导的分离组织，其总部设在马来西亚

---

① Thanet Aphornsuvan, *Rebellion in Southern Thailand: Contending Histories*, Singapore: ISEAS Publishing, 2007, p. 57.
② 李一平、吴向红：《冷战后泰南穆斯林分离运动的原因探析》，《南洋问题研究》2007年第3期。
③ Clive Christie, *A Modern History of Southeast Asia: Decolonization, Nationalism and Separatism*, London, New York: I. B. Tauris Publishers, 1996, p. 177.

北部。BIPP 的"圣战"采取了武装游击战的形式,在 20 世纪 60 年代其与政府部队之间发生了断断续续的暴力冲突。

第二,1963 年 3 月 13 日由哈吉·阿卜杜勒·卡里姆·哈桑(Haji Abdul Karim Hassan)建立的"国民革命阵线"(Barisan Revolusi Nasional,BRN)。哈桑创建 BRN 的直接因素正是沙立政府的新国民教育计划威胁了传统马来伊斯兰学校。BRN 与马来亚共产党有着密切关系,其意识形态受到泛阿拉伯社会主义的影响,杂糅了反殖民主义、反资本主义、伊斯兰社会主义、马来民族主义以及人道主义,主张在北大年地区建立一个伊斯兰国家。[1] 自建立之初起,BRN 就完全致力于开展武装斗争,极力反对泰国宪法及其政治制度,认为其缺少合法性。BRN 计划分"两步走":第一步,整合泰国南部穆斯林省份,重建一个完全独立于泰国的、拥有主权的北大年;第二步,将北大年纳入一个泛东南亚的马来穆斯林社会主义国家,由同一个领导人进行统治。[2] 可见,BRN 不仅试图实现泰南穆斯林地区的独立,而且受到了社会主义思潮的影响,甚至希望实现马来民族的大联合。BRN 主要的组织依托是传统伊斯兰学校(Pondok)和清真寺,据此进行资源汲取、成员招募和思想灌输等活动,较好地嵌入了马来穆斯林的传统村社和宗教系统,组织网络密集且复杂。由于成员构成复杂,不同伊斯兰学校及其教士受到不同意识形态思潮(杂糅了民族主义、伊斯兰主义和社会主义等诸多方面)的影响,BRN 内部产生了派系分裂和内讧,于 1984 年分化为了三个派系——BRN-K(BRN-Koordinasi)、BRN-C(BRN-Congress)与 BRN-Ulama,其中 BRN-C 脱颖而出,成为坚持极端伊斯兰主义意识形态(主要是萨拉菲主义)的

---

[1] Seni Mudmarn, "Social Science Research in Thailand: The Case of the Muslim Minority", in Omar Farouk Bajunid ed., *Muslim Social Science in ASEAN*, Kuala Lumpur: Yayasan Penataran Ilmu, 1994, p. 30.

[2] Omar Farouk, "The Historical and Transnational Dimensions of Malay-Muslim Separatism in Southern Thailand", in Joo-Jock Lim and Vani S., eds., *Armed Separatism in Southeast Asia*, Singapore: Regional Strategic Studies Programme, Institute of Southeast Asian Studies, 1984, pp. 239–240.

主要分离力量。①

第三,1968年由卡比尔·阿卜杜勒·拉赫曼(Kabir Abdul Rahman)在印度创立的"北大年联合解放组织"(Patani United Liberation Oranization,PULO)。PULO的创建者拉赫曼是北大年马来穆斯林的传统贵族,是一位曾在中东接受宗教教育的伊斯兰学者。PULO组织的意识形态比较杂糅,包括宗教、民族、故土和人道主义等诸多方面,但是相比于BIPP和BRN,PULO是一个更加世俗化的分离组织,其政治主张指向的是北大年分离主义,以马来民族主义为核心,称泰国在北大年的存在是"殖民"和"非法占领",而不是单纯以伊斯兰为底色的分离运动,其绘制的"国旗"有四道红白相间的条纹,左上方有一个蓝色矩形,上面有新月和星星,与马来西亚的州旗类似。PULO宣称的组织目标是通过军事和政治手段脱离泰国,并建立一个名为"Patani Darul Makrif"的国家(意为"善行之地北大年")。② 不少学者认为,在1960—2000年泰南活跃的各种分离组织中,"PULO是规模最大、最突出的一个"③。PULO采取了非暴力和暴力行动并行的双轨战略。前者旨在提高泰南马来穆斯林的教育水平,培养其政治意识和马来民族认同。后者是由"北大年联合解放军"(Patani United Liberation Army,PULA)负责执行,其主要目的是通过暴力行动向国际社会宣传泰南马来穆斯林的边缘化处境。④ 在其鼎盛时期,PULO共有大约350名核心干部,由于20世纪90年代之前马来西亚北部吉兰丹州执政党马来西亚伊斯兰党对泰南马来穆斯林怀同情和支持态度,PULO的骨干成员得以将吉兰丹州作为

---

① Zachary Abuza, "A Breakdown of Southern Thailand's Insurgent Groups", *Terrorism Monitor*, Vol. 4, No. 17, 2006.

② Joseph Chinyong Liow, "The Security Situation in Southern Thailand: Toward an Understanding of Domestic and International Dimensions", *Studies in Conflict & Terrorism*, Vol. 27, No. 6, 2004, pp. 531 – 548.

③ Peter Chalk, *The Malay-Muslim Insurgency in Southern Thailand: Understanding the Conflict's Evolving Dynamic*, Rand Corporation, 2008, p. 6.

④ Michael Leifer, *A Dictionary of the Modern Politics of South-East Asia*, London and New York: Routledge, 1996, pp. 199 – 200.

庇护所。①

尽管在意识形态、组织构成和规模等方面存在显著不同，但是上述三个主要的泰南马来穆斯林分离组织存在较多的共同特点。第一，都主张以泰南马来穆斯林为动员目标，在北大年王国历史地理范围内开展分离主义活动，力图摆脱泰王国的统治，建立一个以马来穆斯林为主体的独立国家。第二，尽管部分分离组织的意识形态构成复杂，但是大都包含伊斯兰宗教元素，无论是领导人，还是核心成员以及动员对象，他们在开展武装斗争的话语上都明确表达了对引发"Hijra"（穆斯林逃避迫害的行为）的政治根源（即泰国的统治）需要发起"Jihad"（"圣战"）。② 第三，都以泰南地区的马来农村为基础，并且按照传统的等级制度搭建组织架构。第四，介于其本身组织规模和实力有限，其开展暴力活动的现实目标是在泰南地区的少数民族中制造不安全感和对中央政府的不信任感，因而他们开展的暴力活动大多数烈度较低，包括伏击、绑架、暗杀、勒索、破坏和炸弹袭击等，很难开展大规模政治动员，对泰国政府实施高强度的武力打击或威慑。第五，都将总部或领导机构放置于毗邻泰南的马来西亚北部省份（主要是吉兰丹州），并且得到了部分国外力量，尤其是中东伊斯兰组织或机构的资助，在武装力量的人员训练和装备获取上也是依托利比亚、叙利亚和阿富汗等国家进行的。③

第三节 "政教之争"：印尼亚齐分离运动的起源与动员

一 反殖民历史与政教之争

印尼亚齐问题根源于亚齐在印尼特殊的地理、宗教和政治地位。亚

---

① Peter Chalk, *The Malay-Muslim Insurgency in Southern Thailand: Understanding the Conflict's Evolving Dynamic*, Rand Corporation, 2008, p. 6.
② Clive J. Christie, *A Modern History of Southeast Asia: Decolonisation, Nationalism and Separatism*, London: I. B. Tauris Publishers, 1996, pp. 189 – 190.
③ W. K. Che Man, *Muslim Separatism: The Moros of Southern Philippines and the Malays of Southern Thailand*, Singapore: Oxford University Press, 1990, pp. 103 – 104.

齐位于苏门答腊岛的北部，13世纪时期亚齐是印尼地区的对外贸易中心，是伊斯兰教传入印尼地区的窗口。在海上贸易活动的影响下，古吉拉特商人和伊斯兰教士支持亚齐建立起了须文达那—巴赛王国，这是印尼地区第一个伊斯兰教王国。[①] 自此，亚齐进入长达3个多世纪的苏丹王国时期，亚齐在经济贸易、宗教文化等方面保持着繁荣，一直延续至1873年荷兰殖民入侵。苏丹时代的富强使得亚齐成为印尼非常重视伊斯兰教传统和文化的地区，而在长达30年（1873—1903年）抵抗荷兰殖民统治的过程中，伊斯兰教学者乌莱玛在亚齐社会建立起了较大的影响力，亚齐社会也逐渐形成了共同的历史记忆和强烈的族群认同感。对抗荷兰殖民统治让亚齐人意识到团结一致的重要性，亚齐精英阶层在20世纪30年代至40年代加入印度尼西亚民族主义的浪潮，大力支持印尼独立革命的斗争。[②] 在历史意义上，亚齐成为印尼取得独立的"功臣"和印尼共和国"不可分割的一部分"。[③]

印尼独立后面临国家建设的两大关键问题，即伊斯兰教在印尼国家的地位问题以及印尼施行单一制还是联邦制的问题。亚齐在以"全亚齐伊斯兰学者联盟"（以下简称"全伊盟"，PUSA）为核心的乌莱玛集团的领导下坚定地站在要求在印尼建立政教合一国家的一方，主张明确伊斯兰教法在国家政治中的地位，并尝试为亚齐争取更多自治权。[④] 相反，苏加诺领导的民族主义力量则希望在印尼建立一个以潘查希拉为基础的世俗主义的单一制国家，印尼各派政治力量在政教关系和央地关系两大问题上相持不下。亚齐在上述交锋中虽然倾向于支持建立伊斯兰教国家，但是由于其仅仅代表相对较小地区民众的声音，并不能影响有关国家政

[①] 林德荣：《伊斯兰教在印尼的传播及其在历史上的进步作用》，《厦门大学学报》（哲学社会科学版）1993年第3期。

[②] Anthony Reid, *The Blood of the People: Revolution and the End of Traditional Rule in Northern Sumatra*, Oxford University Press, Kuala Lumpur, 1979, p. 9.

[③] 张洁：《民族分离与国家认同：关于印尼亚齐民族问题的个案研究》，社会科学文献出版社2012年版，第4页。

[④] Clive J. Christie, *A Modern History of Southeast Asia: Decolonization, Nationalism and Separatism*, London: I. B. Tauris, 1996, pp. 147 – 148.

教关系的决定,因而亚齐乌莱玛集团更加关注亚齐自治权的问题。

亚齐乌莱玛集团认为,亚齐在荷兰殖民之前就处在苏丹国的独立王国状态,并且在印尼独立革命的过程中,趁着日本投降在亚齐造成的权力真空,亚齐伊斯兰政治力量在"全伊盟"的领导下发动了一场反封建的社会革命,成功地推翻了乌略巴朗集团的统治,在1950年之前亚齐就已经进入政教合一的自治状态,而鉴于其对印尼独立作出的贡献,应该在政治上给予亚齐一定的特殊对待。因而,亚齐在与印尼中央政府的接触过程中,始终希望能够在新生的印尼共和国中单独建省并拥有对内施行伊斯兰教法的较高自治权。在乌莱玛集团的努力下,亚齐单独建省的要求曾在1949年12月得到了印尼共和国在苏门答腊的紧急政府的同意,马斯友美党领导人沙弗鲁丁以总统令的形式宣布允许亚齐单独建省。但是,紧急政府的总统令与之前1948年颁发的将苏门答腊划分为北、中、南三省的法令产生了冲突,印尼中央政府驳回了亚齐依据1949年总统令建省的要求,并用1950年第21号法令取而代之,这为后来亚齐与中央政府冲突激化埋下了隐患。

印尼中央政府一边安抚亚齐乌莱玛集团,劝其不要以"辞职运动"寻求单独建省,一边却强化国家对亚齐的渗透,弱化乌莱玛集团对亚齐政治和经济资源的控制。在经济上,印尼中央政府将地方的贸易税收收归国有,并且取消了特殊外汇交易协议,而亚齐作为贸易口岸,其政府财政的重要构成就是出口贸易的税收,中央政府收紧税收和进出口贸易管理导致亚齐商业贸易和政府财政都受到巨大冲击,表现在以下几方面。在政府管理上,中央政府建立北苏门答腊省后,把在亚齐政府任职的"全伊盟"成员调任至棉兰,借助省级行政系统压制亚齐乌莱玛集团,极大地削弱了"全伊盟"对亚齐行政系统的控制。在军事部署上,印尼中央政府将亚齐军队管辖权下沉,从中央司令部下放至棉兰第一军区,并将亚齐和打巴奴里的军队互调,使得亚齐军官远离亚齐事务。[①] 在文

---

① 张洁:《民族分离与国家认同:关于印尼亚齐民族问题的个案研究》,社会科学文献出版社2012年版,第76—79页。

化教育上，中央政府通过将亚齐合并于北苏门答腊省的同时，还把亚齐教师资源也转移到省内其他地区，而亚齐199所宗教学校遭关停，在亚齐财政税收主要由穆斯林上缴的情况下，中央政府还为亚齐的非伊斯兰学校提供了数倍于伊斯兰学校的财政补贴。[1]

上述政策安排不仅侵犯了亚齐乌莱玛集团和商人集团的利益，而且导致亚齐社会经历世俗化冲击，产生了许多违背伊斯兰教法的世俗现象。达乌德·贝鲁领导下的"全伊盟"对印尼中央政府的控制政策非常不满，并将亚齐的"乱象"归因于亚齐被合并到北苏门答腊省，开始主张只有恢复伊斯兰教在治理亚齐社会中的正统地位才能解决亚齐道德败坏的问题。[2] 这一观念成为亚齐加入伊斯兰教国运动的主要推动因素之一。

二 伊斯兰教国运动及其遗产

在"全伊盟"控制亚齐期间，由于缺乏经验，亚齐政府陷入治理困境，腐败、走私、谋杀以及无视中央政府命令等不稳定现象频生，亚齐社会形成了一些反对"全伊盟"的力量，其背后都有乌略巴朗的支持。乌略巴朗利用亚齐社会的不满情绪开展了一系列打击"全伊盟"的行动。其一是分化乌莱玛集团，发起政变。萨吉德·阿里·阿尔萨卡夫招揽了一些对"全伊盟"独揽大权不满的保守派乌莱玛，于1948年11月尝试通过政变的方式将"全伊盟"在亚齐政府的官员一网打尽，然而计划败露，遭到逮捕。[3] 其二是组织民众施加压力。1951年4月8日建立"人民意识组织"（BKR），他们组织示威和提案要求政府改组，惩办侵占乌略巴朗资产和腐败的官员，解散并重组由"全伊盟"主导的选举委

---

[1] M. Isa Sulaiman, "From Autonomy to Periphery", in Anthony Reid ed., *Verandah of Violence: The Background to the Aceh Problem*, Singapore: Singapore University Press, 2006, p. 130.

[2] Edward Aspinall, "Violence and identity Formation in Aceh under Indonesia Rule", in Anthony Reid ed., *Verandah of Violence: The Background to the Aceh Problem*, Singapore: Singapore University Press, 2006, p. 154.

[3] Eric Eugene Morris, Islam and Politics in Aceh: A Study of Center-Periphery Relations in Indonesia, Ph. D. dissertation, Cornell University, 1983, p. 207.

员会，并在苏加诺1951年7月访问亚齐时大举示威向其施加压力。其三是与中央政府世俗派和亚齐军队结盟。为了压制国内伊斯兰政治力量，亚齐乌略巴朗的处境得到了中央政府中世俗派政治力量的同情，1951年8月苏基曼内阁以阴谋颠覆为罪名，在全国范围内发起了一场反共性质的大逮捕，亚齐驻军在世俗派的支持下利用此次机会大量逮捕和审讯"全伊盟"的核心领导人员和地区负责人。[1]

印尼中央政府借助乌略巴朗阶层、军队以及其他社会力量对"全伊盟"的压制性政策促使后者开展竞争性动员，从而导致亚齐寻求特殊自治的运动走向暴力化。在达乌德·贝鲁的领导下，"全伊盟"给出的解决方案是在1953年9月21日宣布亚齐加入"伊斯兰教国运动"（Darul Islam），发起了在印尼建立伊斯兰教国家的武装叛乱活动。在正式宣布反叛之前，"全伊盟"就已经开展一系列动员活动，其主要指向三个群体：其一是亚齐的公务人员，据估计约70%以上的公务人员参与了贝鲁发起的叛乱，其中大部分都对中央政府的亚齐政策感到不满；其二是通过"亚齐前伊斯兰战士协会"（BPA）组织复员的游击队员，由其组成主要的武装力量；其三是恢复"全伊盟青年分支"（Pemuda PUSA）和"亚齐童子军运动"（Pandu Islam）的活动，加强对亚齐青年群体的接触和动员，并开展军事训练和战斗准备。[2]"全伊盟"武装人员首先袭击了亚齐部分城镇，并在县级公务员的支持下短时间内就实现了对这些城镇的占领，并控制了周围的农村地区。"全伊盟"的行动比较突然，主要原因在于贝鲁等叛军领导人对内的控制程度依旧有限，部分激进的青年武装人员甚至在未得到授命的情况下就开始了行动，在最初的几个星期里，叛军很快便控制了整个亚齐，只有主要的城市地区，如班达亚齐、西格利和兰萨，以及南部海岸的港口城市米拉务仍处在印尼军队的控制之下。

---

[1] C. Van Dijk, *Rebellion Under the Banner of Islam: The Darul Islam in Indonesia*, The Hague: Brill, 1981, pp. 293–298.

[2] C. Van Dijk, *Rebellion Under the Banner of Islam: The Darul Islam in Indonesia*, The Hague: Brill, 1981, pp. 300–302.

不过，印尼军队很快重整反攻，苏加诺同意阿里内阁派遣4个营的常规部队和13个营的机动旅团，与苏门答腊地方部队一同镇压叛军，计划在1954年3月前将其全部击溃。实际上，在1953年11月印尼军队就基本将叛军驱赶出亚齐主要的城市地区，双方军事冲突转向乡村和山地等地区。尽管如此，由于包括宗教、教育、社会事务以及新闻等部门在内的大部分公务人员叛变，亚齐的基层行政单位都已陷入停滞，主要城市地区的行政系统到1954年4月才初步恢复运作。[1] 在政府控制的亚齐各地，印尼中央政府开始公开扶持乌略巴朗和保守派乌莱玛，让前者接手政府行政和管理事务，以全面接替"全伊盟"在行政事务上的角色，并填补公务员系统叛变后留下的职位空缺；后者则得到来自宗教部在宗教、教育等方面的资源支持，通过其宗教学校以及"亚齐穆斯林人民和平运动"动员穆斯林群体抵制"全伊盟"的反叛行动。[2] 因而，乌略巴朗和保守派乌莱玛成了"全伊盟"攻击的主要目标群体，在后者最为活跃的比地亚县，暴力水平最高，在叛乱初期有约390名乌略巴朗及其追随者遭绑架和谋杀。[3]

由于1953年年底军事行动受挫，贝鲁开始调整"全伊盟"的军事行动策略，转向开展游击战争，并改革武装组织结构。在贝鲁宣布加入印尼伊斯兰教国后，亚齐在政治架构上是该国一个拥有高度自治地位的省份，贝鲁等领导人基于伊斯兰教法组建"舒拉委员会"负责行政事务，"舒拉议会"掌握立法权力，并建立了整合武装力量的领导机构"军事委员会"。在游击战争中，以上三个部门都被统合进"指挥部"，并在县和区一级设立了分支机构，贝鲁借此进一步巩固自己在亚齐叛军中的绝对领导地位。除此之外，亚齐在叛乱的道路上越走越远，尤其在政治层

---

[1] M. Nur El. Ibrahimy, *Teungke Muhammad Daud Beureueh：Peranannya Dalam Pergolakan Di Aceh*, Jakarta：PT Gunung Agung, 1986, pp. 163 – 169.

[2] M. Isa Sulaiman, "From Autonomy to Periphery", in Anthony Reid ed., *Verandah of Violence：The Background to the Aceh Problem*, Singapore：Singapore University Press, 2006, p. 133.

[3] M. Isa Sulaiman, "From Autonomy to Periphery", in Anthony Reid ed., *Verandah of Violence：The Background to the Aceh Problem*, Singapore：Singapore University Press, 2006, p. 131.

面的分离活动越发激进。亚齐叛军与政府军的持续作战在印尼国内引发了较大的政治效应，伊斯兰教国运动领导人瑟卡尔麻吉·马里冉·卡尔多苏威尔约于1955年1月任命贝鲁为印尼伊斯兰教国副总统，其余亚齐叛军领导人也随之进入内阁担任要职。同年颁布的具备临时宪法性质的《巴泰库伦宪章》将亚齐确立为印尼伊斯兰教国的邦国，由贝鲁担任"邦长"，并设立总理、内阁以及舒拉议会等行政和立法机构。在其根基较为稳固的北亚齐和中央亚齐地区，亚齐叛军搭建了基层的行政、执法、税收以及公共服务等机构。①

亚齐叛军得到乡村地区民众的广泛支持，印尼军队难以将其彻底击溃，而后者（主要由来自米南加保、巴达克以及爪哇的士兵构成）进入亚齐后的越轨行为更加深了亚齐民众对中央政府的敌视和对亚齐叛军的同情，北苏门答腊军事指挥部在1956年的报告中承认亚齐叛军没有在镇压中受挫，反而士气高昂，武装规模也不断扩大。②尽管镇压行动没有取得有效进展，但是阿里内阁并没有与亚齐叛军寻求和解的意愿。1955年8月，由马斯友美党主导建立的布尔汉丁·哈拉哈普内阁上台，开始尝试利用政治解决的方式处理亚齐问题。中央政府开始与亚齐叛军进行非正式的接触和会面，然而贝鲁对亚齐叛军系统的高度控制导致双方的会面迟迟无法推进，贝鲁一直要求印尼中央政府必须接受"政府对政府"形式下的正式谈判，否则就拒绝任何可能的协议。1956年3月，阿里第二内阁上台后，于年底通过了亚齐自治法案，并于次年1月生效，将大亚齐地区"全伊盟青年分支"的战前主席阿里·哈希米任命为亚齐省长，然而该自治的实施只是印尼中央政府的"一厢情愿"，并不能让亚齐叛军放下武器。③

---

① C. Van Dijk, *Rebellion under the Banner of Islam: The Darul Islam in Indonesia*, The Hague: Brill, 1981, pp. 315–320.

② *Penuntut Operasi di Atjeh*, Medan: Komando Tentera dan Territorium I Bukit Barisan, 1956, pp. 12–13.

③ Abdul Murat Mat Jan, "Gerakan Darul Islam di Aceh 1953–1959", *Akademika*, Vol. 8, No. 1, 1976, pp. 17–44.

苏加诺领导的民主时期对政权的集中控制成为解决亚齐问题的有力保障。1957年3月14日，苏加诺宣布军事管制并建立由政坛元老朱安达领导的工作内阁，内阁成员皆为无党派人士和以个人名义入阁。尽管苏加诺独揽大权遭到伊斯兰政党等力量的抵制，但是在印尼民族党、印尼共产党、印尼平民党以及由纳苏蒂安领导与整合的军队的支持下，苏加诺成功地构建了威权体制，将权力集中于自己手中。[1] 苏加诺领导时期的印尼内阁、军队高层倾向于寻求和平解决地方叛乱问题。军队领导人纳苏蒂安也开始通过中间人——前亚齐游击队领导人沙曼·加哈鲁与亚齐叛军中以哈桑·萨勒为首的部分主张和解的高层进行接触，双方于1957年4月签署《朗德誓约》，承诺允许亚齐施行伊斯兰教法，并推动亚齐恢复和平、发展经济。[2] 随后，总理朱安达于1957年9月和11月召开全国协商会议和全国发展会议，希望能尽快平息叛乱，维护印尼国家稳定。[3] 在对亚齐自治的态度问题上，朱安达甚至告诉加哈鲁在与亚齐叛军对话时，"可以给予区域自治最为广泛的解释，只要不超越印尼宪法和国家统一的范畴"[4]。

不过，由于苏加诺政府仅仅说服了亚齐叛军的部分中层领导，贝鲁作为最高领导人一直拒绝任何非对等的谈话和谈判，因而1957年未能实现真正的和解，而随后亚齐叛军内部互动的突变成为改变局势的直接因素。在《朗德誓约》签订后，亚齐叛军与印尼政府军之间的战斗逐渐减少，原因是在中央政府尝试与亚齐和解以及战争陷入僵局的情况下，叛军中部分中高层军官拒绝继续作战，认为贝鲁的强硬政策将导致亚齐军民陷入无尽的战斗和苦难。这些中高层军官的态度进一步催化了亚齐叛军高层的正式决裂。此外，亚齐和解派高层见证了1958年由马斯友美党

---

[1] Harold Crouch, *The Army and Politics in Indonesia*, Equinox, 2007, p. 24.

[2] Abdul Murat Mat Jan, *Gerakan Darul Islam di Aceh 1953-1959*, Akademika, Vol. 8, No. 1, 1976, pp. 40-41.

[3] 梁英明：《东南亚史》，人民出版社2010年版，第221—231页。

[4] C. Van Dijk, *Rebellion under the Banner of Islam: The Darul Islam in Indonesia*, The Hague: Brill, 1981, p. 333.

领导的"印尼共和国革命政府"(PRRI)叛乱遭到的残酷镇压和失败[1]，哈桑·萨勒及其支持者发起了"印度尼西亚伊斯兰革命运动"，于1959年3月推翻贝鲁，并组建起亚齐叛军新政府，该政府由"革命委员会"领导，阿卜杜尔·加尼·乌斯曼就任革命委员会主席，元首职能由"革命协商委员会"暂时履行。新政府建立后便开始克制对抗中央政府的行动，让亚齐叛军主要部队撤出驻防村庄，回归军营待命，取消对乡村的征税政策，并派遣代表团与中央政府讨论如何解决叛乱问题，展现了很强的和解意愿，希望得到中央政府的承诺。这次政变得到了大部分叛军的支持，印尼伊斯兰共和国主力部队的主要领导人大多数宣布加入革命委员会。[2]

由于希望尽快解决地方叛乱问题，印尼中央政府对亚齐叛军内部的变化反应积极，5月初便主动邀请加哈鲁再次访问雅加达，讨论如何实现政治和解。随后，由朱安达内阁发布一项总理决定（No. 1/Missi/1959），亚齐自5月26日起改名为"亚齐特区"，与雅加达和日惹一样享受特殊地位，亚齐能够施行广泛自治，尤其是在宗教、教育和习惯法方面，但要求亚齐在自治时不能与国家法规相悖。此外，中央政府还派遣代表团前往亚齐与革命委员会协商，后者仅在两天后就接受了中央政府的和解安排，并签署了临时协议。在1959年7月5日苏加诺下令解散制宪会议，并恢复《1945年宪法》后，亚齐革命委员会开始了正规化武装和复员工作，其武装力量一部分加入正式的民兵组织，另一部分以特殊部门的形式并入亚齐军区军队，而革命委员会的成员也进入亚齐政府任职，至1959年11月已经基本完成了对和解派叛军的整合。[3]

面对和解派发动政变并与中央政府达成和平协议，贝鲁及其支持者试图再度掀起暴力活动。原有的亚齐叛军约有30%依旧支持和追随贝鲁，为了提升武装力量规模，贝鲁通过提供内阁职位来吸收一些印尼共

---

[1] 梁英明：《东南亚史》，人民出版社2010年版，第221—231页。
[2] Apipudin, "Daud Beureu'eh and The Darul Islam Rebellion in Aceh", *Buletin Al-Turas*, Vol. 22, No. 1, 2016, pp. 145–167.
[3] C. Van Dijk, *Rebellion Under the Banner of Islam: The Darul Islam in Indonesia*, The Hague: Brill, 1981, pp. 334–336.

和国革命政府的残余部队,并在1960年2月与后者一同建立了印度尼西亚联邦共和国(RPI)。此时,叛乱活动开始走向非对称暴力的道路,亚齐叛军游击队越来越多地针对无辜平民开展抢掠和恐怖活动,导致其进一步疏远了民众。不仅如此,联邦共和国叛乱政府的组建只是一次临时大拼盘,双方在政治诉求和意识形态上存在诸多矛盾,武装力量也大都分散在不同岛屿,难以形成抵抗政府军的合力,因而很快就产生裂痕。一些军事领导人在1961年4月退出了联邦共和国并组建了一个军事紧急政府,号召联邦共和国领导人投降。苏加诺抓住这一机会,发布了1961年第13号总统令,予以投降的叛军特赦。同时在战术上,政府军广泛采取行之有效的围歼战术,包围游击队的山地基地,切断补给和逃跑路线,迫使叛军投降或以优势火力歼灭。见叛乱行动大势已去,联邦共和国主要领导人大都宣布投降。贝鲁的负隅顽抗也没能坚持太久,1962年5月贝鲁从山林游击基地回归亚齐,正式放弃抵抗,亚齐武装叛乱至此结束。①

三 内部殖民与苏哈托强力压制:自由亚齐运动的整合性成长

与有领导的民主时期相比,苏哈托统治下的印尼(1965—1998年)进入权力更为集中的"苏丹式威权主义"时代。央地关系的天平在此期间再次朝中央倾斜,苏哈托政府对财政分配、地方立法、地方官员任命等权力收紧,军队成为中央政府渗透并控制亚齐的支撑,并且任用专业技术官僚掌控亚齐经济发展战略,导致亚齐特殊自治的地位受到严重侵犯。与此同时,20世纪70年代亚齐亚伦液化天然气的开采进一步加剧了亚齐人对自身权益和自治地位的担忧,以及对中央政府压制性政策的不满。② 首先,天然气和油田等自然资源开采的经济决策权被中央政府把持,国家与外国资本结成了亚齐自然资源开发的密切合作关系,但是

---

① Anthony Reid, *An Indonesian Frontier: Acehnese & Other Histories of Sumatra*, Singapore: Singapore University Press, 2005, pp. 338 – 341.
② 夏方波、陈琪:《双重整合博弈与分离主义运动的进程性模式分异》,《世界经济与政治》2022年第6期。

自然资源开发的财政收入被中央政府全部收走,在财政开支的分配上亚齐没有得到任何补偿,极大地限制了亚齐社会经济的发展。① 其次,能源资源的开发由国有和外资公司主导,未能给亚齐当地民众提供更多的就业机会,反而受到外劳和来自亚齐以外地区的印尼劳动力的冲击,导致亚齐经历了与经济繁荣颇为矛盾的失业潮和贫困问题,油气开发也造成亚齐传统农业土地的侵占和环境破坏问题。②

苏哈托政府对亚齐的政策引起了亚齐各界的不满,不仅社会底层和农村民众深受其害,而且专业技术官僚也对中央政府过度剥夺亚齐资源收入感到气愤,中央政府的压制性政策和民众怨恨的积累推动了亚齐分离运动的复苏。曾任印尼伊斯兰教国运动驻联合国大使的哈桑·迪罗一直关注着亚齐获得特殊自治地位后的发展状况,对于亚齐为国家发展贡献巨大却得不到任何回报的情况,迪罗认为亚齐应该摆脱爪哇族对其进行的"内部殖民",亚齐拥有奋勇抗荷的光辉历史,理应取得政治独立;还主张苏门答腊岛其他民族也应加入独立运动,实现"苏门答腊是苏门答腊人的苏门答腊",建立一个亚齐—苏门答腊自由联邦。③ 1976年迪罗返回亚齐后,在其家乡比地亚县成立"自由亚齐运动"(GAM),并发表"独立宣言",要"为亚齐的独立和自由而斗争"。这一阶段的自由亚齐运动是仅有70人的小型组织,但是其组织严密,由意识形态驱动,成员大都是受过良好教育的精英,包括医生、工程师、学者和商人。他们起初主要开展一些独立理念的政治宣传,试图号召亚齐民众加入反抗"爪哇帝国主义"的运动。④ 然而,1977年年中遭到亚齐军警镇压后,自由

---

① Tim Kell, *The Roots of Acehnese Rebellion*, Ithaca, New York: Cornell Modem Indonesia Project, 1996, p. 27.

② Geoffrey Robinson, "Rawan Is as Rawan Does: The Origins of Disorder in New Order Aceh", *Indonesia*, No. 66, 1998, pp. 127 – 157.

③ 张洁:《民族分离与国家认同:关于印尼亚齐民族问题的个案研究》,社会科学文献出版社2012年版,第115页; Murizal Hamzah and Hasan Tiro, *Jalan Panjang MenujuDamai Aceh*, Banda Aceh: Bandar Publishing, 2014.

④ Nazaruddin Sjamsuddin, "Issues and Politics of Regionalism in Indonesia: Evaluating the Acehnese Experience", in Joo-Jock Lim and Vani Shanmugaratnam, eds., *Armed Separatism in Southeast Asia*, Singapore: ISEAS, 1984, pp. 111 – 128.

亚齐运动开始转向丛林，开展游击战。

自由亚齐运动的第一次兴起仅仅维持了 5 年。虽然在亚齐军警的镇压下亚齐自由运动走向了暴力化的道路，但是由于无法开展有效的社会动员，难以得到足够的资源和人员供给，而主要成员仍然是曾经支持或参与过印尼伊斯兰教国运动的亚齐人员，无从实施大规模的武装暴力，只能开展一些零星的非对称暴力行动，如袭击石油天然气设施、警察士兵以及与军队合作的爪哇移民，等等。① 为了对付亚齐再度发生的叛乱，苏哈托政府派遣了在打击分离主义方面颇富经验的特种部队指挥部部队前往亚齐镇压自由亚齐运动。至 1979 年年底，政府的镇压行动近乎完全摧毁了自由亚齐运动，其领导人要么流亡海外，要么遭监禁或处决，其余幸存的支持者只能转入地下活动，到 1982 年其在亚齐已经陷入沉寂。②

尽管自由亚齐运动的第一次尝试遭到毁灭性打击，但是随着 20 世纪 80 年代亚齐经济社会问题进一步被威权体制放大，自由亚齐运动开展社会动员的条件越发成熟。据估计，亚齐省的人均 GDP 从 1971 年的 2.8 万印尼盾增长至 1983 年的 122 万印尼盾，位居印尼前三；而亚齐的净出口总额约占该省 GDP 的三分之二，这意味着亚齐省约有一半以上的产值通过中央政府流向印尼其他地区。③ 尽管经济经历了高速发展（年增长率位居印尼第一位），亚齐乡村地区的贫困程度却进一步加深，仅有 10% 的乡村能够得到稳定的电力供应④，而贫困村数量占比接近 40%⑤。外来移民在伊斯兰宗教氛围浓厚的亚齐引发了新的冲突，不少伊斯兰教法

---

① Kenneth Conboy, *Kopassus: Inside Indonesia's Special Forces*, Equinox Publishing, 2003, p. 352.

② Hendro Subroto, *Sintong Panjaitan Perjalanan Seorang Prajurit Para Komando*, Jakarta: Kompas, 2009, pp. 58–59.

③ Dayan Dawood and Sjafrizal, "Aceh: The LNG Boom and Enclave Development", in Hal Hill ed., *Unity and Diversity: Regional Economic Development in Indonesia Since 1970*, Singapore: Oxford University Press, 1989, p. 111.

④ Geoffrey Robinson, "Rawan Is as Rawan Does: The Origins of Disorder in New Order", *Aceh Indonesia*, No. 66, 1998, p. 135.

⑤ Amnesty International, *Shock Therapy: Restoring Order in Aceh, 1989–1993*, London: Amnesty International, 1993, p. 6.

所无法容忍的世俗陋习,如酗酒、赌博、腐败等让亚齐社会对爪哇移民和在爪哇人控制之下的中央政府心存怨恨,引发一些民众自发的示威抗议和暴力袭击。①

虽然自由亚齐运动的领导层流亡海外,但是其依旧在为重新发起分离运动进行准备:其一,通过马来西亚的亚齐侨民获得分离运动的资金支持和避难场所②;其二,争取到卡扎菲政权的支持,并组织武装人员(人数在250—2000)前往利比亚接受军事训练③;其三,利用传单、公告以及出版物等向亚齐社会宣扬亚齐民族主义的独立观念,进行分离运动的思想动员④。1989年约有150—800名在利比亚接受训练的武装人员经由马来西亚和新加坡进入亚齐,自由亚齐运动再次开展暴力活动,但其采取的依旧是非对称策略,针对亚齐的军事和警察哨所发动一系列武装袭击。⑤ 与上一次不同的是,自由亚齐运动的活动区域大为扩展,整合了许多不同的力量,主要原因在于其包容性的招募模式,广泛招募各类人群加入运动,只要其认同并愿意投身分离运动。⑥ 自由亚齐运动的支持地区不再限于比地亚县,如东亚齐、北亚齐和中亚齐的乡村地区出现了许多宣誓效忠自由亚齐运动的村民,在很多乡村参与者甚至有数百之众。同时,由于亚齐军队和警察的内部争斗,掀起了以反毒品为名的清洗运动,导致部分军人和警察也加入自由亚齐运动的暴力行动。⑦

---

① Amnesty International, *Shock Therapy: Restoring Order in Aceh, 1989 – 1993*, London: Amnesty International, 1993, p. 8.

② Richard Barber, *Aceh, the Untold Story: An Introduction to the Human Rights Crisis in Aceh*, Bangkok: Asian Forum for Human Rights and Development, 2000, p. 34.

③ Michael L. Ross, "Resources and rebellion in Aceh Indonesia", in Paul Collier and Nicholas Sambanis, eds., *Understanding Civil War: Evidence and Analysis*, Washington: The World Bank, 2005, pp. 35 – 58.

④ 张洁:《民族分离与国家认同:关于印尼亚齐民族问题的个案研究》,社会科学文献出版社2012年版,第120—122页。

⑤ Michael Vatikiotis, "Ancient Enmities", *Far Eastern Economic Review*, June 28, 1990, pp. 12 – 13.

⑥ Edward Aspinall, *Islam and Nation: Separatist Rebellion in Aceh, Indonesia*, Stanford: Stanford University Press, 2009, p. 165.

⑦ Michael Vatikiotis, "Troubled Province", *Far Eastern Economic Review*, January 24, 1991, pp. 20 – 21.

在亚齐社会不同群体的同情、掩护和直接参与下，自由亚齐运动此番暴力活动比第一次更加凶悍，造成的破坏更大，因而苏哈托政府对其开展了强力镇压。在自由亚齐运动实施暴力袭击的初期，北苏门答腊地区军事指挥官佐科·普拉莫诺少将希望以相对和平的方式予以应对，寻求穆斯林社群领袖的帮助，希望其劝说自由亚齐运动放弃暴力的分离运动，但是收效甚微；普拉莫诺甚至向亚齐省省长易卜拉欣·哈桑表示"没有足够的部队对付自由亚齐运动"，在这一过程中自由亚齐运动的实力反而逐渐发展起来，并引发了更大关注。[1] 地方部队的不作为引发了苏哈托政府的不满，佐科·普拉莫诺不久便被拉登·普拉莫诺准将取代；此外，1990年7月陆军中央司令部派遣了约6000名士兵前往亚齐，其中包括普拉博沃率领的战略后备指挥部（Kostrad）部队，使亚齐驻军总数达12000人。[2]

自1990年7月起，印尼军队将亚齐列为"军事行动区"（OPM），并开展"红网行动"（OJM），具体措施包括以下几点。第一，针对自由亚齐运动的成员实施逮捕和"射杀政策"，大多数遭到抓捕的成员都会被处决；第二，对亚齐民众，尤其是乡村地区实施恐怖统治，利用监控、逮捕、审讯以及烧杀等手段迫使民众放弃对自由亚齐运动的支持；第三，建立民兵组织，在自由亚齐运动活跃的地区招募民众参与攻击自由亚齐运动的游击基地，并协助军队监控民众；第四，实施"整合地区行动计划"，对亚齐乡村民众进行思想改造，培养印尼民族认同和爱国意识，放弃支持分离主义运动。[3] 据统计，1989—1998年，亚齐地区约有9000—12000人在"红网行动"中丧生，其中大部分死者都是平民。[4]

---

[1] Geoffrey Robinson, "Rawan Is as Rawan Does: The Origins of Disorder in New Order Aceh", *Indonesia*, No. 66, 1998, p. 148.

[2] Lembaga Bantuan Hukum, *Laporan Observasi Lapangan di Propinsi Daerah Istimewa Aceh*, Jakarta: December 1990, pp. 34-35.

[3] 张洁：《民族分离与国家认同：关于印尼亚齐民族问题的个案研究》，社会科学文献出版社2012年版，第128—129页。

[4] "Conflict and Peacemaking in Aceh: A Chronology", *World Watch Institute*, June 8, 2006.

尽管军队镇压和管制长达八年,但是自由亚齐运动并没有被彻底打垮,这既得益于亚齐有助于开展游击战争的多山地形,也是饱受军事恐怖统治的亚齐民众不断支持的结果。① 从动员强度来看,自由亚齐运动在苏哈托统治时期两次兴起以及遭到镇压使其成为亚齐反抗威权统治和内部殖民政策的象征,亚齐社会对于自由亚齐运动及其分离主义主张的态度也从相对冷漠转变为日渐支持。其一,伊斯兰教领导阶层发生分化,原先主张支持苏哈托和军方镇压的教士阶层中出现了一些要求军方道歉的人士(如印尼乌莱玛委员会亚齐分会领导人阿里·哈夏密),对自由亚齐运动表达同情,甚至是支持;其二,作为油气产业蓬勃发展的助推器的亚齐技术官僚阶层对于其失去了亚齐经济和工业发展的决策权耿耿于怀,中央政府选择强硬军事镇压而不愿下放权力,助长了他们的不满;其三,亚齐大学的青年学生和知识分子在政治上接近伊斯兰政党,对于苏哈托的个人统治日益不满,自由亚齐运动的遭遇和军方的"红网行动"让他们在道义和观念上站在了支持自由亚齐运动的第一线,被印尼中央政府指责为亚齐分离运动的"智库"。② 支持群体从前叛乱人员和部分中产阶层不断扩展至各个阶层,成为自由亚齐运动在印尼民主转型后迅速勃兴的重要支撑,也让亚齐分离运动的动员强度走向了组织聚合。

第四节 小结

通过上述分析可以发现,菲律宾、印尼和泰国等东南亚国家普遍面临分离主义挑战,其与殖民遗产、国家建设与政策歧视有着密切关系。在案例中可以看到,三场分离运动动员强度存在显著差异,这取决于分

---

① 亚齐约53%的地区的坡度超过25%,36%的地区的坡度超过45%,参见 Dayan Dawood and Sjafrizal, "Aceh: The LNG Boom and Enclave Development", in Hal Hill ed., *Unity and Diversity: Regional Economic Development in Indonesia Since 1970*, Singapore: Oxford University Press, 1989, pp. 107 – 123.

② 张洁:《民族分离与国家认同:关于印尼亚齐民族问题的个案研究》,社会科学文献出版社2012年版,第124—125页。

离地区的精英族内整合过程。以泰南分离运动与亚齐分离运动为例，泰南伊斯兰教育人员的流散化和外部支持的多元化导致马来穆斯林精英存在多层次分化问题，既有与当局合作的瓦达赫集团，又有与马来西亚吉兰丹州联系密切的精英群体，也有得到沙特等阿拉伯国家支持的组织。而在意识形态方面，伊斯兰主义、社会主义、马来民族主义等多元思想进一步分化了精英群体，让泰南分离运动迟迟无法实现有效的族内整合。这一问题也出现在摩洛分离运动之中，但是其分裂程度更低，并且有效实现了派系消长和代际更替，最终得以构建起组织聚合的分离运动动员强度。亚齐分离运动则植根于伊斯兰教国运动的人员基础，在建立之初便注重构造中央集权的组织结构，以及吸纳各个阶层的精英和成员（大学生、伊斯兰学者、游击队员等），这一过程伴随多次镇压与复兴，从而在民主转型初期建立起组织聚合的动员强度。表4-3总结了三场分离主义运动的起源、契机与思潮，其与殖民遗产、民族独立以及政策歧视有着密切联系，相伴而生的是民族主义思潮的变化，这种差异化在一定程度上表征了族内精英整合的差异，及其对三者不同的分离运动动员强度的长期影响。

表4-3　三场分离主义运动的历史起源、动员契机与思潮变化

名称	历史起源	动员契机	思潮变化
菲南摩洛分离运动	苏丹国历史（三百年摩洛战争、弱殖民控制、移民计划）；美殖民历史（贝茨条约、天主教化、土地私有化、菲律宾自治）；抗日战争与菲律宾独立（武装化、去贵族化、菲律宾化、镇压左翼与反共、国家一体化）	北大年王国历史（征服战争、英殖民分赃、伯尼条约、1909英暹条约、朱拉隆功改革、泰化政策与文化训令）；反殖与抗日活动（贵族抗日游击、寻求英美支持、部分转向左翼）	苏丹国历史（伊斯兰教传统与权力结构）；印尼民族独立（30年反抗荷兰殖民、独立期反封建社会革命）；自治地位与伊斯兰教国运动（自治地位取消、乌莱玛与商人集团遭遇反共清洗、《巴泰库伦宪章》）

续表

名称	历史起源	动员契机	思潮变化
泰南马来穆斯林分离运动	沙巴主权争端（雅比达事件）、穆斯林学生与知识分子（左翼运动启发）、天主教与穆斯林社群冲突（马尼里大屠杀）	文官政府（伊斯兰庇护法令）、政变团与杜松尼奥事件、怒岛事件、马来亚联合邦独立、橡胶价格跌落、沙立整合	内部殖民（国家与外国资本联盟、财政剥削、外来移民、经济不平等、"红网行动"）
印尼亚齐分离运动	穆斯林社群主义/宗教整合主义（棉兰老和苏禄伊斯兰共和国）—摩洛民族主义（从菲律宾解放）—伊斯兰主义（遵守沙里亚法的伊斯兰国家）	王国复辟、伊斯兰权利与自治—马来民族主义（独立建国、合并入马来西亚）、伊斯兰主义（圣战、伊斯兰教国）、社会主义（泛东南亚的马来穆斯林社会主义国家）	地方民族主义（亚齐—苏门答腊自由联邦）—亚齐民族主义（亚齐人的亚齐）

资料来源：笔者自制。

第 五 章

恩威并施　分而治之

第一节　摩洛分离运动与马科斯独裁时期（1972—1981 年）的政策选择

一　摩洛分离运动的动员强度：名义整合与精英分歧

伊万·莫洛伊（Ivan Molloy）评估认为，马科斯政府期间（1965—1986 年）面临两个重要的国内安全问题——新人民军（New People's Army, NPA）和南部诸岛的摩洛分离运动，但是"直到 1983 年 8 月阿基诺被暗杀及相关政治事件推翻马科斯政权之前，摩洛分离运动给马科斯政权带来了最大的政治和军事危机，其残暴程度堪比越南战争。摩洛民族解放阵线（MNLF）的叛乱活动更具威胁性，也更为激烈，让 NPA 的活动变得相形见绌"①。尽管如此，摩解领导的摩洛分离运动在 1975 年之后，其实力以及对政府军的威胁能力出现显著下滑的趋势，根本原因在于其动员强度转向"派系竞争"的状态，成为影响马科斯独裁时期应对摩洛分离运动政策选择的关键因素之一。

（一）宗派冲突下摩洛分离力量的短暂整合及其局限（1972—1975 年）

1965 年费迪南德·马科斯（Ferdinand Marcos）上台之后，延续了在

---

① Ivan Molloy, "The Decline of the Moro National Liberation Front in the Southern Philippines", *Journal of Contemporary Asia*, Vol. 18, No. 6, 1988, p. 59.

南部诸岛的整合政策，更将外资企业引入菲南地区开发资源和开设工厂，进一步冲击了穆斯林社群的传统经济系统。同时，马科斯政府拆解了最先举起分离旗帜的棉兰老独立运动，于1968年10月11日亲自接见其领袖马达兰，会后宣布任命马达兰为总统穆斯林事务顾问。马达兰在此番招安之下基本上失去了在独立运动中的权威，其对独立运动后续演化也失去了控制力。① 这一现象给摩洛分离运动造成了较大冲击，尤其是密苏阿里等知识精英认识到传统贵族阶层在分离运动中的机会主义立场和较强的妥协性，开始谋求建立一个更具组织性和稳定性的分离组织，于1971年开始组建摩洛民族解放阵线（以下简称"摩解"）。在摩解创建之初，密苏阿里就详细论述过"摩洛民族"的概念，他认为摩解这一组织开展的不是宗教运动，而是一场建立"摩洛国家"的运动，即使是"基督徒也能成为摩洛人"。历史上以苏禄苏丹国为代表的"摩洛民族国家"是遭到西方殖民势力的颠覆而走向衰亡的，这一历史过程缺少合法性，摩解的使命正是"要恢复历史上的伊斯兰共同体"。② 可见，密苏阿里为了整合摩洛穆斯林内部多元化的政治力量，尝试设计一种折中方案，将传统贵族、伊斯兰主义者以及普通穆斯林都容纳进来。

棉兰老独立运动引起了菲律宾政府、社会舆论和哥打巴托地区天主教社群的高度关注，许多天主教徒开始离开棉兰老地区，而马科斯政府则将更多的军队部署至哥打巴托省，以"防范穆斯林起义"。③ 自1970年开始，哥打巴托地区发生了一系列宗教暴力事件，暴力冲突主要发生在天主教社群与穆斯林社群之间，双方的武装团体互相袭击纵火。④

---

① Thomas M. McKenna, *Muslim Rulers and Rebels*: *Everyday Politics and Armed Separatism in the Southern Philippines*, University of California Press, 1998, p. 148.

② 彭慧：《二战后菲律宾穆斯林民族构建的尝试——对摩洛分离运动的另一种解释》，《世界民族》2011年第3期。

③ T. J. S. George, *Revolt in Mindanao*: *The Rise of Islam in Philippine Politics*, Oxford University Press, 1980, p. 135.

④ Elisio R. Mercado, "Culture, Economics, and Revolt in Mindanao: The Origins of the MNLF and the Politics of Moro Separatism", in Lim Joo-Jock ed., *Armed Separatism in Southeast Asia*, Singapore: Institute of Southeast Asian Studies, 1984.

1971年11月20日《棉兰老十字报》上发表的一份政府报告指出，1971年1月至10月期间，哥打巴托的宗教冲突共造成305名穆斯林和269名基督徒被杀，近500座房屋被烧毁；而学者则认为实际的死伤和损失数字更高，截至1971年年底棉兰老地区由于宗教暴力而被迫离开的难民数量超过10万人。[1] 不断激化的宗教冲突为密苏阿里等领导的激进派分离组织提供了动员资源，却也引起了马科斯政府的重视。1971年3月，菲律宾共产党公开声明支持棉兰老穆斯林争取自决权，号召后者建立反对帝国主义和民族沙文主义的统一战线，加剧了马科斯的担忧。菲律宾政府与军队在哥打巴托的暴力事件中所扮演的角色不是秩序维护者，更像"煽风点火者"。[2] 在数次暴力事件中，哥打巴托警察和菲律宾军队采取的非中性立场助长了针对穆斯林社群的暴力活动。同时，在1971年举行的省级选举中，穆斯林候选人遭遇挫折，不少原先坚定支持穆斯林执政的市镇一级选民纷纷倒戈，将选票投给天主教候选人，这一选举结果被认为与之前天主教武装团体开展的暴力袭击和威胁有着密切联系。[3]

激烈的族群矛盾突显了密苏阿里领导的摩解组织的吸引力，自1972年正式运作以来，摩解便成为摩洛分离运动的核心领导组织。摩解的中央委员会由13名成员组成，密苏阿里担任主席，吸纳了一些棉兰老独立运动的前领导人（主要是传统贵族）在新的领导层中担任职务，包括前国会议员拉希德·卢克曼以及在摩解担任中央委员会副主席、坚持伊斯兰主义道路的努鲁伊斯兰组织领导人萨拉马特。[4] 自建立起，摩解中央

---

[1] Robert D. McAmis, "Muslim Filipinos, 1970 – 1972", in Peter G. Gowing and Robert D. McAmis, eds., *The Muslim Filipinos*: *Their History*, *Society*, *and Contemporary Problems*, Manila: Solidaridad Publishing House, 1974.

[2] Cesar Adib Majul, *The Contemporary Muslim Movement in the Philippines*, Berkeley: Mizan Press, 1985.

[3] Thomas M. McKenna, *Muslim Rulers and Rebels*: *Everyday Politics and Armed Separatism in the Southern Philippines*, University of California Press, 1998, pp. 155 – 156.

[4] Elisio R. Mercado, "Culture, Economics, and Revolt in Mindanao: The Origins of the MNLF and the Politics of Moro Separatism", in Lim Joo-Jock ed., *Armed Separatism in Southeast Asia*, Singapore: Institute of Southeast Asian Studies, 1984.

委员会就实施离岸运作模式，先是在马来西亚沙巴活动，后由于马来西亚对摩洛分离运动支持态度的转变，迁移至利比亚的黎波里运作。中央委员会负责制定摩解的政治、军事和对外关系政策。中央委员会最为核心的功能性职责是从伊斯兰国家和组织寻求外交和财政支持，并向在菲律宾本土作战的武装人员运送武器装备和其他物资。中央委员会下设书记处，以及政治、宣传、教育、难民援助、省、县市和乡村各级委员会等部门。省级委员会的主要职能是巩固省内现有的摩洛武装团体，招募和训练摩洛战士。[1] 与此同时，受到摩洛分离运动和南部紧张局势的影响，1972年8月底，马尼拉数百名穆斯林学生决定辍学，返回南部家乡参与密苏阿里发起的组织，摩西·耶加评论称"穆斯林在紧张局势中的不安全感唤起了他们的革命意识，从而加强了摩洛民族解放阵线的地位，使之成为摩洛反政府的先锋队"[2]。

除了在高层吸纳了主要穆斯林精英巩固了相对主导的政治地位之外，摩解在军事能力整合方面也取得了重要进展。摩解武装力量的主体为摩洛民族军，由阿隆托担任指挥官，负责留在菲南地区指挥前线作战，阿隆托统领苏禄、哥打巴托和拉瑙三个军事司令部（其指挥官分别由三族领袖担任），下设地市级和村级的军事单位。据统计，摩解投入对菲律宾政府作战的武装人员人数为1万—3万。[3] 在作战方面，摩解在1972—1973年主要开展传统的阵地战，通过袭击并占领城市和有利地形的方式，建立固定阵地以防御政府军的反攻，适时实施反击。尽管这种作战方式需要大量人员和装备的投入，但是摩解仍然一度占领了苏禄群岛90%以上的地区。1972年年底，摩解的武装人员基本上实现了对棉兰老岛西南部所有地区的控制，包括哥打巴托、拉瑙、三宝颜、巴西兰群岛

---

[1] W. K. Che Man, *Muslim Separatism*: *The Moros of Southern Philippines and the Malays of Southern Thailand*, Quezon City, Ateneo de Manila University Press, 1990, p. 82.

[2] Moshe Yegar, *Between Integration and Secession*: *The Muslim Communities of the Southern Philippines*, *Southern Thailand*, *and Western Burma/Myanmar*, Lexington Books, 2002, p. 259.

[3] Cesar Adib Majul, *The Contemporary Muslim Movement in the Philippines*, Berkeley: Mizan Press, 1985, p. 80.

以及塔威塔威等地区。①

面对摩解的快速崛起以及短期内取得的战果，马科斯政府开始制定强硬的应对政策，采取更为严厉的政治和军事镇压手段。1972年9月21日，马科斯宣布颁布"军管法"对全国实行军法管制，该声明将军事管制的原因归为"棉兰老岛和苏禄群岛的许多地方实际上处于战争状态"。② 马科斯政府一再声明应对摩洛分离运动的紧迫性，在宣布军管法之后，立刻针对菲南穆斯林社群采取管制行动，要求所有居民都必须交出未经授权的枪支。仅在三周后，马科斯政府向菲南穆斯林武装发出最后通牒，如果在10月25日之前仍未完成枪支上缴，其将会派遣一支整编师前往南部地区"歼灭不法分子"。③

马科斯政府的强硬态度让穆斯林社群的武装团体感受到了巨大的压力，在缴枪最后期限之前便发生了暴力冲突。例如，拉瑙省马拉维市遭到400多名马拉瑙武装分子的袭击，但马拉瑙武装分子占据马拉维市仅三日之久便被菲律宾政府军击溃。此次是马科斯政权军管法实施之后爆发的第一次大规模武装冲突，随后马科斯政府开始将大量政府军队派往棉兰老地区实施镇压，截至1972年年底，马科斯已向棉兰老岛派遣数千名士兵。摩解也着手组织穆斯林社群开展武装斗争，双方的战争从哥打巴托省逐渐蔓延至整个菲南穆斯林地区。④ 这场冲突在1969—1976年造成的财产损失估计在3亿比索到5亿比索之间，死亡人数总计约6万人，导致约5万人受伤，35万人失踪，详情见表5-1。⑤

---

① Lindy Washburn, "Muslim Resistance: With or Without the Elite", *Southeast Asia Chronicle*, Vol. 75, pp. 19 – 20.

② Ferdinand Marcos, "Proclamation of Martial Law", *Philippine Sunday Express*, Vol. 1, No. 141, pp. 5 – 8.

③ Elisio R. Mercado, "Culture, Economics, and Revolt in Mindanao: The Origins of the MNLF and the Politics of Moro Separatism", in Lim Joo-Jock ed., *Armed Separatism in Southeast Asia*, Singapore: Institute of Southeast Asian Studies, 1984, p. 184.

④ Stuart A. Schlegel, "Muslim-Christian Conflict in the Philippine South", *Papers in Anthropology*, University of Oklahoma, Vol. 19, No. 2, pp. 39 – 54.

⑤ W. K. Che Man, *Muslim Separatism: The Moros of Southern Philippines and the Malays of Southern Thailand Singapore*, Oxford University Press, 1990, p. 114.

表 5-1　　1969—1976 年摩洛分离冲突造成伤亡人数

地区	死亡（人）	受伤（人）	失踪（人）
哥打巴托	20000	8000	100000
拉瑙	10000	20000	70000
苏禄、塔威塔威	10000	8000	100000
三宝颜	10000	10000	40000
巴西兰	10000	8000	40000
总计	60000	54000	350000

资料来源：笔者根据相关资料整理而成。[1]

值得注意的是，马科斯政府在军管法实施不久后，曾尝试下令南部单方面暂时停止敌对行动，并在 1972 年 12 月 20 日至 1973 年 1 月 15 日期间暂时停止紧急状态。马科斯宣布政府将包容投降的叛军，实施大赦。但实际上，在 1973 年 1 月 1 日，马科斯政权将更多的陆海空军部队派往摩洛冲突地区实施镇压，其停止敌对状态的宣言无疑是一种战略欺诈，主要是为了缓解持续冲突和战争造成的压力。马科斯政权对摩洛分离运动的镇压并没有创造太大的优势，在 1973 年 1 月摩解武装人员几乎完全占领巴西兰岛。[2] 不过，摩解最初的战略是实施阵地战，与政府军正面对垒给摩解造成了巨大的人员和物资损失，而在菲律宾政府军的包围战术下，摩解在初期战争中损失惨重。[3] 摩解于 1974 年年初开始转变军事策略，利用沼泽和丛林等地形，针对政府军及其城市驻地开展游击战，政府军也开始增加在菲南的军事部署，实施交通管制、监视甚至暗杀，以应对游击战术。不过摩解的游击战有效地降低了伤亡和损失，双方在

---

[1] Soliman M. Santos, Jr., "Evolution of the Armed Conflict on Moro Front", *Philippine Human Development Report*, 2005, p.13.

[2] General Romeo Cesar Espino, "Insurgency and Martial Law in the Philippines", *Southeast Asian Spectrum*, Vol.1, No.2, 1973, pp.1-5.

[3] Fortunato U. Abat, *The Day We Nearly Lost Mindanao：The CEM-COM Story*, Quezon City, Philippines：SBA Printers, 1993.

军事层面逐渐形成了相对平衡的状态，互攻不下的局面一直持续至1976年。[1] 在民众支持方面，由于对马科斯政府军事管制和天主教社群经济压迫的恐惧，穆斯林认为摩解领导针对马科斯政府的战斗是"一场维护穆斯林社群完整性和抵御天主教入侵的斗争"，因而棉兰老地区的穆斯林民众对摩解普遍抱有同情和支持态度，为摩解军事和政治动员提供重要保障。[2]

可见，1972—1975年摩解在密苏阿里的领导下基本上吸收了摩洛穆斯林主要的武装力量。不过，这种整合只是暂时的，并且非常依赖于伊斯兰国家和组织提供的外部支持和援助，而当这种支持和援助开始衰退时，密苏阿里等知识精英领导的民族主义路线就很难继续维持摩解内部团结，派系竞争逐渐破坏了组织聚合的动员强度，为马科斯政权的分而治之策略提供了选择空间。

（二）外部援助对摩洛分离主义运动的塑造作用

尽管摩解在1972—1975年成为摩洛分离运动中最重要的组织，但是它的领导地位在很大程度上依赖于外部援助和支持，以及随之而来的大量运送至摩洛地区的武器装备和资源。除此之外，有学者分析认为，摩解对摩洛分离运动整合的另一件"法宝"是密苏阿里对"摩洛民族"和"摩洛国家"的意识形态建构，为聚合各个派系的分离力量提供了一个有力的框架，但是密苏阿里等知识精英为了在短期内凝聚力量的"权宜之计很难在长期形成一种可信和连贯的意识形态……反而给分离运动及其支持者造成了严重的意识形态混乱。"[3] 这里本书将分析外部援助如何塑造了摩洛分离主义运动，让摩解成为"叛乱分子武器和意识形态支持的主要供应商"[4]，并在一段时间内掩盖了其内部尖锐的派系竞争。

---

[1] Aijaz Ahmad, "Class and Colony in Mindanao", *Southeast Asia Chronicle*, No. 82, 1982, pp. 4–11.

[2] Thomas M. McKenna, *Muslim Rulers and Rebels: Everyday Politics and Armed Separatism in the Southern Philippines*, University of California Press, 1998, pp. 171–197.

[3] Ivan Molloy, "The Decline of the Moro National Liberation Front in the Southern Philippines", *Journal of Contemporary Asia*, Vol. 18, No. 1, 1988, pp. 68–69.

[4] Thomas M. McKenna, *Muslim Rulers and Rebels: Everyday Politics and Armed Separatism in the Southern Philippines*, University of California Press, 1998, p. 157.

外部援助促成了密苏阿里等民族主义派的领导地位和合法性，短期内压制了传统贵族以及伊斯兰主义者等摩洛派系。支持和干预摩洛分离斗争的外部行为体主要分为两类，其一是菲律宾邻国马来西亚（以及下属的由马士达化控制的沙巴州）和印度尼西亚；其二是东南亚地区外的伊斯兰国家和组织，主要包括利比亚、巴基斯坦以及伊斯兰会议组织等。

马来西亚在雅比达事件发生之前并没有直接参与扶持摩洛分离运动，而是与菲律宾修复关系并一起签署《曼谷宣言》，建立东南亚国家联盟。但是马科斯政权筹谋渗透沙巴的计划泄露之后，马来西亚政府不仅撕毁了打击走私协定，断绝了外交关系，并且默许沙巴首席部长敦·马士达化为摩洛分离运动提供支援和庇护。马士达化在外部支持和援助进入摩洛地区上发挥了极为关键的中间作用，通过沙巴州，利比亚、巴基斯坦等国的武器装备得以顺利转运和发放至摩洛武装人员手中，促成了20世纪70年代初摩解短暂聚合分离力量的局面。1975年，马士达化由于频繁挑战马来西亚中央政府（包括石油分成以及沙巴独立问题，其中也有马科斯政权在沙巴归属问题上的外交缓和与政治交易发挥的作用）被剥夺沙巴首席部长职务后，摩解从沙巴获得的武器装备在当年8月迅速下降，至12月武器供应被完全切断，导致摩解自1975年开始对一线武装力量的控制能力显著下降，内部分裂之势愈发强烈。[1]

在联系中东国家援助方面，作为摩解领导层核心成员的传统贵族拉希德·卢克曼发挥了关键作用，卢克曼利用自己菲律宾国会议员和摩洛分离运动领袖的身份成功获得了利比亚最高领导人卡扎菲的接见，作为反美斗士和阿拉伯民族主义者的卡扎菲，对摩洛穆斯林反抗亲美的马科斯政权的斗争表示了高度认可和支持。[2] 在1970—1971年摩洛地区宗派冲突加剧时，在外交政策上并不重视内政与外交界线的卡扎菲公开指责马科斯政府压迫穆斯林，实施种族灭绝。1972年，萨拉马特成功说服利

---

[1] Moshe Yegar, *Between Integration and Secession: The Muslim Communities of the Southern Philippines, Southern Thailand, and Western Burma/Myanmar*, Lexington Books, 2002, p. 272.

[2] 庞志远：《卡扎菲泛阿拉伯主义外交政策研究》，博士学位论文，西北大学，2013年。

比亚政府放弃支持传统贵族，转向支持摩解，让摩解在国际支持和援助上拥有了底气。① 卡扎菲上台后在国内实施石油优先的经济政策（"石油新战略"），大量的石油收入让卡扎菲政权拥有了介入他国内政问题以推行本国外交战略的资本和能力。② 利比亚官方承认，自1971年开始，利比亚一直在为摩解组织提供武器、资金和政治庇护，并在外交层面努力联系和组织伊斯兰国家对马科斯政权实施经济制裁。学者评估认为，摩解在1972—1975年武装斗争的资金和装备来源基本上完全依赖利比亚。③ 不过，利比亚对摩解的援助具有选择性，对于密苏阿里等知识精英的民族主义路线更加认可，尽管有其他传统精英和伊斯兰主义者频繁接触利比亚政府和卡扎菲，但是后者坚持将援助提供给密苏阿里领导的知识精英和民族主义派系。④ 援助和支持的指向性导致摩解内部的其他派系试图寻找其他外部支持者，可以说外部支持的动态变化直接影响了摩解派系竞争的程度和表现形式。

摩解确立分离运动领导地位的另一个关键支持者是伊斯兰会议组织（2011年改名为"伊斯兰合作组织"，OIC）。OIC成立于1969年，24个伊斯兰国家首脑在摩洛哥拉巴特举行首次会议，会议一致通过成立伊斯兰会议组织的初步协议。OIC是后殖民时代中东地区蓬勃发展的新独立国家主导的伊斯兰民族主义的产物，该组织的成立是为了在国际社会中为伊斯兰国家和人民开辟一席之地，并"促进整个乌玛（Ummah，世界穆斯林社区）的团结"。⑤ 新成立的OIC渴望在国际舞台上建立影响力，对于摩洛分离运动而言，OIC的关键意义在于其希望"支持穆斯林保障

---

① "Mapping Militant Organizations. Moro National Liberation Front", Center for International Security and Cooperation, Stanford University, May, 2019.

② 韩志斌、李铁：《利比亚的"革命民族主义"与国家现代化》，《世界民族》2009年第3期；韩志斌：《利比亚政治危机的历史探溯》，《阿拉伯世界研究》2012年第2期。

③ Marites Danguilan Vitug and Glenda M., "Gloria Under the Crescent Moon: Rebellion in Mindanao", *Quezon City: Ateneo Center for Social Policy and Public Affairs*, 2000, p. 60.

④ Tim Niblock, *Pariah States & Sanctions in the Middle East: Iraq, Libya, Sudan*, Boulder, CO: Lynne Rienner Publishers, 2001, pp. 20 – 21.

⑤ About OIC, Organisation of Islamic Cooperation.

其尊严、独立和民族权利的斗争"。① 无论是摩解领导层的努力,还是 OIC 成员出于扩大影响力的目的,OIC 在成立之后便高度关注菲律宾摩洛穆斯林的处境,多次将菲律宾摩洛冲突列为其穆斯林少数民族问题的核心议程,并公开发表观点,对菲律宾政府施压。1973 年,OIC 公开发表了支持摩洛分离运动的声明,承认并支持摩洛穆斯林开展的争取自决和反殖民主义的斗争(同时还发表了支持几内亚、巴勒斯坦、南非、安哥拉、莫桑比克等地区穆斯林的声明),并将摩解作为摩洛穆斯林唯一的政治代表。② 此外,虽然 OIC 不直接向摩解组织提供资金和装备支持,但是其通过自身政治影响力为摩解组织寻找援助牵线搭桥,并为成员国为前者提供援助和支持创造了集体合法性。

OIC 的公开声明和表态以及在国际援助上的帮助极大地鼓舞了摩洛分离运动,提高了摩解的领导力和凝聚力。不过,OIC 对于摩洛分离运动的支持是有限度的,原因在于 OIC 许多成员国国内同样存在少数民族问题,如果为摩洛分离运动毫无保留地提供支持,很可能诱发成员国本国的民族自决和分离冲突。同时,OIC 在其他国家国内少数穆斯林族群问题上的干预态度引发了当事国的普遍不满和谴责,不利于 OIC 的国际合法性(尊重主权的国际准则)。因而,1974 年,OIC 在发表支持摩洛分离运动的声明仅一年后,其在第五次伊斯兰外长会议上发表了"Np. 18/5 – P 号决议",支持"在维持菲律宾国家主权和领土完整的框架内寻找公正的解决办法"③。而在 OIC 发表声明之前,1973 年伊斯兰世界联盟代表团在观察摩洛局势后表示,"摩洛穆斯林应该停止分裂主张,更好的做法是在菲律宾国内组建一个强大的宗教团体"④。

---

① Sa'ad S. Khan, "The Organization of the Islamic Conference (OIC) and Muslim Minorities", *Journal of Muslim Minorily Affairs*, Vol. 22, No. 2, 2002, p. 352.

② Jennifer Marie Keister, "States within States: How Rebels Rule", Ph. D. dissertation, University of California, San Diego, 2011, p. 318.

③ Resolution Np. 18/5 – P, Fifth Islamic Conference of Foreign Ministers, Organisation of the Islamic Conference, Kuala Lumpur, Malaysia, 1974.

④ Cesar Adib Majul, *The Contemporary Muslim Movement in the Philippines*, Berkeley: Mizan Press, 1985, pp. 82 – 83.

OIC 立场的转变迅速引发了摩解的政治危机，即得到外部支持的密苏阿里民族主义派系无法维持援助和支持的稳定性，反而遭到外部国家的干预（甚至是胁迫）而不得不放弃独立建国的目标，这直接引发了伊斯兰主义派系和传统贵族的不满，产生了许多叛出组织、独自行动甚至向政府投降等现象。此外，由于摩解的领导力取决于其"武器和意识形态供给"，密苏阿里等领导层为了获得并维持外部支持，不得不改造自身激进主义思想，尤其是关于社会改革和重构摩洛阶级关系等具有社会主义倾向的意识形态要素。例如，伊斯兰世界联盟的主导国家沙特阿拉伯曾要求摩解澄清自身意识形态，与共产主义划清界线。摩解在意识形态问题上的自我调和与妥协只是为了维持内部联合和外部支持，却很难获得有效的组织建构。其表现在于当摩解于 1974 年起开始遭遇外部支持的退潮时，密苏阿里等领导人依旧将注意力集中在恢复外部支持和援助，忽视了军事力量的建设，也未能修补内部多个派别之间的政治裂痕。[①]

可见，外部支持对摩解产生了很强的塑造作用。其在 1972—1975 年成就了摩解对分离运动的控制力和领导力，但是也让摩解"落下了病根"——与菲律宾政府的互动和内部政治过程都过度依赖外部支持和援助。密苏阿里在摩解建立初期缺少对内部组织、军事力量的建设，更忽视了通过意识形态力量实现内部派系的整合，导致派系竞争的动员强度很快就显露出来，并成为马科斯政府应对选择的重要"发力点"。

（三）名义整合、派系竞争与摩洛分离运动的困境

正是由于缺乏组织和军事建设，摩洛分离运动面临派系竞争和内部分裂的困境。首先，摩解只是名义上整合了诸多摩洛分离武装，无法在战场上实现对各地武装力量的有效控制，勉强维系各派力量团结，并不能提升分离运动参与者的政治觉悟。塔威塔威省摩解武装的指挥官乌兰古坦（Ulangutan）曾在访谈中指出："很多人（参与分离运动者）对讨

[①] Jennifer Marie Keister, "States within States: How Rebels Rule", Ph. D. dissertation, University of California, San Diego, 2011, p. 336.

论这场运动的政治目标并不感兴趣,他们只是说,'好吧,只要给我们枪,我们就战斗'。"① 乌兰古坦指出了摩解武装力量缺少组织性和政治性的根本问题,即摩解未能向其战斗人员灌输足够的军纪约束,导致一线武装团体经常出现腐败、滥用职权和肆意袭击天主教徒社群等问题,极大地威胁了摩解与菲律宾政府的互动(不可信承诺)及其组织信誉。

其次,摩解武装力量的部族分歧非常严峻。密苏阿里为了统合传统贵族控制的武装组织(后者对自己部族和私人武装保留了足够的控制权),导致摩解统合的武装力量很难保持跨部族的组织联系,除了少数协同作战行动之外,大部分情况下各部族的武装人员都各自为战,经常出现一些摩解中央领导层都不知情的袭击行动。实际上,密苏阿里未能革除摩洛穆斯林传统社会关系对其组织的渗透,进一步加剧了部族和精英阶层之间裂痕与分歧的消极影响。密苏阿里等知识精英很早就论述过摩洛穆斯林苏丹王国的统治者们始终未能建立一个联合所有摩洛人的广泛联盟,然而密苏阿里对意识形态和组织建设问题的妥协让上述困境也出现在了摩解组织内部。密苏阿里领导层在分配从外部获得的支持时,不得不优先将其分配给更加支持自己的苏禄陶苏格部族,引发了马京达瑙部族和马拉瑙部族领袖的不满,称"摩解只是一个陶苏格人的组织"。② 不仅如此,摩解对摩洛民族军指挥官的任命也呈现"俱乐部主义"的特点,"部族关系构成的亲缘系统越来越多地决定了指挥官的任命,一个基于血统、经济、部族及其内部庇护关系的晋升制度在很大程度上取代了基于培训、经验和功绩的晋升制度"③。

最后,摩解组织未能与穆斯林分离社群建立足够密切的"组织—群众"联系。菲律宾共产党成员曾评论说,"摩解在政治组织方面面临困

---

① Lela Garner Noble, "The Moro National Liberation Front in the Philippines", *Pacific Affairs*, Vol. 49, No. 3, 1976, p. 415.

② Ivan Molloy, *The Lost Revolution: Marcos vs. the Moros and the Seeds of Terrorism*, Sunshine Coast University, Working Paper, November 2005, p. 40.

③ Ivan Molloy, *The Lost Revolution: Marcos vs. the Moros and the Seeds of Terrorism*, Sunshine Coast University, Working Paper, November 2005, p. 40.

难,该组织主要是为了战斗而没有使人民政治化","更多的是一个军事组织而不是政治组织"。① 这一点的集中体现是摩解并不重视在其所占领地区提供替代性治理和公共服务,密苏阿里等知识精英的注意力在寻求外部支持上;而摩洛民族军则专注于在战场上获取优势,为密苏阿里与菲律宾政府开展政治对话提供筹码,他们提供的公共服务和建立的社群联系也主要集中于自己的亲属和部族。直到1977年摩解才开始建立政治和社会服务机构(迫于外部支持减少和自治方案的实施),尽管如此,摩解的替代性治理仍然缺乏效率,他们并不重视穆斯林的公共福利,也不如摩伊解那样重视发挥伊斯兰教维持社会秩序的作用。随着外部援助的下降,摩解开始尝试对其控制地区的穆斯林社群征收税金,然而汲取能力的建设无疑处于滞后状态,不仅无法弥补援助减少的缺口,还滋生了一线武装人员的腐败和滥用权力的问题。对社群联系和汲取能力投资不足的后果是许多穆斯林和乌莱玛开始更加倾向于支持摩伊解,认为该组织的伊斯兰主义意识形态更具吸引力——摩伊解将伊斯兰教神职人员视为伊斯兰教国家核心要素。②

摩解内部存在的组织建设滞后、部族分歧、意识形态缺陷以及汲取能力匮乏等问题让伊斯兰主义和传统贵族派系找到了发展空间。前者由萨拉玛特领导,其坚持的伊斯兰主义道路吸引了很多摩解中下层军官和武装人员,并且以马京达瑙和马拉瑙两大部族为基础,同时与摩洛穆斯林社群的宗教领袖乌莱玛建立政治—宗教同盟,很快成长起来。据摩解高层人士回忆,萨拉玛特与密苏阿里原本亲密无间,但是随着密苏阿里越发强硬和独裁,将萨拉玛特孤立在决策过程之外,两人的观念和矛盾越发难以调和。③ 1975年后,萨拉玛特凭借拥趸众多,开始向以密苏阿

---

① Jennifer Marie Keister, "States within States: How Rebels Rule", Ph. D. dissertation, University of California, San Diego, 2011, p. 334.

② Jennifer Marie Keister, "States within States: How Rebels Rule", Ph. D. dissertation, University of California, San Diego, 2011, p. 338.

③ Abraham Iribani, "Give Peace a Chance: The Story of GRP-MNLF Peace Talks", *Magbassa Kita Foundation*, 2006, pp. 40 – 41.

里为核心的民族主义派系发起挑战,他在与马科斯政权和谈的问题上采取投机策略,在双方快要达成自治协议时极力反对放弃独立诉求,要求建立伊斯兰教国家;而当密苏阿里因为马科斯政权在自治实施过程中不断削弱方案落实转向寻求独立时,萨拉玛特又自作主张与马科斯接触,寻求自治方案的新协议,试图将自己塑造为摩洛分离运动的合法谈判代表,这无疑扰乱了密苏阿里的计划与行动,对其领导权构成了挑战。[1]此外,传统贵族越发背离摩解开展的独立斗争,并且成为马科斯分化瓦解摩解"名义整合"的重点对象,许多原本支持摩解的传统贵族领袖寻求政府的赦免和庇护,他们的离开不仅弱化了摩解的整体实力,而且帮助军警部门更加顺利地镇压摩解的游击队及其据点。[2]

二 宪法威权主义:马科斯政权的控制模式

1972年9月23日,马科斯通过广播宣布《戒严令》(第1081号公告,实际上21日就已生效),菲律宾进入马科斯独裁时期。马科斯个人独裁体制的建立与摩洛分离运动的兴起有着密切联系,但是更多的是国内寡头和政治精英竞争权力的产物,在1972年至1981年1月宣布取消军管法期间[3],马科斯建立了"集中控制"的政权控制模式。接下来,本书从权力关系、资源分配以及强制力量三个维度对马科斯政权的控制能力进行分析。

(一)"第一学季风暴"、精英抵制与马科斯独裁政权的建立

1965年年底,参议院议长马科斯[4]跳槽加入国民党,并拉拢一派自由党议员,在美国和糖业集团的支持下,以"尽力使菲岛再次伟大起

---

[1] Datu Michael O. Mastura, "The Crisis in the MNLF Leadership and the Dilemma of the Muslim Autonomy Movement", in *Collected Papers of the Conference on The Tripoli Agreement: Problems and Prospects*, Manila: International Studies Institute, University of the Philippines, 1985, pp. 15–16.

[2] Eric Gutierrez, "In the Battlefields of the Warlord", in Kristina Gaerlan & Mara Stankovich eds., *Rebels, Warlords, and Ulama: A Reader on Muslim Separatism and the War in Southern Philippines*, Quezon City: Institute for Popular Democracy, 2000.

[3] Date for Lifting of Martial Law, January 7, 1981, DNSA, PH01828.

[4] 金应熙:《菲律宾史》,河南大学出版社1990年版,第746—747页。

来"的口号成功当选总统。在基本解决胡克武装运动后菲律宾刚刚经历了十多年的社会稳定时期，为马科斯执政奠定了比较稳固的基础。本尼迪克特·安德森称1954—1965年是"菲律宾酋长民主全盛期"的顶点，寡头政治没有面临严重的国内挑战，"因为胡克叛乱已平息下去，而城市劳工仍然脆弱"①。马科斯将自己打造为"全菲律宾的总统"，不仅赢得了国民党的支持，而且拉拢了一众自由党议员，他们是"比执政党议员更加热衷于迎合总统的议员"②。马科斯上任之后开始整顿马卡帕加尔遗留的行政问题，打击走私腐败（与马来西亚签署反走私协议是关键举措之一），精简政府，裁撤冗员，提高行政效率，在1967年参议院中期选举中成功获得6个席位（8个候选人），并且在经济发展问题上马科斯通过紧缩财政、放宽银行信贷以及增加政府税收在一段时间内有效解决了财政赤字和经济发展乏力的问题。

然而，随着1969年总统选举再度临近，国内反对派和寡头势力开始对马科斯提出各式挑战，试图破坏马科斯的连任势头。首先，在经济发展问题上，马科斯政府打击的走私和腐败问题重新恶化，1968年，马尼拉时报评论称"贪污并没有得到改善，反而扩散到政府上上下下所有部门"。国际贸易逆差扩大以及政府财政也再度陷入赤字泥潭，而马科斯努力游说日美等国企业的投资也因1968年《外资企业活动限制法》而相对停滞，诸多商务投资受到影响，发展资金陷入短缺。马科斯力图实现农村地区的稳定，尝试抬高粮食价格，推进土地改革，却在国会遭到地主和寡头集团的抵制，改革陷入困境。其次，在对美关系上，马科斯一改"菲律宾第一"的政策倾向，企图通过派遣菲律宾士兵加入越南战争以换取美国更多的经济支持，遭到国内社会和部分议员的强烈反对。而援越法案在参议院通过后，马科斯政府划拨2500万比索作为出兵援越

---

① Benedict R. O'G. Anderson, "Cacique Democracy in the Philippines", in Benedict R. O'G Anderson ed., *The Spectre of Comparisons: Nationalism, Southeast Asia, and the World*, New York: Verso, 1998, pp. 207 - 208.

② 金应熙：《菲律宾史》，河南大学出版社1990年版，第747页。

的资金，但随着国内压力的增大以及美国经济援助的下降，援越政策在1969年大选前也无力继续推进。最后，在国内安全问题上，民族主义和左翼力量再次躁动，如1967年"民族主义进步运动"（MAN）的成立"扩大了民族主义运动和再分配的问题"，1968年菲律宾新共产党的成立以及1969年建立以农民为基础的新人民军则"唤起了激进左翼幽灵的复兴"。[1]

上述问题的集中爆发给马科斯寻求连任带来了一定压力，但是马科斯通过访美参加艾森豪威尔葬礼的机会从美国财团获得4000万美元，并将其投入1969年总统选举，以"公共工程拨款"的名义在全国村镇级官员身上投放了约2万张支票，并以私人名义给穆斯林领袖赠送金表，获得了200多万张选票的优势。[2] 马科斯成为菲律宾第一位连任总统后，国内反对派力量开始合流，却成了马科斯在1972年宣布军管法、建立独裁统治的"借口"和"契机"。1969年总统选举显示了马科斯面临多样化的反对力量，其在党内的主要对手吉纳罗·麦格塞塞（前总统麦格塞塞的弟弟）转投自由党成为副总统候选人，而自由党集结了奥斯敏纳、罗哈斯、阿基诺等政治家族的力量，推举奥斯敏纳作为总统候选人。这些反对力量为阻止总统马科斯连任而寻求与社会各界建立"反马科斯联盟"。具有讽刺意味的是，大资产阶级反对派议员贝尼尼奥·阿基诺与新建立的菲律宾共产党取得联系，将农民胡克武装的指挥官"库曼德·丹特"（意为"被压迫者的保护者"，原名贝尔纳贝·布斯凯诺）介绍给新菲律宾共产党领导人何塞·西松，使得新人民军得以建立。马克·汤普森阐述了二者的密切关系，"阿基诺让丹特及胡克武装将路易西塔庄园（阿基诺妻子家族的种植园）作为训练基地，为他们提供食物和药品，并帮助丹特出版宣传游击战的书籍"，而阿基诺这么做的考虑是"希望通过这个看似矛盾的联盟建立一支强大的游击队，帮助他对抗危

---

[1] Amando Doronilla, *The State, Economic Transformation, and Political Change in the Philippines, 1946–1972*, Singapore: Oxford University Press, 1992, p. 162.

[2] 金应熙：《菲律宾史》，河南大学出版社1990年版，第761—762页。

险而强大的菲律宾总统（马科斯）"。①

与摩洛分离运动和宗派暴力一起涌现的还有城市抗争政治的兴起，这些事件在反对派精英的渲染下将马科斯政权描述为一个"危险的强权"。② 其中最重要的城市抗争事件是 1970 年 1 月至 1972 年 9 月发生的"街头议会"事件及引发的"第一学季风暴"（First Quarter Storm，1970 年 1 月 26 日至 3 月 17 日）社会冲突。文森特·布德罗将其称为"菲律宾首次提出全国性综合要求的城市运动"，试图通过以学生运动为中心的一系列街头示威实现菲律宾政治的全面变革。③ 在 1969 年 12 月 30 日宣誓就职之前，马科斯第一任期内国内城市的学生运动虽然没有完全成形，却处于不断酝酿的过程，随着民族民主运动声势的扩大，马尼拉各大学马克思主义学习氛围愈加浓厚，学生群体政治参与意识也得到激活。而由于马科斯在 1969 年竞选中大肆利用财政帮助自己胜选，产生了严峻的国际收支危机，马科斯政府被迫向国际货币基金组织（IMF）寻求帮助，坚持新自由主义理念的 IMF 要求马科斯政府接受债务重组协议，包括更加强调贸易自由、放松对比索汇率的控制，导致比索大幅度贬值（超过 40%），在菲律宾引发了严重的通货膨胀。这一背景在反对派精英的渲染下刺激了学生走上街头，抗议马科斯政权的统治，要求实施改革。

反对马科斯的运动分为温和派与激进派。前者主要由教会团体、公民自由主义者和民族主义政治家组成，他们希望通过针对性的政治改革纠正问题（包括选举改革、召开无党派的制宪会议，以及要求马科斯不得超过 1935 年宪法规定的两届总统任期限制），具体组织包括菲律宾全国学生协会（NUSP）、全国学生联盟（NSL）、青年基督教社会主义运动（CSM），以及由参议员何塞·迪奥克诺领导的关注公民自由运动（MC-

---

① Mark R. Thompson, *The Anti-Marcos Struggle: Personalistic Rule and Democratic Transition in the Philippines*, New Haven: Yale University Press, 1995, p. 40.
② Dan Slater, *Ordering Power: Contentious Politics and Authoritarian Leviathans in Southeast Asia*, Cambridge: Cambridge University Press, 2010, p. 125.
③ Vincent G. Boudreau, "State Building and Repression in Authoritarian Onset", *Southeast Asian Studies*, Vol. 39, No. 4, 2002, p. 549.

CCL）。后者则是由民族民主运动领导的学生团体，是"第一学季风暴"的主要参与者，呼吁进行更广泛、更系统的政治改革，主要包括爱国青年（KM）、菲律宾民主运动（MDP）、民主青年协会（SDK）等组织。

1969年12月，美国副总统斯皮罗·阿格纽参加马科斯第二次就职典礼，美国大使馆前出现了一场大型学生集会，在示威被强行驱散后，学生气愤于警察和政府的压制行动，又朝着马拉卡南总统府发起了一系列游行。1970年1月26日，在马科斯发表国情咨文后，学生激进分子再次发起示威，向他和第一夫人伊梅尔达投掷鹅卵石和纸球，现场还出现了两座雕像，一座是鳄鱼，象征着腐败；另一座是棺材，象征着民主的死亡。随后，政府出动由马尼拉警区（MPD）和菲律宾警察大都会司令部（MetroCom）组成的防暴警察进行驱散、追捕抗议者，导致2名学生死亡，72名警察和300名学生受伤。

但这仅是此次"风暴"的开始，警察的镇压导致1970年1月30日马拉卡南总统府前的一场学生集会变得更加暴力。马科斯迫不得已接见了学生领袖，后者提出四点要求：第一，召开一个无党派的制宪会议；第二，马科斯承诺不会改变禁止总统连任三次的规定；第三，马尼拉警察局负责人辞职；第四，解散中吕宋岛的准军事部队。在遭到马科斯拒绝后，激进分子劫持一辆消防车，撞开了马拉卡南宫的大门。抗议者冲入马拉卡南宫，投掷石块和燃烧瓶。军警开始使用实弹射击，造成4名学生死亡，162人受伤。随后，2月12日MDP在奎阿波教堂外的米兰达广场举行了1万—5万人参加的大规模集会；2月18日MDP又举行了第一次"人民国会"示威，5000名抗议者聚集在米兰达广场，之后向美国大使馆进发，抗议美帝国主义，指责美国是支持马科斯政府的法西斯国家。[①] 在随后的一个月内，MDP又组织了"第二次人民国会"（2月26日）、"人民游行"（3月3日）、"第二次人民游行"（3月17日）和"人民法庭"（3月17日）等四次大规模游行示威。

---

① Jose F. Lacaba, *Days of Disquiet*, *Nights of Rage*: *The First Quarter Storm & Related Events*, Manila: Salinlahi Pub. House, 1982, pp. 11 – 45.

"第一学季风暴"成为反马科斯社会运动的分水岭,学生运动遭遇的困难和镇压让温和派学生组织也开始走向激进化,为之后更加暴力的冲突事件埋下了隐患。政治反对派则利用学生抗议的机会,竭力为参与示威的学生们辩护。例如,副总统费尔南多·洛佩兹呼吁对警察暴力行为进行调查,宣称他"不会容忍野蛮的警察因为少数人的过错而对所有示威者进行报复"①。反对派领袖阿基诺高度赞扬学生活动,称自己和自由党都"觉得我们应该站在学生一边",并谴责警察对示威活动的镇压。② 此外,由于数百名学生面临煽动叛乱的指控,参议员阿基诺和萨尔瓦多·劳雷尔"指示他们的法律工作人员向被捕的学生提供法律援助"③。参议员小塞尔吉·奥斯梅纳尖锐地批评了国家警察局局长维森特·拉瓦尔关于"1970年1月30日被杀的四名学生可能是被其他抗议者而不是防暴警察开枪打死"的言论,称"像拉瓦尔如此地位的人诽谤学生是极不负责任的"④。丹·斯莱特指出,"阿基诺、劳雷尔、洛佩茨和奥斯梅纳等拥有寡头和政治王朝背景的人物在城市暴力激化的情况下对学生的支持是惊人的,他们对第一季风暴的反应在很大程度上是由政治派别而非社会阶层决定的。主要的反对派认为马科斯(而不是示威的学生)是对他们利益的主要威胁"⑤。

以副总统洛佩兹家族为例,其通过制糖业获得的财富积累了大量媒体资源,成为批判马科斯政府的重要发声者。"支持学生、反对马科斯的报纸和杂志由寡头拥有,这些寡头要么与反对派政客结盟,要么是被政府疏远的。"⑥ 反对派政客成功地帮助学生示威者"制造了一种普遍的

---

① "MPD Tags Red Agents, Students Cry Brutality", *The Manila Times*, January 27, 1970.
② Mark R. Thompson, *The Anti-Marcos Struggle: Personalistic Rule and Democratic Transition in the Philippines*, New Haven: Yale University Press, 1995, pp. 38 – 40.
③ "293 Face Sedition, Other Charges", *The Manila Times*, February 1, 1970.
④ "Raval Theory on 4 Victims Draws Outcry", *The Manila Times*, February 6, 1970.
⑤ Dan Slater, *Ordering Power: Contentious Politics and Authoritarian Leviathans in Southeast Asia*, Cambridge: Cambridge University Press, 2010, p. 128.
⑥ Mark R. Thompson, *The Anti-Marcos Struggle: Personalistic Rule and Democratic Transition in the Philippines*, New Haven: Yale University Press, 1995, p. 38.

不稳定和危机感,并让马科斯看起来应该为导致抗议的社会弊病负责。"① 不过,在"第一学季风暴"中,学生领袖们仍着眼于政治改革、民主化和反帝国主义议程,并没有将革命或推翻政府作为其诉求。② 1970年2月中旬,在马尼拉阿奎纳多军营举行的一次新闻发布会上,军方领导人告诉国会调查人员他们对国内形势的评估:"总体和平与秩序状况'有问题',但仍在可控范围内。"③

实现连任后,马科斯面临的另一大问题——国内劳工群体的抗争行动以及政治谋杀越发频繁。罢工威胁的数量大幅度增加,通过正式的工会通知菲律宾劳工委员会的罢工计划数量增长了7倍,从1961年的不到200个增至1971年的1200多个。真正实施的罢工次数从1961年的60次增加到1972年的136次,损失的工人劳动日数也大幅增加,从1963年不到50万增加到1971年近150万,增加了两倍。劳工们走上街头的直接原因是通货膨胀率从20世纪60年代年均4.5%跃升至1970年的14%。④ 价格上涨"震惊了人民,加剧了社会动荡,尤其是劳工动荡",而马科斯政府的应对手段是尝试通过提高最低工资来缓解劳工抗争行动,但收效甚微,因为"官僚主义导致政策执行力不足"。⑤ 1971年一共发生了243起与中期选举相关的政治谋杀事件,菲律宾寡头和精英的私人武装愈发泛滥,到1971年年初,包括6位参议员和37位众议员在内的约有80位政客拥有自己的武装部队。⑥

菲律宾城市抗争政治在1971年8月至1972年9月之间恶化,马尼拉发生了一系列恐怖爆炸事件。1971年8月21日,在马尼拉市中心米兰达广场的自由党选举集会上,两枚手榴弹被扔到集会舞台,造成9人

---

① Mark R. Thompson, *The Anti-Marcos Struggle*: *Personalistic Rule and Democratic Transition in the Philippines*, New Haven: Yale University Press, 1995, p. 38.
② "Youths Join UP Funeral Today", *The Manila Times*, February 3, 1970.
③ "Solons to Consult AFP on 'Revolutionary Air'", *Daily Mirror*, February 19, 1970.
④ "Hernan Gonzalez II, Union Issues Spawn Strikes", *The Manila Times*, September 11, 1972.
⑤ Amando Doronilla, *The State*, *Economic Transformation*, *and Political Change in the Philippines*, *1946–1972*, Singapore: Oxford University Press, 1992, p. 153.
⑥ 金应熙:《菲律宾史》,河南大学出版社1990年版,第766页。

死亡，80多人受伤，其中包括三名自由党参议员。这起恐怖袭击案件的真相至今仍未揭晓，成为菲律宾历史上最大的"政治谜团"之一。随后在马尼拉其他战略要地，如市政厅、最高法院等地点都遭到了爆炸袭击。爆炸袭击的幕后主谋众说纷纭，而马科斯将米兰达爆炸案归咎于菲律宾共产党，并在1972年9月发布戒严令。作为马科斯最信任的下属，时任国防部长胡安·恩里莱在回忆录里称，马科斯很早就为宣布戒严令筹谋准备，"早在1969年12月，马科斯就指示我学习1935年宪法，特别是总统作为军队总司令的权力……马科斯已经预见到这个国家会出现暴力和混乱，他想知道他的权力到底有多大……次年1月底，我向马科斯提交了关于戒严的性质和范围的报告……不久之后，马科斯命令我准备在菲律宾实施戒严法所需的所有文件"。1972年8月马科斯再次会见了恩里莱和其他几位他最信任的军官，讨论了宣布戒严令的初步日期。[1]

1970—1972年菲律宾国内出现的乱象，包括城市工人学生运动、炸弹袭击、菲律宾共产党的活动、政治谋杀以及摩洛穆斯林分离运动都成为马科斯宣布"实施戒严令的官方理由"。[2] 尽管许多学者认为，"1969年之后不断升级的政治暴力在很大程度上是马科斯自己造成的，他先是试图让自己再次当选，然后为戒严令准备理由"[3]，"在1973年的任何一场公平的总统选举中，阿基诺都会击败马科斯"[4]。

(二) 权力关系与资源分配：马科斯独裁政权的"宪法威权主义"

1972年9月，马科斯在宣布军管法后，立刻实施对菲律宾权力关系和资源分配的完全控制，从而建立起完全由马科斯一人独裁的权威体制。[5]

---

[1] Juan Ponce Enrile, *Juan Ponce Enrile, A Memoir*, ABS-CBN Publishing, 2012.

[2] Robert L., *Youngblood*, *Marcos Against the Church: Economic Development and Political Repression in the Philippines*, Ithaca: Cornell University Press, 1990, pp. 25-26.

[3] David Wurfel, "Martial Law in the Philippines: The Methods of Regime Survival", *Pacific Affairs*, Vol. 50, No. 1, 1977, pp. 5-30.

[4] Mark R. Thompson, *The Anti-Marcos Struggle: Personalistic Rule and Democratic Transition in the Philippines*, New Haven: Yale University Press, 1995, p. 46.

[5] Alex Brillantes Jr., "The Executive", in Raul P. de Guzman and Mila A. Reforma, eds., *Government and politics of the Philippines*, Singapore: Oxford University Press, 1988, pp. 128-130.

首先，马科斯借传统村社制度建立由民众直接授权的"巴朗盖民主"和"宪法威权主义"。1972年11月29日，在宣布军管法2个月之后，马科斯通过许诺同政府合作的前参众两院议员以及拥护新体制的修宪会议代表均可在过渡时期成为临时议会成员，使得修改宪法会议以271票赞成，14票反对，1票弃权的绝对优势正式批准了新宪法草案。该宪法草案大幅修改了1935年宪法，将菲律宾的国家政治体制从总统制改为议会制，总统作为国家元首成为象征性职务，总理掌握内政外交实权，对议会负责。在正式举行选举之前，马科斯牵头组建过渡政府和临时议会，而何时举行选举则完全由马科斯个人决定，在此期间马科斯掌握了旧宪法总统权威和新宪法总理职权的绝对权力。尽管新宪法草案获得通过，但是在此期间不少激进分子制造了多起爆炸袭击和刺杀事件，马科斯开始尝试为独裁体制建立合法性，其主要手段是通过举行"公民集会"取代临时议会测试民众对新体制的"意见"，1973年1月10—15日菲律宾全国各地共举行了35000次15岁以上公民参与的"公民集会"，95%的公民集会参与者赞成新宪法的通过和实施，马科斯进一步从公民集会中挑选代表组成"人民代表会议"，由其在马拉卡南宫批准了新宪法。此外，1973年2月中旬，在马科斯政府的授意下，宪法法院开始重新审理新宪法抗议案，4月2日宪法法院以6票赞成，4票反对的结果宣布新宪法具有法律效力，进一步巩固了马科斯政权在法理层面的权力合法性。[①]

1976年9月，马科斯利用总统令建立127人组成的立法咨询委员会（大部分成员由马科斯指定）审议政府财政预算等，为马科斯独裁政权的立法和行政提供"合法外衣"。10月第四次公民集会通过了宪法修正案，成立临时国民议会并计划于1978年4月举行立法议会选举。马科斯在建立独裁政权之后着力打造所谓"新社会"（New Society）的意识形态和政治运动，其核心是民族主义、民族团结、社会公正、村社参与民

[①] 金应熙：《菲律宾史》，河南大学出版社1990年版，第771—772页。

主、自力更生、信仰自由和国际主义等七大支柱。马科斯以此团结民族主义团体、右翼保守力量和其他民间团体等各界力量,为了在立法议会选举中取得胜利,基于国民党组建"新社会运动党"(Kilusang Bagong Lipunan),选举165名立法会议地区代表。国防部长恩里莱公开呼吁反对派参与选举,承诺"军队将严守中立"。以阿基诺为首的一些反对派政治精英也参与了此次选举,他们组成人民力量党(Lakasng Bayan),在马尼拉地区推出占21名候选人。新社会运动党以71%的得票率赢得137个席位(占83%),人民力量党虽然赢得10.3%的选票但未能获得国会席位(其在马尼拉地区的得票率高达40%)。反对派随即举行示威游行,马科斯政府镇压并逮捕了主要领袖和1500名示威者。1978年6月12日,马科斯根据新宪法的议会制度宣誓就任菲律宾第一任总理。

其次,马科斯开始提升技术官僚在政府中的地位。马科斯扶持留美归来的高素质人才作为其行政中枢,让他们负责把控具体经济决策,经营国有企业,利用他们掌握的西式经济和技术知识打造经济发展的绩效合法性。例如,从1970年起担任财政部长的比拉塔毕业于美国宾夕法尼亚大学的商业管理专业,任水泥、钢铁管理委员会主席和工业部长的王彬毕业于哈佛大学,中央银行行长拉雅是斯坦福大学的经济学博士,财政国务部长马帕是哈佛大学的经济学博士。这些技术官僚不仅拥有丰富的专业知识,而且与国际金融界和工业界等领域都有着更加密切的联系,有助于马科斯政府获取西方国家的援助。[①]

再次,马科斯政权对反对派政治精英实施高压统治,并且削弱其政治影响的经济基础。马科斯在宣布戒严令的前后几天便开始集中逮捕和监禁主要的反对派领袖,包括阿基诺、何塞·迪奥克诺、小欧杰尼奥·洛佩兹在内都面临谋杀、非法持有武器和颠覆国家政权等罪名的指控,其中,阿基诺遭到长达7年多的监禁(后因治疗心脏病被允许前往美

---

① 金应熙:《菲律宾史》,河南大学出版社1990年版,第777页。

国)。马科斯随后剥夺、拆解这些主要反对派政治家族的财富,例如,"洛佩兹经济帝国的很大一部分落入了马科斯家族的手中,还有许多其他家族企业被迫将价值数百万美元的股票和其他所有权证据转让给总统和他的代表,只得到一些象征性的补偿"①。因而,在1972—1981年,菲律宾主要反对派政治精英大多数处于低迷、散乱和无力的状态,很难对马科斯的独裁政权产生有效的制衡作用。②

最后,马科斯政权的独裁统治在初期得到天主教会的默许,对教会激进派实施打压。西班牙自建立殖民统治起就非常依赖天主教会在传教过程中麻痹菲律宾居民的思想,强化殖民统治,"从殖民时期开始,天主教就在菲律宾埋下了介入政治活动的种子"。③尽管20世纪60年代以来菲律宾政治世俗化不断推进,但"天主教在从某些社会生活领域退出的同时,它又成为政治诉求或社会动员的工具","在社会秩序发生动荡的时候,天主教会由隐性的力量变成左右政局的重要力量,直接参与到各种政治活动中"。④菲律宾天主教会整体上在政治层面持保守态度,教会领导人"通常回避政治激进主义,并乐意用教会象征性权力的幸福光芒照亮政治权威"⑤。不过,从政教关系来看,天主教内部主要由三部分组成,其对菲律宾政府的态度存在差异:第一,以棉兰老主教为代表的偏右保守派,主教管区与政府是依附关系,政府渠道获得的人道主义援助是其重要资源,不愿得罪政府,甚至持偏袒立场;第二,以马尼拉大主教辛海明为代表的中间开明派,他们居中调和保守派和激进派教士的矛盾,对政府立场是合作与批评并举;第三,以边缘贫困地区的教士为代表的偏左激进派,重视下层民众和贫困农民,主张在农村开展土地改

---

① David Wurfel, "Martial Law in the Philippines: The Methods of Regime Survival", *Pacific Affairs*, Vol. 50, No. 1, 1977, pp. 5 – 30.
② 金应熙:《菲律宾史》,河南大学出版社1990年版,第776页。
③ 吴杰伟:《菲律宾天主教对政治的介入》,《东南亚研究》2005年第6期。
④ 吴杰伟:《菲律宾天主教对政治的介入》,《东南亚研究》2005年第6期。
⑤ Dan Slater, *Ordering Power: Contentious Politics and Authoritarian Leviathans in Southeast Asia*, Cambridge: Cambridge University Press, 2010, p. 168.

革，支持新人民军的"劫富济贫"行动。① 马科斯在实施戒严初期，成功争取到保守派天主教人士的支持，菲律宾天主教主教会议（CBCP）②告诫其追随者在马科斯建立独裁政权时要"保持冷静、遵法守法"。此外1975年1月天主教卡塞雷斯总教区阿尔贝托主教拜访了马科斯，宣布戒严政权代表着"每个公民都必须恭敬效忠的合法宪政政府"，"忠诚信众的惯常态度是同情，而不是批评和质疑"。③ 天主教会中受到"解放神学"启发的激进派系④，如自由农民联盟（FFF）、菲律宾主要宗教支持者协会（AMRSP）、受监禁者工作小组（TFD）等极力批评政府和军队滥用权力，马科斯政权对其实施分化和打压，下令对教会及其财产开展一系列突击检查，出台限制政策（包括征税、学校停课、禁止外国教士入境等）⑤，"让天主教会恳求政府的原谅"。⑥ 军队制定计划逮捕并拘禁参与社会运动的教会领袖，以"清除颠覆分子"，政府则将这些教士冠上共产主义分子的帽子，从而分化教会。⑦ 此外，保守派主导的教会还同政府联合建立了教会—军方联络委员会（CMLC），借此进行沟通对话，解决出现的矛盾和争端，成为天主教会与马科斯独裁政权初期合作立场的象征。⑧

在资源分配方面，马科斯在独裁政权建立之后逐渐把国家财富和政治经济资源的分配权力控制在自己手中，搭建起以马科斯个人为核心的

---

① 史田一：《天主教会推动菲律宾民主化转型的意愿与优势》，《武汉科技大学学报》（社会科学版）2015年第6期。

② 杨凯：《菲律宾天主教会的再政治化与战后菲律宾社会转型互动机理研究》，《东南亚纵横》2013年第6期。

③ Robert L., Youngblood, *Marcos Against the Church: Economic Development and Political Repression in the Philippines*, Ithaca: Cornell University Press, 1990, pp. 172-174.

④ 施雪琴：《试论当代菲律宾天主教社会行动之肇始》，《南洋问题研究》2012年第4期。

⑤ 冯雷：《马科斯政府时期美国政府与菲律宾基督教组织关系探讨》，《东南亚研究》2016年第6期。

⑥ David Wurfel, "Martial Law in the Philippines: The Methods of Regime Survival", *Pacific Affairs*, Vol. 50, No. 1, 1977, pp. 5-30.

⑦ Mark R. Thompson, *The Anti-Marcos Struggle: Personalistic Rule and Democratic Transition in the Philippines*, New Haven: Yale University Press, 1995, pp. 72-73.

⑧ 冯雷：《菲律宾天主教会同马科斯政权的关系》，《东南亚研究》2000年第4期。

庇护关系网。① 在戒严令期间，马科斯让第一夫人伊梅尔达的弟弟本杰明·罗穆亚尔德兹实际控制海关局、审计总局和国税局。② 里卡多·马纳帕特认为，马科斯将"整个菲律宾经济"重组为"由亲戚和密友管理的不同封地"，"这些亲戚和密友定期与独裁者马科斯分享收入"。③ 在戒严令实施初期，马科斯试图加大税收征收力度，国际货币基金组织的一项研究估计，1966—1968 年，菲律宾实际税率比预期税率低 36%；1972 年，菲律宾公共投资仅占 GNP 的 2.0%，仅是肯尼亚 4.0% 的一半。在戒严前，菲律宾政府设法调动了约 10% 的国内生产总值收入，而通过直接税征收的收入仅占 20% 左右，菲律宾国会坚决拒绝任何增加直接税的政策或立法。1969 年，马科斯政府通过了新的综合税收法，提高公司税和奢侈税，并对年收入超过 6000 比索的人征收新的固定税，为累进税收制度奠定了基础。④ 此外，在戒严令实施的最初几年间，国际市场木材价格的繁荣也为马科斯的政权提供了"一个可自由支配的巨大收入来源"。⑤

同时，马科斯通过税收改革和管理，出台对逃税、漏税行为的重点打击政策，处罚包括罚款、没收、逮捕和监禁、吊销执照和许可证等，从而实现了"税收收入的大幅增加"，得以建立更加有效的国家汲取能力。⑥ 马科斯对由富人和寡头把控的所谓"隐藏财富"实施"特赦税制度"，后者通过缴纳"特赦税"以免受政府的调查和起诉，1972—1973

---

① 吴伟杰：《菲律宾政治文化的发展过程及其特点》，《东南亚研究》2001 年第 3 期。

② Mark R. Thompson, *The Anti-Marcos Struggle: Personalistic Rule and Democratic Transition in the Philippines*, New Haven: Yale University Press, 1995, p. 53.

③ Alfred W. McCoy, "An Anarchy of Families: The Historiography of State and Family in the Philippines", in Alfred W. McCoy ed., *An Anarchy of Families: State and Family in the Philippines*, Madison: University of Wisconsin Center for Southeast Asian Studies, 1993, p. 18.

④ Amando Doronilla, *The State, Economic Transformation, and Political Change in the Philippines, 1946 – 1972*, Singapore: Oxford University Press, 1992, pp. 142 – 143.

⑤ Benjamin Smith, "Life of the Party: The Origins of Regime Breakdown and Persistence under Single-Party Rule", *World Politics*, Vol. 57, No. 3, 2005, p. 446.

⑥ Jose Veloso Abueva, "Ideology and Practice in the 'New Society'", in David A. Rosenberg ed., *Marcos and Martial Law in the Philippines*, Ithaca: Cornell University Press, 1979, p. 42.

年马科斯政府通过特赦税获得了约7.17亿比索的额外税收收入。同时,马科斯政府在增加企业税收方面取得了显著进展,从1969—1970财年的3.85亿比索飙升到1972—1973财年的10亿比索,企业税收收入在短短两年内翻了2倍有余,1973—1974财年更是达到了18亿比索。① 菲律宾政府的税收收入从1972年估计占GNP的9.7%增长到1974年的11.4%,1977年达到峰值,约占GNP的11.8%。②

在提升税收能力和集中控制资源分配的基础上,马科斯政权试图为独裁政权构建更为广泛的支持基础,他将目标转向了城市中产阶级。马科斯宣布军管法初期,独裁政权吸引了"更广泛的城市资产阶级和小资产阶级选民:中层公务员、医生、护士、教师、商人、店主等"的支持,体现了城市中产阶级的"反寡头政治和反大众政治的倾向"。③ 马科斯政府建立新的国有企业,创造岗位,到1984年已经为超过13万菲律宾公民提供了政府就业机会,比1975年增长了226%。在此期间,政府公务员队伍增加了145%,从1975年的533284人增加到1984年的1310789人。④"政权将大量资金以'分赃'的形式分配给了政府官员,还通过地方基础设施项目(如道路和桥梁建设等),增加政府雇员(包括公立学校教师)的工资和福利等慷慨的援助来获得他们的支持。"⑤

(三)特权堡垒:马科斯政权对军警部门的拉拢与建设

1970年伴随着学生运动在全国范围内爆发,众多对现有制度不满的

---

① Dan Slater, *Ordering Power: Contentious Politics and Authoritarian Leviathans in Southeast Asia*, Cambridge: Cambridge University Press, 2010, p. 166.

② Patricio Abinales, "State Building, Communist Insurgency and Cacique Politics in the Philippines", in Paul B. Rich and Richard Stubbs, eds., *The Counter-Insurgent State: Guerrilla Warfare and State Building in the Twentieth Century*, New York: St. Martin's Press, 1997, p. 29.

③ Benedict R. O'G. Anderson, "Cacique Democracy in the Philippines", in Benedict R. O'G Anderson ed., *The Spectre of Comparisons: Nationalism, Southeast Asia, and the World*, New York: Verso, 1998, p. 212.

④ Temario Rivera, "The Middle Classes and Democratization in the Philippines: From the Asian Crisis to the Ouster of Estrada", in Abdul Rahman Embong ed., *Southeast Asian Middle Classes: Prospects for Social Change and Democratization*, Bangi: Universiti Kebangsaan Malaysia, 2001, p. 238.

⑤ Dan Slater, *Ordering Power: Contentious Politics and Authoritarian Leviathans in Southeast Asia*, Cambridge: Cambridge University Press, 2010, p. 176.

下级军官和士兵带着制式武器和装备叛变转投菲律宾共产党刚刚组建不久的新人民军。为了应对新人民军、摩洛分离运动以及城市抗争政治、政治谋杀等国内不稳定现象和巩固刚刚建立的独裁政权,马科斯十分重视提升军队和警察的实力与规模,采取了一系列措施强化国家暴力机器。由此,"菲律宾武装部队变成了马科斯的'禁卫军'",扮演着"马科斯破坏民主制度和负责任政府的同谋"。[1]

1965年就任总统后,马科斯便着手对军队和警察实施大规模组织改革。其一,集中控制国家警察部队。1968年,马科斯建立了菲律宾警察大都会区司令部(Metrocom),协助大马尼拉地区警察部队处理工人和学生引发的城市骚乱,大都会区司令部逐渐从一个300人的小团队扩充为拥有1700名军官和士兵的菲律宾宪兵警察主要下属司令部之一。1973年宪法草案合并了公共安全部队,马科斯随后颁布了几项总统法令,从1974年开始将1500个城市的警察、消防员和狱警整合为统一的国家警察和民防组织,即综合国家警察(INP)。1975年8月8日,第765号总统令正式建立了菲律宾宪兵警察和综合国家警察的联合指挥结构(PC-INP)。[2] 其二,马科斯针对菲律宾军队实施了最大规模的改组,25名高级军官中有14人被迫退休,包括菲律宾武装部队总参谋长和副参谋长、陆军总司令、警察总长、宪兵警察四个大区指挥官以及约三分之一的省级警察部队指挥官,马科斯将家乡北伊罗戈省的退休军官安排到关键的指挥职务上,玛塔·埃内斯托被任命为参谋长,塞贡多·贝拉斯科为宪兵警察总司令,法维安·贝尔为总统安全司令部(PSC)司令。

为了应对新人民军在农村地区的扩张和活动,马科斯仿照前总统麦格塞塞在农村省份设立军事"发展官员","在新人民军活动的省份和地区,负责经济发展的最高职位均由军官担任"[3]。由此,菲律宾军队前所

---

[1] Eva-Lotta Hedman and John T. Sidel, *Philippine Politics and Society in the Twentieth Century*, London: Routledge, 2000, p. 47.

[2] Presidential Decree, No. 765, August 8, 1975.

[3] Jennifer Conroy Franco, *Campaigning for Democracy: Grassroots Citizenship Movements, Less-Than-Democratic Elections, and Regime Transition in the Philippines*, Quezon City: Institute for Popular Democracy, 2000, pp. 158 – 160.

未有地渗透到了主要农业省份和地区,被认为是"菲律宾国家建设和强制力量投射的关键时期"[①]。马科斯重视通过金钱政治来拉拢和取悦军队,尤其是指挥官。"在1972年宣布戒严令之前,马科斯就已经将菲律宾武装部队的规模从4.5万人增加到6万人,并将国防和军事预算增加了一倍多",马科斯独裁后再次重点"改组了军队高级指挥官的任命,以确保高级军官对马科斯保持绝对忠诚"。[②] 马科斯政权与军队的金钱政治让菲律宾民众将那些帮助马科斯实施戒严令的高级军官戏称为"劳力士12人"(the Rolex Twelve)。[③]

建立独裁政权之后,马科斯可以更加自由地支配国家财政,将更多的财政资源用于拉拢军队和警察,建设一支完全效忠独裁政体的、由马科斯个人控制的暴力机器。1972年后,菲律宾警察部队人数增加了一倍,而军队人数增加了接近两倍。军人工资"在戒严令实施后立即上涨了150%,1976年部分中高级军官的工资又上涨了100%"[④]。1972—1975年,国防开支占政府财政开支的比例从13.4%上升到21.8%,马科斯为军队提供了诸如粮食补贴和住房补贴等可观的福利,让军队成为菲律宾社会中独享特殊待遇和保障的机构。[⑤] 马科斯政权还通过整合军事教育系统,将军官培养为兼具军事指挥技能和公共服务知识的"理想型领袖",其中最关键的举措是1969年建立的菲律宾武装部队指挥和参谋学院(CGSC),其毕业生大多数是高级将领的储备人才。1969—1989年该学院共培养了2322名军官,见表5-2。同时,马科斯将更多的军

[①] Patricio Abinales, "State Building, Communist Insurgency and Cacique Politics in the Philippines", in Paul B. Rich and Richard Stubbs, eds., *The Counter-Insurgent State: Guerrilla Warfare and State Building in the Twentieth Century*, New York: St. Martin's Press, 1997, p. 32.

[②] Mark R. Thompson, *The Anti-Marcos Struggle: Personalistic Rule and Democratic Transition in the Philippines*, New Haven: Yale University Press, 1995, p. 47.

[③] Mark R. Thompson, *The Anti-Marcos Struggle: Personalistic Rule and Democratic Transition in the Philippines*, New Haven: Yale University Press, 1995, p. 47.

[④] Robert L., Youngblood, *Marcos Against the Church: Economic Development and Political Repression in the Philippines*, Ithaca: Cornell University Press. 1990, pp. 43-46.

[⑤] David Wurfel, "Martial Law in the Philippines: The Methods of Regime Survival", *Pacific Affairs*, Vol. 50, No. 1, pp. 5-30.

官放置于文官和企业管理等公共和民事职务上，如交通委员会、陆路交通委员会、城市和地区工程师办公室、菲律宾椰子管理局（PCA）和菲律宾糖业委员会等部门。1972—1980年，共有1179名军人在菲律宾的非军事部门任职。

表5-2　　　　　菲律宾武装部队指挥和参谋学院毕业生情况（1966—1989年）

课程	陆军（人）	警察（人）	空军（人）	海军（人）	技术勤务（人）	盟军（人）	总计（人）
常规课程	559	452	296	256	125	129	1817
助理课程	75	102	24	24	37	—	262
特别课程	13	8	4	9	6	—	40
技术勤务课程	—	—	—	—	86	—	86
函授课程	54	12	8	2	5	—	81
营长课程	18	10	2	6	—	—	36
总计	719	584	334	297	259	129	2322

资料来源：笔者根据相关资料整理而成。[1]

不仅如此，马科斯开始将军队利益引入实体经济部门，建立马科斯—军事将领的庇护体系，重点在于实现军官与马科斯独裁政权的高度利益捆绑。1965年上任初，马科斯在第一次国情咨文中指出，"我打算在更大程度上利用我国国防机构的资源来完成国家建设的任务"。1966年9月制定的《四年经济计划》指出，"菲律宾武装部队以其人力、物力和装备资源，加上其组织凝聚力和纪律性，具有参与经济发展的巨大潜力，应最大限度地加以利用"，为军方大规模参与菲律宾社会经济发

---

[1] Davide Commission, *The Final Report of the Fact-Finding Commission* Ⅱ: *Political Change and Military Transmition in the Philippines, 1966–1989: From the Barracks to the Corridors of Power*, October 3, 1990.

展提供了理由。① 该计划提出了一项金额达31亿比索的公共工程计划，其中9.604亿比索用于建设和改善道路，从结果来看，菲律宾军队在支线道路②的建设上承担了重点工作，见表5-3。

表5-3　　菲律宾军队参与的公共工程建设（1966—1973年）

项目类型	军队（km）	全国（km）	占比（%）
高速公路	113.645	6431	1.8
二级公路	72.736	11748	0.6
支线道路	2172.724	7196	30.2
桥梁	1468.560	37677	3.9

资料来源：笔者根据相关资料整理而成。③

在戒严令发布后，马科斯为"高级军事官员提供了被任命为国企董事会成员的新机会"，例如，原本私营的哈辛托钢铁公司，在被马科斯军管法接管后完全交给军方经营。马科斯独裁政权之下的少校军官及其夫人的"标准出行配置是一辆梅赛德斯奔驰轿车"。④ 此外，以国防部长恩里莱为首的军队还接管了新闻机构、长途电话公司、自来水公司、铁路公司、航空公司等重要的公共领域企业。⑤ 本尼迪克特·安德森称菲律宾军方是为数不多的"独裁政权的真正受益者"之一，马科斯利用"自己青睐的军官管理从政敌、公共领域以及各大城镇等地方没收

---

① Davide Commission, *The Final Report of the Fact-Finding Commission* II: *Political Change and Military Transmition in the Philippines*, 1966-1989: *From the Barracks to the Corridors of Power*, October 3, 1990.

② 支线道路是由泥土或砾石制成的连接农村和偏远地区与城镇的道路。

③ Davide Commission, *The Final Report of the Fact-Finding Commission* II: *Political Change and Military Transmition in the Philippines*, 1966-1989: *From the Barracks to the Corridors of Power*, October 3, 1990.

④ David Wurfel, "Martial Law in the Philippines: The Methods of Regime Survival", *Pacific Affairs*, Vol.50, No.1, 1977, pp.5-30.

⑤ 金应熙：《菲律宾史》，河南大学出版社1990年版，第769页。

的资产，上层军官开始过起了原先只有寡头和政治家族才能享受到的生活"①。

可以说，马科斯对强制力量的控制基本依赖于国家财政扶持和政治经济资源的让渡，让原本相对职业化、专业化的军队越发政治化。对于马科斯个人而言，将菲律宾武装部队打造为独裁政权的"特权堡垒"才能让他的独裁政权拥有足够的安全保障。

表5-4　　　　　　　马科斯独裁政权核心军官团

姓名	晋升背景	职务
托马斯·迪亚兹	菲律宾军事学院51届	菲律宾宪兵警察副司令
胡安·恩里莱	马科斯任参议员时处理其法律事务	菲律宾国防部长
罗密欧·埃斯皮诺	菲律宾大学预备役军官训练营	菲律宾武装部队总参谋长
罗密欧·加坦	不详	黎刹省宪兵警察局长
阿尔弗雷多·蒙托亚	菲律宾军事学院51届	菲律宾警察大都会司令部司令
伊格纳西奥·巴斯	菲律宾军事学院51届	菲律宾武装部队情报部门负责人
菲德尔·拉莫斯	马科斯嫡系表亲	菲律宾宪兵警察总司令
何塞·兰库多	不详	菲律宾空军总司令
希拉里奥·鲁伊斯	不详	菲律宾海军司令
拉斐尔·扎加拉	不详	菲律宾陆军总司令
法维安·贝尔	菲律宾军事学院51届	总统安全司令部司令

资料来源：笔者根据相关资料整理而成。②

---

① Benedict R. O'G. Anderson, "Cacique Democracy in the Philippines", in Benedict R. O'G Anderson ed., *The Spectre of Comparisons: Nationalism, Southeast Asia, and the World*, New York: Verso, 1998, pp. 215–216.

② Davide Commission, *The Final Report of the Fact-Finding Commission Ⅱ: Political Change and Military Transmition in the Philippines, 1966–1989: From the Barracks to the Corridors of Power*, October 3, 1990.

1965年12月，马科斯开始自己的第一个总统任期后就着手培养一支完全忠于自己的武装部队——总统安全司令部（PSC）。这支部队由马科斯在菲律宾大学预备役军官训练营（U. P. cadet corps）的同班同学以及马科斯家乡北吕宋伊洛卡诺的亲族构成，呈现显著的宗族主义和裙带关系特征。作为马科斯集团的核心成员，1965年马科斯上台之前还是上尉的法维安·贝尔步步高升，恩里莱在回忆录里称贝尔是一个彻头彻尾忠心于马科斯的人，"他不能、也不会对马科斯说不，他会毫无疑问地、盲目地执行马科斯的意愿和命令……是马科斯最信任的军官之一"①。马科斯将贝尔任命为总统安全司令部司令，由他负责将总统安全司令部打造为马科斯的直属亲卫部队。另外，深得马科斯信任的贝尔还在已达退休年龄的情况下得到马科斯的授权，领导国家情报与安全局（NISA）。贝尔将其从一个小型情报分析单位发展为覆盖面极广的秘密警察部队，负责在政府、军队和社会各界安插眼线，监控和打击任何可能威胁马科斯统治的人员。贝尔也成为"劳力士12人"中仅次于恩里莱的军官。总统安全司令部则在贝尔的建设下成为"一支属于马科斯的庞大私人军队"。1972年实行戒严令后，总统安全司令部扩大为一支7000人的多用途部队，配备坦克、直升机和巡逻舰等装备。此外，1976年贝尔还开设了"一号营"，专门训练效忠于马科斯的伊洛卡诺士兵。②

在此基础上，马科斯独裁政权建立起了对菲律宾国家的强大控制力。菲律宾真相委员会（达维德委员会）在报告中称，马科斯独裁时期"菲律宾武装部队的角色扩展增强了其直接干预该国政治事务的能力。国会的废除、新闻界的压制以及司法系统的削弱使马科斯成为控制军队的唯一文职官员。马科斯利用军队来执行命令和法令，并使自己的权力永存"。③

---

① Juan Ponce Enrile, *Juan Ponce Enrile, A Memoir*, ABS-CBN Publishing, 2012, p. 55.
② Alfred W. McCoy, *Closer Than Brothers: Manhood at the Philippine Military Academy*, New Haven: Yale University Press, 1999, p. 226.
③ Davide Commission, *The Final Report of the Fact-Finding Commission II: Political Change and Military Transmition in the Philippines, 1966 – 1989: From the Barracks to the Corridors of Power*, October 3, 1990.

三 马科斯军管时期分而治之的戡乱策略

摩西·耶加如此概括马科斯独裁时期的应对政策："总统费迪南德·马科斯明白……这不再是与地方军阀和传统贵族作战的问题，政府现在面临一场新的战争，敌人由主张伊斯兰国家、阶级平等和新社会秩序意识形态的运动所领导。作为回应，菲律宾政府实施综合办法击溃叛军：利用摩解领导层内部分裂的同时，在穆斯林社群内寻求盟友……并发起不屈不挠的军事行动，让叛军知道自己没有获胜的希望。"[1]

（一）武力压制：军事部署与强力镇压

在 20 世纪 60 年代末棉兰老独立运动首次对马科斯政权提出独立诉求时，马科斯政府便派遣军队前往南部地区布控，防止当地宗派冲突过度激化。1968 年 9 月 21 日，马科斯政府在三宝颜市成立西南司令部（SowesCom），整合陆海空三军力量，负责维护和平与秩序、反走私、反海盗、反颠覆和打击其他危害国家安全的行为，成为菲律宾军队在南部协同作战的基础。1972 年 10 月，马拉维市穆斯林起义成为摩洛分离冲突的起点。10 月 21 日，约 500 名穆斯林武装向阿梅·帕克拉克军营的宪兵警察司令部、棉兰老大学和潘塔尔大桥发起进攻。摩洛分离武装控制了棉兰老大学的公共广播电台，自称"棉兰老争取独立革命委员会"。马拉维事件发生后，马科斯政府迅速派遣军队增援，于 22 日重新控制了棉兰老大学和马拉维市。1973 年 2 月底，摩洛分离武装组织近万名穆斯林进攻城镇。3 月 12 日，武装人员袭击了帕加迭安的宪兵警察总部。菲律宾政府承认，从 1973 年 2 月底至 3 月中旬，至少有 20 个城镇遭到穆斯林武装人员的攻击。到 6 月时，武装反抗已经蔓延至整个苏禄和棉兰老岛。马科斯向棉兰老岛大量增派部队。1973 年 3 月初，政府以哥打巴托为基地建立"中棉兰老部队"，规模为 15000 人。3 月 17 日，马科斯亲自前往棉兰老岛布置军事镇压和清剿行动。从 3 月起，政府军出动海

---

[1] Moshe Yegar, *Between Integration and Secession: The Muslim Communities of the Southern Philippines, Southern Thailand, and Western Burma/Myanmar*, Lexington Books, 2002, p.278.

空军协同陆军、警察以及地方自卫队镇压摩洛分离武装。1972年9月至1973年4月中旬,政府部队共击杀了1700名穆斯林武装分子。从1973年12月起,政府军利用陆战、海军和空中力量针对苏禄的摩解武装人员发动了一系列联合行动,遭遇摩解武装的坚强抵抗,政府军损失惨重,被迫撤退。随后战争焦点转移至苏禄省首府霍洛市,在1974年2月7日至2月21日为期两个星期的战斗中,霍洛市几乎被完全摧毁,导致400—660名穆斯林死亡,215名政府军士兵死亡。根据2005年美国国务院解密的"1974年美国大使馆备忘录",1974年2月13日菲律宾军方情报主管伊格纳西奥·帕斯告诉美国大使馆官员,"霍洛市有40000人无家可归"。此战成为西南司令部指挥官埃斯帕尔登1973年开始推行的吸引政策走向失败的转折点,也进一步壮大了摩解在苏禄地区的控制力量和战略自信。①

摩解叛军以200或300人为单位作战,拥有较强的机动能力,而政府军被束缚在城市和道路的静态防御上。马科斯政府派往南方的军队主要由下级指挥官以及新兵组成,组织纪律和战斗能力很差。② 起初,军队和警察大约有35000人,但部队人数迅速增加,"到1975年75%的菲律宾军队,大约25万名士兵,都集中部署在南部地区"③(此处统计数据与其他来源有差异,见表5-5)。随着军事预算和大规模武力部署的增加,政府军逐渐在南部冲突中占据优势,并且在短时间内,菲律宾军队的指挥官素质、组织和作战能力都得到了提高。④ 在政府军的重兵围剿之下,从1975年下半年开始,摩洛分离武装的活动频率趋于下降。⑤

---

① "State Dept cable 1974-15327: Jolo City Destroyed in Muslim Rebel Attack", US Department of State, February 13, 1974, Declassified 30 June 2005.
② Alfred W. McCoy, *Closer Than Brothers: Manhood at the Philippine Military Academy*, New Haven: Yale University Press, 1999, pp. 203-204.
③ Moshe Yegar, *Between Integration and Secession: The Muslim Communities of the Southern Philippines, Southern Thailand, and Western Burma/Myanmar*, Lexington Books, 2002, p. 276.
④ Bhagwan, "Insurgency in the Southern Philippines-II", *Foreign Affairs Reports*, Vol. 24, No. 12, 1975, p. 196.
⑤ 金应熙:《菲律宾史》,河南大学出版社1990年版,第779—780页。

据估计，到 1977 年，摩洛冲突造成 5 万—6 万穆斯林、基督徒、士兵和平民死亡。无家可归的难民人数在 20 万到 30 万之间（有分析认为 100 万人沦为难民），其中约有 10 万以上的穆斯林难民逃往马来西亚沙巴州。①

表 5-5　　菲律宾武装部队发展（1971—1990 年）

部队类型	1971 年	1976 年	1985 年	1990 年
常规部队				
陆军（人）	17600	45000	70000	67256
海军（人）	8000	17000	28000	23801
空军（人）	9000	16000	16800	14818
宪兵警察（人）	25500	35000	43500	41521
总计（人）	57100	113000	158300	147396
非常规部队				
民防部队（CHDF）（人）	未知	25000	65000	未知
综合国家警察（INP）（人）	未知	未知	51000	未知
预备役部队（人）	未知	45000	124000	未知

资料来源：笔者根据相关资料整理而成。②

到 1976 年年初，马科斯政权已将约 50 个营的陆军、海军陆战队和警察部队（以及额外的炮兵、装甲部队、海军和空军部队的后援支持力量）部署至摩洛地区，共约 35000 名士兵。与此同时，地区层面的国防军组织了 4.9 万人武装民兵。据学者估计，政府武装部队总数达 115000 人。③ 菲律宾军警部队在镇压摩洛分离运动的过程中存在一些明显的不

---

① "Manila's Endless War", *The New York Times*, March 9, 1975.

② Davide Commission, *The Final Report of the Fact-Finding Commission Ⅱ: Political Change and Military Transmition in the Philippines, 1966–1989: From the Barracks to the Corridors of Power*, October 3, 1990.

③ Moshe Yegar, *Between Integration and Secession: The Muslim Communities of the Southern Philippines, Southern Thailand, and Western Burma/Myanmar*, Lexington Books, 2002, p. 300.

足：首先，镇压初期，菲律宾军队在战术和作战方面不够成熟，特别是大量使用刚刚毕业的年轻军官前往一线作战，缺少足够的丛林作战训练和经验，面对分离武装时非常被动，经常遭遇伏击，导致重大伤亡；其次，主要由天主教徒组成的军警部队遭到摩洛穆斯林社群的抵制与不合作，由于语言不通的问题，很难有效与当地社群构建的情报联系，反而将自己暴露在摩洛武装分子的视野之中；最后，政府军在战争初期处于被动状态，导致大部分中下层军官和士兵的士气低落，"军队内部弥漫着挫败和恐惧感"，而后勤供应的滞后更加剧了军队内部的怨言。

1976年，随着作战经验的积累，上述问题得到很大改善，特别是在培训和供应方面，马科斯政权提高了前往南部地区作战士兵的工资，为部队提供了更好的装备。1976年5月1日，马科斯政府将西南司令部改组为南部司令部（SouthCom），管辖整个菲律宾南部，负责维护和平与秩序，协助该地区社会经济发展，进一步提升了协调镇压能力。第一任指挥官埃斯帕尔得以全权指挥南部部队，无须征求中央各军种负责人的许可即可部署武力。根据当时军方提供的消息，哥打巴托和拉瑙地区的武装叛乱分子仅剩约5000人，而一年前的数量为1万人（哥打巴托和拉瑙各3000人，三宝颜和苏禄各2000人）。[1] 摩西·耶加评估认为，1976年的形势有利于马科斯政府的原因在于，不少叛乱武装人员投降、叛逃，导致摩解战士人数减少。相比之下，影响更大的是沙巴州首席部长敦·马士达化在马来西亚政治博弈中的失败，取而代之的新任沙巴州首席部长莫哈末·法·史蒂芬（简称敦法）"不支持分裂分子将沙巴作为其反政府活动的基地，也不会将沙巴作为叛乱士兵的避难所"，极大地削弱了沙巴作为摩解武装的重要援助来源和中转站的作用。[2] 1980年

---

[1] W. K. Che Man, *Muslim Separatism: The Moros of Southern Philippines and the Malays of Southern Thailand Singapore*, Oxford University Press, 1990, p. 80.

[2] Moshe Yegar, *Between Integration and Secession: The Muslim Communities of the Southern Philippines, Southern Thailand, and Western Burma/Myanmar*, Lexington Books, 2002, p. 300.

12月31日,德尔芬·卡斯特罗(Delfin C. Castro)接任南部司令部司令一职后,南部军力进一步扩张,拥有约75000名士兵和警察,以及约50000名准军事人员,其中包括陆军第1师、第4师、第3师2个旅、第2师1个旅以及第5师部分营;2个海军陆战队旅;棉兰老岛警察单位;空军第3航空师;南部海军;民防部队;2000名由摩解降军组成的准军事部队,等等。卡斯特罗在南部继续实施大力镇压摩洛分离武装的军事行动,成功俘虏或受降了许多摩解高级指挥人员和大量中下层武装人员。[①]

不过,针对摩解的镇压战争给马科斯政府带来了巨大的财政负担和政治压力。截至1975年,马科斯政府已将大部分武装力量投入对抗叛乱中,约四分之三的菲律宾军队部署在南方,而自宣布戒严令以来,菲律宾武装部队的年度预算增加了五倍,达3.25亿美元。不仅如此,在镇压菲南穆斯林武装的问题上,军队内部开始出现对马科斯政府的军事政策的不满情绪,征兵也遭遇民众抵触。因而,马科斯政权对摩洛分离运动的应对选择还加入了许多的收买性政策,以此降低军事镇压的成本。

(二)筹码交换:外交活动削弱分离运动的外部支持

对于马科斯政权而言,摩洛分离运动的棘手之处除了丛林作战的战术困难,在战略上还面临外部支持和干涉的挑战。与此同时,马科斯独裁政权初期国际和国内经济形势的恶化无疑是"火上浇油"。首先,菲律宾石油消费量的85%都依赖从中东进口的石油,1973年石油危机对菲律宾经济是一次重大打击。紧随其后,1974年菲律宾发生了巨额的贸易逆差和通货膨胀,当年1月至10月的贸易输入额比上一年同期增加119%,一半以上为进口石油,导致该年度的贸易赤字达3.4亿美元。1973年7月至1974年7月消费物价上升38%,燃料和水电费用上涨120%。[②] 与此同时,马科斯政府"每天为摩洛战争支出约为

[①] Thomas M. McKenna, *Muslim Rulers and Rebels: Everyday Politics and Armed Separatism in the Southern Philippines*, University of California Press, 1998, p. 214.

[②] 金应熙:《菲律宾史》,河南大学出版社1990年版,第794页。

13.7万美元"。①

在此背景之下，以中东产油国为重要组成的伊斯兰国家为摩洛分离运动提供的外部支持对马科斯政权构成了巨大的挑战，在某种程度上更能威胁马科斯政权的稳定。1972年3月，在吉达举行的伊斯兰外交部长会议第三届会议上，利比亚率先提出"摩洛穆斯林遭遇苦难"的问题，随后沙特阿拉伯国王费萨尔在强调穆斯林团结与合作的必要性时，谈到了菲律宾对穆斯林的屠杀问题。会议指派了一个联合小组，负责调查和监督菲律宾穆斯林的权利与安全。此次会议成为阿拉伯国家和伊斯兰世界关注和介入菲律宾摩洛穆斯林问题的开始，其对摩洛分离运动的支持态度也越发明确。

1973年3月24日至26日在班加西举行的国际武装冲突理事会第四次会议上，卡扎菲利用利比亚作为主席国的权限，要求就摩洛穆斯林问题进行全面讨论，这一提议得到了伊斯兰外交部长会议秘书长东古·阿卜杜勒·拉赫曼的支持。不过，印度尼西亚和马来西亚并不想直接参与其中，并且希望劝阻其他成员讨论该议题（担心会议讨论此事会对国家稳定产生消极影响），印尼派遣外交部副部长作为代表团团长出席会议，试图降低会议级别。3月21日，摩解在哥打巴托发动一系列袭击，希望能让阿拉伯国家和穆斯林世界注意到摩洛地区的局势。在会议开幕式上，利比亚外交部长和拉赫曼发表演讲，指责菲律宾政府压迫穆斯林，并且认为菲律宾政府对大量难民涌入马来西亚负有责任。大会现场出现了一个7岁的穆斯林男孩，菲律宾政府军的镇压导致其身体残疾、父母双亡，利比亚政府将这个男孩作为菲律宾军队暴行的铁证。② 随后，利比亚代表团呼吁与会伊斯兰国家与菲律宾断绝外交关系，对其实施禁运，并向联合国提出申诉。不过，印尼和马来西亚代表团对过度干涉他国内政表

---

① Abraham Iribani, *Give Peace a Chance: The Story of GRP-MNLF Peace Talks*, Magbassa Kita Foundation, 2006, p. 39.

② Man Mohini Kaul, "Muslims in the Philippines", *Institute of Defence Studies and Analysis Journal*, Vol. 10, No. 1, 1977, pp. 33 – 35.

示担忧，与会国家也对本国少数民族问题可能因支持摩洛穆斯林而开展同样的分离活动，因此在沙特阿拉伯的表态之下，会议最终声明是相比利比亚激进提议的缓和版本。会议声明批评了菲律宾政府的穆斯林政策，并组建穆斯林外交部长代表团（利比亚、沙特阿拉伯、塞内加尔和索马里组成了四方部长委员会）访问菲律宾，与马科斯会面，调查摩洛穆斯林的情况。声明进一步呼吁与会国家和国际宗教组织与菲律宾政府斡旋，以推动早日结束菲律宾政府对摩洛穆斯林社区的暴力镇压。此外，会议决定设立菲律宾穆斯林援助基金，要求印尼和马来西亚通过东盟机制支持该决议。[1]

　　1973年4月18日，芭提雅举行的东盟会议对菲律宾南部局势进行了讨论，会议公报称已注意到菲律宾为改善南菲律宾局势所做的努力，"东南亚的稳定与安全是该地区各国的集体责任"。实际上，东盟将是否接受班加西会议声明的权利留给马科斯政府。马科斯政府在如何应对利比亚等国要求的问题上处于进退两难的境地。如果马科斯政府同意接受班加西会议授权代表团访问菲律宾，实际上等同于承认了摩洛穆斯林不是"菲律宾内部问题"，并且有可能坐实菲律宾军队存在暴行的问题，进而增加摩洛分离运动得到的外部支持，导致南部问题更加复杂。但是，如果马科斯政府抵制利比亚等国的要求，则极有可能面临石油禁运的制裁，1973年阿拉伯国家和以色列之间的紧张局势加剧了马科斯政府的担忧。此次困境的结果为，马科斯政权更加明确地意识到利比亚是菲律宾政府应对摩洛分离运动的关键中间人，因而在之后的行动中，马科斯希望与利比亚政府达成合作，以结束摩洛地区的叛乱和冲突。

　　1973年7月，马科斯接待了立场更为温和的穆斯林世界联盟代表团访问菲律宾，该代表团对棉兰老岛的穆斯林情况表示满意，并宣称他们在菲律宾穆斯林问题上的立场——摩洛穆斯林尝试从菲律宾分离是不可能的。此次穆斯林国家代表团的表态给了马科斯政府信心，即穆斯林国

---

[1] Selected Documents (ISIP) -Part I, 20-22.

家在支持菲律宾摩洛穆斯林的问题上是有限度的，并不愿过度干涉菲律宾内政。① 随后，马科斯政府于8月接待了四方部长委员会。代表团在棉兰老和苏禄的战斗地区观察了两天，在调查结束时，代表团在马尼拉召开的新闻发布会上否认了马科斯政府关于摩解是共产主义组织的指控，还批评了菲律宾军队对穆斯林采取强硬手段，表示"解决冲突的唯一办法是政治渠道，而不能仅仅依赖社会经济发展或军事行动"，代表团呼吁马科斯政府与摩解领导人谈判，利比亚代表还宣布摩洛穆斯林问题将继续成为伊斯兰国家相关国际机构的议程。② 出乎马科斯意料的是，利比亚牵头的代表团直接挑战了穆斯林世界联盟代表团维护菲律宾主权的立场，要求马科斯与摩解举行政治谈判。

1973年10月爆发的第四次中东战争成为马科斯政权游说阿拉伯国家减少对摩解支持的外交窗口期。第四次中东战争中，菲律宾迅速站在阿拉伯人一边，将菲律宾与阿拉伯国家的外交关系放在阿以冲突的背景之下推进，后者对菲律宾反以色列的立场颇为满意。1973年10月，菲律宾在联合国安全会投票支持关于以色列撤出阿拉伯地区的决议。1973年11月8日，埃及新任大使向马尼拉递交国书，菲律宾与阿拉伯世界的外交关系取得重大突破。马科斯政府利用这个机会谴责以色列，呼吁以色列军队撤出其侵占的阿拉伯人领土。两周后，菲律宾政府在另一份公报中宣称菲律宾人民支持巴勒斯坦人的自决权。1973年11月22日，菲律宾外交部长罗慕洛给沙特阿拉伯费萨尔国王写了一封信，其中包括马科斯的声明，再次强调了菲律宾政府对阿以冲突中阿拉伯人的支持。③ 12月，叙利亚副总理兼外交部长阿卜杜勒·哈利姆·哈达姆访问菲律宾，马科斯重申菲律宾支持联合国决议，呼吁以色列撤出阿拉伯人的领土。同年，菲律宾在伊朗和阿尔及利亚开设大使馆，并与阿拉伯联合酋

---

① T. J. S. George, *Revolt in Mindanao: The Rise of Islam in Philippine Politics*, Oxford University Press, 1980, pp. 246–248.

② Bemadino Ronquillo, "Philippines: Off the Trigger", *Far East Economic Review*, Vol. 80, No. 25, 1973.

③ 金应熙：《菲律宾史》，河南大学出版社1990年版，第794页。

长国建立外交关系,任命一位菲律宾穆斯林为首任驻沙特阿拉伯部长,与伊拉克重建外交关系,承认巴解组织为巴勒斯坦人民的合法代表。不仅如此,马科斯开始在南部地区实施一定的军事缓和政策:首先,用埃斯帕尔登(Romulo Mercader Espaldon)少将替代吉尔·费尔南德斯(Gil Fernandez)准将担任西南司令部指挥官,后者推行的"越南式的尸体计数与搜索摧毁策略"被前者的"吸引政策"取代。[1] 其次,听从埃斯帕尔登的建议,从苏禄省划分出塔威塔威省,"将他们(塔威塔威民众)创建为一个单独的省,并允许他们行使自己的地方特权",从而减少摩解在塔威塔威地区得到的支持。[2] 最后,埃斯帕尔登在担任塔威塔威省和巴西兰省省长期间开展大规模基础设施建设工程,以赢得穆斯林民心。

马科斯政权的表态让阿拉伯国家首先在石油禁运的问题上释放了善意。20世纪70年代,菲律宾90%的石油进口来自中东,其中大部分由沙特阿拉伯和科威特提供。由于菲律宾政府在第四次中东战争中的表态,在石油输出国组织收回石油标价权的情况下,阿拉伯国家给了菲律宾政府更多的石油进口优惠,菲律宾石油进口从1973年的2.5亿美元上升到1974年的7亿美元。不过,世界经济形势受到石油危机的影响不断恶化,对菲律宾造成了冲击。到1975年菲律宾主要出口品的市场价格都急剧下降,1976年菲律宾糖产品出口总值只有1975年的一半左右,菲律宾的贸易赤字达到创纪录的10.4亿美元。国内生产总值实际增长率回落到戒严前的水平,外国投资也逐渐减少,菲律宾外债从1972年的17亿比索上升到1975年的63亿比索。[3] 伊梅尔达·马科斯为此频繁在阿拉伯国家进行游说,先后访问埃及总统萨达特、阿尔及利亚总统布迈丁,并在费萨尔遭到暗杀后出席葬礼表示哀悼。

此外,马科斯还着手减少马来西亚对菲律宾摩洛冲突的支持,缓和

---

[1] Delfin Castro, *A Mindanao Story: Troubled Decades in the Eye of the Storm*, Bibliography: Delfin Castro, 2005, p. 11.

[2] Creating the Provincial of Tawi-Tawi, Presidential Decree No. 302, s. 1973.

[3] Russell Cheetham and Edward K. Hawkins, *The Philippines: Priorities and Prospects for Development*, Washington, D. C.: The World Bank, 1976, p. 462.

双方自雅比达事件以来的紧张关系。1974年2月18日至21日,第二次伊斯兰首脑会议在巴基斯坦拉合尔举行。1974年1月17日,马来西亚《海峡时报》2月22日刊登了一封密苏阿里的信,明确指出穆斯林武装希望将摩洛问题列入会议议程。马来西亚总理拉扎克在会上发言称,马来西亚密切关注菲南局势,因为马来西亚已被迫接收数千难民,他呼吁所有伊斯兰国家实施斡旋以改变菲律宾政府的政策,为摩洛穆斯林寻找一个公正的解决方案。不过,3月初菲律宾政府发布报告称马来西亚在摩洛分离运动中发挥了支援叛乱的关键作用,加剧了马来西亚政府对马科斯政府的不满。因而,马科斯政府预计6月在吉隆坡召开的伊斯兰外交部长会议上将重新讨论摩洛穆斯林问题。为了缓和与马来西亚的矛盾,1974年5月底马科斯访问印尼并会见了苏哈托,邀请印尼调解菲律宾与马来西亚的分歧,印尼同样不希望本国穆斯林问题遭到阿拉伯国家的干预,双方达成共识——"区域争端应在区域内处理,不允许外部因素干预"。①

1974年6月19日至25日,临近吉隆坡第五届伊斯兰外交部长会议举行之际,摩解武装在南棉兰老岛升级了军事活动,与菲律宾政府军队爆发了一次大规模武装冲突。会上利比亚外长公开承认利比亚政府一直在向摩洛叛军提供资金和武器装备,称利比亚今后将继续为摩洛武装提供帮助,并使用包括石油禁运在内的一切手段,以确保马科斯会见摩解领导人,推动政治解决摩洛问题。6月24日,索马里外交部长递交了四方部长委员会的正式报告,批评了马科斯政府在菲律宾南方开展的军事行动。与此同时,尽管马来西亚和印尼努力阻止此次会议产生批评菲律宾政府的决议,但是最终决议认为马科斯政府的经济社会发展方案不足以解决摩洛问题,并提出批评,要求菲律宾政府在伊斯兰会议组织的支持下,在菲律宾国家主权和领土完整的框架内,通过和平方式与穆斯林领导人,特别是摩解代表举行谈判,寻求政治解决方案,呼吁菲律宾政

---

① Harvey Stockwin, "Indonesia-Philippines: Towards a Muslim Solution", *FEER*, Vol. 84, No. 22, p. 15.

府立即停止军事行动，保护摩洛穆斯林民众的安全，让难民返回家园，并停止天主教徒向南移民的政策。①

利比亚政府代表的上述要求虽然看似在给菲律宾政府施压，但实际上已满足了马科斯政府的基本诉求——不在政治独立的框架内与摩洛分离运动互动。因此，马科斯政府在会后发表公报，赞扬了吉隆坡会议的各项决议，感谢会议尊重菲律宾政府关于领土完整不容谈判的基本原则，并接受了与反政府武装进行协商的会议呼吁。密苏阿里则认为这对于摩洛分离运动而言是"一次伟大的外交胜利"，表明菲律宾政府已正式承认摩解的正式对话地位。②

虽然在吉隆坡会议之后的几个月里，摩洛地区的军事冲突仍在继续，但是马科斯政府在强化镇压手段的情况下开始为政治对话做准备。1974年11月，马科斯政府宣布为期两个月的单方面停火，称"停火能否继续取决于同叛乱分子谈判的结果"③。1975年1月，伊斯兰会议组织秘书长哈桑·托哈米第三次访问马尼拉，要求马科斯政府落实谈判。在石油禁运的压力下，马科斯派遣由总统执行秘书梅尔乔率领的代表团前往吉达，与密苏阿里等摩解领导人会谈。不过，此次会谈并不顺利，摩解领导人要求在棉兰老、苏禄和塔威塔威建立自治政府，政府部队也必须全部撤出，摩解将全权负责摩洛自治区的行政、经济、安全等事务（要求保留武装力量）。此要求遭到梅尔乔严词拒绝，"如果接受这样的条件，就等于背叛国家"④。1975年2月3日，马科斯宣布和平谈判失败，他的政府"永远不会同意叛乱分子自治和建立自己独立军队的要求"⑤。随后，密

---

① T. J. S. George, *Revolt in Mindanao: The Rise of Islam in Philippine Politics*, Oxford University Press, 1980, pp. 218-219.
② Harvey Stockwin, "Marcos Gains Time from the Muslims", *Far Eastern Economic Review*, Vol. 85, No. 27, 1974, pp. 10-12.
③ Moshe Yegar, *Between Integration and Secession: The Muslim Communities of the Southern Philippines, Southern Thailand, and Western Burma/Myanmar*, Lexington Books, 2002, p. 288.
④ "Manila's Endless War", *The New York Times*, March 9, 1975.
⑤ Bhagwan, "Insurgency in the Southern Philippines-II", *Foreign Affairs Reports*, Vol. 24, No. 12, 1975, p. 196.

苏阿里在公开渠道撰文称"菲律宾政府正在对穆斯林实施种族灭绝，其目的是在穆斯林的祖地上对他们实施永久殖民"，表明了要求摩解领导自治政府的强硬立场。[1] 马科斯政府的应对是发布声明称，"不会将摩解作为菲律宾穆斯林的唯一代表，有必要的话会将其他团体纳入和平谈判中"，试图通过扩散和谈代表权，激化摩解内部派系的竞争。[2]

1975年3月底，马科斯宣布将于4月在吉达或棉兰老岛恢复谈判进程，但迟迟未能落实。1975年5月，四方部长委员会向马科斯政府提交了一份拟定提案：在维持菲律宾主权和领土完整的基础上，让棉兰老岛、巴西兰、苏禄和巴拉望的穆斯林实施自治；纳入自治范围的领土将包括1944年以前属于穆斯林的地区；自治区范围内的天主教徒和其他少数民族将享有与伊斯兰国家中少数民族相同的地位。[3] 马科斯政府自然拒绝这份基本重复摩解第一次会谈诉求的提案，并于6月在三宝颜召开了第二次穆斯林领导人会议，宣称四方部长的提案是不可接受的，反而通过了马科斯版本的自治计划，将南部划分为四个地区，在一定的权力范围内给予自治权。[4] 1975年7月12日至15日，第六次伊斯兰外交部长会议再次在吉达召开，摩洛问题重新出现在议事日程上，时任菲律宾外长梅尔乔称马科斯总统决定给予南部穆斯林实质上的自治权，方案即是第二次穆斯林领导人会议上通过的自治版本。不过，密苏阿里在会议上呼吁摩洛人的自治应该是包括23个地区在内的传统祖地，远远大于马科斯政府提出的方案。与会各方立场开始分化，分别支持摩解和马科斯政府，会议决议摩解和马科斯政府将以四方部长委员会的框架为基础继续谈判，

---

[1] "The Nature of the Moro Struggle in the Philippines", *Impact International*, February 14 – 27, 1975.

[2] T. J. S. George, *Revolt in Mindanao: The Rise of Islam in Philippine Politics*, Oxford University Press, 1980, pp. 251 – 252.

[3] Moshe Yegar, *Between Integration and Secession: The Muslim Communities of the Southern Philippines, Southern Thailand, and Western Burma/Myanmar*, Lexington Books, 2002, p. 298.

[4] Astri Suhrke and Lela Gamer Noble, *Muslims in the Phlippines Astri Suhrke and Lela Gamer Noble eds. Ethnic Conflict in International Relations*, New York: Praeger, 1977, p. 187.

新一轮谈判定于 1976 年 11 月在的黎波里举行。①

1976 年 5 月 12 日至 15 日，第七次穆斯林外交部长会议在伊斯坦布尔举行，菲律宾政府代表宣布了新的自治计划，"将设立两个自治委员会，使穆斯林能够更充分地参与政府事务，并自主确定穆斯林地区政治、经济和社会发展的优先事项"。② 不过，此次会议拒绝了菲律宾政府提出的新方案，依旧坚持上一次会议的决议。③ 国际会议层面无法说服阿拉伯国家让步，马科斯政府开始采取私人游说的方式推进和谈。1976 年 11 月，马科斯派妻子伊梅尔达前往的黎波里，说服卡扎菲就恢复与摩解会谈达成谅解。伊梅尔达与卡扎菲举行了两次会晤，在后者的主持下接触了同在利比亚的密苏阿里，双方拟定了一份停火协定和政治文件（后被称为《的黎波里协议》）。④ 12 月 15 日至 23 日，菲律宾政府和摩解代表在的黎波里举行了会谈，就协议细节进行谈判。⑤ 12 月 27 日，马科斯宣布停火将逐步生效，直到 1977 年 1 月 20 日停火结束，1977 年 2 月 3 日在利比亚继续讨论《的黎波里协定》的细节，达成最终解决方案。⑥

不过，在协议执行细节上，双方以及摩解内部都有不同的看法。首先，摩解高层一直认为停火协议是菲律宾武装部队的幌子，借此夺取摩解控制区。⑦ 其次，马科斯政府同意在 13 省下放自治权，允许密苏阿里成为自治区的政府首长，负责组建自治区临时政府，然而马科斯政府始

---

① Lela G. Noble, "Muslim Separatism in the Philippines, 1972 – 1981: The Making of a Stalemate", *Asian Survey*, Vol. 2, No. 11, 1981, pp. 1097 – 1114.

② Lela G. Noble, "The Moro National Liberation Front in the Philippines", *Pacific Affairs*, Vol. 49, No. 3, 1976, p. 424.

③ Lela G. Noble, "The Moro National Liberation Front in the Philippines", *Pacific Affairs*, Vol. 49, No. 3, 1976, pp. 405 – 424.

④ Jennifer Marie Keister, "States within States: How Rebels Rule", Ph. D. dissertation, University of California, San Diego, 2011, p. 326.

⑤ "Philippines: Formidable Obstacles to Peace Formula in Mindanao", *Asia Research Bulletin*, *Monthly Political Supplement*, Singapore, Vol. 6, No. 9, February 28, 1977, pp. 296 – 297.

⑥ James Clad, "Philippines: Moros Raise the Stakes: Muslim Insurgents Seek to Join the Islamic World Group", *Far Eastern Economic Review*, CD-ROM, February 18, 1988.

⑦ Abraham Iribani, *Give Peace a Chance: The Story of GRP-MNLF Peace Talks*, Magbassa Kita Foundation, 2006, p. 131.

终认定需要根据菲律宾宪法的规定,凡是涉及合并行政单元或变更地方政府形式,必须通过公民投票的方式表决。移民浪潮过后,菲南穆斯林在南部诸省的人口构成上已处劣势,在自治区规划的13个省中仅4省(苏禄、巴西兰、塔威塔威、南拉瑙)是摩洛穆斯林占绝对多数,在是否建立自治区的公投中极有可能在多数省份遭到天主教社群的否决。①

事实上,公投结果也验证了摩解的担忧。在1977年4月7日举行的公投中,绝大多数投票人都反对建立一个整合13个省的、由摩解领导的自治区,而马科斯政府提出的并省建区方案(于南部10省建立第9和第12两个自治区)却得到通过。② 在5月的自治区选举中,马科斯借助其控制的新社会运动党,力推那些效忠政府的大督和前摩解成员胜选进入新建立的自治区担任要职。③ 马科斯政府要求的全民公决和自主任命遭到了摩解的强烈反对。5月16日至22日,在的黎波里召开的第八次伊斯兰外长会议上,与会各方批评了菲律宾政府,但马科斯依旧坚持按照自己的方式实施自治方案。

1977年7月25日,马科斯在总统令中指出,国家法律优先于自治区立法,自治区立法议会和政府直接对总统负责,彻底击碎了摩解对实现由摩解主导自治的"幻想"。对于摩解而言,《的黎波里协定》换来的是自己几乎被彻底隔绝在自治政府之外,这是摩解无法接受的结果,因而这一和平协议仅仅换得9个月的短暂和平,摩解重拾暴力对抗的手段,与政府军再度陷入武装冲突。1981年,摩解在伊斯兰首脑会议第三次高峰会议上宣布放弃寻求自治,回到追求实现摩洛民族自决和独立的道路上,正式标志着《的黎波里协定》的失败。④ 在一系列停火协议以及

---

① 肖建明:《菲律宾南部和平进程的困境与前景》,《东南亚南亚研究》2012年第2期。
② 孟庆顺:《菲南和平进程的回顾与思考》,《南洋问题研究》2008年第4期。
③ Rizal G. Buendia, "The Mindanao Conflict in the Philippines: Ethno-Religious War or Economic Conflict?", in Aurel Croissant, Beate Martin and Sascha Kneip, eds., The Politics of Death: Political Violence in Southeast Asia, Lit Verlag Berlin, 2006, pp. 147–187.
④ Jennifer Marie Keister, "States within States: How Rebels Rule", Ph. D. dissertation, University of California, San Diego, 2011, p. 327.

《的黎波里协定》的谈判过程中，摩解中央委员会副主席萨拉马特及领导的激进摩洛穆斯林派系（大多是来自伊斯兰学院的摩洛穆斯林青年）与密苏阿里的矛盾彻底爆发，他们对密苏阿里放弃独立选择，与马科斯政府谈判寻求自治方案感到不满，相反激进派不仅要求摩洛人独立，而且主张为摩洛穆斯林建立遵守沙里亚法的伊斯兰国家。双方斗争导致萨拉马特派系退出了摩解，并组建新的中央委员会，尝试与马科斯政府就重新执行《的黎波里协定》开展谈判，但由于缺少代表性和足够的影响力，未能与马科斯政府达成协议。[1]

（三）吸引政策：叛军招降、精英吸纳与经济发展

自建立独裁政权起，马科斯就着力利用摩洛分离运动派系竞争的动员强度，尝试激化摩洛穆斯林内部存在的部族之争、领导之争、路线之争，用经济利益、社会发展和政治资源拉拢穆斯林精英，弱化摩洛分离运动的社会基础。1977—1981 年，这些策略在抑制分离冲突方面发挥了一定作用。

首先，马科斯政府利用大赦制度诱降摩洛叛军，大力拉拢穆斯林贵族。1973 年 1 月 3 日，马科斯邀请 300 名穆斯林领袖（包括国会议员、地区总监、市长和穆斯林组织代表等）到总统府，宣布政府将有选择地赦免（1973 年 2 月 18 日前放下武器的人）那些同意投降的叛军，并给予经济补偿。1973 年 4 月，马科斯成立了由总统执行秘书梅尔乔领导的"棉兰老岛重建和发展总统工作组"（Presidential Task Force for the Reconstruction and Development of Mindanao，PTF/RDM）。RDM 工作组的任务是协调重建和发展行动，评估战争对私人财产和政府设施造成的破坏，制定南部重建计划，并通过军事手段在南部地区重建法律和秩序，逮捕叛军领导人，加快实施选择性赦免计划，并为投降者提供经济支持。[2] 此

---

[1] Datu Michael O. Mastura, "The Crisis in the MNLF Leadership and the Dilemma of the Muslim Autonomy Movement", in *Collected Papers of the Conference on the Tripoli Agreement: Problems and Prospects*, Manila: International Studies Institute, University of the Philippines, 1985, pp. 15 – 16.

[2] Moshe Yegar, *Between Integration and Secession: The Muslim Communities of the Southern Philippines, Southern Thailand, and Western Burma/Myanmar*, Lexington Books, 2002, pp. 278 – 279.

项声明一经公布就吸引了不少摩洛分离运动的领导人，包括拉希德·卢克曼在内的一些邦萨摩洛解放组织（BMLO）领导人同意与政府合作，称通过与总统特别工作组共事可以使摩洛人民的斗争合法化。① 1974 年 5 月，马科斯承认拉希德·卢克曼为棉兰老和苏禄的最高苏丹。5 月 9 日，棉兰老和苏禄的 19 位穆斯林贵族签署了一项声明，承诺与政府开展充分合作，向马科斯政府效忠。同年 6 月 4—6 日，苏丹拉希德·卢克曼和其他摩洛穆斯林精英在马拉维市棉兰老大学召开会议，一致投票支持马科斯的领导，以及政府出台的南部地区社会和经济改革政策。

尽管这些传统贵族的效忠并不能有效抑制分离运动的发展（原因在于传统贵族已基本完全被排除在摩解领导层之外），但是 1975 年后经济发展计划和大赦政策在国外援助下降的情况下吸引了许多一线叛乱穆斯林向政府投诚，甚至部分军事指挥官多次率众归顺。马科斯政府的公告称，摩解副主席兼北棉兰老司令阿隆托（先后于 1977 年 1 月和 1978 年 6 月两次投降）、苏禄地区战区司令沙利、哥打巴托委员会主席马拉基岳等都归顺了政府。这些摩解中高层领导人在投降后往往能够得到地区级别的高级职务，如阿隆托被任命为第 12 区自治立法大会议长，并得到特别财政补助。② 据统计，1978 年 6 月至 1979 年 6 月，约有 3000 名摩解武装人员归顺政府，得到政府的赦免。1972—1980 年，共有 4 万人向政府投诚。③ 1980 年，146 名摩解一线指挥官投降并加入建立不久的自治区政府，这些摩解前指挥人员认为自己并没有抛弃摩解，而是作为组织代表加入政府部门。④

---

① G. Carter Bentley, "Order and the Law in Muslim Mindanao", in Mark Turner, R. J. May and LuluRespall Turner, eds., *Mindanao: Land of Unfulfilled Promise*, Quezon City: New Day Publishers, 1992, p. 100.

② Lela G. Noble, "Chronology of Muslim Rebellion in the Southern Philippines", *Research Bulletin*, Marawi City: Dansalan Research Center, September-October, Vol. 6, No. 1 – 2, 1978, pp. 1 – 12.

③ 金应熙：《菲律宾史》，河南大学出版社 1990 年版，第 782 页。

④ Moshe Yegar, *Between Integration and Secession: The Muslim Communities of the Southern Philippines, Southern Thailand, and Western Burma/Myanmar*, Lexington Books, 2002, p. 313.

其次，在社会和经济发展方面，马科斯政府出台一系列措施，如针对菲南地区穆斯林社群的战后重建和经济发展计划，主要内容包括重建战争破坏的公共设施和服务、改善基础设施、向穆斯林提供救济和福利项目、安置难民，等等。此外，马科斯政府还在宗教和教育领域提供了一些优待政策，包括建设清真寺、设立伊斯兰教节日、成立伊斯兰研究院、竖立摩洛英雄雕像，等等。①

1973年4月，国家一体化委员会前主席、总统穆斯林事务顾问、参议员马敏陶·塔马诺提议马科斯政府实施重新安置无地穆斯林计划，以立法形式保证在穆斯林仍占人口多数的五个地区中的穆斯林土地所有权，在政府部门为穆斯林提供任职名额，以及在军队招募更多穆斯林。② 马科斯同意了其中一些建议，宣布还将推出一系列旨在安抚穆斯林的社会和经济措施。1973年8月2日，马科斯政府设立穆斯林诚信银行（Muslim Amanah Bank），取消穆斯林和婆罗洲易货贸易的禁令，资助南部穆斯林地区的筑路项目和电气工程，协助难民返乡，在菲律宾大学设立伊斯兰研究所，任命部分穆斯林担任政府职位，承认穆斯林传统和宗教节日，等等。

此外，马科斯还承诺将系统汇编穆斯林法律。1973年8月1日，RDM工作组成立特别小组，负责编纂涉及民事的穆斯林法律，如婚姻、离婚、继承等。1974年4月，该小组递交了一项管理穆斯林法律的草案，试图将穆斯林法律嵌入菲律宾一般法律系统，让穆斯林法院进入国家法院系统，这使得正式批准穆斯林法律成为可能。1977年2月，马科斯政府颁布《菲律宾穆斯林属人法法典》（Code of Muslim Personal Laws of Philippines），明确宣布该法律适用于菲律宾境内所有的穆斯林。马科斯将此作为1976年12月《的黎波里协定》的执行基础，赋予自治区的

---

① Lela Gardner Noble, "The Moro National Liberation Front in the Philippines", *Pacific Affairs*, Vol. 49, No. 3, 1976, pp. 405 – 424.

② Michael J. Diamond and Peter G. Gowing, *Islam and Muslims*, *Some Basic Information*, Quezon City: New Day Publishers, 1981, pp. 80 – 82.

穆斯林建立自己的法院系统的权利，从而在穆斯林自治区实施伊斯兰教法。① 1978年2月15日，马科斯政府成立菲律宾朝圣局，该局于1979年正式开始运作。菲律宾穆斯林朝圣者从1979年的1022人增加到1982年的2000人。1981年5月28日，马科斯政府还成立了一个独立的部委，负责麦加朝圣、经济和文化事务、伊斯兰教法法庭、穆斯林诚信银行、穆斯林学生奖学金、伊斯兰学校教师培训、年度诵读《古兰经》比赛、向伊斯兰学校和清真寺提供援助等一系列宗教建设和援助任务。②

第二节　泰南分离运动与他信政府时期（2001—2006年）的政策选择

一　泰南分离运动的动员强度：从审慎游击走向无差别袭击

20世纪80—90年代泰南分离组织陷入低迷，1993—2000年的政治暴力事件总数估计仅有467起，而2001—2003年仅为283起，但是，2004年1月至2005年1月期间约为1843起。③ 暴力事件激增让21世纪初的泰南边境三省成为泰国最为危险的地带，成为泰南分离组织再度崛起的直接表征。

（一）21世纪初暴力再起：民粹政治背景下的"库塞清真寺"与"榻拜"惨案

20世纪90年代泰国政治由地方豪强—政客集团主导，传统精英和地方豪强集团执政导致的扯皮、掣肘阻碍了泰国国家能力的发挥。国家治理能力下降的直接后果是当面临全球化经济波动和外部资本热钱投机

---

① M. B. Hooker, *Islamic Law in Southeast Asia*, Singapore: Oxford University Press, 1984, pp. 221-247.

② M. B. Hooker, "Islam in Southeast Asia and the Pacific", *The Oxford Encyclopedia of theModern Islamic World*, Vol. 2, New York: Oxford University Press, 1995, pp. 284-290.

③ Srisompob Jitpiromsri, "Panyasak Sobhonvasu, Unpacking Thailand's Southern Conflict: The Poverty of Structural Explanations", *Critical Asian Studies*, Vol. 38, No. 1, 2006, p. 96.

的冲击时，泰国政府很难有效加以应对，加之20世纪70年代起泰国积极推行的"出口导向"政策将泰国经济深深嵌入全球生产价值链，经济结构以出口产业为主体（出口总额占GDP约60%），泰国经济一旦面临外部冲击将会受到系统性影响。亚洲金融危机首先在泰国爆发可以说与其外向型经济结构和脆弱的政府系统有着密切联系。20世纪90年代的民主政治虽然由地方豪强—政客集团控制，但是这些代表地方利益和依赖传统庇护关系得到政权的政客并没有积极回应泰国广大农民群体的需求。泰国农民长期在泰国政府"重城市，轻农村"的政策中处于被忽视的状态，出口导向经济使得城市产业和金融部门得到快速发展，其结果却是城乡差距、地区差距和贫富差距问题的日益恶化。据统计，2000年泰国有超过700万人生活在贫困线以下[1]，农村失业人口增加至100万人，其中40%集中在东北地区[2]，而工资和收入分配则呈现农村向城市倾斜、低收入向高收入倾斜的状况[3]。这一情况在泰国东北部和南部省份尤为严重，两大地区的农村地区在负债率、贫困率、教育率以及医疗卫生条件等经济和发展指标上显著落后于曼谷及周边城市地区。

经济结构的矛盾不仅体现在城乡之间，而且也出现在曼谷等城市资本之间。控制着泰国劳动和资源密集型产业的曼谷政商集团在泰国"出口导向"政策的推进中逐渐落于下风，新崛起的是以汽车机械、电子电器、石油化工等为代表的资本和技术密集型产业，这些高新产业已经在20世纪90年代成为泰国经济的支柱，其掌控者（即"新资本集团"）虽然与曼谷政商集团有着密切关系，但是他们对于泰国全球化和产业政策的偏好与曼谷政商集团存在根本不同。由于产业链、技术和资本等要素

---

[1] World Bank, *Thailand Economic Monitor*, Bangkok: World Bank Thailand, October 1999, p. 32.

[2] World Bank, *Thailand Social Monitor: Challenge for Social Reform*, Bangkok: World Bank Thailand, 1999, p. 9.

[3] World Bank, *Thailand Social Monitor: Thai Workers and the Crisis*, Bangkok: World Bank Thailand, 2000, p. 32.

的全球化运作，新资本集团反对曼谷政商集团对政府产业政策创新的阻碍，后者希望借此减缓泰国劳动和资源密集型产业的衰退，但是这在一定程度上阻挠了新资本集团继续开拓全球资本和市场，而他信阵营在政治上的崛起便代表着新资本集团对国家政策主导权的争夺。[①]

他信参与政党政治的初始动机是迫于金融危机和 IMF 新自由主义政策给新资本集团企业带来的生存压力。他于 1997 年 7 月组建泰爱泰，一开始就将目标瞄准川·立派领导的官僚政府，主张有利于商业发展的政府改革。在学生和社会活动人士的宣传和支持下，他信的泰爱泰党开始推出设立农村发展基金、债务减免和全民医疗等针对贫困人口和乡村地区的政策方案。泰爱泰党的高调活动，招致了传统精英的打压，他信在 2001 年大选前面临隐匿巨额财产的指控，但也正是因为此次政治打压促使他信完全走上民粹主义的道路。面临指控和审判的威胁，他信试图号召民众支持换取政治生存，开始公开宣称"我投身政治是为了带领泰国人民摆脱贫困"，他频繁出现在电视媒体上宣扬福利政策并树立个人魅力形象。[②] 转向民粹主义帮助他信在 2001 年大选之前迅速将个人支持率从 30% 提升至 70%，成功在《1997 年宪法》框架下赢得议会多数席位。

他信上台后落实了许多竞选中承诺的政策主张，全力扩张自身政治权力和争取民众支持：第一，针对农民和贫困人口的福利政策，划拨更多资金投入"乡村基金""三年缓债"和"三十株治百病"等政策[③]；第二，认为新自由主义改革恶化了国内资本的生存环境，主张以商业精英取代传统精英和官僚对经济政策的控制权，将商业管理模式嵌入行政管理体系，减缓自由化和外国资本扩张的进程，以提升国内商业资本的

[①] 周方冶：《从威权到多元：泰国政治转型的动力与路径》，博士学位论文，中国社会科学院研究生院，2011 年。

[②] Paul Chambers and Napisa Waitoolkiat, "The Resilience of Monarchised Military in Thailand", in Veerayooth Kanchoochat and Kevin Hewison, eds., *Military, Monarchy by and Repression: Assessing Thailand's Authoritarian Turn*, Routledge, 2017, pp. 55 – 74.

[③] 赵聚军：《福利民粹主义的生成逻辑及其政策实践》，《政治学研究》2015 年第 6 期。

竞争力①；第三，认为传统精英和地方豪强集团导致的扯皮、掣肘阻碍了国家能力的发挥，力图通过合并小党将泰爱泰党打造成由大企业资助的主导型政党，以长期控制议会、集中权力和把持政权②；第四，控制媒体舆论和公民运动，减少知识分子和中产阶层对国家政策的干扰和阻碍③。

尽管他信政府重视对乡村和贫困人口的扶持，但是南部马来穆斯林在他信的政策规划中未能获得好处，相反在许多冲突事件中遭遇了政府和军警部门的强硬对待，泰南边境三省安全环境和宗教矛盾的恶化，在马来穆斯林中间引发了广泛的不满和怨恨。

首先，"毒品战争"初步扩张了军警部门法外处决的权力。2003年1月14日，他信发起"毒品战争"，要求在三个月内消灭"全国每平方英寸"的毒品。他信政府的具体手段是改变对吸毒者的惩罚政策，在每个省都设定逮捕和扣押的任务指标，划定"黑名单"，并奖励那些在禁毒方面取得功绩的政府官员，甚至威胁对未能实现任务指标的地方官员进行惩罚。④ 针对毒品开展的运动式治理，极大地扩张了一线军警和执法人员的权力。根据多数学者和机构估计，大约2500人遭到法外处决，其中有200多人为泰南的马来穆斯林。学者称，由于毒品战争的进行，许多马来穆斯林都是在缺乏证据支撑和强迫认罪的情况下，被军警部门以暴力方式处置，发生了一系列神秘失踪事件，其中包括许多宗教教师和领袖，激化了军警部门和马来穆斯林社群的冲突。⑤

---

① ChrisBaker, "Pluto-Populism: Thaksin, Business and Popular Politics in Postcrisis Thailand", in Eva-Lotta Hedman and John T. Sidel, eds., *Populism and Reformism in Southeast Asia: The Threat and Promise of New Politics*, New Haven, CT: Yale University Southeast Asia Studies Monograph Series, 2004, p. 5.

② 周方冶：《政治转型中的制度因素：泰国选举制度改革研究》，《南洋问题研究》2011年第3期。

③ Glen Lewis, "Television, Media Reform and Civil Society in 'Amazing Thailand'", in Philip Kitley ed., *Television, Regulation and Civil Society in Asia*, Routledge, 2002, pp. 61 – 79.

④ Not Enough Graves, "The War on Drugs, HIV/AIDS, and Violations of Human Rights", *Human Rights Watch*, Vol. 16, No. 8, 2004.

⑤ Joseph Chinyong Liow and Don Pathan, *Confronting Ghosts: Thailand's Shapeless Southern Insurgency*, Lowy Institute for International Policy, 2010, pp. 53 – 54.

其次，他信政府在民粹政治的浪潮中忽视了泰南分离问题的复杂性，泰国北部和东北部地区的选民对他信政府在泰南问题上采取强硬路线表现出非常高的支持热情，即使冲突不断，他信的民意支持率却随之上升。民粹政治在泰南问题上的直接后果是"库塞清真寺"（Krue Sae Mosque）与"榻拜"（Tak Bai）惨案的发生。2004年4月28日，在100多名武装分子企图冲击位于边境三省的10所警署时，由于警方在事前已得到线报而有所防范，暴乱分子遭受伏击损失惨重。部分暴乱分子退入北大年府历史最悠久、最为神圣的库塞清真寺，而驻扎南部的第四军团包围了库塞清真寺。由于清真寺外围观群众太多，"担心随着时间的推移，人群会同情叛乱者，并试图营救他们"，第四军团长官在对峙7小时后命令士兵强行冲入清真寺，导致1名军人及32名武装分子全部中弹身亡。[①]该日冲突导致约106名武装分子死亡，被称为库塞清真寺惨案。这一事件激发了马来穆斯林的集体不满和怨恨，"人们向军队发出嘘声和投掷石块"，他们将死亡的穆斯林作为"烈士"和"殉道者"厚葬。[②]事后，PULO在互联网上发表声明警告称，"（泰国）安全部队的杀戮将以血和泪来偿还"[③]。当地民众在接受《时代》杂志采访时，甚至表示"我现在非常愤怒，为了保护我的家人和信仰，我将通过杀戮报仇"[④]。

2004年10月，陶公府榻拜区6名当地男子因被怀疑向叛乱分子提供武器而被警方逮捕，当地马来穆斯林对此表示不满，组织了一场示威游行，要求释放6名男性。警方拒绝释放，并且请求军方增援以镇压示威，参与镇压的士兵对示威人群使用了催泪瓦斯和高压水枪，部分士兵开枪射击，造成7人死亡。抗议过程中，有数百名当地居民被捕，其中大部分是冲在示威人群前列的年轻人。当天下午，泰国军方用军用卡车

[①] "Southern Carnage: Kingdom Shaken", *The Nation*, April 29, 2004.
[②] "Media for Peace", *Bangkok Post*, May 9, 2004.
[③] Joseph Chinyong Liow and Don Pathan, *Confronting Ghosts: Thailand's Shapeless Southern Insurgency*, Lowy Institute for International Policy, 2010, p.65.
[④] "The Road to Jihad?", *Time*, May 3, 2004.

将被捕民众押送至北大年省的"英格卡尤塔布巴里哈恩"军营（Ingkayutthaboriharn）。但是，当卡车抵达军营时，车上有78人已经死亡（也有文献认为是80多人）。① 军方镇压和逮捕示威民众造成近百人死亡的事件引发了泰南地区广泛的抗议，甚至许多当地非穆斯林都对军方行为表示了强烈谴责。然而，他信政府却对军方的行动表示全力支持，为其提供辩护，称"他们（死亡的被捕人员）因为在斋月期间绝食，身体很虚弱"，事后政府只是稍稍惩罚了那些对被捕死亡者负有责任的军人。② 此后，泰国政府更是起诉了58名被控参与示威的嫌疑人。③

"库塞清真寺"与"榻拜"两起事件成为催化泰南分离暴力的标志性事件，分离组织在后续斗争和声明中时常会提及他们对这两起事件的不满和仇恨，马来穆斯林社群也因为泰国政府在事件中的强硬态度和对军警部门的偏袒而更加积极地支持分离组织的相关活动。④ 2001年他信执掌泰国政权后，泰南边境三省的暴力水平出现了显著提升，民粹政治中魅力领袖维持自身权威和选民支持的逻辑进一步强化了他信政府在南部穆斯林地区的强硬政策，加深了穆斯林对中央政府、军警部门、地方官员乃至佛教徒（包括其他非穆斯林）的仇恨。因而，21世纪初的民粹政治和两桩惨案成为南部分离组织暴力活动回潮的重要诱因。⑤

（二）泰南分离运动少壮派崛起："无差别袭击"取代"审慎游击"

自2001年中期以来，泰国南部的暴力活动已逐渐升级，虽然他信政府在公开场合宣称泰南分离运动已经被警方击溃，实际情况却是暴力活动越发激烈。2004年1月4日，大约100名武装分子对陶公府一个军事

---

① "If You Want Peace, Work for Justice", *Amnesty International*, 2006.
② "Thailand: Government fails to Provide Justice for the Victims of Tak Bai Killings", *Amnesty International*, August 1, 2013.
③ "Tak Bai Incident: Six Years on and Justice Remains Elusive Tak Bai Incident: Six Years on and Justice Remains Elusive", *SRA News*, December 22, 2015.
④ "An Inconvenient Truth about the Deep South Violent Conflict: A Decade of Chaotic, Constrained Realities and Uncertain Resolution", *Deep South Watch*, July 2, 2014.
⑤ 岑容林：《泰南四府民族分裂主义的由来、演变与出路》，《东南亚研究》2007年第2期。

基地发动了袭击，标志着泰南分离武装斗争的新阶段。在这次突袭中，武装分子缴获了 400 多支突击步枪以及其他轻武器，四名陆军士兵（佛教徒）被杀。而在同一晚，陶公府 19 所学校遭到纵火袭击，这显然是为了袭击军事基地，转移军警部门的注意力。可见，武装分子的行动有着周密计划。21 世纪初的泰南分离主义暴力活动出现了一些新的特征，即对多个目标实施协调攻击，暴力事件看似孤立实则周密，包括暗杀告密者、在学校和酒店纵火、炸弹袭击以及伏击军队和警察车队，等等。

这种新变化来源于老一派分离运动的衰落和少壮派分离主义者的兴起。此时的分离主义者可以从经验、角色等方面划分为三派：一是老一派分离主义者，活跃于 20 世纪七八十年代，但随着分离运动的衰落退居幕后，于 21 世纪回到分离运动，以领导人的身份重新露面；二是少壮派，大多是在 20 世纪 90 年代的分离运动衰落期受到秘密发展和训练的，是 21 世纪初活跃于一线的分离武装；三是"一线指挥官"（Pemimpin），大多是早期叛乱时期（20 世纪七八十年代）的普通战士，熟悉战术和战略，在少壮派的支持下负责培训、策划和指挥行动等。

从原有主要分离组织的变化来看，经历了 20 世纪八九十年代的衰落期，主要的分离组织都陷入了停滞，而 BRN-C 通过发展青年组织，搭建基层网络以实施秘密重建，在他信上台后，随着泰南马来穆斯林社群不满和怨恨的增加，BRN-C 得以不断吸纳少壮派成员和其他穆斯林青年，逐步成为最强大的分离组织。[1] 尽管如此，BRN-C 的组织形态发生了根本变化，失去了 20 世纪七八十年代相对清晰和严密的组织结构。根据泰国安全部门披露的信息，除了保留部分早期组织成员外，BRN-C 的领导层已经产生了去中心化的现象，没有一个权力集中的总主席或领导人的职务，演变成一个相对松散的干部网络，其中各个分支和小组的领导人大多数是宗教教师，负责在伊斯兰学校招募成员，指导非武装人员为暴力活动提供支持，这些分散性的组织分支构成了泰南分离主义暴力活动

---

[1] Joseph Chinyong Liow and Don Pathan, *Confronting Ghosts: Thailand's Shapeless Southern Insurgency*, Lowy Institute for International Policy, 2010, p. 9.

的网络。不过，泰国军警部门认为 BRN-C 的领导人更多扮演着分离主义精神领袖的角色，包括沙派英·巴索（Sapaeing Basoe）和马赛·乌森（Masae Useng）。前者曾是塔玛·维塔亚伊斯兰学校（Thamma Witthaya）的一名教师，而后者是一个伊斯兰教育基金会的秘书，二人在 BRN-C 组织内部备受尊崇，同时也是泰国当局通缉的重点对象。[1] 根据前总理颂提·汶雅叻格林（Sonthi Boonyaratglin）将军透露，泰国政府估计 BRN-C 拥有 5000 名积极开展暴力活动的武装人员。[2]

另一个重要的分离组织 PULO 虽然经历了新 PULO 的分裂而变得非常衰弱，但是仍抓住泰南民怨四起的政治机会继续开展活动。作为元老级的分离组织，PULO 的声誉仍在，但是组织规模和实力对其影响力产生了限制。为了重新扩大组织规模，PULO 领导层采取的关键措施是 2006 年 5 月在大马士革举行了与新 PULO 的代表会议，PULO 和新 PULO 领导人决定重新联合。相比于 BRN-C 的分散化和原子化演变，PULO 在合并后仍保持着架构严密和权力集中的组织形式，于 2009 年 7 月选举出新的领导集体，以期在泰南分离斗争中努力发挥有效的领导和协调作用。[3]

尽管 PULO 和 BRN-C 这些老一派分离组织依旧活跃，但是许多分离主义暴力活动并不完全由他们控制，领导层也在许多场合和访谈中表示他们对许多暴力袭击活动并不知情，暴力活动的形式和范围超出他们的控制范畴。老一派分离组织对少壮派的影响局限于意识形态、共同目标、总体战略以及参与对话进程等宏观层面。而少壮派才是 21 世纪初泰南马来穆斯林分离主义运动的中坚力量，这一批穆斯林青年被当地人称为"斗争者"（Juwae）。这些斗争者在组织形式、斗争方式和意识形态等方面与老一派分离组织产生了分化。

---

[1] Duncan Mc Cargo, *Tearing Apart the Land*: *Islam and Legitimacy in Southern Thailand*, Ithaca, New York: Cornell University Press, 2008, p. 148.
[2] "CNS Chief Says Southern Militants Well Organized", *The Nation*, May 17, 2007.
[3] Joseph Chinyong Liow and Don Pathan, *Confronting Ghosts*: *Thailand's Shapeless Southern Insurgency*, Lowy Institute for International Policy, 2010, pp. 10 – 11.

首先，在组织形式方面，斗争者主要可以划分为两派，其一是参与分离主义暴力活动的武装战斗人员；其二是发挥支援作用的非战斗人员，提供后勤支持和情报收集等。尽管许多斗争者都是在当地隶属于 BRN-C 的伊斯兰学校中成长起来的，在与 BRN-C 宗教教师的交流中接受分离主义思想的灌输，但他们并不完全服从 BRN-C 的指挥，实际上独立于 BRN-C。他们处于分散的单元形式中，每个单元大概由 10 位斗争者组成，一个村庄大约有 5 个单元，而 25—40 个单元组成的队伍总体上服从于一个"一线指挥官"（pemimpin）的调配。不少学者认为斗争者以这样的形式遍布于三省几乎每一个村庄当中，即使是不参与分离斗争的乡村也一般存在着至少两位斗争者，从而实现了对边境三省共 36 个区县的全覆盖。[1] 为了防止军警部门对村庄开展大规模搜捕，单元经常被拆解，流转至不同的地点后重新组成新的实体，可能连指挥官都不认识那些从他处调来的斗争者。

其次，在斗争形式方面，老一派分离组织在经历 20 世纪八九十年代的低迷之后，普遍认同需要充分动员马来穆斯林民众，将斗争融入穆斯林社区，在民众的支持下才有维持分离组织的活力，避免军警精确打击和长期斗争的可能性。[2] 斗争者等新一代的分离主义者吸取了游击战的教训，选择在村庄和城镇中安营扎寨，并在不同社区之间移动，不仅可以防止固定一处引发情报泄露，而且可以更加广泛地接触穆斯林民众，传播分离主义思想。

最后，在意识形态方面，少壮派更为激进，他们不仅敌视泰国政府、地方官员和军警人员，同样反对那些为泰国政府提供服务以及顺从泰国统治的穆斯林。这超出了泰南传统分离主义意识形态的范畴。传统游击队坚持"审慎游击"，他们驻扎于远离乡村社群的山林之中，但争取与

---

[1] Joseph Chinyong Liow and Don Pathan, *Confronting Ghosts: Thailand's Shapeless Southern Insurgency*, Lowy Institute for International Policy, 2010, p. 13.

[2] "An Inconvenient Truth About the Deep South Violent Conflict: A Decade of Chaotic, Constrained Realities and Uncertain Resolution", *Deep South Watch*, July 2, 2014.

马来穆斯林保持良好关系,在此过程中传播思想、交换物资,如果有政府安全部队的检查,游击队会提前撤离以保证社群的安全。游击队还与公共设施承包商保持联系,通过后者获取炸药和其他物资,而作为回报,游击队将确保其所在地区的道路建设等公共工程不受骚扰和袭击。相比之下,在少壮派和斗争者的活跃时期,分离运动和社群之间的默契已经遭到破坏,他们虽然深入当地社群,但是暴力活动往往造成无辜人员的伤亡以及经济损失,而且在目标选择上那些帮助政府和军警的穆斯林同样也是攻击对象,为了追求暴力袭击的影响力,相关行动也更具恐怖主义色彩,演变为一种"无差别攻击"。因而,21世纪初泰南暴力事件中出现了许多如砍头、自焚等残忍的暴力现象。

北大年宋卡王子大学"深南观察"汇编的统计数据指出,2004年1月至2009年5月,该地区共发生了8908起与叛乱有关的暴力事件,造成3471人死亡,5740人受伤。其中大约超过60%的死者是马来穆斯林,他们大多遭到枪杀。根据该中心提供的有关攻击方式、受害者背景等细节表明,绝大多数受害者很可能是被分离武装分子杀害的。[1] 在死伤的马来穆斯林当中,有相当一部分是乡村民兵和志愿警卫人员,而分离武装将这些人员视为告密者,认为"处决这些出卖同胞和为泰国政府工作的人是正义的",因为"他们(利用自己的身份)诬告邻居和乌斯塔兹(*Ustaz*,意为伊斯兰学者)"。[2]

由此可见,"无差异袭击"模式的出现打破了传统泰南分离主义暴力活动的路径,在引发更多伤亡的同时,也造成马来穆斯林内部恐慌,普通马来穆斯林民众需要在服从政府和支持分离运动之间做出抉择,他们一方面担心被自己人认为是间谍,另一方面还畏惧因为隐瞒信息而遭到军警部门的惩罚(泰国安全部门在应对南方分离运动时非常依赖当地

---

[1] "Five Years, Five Months: Analysis of the 65 Months of Unrest in the Southern Border Provinces", *Deep South Watch*, June 28, 2009.

[2] Joseph Chinyong Liow and Don Pathan, *Confronting Ghosts: Thailand's Shapeless Southern Insurgency*, Lowy Institute for International Policy, 2010, p. 28.

线人提供的情报,而不少被害马来穆斯林也被官方确认为警方线人),这无疑加剧了马来族群内部的撕裂和对立。

伴随着泰南马来穆斯林不满和怨恨情绪的深化,泰南分离组织也迎来了快速发展,虽然很难确切掌握分离组织的规模,但是不少学者和泰国政府提供了一些可供参考的数据。新加坡南洋理工大学国际恐怖主义专家罗汉·古那拉特纳认为,大约有500—1000名激进分子从传统伊斯兰学校系统涌现并加入各种分离组织和团体,可能有多达300名宗教教师活跃于各分离组织之中。[1] 扎卡里·阿布扎估计参与泰南叛乱的总人数约为1000人。[2] 安东尼·戴维斯（Anthony Davis）则认为,"尽管这些年来可能有多达3000名年轻人接受了初级武装训练,但直到2004年可能只有300—400人毕业后成为所谓的'突击队员'"[3]。

相比之下,泰国政府方面的武装分子数据要比学者们估计的数量更多。2005年11月,泰国南部驻军的一位消息人士称,泰南马来穆斯林825个村庄中平均每个村庄都有3—4名武装分子,大约10000名同情者支持他们。[4] 泰国军队内部认为,南部边境三省大约1580个村庄中,有257个被标记为红色,表示该村庄基本上处于武装分子的控制之下。[5] 据报道,一名身份不明的情报官员在2006年5月声称有10000名活跃的叛乱分子。[6] 2007年,包括总理素拉育在内的政府领导人称,泰南地区大约活跃着20000名武装分子。[7]

---

[1] Rohan Gunaratna, Arabinda Acharya, and Sabrina Chua, eds., *Conflict and Terrorism in Southern Thailand*, Singapore: Marshall Cavendish, 2005, pp. 45 – 54.

[2] Zachary Abuza, "Southern Thailand Still Suffering from Insurgent Violence", *Terrorism Monitor*, Vol. 3, No. 21, 2006.

[3] "No end in Sight for Southern Thailand's Escalating Insurgency", *Janes Intelligence Review*, October 1, 2005.

[4] Michael K. Connors, "War on Error and the Southern Fire: How Terrorism Analysts Get it Wrong", *Critical Asian Studies*, Vol. 38, No. 1, 2006, pp. 151 – 175.

[5] National Reconciliation Commission, *Overcoming Violence Through the Power of Reconciliation*, Bangkok: National Reconciliation Commission, 2006, p. 23.

[6] "Closing the net on terror", *Bangkok Post*, May 28, 2006.

[7] "PM: Crackdown on Rebels has been a Success", *Bangkok Post*, September 17, 2007; "Southern extremists learning from bin Laden", *Bangkok Post*, March 22, 2007; "Al-Qaeda influences seen in South the Nation", *The Nation*, March 22, 2007.

值得注意的是，不少泰南地区发生的袭击已经达到了相对极端的程度，分离组织也快速发展起来。不少学者和分析人士怀疑泰南分离运动受到了国际恐怖主义，如伊斯兰祈祷团等组织的影响，甚至有人估计伊斯兰祈祷团在泰国南部的成员人数高达1万人。[1] 但是，学者的新近研究和访谈发现，泰南分离组织虽然接触过这些国际恐怖组织，但是他们有意识地避免引入外部极端主义力量或者采取极端恐怖手段。[2] 泰南分离组织的一线指挥官在接受访谈时指出，确实有来自印尼的相关组织成员接触他们，但是他们"看起来更像是商人，对于我们的事业并不感兴趣，只是想把武器卖给我们"，"如果我们像伊斯兰祈祷团一样行事，将会让泰南变成伊拉克一样的地方，我们不想成为国际恐怖分子，也不想让北大年问题复杂化"。[3]

（三）政治对话渠道缺失：马来穆斯林政客集团失势

20世纪90年代至21世纪初，瓦达赫集团（马来穆斯林政客集团）依靠其在泰南的选票把持着边境三省的权力，不过这种控制受到了他信民粹主义和分离主义勃兴的影响。瓦达赫集团在政治合法性和利益诉求上存在矛盾，他们依赖南部马来穆斯林的支持，为了维持选票瓦达赫集团政客必须推动一些福利政策以回应穆斯林群体的诉求；但是，在自身利益诉求上依赖于曼谷中央政府中掌握权力的精英集团，在南部问题上往往需要采取妥协和沉默的姿态以保证自身不会被国家政治核心圈层所排斥。瓦达赫集团可以在一段时期内维持合法性和利益诉求的平衡，但这种平衡是脆弱的。当南部马来穆斯林政治意识和共同身份处于高度激活的状态时，瓦达赫集团的合法性约束就迫使他们不得不更加积极地回应南部选民，然而由于泰国中央政府处于他信民粹主义运动的掌控之中，瓦达赫集团在泰南问题上发声将会引发他信政府的不信任并危及瓦达赫

---

[1] "Waking up to the Terror Threat in Southern Thailand", *Straits Times*, May 27, 2004.

[2] N. John Funston, *Southern Thailand: The Dynamics of Conflict*, Washington: East West Center, 2008, pp. 38–42.

[3] Joseph Chinyong Liow and Don Pathan, *Confronting Ghosts, Thailand's Shapeless Southern Insurgency*, Lowy Institute for International Policy, 2010, pp. 71–72.

集团的政治生涯，这一困境加深了瓦达赫集团在21世纪初合法性流失的问题。

上述难题在2002年进一步加剧，原因在于新希望党与泰爱泰党合并，这使得瓦达赫集团控制的议席也同步转移至他信阵营，而这也加速了泰南马来穆斯林对瓦达赫集团政客的怀疑和排斥。例如，当泰爱泰党议员就4月28日库塞清真寺事件和10月25日榻拜事件竭力为他信政府的行动辩护时，瓦达赫集团的议员们并没有站出来支持那些受到伤害的马来穆斯林，而是仍在吹嘘过去的政绩，如允许在政府部门佩戴伊斯兰头巾、建立伊斯兰银行，等等。部分瓦达赫集团成员称自己无法在此事件上发表观点，因为"南方选民们不愿从自己选出的政治代表口中知道真相（政府没有支持杀戮）"，"为了获得南方选民的支持，你必须说一些批评政府的话（政府应对南部事件负责）"。① 因此，瓦达赫集团的立场一直受到中央政府和泰爱泰党的怀疑，瓦达赫集团对南部事件所采取的模糊态度，即部分成员在南部事件上批评政府时，而高层人员却坚持与政府合作的姿态，让他们在选举中付出了惨痛代价，所有参加2005年2月选举的瓦达赫集团议员都失去了席位。② 相比之下，瓦达赫集团的一名被他信政府判处叛国罪的议员——纳吉木丁·奥马尔（Najmuddin Umar）的得票率却超过了20%。奥马尔在任职议员期间与泰南马来穆斯林接触密切，时常在南部暴力地带活动，并协调当地民众与政府部门之间的矛盾，从而成为瓦达赫集团中亲民派的代表。

他信政府打压奥马尔的原因在于，泰国政府长期依赖马来穆斯林治理南部，但是瓦达赫集团没能有效发挥这一功能，而奥马尔频繁在南部活动更可能滋长了叛乱活动，处置奥马尔有杀鸡儆猴的意味。③ 然而，

---

① Duncan Mc Cargo, *Tearing Apart the Land：Islam and Legitimacy in Southern Thailand*, Ithaca, New York：Cornell University Press, 2008, p. 72.

② Duncan Mc Cargo, *Tearing Apart the Land：Islam and Legitimacy in Southern Thailand*, Ithaca, New York：Cornell University Press, 2008, p. 73.

③ Omar Farouk Bajunid, "Islam, Nationalism and the Thai State", in Wattana Sugunnasil ed., *Dynamic Diversity in Southern Thailand*, Chiang Mai：Silkworm, 2005.

对瓦达赫集团的逼迫无法真正改变马来穆斯林政客的困境,瓦达赫集团在进入国家政治博弈之后逐渐呈现出泰国典型的派系和庇护政治特征,借助政治资源换取经济利益,扶持裙带关系并以小恩小惠换取选民支持,从穆斯林的政治代表沦为单纯寻求政治权力的政客。[1] 温诺担任国会议长期间赢得了颇高的声望,南部马来穆斯林群体也会听从他的一些意见,但是他率领瓦达赫集团委身于他信政府以换取部长职务之后便彻底失去了在南部地区的声望。这成为瓦达赫集团衰落的导火索,南部边境三省也不再由其控制,相反在之后的选举中北大年府甚至推举了一位富有的佛教徒商人作为议员候选人,而三府的议员席位逐渐被各政党瓜分,无法在议会中成为一个团结的、代表南部马来穆斯林的力量。[2] 可见,马来穆斯林精英群体在政治上已经深深嵌入庇护主义的选举模式,失去了为南部穆斯林发声的政治功能。

二 民粹政治与红黄对垒:他信政府的"偏执镇压"

民主化浪潮让泰国经历了地方豪强—政客把持国会、瓜分资源的乱局,为了根治这种混乱的政治局面,在城市中产阶级的推动下出台了作为泰国民主政治里程碑的《1997 年宪法》。此部宪法的出台集合了各府代表(76 名代表)和专家团体(大学、公务员系统的 22 名代表)的意见和建议,利用亚洲金融危机的机会窗口,于 1997 年 10 月正式颁布。

《1997 年宪法》区别于以往泰国宪法的根本原因在于,其不是由军人集团一手制造的,而是各方力量议价和互动的结果,因而该宪法有以下两点重要规定:其一,废止参议院任命制(该制度在 1932—1946 年以及 1947—1997 年长期实行),由单一选区制度民选产生非政党的参议员,发挥中立的制衡和监督作用,防止众议院或政府滥用权力;其二,改革

---

[1] Chandranuj Mahakanjana, *Decentralization, Local Government, and Socio-Political Conflict in Southern Thailand*, Working Paper 5, Washington, D. C.: East-West Center, 2007, p. 27.

[2] Duncan Mc Cargo, *Tearing Apart the Land: Islam and Legitimacy in Southern Thailand*, Ithaca, New York: Cornell University Press, 2008, p. 86.

选举和政党体制，将大选区改为小选区制度，众议院 500 个席位中 400 个由全国的小选区选举产生，剩余 100 个根据政党名单制按比例分配，更为关键的规定是得票率少于 5% 的政党将无法从名单制中得到议席分配，并且参选议员须加入某一政党至少 90 天，这种选举与政党制度的改革极大地挤压了小党的生存空间，由于无法临选跳槽，小党政客为了生存只能被迫解散并加入更为强大的政党，这更有利于大党集中力量控制议会。

《1997 年宪法》为他信领导的泰爱泰党崛起提供了有利的制度环境，而泰爱泰党在新资本集团的支持下，利用雄厚的资金，发动银弹攻势拉拢地方豪强——政客，吸收、吞并了诸多政党及其议席，包括自由正义党（2001 年 2 月）、新希望党（2002 年 2 月）、泰国党的武里南府派和春武里府派（2004 年 7 月），以及国家发展党（2004 年 9 月）。此外，泰爱泰党的最大优势在于，借助民粹话语和宣传机器动员起了长期被庇护关系控制的广大泰国农村地区选民。他信以及泰爱泰党动员农民群体的关键手段是通过"草根政策"（划拨更多资金投入"乡村基金""三年缓债"和"三十株治百病"等政策）提升农民的社会福利和农村的经济发展水平，让农民摆脱了对地方豪强——政客的"选票——政策"交换模式的依赖，极大地提升了泰爱泰党的支持基础。[1] 不仅如此，泰爱泰党还注重投入资金提升农村地区的组织能力，并在农村设立基层组织，吸收了非常多的农村党员。[2]

他信阵营不仅在选前鼓动针对农村和贫困人口的民粹主义，而且在其任内推动落实民粹主义政策成为执政的优先项。例如，他信政府设立了总额高达 23 亿美元的农村基金，向全国共 8 万个农村提供了小额贷款和政府拨款项目，这些资金被投入发展农村的小微经济和扩大农业生产等领域，为他信赢得了非常高的支持率，更让泰爱泰党成为泰国控制力

---

[1] 赵聚军：《福利民粹主义的生成逻辑及其政策实践》，《政治学研究》2015 年第 6 期。
[2] 周方冶：《从威权到多元：泰国政治转型的动力与路径》，博士学位论文，中国社会科学院研究生院，2011 年。

最强的政党。① 民粹主义政策与政治支持率之间的高度关联让他信政府在许多国内问题上都采取了构建魅力领袖形象、提升政治认同和动员民粹支持的策略，这种倾向和政治逻辑同样体现在他信政府应对泰南分离主义运动的选择上。

（一）偏执镇压：他信政府针对泰南地区的"改革"与"新方案"

在研究泰南分离主义冲突的诸多学者中存在这样的共识，即泰爱泰党和他信·西那瓦政府在2001年胜选，极大地改变了泰国政府与马来穆斯林之间的关系和互动方式。② 在2001年泰南地区出现分离主义冲突时，他信政府并没有将之视为马来穆斯林希望获得更多权益的行为，而仅仅认为这是一次由罪犯引发的地方性冲突事件。③ 为了突显自己在维持国家稳定和社会安全方面的能力和功绩，他信政府一直在公开场合对南部问题表示乐观，声称政府很快就能解决南部的暴力袭击问题。④ 因而，他信政府不认为炳政府时期以来尝试开展的社会联系和安全协调并行的"剿抚并举"模式能够实现短期和平目标，相反武力镇压则是更加有效率的方式。不过，他信政府主导的镇压并不完全依赖军队，而更加倚重他信曾任职的警察部门。他信政府怀疑南部地区的暴力冲突与民主党精英（南部省份是民主党的主要支持地区）、保皇派（炳控制的枢密院与南部边境省份行政管理中心，即SBPAC联系密切）和军方高层（南部安全行动由军队通过第43军警民司令部，即CPM-43主导和负责）有着一定联系，是政治反对派对其执政施加的压力。⑤ 此外，由于南部

---

① 满其旺：《泰国政治中的民粹主义透视》，《国际研究参考》2014年第7期。
② N. John Funston, *Southern Thailand: The Dynamics of Conflict*, Washington: East West Center, 2008, p. 23.
③ "Troops Mass for Security and Manhunt", *The Nation*, January 6, 2004.
④ 2002年5月1日，他信宣布南部的叛乱即将结束，随后废除了SBPAC和CPM-43。参见Joseph Chinyong Liow, "The Security Situation in Southern Thailand: Toward an Understanding of Domestic and International Dimensions", *Studies in Conflict & Terrorism*, Vol. 27, No. 6, 2004, p. 535.
⑤ Marc Askew, *Conspiracy, Politics, and a Disorderly Border: The Struggle to Comprehend Insurgency in Thailand's Deep South*, Policy Studies 29, Washington, D. C.: East-West Center in Washington, 2007, pp. 49-50.

局势不断恶化，国王和王后在佛教和穆斯林活动人士呼吁"取缔他信政府，建立看守内阁"的背景将穆斯林领袖的诉求交给了枢密院，并私下表示自己不认可他信采取的强硬政策，敦促他信在南部问题上采取和解姿态，王室和枢密院的干政行为让他信更加抵触缓和与妥协的政策选择。① 对于他信而言，民粹政治的逻辑恰好适用于南部问题，这些控制着泰南地区政治支持和安全局势的政治力量正是他信阵营执政的阻碍者和民粹政治希望革除的、腐败的传统政治势力。

因此，他信为了打破民主党以及军队在南部问题上的控制权，树立自己在治理南部问题上的权威，他信政府针对南部地区开展"改革"，其中最重要的行动是在2002年先后解散SBPAC和CPM-43两个机构。从国家安全的角度来看，他信并没有足够的动机去解散这两个能够维持南部省份总体稳定的机构。奥雷尔·克鲁瓦桑认为，泰国国王的影响力在军人威权体制和民主体制中始终存在并发挥着重要作用，而这种作用正是通过枢密院、民主党和军人集团之间的协作产生的。② 邓肯·麦卡戈进一步指出，正是因为"皇室网络"中包含民主党和军人集团控制的SBPAC和CPM-43，他信才会率先将解散这两个机构作为其解决南部问题的第一步，目的是减少国王、军队和民主党在南部的控制，而这一决定"破坏了当地（南部边境三省）脆弱的社会契约，并引发了法外行刑和人口失踪等暴力浪潮"③。在取缔SBPAC和CPM-43之后，他信政府将警察作为镇压南部叛乱的核心力量，军队则失去了对安全行动的控制权，被迫发挥如提供辅助和支援的边缘性作用。

作为替代，他信政府在2002年7月建立了名为"南方协调管理局"的机构，试图让警察负责主导和协调安全行动，但这一新机构既无法得

---

① Aurel Croissant, "Unrest in South Thailand: Contours, Causes, and Consequences Since 2001", *Contemporary Southeast Asia*, Vol. 25, No. 1, pp. 21–43.

② Aurel Croissant, "Unrest in South Thailand: Contours, Causes, and Consequences Since 2001", *Contemporary Southeast Asia*, Vol. 25, No. 1, pp. 21–43.

③ Duncan Mc Cargo, "Network Monarchy and Legitimacy Crises in Thailand", *The Pacific Review*, Vol. 18, No. 4, 2005, pp. 499–519.

到军队的认可,更难以在短时间内与马来穆斯林建立起联系。① 不仅如此,他信于 2004 年 3 月发布 68/2547 号总理令,决定建立一个名字与 SBPAC 相仿的机构,名为"南部边境省和平建设指挥部"(Southern Border Provinces Peace-Building Command,SBPPC),该机构囊括了泰国主要安全力量的领导部门,由时任副总理差瓦立·永猜裕负责领导,南部一线行动则由"内部安全行动司令部"(ISOC)副主任潘罗普·品马尼(Panlop Pinmanee)将军领导,建立 SBPPC 的目的是统筹南部安全行动,在南部边境三省实现和平建设。然而,在 4 月发生的"库塞清真寺"事件中,潘罗普直接违逆了差瓦立的命令,下令击杀武装分子,潘罗普也被责令不得再参与南部安全行动。2004 年 10 月,他信发布 260/2547 号总理令,重组了 SBPPC,亲自坐镇 SBPPC,让武装部队副总司令西里查·坦亚西里(Sirichai Tanyasiri)负责前线司令部。前线司令部拥有军事和行政两方面的权力,即掌握南部地区所有安全行动的指挥权,以及迅速罢免效率低下的军队和政府官员的权力。不过,SBPPC 在收买和拉拢马来穆斯林方面的作用相当有限,与 SBPAC 相比,其缺少与穆斯林社群领袖的直接联系,在南部冲突不断升级的情况下,很难得到马来穆斯林的信任和支持。②

这一系列"改革"导致南部马来穆斯林地区突然失去了可以信赖的官方和半官方机构,其产生以下结果:第一,政府和军警部门与马来穆斯林社群的社会联系中断,那些已经融入政府收买政策的宗教学校和团体再度失去了重要的资金来源,不少马来社群领导人称其"不理解政府为何要这么做,他们远离了国民、宗教领袖,放弃了民主和协商的方式",许多宗教学校选择重新回归到寻求社群支持的运转模式,从而使

---

① Duncan Mc Cargo, "Thaksin and the Resurgence of Violence in the Thai South: Network Monarchy Strikes Back", *Critical Asian Studies*, Vol. 38, No. 1, 2006, p. 51.
② Duncan Mc Cargo, "Thaksin and the Resurgence of Violence in the Thai South: Network Monarchy Strikes Back", *Critical Asian Studies*, Vol. 38, No. 1, 2006, p. 51.

其教师和成员更加靠近分离主义运动。① 第二，南方安全行动失去了协调和统一指挥，社会联系的中断让南部反分裂行动所依托的、由当地社群参与的情报网络遭到破坏，导致他信政府在开展后续安全行动时很难有效实施针对性的打击，引发了诸多法外行刑、非法拘禁等人权问题，促使分离组织针对警察实施报复性袭击行动。2002年实施"改革"后，这一年在泰南边境三省就有17名警察遭到枪杀。② 警察部门在南部地区的影响力随着2003年年初开展的"毒品战争"进一步提升，为了取代军事部门在南部的固有影响力，警察开展的安全行动更加主动和激进，造成200多名穆斯林死亡，并且还与南部地区的军事部门产生冲突，2002—2003年发生的56起死亡事件中的大多数是由警察和准军事组织"泰国游骑兵"（Thahan Phran）的冲突造成的。③《深南观察》发布的报告认为，自2002年以来南部地区的冲突升级，在一定程度上是军队和警察争夺控制权的副产品。④

对于他信政府的南部政策，邓肯·麦卡戈指出，他信作为一名前任警察官员的背景，使得他将复杂的社会问题视为单纯的犯罪问题，并且认为可以通过严刑峻法解决。这一逻辑集中体现在他信的南部政策之中，他认为南方边境三省的政府官员行动迟缓、不可靠、同情敌人，导致南部问题迟迟无法解决。他信主张通过"有远见的新方案"来解决，这种"新方案"之下的决策需要任命"正确"的官员以获取可靠的建议，导致南部地区的官员发生频繁更替，在不到两年的时间里，陆军第四军区的领导层换了四次，而作为指挥核心的国防部长和内政部长更替也同样

---

① Joseph Chinyong Liow, "The Security Situation in Southern Thailand: Toward an Understanding of Domestic and International Dimensions", *Studies in Conflict & Terrorism*, Vol. 27, No. 6, 2004, p. 538.

② Shawn W. Crispin, "Spotlight: Thai Power Play", *Far Eastern Economic Review*, Vol. 165, No. 29, 2002.

③ International Crisis Group, *Southern Thailand: The Problem with Paramilitaries*, October 23, 2007.

④ Joseph Chinyong Liow, "Muslim Resistance in Southern Thailand and Southern Philippines: Religion, Ideology, and Politics", *Policy Studies*, Washington, D. C.: East-West Center, 2006, p. 35.

频繁。①

2004年1月，穆斯林武装分子对南部20所学校和一处军营发动大规模、有组织的袭击，并偷走300件武器。对此，他信政府宣布在南部地区实施戒严令，增派安全部队。② 而在随后的"库塞清真寺"与"榻拜"两起事件中，安全部队执法行为不当引发悲剧，致使大量政府官员、法官和教师逃离以及警察和平民伤亡事件，泰南分离主义冲突变得更加难以转圜，触发了冲突螺旋。③ "这些事件是他信政府高压政策的恶果，也标志着泰国政府与马来穆斯林之间的不信任达到了一个新的高度。"④ 在具体行动过程中，警察部门声称许多传统伊斯兰学校传播伊斯兰极端主义，煽动暴力，一线安全人员经常随意进入这些学校实施检查、审问和逮捕，日常高压统治加剧了当地穆斯林的不满。⑤ "亚洲基金会"2010年在泰国南部开展的一项调查发现，37%的马来穆斯林认为"泰国政府缺乏对穆斯林的理解"是南部冲突的主要原因。⑥

正如卡西安·特贾皮拉归纳的，总的来看，他信政府的南部政策主要由三大支柱组成：其一，"国家恐怖主义"，包括黑名单制度、拘捕、酷刑、政治再教育，以及法外处决叛乱分子、当地宗教领袖和教师；其二，"威权立法"，发布戒严令，宣布紧急状态，让南部地区的公民权利失去了基本保障；其三， "军事化"，在南方部署了约20000名士兵（2005年1月组建了一支师级建制部队），新增的警察人数与军队相似

---

① Duncan Mc Cargo, "Thaksin and the Resurgence of Violence in the Thai South: Network Monarchy Strikes Back", *Critical Asian Studies*, Vol. 38, No. 1, 2006, p. 46.

② "Love Vs. War", *Far Eastern Economic Review*, Vol. 167, No. 20, 2004, p. 17.

③ Shawn W. Crispin, "Gearing up for a Fight", *Far Eastern Economic Review*, Vol. 167, No. 19, 2004.

④ National Reconciliation Commission, *NRC Thailand, Overcoming Violence through the Power of Reconciliation*, Bangkok: National Reconciliation Commission, 2006, p. 47.

⑤ Joseph Chinyong Liow, "The Security Situation in Southern Thailand: Toward an Understanding of Domestic and International Dimensions", *Studies in Conflict & Terrorism*, Vol. 27, No. 6, 2004, pp. 538 – 539.

⑥ James Klein, *Democracy and Conflict in Southern Thailand: A Survey of the Thai Electorate in Yala, Narathiwat, and Pattani*, Washington, D. C.: The Asia Foundation, 2010, pp. 97 – 99.

(2007年约有21000人），其中大部分是佛教徒，在戒严令的授权下他们拥有不受限制的权力。①

此外，不少学者认为，除了军警部门之外，他信政府还相当依赖准军事组织的作用，扶持南部地区的民兵和志愿组织扩大规模和武装（南部地区的民兵组织是在冷战期间由美国 CIA 为了支持打击泰国共产党而出资、组织训练、提供装备建立起来的，其人员和装备流转不受控制，并且人权记录极差）。② 乡村防卫队从2004年年中的24300人增加到2005年年底的47400人，国土防卫志愿兵（隶属于内政部地方办事处）从2002年的654人增加到2005年的4900人，由王后发起的乡村保卫力量志愿兵由2004年年中的2500人增加到2005年10月的9541人。2005年年初，成立了由360名教师组成的教师保护营，并计划到2006年增至2840人，泰国游骑兵从2002年的1791人增加到2006年的2576人。③

不过，他信政府在南部问题上提出的"改革"和"新方案"并没有取得预想的效果，强硬的镇压行动、他信政府为之提供的辩护和默许以及冲突补偿的匮乏，引发了马来穆斯林社群更大的不满，使得南部冲突不断升级。④

（二）镇压中的恶性竞争：泰国军警在南部问题上的分歧与矛盾

他信政府的镇压之所以陷入"偏执"，除了他信的民粹政治逻辑之外，还与军警部门之间在南部冲突问题上的恶性竞争有关。20世纪军人威权体制下泰国政府应对分离主义挑战的政策显得更有章法，由军队主导、警民辅助，加之嵌入马来穆斯林社群的情报网络，在 SBPAC 和 CPM-43 的统合与协调下，南部地区得以进入相对稳定的时期。他信的

---

① Kasian Tejapira, "Toppling Thaksin", *New Left Review*, Vol. 47, No. 39, 2006, pp. 5-37.

② International Crisis Group, *Southern Thailand: The Problem with Paramilitaries*, October 23, 2007.

③ Desmond Ball and David Scott Mathieson, *Militia Redux. Or Sor and the Revival of Paramilitarism in Thailand*, Bangkok: White Lotus, 2007.

④ Ukrist Pathmanand, "The Failure of Hawkish Approaches in the Thai South", *Critical Asian Studies*, Vol. 38, No. 1, 2006, pp. 73-93.

崛起打破了三元平衡的政治结构,其最大的不同在于他信将农村地区作为政治上的盟友,从而打造了一个不受军人集团和王室—保皇派直接干预的政治基础。对于传统政治力量的依赖度降低不仅体现在国家政治层面,在南部分离主义冲突上他信也选择让警察部门发挥主导作用,进一步压制了军人集团在国家安全事务上的话语权,"侵犯"了军方传统的管制区域和职权。因而,他信的"新方案"将南部冲突问题变成了军队和警察之间在安全事务上的竞争,这种竞争主要体现在以下三个方面。

第一,在南部分离主义冲突解决方式和路径上存在分歧。泰国军队自身作为王国的保卫者,在南部冲突中扮演着相对温和的角色,尤其是南部第四军区部队与当地马来穆斯林社群更加熟悉,在炳政府时期发挥了良好的抑制分离主义冲突的作用,因而军方对于南部问题掌握更多情报和社会联系,认为一线安全行动应该保持克制、谨慎,对于他信政府的"偏执镇压"持保留态度。对审慎安全行动战略的重视程度在"库塞清真寺"与"榻拜"两起事件发生后变得更高,军方高层认为强硬镇压只会适得其反,反而会提升民众对分离运动的支持。因而,泰国军方在南部开展安全行动的同时,重视修复与当地马来穆斯林社群的关系。例如,军方将泰王拉玛九世提出的"适足经济"理念运用于此,他们在其负责的安全区域内为穆斯林居民区提供资金,帮助每家每户修建鱼塘、种植经济作物和草药植物等创收项目,改善与穆斯林民众的联系,以此换取更多的有效情报。[①] 相比之下,警察部门则更加激进,实施强硬的镇压路线。采用这种激进方针并不是因为中底层警员本身偏好强硬手段,而是存在两个方面的原因:其一,他信政府施加了政治压力,要求警察部门迅速有效地解决南部冲突问题,并赋予其自由裁量权,导致警察执法行为不得不为提升效率而采取强硬手段;其二,南部安全形势对警察人身安全构成了针对性威胁,警察部门缺少与当地社群的联系和信任,分离主义武装分子则将时常出没在穆斯林社群的警察作为其重点袭击对

---

① Duncan Mc Cargo, *Tearing Apart the Land: Islam and Legitimacy in Southern Thailand*, Ithaca, New York: Cornell University Press, 2008, pp. 113 – 114.

象。为了应对南部问题,警察部门扩员时未开展系统训练(仅1年),警员需要承担长达5年的巡逻执法任务,导致一线警察处于高压和紧张状态,倾向于采取强硬手段开展安全行动。因而,在21世纪初的南部冲突中警察往往比军队更加凶狠和强硬。

第二,在内部人员、民兵和乡村支援兵等组织建设与合作方面,军警部门存在竞争和分歧。警察部门由于自身执法和安全压力大,采取了军事化发展战略,在2005年7月到2006年1月之间,培训了22批(共计3600人)专门从事镇压叛乱和战斗任务的新警员,其在内部人员装备的配给上使用军队装备和战术训练,在日常执法方面取消了两人为小组的传统巡逻执法模式,而是选择组建以12人为一个单位的战斗小组模式,巡逻范围缩减为主要干道,避免深入社区执法,同时为警局设置沙袋、铁丝网等防御工事。警察部门还实施了名为"社区警察"(Tor Ror Chor)的项目,每个乡镇(Tambon)由两名正式的武装警察担任该计划的负责人和副负责人,然后在乡镇中的每个村庄招募约4名志愿者(佣金约4500泰铢),这些社区警察志愿者主要负责在其街区和村庄巡逻,并向警方报告可疑活动和问题。[1] 与此同时,军方也实施了类似的民兵和志愿兵招募和建设计划,与警察部门形成了组织堆叠和竞争的情况。

军方组建的准军事组织主要有两支:其一,2004年9月王后资助组建的、主要由佛教徒组成的"乡村保卫力量"(Or Ror Bor),皇家卫队在陶公府为最先招募的1000名新兵进行了为期两周的训练,内政部为这些民兵提供了步枪和猎枪,由各村村长保管,主要负责保卫佛教徒社区以及佛教宗教设施;其二,规模最大的、由佛教徒和穆斯林混合组成的"乡村防卫志愿兵"(Chor Ror Bor),其最先是由内政部于1985年提出的"乡村发展和自卫志愿者"计划建立的,在指挥上隶属于军队主导的"内部安全行动司令部"(ISOC),主要负责为自己所在地区及附近村庄的领导、教师、公立学校和政府基础设施提供安全保障,每个村庄的志

---

[1] Duncan Mc Cargo, *Tearing Apart the Land: Islam and Legitimacy in Southern Thailand*, Ithaca, New York: Cornell University Press, 2008, p. 124.

愿兵约30人，拥有15支枪，而内政部每月为其提供2万泰铢的财政预算。在2002—2004年，军队推动该项目额外招募了24300名志愿兵，并在2005年进一步扩招，使得南方1580个村庄共招募了47400名志愿兵（每个村庄约30人）。2007年7月28日，SBPPC进一步扩大招募计划，在2009年年底之前再招募7000名志愿兵。[1] 此外，泰国政府于2005年2月批准在南部的陶公府设立一支新的驻扎部队——第15步兵师，该师级部队规划兵力为13000人，并且计划在2009年之前实现招募30%—40%穆斯林士兵的目标，这一决定也得到军队支持，希望通过建立新的军事单位和吸收更多来自当地社群的穆斯林士兵，提升军人在南部安全行动方面的权威性和可信度，通过"同族平叛"的模式提高安全行动的效率。

21世纪初随着南部冲突日益激化，军队和警察都倾向于将安全行动的职责分包给各自培植的民兵和志愿兵等准军事部门。但是，这种项目堆叠起来不仅造成资源浪费、重复招募和效率低下的管理问题，而且在安全行动路线上的分歧更让这些准军事组织中的穆斯林成员成为泰南分离主义武装重点袭击的对象，在后者看来这些为政府工作的穆斯林是假装信仰真主的"伪君子"（Munafik），属于优先打击对象。同时，由于缺少协调指挥和安全合作，军警部门之间对于准军事组织的指挥和安全存在巨大的信息鸿沟和决策差异。这一系列因素进一步恶化了南部分离主义冲突，造成南部冲突中穆斯林的死亡人数节节攀升。

第三，军警部门的情报网络不仅情报质量较差，而且互不信任，无法共享情报，甚至出现互相破坏情报网络的事件。尽管泰国政府尝试提升情报部门的素质和效率，但是情报质量较差仍是泰国军警部门在南部边境三省开展安全行动的最大难题。例如，军队和他信政府都推动从美国、以色列等西方国家引进情报搜集设备，派遣情报人员接受培训，但是在南部问题上这些先进的情报人员和设备并没有发挥有效作用，原因

---

[1] International Crisis Group, *Southern Thailand: The Problem with Paramilitaries*, October 23, 2007.

在于泰国情报人员对于搜集南部分离武装的情报普遍缺乏耐心和必要的马来语技能,导致情报搜集技术无法得到运用。不仅如此,大约有9个不同的政府和军警机构参与了南部地区的情报搜集工作,但是这些机构没有系统地分析其搜集的情报,反而将一些迎合政府政策的情报上交至国家安全委员会、SBPPC等高层决策部门,加剧了机构间的不信任和不合作问题。

此外,他信在决策时绕开正式情报程序,更加偏好通过私人关系从特定的军警高级官员处获取情报,以此建立自己的情报网络,甚至依托自己的企业部门开展监听。由于情报系统的混乱和缺乏协调,军警部门为了开展安全行动只能依赖旧有的情报网络并尝试自主获取有用情报,但是南部冲突出现的新形势和新力量,使军警部门只能依靠收买和拉拢一些低级别的分离武装人员获取情报,而通过这种来源得到的信息往往无法为安全行动提供有价值的参考。另外,更为严重的问题是军警部门互相破坏情报网络。例如,他信于2002年取缔SBPAC和CPM－43时,警方为了建立对南部冲突的主导权,便利用这个机会逮捕或暗杀了至少20名军方线人,其中大部分都是20世纪80年代向政府投降的前分离运动武装分子。[1] 情报系统的混乱和内耗让军警部门在执行安全行动时变得更加低效,同时也让他信政府在决策时仅仅依靠一些迎合其"偏执镇压"政策的情报,导致南部冲突持续升级。[2]

(三) 商人试错:他信政府对南部分离主义冲突的收买政策

虽然他信政府实施的镇压策略强硬且偏执,但是他信经常谈及改善南部经济有利于消除叛乱的潜在条件。[3] 因而,他信在解决南部问题的过程中也尝试开展了一些收买政策。这些政策在他信看来聊胜于无,用

---

[1] Duncan Mc Cargo, *Tearing Apart the Land: Islam and Legitimacy in Southern Thailand*, Ithaca, New York: Cornell University Press, 2008, p. 116.

[2] Joseph Chinyong Liow, "The Security Situation in Southern Thailand: Toward an Understanding of Domestic and International Dimensions", *Studies in Conflict & Terrorism*, Vol. 27, No. 6, 2004, pp. 542–545.

[3] 《泰国总理承诺发展南部经济》,《BBC中文》2004年1月10日。

一种"商人试错"的态度毫无规划地投入一些资金和项目。他信政府上台以来力主推动的"草根政策"同样在南部边境三省实施,目的是拉动当地经济发展,抑制当地民众对分离运动的支持。例如,他信设立的"村庄基金"能够为每个村庄提供大约 100 万泰铢的贷款,然而在南部穆斯林省份推行该基金时却发现这一支持农业发展的融资方式与穆斯林的利息禁令相冲突,遭到部分宗教领袖和虔诚穆斯林的抵制(南部历来不是泰爱泰党的票仓,民主党可能也在一定程度上阻碍了他信草根政策的落实)。同样未能见效的是他信政府委托更受南方穆斯林信任的军方部门实施的创造就业计划,这一计划试图让马来穆斯林获取额外的收入,但是这种就业大多数是与政府和军队部门相关的一些工作,接受这份工作的马来穆斯林会被分离武装分子视为加入民兵志愿组织一样的背叛者,更可能遭遇袭击。[1]

在教育政策方面,他信政府认为语言和教育问题是阻碍穆斯林发展经济、融入泰国市场的关键,所以他信政府尝试在南部穆斯林省份加强建设双语学校,在学生学习的早期使用马来语作为教学语言,然后在高年级学习中改用泰语作为教学语言。然而,该政策在落实过程中却将首要任务定为确保伊斯兰学校受到政府的严密控制并适应泰国发展的需要。不仅如此,泰国教育部于 2004 年年初强制要求在其管辖范围之外的传统伊斯兰学校必须在教育部注册,大约有 214 家传统伊斯兰学校在 5 月截止日期前完成了注册,将正式注册的传统伊斯兰学校数量提升到 300 多家。据估计,这 300 多家得到国家承认的传统伊斯兰学校大约拥有 15000 名学生,承担着 70% 的马来穆斯林学生的教育,而这些学校的毕业生可以选择继续接受世俗高等教育,或前往政府出资建设的南部省份的伊斯兰大学深造(宋卡王子大学、惹拉伊斯兰大学、国立伊斯兰研究院等)。据估计,在小学阶段,有 184890 人(占所有学生的 88%)在公立学校学习,只有 22200 人接受私立教育。可见,南部边境三省教育系

---

[1] Janchitfah Supara, *Violence in the Mist*, Bangkok: Kobfai Publishing Project, 2004, p.70.

统的变化尤其显著，"这些得到教育部承认的教育机构逐渐得到了马来穆斯林的认可，现在它们比传统穆斯林学校更受尊重"。① 尽管教育建设推进效果显著，但是这种逐渐泰化和强制注册的政策极大地挤压了传统伊斯兰学校的生存空间，不少马来穆斯林，尤其是宗教教师认为这是对他们引以为豪的伊斯兰教育传统的侮辱，促使其更加支持主张马来民族主义路线的分离运动。

同时，他信个人对南部穆斯林文化的低敏感度也引发了一些不满。例如，他信在公开场合将"榻拜"事件中遇难者的死亡归咎于斋戒禁食，甚至建议伊斯兰学者和相关委员会更加仔细地阅读《古兰经》，防止人们因过度禁食而导致死亡。他信在许多安全行动中加入更为激进的要求和指示，包括提议剥夺叛乱分子活跃村庄和地区所有的政府援助，下令对伊斯兰学校和清真寺进行安全突袭，在军队开办的穆斯林新兵训练营开展历史文化和爱国教育。国家领导人对南部马来穆斯林文化的不熟悉和不尊重疏远了大量穆斯林，而且还为分离主义运动提供了马来穆斯林遭遇泰国殖民统治和强制同化的证据，进而将这种反感情绪扩散至更加广大的穆斯林社群。

此外，他信政府设立"民族和解委员会"展示自己的和解姿态。在2005年2月选举后，泰爱泰党独揽375个众议院议席，形成泰爱泰党"一党独大"的国会格局，他信则成为泰国第一位连任的、完全控制众议院的民选总理。这一局面加剧了王室—保皇派、军人集团、官僚集团以及城市中产阶级等势力的不满。实际上，在他信第一任期内其开展"银弹攻势"并在2003年先后发动"扫毒打黑"行动分化，打压地方豪强—政客集团，针对官僚集团开展行政体制改革，推动军队改革和任用亲信（削减军费开支，提拔堂兄差西特·西那瓦出任陆军司令），压制

---

① Ibrahem Narongraksakhet, "Educational Change for Building Peace in Southern Border Provinces of Thailand", in Imtiyaz Yusuf and L. P. Schmidt, eds., *Understanding Conflict and Approaching Peace in Southern Thailand*, Bangkok: Konrad-Adenauer-Stitunge. V., 2000, pp. 143 – 156.

城市中产阶级的舆论自由和政治游说，引发了诸多政治冲突。① 他信的连任给政治反对派带来了更大的压力，因而在泰国南部问题迟迟得不到解决且冲突不断升级的情况下，王室—保皇派将此作为一个机会采取了一些行动向他信政府施加压力。

2005年2月28日，枢密院院长炳·廷素拉暖在曼谷就南部边境省份日益恶化的安全局势发表了一次重要的公开演讲，他敦促总理他信接受国王和王后的建议，对南方问题采取和平谨慎的态度，而不是在没有正确了解局势的情况下仓促派兵镇压，这象征着王室—保皇派开始公开反对他信政府的南部政策。② 在此压力下，他信随即在3月给予回应，建立了"民族和解委员会"（National Reconciliation Commission，NRC），负责监管动荡的南部地区的和平进程，解决南部冲突问题。NRC由阿南·班雅拉春担任主席，普拉瓦设·瓦西担任副主席，其成员大多数是泰国负有盛名的政治精英和专家人士。不过，他信建立NRC的真实动机并不是为了真正采取缓和或妥协政策应对南部冲突，而是在一定程度上缓解王室—保皇派的政治压力。因而，尽管NRC主席阿南经常批评他信政府处理南部问题的政策，甚至与他信进行公开辩论，称其南部政策"工作效率低下""逮捕无辜民众"以及"加剧当地民众的不信任"，但是他信仍旧坚持"偏执镇压"，在2005年7月颁布紧急状态法令，进一步提升南部的镇压力度。③

NRC就如何解决南部冲突开展了政策研究，于2006年6月5日发布了一份研究报告，指出泰国对马来穆斯林的结构性歧视，以及缺乏文化理解和尊重："他们被视为局外人，被边缘化，成为二等公民，生活在

---

① 周方冶：《从威权到多元：泰国政治转型的动力与路径》，博士学位论文，中国社会科学院研究生院，2011年。

② Duncan Mc Cargo, "Network Monarchy and Legitimacy Crises in Thailand", *The Pacific Review*, Vol. 18, No. 4, 2005, pp. 499–519.

③ Duncan Mc Cargo, "Southern Thailand: The Trouble with Autonomy", in Michelle Ann Miller ed., *Autonomy and Armed Separatism in South and Southeast Asia*, ISEAS Publishing, 2012, pp. 223–226.

一个执意破坏他们的语言和文化传统的国家之中。"① NRC 建议政府实施四项温和的缓和政策：第一，在南部边境省份引入伊斯兰法律；第二，将北大年马来语（Yawi）作为南部区域的官方语言；第三，建立一个无武装的维和部队；第四，建立"南部边境省和平战略管理中心"（Southern Border Provinces Peace Strategy Administration Center, SBPSAC）和"南部边境省地区发展委员会"（Council for the Development of the Southern Border Provinces Area），寻求与分离组织开展政治协商和对话。② 令人唏嘘的是，不仅坚持强硬镇压的他信政府对此报告置之不理，而且作为支持建立 NRC 的王室—保皇派代表的炳·廷素拉暖也公开批评此份报告，认为"作为泰国人我们不能接受（这份报告）。这个国家是泰族人的国家，语言是泰语"，这一表态让 NRC 的处境十分尴尬。③

实际上，NRC 报告关于解决南部问题的建议已经经历了长时间的内部辩论，部分成员曾提出可以赋予南部边境省份更多的自治权利，而阿南作为主席示意 NRC 成员不要提出如地方自治或分权的"激进方案"，这也是强调要"和平谨慎"的王室—保皇派所无法容忍的，其反对任何形式的分权或自治。④ 相比之下，南部穆斯林精英希望政府在现行区政府的基础上进一步下放权力，在边境三省开展省长和区首长（Nayok）选举，然而这种声音由于指向更多分权，无法进入 NRC 或政府的政策过程。可以说，王室—保皇派迫使他信政府推动的缓和手段最终被众人遗弃，南部问题的和解在 21 世纪初只是顽固的民粹政治和保守的传统政治开展政治竞争的工具，任何缓和与妥协的尝试都

---

① National Reconciliation Commission, *Overcoming Violence Through the Power of Reconciliation*, English version, Bangkok: NRC, 2006, p. 11.

② National Reconciliation Commission, *Overcoming Violence Through the Power of Reconciliation*, English version, Bangkok: NRC, 2006, pp. 105 – 108.

③ "Prem Disagrees with Proposed Use of Malay as Official Language", *The Nation*, June 25, 2006.

④ Duncan Mc Cargo, "Southern Thailand: The Trouble with Autonomy", in Michelle Ann Miller ed., *Autonomy and Armed Separatism in South and Southeast Asia*, ISEAS Publishing, 2012, pp. 231 – 232.

会面临强大的阻力，和解从来都不是泰国政府解决南部问题的优先选项。①

三 后他信时代的变与不变：政体变革下南部政策的稳定化

他信时代坚持的"偏执镇压"和"象征性缓和"策略引发了政策上的混乱局面，以警察主导安全行动的"新方案"在很大程度上排挤了原本承担国内安全职能的军队的利益。

因而费迪南德·艾布尔（Ferdinand Eibl）等学者认为，南部冲突与2006年发生的军事政变有着密切关系，他信政府的南部政策使得泰国军方感到"他信宁愿听警察的话，也不愿相信军队"。他信还将南部冲突解决不力的责任归为军队懒散、效率低下，坚决反对军方高层提议的和解建议②，这些都促使陆军司令颂提·汶耶拉卡林发动军事政变，导致泰国政权再次走向"军事化"③。2006年发生的军事政变让南部冲突问题的解决出现了一丝曙光，但是这一时机很快再度遭遇泰国国内政局变化的影响而消逝。

（一）回归旧制：反他信政变后军人政权的缓和举措及其局限

他信时期的泰国政治呈现显著的两极分化态势，他信通过一系列措施建立起了强势的执政格局，并极大地打击了其他主要政治力量的利益和生存空间，这一现状导致后者联合起来，都希望能够抵制他信权势的增长，其结果就是2006年年初泰国政治冲突的集中爆发。这一冲突以2006年1月发生的"售股丑闻"为开端，利用新出台的电信外资法案，他信家族将旗下的西那瓦集团49.6%的股权以18.8亿美元的价格出售

---

① Duncan Mc Cargo, *Rethinking Thailand's Southern Violence*, Singapore: NUS Press, 2006, pp. 171 – 172.

② S. P. Harish and Joseph Chinyong Liow, "The Coup and the Conflict in Southern Thailand", *Crossroads: An Interdisciplinary Journal of Southeast Asian Studies*, Vol. 19, 2007, pp. 161 – 184.

③ Ferdinand Eibl, Steffen Hertog and Dan Slater, "War Makes the Regime: Regional Rebellions and Political Militarization Worldwide", *British Journal of Political Science*, Vol. 51, No. 3, 2021, pp. 1002 – 1023.

给了新加坡淡马锡公司，实现了巨额避税，率先引发了以"人民民主联盟"为首的城市中产阶级的大规模示威游行活动，国会三大反对党（民主党、泰国党、大众党）也联合起来在众议院要求他信下台，而泰爱泰党内部派系在此情况下发起了"逼宫"。内外交困让他信于2月24日解散国会（实际上他信对泰爱泰党的民众支持率抱有信心），并于4月提前举行众议院选举。此番斗争以3月红衫军与黄衫军在曼谷对垒为标志，反对党集体抵制大选，泰爱泰党获得1586.6万张选票（占61.1%），但是空白票（即反对泰爱泰党的选票）达到984.2万张（占37.9%）。虽然得票率非常高，但是此番选举出现了大量选区仅有泰爱泰党候选人的"怪象"，反对党占优势的选区产生了40个空白席位，导致众议院仅产生了460个议席，无法达到宪法要求的500议席，由此他信面临选举无效的巨大政治危机。

在此情况下，虽然泰爱泰党尝试在国会召开宪法解释会议，但是拉玛九世颁布谕令称众议院议席空缺是"不民主的"，要求宪法法院化解当前困境。结局可想而知，2006年5月8日宪法法院裁决4月选举"违宪无效"，将重新举行大选。这一决定得到反对党的支持，并承诺参加下次选举，看守政府宣布在10月15日再次举行众议院选举。随着大选之日临近，反他信联盟蠢蠢欲动，但是由于未能改变他信拥有广大支持基础的情况，反他信集团很难在10月的选举中打败他信。在民主途径无法修正现状的情况下，以陆军司令颂提为首的军人集团开始谋划政变，其征兆为2006年7月颂提开展的"例行人事调动"，他将129名中高层陆军指挥官调离曼谷，其中大多数是他信政权的支持者，为之后的政变扫平了障碍。同年9月19日，颂提趁着他信前往美国出席联合国大会的时机实施政变，公告他信政府下台，并立即废除《1997年宪法》，由新成立的民主改革委员会接管政权。[1]

军事政变发生后，马来穆斯林分离组织PULO领导人卢克曼·利马

---

[1] 周方冶：《从威权到多元：泰国政治转型的动力与路径》，博士学位论文，中国社会科学院研究生院，2011年。

(Lukman Lima)公开发声表示支持，愿意与军人政府共同解决南部问题，但是其政治诉求仍旧是寻求南部独立。① 而就在2006年政变发生前的几天，颂提公开宣称："我们所有军人，无论是士兵还是将军，每天都在冒着生命危险。我不希望看到政客们把责任都推到外勤军人身上。"② 这一讲话将政变与军人集团对他信南部政策的不满联系在一起，而颂提政变也确实给泰南问题的解决提供了一次机会。2006年10月1日，前陆军司令、保皇派素拉育·朱拉暖得到民主改革委员会任命和国王谕令成为总理，素拉育上台后便宣布自己的首要任务是在一年内解决南部省份的叛乱问题。③ 素拉育开展的行动主要包括三个方面：第一，为前政府在南部冲突中犯下的错误道歉，尤其针对"橡拜"事件中78名死亡的示威者表示忏悔，宣布撤销对剩余被捕示威者的指控④；第二，重建SBPAC和CPM-43，强调通过和平手段解决南部冲突问题的重要性，将SBPAC置于ISOC的管理之下，由军队统一指挥南部安全行动；第三，终止他信政府实施的黑名单制度，重新恢复军警部门与马来穆斯林线人的合作，力求搭建更加有效的情报网络⑤。

尽管主张和平方式应对南部冲突，但是素拉育政府上台之后南部冲突水平却呈现日渐激化的趋势。冲突水平提升的原因在于，军警部门的竞争并没有因为军队重新掌握主导权而降低，军警部门互相指责对方——警方抱怨自己被军方边缘化，军方则认为警察多年以来毫无建树。⑥ 由军人主导的素拉育政府时期更加倚重军事力量，准军事民兵组

---

① "Muslim Rebel Leader Welcomes Thailand's Coup", *Dow Jones Commodities Service*, September 2, 2006.
② Human Rights Watch, *No One Is Safe: Insurgent Attacks on Civilians in Thailand's Southern Border Provinces*, New York: Human Rights Watch, 2007.
③ "Retired Army Commander Sworn in as Thailand's New Prime Minister", *Associated Press*, October 1, 2006.
④ "Thai Military Drops Charges Against Protesters on Anniversary of Deadly Protest in South", *Associated Press*, October 25, 2006.
⑤ "Blacklists of Suspects Scrapped", *The Nation*, November 9, 2006.
⑥ International Crisis Group, *Southern Thailand: The Impact of the Coup*, Brussels: International Crisis Group, 2007, p. 16.

织的规模进一步扩大，2007年年初泰国游骑兵至少扩充了10个连（约6000人）的力量。2007年9月，阿努蓬·波钦达成为陆军总司令后，支持进一步增加在泰国南部边境省份的正规和准军事部队的数量，将营数从18个增加到33个，并要求四个军区各自负责一个马来穆斯林省份，为相关安全行动提供支持和保障。素拉育上台后南部冲突事件数量和死亡人数显著上升，在2006年政变前的几个月里，南部冲突平均每月死亡人数约为56人，然而到了11月，仅一个月时间就发生了208起事故，造成81人死亡。11月3日，也就是素拉育公开为政府行为道歉的第二天，发生了46起不同的冲突事件。2007年1月和2月的死亡人数略有下降，分别为78人和50人，但2月冲突事件数量急剧增加，共发生243起事件，包括81起爆炸，80起枪击事件。分离主义武装的袭击行动甚至扩展到了曼谷地区，2007年新年前夕，9枚炸弹在曼谷同时被引爆，造成3人死亡，38人受伤。①

有学者对此评论称，"由于他信的政策失误，泰国政府在收集重要情报方面倒退了几十年，因此，现任领导人和前任一样，对谁是叛乱分子一无所知"②。因而，无论是镇压行动还是缓和策略都很难充分发挥抑制冲突的效果，"避免使用暴力来对抗暴力"和"遵守法治"的缓和措施需要时日方可见效。但是随着南部冲突的显著激化，素拉育总理很快就转变了其上台初期坚持的南部和平政策，他明确表示，"我们将不得不使用武力来保护我们的人民，因为那些叛乱分子似乎不想用对话来解决暴力问题"③。随后，2007年3月15日，素拉育政府宣布将再派遣2000名士兵前往南部边境三省，以支援已经部署在那里的20000多名士兵，并进一步考虑在街道层级再增加3300名警察。④

---

① "Ousted Thai PM Backers Eyed in Bombings", *Associated Press*, January 2, 2007.
② S. P. Harish and Joseph Chinyong Liow, "The Coup and the Conflict in Southern Thailand", *Crossroads: An Interdisciplinary Journal of Southeast Asian Studies*, Vol. 19, 2007, pp. 161–184.
③ "Thailand to Rope in Malaysia for Talks with Militants", *Straits Times*, February 17, 2007.
④ "Thailand Sends more Troops to South to Stem Rising Violence", *Straits Times*, March 16, 2007.

第五章　恩威并施　分而治之 / 255

（二）第三方调解与和谈：泰南分离组织和泰国政府的意愿与困境

他信执政期间，泰国军方曾在泰王拉玛九世的授意下尝试通过马来西亚政府与泰南部分分离组织开展对话与和谈。而在2006年政变发生后不久，有报道称泰国军方和一些分离组织之间的和平谈判已经进行了将近一年，这些会谈都是在马来西亚兰卡威岛举行，由马哈蒂尔·穆罕默德领导的非政府组织——"全球首要和平组织"（Perdana Global Peace Organization，PGPO）组织和主持，Bersatu 的领导人万·卡迪尔·切曼和 PULO 的领导人卡斯图里·马科塔（Kasturi Mahkota）都表示支持进行会谈，并欢迎将马来西亚作为谈判地点。[①] PGPO 在一份声明中透露，Bersatu、PULO、BRN-C 和 GMIP 都参加了该系列的会谈。[②]

在会谈中，部分泰南分离组织对于马来穆斯林分离运动的政治诉求作出了一定让步，表示自己愿意放弃寻求北大年完全独立的要求，甚至可以放弃将马来语作为南部省份的官方语言的要求。但是，他们希望政府能够纠正马来穆斯林遭遇不公正待遇的现状；促进南部边境省份的经济发展；改善穆斯林接受教育的机会；让更多穆斯林参与三省的行政管理（其比例应达到50%）；对申请特赦的分离运动武装分子实行全面大赦；设立一个地区性官方机构，穆斯林居民和团体可以通过该机构提出投诉和关切。作为交换条件，武装分子将停止一切暴力活动并交出所有武器。[③] 然而，这种让步并没有得到分离组织的一致同意，尤其是实力最强的 BRN-C 并没有表示要作出任何让步。

可见，马来穆斯林分离运动派系竞争的动员强度对其在和谈中采取统一立场和协调行动产生了负面影响，尤其是无法控制一线武装分子接受停火，那么和谈将很难开展，而素拉育上台后南部暴力水平的提高恰恰印证了此次马来西亚协调对话并没有取得实质性进展。不仅如此，分

[①] "Thai Insurgents Want Peace Talks in Malaysia: Report", *Agence France Presse*, October 10, 2006.

[②] "Edward Cropley, Thai King Backed Mahathir Peace Talks with Rebels", *Reuters News*, October 10, 2006.

[③] "Thai Rebels Ready to Strike a Deal", *The Age*, October 7, 2006.

离组织部分领导人认为，马来西亚并不是一个理想的第三方协调者，因为其与部分分离组织联系密切，甚至此次和谈也是在马来西亚政府和马哈蒂尔对部分分离组织施加压力的情况下促成的，并且此次会谈具有非正式性质，参与者大多数是都没有得到正式授权的个人，无法达成有实质效力的协议或声明。[①]

泰国政府对于马来西亚作为第三方调解者同样存在顾虑，泰南问题是泰国和马来西亚两国产生摩擦的一个长期根源。其原因在于南部边境三省在族群血缘、宗教文化和经济联系等方面与马来西亚北部有着千丝万缕的关联，这种联系是王国历史时期就已存在的。自泰南分离主义运动兴起之日起，马来西亚就作为重要的外部支持者源源不断地向分离组织提供援助与庇护，无论这种支持是否得到马来西亚政府的承认，都造成了泰马"国家间的不信任"。[②] 21世纪初南部冲突再度激化时，泰国政府就对马来西亚产生了严重怀疑。例如，2002年3月，他信威胁要剥夺任何具有泰马双重国籍的分裂分子的公民身份，并声称如果能够更有效地控制移民，就可以平息南部暴力，因为现有的边境安排允许叛乱分子越过泰马边界逃避抓捕。[③]

泰马政府多次就双重国籍问题进行交涉，马来西亚同意在取消双重国籍方面开展合作，但是坚决反对泰国政府对其支持分离组织的怀疑，并多次拒绝泰国政府有关提供武装分子的相关信息或名单的要求。这种不够坚定的立场很难打消泰国政府的疑虑，而马来西亚国内确实有不少民众和政治力量同情泰南马来穆斯林的"抗争运动"。在1977年进行的一项马来西亚人对泰南问题的态度调查中，大多数受访者支持马来西亚

[①] "Thai Muslim Group Prefers Scandinavian Broker for Peace Talks", *Kyodo News*, October 24, 2006.

[②] Wen Zha, "Trans-Border Ethnic Groups and Interstate Relations within ASEAN: A Case Study on Malaysia and Thailand's Southern Conflict", *International Relations of the Asia-Pacific*, Vol. 17, No. 2, 2017, pp. 301 – 327.

[③] Joseph Chinyong Liow, "The Security Situation in Southern Thailand: Toward an Understanding of Domestic and International Dimensions", *Studies in Conflict & Terrorism*, Vol. 27, No. 6, 2004, pp. 539 – 540.

政府实施积极干预的政策。1992年，马来西亚时任副总统阿卜杜勒·哈迪·阿旺曾公开表示同情马来穆斯林分裂分子，他认为PAS"必须为他们提供帮助，因为我们的穆斯林兄弟在泰国南部生活的各个方面都受到歧视"[1]。因而，马来西亚不可避免地受到泰国政府的怀疑，很难有效发挥调解作用。

对于泰国政府而言，第三方调解的过程也伴随着无法发出可信信号和承诺的困境。原因有二：第一，泰国南部分离运动的分裂状态使之很难控制暴力活动的进行，在此情况下坚持温和立场的泰国政府领导人很容易受到冲突事件的压力而改变自己的立场，这种可能性受到政治反对派和军警竞争的影响而变得非常高，素拉育总理任内的南部政策就是这一困境的典型例证；第二，泰国却克里王朝自建立以来坚持"国家—宗教—国王"三位一体的立国之本，暹罗人始终倾向于民族同化和中央集权，并将其作为治理泰国的根基，而联邦主义和地方分权则属于"异端"。但是，政治对话与妥协意味着很可能需要在分权或自治议题上做出让步。"实际上，对于许多泰国人（即使是那些相当开明的人，更不用说那些保守派官僚和军官）来说，公开讨论南部地区自治无异于叛国。"[2]

（三）冲突的延宕：红黄争斗下南部问题长期化

2006年政变后军人集团实施宪政改革，以限制他信阵营和新资本集团的政治力量。首先，宪法法院以存在贿选行为为由解散了泰爱泰党，5年内禁止包括他信在内的111名泰爱泰党执行委员会高层成员从政。其次，废止《1997年宪法》，颁布《2007年宪法》，重点改革选举制度，防止再次出现泰爱泰党"一党独大"的局面，如恢复大选区制，即一个

---

[1] Joseph Chinyong Liow, "The Security Situation in Southern Thailand: Toward an Understanding of Domestic and International Dimensions", *Studies in Conflict & Terrorism*, Vol. 27, No. 6, 2004, p. 542.

[2] Duncan Mc Cargo, "Southern Thailand: The Trouble with Autonomy", in Michelle Ann Miller ed., *Autonomy and Armed Separatism in South and Southeast Asia*, ISEAS Publishing, 2012, pp. 217 – 218.

选区能够选出三个议席，给了小党生存空间；政党名单制分配的议席数量下降至 80 个，并划分 8 个选区用来选举名单制议席，取消了分配议席需得票率超过 5% 的要求；严格规定候选人资格，与选区挂钩的要求（如户籍、入学、公务员经历等）都有所提升，限制跨区域调配候选人的空间；不再限制候选人政党隶属时长，允许政客在选举前跳槽；恢复参议院任命制度，各府民选 76 名，遴选任命 74 名。此外，《2007 年宪法》还降低了众议院倒阁门槛，总理不信任案要求降低至不少于五分之一议员，反对党如果不足五分之一议席则可以在内阁执政 2 年后以二分之一反对党议员数提出弹劾；城市中产阶级也获得了更多监督政府的权利，2 万人署名便能够提请参议院罢免官员，二分之一所在地区选民可以提请罢免地方议员和地方官员。①

然而，军事政变和《2007 年宪法》的颁布并没有实现泰国政治的"去他信化"和"去农民化"。相反，后他信时代的泰国政治进入支持新资本集团的农民群体组成的"红衫军"（反独裁民主联盟，National United Front of Democracy Against Dictatorship）和城市中产阶级组成的"黄衫军"（人民民主联盟，People's Alliance for Democracy）之间你来我往的拉锯战模式，其对于泰国政治的影响在于民粹派和保守派之间的互动导致街头政治、政党对立、司法博弈等现象频发。这种现象始于 2008 年 1 月沙玛·顺通卫在人民力量党赢得大选后成功组阁，而黄衫军在 2008 年 3 月 28 日重建，发起针对政府的示威游行和街头暴动。② 红黄斗争成为泰国政治冲突的缩影和常态，其结果是南部冲突的延宕和问题的长期化。

作为他信代言人的沙玛·顺通卫在建立新政府后，再度延续了他信的南部政策方针，偏重镇压手段应对马来穆斯林分离运动。首先，沙玛总体上否定了素拉育对于南部冲突提出的"政府责任说"，转而强调南

---

① 周方冶：《从威权到多元：泰国政治转型的动力与路径》，博士学位论文，中国社会科学院研究生院，2011 年。

② 王庆忠：《泰国街头政治运动的政治社会学分析》，《国际展望》2011 年第 2 期。

部冲突中出现的死亡事件，如"榻拜"事件是由于斋月禁食引发的，而非军警执法失当造成的，展示了新政府对分离运动的强硬态度。其次，沙玛没有恢复警方对南部安全行动的主导地位，但是仍旧将镇压作为抑制南部分离运动的核心手段，沙玛选择通过"内部安全行动司令部"（ISOC）将安全行动的策划、指挥和行动权力完全交给时任陆军总司令阿努蓬·波钦达，在南部问题上赋予军方更大自主权，尊重泰国军队在国内安全事务上的主导地位，吸取了他信执政期间过度剥夺军方安全事务领导权而导致军人不满、诱发政变的教训。尽管沙玛在2008年9月遭宪法法院"司法政变"而被剥夺总理职务，其后继任的颂猜·旺沙瓦、差瓦拉·参威拉恭没有系统地提出一个超出他信政策框架的新方案，不断延长紧急状态令，南部冲突陷入暴力事件不断复发的状态。① 有学者评估认为，自从2004年南部冲突激化以来，泰国政府已经花费了超过70亿美元以尝试平息叛乱，但依旧毫无成效。②

实际上，从2008—2014年，泰国民主政治的回归处于动荡、对抗和脆弱的状态，民主化过程毫无推进，相反不断出现民主倒退的迹象，而这一时期他信阵营与反他信阵营之间的斗争几乎掩盖了南部冲突的严峻程度。在2008—2010年民主党阿披实短暂重掌政权期间，尽管阿披实宣称自己将会降低军队对南部冲突的主导权，但是阿披实政府面临着他信阵营的直接挑战，他需要军方支持来镇压反政府的红衫军抗议者以巩固权力，而阿披实政府对军方的依赖削弱了他在南部政策上的立场和努力，很难取消紧急状态法令，重新确立文官控制。③ 阿披实政府主要采取了三大举措：第一，强化 SBPAC 的地位，由于 SBPAC 和 ISOC 之间的指挥链不清晰，SBPAC 的任何行动都需要 ISOC 的批准，阿披实政府原本计划让总理直接负责 SBPAC，全权负责南部事务，但是由于军方的强烈反

---

① "Four killed in Thailand's Muslim Deep South", *Reuters*, November 5, 2008.
② "Murray Hunter, Finding a Solution in Thailand's Deep South", *New Mandala*, July 21, 2013.
③ International Crisis Group, *Southern Thailand: Moving Towards Political Solutions?*, Asia Report N°181, 2009, p. i.

对，只能将发展议程和政府官员监管的职能赋予 SBPAC，军事和安全事务仍由 ISOC 和军队负责。① 第二，提出一项为期四年、价值 630 亿泰铢（18.6 亿美元）的"南部边境五省特别发展计划"，规划包括提高当地收入、完善司法体系、改善人力资源、提振经济、增加边境贸易、提升政府治理能力等在内的六大目标。不过，这些举措并没有改变南部地区已经处于合法化状态的紧急状态令，相反加强了南部地区非正式安全模式（如倚重准军事组织）的常规地位，并且由于解决方案仅仅关注军事安全行动和经济发展而忽略了政治层面的改革，实际上对于缓解南部冲突可谓杯水车薪。② 2009 年在泰南穆斯林省份开展的民意调查显示，当地人最信任的是宗教领袖，第二是老师，第三是医生，第四是省级伊斯兰委员会，第五是大学学者，第六是街道长、村长。最不值得信任的群体则是警察、军队和政客，这是泰南冲突长期化的民意证据。③

人民力量党由于 2008 年 12 月 2 日遭到宪法法院强制解散，重组为"为泰党"，在英拉·西那瓦的带领下于 2011 年 7 月 3 日的大选中击败民主党，获得超半数议席（265/500），成功上台执政。④ 不过，虽然为泰党在选举中承诺要改善南部地区的情况，但是在 2011—2014 年英拉政府基本上坚持了与他信政府相似的政策，如重视农村地区发展、提高农民和贫困人口福利，等等，同样英拉政府没有提出新的政策解决南部冲突，与他信政府时期相比并没有太大的变化。原因在于英拉的为泰党继承了泰爱泰党的票仓，而南部边境省份继续由民主党控制，英拉政府缺少照顾南部民众需求的政治动机。与此同时，反对派联盟继续在政治上向英

---

① "National Security Laws: Key Implications for Thailand", *Bangkok Post*, October 24, 2010.
② International Crisis Group, *Southern Thailand: Moving Towards Political Solutions?*, Asia Report N°181, 2009, p. 9.
③ "Five Years, Five Months: Analysis of the 65 Months of Unrest in the Southern Border Provinces", *Deep South Watch*, June 28, 2009.
④ 袁超：《权力失序与政治衰败——基于泰国、埃及和乌克兰的政治过程分析》，《比较政治学研究》2017 年第 2 期。

拉政府施压，使英拉疲于应付不断发生的街头示威、国会和宪法法院挑战等问题，疏于关注南部冲突的情况和应对。① 英拉任内，南部冲突中的袭击变得更加大胆，汽车和摩托车炸弹更加频繁，杀伤力也变得更大，大多数袭击的目标仍然是泰国安全官员和军警人员，小规模的袭击则是为了抢夺武器。

不过，英拉任期内不少负责南部事务的机构尝试继续接触分离组织。SBPAC 负责人达威·苏松（Thawee Sodsong）曾在 2012 年尝试与 BRN-C 秘密谈判，2013 年 2 月双方在吉隆坡签署了正式和平谈判的协议，但是这一协议忽略了其他长期存在的分离组织，而 BRN-C 能够在多大程度上控制南部武装分子也是个未知数。② 尽管双方都公开表示要减少暴力，但实际情况几乎没有变化，双方达成的《斋月和平倡议》（*Ramadan Peace Initiative*）仅在斋月的第一周（2013 年 7 月 9—16 日）减少了暴力，但到月底又开始了新一轮袭击，极有可能是其他分离组织发起暴力袭击破坏谈判。③ 与此同时，泰国国家安全委员会与 PULO 和 BRN-C 之间的秘密会谈也没有取得多大成功。④

2013 年 12 月，英拉在红黄斗争不断激化和政局动荡的情况下解散了众议院，宣布 2014 年 2 月 2 日举行大选，但在反政府示威者和民主党的抵制下，大选投票遭到破坏，部分选区的议员无法产生，军方控制的宪法法院在 2014 年 3 月 21 日判决选举"违宪无效"。2014 年 5 月 7 日，宪法法院"指控英拉滥权"，英拉被迫下台，结束了两年九个月的执政。随后，5 月 20 日，陆军总司令的巴育·占奥差发动政变，强行废除《2007 年宪法》，建立全国维持和平与秩序委员会执掌政事，

---

① International Crisis Group, *Thailand: The Evolving Conflict in the South*, Asia Report N°241, 2012, pp. 1 – 2.

② "Thailand: Source Reveals Conditions of Insurgent Groups at Peace Talks", *Thai News Service*, March 28, 2013.

③ International Crisis Group, *Southern Thailand: Dialogue in Doubt*, Brussels: International Crisis Group, 2015, pp. 1 – 6.

④ "Disunity Puts Southern Peace Process on Its Last Legs", *The Nation*, October 22, 2011; "Thailand Agrees to Historic Peace Talks with Muslim Rebels", *Global Insight*, February 28, 2013.

通过遴选的方式成立国家立法会议，代行国会权力，让泰国重新回归军事统治。①

巴育上台后，没有改变前任政府对南部马来穆斯林的相关政策，延续了自己在英拉政府担任陆军总司令时期提出的南部政策方针，并且在很大程度上以低调姿态应对南部冲突问题，维持了驻扎南部边境省份的军队规模和警察队伍，并继续通过 ISOC 和 SBPAC 等实施镇压和安全行动。巴育低调的态度之下是其对军方惯例的支持，他多次在公开场合为警察和军队的安全行动或情报工作提供辩护，实际上是希望"政治上冷处理，安全上热处理"，避免遭遇素拉育、阿披实等在南部问题上的尴尬境地。②

正如国际危机组织东南亚事务高级分析师马修·惠勒指出的："2014年政变后，军政府希望把深南地区排除在新闻报道之外，也不让它出现在有关泰国的国际议程上。"③《外交学者》更是将巴育时期的南部冲突问题称为"静悄悄的危机"（Quiet Crisis）。④ 不过，巴育政府重启了英拉政府时期与南部分离组织开展的谈判，其优势是 2015 年 3 月部分分离组织联合组成了"北大年舒拉委员会"（Majilis Syura Patani，MARA Patani），将多个在前几次谈判中未能参加的组织纳入其中。⑤ 在马来西亚的调解下，双方就停火和建立安全区等议题进行了几次秘密对话和正式会议，但没有取得有效进展。⑥ 其面临的问题与前几届政府一样，即泰国政府不愿在自治或分权问题上让步，而分离组织和谈时没能实现代表性一致，如 MARA Patani 没有将 BRN-C 纳入其中，更无法实现对分离主

---

① 周方冶：《泰国政党政治重返"泰式民主"的路径、动因与前景》，《东南亚研究》2019 年第 2 期。
② "Thai PM Prayut Defends Police Monitoring of Muslim University Students", *The Straits Times*, September 17, 2019.
③ "Thailand's Quiet Crisis: The Southern Problem", *The Diplomat*, July 12, 2019.
④ "Thailand's Quiet Crisis: The Southern Problem", *The Diplomat*, July 12, 2019.
⑤ 包括 BIPP、PULO 和 GMIP 三个主要组织在内。
⑥ "Razlan Rashid and Pimuk Rakkanam, Thailand, Mara Patani Hold Technical Talks on Deep South Truce", *Benar News*, September 12, 2017.

义武装活动的控制，使得停火无从实现，进一步和谈也变得遥遥无期。①

第三节　小结

　　本章的两个案例——马科斯独裁时期和他信政府时期，共同验证了本书的研究假设 H1，即政府选择分而治之的策略。当摩洛分离运动和泰南分离运动的分离动员强度都处于派系竞争状态下，马科斯政府和他信政府不约而同地选择了分而治之的应对策略，此时摩洛分离运动和泰南分离运动的军事威胁和议价能力都比较弱。而马科斯政府虽然与摩洛分离运动达成《的黎波里协议》，但基本将后者排斥在协议实施之外，并借此吸纳摩洛穆斯林贵族和地主，分化摩洛分离运动；相比之下，他信政府则在收买政策上存在灵活度不足的问题，面对以炳·廷素拉暖为首的王室—保皇派和军人集团的压力，收买政策更多的是口号式的和表演式的，体现了政权控制模式对其政策选择的限制作用。

　　不过，需要指出的是，案例研究过程中也发现了一些本书理论解释困难的地方。例如，马科斯建立威权统治之后针对处于弱派系竞争的摩洛分离运动采取了分而治之策略，这与理论预期一致，但是随后其在 1974 年开始接受与摩洛民族解放阵线的和谈进程，似乎有采取妥协策略的趋势，这在一定程度上偏离了理论预期。不过，从当时的参与作用的因素来看，在马科斯案例中，第一阶段（1972—1975 年）的接受和谈是一种"强收买"，更多的是迫于外部干预和经济制裁的压力而选择的权宜之计，第二阶段（1975—1981 年）马科斯排除摩解实施自治协议的行动以及后者继续叛乱的事实更证实了这一判断。在伊斯兰会议组织成员国囿于自身国内民族问题，使得经济制裁压力显著下降的情况下，马科斯的政策开始转向"弱收买—强镇压"，显示了政府应对选择的过程性差异。

---

① "Teeranai Charuvastra, Thailand Pushing Hard for BRN to Join Southern Peace Talks", *Khaosod English*, January 11, 2019.

他信案例在其第一阶段（2001—2004 年）基本符合本书理论预期。较为特殊的一点是在当时的泰国精英关系中，军方与王室—保皇派站在一起，加之泰国的军事政变传统，他信政权很难有效控制军方，而选择重用警察部队作为分而治之政策的主力（侧重镇压）。第二阶段（2004—2006 年）变化的特殊之处在于泰南分离运动中少壮派兴起，开始采取"无差别袭击"策略，这在一定程度上提升了威胁能力，但并没有解决议价能力匮乏的问题，因而仍未发展为组织聚合的动员强度。他信连任后，泰国保守派力量开始集结挑战他信的民粹政权，迫使他信采取了更多收买手段，但在分而治之的组合策略中仍以镇压为主体。本书还分析了后他信时代的变迁，由于泰南分离运动始终处于"无形叛乱"的状态，无论政权如何变迁，基本延续了分而治之的策略选择，也符合本书的预期。

第六章

政出多门　干戈于内

第一节　摩洛分离运动与拉莫斯—埃斯特拉达政府时期（1997—2001年）的政策选择

一　摩洛分离运动的动员强度：伊斯兰主义旗帜下的组织聚合

（一）自治基本法与摩解放弃武装斗争

1986年2月7日，科丽·阿基诺就任总统后，为了恢复混乱的国内政治经济环境，她力图尽快解决菲南的分离主义问题，主动联系伊斯兰会议组织，亲访摩洛民族解放阵线（以下简称"摩解"）基地，恢复停火协议与和平谈判，基于1987年新宪法成立"和平委员会""棉兰老地区咨询委员会""服务与行动计划"等机构为菲南自治做好准备工作。1987年1月，阿基诺夫人政府与摩解在沙特吉达签署"自治协定"，并开展了颇为密集的磋商与谈判。1989年，菲律宾国会在收到棉兰老地区咨询委员会提交的报告后，正式通过了第6374号法令《穆斯林棉兰老自治基本法》。[1] 尽管阿基诺夫人政府展现出来的积极和解姿态达成了一定的成果，但是其依旧延续了马科斯政府时期的"规避自治"政策，仍以全民公决作为实行自治的前提条件。对摩解而言，再度使用全民公投的

---

[1] Sukarno D. Tanggol, *Muslim Autonomy in the Philippine: Rhetoric and Reality*, Mindanao State University Press, 1993, pp. 238–245.

自治模式是无法令其满意的，而实际的公投结果是 13 个省中仅有 4 个省（南拉瑙、马京达瑙、苏禄、塔威塔威）同意建立自治区，摩解再度回到暴力对抗的道路上。①

阿基诺夫人政府以摩解作为主要和谈对象的方案，实际上将"摩洛伊斯兰解放阵线"（以下简称"摩伊解"）等其他分离组织拒于门外，后者的成本强加战略也在此时逐渐升级。当摩解和阿基诺夫人政府在吉达谈判达成停火协议时，摩伊解始终拒绝承认摩解与阿基诺夫人政府达成的任何协议，宣称自己是穆斯林革命的唯一代表组织，其参谋长哈基·穆拉德公开警告称，"如果阿基诺政府继续拒绝与摩洛伊斯兰解放阵线开展和平对话，将会有麻烦"。②摩伊解在阿基诺夫人前往哥塔巴托的几天前发动袭击，攻击了哥塔巴托和棉兰老岛中部其他地区的政府目标（包括电线、桥梁等公共设施和警察与军队的驻地）。③

拉莫斯任总统期间，通过重建庇护制民主，实现了政治稳定和集中控制的政权、经济快速增长以及较低的通货膨胀率（见下文）。在此基础上，1992 年拉莫斯成立民族团结委员会（NUC），以"通往和平的六条道路"（Six Paths to Peace）启动国内和平进程。NUC 召集各种叛乱组织，包括武装部队改革运动（RAM）叛军、民族民主阵线（NDF）和穆斯林分离组织，在会议上拉莫斯提出和平倡议，提出释放并赦免参与叛乱者。④但是，由于叛乱组织内部的派系斗争，和平进程没有取得明显进展，如新人民军内部出现了主张毛主义路线的塞松派和主张温和路线的马尼拉黎刹委员会。⑤不过，与摩解的和谈有了一些积极成果。1992

---

① 郭又新：《非政府组织与菲律宾族群冲突的解决》，《东南亚研究》2008 年第 3 期。

② Thomas M. McKenna, *Muslim Rulers and Rebels: Everyday Politics and Armed Separatism in the Southern Philippines*, University of California Press, 1998, p. 246.

③ Thomas M. McKenna, *Muslim Rulers and Rebels: Everyday Politics and Armed Separatism in the Southern Philippines*, University of California Press, 1998, p. 247.

④ John McBeth, "Internal Contradictions: Support for Communists Wanes as Party Splits", *Far Eastern Economic Review*, August 26, 1993.

⑤ Joel Rocamora, *Breaking Through: The Struggle within the Communist Party of the Philippines*, Manila: Anvil Press, 1994.

年 10 月，摩解和拉莫斯政府在利比亚签署了一项谅解声明，随后举行了一系列和平会谈，伊斯兰会议组织以及由印度尼西亚主持的六国部长委员会发挥调解作用。经过两轮探索性谈判和 47 个月的正式谈判，1996 年 9 月 2 日拉莫斯政府以更为包容的态度在雅加达与摩解正式达成全面实施《的黎波里和平协议》的最终协定（以下简称《协定》）。①《协定》规定，《的黎波里和平协议》中涉及的 14 个省和 9 个城市组成"和平与发展特区"（SZOPAD）和"南部和平与发展委员会"（SPCPD），以推进穆斯林棉兰老自治区（ARMM）的建立。SPCPD 由主席、副主席和穆斯林、天主教徒以及其他土著的三名代表组成，"控制和监督 SZOPAD 承担和平与发展的机构"，包括由马科斯政府设立的菲律宾南部发展局、穆斯林事务办公室、特别发展规划小组（由贸易和工业部、国家经济和发展局、公共工程和住房部等组成的特设机构）等。②

与马科斯时代相似的是，SPCPD 的职权仍然是"总统权力的衍生和延伸"，SPCPD 及其附属机构的业务资金由中央政府承担。《协定》还规定由 81 名成员组成的协商会议，其中包括 SPCPD 主席、ARMM 省长和副省长、SZOPAD 的 14 名省长和 9 名市长、摩解的 44 名成员以及非政府组织提名的 11 名代表。协商会议负责制定必要的规章制度，以管理自治区事务。SPCPD 主席任命宗教咨询委员会（Darul Iftah）予以协助，伊斯兰会议组织派代表一道参加为监督停火与和平进程而设立的联合监督委员会。1996 年《协定》的另一个核心规定是将 7500 名邦萨摩洛军战士纳入菲律宾武装部队和菲律宾国家警察，其中 5500 人进入菲律宾武装部队（另有 250 人作为辅助人员），1500 人进入菲律宾国家警察（另有 250 人作为辅助人员）。对于其余未被纳入军警部门的邦萨摩洛军战士，《协定》制定了一项特别的社会经济、文化和教育方案，以帮助其获得教育、技术技能和生计等方面的培训。

---

① 吴杰伟：《菲律宾穆斯林问题溯源》，《当代亚太》2000 年第 12 期。
② F. V. Magdalena, "The Peace Process in Mindanao: Problems and Prospects", *Southeast Asian Affairs*, 1997, pp. 245 – 259.

1996年《协定》分为两个阶段执行。第一阶段为期三年，从《协定》签署开始，起草立法，废除或修订1987年建立ARMM的组织法（RA 6734），以"包括和平协定的有关规定和扩大目前的ARMM自治地区"。① 在SPCPD成立后的两年内（即1998年9月之前），在SZOPAD举行"投票决定相关省市加入新自治区域"的公投，并涉及自治区相关行政和立法机构。菲律宾政府必须保证自治区在国家政府和"国家所有机关"中的"代表性和参与性"，包括至少一名内阁成员，由自治区领导推荐，一名国会代表作为行业代表。自治区领导人是国家安全委员会的成员，负责所有与自治区有关的事务。第二阶段是在自治区建立一个隶属于菲律宾国家警察的特别区域安全部队（SRSF），负责自治区的社会治安。

　　尽管拉莫斯政府推动落实1996年《协定》遭遇到了比较大的阻力，但是在其建立集中控制的政权模式的背景下，拉莫斯能够在参众两院较为顺利地推动立法改革。1996年9月，密苏阿里返回菲律宾本土，被拉莫斯政府任命为SPCPD主席，在没有对手的情况下当选为ARMM省长，成为摩解进入"菲律宾正式体制"的标志性事件。② 由此，密苏阿里成为拉莫斯政府的重要政治支持者。不可否认的是，1996年《协定》"已成功地结束了政府和摩解之间的武装敌对行动"，"在政治上孤立了那些继续追求武装斗争的组织"，让摩洛分离运动进入一个新的阶段，摩洛分离运动的整体动员强度在短期内出现了显著下降，如图6-1所示。③ 拉莫斯政府原本的计划是先让摩解这个原本占据主导地位并得到穆斯林世界认可的组织实施自治，以此吸引其他分离组织，从而实现摩洛分离问题的完全解决。然而，摩解接受自治实际上背离了最初的独立道路，密苏阿里的权威被进一步削弱，摩洛分离运动内部则出现了领导权的真

---

① R. J. May, "Muslim Mindanao: Four Years After the Peace Agreement", *Southeast Asian Affairs*, 2001, p. 266.
② Amando Doronila, "The MNLF Joins Mainstream Politics", *Philippine Daily Inquirer*, July 19, 1996, p. 9.
③ Nathan Gilbert Quimpo, "Options in the Pursuit of a Just, Comprehensive, and Stable Peace in the Southern Philippines", *Asian Survey*, Vol. 41, No. 2, 2001, pp. 271-289.

空,给了摩伊解这个拥有更强组织能力的分离组织发展空间,促使其实现了分离运动的内部整合。

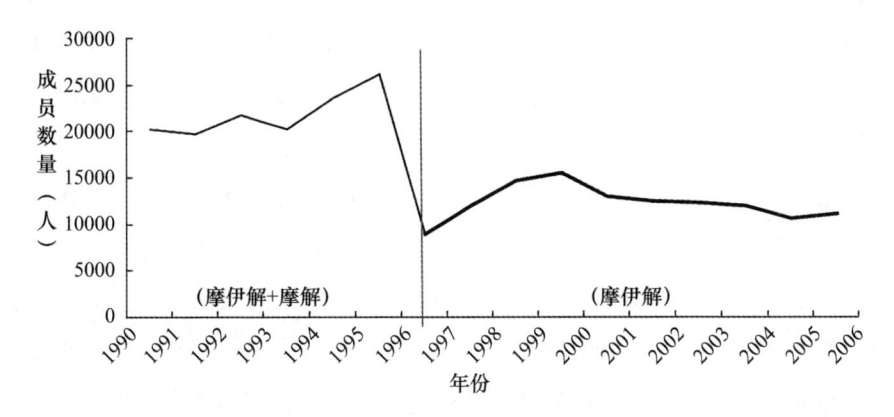

图 6 - 1 摩洛分离运动组织规模变化

资料来源:Romeo L. Bernardo and Marie-Christine G. Tang, "The Political Economy of Reform during the Ramos Administration (1992 – 1998)", *Commission on Growth and Development Working Paper*, No. 39, World Bank, Washington, D. C., 2008, p. 17.

(二) 政教联盟与摩伊解的组织建构

摩伊解一边针对菲律宾政府开展武装斗争,一边动员穆斯林参与分离运动,通过与棉兰老地区影响力日益增强的乌莱玛组成政治联盟,诸多拥有宗教权威和号召力的伊斯兰教士进入摩伊解高层,在穆斯林地区提升了组织合法性,吸引了大批虔诚的菲南穆斯林加入。与此同时,摩解与菲律宾政府的"媾和"导致大量摩解武装人员和组织中下层成员对密苏阿里感到失望,他们在自治方案中并没有得到任何实质收益,因而大量摩解前成员加入日渐壮大的摩伊解。至 20 世 90 年代,摩伊解已经发展成为拥有超过 12000 名战斗人员、13 个军事营地和 33 个控制区的强大的武装分离组织。[1] 天主教哥打巴托总教区大主教克维多曾对摩伊

---

[1] Merliza M. Makinano and Alfredo Lubang, "Disarmament, Demobilization and Reintegration: The Mindanao Experience", *The Department of Foreign Affairs and International Trade*, Canada, February 2001, pp. 3 – 4.

解的活动频次表示烦恼，"基督教社区异常恐惧和焦虑，因为他们几乎每天都会受到摩伊解战士的骚扰"，可见摩伊解在摩洛地区的军事存在已远超20世纪80年代。① 美国给出的军事力量评估认为，摩伊解拥有35000—40000名全职游击队员，而摩伊解自称其武装力量（邦萨摩洛伊斯兰武装部队）约有12万名战士（其中80%是全副武装人员）和30万名民兵。②

从组织结构来看，摩伊解建立了与菲律宾政府行政体系相似的组织架构，尤其是在政治组织结构方面，移植了从中央到村社的组织体系，为建立替代性治理打下了基础，旨在实现摩洛穆斯林独立的政治目标深刻嵌入摩伊解的组织建构。在中央机构层面，摩伊解有三个核心机构——中央委员会、舒拉大会和伊斯兰最高法院。中央委员会是摩伊解的最高决策机构，20世纪90年代主席仍由创始人萨拉玛特担任，下设分别负责政治（加扎利·贾法尔）、军事和内政事务的副主席。伊斯兰最高法院是摩伊解践行沙里亚法的重要机构，由谢赫·伊斯梅尔·阿里领导，最高法院的五位成员都毕业于中东地区的伊斯兰学校，负责在各个地区建立伊斯兰法庭，依据沙里亚法审理犯罪和民事案件，对犯下谋杀、绑架、强奸和盗窃等罪责的重犯判处死刑。舒拉大会发挥类似议会的作用，不定期举行会议，由阿里姆·安萨里·穆蒂亚担任议长，伊斯兰议会的41名成员由中央委员会任命，候选名单主要由职能部门、各省级委员会和选民的推荐产生，负责根据伊斯兰法和教义起草摩伊解控制区所需的法律。

不过，摩伊解日常活动由主席萨拉玛特领导的"圣战执行委员会"的7名成员负责管理。主席秘书处领导青年事务机构、社会福利委员会和中央研究机构，以及达瓦委员会、新闻委员会和教育委员会等职能部门。其中新闻委员会由莫哈格尔·伊克巴尔负责，他是摩伊解与菲律宾

---

① "Gov't, MILF Urged to Set Ceasefire", *Philippine Daily Inquirer*, September 16, 2000.
② Rizal G. Buendia, "The Mindanao Conflict in the Philippines: Ethno-Religious War or Economic Conflict?", in Aurel Croissant, Beate Martin and Sascha Kneip, eds., *The Politics of Death: Political Violence in Southeast Asia*, Lit Verlag Berlin, 2006, p. 154.

政府进行协商和会谈的首席和平专家。中央机构之下是省级委员会，在其控制范围内执行具体政策及负责日常治理。省级委员会包括哥打巴托、比望、拉贾布瓦扬、巴西兰、萨兰加尼、达沃、苏禄、三宝颜、南拉瑙和北拉瑙等。这些委员会负责人（主席）在省级委员会成员同意后由中央委员会任命，对中央委员会负责。省级委员会之下是市级委员会，最基层的政治单位是巴朗盖委员会。

摩伊解的武装力量由两大部分组成，分别是邦萨摩洛伊斯兰武装部队（BIAF）和内部安全部队（ISF）。武装力量由军事副主席阿里姆·阿卜杜勒·阿齐兹·米姆班塔斯领导，20世纪90年代末是摩伊解武装力量发展的高峰阶段，其中BIAF拥有6个师，每个师由6个旅组成，每个旅由6个营组成，按照常规部队的模式分布在摩伊解的各处营地。摩伊解的武装力量主要分布在棉兰老岛。摩伊解在2001年重组BIAF和ISF，以适应形势的需要，原有6个师的组织结构被9个基地司令部取代。杰克·阿卜杜拉的第一野战师改组为105基地司令部，主要在三宝颜岛的沼泽地区活动。尤尔哈尼的第二野战师负责南哥打巴托地区的104基地司令部。戈登·赛弗拉的总部师被重组为阿布·巴克尔—西迪克营地（Camp Abu Bakre As-Siddique）的101基地司令部。在北哥打巴托省，萨米尔·哈希姆的国民警卫队师成立了106基地司令部。前206旅指挥官阿梅里尔·翁布拉作为第109基地指挥官在马圭达瑙省的奥马尔·哈塔布营地附近活动。[1]

（三）从国际到国内：摩伊解的动员模式与领导权获取

摩解从兴起到接受自治整合的过程中一直得到外部行为体的支持、援助和干预，因而在其与菲律宾政府的互动中很难保持自主性，导致政治诉求频繁更替，更引发了内部派系竞争和组织能力退化。1996年密苏阿里在利比亚的敦促下带领摩解接受自治方案[2]，武装人员解除武装，

---

[1] Salamat Hashim, "Jihad All-Out War/All-Out Jihad Series", *Camp Abu Bakre As-Siddique*, AlKhutbah, July 15, 2000, p.5.

[2] Soliman M. Santos Jr., "Islamic Diplomacy: Consultation & Consensus in Accord Mindanao", *Accord: An Internationl Keviow of Peace Initities*, Vol. 6, 1999, pp. 20 – 27.

摩解随之瓦解，印证了萨拉玛特等伊斯兰主义派系领导人的观点（不应接受菲律宾政府的自治方案）。实际上，在摩解尚未实现自治的时期，萨拉玛特等人构建的摩伊解"作为一个分裂出来的组织，被认为是摩解内部的'坏人'，退出摩解，建立新组织是为他们的个人利益服务的"[①]。摩解副主席加扎利承认，他们外部支持主要来自"个人形式的同情者，他们提供了私人捐款"[②]。在意识到对外部支持的过度依赖不利于组织建设和发展，且很难持续得到外部支持的情况下，摩伊解在动员模式方面采取了更加贴近分离地区民众的路线，与当地社群建立密切的认同、意识形态、人员和资源等方面的联系。当然，摩伊解对自身组织建设的重视不代表其完全不寻求外部支持，而是更加看重摩洛穆斯林在与菲律宾政府互动过程中的自主性，例如当东帝汶从印尼争取到独立公投权时，摩伊解也尝试向联合国呼吁举行公民投票，以决定摩洛穆斯林是否愿意从菲律宾独立。[③]

这种动员模式的典型例证是摩伊解注重建设营地。摩伊解领导人将营地视作伊斯兰国家试验品，希望以此作为一个实施伊斯兰法、建立伊斯兰政体的典范，吸引穆斯林民众加入摩伊解。萨拉玛特的继承人穆拉德·易卜拉辛曾详细阐述摩伊解在摩洛地区的施政方略，他认为摩伊解试图打造一个完全从菲律宾政府及其代理人的控制中"解放"出来的"邦萨摩洛家园"，阿布·巴克尔—西迪克营地和布沙拉营地成为"摩洛民族在三十年的斗争中成功建立的理想社会"，"它不仅仅是一个军营，而是一个社区，在这里摩伊解的领导人可以证明邦萨摩洛的最佳制度是一个政教合一的系统"。[④]

[①] Marites Danguilan Vitug and Glenda M. Gloria, *Under the Crescent Moon: Rebellion in Mindanao*, Quezon City: Ateneo Center for Social Policy and Public Affairs, 2000, pp. 120 – 121.

[②] Mary Ann O. Arguillas, "The Non-Traditional Moro Elites and the Organization of Islamic Conference (OIC)", *Philippine Political Science Journal*, Vol. 22, No. 45, 2001, pp. 97 – 134.

[③] Nathan Gilbert Quimpo, "Options in the Pursuit of a Just, Comprehensive, and Stable Peace in the Southern Philippines", *Asian Survey*, Vol. 41, No. 2, 2001, pp. 271 – 289.

[④] Marco Mezzera, "The Camps of the Sun: MILF's Stronghold after Military Offensive", *Focus on the Global South*, March 7, 2001, pp. 1 – 2.

从与菲律宾武装部队的作战以及与政府的互动来看，摩伊解基于营地的建设实际上是为了强化自己与穆斯林社群的联系，并以此建设更加强大的政治和军事组织。摩伊解在其营地区域建设了两所军事学校——阿布·巴克雷—西迪克营的阿卜杜勒拉赫曼·贝迪斯纪念军事学院和布什拉·索米奥隆营地的达鲁尔·伊曼军事学院。这两所军事学校的建设让摩伊解得以摆脱其在建立之初对那些参与阿富汗战争的武装人员的依赖（萨拉玛特曾借道巴基斯坦向阿富汗派遣了数百名武装人员，接受阿富汗军事组织的培训，"让摩伊解积累了很多先进的军事技能和经验"[1]），得以自己训练拥有作战能力的武装人员。为了吸引更多的穆斯林家庭的孩子加入组织，摩伊解开展了大规模的政治宣传和动员活动，这一过程尤其倚重伊斯兰教义的功用，将加入摩伊解描绘为保卫伊斯兰教和邦萨摩洛家园的唯一方式。摩伊解在此基础上建造了数量庞大的伊斯兰学校，将其与接受军事训练捆绑在一起，让穆斯林家庭将孩子送入伊斯兰学校后自然而然地加入军事学校，成为摩伊解的一员。相比于依赖外部武器输入的摩解，摩伊解在建设军队方面实现了招募、训练、装备和技能等多方位的突破，20世纪90年代摩伊解甚至能够自己制造武器弹药，包括榴弹以及其他轻武器，解决了弹药短缺的关键问题，让长期对抗性作战成为可能。

此外，摩伊解重视与穆斯林社群建立经济社会联系，其重点是推行"自力更生"计划。摩伊解以此推动其控制区域发展农业生产，为农民提供农业贷款和补助，免费发放包括农药、化肥和拖拉机等农业生产工具。农民可以以合理的价格将自己种植的作物卖给摩伊解组建的合作社。贷款根据伊斯兰法不涉及利息，对于遭遇作物灾害的农民，摩伊解则予以债务减免。同时，摩伊解积极组织控制区内开展小型商业活动（有助于解决贫困和就业问题）。摩伊解领导层认为，在其控制区内建立商业活动，扶持农民，有助于"向摩洛穆斯林和组织成员灌输独立意识，鼓

---

[1] Marites Danguilan Vitug and Glenda M. Gloria, "Under the Crescent Moon: Rebellion in Mindanao", Quezon City: Ateneo Center for Social Policy and Public Affairs, 2000, pp. 120 – 121.

励他们为了自己的美好生活而继续支持邦萨摩洛的独立和自决"。① 实际上,摩伊解开展经济社会发展计划更多的是为分离运动筹集资金,在建立起秩序稳定的控制区后,摩伊解便拥有了可以汲取资源的对象。例如,帮助农民开展农业生产(作为核心税基的当地最大产业)能够有效提高税收。同时,摩伊解在伊斯兰法的指导下有效统合了伊斯兰学校、清真寺、伊斯兰法庭等公共机构,从而掌握了穆斯林社群的关键性群体纽带,在宗教领袖的帮助下与穆斯林建立了长期联系,并通过天课(Zakah)、自愿捐款(Sadakah)等方式扩大了收入来源。②

摩伊解的动员模式与摩解形成鲜明对比。不少学者认为这种基于伊斯兰教元素的宗教性动员实际上让摩伊解向摩洛穆斯林社群灌输了更强的意识形态和群体认同,摩伊解的组织建设和控制区治理形成了"对穆斯林的教化和解放","因此摩伊解作为一个以群众为基础的组织,得到了广泛支持"。③ 摩解与政府谈判过程中对摩伊解的排斥,让后者随着实力的增强在独立问题上采取了更加强硬的态度,20世纪90年代末萨拉玛特和穆拉德都公开宣称绝不同意独立之外的任何方案。④ 需要指出的是,摩洛分离运动中还有一个比较重要的阿布沙耶夫组织在20世纪90年代同样非常活跃。⑤ 不过,阿布沙耶夫组织在20世纪90年代的行动和政治诉求已经完全脱离了分离主义道路。菲律宾情报和国家安全研究中心主席隆美尔·班劳伊认为,"阿布沙耶夫早期阶段依赖宗教意识形态吸引追随者,但逐渐退化为以金钱利诱的方式招募新成员的土匪组织",

---

① Alpaslan Ozerdern and Sukanya Podder, "Grassroots and Rebellion: A Study on the Future of the Moro Struggle in Mindanao, Philippines", *Civil Wars*, Vol. 14, No. 4, 2012, p. 536.

② Marites Danguilan Vitug and Glenda M. Gloria, "Under the Crescent Moon: Rebellion in Mindanao", Quezon City: Ateneo Center for Social Policy and Public Affairs, 2000, p. 109.

③ "A Call to the Muslim Ummah", *Camp Abu Bakre As-Siddique*, Maguindanao, February 15, 2001.

④ Shamsuddin L. Taya, The Strategies and Tactics of the Moro Islamic Liberation Front (MILF) for Self-Determination in the Southern Philippines, 1994 – 2005: An Organizational Approach, 2006, Ph. D. dissertation, International Islamic University Malaysia, pp. 95 – 96.

⑤ 李捷、靳晓哲:《转型与升级:近年菲律宾南部恐怖主义发展研究》,《国际安全研究》2018年第5期。

很难称得上是为摩洛穆斯林自决奋斗的组织。① 同时，无论是拉莫斯还是埃斯特拉达政府都没有将阿布沙耶夫组织视为摩洛分离问题和谈框架中的对象或潜在对象。因此，相比于基本完全脱离穆斯林社群的、坚持恐怖主义的阿布沙耶夫组织，摩伊解显然更有能力聚合摩洛穆斯林的分离力量。②

但是，与摩解类似，摩伊解同样存在部族和领导权分歧的内部问题，马京达瑙、陶苏格以及马拉瑙等部族仍然是摩伊解的主要构成，其对于如何在分离运动中分配部族利益也有不同的偏好。萨拉玛特通过分权制衡的方式实现了对主要部族领袖的统合，如马京达瑙人穆拉德担任军事副主席，其作为摩伊解核心部族马京达瑙人的领袖，控制着邦萨摩伊斯兰武装部队，并得到宗教人士和其他主要部族的支持，而让出身马拉瑙族的负责内政事务的副主席米姆班塔斯控制内部安全部队、地方情报网以及主席禁卫军，以制衡穆拉德的权力。

总而言之，在摩解签署1996年《协定》进入正式体制后，摩伊解通过组织建设、控制区治理以及与宗教领袖结盟等方式，基本接管了摩洛穆斯林分离运动的领导权，在人员招募、武装力量、政治领导以及资源汲取等诸多方面都相对于摩解领导分离运动时期更接近于"组织聚合"的动员强度。或者说，1996年后，摩洛分离运动的动员强度逐渐朝着更加聚合的方向发展，这让菲律宾政府在选择分离挑战的应对方式时面临一个更加明确且强有力的互动对象。

二 政权控制趋向分散制衡：从拉莫斯到埃斯特拉达

（一）拉莫斯重建"庇护制民主"与修宪运动

拉莫斯时代（1992—1997年）属于菲律宾后马科斯威权以及民主化

---

① 卢光盛、胡辉：《身份与利益——东南亚恐怖主义根源探析》，《世界民族》2020年第2期。
② 靳晓哲：《"后伊斯兰国"时代东南亚的恐怖主义与反恐合作》，《东南亚研究》2020年第2期。

进程的重要巩固阶段，所谓"增长共识"取代了精英阶层的"反马科斯共识"。不过，正如汤普森等学者指出的，"菲律宾民主化的革命逻辑更像海地杜瓦利埃、伊朗国王和尼加拉瓜索莫扎的倒台，而不是遵从大多数成功的民主化模式。在独裁统治期间，马科斯似乎会被武装反对派打败，而不是被温和派打败"①。菲律宾开启民主化的直接原因是以恩里莱为首的遭到排挤的"马科斯派"的背叛，以及以拉莫斯为首的"武装部队改革运动"（RAM）的青年军官反对派拒绝镇压人民力量革命，发动起义迫使马科斯倒台。② 故此，1986年阿基诺夫人成为总统，以及1987年和1988年的国会与地方选举"见证了许多前专制时代的寡头、政治家和政治集团的回归"。③ 对于从阿基诺夫人到阿罗约时代的菲律宾民主政治，许多学者其称为"酋长民主"④"精英民主"⑤"亲信选举制度"⑥以及"掠夺性政权"⑦。

拉莫斯作为阿基诺夫人登上权力宝座的主要功臣，成为后者任内的国防部长，是阿基诺夫人在1987—1990年政权高度不稳定时期的"关键盟友"。作为回报，1992年阿基诺夫人对拉莫斯参加总统竞选表示支持，后者也成功当选。拉莫斯接手的菲律宾在阿基诺夫人的治理下并没有取得多少成就，无论是在国内安全问题上（和谈失败后全面进攻新人民

---

① Mark R. Thompson, "Off the Endangered List: Philippine Democratization in Comparative Perspective", *Comparative Politics*, Vol. 28, No. 2, 1996, pp. 179–205.
② 1986年2月24日夜晚，拉莫斯向马科斯发出最后通牒，警告马科斯如果再不下台，将率部队进攻总统府。起义军通过控制的电视频道向武装部队各级军官喊话，要求他们加入起义军。截止到凌晨，约有80%武装部队军人加入恩里莱和拉莫斯领导的起义部队。
③ Eric U. Gutierrez, Ildefonso C. Torrente and Noli G. Narca, *All in the Family: A Study of Elites and Power Relations in the Philippines*, Quezon City: Institute for Popular Democracy, 1992, p. 160.
④ Benedict Anderson, "Cacique Democracy in the Philippines: Origins and Dreams", *New Left Review*, Vol. 169, 1988, pp. 3–31.
⑤ Walden Bello and John Gershman, "Democratization and Stabilization in the Philippines", *Critical Sociology*, Vol. 17, No. 1, 1990, pp. 35–56.
⑥ Jennifer Conroy Franco, *Elections and Democratization in the Philippines*, New York: Routledge, 2000, pp. 71–102.
⑦ Nathan Gilbert Quimpo, "Options in the Pursuit of a Just, Comprehensive, and Stable Peace in the Southern Philippines", *Asian Survey*, Vol. 41, No. 2, 2001, pp. 271–289.

军、摩洛问题未有效解决、军政关系调整引发七次政变威胁以及美菲军事基地谈判破裂），还是在经济发展问题上（"农业综合改革方案"的土地改革、企业私有化等改革迟滞），以及政治上马科斯"效忠者"依旧活跃。民意调查显示，1987—1991年，菲律宾民众对政府腐败和公共安全环境恶化的不满情绪越来越高，阿基诺夫人上台初期经济发展势头不再（1986—1988年，菲律宾GDP年增长近5%），在1990年GDP增长率放缓至略高于2%，在1991年下降至1%左右；而通货膨胀率从1986年的不到1%飙升至1988年的6%以上，以及1991年的18.7%，如图6-2所示。因而，有学者认为阿基诺夫人为了维护自身的政治生存，放缓了菲律宾的民主巩固进程。[①] 可以说，拉莫斯上台之初面临着艰巨的国内治理问题。

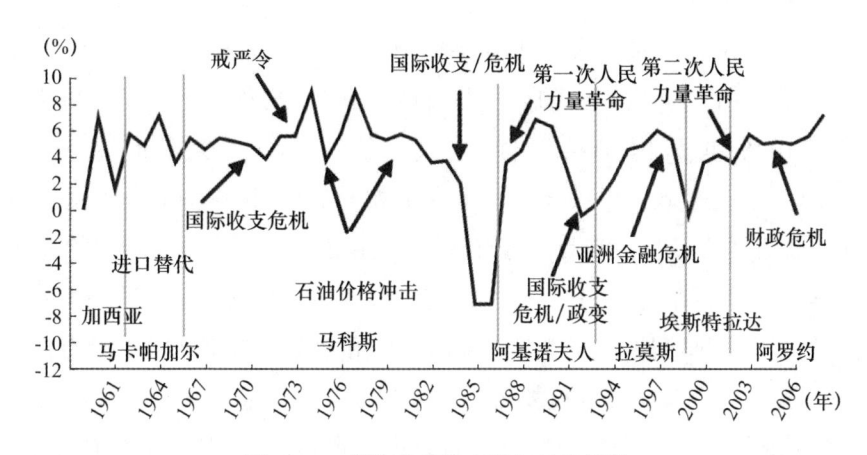

图6-2 菲律宾政治变迁与经济增长

资料来源：Romeo L. Bernardo and Marie-Christine G. Tang, "The Political Economy of Reform during the Ramos Administration (1992–98)", *Commission on Growth and Development Working Paper*, No. 39, World Bank, Washington, D. C., 2008, p. 10.

不过，拉莫斯作为新一代军队领袖，拥有丰富的文职经验，相比于

[①] Mark R. Thompson, "Off the Endangered List: Philippine Democratization in Comparative Perspective", *Comparative Politics*, Vol. 28, No. 2, 1996, pp. 190–191.

阿基诺夫人能够更好地处理与菲律宾各派势力和军队的关系。拉莫斯在1992年大选中取得的优势并不显著，其支持政党人民力量党在参议院和众议院都是少数。不过，菲律宾低制度化的政党体制让拥有强大行政权力的总统往往能够通过庇护和分肥的方式在众议院吸引大量议员加入总统政党，因而拉莫斯上台后很快得到了众议院的支持（如议长何塞·贝内西亚是拉莫斯的坚定支持者）。拉莫斯在参选总统之前在阿基诺夫人的支持下在民主战斗党内部建立起自己的派系——"民主战斗党—人民力量派"（EDSA-LDP），拉拢了28位民主战斗党众议员加入。[1] 其后，何塞·贝内西亚在下议院组建了由156名议员组成的"彩虹联盟"，巩固了拉莫斯在众议院的多数支持地位。而在参议院方面，拉莫斯采取"建设性接触战略"与参议长内普塔利·冈萨雷斯达成合作协议，从而让拉莫斯得到参议院的重要支持。[2]

拉莫斯在其任内一直努力与国会领导人直接接触，推动自己的改革倡议，拥有"非常积极的立法与行政关系"。拉莫斯在上任之初通过《第7640号共和国法案》，设立"立法—行政发展咨询委员会"（LEDAC），使行政—立法合作制度化。拉莫斯重用阿基诺夫人建立的"立法联络办公室"（PLLO），允许其成员在内阁、国家安全委员会等决策机构担任重要职务。PLLO是总统与国会领导人和议员打交道的关键机构，负责推动国会跟进拉莫斯重视的立法和政策，同时PLLO成为拉莫斯与国会议员交换好处的重要渠道。立法委员在同意总统的政策和立法之前，先通过PLLO向拉莫斯转达自己的资源需求。借助LEDAC和PLLO，拉莫斯能够推动一系列紧急的立法措施，在任期间颁布的具有国家影响力的法律超过一半（135项/229项）经过"行政认证"，而阿基诺夫人任内仅为三分之一（73项/185项），上述机制让拉莫斯能够有效统

---

[1] R. Tiglao, "Payment in Full: Aquino Backs Ramos as Candidate for President", *Far East Economic Review*, February 6, 1992.

[2] R. Lumauig, "Executive-Legislative Relations", in J. Abueva and E. Roman, eds., *The Ramos Presidency and Administration: Record and Legacy (1992–1998)*, Vol. 1, Quezon City: University of the Philippine Press, 1998.

合立法权力。①

然而，拉莫斯对立法机构的控制极其依赖财政资源的"分肥机制"。拉莫斯基于阿基诺夫人于1990年在国家财政预算中创建的"全国发展基金"（CDF），以及自己发起的"国会倡议拨款"（CIA）与"公共工程行动基金"（PWA），将国家预算、公共资源和国会专项拨款系统地用于收买国会、政党等政治精英。这些基金大多数以地方基础设施、民生援助、职务补贴等名义在拉莫斯希望发布某项政策和法案时发放给指定的机构和个人（1994年国会议员能够以个人改善生活的名义使用CDF，使得这些基金的使用更加微观化）。众议院将CDF视作其发挥政治功能的重要基础，众议长何塞·贝内西亚指出，CDF是"为所有人创造公平竞争环境的唯一手段"，"是我们向选区兑现选举承诺的资源"。② 由表6-1可知，拉莫斯利用CDF为国会两院议员提供了大量的财政支援，在1993—1997年保持了非常高的使用率。然而，1997—1998年由于亚洲金融危机的冲击，拉莫斯能够发放的基金数额受到巨大冲击，对其执政造成明显阻碍。

表6-1　　　　　全国发展基金的预算与发放（1993—1998年）（单位：百万比索）

年份	总计 预算	总计 发放	总计 占比	参议院 预算	参议院 发放	参议院 占比	众议院 预算	众议院 发放	众议院 占比
1993	2952.0	2797.0	95%	2512.5	2370.0	94%	432.0	408.0	94%
1994	2977.0	2780.0	93%	2512.5	2388.0	95%	432.0	373.0	86%
1995	3002.0	2803.0	93%	2512.5	2384.0	95%	432.0	400.0	93%
1996	3014.0	2598.0	86%	2537.5	2212.0	87%	432.0	368.0	85%
1997	2583.0	2520.0	98%	2192.4	2272.0	104%	432.0	230.0	53%

---

① R. Lumauig, "Executive-Legislative Relations", in J. Abueva and E. Roman, eds., *The Ramos Presidency and Administration: Record and Legacy (1992-1998)*, Vol. 1, Quezon City: University of the Philippine Press, 1998, p. 66.

② "Senate Gets Vote to Block Pork Barrel", *Manila Chronicle*, December 10, 1993.

续表

年份	总计			参议院			众议院		
	预算	发放	占比	预算	发放	占比	预算	发放	占比
1998	2324.0	982.0	42%	2283.75	976.0	43%	0	0	0

资料来源：笔者根据相关资料整理而成。[1]

在资源分配方面，拉莫斯虽然能够利用一系列基金与政治精英和寡头分肥，促进相关议程的推进，但是拉莫斯对于资源分配的控制也受到政治精英和寡头的制约，难以建立足够强大的汲取能力。自1986年以来，菲律宾政府每年都面临严峻的财政赤字问题，1986—1992年政府支出比收入平均高出20%，而税收效率增长缓慢，1986年为11.7%，而到1991年年底仅为16%。因而，拉莫斯上任起就希望推动出台综合税收改革方案，旨在大幅提升菲律宾政府的税收汲取能力，然而该方案在国会审议过程中不断遭到删减。例如，议员倾向于将自己家乡的产品和行业排除在增值税征收范围之外，类似这种立法过程中的利益保护使得最终出台的税收法案很难有效提升国家税收能力。

拉莫斯任期内政权集中控制的成效体现在两个方面。

其一，经济自由化改革的顺利实施让菲律宾经济迎来了一段高速发展的时期。面对阿基诺夫人留下来的经济发展困局（高通货膨胀率、高公共债务存量、低国内储蓄率、融资依赖外国资本、基础设施滞后等），拉莫斯的一系列经济改革措施（议程根据"华盛顿共识"的稳定、私有化和自由化原则制定）提振了消费者和投资者的信心。在贸易自由化方面，拉莫斯推动菲律宾于1995年加入世界贸易组织，并根据东盟自由贸易协定加快将关税降至统一的5%。在削减管制方面，拉莫斯政府通过如《建设经营转让法》等法案解除管制，推动工业私有化（如石油、运

---

[1] Ronald D. Holmes, The Centrality of Pork amidst Weak Institutions: Presidents and the Persistence of Particularism in Post-Marcos Philippines (1986–2016), Ph. D. dissertation, The Australian National University, 2019, p. 132.

输、供水等领域),解除垄断(如电信业),并吸引更多私人投资。在宏观经济层面,拉莫斯政府致力于稳定物价,并且相对有效地提升了财政税收水平,其占国内生产总值的百分比创下纪录。通过贸易投资自由化、税制改革、政府资产民营化、政府企业结构调整等改革,政府的财政状况得到了改善。世界银行的相关报告认为,1992—1997年菲律宾在拉莫斯政府的领导下,"接近于摆脱其亚洲病夫形象","菲律宾政府终于被视为一个可以下定决心并付诸行动的政府","改革使菲律宾经济接近于新工业化经济体(NIC)的地位"。[①]

其二,自拉莫斯执政起,新人民军威胁进入相对衰弱阶段。共产党游击队失去了大部分原有地区的控制权,其武装力量从1988年约25800人下降到1992年的13500人。拉莫斯任阿基诺夫人政府的国防部长后,借助情报能力的提升逮捕了几位共产党高层领导人,并在游击队活跃地区部署精锐部队,扩大了政府军实际控制区域。同时,由于菲律宾共产党领导层过于强调军事斗争策略,内部发生血腥清洗,以及流亡领导人和一线指挥官之间的分歧,导致内斗不断,在社会主义阵营和冷战形势发生巨变的背景下,实力进一步衰落。在1992年拉莫斯任总统后,菲律宾共产党游击队的规模、装备数量和控制面积都呈现显著下降的趋势,在很大程度上降低了拉莫斯实施国内改革的安全压力,见表6-2。

表6-2　　　菲律宾共产党游击队规模(1988—1996年)

年份	人数	武器	控制村庄数量
1988	25800	15500	7800
1992	13480	9290	1712
1993	8350	7600	984
1994	7670	6920	773

---

① Romeo L. Bernardo and Marie-Christine G. Tang, "The Political Economy of Reform during the Ramos Administration (1992 - 1998)", *Commission on Growth and Development Working Paper*, No. 39, World Bank, Washington, D. C., 2008, pp. 9 - 14.

续表

年份	人数	武器	控制村庄数量
1995	6020	—	445
1996	6300	5408	480

资料来源：笔者根据相关资料整理而成。①

在强制力量控制方面，拉莫斯需要处理马科斯时代最重要的遗产之一，即武装部队的政治化。尽管阿基诺夫人实施了一系列军队去政治化改革，让军官们从文职政府回到军营，但是其任内发生了七次以上的政变威胁，同时1992年美军从军事基地的撤离加剧了菲律宾对于国内和地区安全事务的担忧。② 上述变化让拉莫斯意识到需要对菲律宾军队建立足够的控制才能有效处理国内问题，并维持政权稳定。拉莫斯当选总统后，拒绝延长高级军官的任期，从而确保了高级军事职位的顺利更替，并最大限度地减少了晋升和任命的摩擦。拉莫斯利用自己作为人民力量革命的领导者以及长期的军队内部关系，与军队内部的激进派系（如武装部队改革运动、青年军官联盟等）达成协议（1996年5月第723号公告），给予政变参与者"无条件大赦"，作为配合措施1993年拉莫斯政府划拨3320万比索，作为军队激进派系的大赦基金，用于帮助200名激进派系的子女上学，并让其在一定程度上参与重大政策问题。③ 例如，"天佑女王政变"的领导者霍纳桑在1995年选举中成功当选参议员。④

为了拉拢高级军官的支持，拉莫斯"任命忠诚的军官担任政府职

---

① Rosalie B. Arcala, Democratization and the Philippine Military: A Comparison of the Approaches Used by the Aquino and Ramos Administrations in Re-Imposing Civilian Supremacy, Ph. D. dissertation, Northeastern University, 2002, p. 189.

② Orlando Mercado, "AFP Modernization: Towards Deterrence and Development", *Sponsorship Speech for the Senate AFP Modernization Bill. 9th Cong.*, *3rd sess.*, November 9, 1994, p. 3.

③ Glenda Gloria, "The RAM Boys: Where are They Now?", *Philippine Center for Investigative Journalism Reports*, December 1, 1999, p. 5.

④ James Putzel, "Survival of an Imperfect Democracy in the Philippines", *Democratization*, Vol. 61, No. 1, 1999, pp. 213–214.

务","因为他们拥有管理技能和执行政府计划时的严肃态度,以及对拉莫斯的忠诚"。① 据统计,拉莫斯任内其阁员中至少有 6 位出自军警,有 91 位退休将校级军警官员在拉莫斯政府内担任重要职位,另有 22 名退役军官在交通和通信界占据要职,至少 10 名现役国警官员奉派在总统府以及其他政府部门。②

同时,拉莫斯在任内大幅度提高军费预算,从 1992 年的 175 亿比索增加到 1998 年的 406 亿比索,1993—1996 年的军事预算增长率为 7%—10%,在 1997 年和 1998 年,军事预算分别增长 42% 和 18%,见表 6-4。其中很大一部分用于执行 1994 年实施的大幅度增加军警人员薪金,以及军事退休人员和战争退伍军人的养恤金等军人享受的福利和补贴。③ 其中,第 7696 号法案规定政府为军事退休人员每年增加 500 比索的月度退休金,直至达到每月 5000 比索。巨额的财政预算使得菲律宾武装部队"自马科斯以来首次可以启动一个现代化计划,升级其陈旧的火力",更让军队在民主化之后的利益损失得到一定程度的补偿,安抚了躁动的中下层军官和士兵。④

此外,从 1986—1998 年的军事预算的军种和部门分配来看,陆军仍然比空军和海军占优势。陆军在军事预算中所占的份额一直最大,平均为 31%,空军为 13.9%,海军为 18%。与此同时,司令部(General Headquarters)的份额从 1987 年的 23.7% 下降到 10%。这反映出拉莫斯政府的重点是将军事拨款转向一线和战地部队。菲律宾现代化建设也开始从单纯的国内安全向外部防御和非传统安全问题等领域扩展,1995 年,拉莫斯政府推动国会出台《军队现代化法案》(共和国第

---

① Glenda Gloria, "The RAM Boys: Where are They Now?", *Philippine Center for Investigative Journalism Reports*, December 1, 1999, p. 8.
② 朱仁显:《菲律宾修宪运动透视》,《东南亚》1997 年第 4 期。
③ Rosalie B. Arcala, Democratization and the Philippine Military: A Comparison of the Approaches Used by the Aquino and Ramos Administrations in Re-Imposing Civilian Supremacy, Ph. D. dissertation, Northeastern University, 2002, p. 106.
④ Patricio N. Abinales, "Life after the Coup: The Military and Politics in Post-Authoritarian Philippines", *Philippine Political Science Journal*, Vol. 26, No. 49, 2005, pp. 27–62.

7898号法案)①，规定装备物资升级和采购、基地建设、部队重组和军队技术能力的并行发展等，计划在15年内批准1645亿比索的拨款。

菲律宾学者普遍评估认为，"政变群体和马科斯效忠者们在政治合法化进程中逐渐弱化了自己的激进行动。选举对他们而言具有吸引力……他们相信自己在拉莫斯政权中可以得到一份'公平交易'，因为后者是军人，亦曾是马科斯的人"②。可见，拉莫斯重建庇护式民主则相对有效地处理了尖锐的国内矛盾，相比阿基诺夫人得以更加集中地控制菲律宾的权力关系、资源分配和强制力量。

表6-3　　　　　　　菲律宾军事预算（1987—1998年）

年份	比索（百万）	换算美元（百万）
1987	9.3	452.1
1988	11.0	521.4
1989	16.4	754.4
1990	17.7	728.0
1991	14.2	516.7
1992	17.5	685.9
1993	18.8	693.2
1994	20.3	768.4
1995	22.5	875.0
1996	24.2	923.1
1997	34.4	1167.2
1998	40.6	992.8

资料来源：笔者根据相关资料整理而成。③

---

① An Act Providing for the Modernization of the Armed forces of the Philippines, and for other Purposes, Republic Act 7898, February 23, 1995.

② Jose Veloso Abueva, et al., *The Ramos Presidency and Administration: Record and Legacy (1992-1998)*, University of the Philippines Press, 1998, p. 217.

③ *General Appropriations Act*, Respective years; International Monetary Fund, International Financial Statistics Yearbook 1999, Washington D. C.: International Monetary Fund 1999, pp. 748-749.

大多数学者强调拉莫斯"巧妙地操纵旧式庇护政治",对于规范菲律宾军政关系,让菲律宾军队走向职业化有着重要意义,让军官们认识到"拉莫斯政策的连续性与武装部队利害攸关",而"由于需要镇压的国内动荡越来越少,以及军官们被纳入公民政治,菲律宾军方没有理由考虑政变,他们认同拉莫斯的政策和改革"。[①] 不过,拉莫斯建立起来的相对集中的政权控制模式,实际上并没有从根本上改变菲律宾强大的庇护制度,拉莫斯的选择是与之妥协,通过资源输送和利益交换的方式获取政治精英和寡头的支持。学者普遍认为,即使是拉莫斯这样拥有相对强大的总统权力和中央政府,仍然无法改变菲律宾是一个"被强大的政治经济家族或宗族操纵的弱势国家"的事实,"为了维持自己的权力,寡头精英们利用了各种手段,主要是寻租和政治暴力,前者集中在首都,后者则在各省盛行。在国家与寻租政治家族之间的协同互动中,公共资源的私营化增强了少数家族的力量,同时削弱了国家资源及其官僚机构"。[②] 菲律宾国家的弱点在于,在政策制定和执行方面无法形成相对于社会的"自治状态",官僚机构充满了追求个人利益而非公共福利的官员,国家机器"很容易被私人利益俘获",导致国家不仅无法对经济进行战略性干预,也没有能力进行有效监管和执行。[③] 因而,当1997年亚洲金融危机爆发时,拉莫斯政府崇尚的经济和金融自由化政策让菲律宾遭受了巨大冲击,资本外逃、货币大幅贬值、企业破产和失业率上升等问题打断了原本有望进一步发展的菲律宾社会经济势头,并且从长期来看导致菲律宾国内经济资源受到外国资本的控制。

[①] "Military: Questions on Loyalty Resurface", Philippine Daily Inquirer, December 22, 1996; Patricio N. Abinales, "Life after the Coup: The Military and Politics in Post-Authoritarian Philippines", Philippine Political Science Journal, Vol. 26, No. 49, 2005, pp. 27 – 62; Paul Hutchcroft, "The Arroyo Imbroglio in the Philippines", Journal of Democracy, Vol. 19, No. 1, 2008, pp. 141 – 155.

[②] Alfred W., "McCoy, 'An Anarchy of Families': The Historiography of State and Family in the Philippines", in Alfred W. McCoy ed., An Anarchy of Families: State and Family in the Philippines, Madison: University of Wisconsin Center for Southeast Asian Studies, 1993, p. 10.

[③] Alfred W., "McCoy, 'An Anarchy of Families': The Historiography of State and Family in the Philippines", in Alfred W. McCoy ed., An Anarchy of Families: State and Family in the Philippines, Madison: University of Wisconsin Center for Southeast Asian Studies, 1993, p. 2.

同时，拉莫斯构建的庇护民主制和精英联盟也是脆弱的，其例证是拉莫斯执政后期的修宪运动（1993年和1995年也出现过两次修宪动议）。① 1996年6月，众议员银沙礼斯和帛特洛提出修宪议案，掀起了拉莫斯任内的修宪运动（Charter Change, Cha-Cha）。尽管议案得到151名众议员的联合署名，但由于国会需要处理摩洛和谈而暂时将其搁置。其后，1996年12月"人民创制改革现代化行动"等组织公开宣称要发起全国公民修宪签名运动，与此同时主张修宪的议员也先后提交修宪提案，又恰逢拉莫斯中风住院，难以推进。但是在其出院后，修宪运动再度活跃起来，1997年2月主张修宪的团体和组织提出"支持取消宪法限制总统和其他民选官员任期的条款"，人民力量党也公开发声建议修改总统任期限制的宪法条文，文官长杜礼斯称"对一位英明的总统而言，六年任期确实过短"。拉莫斯于1997年3月5日在访问卡塔尔期间表态称1987年宪法至少有97处需要修订，公开支持修宪，众议院司法委员会主席阿保斯予以附和。然而，拉莫斯及其拥趸推动的修宪运动遭到菲律宾社会各界的强烈反对，前总统阿基诺夫人、以红衣主教辛海棉为首的天主教会、反对党、参议院、社会名流强烈抨击修宪签名运动，对其合法性提出严厉质疑和批评。1997年2月，参议院以压倒性多数通过反对修宪案，3月19日，宪法法院裁决，永久禁止选举署就"签名"修宪请愿采取行动。② 7月29日，国会通过了众议院提交的第40号共同决议案，该议案试图在国会组成"立宪会议"，为修宪打开了制度渠道。但是，9月21日各类反修宪的人士在黎萨尔公园举行大集会，反对浪潮发展到顶点，成为拉莫斯任内政治对立最为尖锐的时刻之一。此次运动迫使高等法院立刻一致通过否定修宪签名请愿书，并由选举委员会验证请愿签名的真实性，而拉莫斯也意识到修宪延长任期的计划在菲律宾国内

---

① James Putzel, "Survival of an Imperfect Democracy in the Philippines", *Democratization*, Vol. 6, No. 1, pp. 213 – 214.

② 朱仁显：《菲律宾修宪运动透视》，《东南亚》1997年第4期。

面临巨大的政治阻力，甚至威胁社会稳定，故公开表示停止修宪运动。①

可见，虽然拉莫斯得以利用庇护民主制建立政治联盟，推进国内改革，但是在其权力走向尾声时，原本支持其构建集中控制的政权模式的政治精英和寡头很快将赌注转投他者，不再为拉莫斯的权力扩张"背书"，站在反对修宪的第一线。拉莫斯任期末修宪运动的失败不仅显著削弱了拉莫斯本人的政治权威及对下一任总统大选的影响力，更是引发了拉莫斯所在执政党人民力量党内部不团结的连锁反应。拉莫斯任期末的政权控制走向分散制衡，这一趋势在埃斯特拉达上任后进一步深化，不利于埃斯特拉达政府有效应对摩洛分离运动的挑战。

（二）政权控制走向分散制衡：埃斯特拉达与"庇护制民主"的断层

在亚洲金融危机以及邻国印尼与马来西亚都出现不同程度动荡的背景下，1998年5月的选举成为菲律宾民主的一次重大考验。时任副总统埃斯特拉达（以下简称"埃氏"）在此次选举中取得压倒性优势，获得约40%的选票（1070万张），比最接近他的对手（共9位竞争者）多640万张，这一优势在后马科斯时代还是较为显著的，但这种优势仍是不均衡的。埃氏比位居第二的得到拉莫斯支持的人民力量党候选人贝内西亚高出约25%的得票，并且在参议院胜选数方面也多出2个席位，但是未能在众议院选举中获得多数支持，差距较大。不少学者在埃氏胜选之初感叹："出身平民的埃氏成为总统是对菲律宾家族和精英政治的一次改写。"②

埃氏的胜选存在两个方面的有利因素。

其一，埃氏的对手——一众传统精英和寡头背景的政客彼此之间没有形成有效的联盟，而是各自为战。尽管在大选前的民调早早显示了埃氏拥有非常显著的优势，但是他们认为"选举前的调查要么是错误的，

---

① 沈红芳、李小青：《牵动菲律宾政治神经的修宪与反修宪运动探析》，载《厦门大学南洋研究院50周年庆暨"当代东南亚政治与外交"学术研讨会大会手册》，2006年，第169—185页。

② Amando Doronila, *The Fall of Joseph Estrada: The Inside Story*, Pasig: Anvil Publishing, Inc., 2001.

要么会发生变化",导致最终选票归属分散。其根源于菲律宾政党体制的低制度化特征。例如,德比利亚、罗戈和奥斯梅纳等候选人在人民力量党党内选举中落败后,纷纷效仿拉莫斯脱党自建新党参与总统选举,无疑导致人民力量党作为执政党的优势地位遭到破坏。相反,埃氏却精心组建政党联盟为自己的选举提供支撑,使得他能够调动足够强大的政治机器和资金对抗人民力量党。

其二,埃氏的民粹主义路线。埃氏的演艺和政治生涯让他拥有非常强的个人魅力("新罗宾汉"),在左派知识分子与致力于社会正义和经济发展的非政府组织的帮助下,其提出"穷人的朋友"(Erap para sa Mahirap)的竞选口号,竞选活动包含一套吸引中下层民众注意的反贫困施政计划,埃氏将自己打造为完全不同于传统政客和精英的草根形象(如出身平民、辍学、亲民、穷人保护者等),这让埃氏在所谓的 D 和 E 阶层(穷人和赤贫群体)中获得 52% 的选票,而在 A、B 和 C 阶层(富人和中产阶级)中仅获得 18% 的选票。[1]

可见,埃氏成为总统的道路是反精英的民粹主义,这也使得他站在了所谓"人民力量革命"派系的对立面上。兰道夫·大卫认为,埃斯特拉达的胜利与终结马科斯独裁统治的精英阶层的政治力量逐渐消失有关,"他的政治生涯本身就是人民力量革命的对立面,当 1986 年革命爆发时,他却在马拉卡南宫安慰自己的朋友和赞助人","埃斯特拉达最亲密的顾问和朋友大都为已故的大独裁者工作过"。[2] 随着埃斯特拉达的崛起,马科斯政权的附属政客、官僚、企业大亨们得以重新掌权,"菲律宾政治中精英阶层的流动也活跃起来"。[3] 在得到寡头政治圈之外的金融大亨(许多人在马科斯政权期间发家致富)的支持后,埃氏执政期间将注意

---

[1] Social Weather Stations (SWS), *Presidential Exit Poll*, May 1998.
[2] Randolf S. David, "Erap: A Diary of Disenchantment", in Amando Doronila ed., *Between Fires: Fifteen Perspectives on the Estrada Crisis*, Pasig: Anvil Publishing, Inc., 2001, pp. 148 – 179.
[3] Aries Arugay, Democracy's Saviors and Spoilers: A Study of the Causal Conditions and Mechanisms behind "Civil Society Coups" after the Third Wave of Democratization, Ph. D. dissertation, Georgia State University, 2014, p. 82.

力放在那些尤易引发争议和两极分化的议题上，如埃氏在马科斯家族的推动下提出将马科斯安葬在国家英雄墓地的提议，遭到公民社会的剧烈批评和反对。[1]

在建立权力关系的集中控制方面，虽然埃氏上任之初形势大好，但没有在建立稳固的执政联盟上取得多大进展，反而让权力关系变得分化和制衡。在1998年选举中，埃氏所在政党在参议院选举中取得了多数胜利，而众议院则是前总统拉莫斯领导的人民力量党占据多数，但许多人民力量党议员（约40%，65名议员）利用菲律宾脆弱的政党体制加入了埃氏的政党，让埃氏很快就得以在众议院得到多数席位，进而决定众议院议长的选择——从人民力量党"脱党叛逃"的曼尼·维拉尔——确保或防止立法议程通过或受阻。不过，埃氏实现的国会两院多数地位，特别是在众议院选举议长是"不用动脑的事"，因为国会议员需要确保自己能够获得足够的总统赞助以推行地方公共工程维持连任。尽管埃氏得到参众两院的支持，但他并没有利用这种支持在立法议程中推动民粹主义纲领。相反，埃氏政府在政策上表现出对市场友好的态度，在政府的金融和经济机构中任命受人尊敬的专业技术官员——银行家埃德加多·埃斯皮里图任财政部长、企业家何塞·帕尔多任贸易和工业部长、经济学家本哈明·迪奥克诺任预算局长。[2] 埃氏希望继续实行拉莫斯的自由化、私有化和解除管制的新自由主义"正统改革"，呼吁减少政府支出，改善税收增加财政收入，增加出口和投资，并将通货膨胀和利率保持在尽可能低的水平。

不过，埃氏内阁和高级官僚之间存在四大派系互相掣肘扯皮的情况。一是总统经济顾问罗伯特·阿文塔多领导的派系，二是由埃斯特拉达的竞选伙伴安贾拉领导的派系，三是由埃斯特拉达的妹夫劳尔·德古兹曼教授领导的派系，四是由行政秘书罗纳尔德·扎摩及其兄弟著名商人曼

---

[1] Aprodicio A. Laquian and Eleanor R. Laquian, *The Erap Tragedy: Tales from the Snake Pit*, Pasig: Anvil Publishing, Inc., 2002.

[2] 郑一省：《菲律宾后马科斯时期的民主政治发展》，《东南亚》2002年第3期。

纽尔·扎摩领导。这些派系围绕职务任免、具体政策和权责发生了激烈碰撞，导致埃氏领导的政府在政策制定和行政效率方面低下且混乱。①这些人组成了埃氏的"午夜内阁"，"他们在晚间会面，交换观点，制定策略，达成交易"。②埃氏维持各个派系之间的均衡被认为是其政治制衡策略的一部分，目的是让"每个人都保持警觉"。③

在资源分配方面，由于菲律宾总统掌握选举资金的发放权，可以利用国会的集体行动问题，对个别议员提供有选择性的物质奖励，以阻止国会否决立法提案。埃氏实施的激进政策让原本支持总统的参众两院议员和部分政治家族开始怀疑埃氏的执政理念是否有助于他们瓜分资源和利益，原因在于埃氏破坏了庇护制民主的"游戏规则"，从而威胁了埃氏对权力的集中控制。在选举结束后不久，埃氏就在1998年7月下旬的第一次国情咨文中公开宣布将会停止发放价值100亿比索的"分肥"基金（即上文提及的"全国发展基金""国会倡议拨款""公共工程行动基金"等基金），称自己"不会像拉莫斯那样承受过多的政府债务"。然而，此项声明在菲律宾国会仅获得"寥寥无几的掌声"。④1998年年底，埃氏遵守了自己的诺言，停发的贿赂基金总额超过340亿比索，虽然此番停发实际上是迫于埃氏在任期之初面临的严重现金流问题，同时还扣缴了地方政府的"内部收入分配资金"（IRA），但对于亟须资金维持庇护关系的政治精英而言，这一问题是绝对不能坐视不管的。⑤

尽管之后埃氏意识到自己停止发放贿赂基金触怒了政治精英们，并另辟渠道开拓了国会指定用途资金、针对地方政客的总统项目拨款等名

---

① Emil P. Bolongaita Jr., "The Philippines: Consolidating Democracy in Difficult Times", *Southeast Asian Affairs*, 1999, pp. 237–252.

② E. Tordesillas, "The Noctural President", in S. Coronel ed., *Investigating Estrada: Millions, Mansions and Mistresses*, Quezon City: Philippine Center for Investigative Journalism, 2000, p. 15.

③ R. Tiglao, "The Inner Circle", *Far Eastern Economic Review*, Vol. 161, 1998, pp. 18–19.

④ R. Tiglao, "Man-in-Waiting: Joseph Estrada Promises Something for Everybody", *Far Eastern Economic Review*, Vol. 161, 1998, p. 20.

⑤ P. Hutchcroft, "Re-Slicing the pie of Patronage: The Politics of the Internal Revenue Allotment in the Philippines, 1991–2010", *Philippine Review of Economics*, Vol. 49, No. 1, 2012, pp. 109–134.

义的贿赂基金,然而这些基金的额度及其指向性(更加偏爱地方政客)很难补足之前取消发放的基金金额。不仅如此,埃氏还否决了财政年度预算中历来的"国会磋商机制",不再给国会议员就基金额度进行议价和协商的渠道,加剧了国会议员们的不满。埃氏"希望让国会议员们认识到只有他(埃氏)才有权力支付提供给他们的赞助",如此埃氏能够树立自己作为国会议员"保护人"的角色。然而,埃氏对国会贿赂基金的"取缔"直接触动了国会政治精英的利益,威胁那些原本站队支持埃氏的议员集团,最终造成其国会执政联盟的崩溃。"拉莫斯用猪肉桶来巩固国家立法联盟,并使经济改革获得通过,而埃斯特拉达却未能团结起一个强大的联盟,即使是在他的权力本应最强大的最初三年,埃斯特拉达更倾向于向当地政客提供资助,最终失去了立法机构的支持。"[1]

在与国会执政党议员对削减贿赂基金产生分歧时,埃氏大骂"我很难过,因为我从来没有想过会有一些议员只考虑自己……如果可能,我将驱逐他们,因为他们让我们的党在菲律宾人民面前蒙羞"[2]。埃氏曾透露过"他觉得自己不需要国会","只有在预算问题上,政府才需要国会的合作",学者分析认为埃氏计划实施的几乎所有改革都是依据现有法律提供给他的权力。[3] 相比之下,埃氏对地方政府更加"亲近",在出席"菲律宾市镇联盟"(LMP,埃氏的儿子欣戈任主席)发表演讲时,埃氏对着1500名市长承诺其政府将开通"马拉卡南专线"以快速响应地方政府的需求,并宣称"我们必然不会发放国会的猪肉桶,地方政府更需要内部收入分配资金"。[4] 随后,1998年12月埃氏下令立刻发放被拉莫

---

[1] Ronald D. Holmes, The Centrality of Pork amidst Weak Institutions: Presidents and the Persistence of Particularism in Post-Marcos Philippines (1986–2016), Ph. D. dissertation, The Australian National University, 2019, pp. 164–165.

[2] Ronald D. Holmes, The Centrality of Pork amidst Weak Institutions: Presidents and the Persistence of Particularism in Post-Marcos Philippines (1986–2016), Ph. D. dissertation, The Australian National University, 2019, p. 179.

[3] "Pork Barrel Politics turns Sour in Manila: the President Turned off the Cash, so Congress Turned off the Reforms", *Financial Times*, April 13, 2000.

[4] David Cagahastian, "Estrada forms Action Center for Town Mayors", *Manila Bulletin*, November 23, 1998.

斯扣留的80亿比索的内部收入分配资金。而在埃氏向国会提交的1999年度预算中，提议大幅增加对地方政府单位的拨款，从775亿比索增加到1038亿比索。① 同年，埃氏通过1998年第48号行政命令设立"地方政府服务均衡基金"（LGSEF），由于总统在发放LGSEF资金方面的自由裁量权，该命令的出台被批评为"总统和他的儿子（圣胡安市长）欣戈控制的'施舍基金'"。② 与此同时，埃氏在2000年年初否决了国会三读通过的《2000年一般拨款法案》中的20多项猪肉桶条款，对国会和地方政府的态度存在明显反差。③ 埃氏对地方政府的资助与其地方领导人的经历密切相关，有力提升了埃氏政府与地方政客的互相支持，但是在预算层面的偏袒导致埃氏在任期内与国会两院的关系都处于紧张和疏离的状态，加剧了他在面临摩洛分离冲突问题时的政策焦虑。

在强制力量方面，埃氏也没能与菲律宾武装部队建立足够亲密的关系。作为一名民粹领导人，他对军方的态度明显比较淡漠，在军政关系上埃氏一开始并没有对如何调整军队及其可能产生的影响拥有足够清晰的认识，导致其在军队关心的主要事务和政策上选择了背离军方的偏好。首先，埃氏对于菲律宾国内存在的腐败、犯罪等问题采取高调的直接管理的方法，亲自担任内政和地方政府部（DILG）部长，以兑现自己对中下层民众的承诺，将自己塑造为一个"亲力亲为的最高警察"，直接监管警察执法和地方政府的运作，在执政过程中"追捕坏人、保护大众"，从而间接提升了已经脱离军队序列的警察部门在国内安全事务中的地位，对于军队职能产生了挤兑效应。

其次，埃氏一反"惯例"，将原本属于退役军官和军方的固有政府

---

① "Estrada Submits Pro-Poor, Market Friendly '99 Budget'", *Business World*, August 24, 1998.

② Ronald D. Holmes, The Centrality of Pork amidst Weak Institutions: Presidents and the Persistence of Particularism in Post-Marcos Philippines (1986 – 2016), Ph. D. dissertation, The Australian National University, 2019, p. 187.

③ Yuko Kasuya, The Presidential Connection: Party System Instability and Executive Term Limits in the Philippines, Ph. D. dissertation, University of California, San Diego, 2005, pp. 105 – 106.

职务转交文官之手，最为典型的是任命奥尔兰多·梅尔卡多担任国防部长，他是菲律宾非常受欢迎的参议员，也是菲律宾10多年来首次担任国防部长的文官。① 在埃氏的授意下梅尔卡多在国防部实施反腐运动，调查多位军方高级将领，同时对菲律宾武装部队实施重组，"确保文官政府对军队的控制"，而在埃氏政府其他职务的任命上，相比于拉莫斯时期，担任高级文职职位的退休军官人数从100多人减少到28人。②

最后，在军队福利资金和制度方面，埃氏也开展反腐调查。作为国家社会福利预算拨款的一部分，军人养老金由国库财政支付，以及自马科斯时期启动的军方独立的退休和离职福利制度（RSBS），构成了菲律宾军人非常重视的财政蛋糕。后者在国防部长批准后，全权由菲律宾武装部队参谋长负责控制调配，董事会大都由现役高级军官组成。可以说，RSBS是军方进行内部庇护和分肥的重要资金源，因而长期以来文官政府对该笔资金的分配和用途根本无法实施监督和审计（国防部长的审批权只是橡皮图章）。③ 据某位菲律宾退役将领透露，RSBS的运作"完全按照武装部队的意志进行"，"武装部队对这一基金拥有不受文官控制的自主权"。实际上，自从1973年该基金成立以来，总计达数十亿比索的资金不翼而飞，社会团体长期以来怀疑军队对RSBS的使用存在大规模腐败问题，甚至有人提出指控，称有退役军官将RSBS资金挪用于竞选活动。④ 1998年，高调反腐的埃氏政府⑤开始对RSBS使用的金融违规问题实施调查。然而，调查刚开始，马尼拉将要发生政变的谣言便开始流传，

---

① 郑一省：《菲律宾后马科斯时期的民主政治发展》，《东南亚》2002年第3期。

② Glenda Gloria, *We Were Soldiers*, Quezon City, Philippines: Friedrich-Ebert Stiftung, 2003, p. 56.

③ "A Military Pension Scheme that Never Was", *Philippine Daily Inquirer*, November 13, 2006.

④ "AFP Chief-Comptroller 'Cozy' Ties Root of All Evils", *Philippine Daily Inquirer*, November 16, 2006.

⑤ Emil P. Bolongaita Jr., "The Philippines: Consolidating Democracy in Difficult Times", *Southeast Asian Affairs*, 1999, pp. 237–252.

印证了军方对埃氏的不满。①

埃氏在建立政权集中控制方面的失败集中体现为2001年爆发的第二次人民力量革命。埃氏执政期间虽然高举反腐旗帜,但是自身并没有践行廉洁规范,反而在执政过程中深陷腐败丑闻。根据康灿雄的研究,埃氏任内腐败猖獗,偏袒亲信,例如,在航空业自由化的过程中,改革的重点却成了为菲律宾航空公司提供福利,这家公司由埃氏的密友陈永栽控制。在埃氏任内,约90%的公司由前20大股东拥有,这些股东之间通过家族关系相互联系,可以说埃氏任内的腐败和裙带问题不减反增。②2000年年末,埃氏由于牵扯辛森赌博诈骗案的行贿事件,众议院和参议院先后对埃氏提出弹劾,丑闻的曝光和弹劾中证据的披露诱发了大规模的示威游行,而地点选在1986年人民力量革命发生地附近的乙沙圣坛,抗议人数增加到数十万,抗议示威得到副总统阿罗约(从埃氏内阁辞职)、阿基诺夫人、拉莫斯、以辛海棉为首的天主教会以及其他政商界人士的支持和领导。③大规模示威游行以及埃氏政治联盟的瓦解促使武装部队在总参谋长安杰洛·雷耶斯领导下于1月19日正式宣布放弃对总统的支持,效忠副总统阿罗约(时任副总统阿罗约在其任内便一直与参谋长安吉洛·雷耶斯等军方高层来往密切),成为压死埃氏政权的"最后一根稻草",最终其以"侵犯宪政民主"的形式发起"实质上的政变",推翻了埃氏。④

因而,无论是权力关系,还是资源分配、强制力量,埃氏任内并没有如拉莫斯那样建立起一个集中控制的政权控制模式,许多学者时常将

---

① Sen. Aquilino Pimentel, Cmte, Final Committee Report No. 51, Inquiry in Aid of Legislation, on Coup Rumors and Reported Anomalies in the AFP-Retirement, Separation and Benefits System (AFP-RSBS), Philippine Senate, December 21, 1998.

② David C. Kang, *Crony Capitalism: Corruption and Development in South Korea and the Philippines*, New York: Cambridge University Press, 2002, pp. 175–180.

③ Mel C. Labrador, "The Philippines in 2000: In Search of a Silver Lining", *Asian Survey*, Vol. 41, No. 1, 2001, p. 224.

④ Steven Rogers, "Philippine Politics and the Rule of Law", *Journal of Democracy*, Vol. 15, No. 4, 2004, p. 112.

埃氏任期视为菲律宾民主政治进入"掠夺式政体"的开端，评估认为埃氏政府建立的统治联盟与阿基诺夫人时代一样都是极其脆弱的。[①] 实际上，自埃氏上台以来就提出修改宪法，先是希望解除1987年宪法对外国资本的限制，然后进一步希望取消对总统的任期限制，在埃氏任内早期引发了社会团体示威，民意支持率也随之迅速下降，如图6-3所示。2001年爆发的第二次人民力量革命是埃氏政权分散制衡控制模式的有力例证，不仅反对派精英群起而攻之，而且埃氏上任之初组建的政治同盟也相继背叛，武装部队则给予最后一击。[②] 接下来，本书将进一步讨论从拉莫斯执政末期至埃斯特拉达下台之前（1997—2001年），这段时期内菲律宾政府对摩洛分离运动的应对选择。

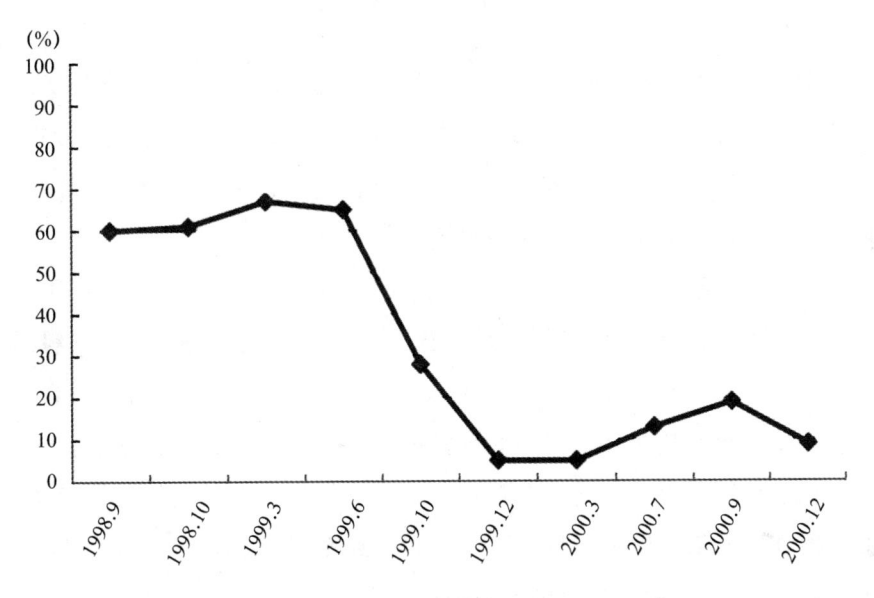

图 6-3 埃斯特拉民意支持率（1998—2000年）

资料来源：Aries Arugay, Democracy's Saviors and Spoilers: A Study of the Causal Conditions and Mechanisms behind "Civil Society Coups" after the Third Wave of Democratization, Ph. D. dissertation, Georgia State University, 2014, p. 83.

---

① Jongseok Woo, Security Threats and the Military's Domestic Political Role: A Comparative Study of South Korea, Taiwan, the Philippines, and Indonesia, Ph. D. dissertation, The University of Texas at Austin, 2007, p. 286.

② "Interview with Gen. Angelo Reyes", *Far Eastern Economic Review*, February 15, 2001.

三 谈判搁浅与军人主导：全面战争的镇压策略

曾于阿基诺三世执政期间担任政府和平小组主席（2010—2016 年）的科罗内尔·费雷尔（Miriam Coronel-Ferrer）认为，马科斯之后的几届政府，阿基诺夫人（1986—1992 年）、拉莫斯（1992—1998 年）、埃斯特拉达（1998—2001 年）对摩洛分离问题、如何最好地处理武装组织，以及和平谈判能取得什么成果等方面的理解都各不相同。①"他们将政府的不同部门（立法机构、军事机构、文职官僚机构）统一在一个政策方针的能力也不尽相同，并且根据时代的需要在议程上有不同的优先事项。因此，和平政策从一届政府到下一届政府没有连续性，努力是不平衡的、非累积的。"②

费雷尔强调了政权控制模式对政府应对选择的关键影响，以及对领导人的政策方针产生了极强的限制作用。接下来，笔者将进一步分析在摩伊解获取摩洛分离运动领导权的情况下，从拉莫斯到埃斯特拉达政府时期，菲律宾政府是如何走向强硬镇压策略的。

（一）拉莫斯任末对摩伊解和谈尝试的失败

摩伊解一直以来对于谈判持积极态度，愿意与菲律宾政府开展接触和对话，但其在对话和谈判的方式选择上偏好于由第三方支持，如伊斯兰会议组织等都是其寻求支持的重要对象。1990 年后，摩伊解派代表团参加由伊斯兰会议组织的首脑会议，但没有得到后者的重视，后者依旧将摩解作为摩洛穆斯林的唯一政治代表（摩解拥有伊斯兰会议组织的观察员地位，并得到 56 个成员国的正式承认）。

如上文所述，拉莫斯上台后建立起集中控制的政权，主张对摩洛分离运动采取和解，选择与摩解进行积极会谈。但是，拉莫斯在其和解计

---

① Miriam Coronel Ferrer, "The Moro and the Cordillera Conflicts in the Philippines and the Struggle for Autonomy", in Kusuma Snitwongse and W. Scott Thompson, eds., *Ethnic Conflicts in Southeast Asia*, 2005, pp. 125 – 126.

② 笔者访谈菲律宾政府和平小组前主席 Miriam Coronel-Ferrer, 2023 年 2 月 9 日。

划中并没有将摩伊解作为主要和谈对象，试图在与摩解确定总体框架之后再与摩伊解接触，开展后续和谈。主要原因为，拉莫斯政府认为摩解始终掌握着摩洛分离运动的领导权，但实际上摩解在 20 世纪 90 年代只能在外部支持层面上保持领导地位，在摩洛地区的控制力和组织能力都已大不如前。相比之下，摩伊解的实力显著增长。但即使其在拉莫斯与摩解开展和谈的过程中公开发声并采取行动（如 1992 年哥打巴托卡门市灌溉工程冲突）拒绝自治协议，拉莫斯政府并没有改变自身策略，这与摩伊解主要采取"观望"态度、未能充分展示其威胁能力有关。同时由于拉莫斯正在与摩解推进和谈，国会两院在立法层面无法接受与摩伊解再次单独签订一个和平协定，导致其与摩伊解的和谈面临法律层面的限制。因此，虽然早在 1996 年双方就开始进行非正式的接触，但直到 1997 年才正式开始。①

在 1996 年 9 月 2 日摩解与菲律宾政府签署《协定》时，摩伊解也保持了克制，没有采取强力行动反对此协议，而是接受与拉莫斯政府进一步对话，派遣穆拉德领导的谈判小组与拉莫斯政府民族团结委员会进行谈判。当然，此时拉莫斯政府与摩伊解的和谈仍是试探性的，而后者也展示出强硬的政治诉求，1996 年 12 月 3—5 日在哥打巴托市举行大型集会，重申其对争取邦萨摩洛独立的承诺。拉莫斯政府的策略是希望让摩伊解先接受停火，再进一步讨论其他问题。1997 年 1 月 7 日，双方举行第一次和平谈判，摩伊解的代表提出一个单一而抽象的要求——解决邦萨摩洛问题。1997 年 7 月，双方签署了有关"全面停止敌对行动"的协议，进入正式和平谈判流程。随后，双方于 1998 年 8 月 27 日在马京达瑙的苏丹库达拉签署《意向协议总框架》（GFAI），为双方谈判小组划定了实现和平协议的总体任务和条目，并保证执行前期签署的联合协定和安排，以及承诺保护和尊重人权。② 区别于第一次会谈的模糊条件，在

---

① Abhoud Syed M. Lingga, "Peace Process in Mindanao", Paper presented on the round table discussion on "Updates on Muslims in Mindanao", February 7, 2002.

② Rizal G. Buendia, "The GRP-MILF Peace Talks: Quo Vadis?", *Southeast Asian Affairs*, 2004, pp. 205 – 221.

第二次会谈中，摩伊解谈判小组提出了具体的解决方案，列举了九个问题，包括传统祖地、摩洛穆斯林难民、战争破坏（财产与受害者）、人权问题、社会文化歧视、道德腐败、经济不平等、自然资源开发、农业发展问题等，相对有效地推动了 GFAI 的产生。① GFAI 签署后，由埃利西奥·梅尔卡多牧师领导的非政府组织真相调查委员会监督停火，菲律宾政府同意就关键议题开展对话，承认约 44 个摩伊解营地为"和平与发展区"（尽管遭到反对派和天主教社群的反对），并为棉兰老岛摩伊解控制区提供经济发展支持。② 然而，双方经常违反停火协议，尤其是埃氏在棉兰老部署约 10 万人的军队，给摩伊解带来了巨大压力。菲律宾武装部队则非常抵制摩伊解不断扩大自己的控制区域，认为其是一种"侵略政策"。

武装冲突的不断爆发让和谈陷入僵局，双方都不愿意作出让步：拉莫斯政府致力于修宪和应对金融危机问题，放任军方在南部自主采取行动对抗摩伊解影响力的扩张；摩伊解则认为拉莫斯与摩解的协议是无效的，但是能趁此机会发展自身实力。1998 年 6 月 30 日，埃斯特拉达上台，尽管其与摩伊解的谈判仍在继续进行（如上所述签署了 GFAI），但是埃斯特拉达将谈判事务完全交给了自己的政治顾问罗伯特·阿文塔贾多负责，导致双方谈判很难得到埃氏政府的授权，无法就核心问题进行议价，因而埃氏上台后菲律宾政府与摩伊解的和平进程变得非常缓慢。1999 年年初局势骤变，菲律宾武装部队与摩伊解再度发生冲突，直接导致了和谈的停滞，摩伊解再次宣称自己决不接受独立以外的任何方案，这意味着摩伊解完全否决了拉莫斯政府与摩解的和谈框架，直接向埃氏政府提出主权挑战。

---

① Marites D. Vitug and Glenda M. Gloria, *Under the Crescent of Moon: Rebellion in Mindanao*, Institute for Popular Democracy, 2000, p. 46.

② Abhoud Syed A. M. Lingga, "Peace Process in Mindanao: The MILF-GRP Negotiations", Paper Presented on the Round Table Discussion on "Updates on Muslims in Mindanao", February 7, 2002, p. 9; Ben J. Kadil, *History of the Moro and Indigenous Peoples in Minsupala*, Marawi City, 2002, p. 187.

(二) 摩伊解的组织聚合展露威胁能力

如前文所述，当菲律宾政府与摩解的和平进程持续多年、缓慢推进的同时，摩伊解利用菲律宾政府保持克制、力推和谈的窗口期，集中精力发展武装，建立以军事营地为单位的控制区，构建与穆斯林社群更加紧密的联系。对于摩伊解而言，菲律宾政府选择摩解作为和谈对象注定缺少足够的改革资源用以满足摩伊解的政治诉求，后者的领导层对此也有较为清晰的认识，因而在必要情况下选择袭击菲律宾军警部门和城市要点，试图给摩解和谈强加成本，破坏和谈，迫使拉莫斯政府将其纳入和平进程。[①]

当然，1996年签署最终协议标志着摩伊解策略的失败，但是此时其组织实力已发展壮大。在1977年萨拉玛特从摩解叛离时，其拥有的武装力量尚且微不足道，仅有约5000名武装人员和3000支枪械，但到1999年年底其已经发展到至少拥有15000名战士，拥有超过11000支枪支，美国情报估计摩伊解拥有3.5万—4万名全副武装的游击队员，而摩伊解更是声称其仅仅是邦萨摩洛伊斯兰武装力量（BIAF）在20世纪90年代末就有约12万名战士（80%全副武装），以及30万名民兵作为后备力量。这些武装人员依靠摩伊解在棉兰老岛和苏禄群岛15个省中的13个省建立了46个营地，包括13个主要营地和33个卫星营地。这对于菲律宾武装部队而言构成了非常大的安全压力。据菲律宾政府提供的数据，1990年菲律宾武装部队的规模，包括陆海空三军和宪兵警察，共有约15万人，而在摩伊解武装力量活跃的北拉瑙省、南拉瑙省、马京达瑙省以及北哥打巴托等地区，相比于当地驻扎的军警部门，摩伊解宣称其拥有的武装人员已经不再处于绝对劣势。[②] 因此，埃斯特拉达上台后，摩伊解不仅拥有了禁止菲律宾武装部队进入、得到国家承认的军事营地，而且在

[①] Mikio Oishi, *Contemporary Conflicts in Southeast Asia: Towards a New ASEAN Way of Conflict Management*, Springer Publishing, 2015, p. 51.

[②] Davide Commission, *The Final Report of the Fact-Finding Commission Ⅱ: Political Change and Military Transmition in the Philippines, 1966 – 1989: From the Barracks to the Corridors of Power*, October 3, 1990.

摩洛地区频繁实施武装袭击，挑衅政府军，破坏当地治安环境。2000年3月21日，摩伊解武装人员入侵北拉瑙省考斯瓦甘市并劫持数百名居民为人质，成为促使埃斯特拉达决意开展"全面战争"的导火索。

在此背景下，摩伊解利用1997年12月在伊朗德黑兰召开伊斯兰会议组织第八届峰会的契机，对伊斯兰会议组织实施游说，然而该组织仍未明确表示支持摩伊解，相反他们更加重视1996年和平《协定》的落实情况，将四国部长委员会扩大为七国委员会（包括印度尼西亚、巴基斯坦、沙特阿拉伯、利比亚、索马里、塞内加尔和文莱七个国家的外交部长在内），并决定于2000年10月16—21日组建调查团访问菲律宾，以核实1996年和平《协定》的执行情况。随后，2000年11月12—13日卡塔尔举行第九届峰会出台《最后公报》，强调伊斯兰会议组织将"维护非成员国穆斯林社区和少数民族的权利，但是基于对国际法原则的承诺和对领土主权的尊重"[①]。外交层面的失败缩小了外部干预菲律宾政府应对选择的可能，对于摩伊解而言，提高要价的最佳选择是利用武装力量在国内发起行动，向菲律宾政府表明自己的决心和实力，从而增加其在和平进程中的筹码。

（三）埃斯特拉达的执政困境及"全面战争"策略

面对摩伊解在国内安全局势上的步步紧逼，以及和谈进程陷入停滞，埃斯特拉达政府开始思考开展强硬镇压的选项。对于政权控制模式处在分散制衡状态的埃斯特拉达政府而言，强力镇压具有显著的政治收益（缓解执政困境），具体表现在三个方面。

第一，国会态度模糊，和谈改革阻力较大。拉莫斯政府时期与摩解开展的和谈和1996年《协定》的签署导致国会参众两院对于如何落实自治协议，尤其是在棉兰老穆斯林自治区的权力、资金和族群代表性等诸多方面都存在较大争论，导致自治协议的落实处于严重滞后的状态，占据了大量的国会立法资源，因而国会对于政府与摩伊解的和谈进程缺

---

① Mary Ann O. Arguillas, "The Non-Traditional Moro Elites and the Organization of Islamic Conference (OIC)", *Philippine Political Science Journal*, Vol. 22, No. 45, 2001, pp. 97 – 134.

少足够的兴趣和精力提供支持。① 与此同时，如上文所述，埃斯特拉达政府在府会关系的处理上处于不利地位，其自上任以来轻视国会的政治功能、频繁减扣国会贿赂基金、倚重地方政府等一系列行动，让国会议员对埃氏的政治支持已经发生动摇。所以，埃氏政府选择镇压的优势在于，能够绕过国会复杂的政治程序，实现对摩伊解问题的"快速解决"。

第二，国内经济乏力，埃氏民意支持率走低。埃氏上台后，虽然继续推动新自由主义改革，甚至提出修改宪法以降低经济和投资方面的壁垒，却没有根本上改变菲律宾庇护制民主和裙带关系，而是让自己的亲朋一起加入瓜分经济利益的行列，因而埃氏上台后国内腐败形势依旧严峻，加之经济乏力、通货膨胀率和财政赤字居高不下，贫富差距扩大，导致其任内民意支持率迅速下降，从1999年6月高于60%，到1999年12月低于10%，如图6-3所示。2000年3月埃氏宣布开展全面战争之后，其民意支持率有了显著上升，到2000年9月提升至20%左右，可见对摩伊解的强硬镇压政策在一定程度上缓解了埃氏执政的民意压力。

第三，埃氏执政引发政治精英和反对派不满，政权遭颠覆的可能性上升。1999年年底至2000年年初马尼拉地区频繁出现政变的谣言，到了2000年3月政变谣言更盛，埃氏任内以来实施的政策（如调查军方退休和离职福利基金的腐败问题）触及军队高层以及其他政治家族和寡头的利益。② 对于埃氏而言，由于其在政治背景、人事任免以及军事资金等方面未能有效拉拢军方的支持（由于1997年的经济危机，军方现代化的资金变得匮乏③），并且其修改宪法、小团体决策以及民粹主义倾向威胁到了传统精英的利益，政变并非没有可能性。南部摩洛问题在此时的升温（武装冲突、2000年要求在联合国监督下举行独立公投以及和谈的

---

① Nathan Gilbert Quimpo, "Options in the Pursuit of a Just, Comprehensive, and Stable Peace in the Southern Philippines", *Asian Survey*, Vol. 41, No. 2, 2001, pp. 271-289.

② Mel C. Labrador, "The Philippines in 2000: In Search of a Silver Lining", *Asian Survey*, Vol. 41, No. 1, pp. 221-229.

③ Yvonne Chua and Luz Rimban, "AFP Modernization Drive Sputters", *Philippine Daily Inquirer*, January 8, 2007.

持续失败）给了埃氏向军方示好的机会。拉莫斯主导与摩解议和以来，将镇压叛乱的工作移交给菲律宾国家警察，让菲律宾武装部队专注于自身的现代化，发挥抵御外部威胁的功能，文武关系的修正导致拉莫斯时期以来菲律宾军方在国内安全事务上处在相对次要的地位，所以埃氏宣布开展镇压并让军方主导，有助于直接提升军方在国内安全上的话语权，以此获得军方高层对埃氏政权的支持。不少学者也指出埃氏意在提升军方好感，"他（埃斯特拉达）曾在1999年通过支持那些想要与摩伊解全面开战的将军们来获得该组织的忠诚"[1]。其根本逻辑在于，长期以来，菲律宾军政关系在内部安全事务上是"由军方主导实施反共、反分裂的反叛乱计划，并拥有相当大的自治权"，"军队可以不受限且不受惩罚地使用战争手段（重炮、区域封锁、分区）"，埃氏让军方主导反叛乱并为其提供政治支持，无疑在向不平衡的军政关系妥协和示好。[2]

虽然"埃斯特拉达就任总统时没有任何和平计划，他也很少注意1996年和平《协定》的结构和进程"[3]，但随着1999年谈判停滞和冲突再度恶化，埃氏开始强化自身强硬立场，为和谈划定红线。1999年1月，埃氏向摩伊解谈判小组发出最后通牒，要求尽快与政府方面达成和平解决方案，否则他将对摩伊解发动全面军事行动，"在6月之前让他们认识到，菲律宾只有一个政府和一支武装部队"。[4] 埃氏的强硬政策让不少参议员预感南部冲突将很快升级，他们警告埃斯特拉达不要在棉兰老岛引发全面武装冲突。埃氏划定的红线并没有换来摩伊解的妥协，反而刺激了摩伊解采取更加激进的回应。1999年3月中旬，一个名为摩伊解

---

[1] Dencio Severo Acop, "The Expanded Nontraditional Role of the AFP: A Reassessment", *PRISM*, Vol. 3, No. 2, 2012, pp. 103 – 104.

[2] Rosalie Arcala Hall, "Civil-Military Relations: Norming and Departures", in Mark R. Thompson and Eric Vincent C. Batalla, eds., *Routledge Handbook of the Contemporary Philippines*, 2018, p. 149.

[3] 笔者访谈菲律宾政府和平小组前主席 Miriam Coronel-Ferrer，2023年2月9日。

[4] "Talks with MILF Rebs Kesume", *Philippine Star*, January 17, 1999.

伊斯兰指挥委员会的机构宣布"将恢复对政府的游击战,以寻求在棉兰老岛建立一个独立的伊斯兰国家"。① 1999 年 5 月初,摩伊解军事副主席穆拉德公开宣布无限期中止与政府已经进行了三年的和平谈判,成为摩伊解向政府"宣战"的标志。摩伊解的公开挑衅让埃氏感到自己的权威遭到了挑战,他在 1999 年 7 月 26 日的第二次国情咨文中强调:"我们为你提供和平,但绝不是绥靖。是弱者为强者提供绥靖,而不是强者主动妥协。不要怀疑我们的决心……我们必须粉碎叛乱……那些拒绝被拯救的人将受到我们法律和军队的全力惩罚"②。

此次国情咨文中的表态显示出,埃氏已对摩伊解频繁在和谈外开展行动失去了耐心。埃氏在 2000 年第三次国情咨文中指出,"摩伊解在此期间实施了约 277 起袭击行动,包括绑架外国牧师(卢西亚诺·贝内德蒂神父),占领和放火焚烧马京达瑙省塔拉延的市政大厅,接管高斯瓦甘里市政大厅,在奥三米市轰炸女仲裁者号,以及占领纳西索·拉莫斯高速公路,等等",这些活动严重威胁了菲律宾社会稳定和经济秩序,影响了埃氏政府的经济发展计划和外国投资者的信心,更加剧了埃氏政权的焦虑。③ 据菲律宾政府情报部门估计,1997—1999 年发生的小规模冲突约有 400 起。④ 尽管 1999 年 10 月埃氏政府与摩伊解的和谈进程短暂恢复,埃氏将 12 月定为达成实质性协议的最后期限,但 12 月双方仍未达成和解。国内反对派以及南部省市政治精英极力反对政府向摩伊解让步,如北哥打巴托省省长佩诺尔和三宝颜市长洛布雷加特等天主教移民领袖公开阻止菲律宾政府作出任何有利于摩洛穆斯林的让步,让"和平倡导者在努力探索在该区域实现全面、公正、持久且可接受的政治解决

---

① Mel C. Labrador, "The Philippines in 2000: in Search of a Silver Lining", *Asian Survey*, Vol. 41, No. 1, 2001, p. 225.

② Joseph Estrada, *Second State of the Nation Address*, July 26, 1999.

③ President Joseph Ejercito Estrada, "Toward New Beginnings", *State of the Nation Address*, July 24, 2000.

④ Cesar Pobre ed., *In Assertion of Sovereignty: The 2000 Campaign against the MILF*, Quezon City: AFP, 2009, p. 13.

途径时面临了巨大挑战"。①

由于埃氏政府在和谈方面的设限让摩伊解无法相信其和解的立场，随后在2000年年初摩伊解袭击并占领了哥打巴托的两个城市，2月菲律宾军方在北哥打巴托对摩伊解发动了进攻，导致70名摩伊解武装人员战士被杀，双方冲突开始升级。自埃氏上台以来，其在摩洛分离问题上就放任菲律宾军方实施镇压，而自1999年开始表露强硬镇压的倾向更是受到菲律宾军方的"热情欢迎"，"埃氏政府从根本上采取了不干涉军队国内安全政策的立场，允许军队对菲律宾内部进行不受限制的控制"②。有学者认为，"许多军官认为埃氏可能在道德上不太适合担任总统，削弱了他控制军队的能力，埃氏对决策领域的控制非常薄弱"③。

2015年，埃斯特拉达在担任马尼拉市长时接受采访，回忆起自己在决定发起全面战争时的态度，"摩伊解在过去四十年的大部分时间里一直在进行和平谈判、攻击和停火的循环，我怀疑他们在和谈上是否是真诚的……对我来说，为了在棉兰老岛实现真正的和平，避免进一步的流血事件，我们必须立即结束这一切，这样就不会牺牲更多的生命"。正是在2000年3月21日，摩伊解武装人员入侵北拉瑙省考斯瓦甘市并劫持数百居民为人质，成为促使埃斯特拉达决意开展"全面战争"的导火索。④ 不仅如此，埃氏的决策基本听取军方的观点，时任国防部长梅尔卡多和参谋长雷耶斯认为，"菲律宾南部的问题是一个军事问题，因此需要军事解决"，让埃氏坚定了强硬路线的立场。同时，埃氏政府开展

---

① Shamsuddin L. Taya, The Strategies and Tactics of the Moro Islamic Liberation Front (MILF) for Self-Determination in the Southern Philippines, 1994 – 2005: An Organizational Approach, Ph. D. dissertation, International Islamic University Malaysia, 2006, p. 85.

② Paul Chambers, "A Precarious Path: The Evolution of Civil-Military Relations in the Philippines", Asian Security, Vol. 8, No. 2, 2012, pp. 138 – 163.

③ Shamsuddin L. Taya, "The Strategies and Tactics of the Moro Islamic Liberation Front (MILF) for Self-Determination in the Southern Philippines, 1994 – 2005: An Organizational Approach", Ph. D. dissertation, International Islamic University Malaysia, 2006, p. 86.

④ "Estrada Stands by All-Out War Strategy vs MILF", Philippine Daily Inquirer, January 27, 2015.

镇压的优势在于，双方于 1998 年 8 月 27 日在马京达瑙苏丹库达拉签署的《意向协议总框架》（GFAI）中，摩伊解向菲律宾政府披露了至少 44 个军事营地，这意味着菲律宾军方拥有针对摩伊解的信息优势，能够在战术层面实现快速而精确的打击。而在埃氏宣布全面战争时，摩伊解则以"全面圣战"作为回应，双方进入大规模冲突阶段。

全面战争主要可以划分为三个阶段。[①] 第一阶段是 2000 年 2 月 15 日至 2 月 17 日，菲律宾军方发起代号为"英勇行动"（Oplan Kagitingan）的作战，在马京达瑙对摩伊解发起第一轮进攻。菲律宾军方以第 6 步兵师为主力，袭击了摩伊解在马京达瑙省塔拉延市、谢里夫阿瓜克市和大督皮昂镇等地的摩伊解部队，并占领了摩伊解在该地区的第三大营地奥马尔·伊本—哈塔布营地（该营地由阿梅里·本布拉·卡托麾下的 BIAF 第 206 旅的约 500 名武装人员守卫）。"英勇号"计划历时一周，但只用了两天时间就实现了目标。阿梅里·本布拉·卡托领导的部队被政府军迅速击败，导致他从战地指挥官被降职为伊斯兰学校教师。此次行动中政府军仅伤亡 2 人，而摩伊解则有 130 人丧生。

第二阶段是 2000 年 3 月 15 日至 3 月 21 日，菲律宾军方代号为"无畏行动"（Oplan Pagpangahas）的进攻。菲律宾军方仍以第 6 步兵师为主力，在哥打巴托的卡门市和巴尼斯兰镇等地区攻击摩伊解武装人员。这次行动汇编了三支部队，包括第 602 步兵旅组、第 603 步兵旅以及一支预备役部队，炮兵和空军部队提供火力支援。在交火中，政府军取得压倒性的优势，实现了所有任务目标。双方伤亡较轻，2 名政府军士兵死亡，5 名摩伊解成员死亡。与此同时，摩伊解对北拉瑙省沿海地区发动攻击，封锁了卡加延德奥罗、伊利甘和卡帕塔甘等市镇国道，由阿卜杜拉·马卡帕尔指挥的 BIAF 第 303 旅的部队占领了高斯瓦甘市和穆耐镇的市政大厅。作为回应菲律宾陆军第 4 步兵师开始进攻穆耐镇的摩伊解营地，针对摩伊解占领国道和高速公路，菲律宾军方发起了"支配行动"

[①] Marco Mezzera, "The Camps of the Sun: MILF's Stronghold after Military Offensive", *Focus on the Global South*, March 7, 2001, p. 2.

和"高速公路行动",陆军第6步兵师与1000名摩伊解武装人员发生遭遇战。2000年5月18日,参议员恩里莱敦促埃氏政府废除之前与摩伊解签署的承认其部分营地的协议文件,以此促进对摩伊解军事营地的进攻和瓦解。[1]

第三阶段以阿布·巴克尔营之战为代表,代号"终端速度行动"(实际上是三次连续行动,包括"大清扫行动"和"至高行动"在内),是全面战争的最后阶段,菲律宾军方通过此次行动占领了摩伊解的大本营(教法政府所在地)——阿布·巴克尔营地。阿布·巴克尔营地占地约40平方英里,拥有清真寺、伊斯兰学校、商业区和住宅区、武器工厂等,是一座体系完整的营地。菲律宾军方首先发起"大清扫行动",实施地面和空中联合攻击,摧毁了摩伊解的南拉瑙东部革命委员会以及部分小型营地。"至高行动"的目标是占领由800人组成的摩伊解第二大的布沙拉营地,不过此次行动没有受到任何抵抗,摩伊解守军放弃了该营地。"终端速度行动"的目标是占领阿布·巴克尔营地,从7月1日开始,菲律宾空军的OV-10"野马"进行了为期三天的空袭。进攻行动由三个步兵师进行(先后为第6步兵师、第4步兵师、第1步兵师),使用105毫米榴弹炮轰击,第6师从营地南部进攻,第4师从西部进攻,海军陆战队的两个旅提供辅助,空军三架诺斯罗普F-5战斗机投掷了750磅炸弹从而完全破坏了摩伊解的通信设施。战斗持续至7月8日,政府军基本完全占领阿布·巴克尔营地。7月9日,菲律宾武装部队南部司令部指挥官维拉纽瓦将军视察了阿布·巴克尔营地。7月10日,埃斯特拉达亲自访问阿布·巴克尔营地,举行菲律宾国旗升旗仪式,还为军队带了好几卡车的烤猪和啤酒,并将阿布·巴克尔营地重新命名为伊拉努营(Camp Iranun)。[2]

全面战争以摩伊解的全面落败告终,大批摩伊解战士向菲律宾政府

---

[1] Shamsuddin L. Taya, "Conflict and Conflict-Resolution in the Southern Philippines", *Journal of International Studies*, Vol. 28, No. 3, 2007, pp. 63-77.

[2] "Revisiting Camp Abubakar, Ten Years Later", *Minda News*, July 9, 2010.

投降，但是这未能从根本上解决摩洛分离问题。战争让双方都付出了惨重的代价：对于摩伊解而言，其在战争之前自信于武装力量的发展和军事营地的建设，但是战争中暴露出的问题是其武装人员在传统阵地战中无法取得任何优势，营地成为政府军直接打击的目标，遭受巨大损失，因而摩伊解随后转入游击战模式，实现"以小博大"的目标①；对埃氏政府而言，虽然全面战争在战术上实现了目标，并且得到了军方的热情拥护，但是战争进一步恶化了菲律宾社会稳定和经济秩序。据统计自2000年4—9月，全面战争使菲律宾政府损失了60亿比索，至少有810名菲律宾士兵和381名平民死亡，2156名士兵和356名平民受伤，90名士兵失踪。此外，19个省市约8%的人口（近16万户家庭）成为难民。② 这一结果招致许多政治精英和反对派的反对，并且在全面战争结束后，摩伊解转变军事路线（甚至变得更加极端），南部地区冲突仍时有发生，让埃氏的全面战争显得"战术上成功，战略上失败"。③

2000年7月24日，埃斯特拉达在第三次国情咨文演说中，用了一半以上的篇幅讨论棉兰老岛问题。在声明中，他分析认为摩伊解"打着和平之名，叛乱分子把和谈当成一个集结军备、征兵训练、部署、巩固领土的机会"④，将全面战争描述为"为棉兰老岛书写新的历史，将纠正历届殖民大国犯下的数百年历史错误，以及历届菲律宾政府引发的数十年的不公平"。⑤ 此外，为了论证全面战争的合法性，埃氏在国情咨文中

---

① Shamsuddin L. Taya, "The Strategies and Tactics of the Moro Islamic Liberation Front (MILF) for Self-Determination in the Southern Philippines, 1994 – 2005: An Organizational Approach", Ph. D. dissertation, International Islamic University Malaysia, 2006, pp. 171 – 173.

② Rizal G. Buendia, "The Mindanao Conflict in the Philippines: Ethno-Religious War or Economic Conflict?", in Aurel Croissant, Beate Martin and Sascha Kneip, eds., *The Politics of Death: Political Violence in Southeast Asia*, Lit Verlag Berlin, 2006, p. 155.

③ Nathan Gilbert Quimpo, "Options in the Pursuit of a Just, Comprehensive, and Stable Peace in the Southern Philippines", *Asian Survey*, Vol. 41, No. 2, 2001, pp. 271 – 289.

④ President Joseph Ejercito Estrada, "Toward New Beginnings", *State of the Nation Address*, July 24, 2000.

⑤ President Joseph Ejercito Estrada, "Toward New Beginnings", *State of the Nation Address*, July 24, 2000.

还宣布将采取四点策略：其一，恢复和维护棉兰老岛的和平；其二，发展棉兰老岛；其三，在宪法框架内继续寻求与摩伊解的和谈；其四，继续执行政府与摩解的和平协议。[1] 当然，从后续摩伊解对和谈态度的转变来看，其虽然坚持和平谈判必须在第三方的调解下于国外进行，但是已经能够在一定程度上接受放弃分离主义目标和同意自治的要求，这与埃氏发起的全面战争有着密切联系。[2]

第二节　亚齐分离运动与哈—瓦—梅政府时期（1998—2004 年）的政策选择

一　亚齐分离运动的动员强度：整合性成长

（一）政治机会结构：民主转型与东帝汶自决

亚洲金融危机成为"压死"苏哈托政权的"最后一根稻草"，印尼国家机器与国家组织的能力遭到大幅削弱，陷入瘫痪。对非正式制度的依赖以及正式制度渠道的匮乏使得地方族群冲突一旦普遍爆发，警察与其他治安机构难以作出及时的应对和控制，增大了族群冲突爆发的可能，使得 1998—2000 年成为印尼地方族群冲突的高发频段，并在 2000 年达到峰值。威权政体的垮台在中央与地方关系，尤其是爪哇与外岛之间的关系上产生了系统性的影响。外岛地区对爪哇统治的不满由来已久，长期压制的不满顷刻之间喷涌而出，其意识到印尼中央政府对于族群冲突、分裂活动的镇压能力进入衰弱期，是挑战中央、向政府要价的重要机会窗口。从观念和认同的角度来看，印尼国家结构的调整和内部动荡使得自由亚齐运动宣扬的民族解放和去殖民化意识形态得到了更为广泛的认

---

[1] President Joseph Ejercito Estrada, "Toward New Beginnings", *State of the Nation Address*, July 24, 2000.

[2] E. R. Mercado, Jr., *The Five Issues Confronting Mindanao Vis-à-vis the Roles of the Civil Society*, Institute of Social Studies, September 29, 2000.

同，亚齐民族认同和独立自决的叙事"前所未有地"流行起来。①

对于亚齐分离运动而言，最具示范效应的是印尼对东帝汶自决的让步。1998年5月苏哈托辞职以及随后开始的民主转型，尤其是哈比比为了一劳永逸地解决东帝汶问题，允许东帝汶进行独立公投的政策，极大地激发了亚齐民众争取独立的热情。一时间，亚齐社会出现了几支重要的分离组织。第一，是由106个亚齐学生和宗教团体组建的"亚齐公投信息中心"（Sentral Informasi Referendum Aceh，SIRA），该组织希望"争取在联合国监督下举行关于亚齐人自决的全民公投"。第二，是由基层乌莱玛群体组成的"亚齐伊斯兰寄宿学校乌莱玛协会"（Himpunan Ulama Dayah Aceh，HUDA），该组织尝试对抗与政府和军队合作镇压自由亚齐运动的"印尼乌莱玛委员会"（MUI），并主张支持SIRA的公投方案。第三，是自由亚齐运动，苏哈托政权的崩溃在一定程度上缓解了军事打击的压力，自由亚齐运动得以增强组织建设和武装规模。1999年时任班达亚齐军分区指挥官的沙里夫丁·狄贝准将指出，亚齐军队在军事行动区时期不守军纪、侵犯人权，将更多亚齐民众推往自由亚齐运动一方，而民主转型后亚齐安全部队也陷入自我怀疑，根本无力抑制冲突，让自由亚齐运动得以快速发展。② 哈比比上任之初面临分离运动的多元化，印尼中央政府面临巨大的压力，如何应对亚齐的独立诉求是一个两难选择，允许亚齐独立将让哈比比失去连任机会，甚至危及民主政权的稳定，而给予亚齐更大自治权无疑将会助长分离运动。

尽管哈比比政府没有对亚齐给出明确承诺，但是也没有明令禁止分离运动在亚齐的蓬勃发展。亚齐省政府官员以及驻军默许了呼吁亚齐自决的大规模集会，对于在亚齐各地出现的自由亚齐运动的旗帜也不加干

---

① Hasan di Tiro, "The Legal Status of Acheh-Sumatra Under International Law", *National Liberation Front of Acheh-Sumatra*, 1980, p. 11; Hasan di Tiro, "Denominated Indonesians", *Address delivered to UNPO General Assembly*, The Hague, January 20, 1995, pp. 2 – 13.

② Geoffrey Robinson, "Rawan is as Rawan Does: The Origins of Disorder in New Order Aceh", in Benedict R. O'G. Anderson ed., *Violence and the State in Suharto's Indonesia*, Ithaca: Southeast Asia Program, Cornell University, 2000.

涉，而自由亚齐运动的军事指挥官阿卜杜拉·赛菲伊更是频繁地出现在政府官方电视台上。不仅如此，随着自决呼声的壮大，在军方的授意下，为了缓解分离运动的压力，时任亚齐省长桑苏丁·马哈茂德和省议会甚至发表了一份赞成亚齐实施全民公决的声明。对此，狄贝准将解释称自己没有足够的部队，也无法以其他方式处理亚齐地区高涨的分离运动。① 军方内部对亚齐局势普遍悲观，北苏门答腊军区时任指挥官阿卜杜勒·拉赫曼·加法尔断定，如果亚齐举行全民公决，结果一定是亚齐绝大多数人支持独立。

（二）军事镇压与分离运动的组织整合

印尼军方在亚齐开展的镇压行动，不光针对自由亚齐运动，而且还与平民发生了激烈的冲突，导致亚齐民众对中央和亚齐政府愈发失望，自由亚齐运动也进入快速发展时期，有效整合了亚齐其他分离组织加入武装对抗印尼军方的战争，使暴力冲突提升到更高水平。自由亚齐运动力量的壮大得益于三个方面。

第一，自由亚齐运动的武装人员重返亚齐战场，包括在海外开展武器走私和政治宣传的 400 余名成员，哈比比政府赦免的 562 名亚齐政治犯，以及 1998 年 8 月暴乱期间从司马威市监狱逃脱的 150 余名囚犯，这些力量与原本四处藏匿打游击战的武装人员合流。在此基础上，自由亚齐运动利用包容性招募模式吸引更多民众加入武装斗争。据估计，截至 1999 年 7 月，自由亚齐运动至少拥有 800 名全副武装的战斗人员，实力相比于前两次公开活动有了显著提升，见表 6-4。②

第二，亚齐乡村伊斯兰寄宿学校乌莱玛积极支持并加入自由亚齐运动。除了支持公投运动之外，以 HUDA 为代表的亚齐乌莱玛组织的不少成员还与自由亚齐运动结成同盟，这些乌莱玛大多数是在亲历或目睹印

---

① Harold A. Crouch, *Political Reform in Indonesia After Soeharto*, ISEAS Publishing, 2010, pp. 285 – 286.
② Michael L. Ross, "Resources and Rebellion in Aceh, Indonesia", in Paul Collier and Nicholas Sambanis, eds., *Understanding Civil War: Evidence and Analysis*, Washington: The World Bank, 2005, p. 47.

尼军队镇压行动之后选择加入自由亚齐运动，他们为其提供避难场所并掩护其躲避军警抓捕。① 乌莱玛的加入在很大程度上改善了自由亚齐运动在亚齐穆斯林社群中的罪犯形象，提升了自由亚齐运动开展政治和军事动员的合法性。在乌莱玛的帮助下，自由亚齐运动招募新成员的过程更加高效，并依托伊斯兰力量建立起嵌入当地穆斯林社群的税收、教育和司法系统，有效地提升了自由亚齐运动的军事和治理能力。②

表6-4　　　　　　　　　　自由亚齐运动拥有武器数量

地区	2002年8月（件）	2003年4月（件）
大亚齐	94	209
比地亚	266	420
北亚齐	706	889
东亚齐	410	346
西亚齐	182	113
南亚齐	76	74
中亚齐	83	79
东南亚齐	5	4

资料来源：笔者根据相关资料整理而成。③

第三，学生运动和非政府组织等积极融入自由亚齐运动。④ 亚齐公民社会最初提倡通过全民公投决定亚齐是以自治地位留在印尼还是完全独立，但是随着军事行动导致暴力冲突水平骤升，亚齐公民社会成为军队镇压的重要目标之一，这促使前者开始转向寻求完全独立。⑤ 与此同

---

① 笔者访谈自由亚齐运动美伦地区前成员 Nasbi，2022年9月18日。
② Shane Joshua Barter, "Ulama, the State, and War: Community Islamic Leaders in the Aceh Conflict", *Contemporary Islam*, Vol. 5, No. 5, 2011, pp. 19-36.
③ Kirsten E. Schulze, *The Free Aceh Movement: Anatomy of a Separatist Organization*, Washington, D. C.: East-West Center Washington, 2004, p. 32.
④ 笔者访谈亚齐公投信息中心前成员 SehatIkhan Siddiqi，2022年9月17日。
⑤ Michelle Ann Miller, *Rebellion and Reform in Indonesia: Jakarta's Security and Autonomy Polices in Aceh*, Routledge, 2009, pp. 32-33.

时，公民社会中部分学生运动和非政府组织人士在军方镇压下选择支持自由亚齐运动，与其结成分离运动同盟，并成为自由亚齐运动的"文职派系"（GAM Sipil）。一方面，他们帮助自由亚齐运动建立国际声誉，建立自由亚齐运动在冲突中保护人权和受到亚齐人民拥护的形象，并寻求国际社会的援助，向印尼政府施加人权压力；[1] 另一方面，文职派系在自由亚齐运动活跃的地区承担着行政管理的职能，他们负责提供公共服务、管理税收、输送教师以及联系群众等，帮助自由亚齐运动真正地发展成为一个社会运动。[2]

（三）自由亚齐运动的替代性治理

自由亚齐运动建立"影子政府"的关键机会在于1999年年底亚齐许多地方和乡村政府几乎停止运转，尤其在自由亚齐运动活跃的北部和东海岸等地区。其直接表征为，1999年6月举行的全国大选中亚齐许多地区的投票率非常之低，选举委员会根本无力组织和动员这些地区民众参与投票。例如，北亚齐的投票率占1.4%，比地亚占11%，东亚齐占50%。[3] 这让逐步整合分离力量的自由亚齐运动得以接管地方政府的职能。

自由亚齐运动利用瓦希德政府的撤军期、停火期等时间，占领地区进一步扩大，并建立起覆盖亚齐大部分地区的税收体系，同时吸收更多的武装人员，完善组织功能和实力建设。[4] 截至2001年，自由亚齐运动一度控制亚齐高达70%—80%的地区，在亚齐公民社会和传统乌莱玛团体的支持下，自由亚齐运动建立起涵盖行政、执法、税收、教育以及宗教等在内的近乎全方位的准政府系统。[5] 其中，自由亚齐运动设立的名

---

[1] 笔者访谈前 SIRA 成员 SehatIkhsan Siddiqi，2022年9月17日。

[2] Shane Joshua Barter, "The Rebel State in Society: Governance and Accommodation in Aceh, Indonesia", in Ana Arjona, Nelson Kasfir and Zachariah Mampilly, eds., *Rebel Governance in Civil War*, Cambridge University Press, 2015, pp. 235–240.

[3] Harold A. Crouch, *Political Reform in Indonesia After Soeharto*, ISEAS Publishing, 2010, p. 286.

[4] 笔者访谈自由亚齐运动司马威地区前成员 Ridha，2022年9月19日。

[5] International Crisis Group, *Aceh, Why Military Force Won't Bring Lasting Peace*, ICG Report, June 12, 2001, p. 5; Safrida, dan Soraya, *Catatan Harian Sandera GAM: Kisah Nyata Safrida dan Soraya*, Jakarta: Pustaka Populer Obor, 2005.

目繁杂的"国家税"(Pajak Nanggroe),成为其财政汲取能力的重要源泉,提升了武装建制的扩展空间。①

在2000年人道主义停火期间,自由亚齐运动还从一些人道主义援助项目中抽取了50%—75%的资金。② 在武装建设方面,据统计,在1990—1998年军事行动区,亚齐约有16375名儿童成为孤儿,到2000年中期,这些受害者的孩子(Anak Korban DOM)中很大一部分加入了自由亚齐运动,成为后者武装力量的重要组成部分,类似的组织还有"女性游击队"(Inong Bale)。③ 总体而言,1999—2000年,自由亚齐运动正规武装规模大约增加到了3000人。而截至2001年,自由亚齐运动成立了17个根据地,正规武装人员与非正式成员约有17000人。④

当然,组织聚合并不意味着所有亚齐人都支持自由亚齐运动及其独立要求。自由亚齐运动的优势在于,相比于印尼军方,其并没有实施针对平民的掠夺性政策和恐怖统治,而是针对支持军方和中央政府的精英和企业开展打击。⑤ 自由亚齐运动内部曾分离出一些小的派系,以由祖尔法里领导的"GAM管理委员会"(Majelis Pemerintah GAM, MP-GAM)⑥为代表,倾向于伊斯兰主义道路,批评自由亚齐运动过于世俗化的政治诉求,称其"不关心亚齐社会","不为亚齐的伊斯兰乌玛的利益而战",偏离了"为真主献身的准则"和"伊斯兰教法的道路"。⑦ 但

---

① Michael L. Ross, "Resources and rebellion in Aceh, Indonesia", in Paul Collier and Nicholas Sambanis, eds., *Understanding Civil War: Evidence and Analysis*, Washington: The World Bank, 2005, p. 49.

② Kirsten E. Schulze, *The Free Aceh Movement: Anatomy of a Separatist Organization*, Washington, D. C.: East-West Center Washington, 2004, p. 25.

③ John Mc Beth, "An Army in Retreat", *Far Eastern Economic Review*, November 19, 1998.

④ 薛松:《印度尼西亚族群动员的政治逻辑(1998—2017)》,博士学位论文,清华大学,2018年。

⑤ Kirsten E. Schulze, *The Free Aceh Movement: Anatomy of a Separatist Organization*, Washington, D. C.: East-West Center, 2004, pp. 24 – 29.

⑥ Husaini Hasan, "Condolences on the Assassination of Teuku Don Zulfahri", *Free Aceh Movement in Europe*, June 1, 2000.

⑦ Abu Jihad, "GAM Hasan Tirodalam Pentas Perjuangan Bangsa Aceh", *Titian Ilmu Insani*, 2000, pp. 2 – 5.

是，这些组织影响力十分有限，与亚齐的分离武装联系松散，缺少系统性支持，主要在马来西亚运作，因而根本无法威胁自由亚齐运动对分离运动的整合。此外，以迪罗为首的自由亚齐运动领导层对极端伊斯兰主义保持警惕。据称，基地组织领导层奥马尔·法鲁克于1999年12月访问过亚齐，希望将自由亚齐运动引导为极端暴力组织，但遭到坚决抵制，因而自由亚运动能够维持更具韧性的组织建构和意识形态，而爪哇恐怖组织——拉斯卡尔圣战组织也曾尝试在亚齐建立分部，同样遭遇失败。[①]

二 分散制衡的初始民主转型政权：哈比比、瓦希德与梅加瓦蒂

（一）权力关系：共谋民主与精英权力分享

1998年5月，哈比比继任辞职下台的苏哈托后，印尼政治步入民主改革的制度化轨道，但是学生团体和其他反威权的社会运动基本被排斥在民主化的制度议价过程之外，实际上精英互动才是印尼民主转型的底色。民主化进程中的最大口号——打倒"腐败、共谋和裙带关系"（KKN），无法改变后威权时代印尼精英互动的基本模式，导致初始民主转型政权便呈现"共谋民主"（Collusive Democracy）的特征。这种以"混杂的权力分享"[②]为核心要素的民主制的起源是精英们为了应对政权交替的不确定性及面临的政治经济危机，选择跨越和忽视政党分歧（政治纲领、意识形态、选民基础等），通过非正式规范和网络分享权力，实现精英之间的均衡，继而产生了共谋民主。在1999年的宪政改革中，印尼实施的以1945年宪法为基础的议会总统制，将选举总统的权力从选民转移到议会（即人协），加强了总统与精英之间的横向问责制，进一步强化了总统通过分享权力的形式换取议会支持的能力和意愿。[③] 但是，

[①] Harold A. Crouch, *Political Reform in Indonesia After Soeharto*, ISEAS Publishing, 2010, p. 285.

[②] Dan Slater and Erica Simmons, "Coping by Colluding: Political Uncertainty and Promiscuous Powersharing in Indonesia and Bolivia", *Comparative Political Studies*, Vol. 46, No. 11, 2013, pp. 1366 – 1393.

[③] Dan Slater, "Indonesia's Accountability Trap: Party Cartels and Presidential Power after Democratic Transition", *Indonesia*, Vol. 39, No. 78, 2004, p. 64.

"苏哈托之后的三位总统都没有在军队和文官机构中建立起自己的权威，也没有在议会中控制一个有纪律的多数政党"，"总统的命运应该是与这些势力达成妥协"，彰显了印尼共谋民主下政权控制的"悲剧"。[1]

当然，共谋民主的促成者并不是哈比比，他是共谋民主排斥的对象。哈比比就任总统时面临巨大的内忧外患，对权力关系的控制是不稳固的。哈比比全盘继承了"新秩序"遗留的政治机器（专业集团党、在人协拥有固定议席的军队等），往往被民主改革力量视为敌人（尽管哈比比在推翻苏哈托政权的最后时刻发挥了关键作用[2]）。无论是国内层面还是国际层面，哈比比政权都缺乏足够的政治支持和合法性（部分原因在于苏哈托长期独裁未能建立权力过渡机制，合法性系于一人）。[3]

首先，哈比比面临民主改革力量的压力（以学生运动和新秩序时代的政治反对派为代表）。哈比比上台之初表示自己将继续完成苏哈托下台后留下的 4 年任期，引发了大规模民众抗议，精英阶层以及专业集团党内部都对哈比比拖延选举表示强烈反对。在此压力下，哈比比在就任总统的第一周转而宣布将在 12 个月内举行选举。国内外舆论对哈比比的任期普遍悲观，哈比比在回忆录里称："国内外媒体报道说，我的任期只有 100 小时，稍微乐观一点的人预测，我的任期不会超过 100 天。"[4] 因而，哈比比深知自己接任总统面临着巨大的挑战和反对压力。

其次，哈比比政权的行政基础，包括内阁和人协等方面都受到学生、社会团体和反对派精英的强烈反对，原因在于哈比比的"发展改革内阁"成员大多来自军队和专业集团党。尽管他除名了苏哈托的裙带成员

---

[1] Richard Robison and Vedi R. Hadiz, *Reorganising Power in Indonesia: The Politics of Oligarchy in an Age of Markets*, Routledge, 2006, p. 217; Suadi Zainal, "Transformasi Konflik Aceh dan Relasi Sosial Politik di Era Desentralisasi", *Masyarakat: Jurnal Sosiologi*, Vol. 21, No. 1, 2016, pp. 81 – 108.

[2] Bacharuddin Jusuf Habibie, *Detik-Detik Yang Menentukan: Jalan Panjang Indonesia Menuju Demokrasi*, Jakarta: THC Mandiri, 2006, pp. 20 – 22.

[3] Richard Robison and Vedi R. Hadiz, *Reorganising Power in Indonesia: The Politics of Oligarchy in an Age of Markets*, Routledge, 2006, p. 173.

[4] Bacharuddin Jusuf Habibie, *Detik-Detik yang Menentukan: Jalan Panjang Indonesia MenujuDemokrasi*, Jakarta: THC Mandiri, 2006, p. 77.

（包括苏哈托的女儿西蒂·哈蒂扬蒂·鲁克马纳、前陆军参谋长哈托诺将军和鲍勃·哈桑等），在内阁任命了穆斯林知识分子联合会（ICMI）成员和军队"绿党"将领（如前总司令费萨尔·丹戎担任政治和安全事务协调部长），搭建自己的行政权力基础，但合法性依旧薄弱。转型期间的内部派系之争进一步削弱了哈比比的执政能力。哈比比保留了军队民族主义"红白派"领导人维兰托将军的总司令兼国防部长职务，在后者的劝说下解除了军队绿党领袖普拉博沃（引发反华暴乱的主要推手之一）对战略后备司令部的指挥权，维兰托还借助军事荣誉委员会的调查指责普拉博沃涉嫌策划 12 位反对苏哈托政权活动分子的失踪案，加剧了军队派系的对抗。①

再次，军队派系对抗延伸至专业集团党内。在 1998 年 7 月党内选举中，哈比比支持的候选人阿巴尔·丹戎遭到以前任总司令埃迪·苏特拉查为首的民族主义派系的挑战，哈比比被迫通过维兰托对专业集团党内地区分支的军官领导人施压，艰难维系对专业集团党的控制。② 尽管如此，专业集团党高层非常反对哈比比重用 ICMI 成员以及将伊斯兰元素引入党内，包括丹戎、马祖基·达鲁斯等在内，专业集团党及其占主导地位的人协（立法程序）并不在哈比比的控制之下。③ 1998 年 11 月，反对派领导人（梅加瓦蒂、瓦希德、阿米安·赖斯和苏丹哈孟古布沃诺十世）在学生运动的压力下发布所谓"展玉宣言"（要求尽快建立新政府，解散镇压学生的准军事组织，调查 KKN 问题等）后，维兰托再次召集反对派领导人召开"展玉+"会议，象征军方支持反对派尽快选举，取代哈比比政府。由此可见，哈比比政权面临一个强大的政治反对联盟。④

---

① Wiranto, *Bersaksi Di Tengah Badai: Dari Catatan Wiranto, Jenderal Purnawirawan*, Jakarta: Ide Indonesia, 2003.

② Harold A. Crouch, *Political Reform in Indonesia After Soeharto*, ISEAS Publishing, 2010, pp. 21 – 22.

③ Dwight Y. King, "The 1999 Electoral Reforms in Indonesia: Debate, Design and Implementation", *Southeast Asian Journal of Social Science*, Vol. 28, No. 2, 2000, pp. 89 – 110.

④ Dan Slater, "Indonesia's Accountability Trap: Party Cartels and Presidential Power after Democratic Transition", *Indonesia*, Vol. 39, No. 78, 2004, p. 75.

最后，哈比比虽然在党禁、结社、选举、新闻自由等方面采取了快速改革，但是他并不愿意彻底颠覆新秩序模式。因而，在改革派力量看来，在苏哈托下台后，哈比比成为印尼走向民主的"最大阻碍"。哈比比上台后，雅加达和印尼其他主要城市频繁爆发大规模学生和其他社会团体的示威游行，要求肃清 KKN（审判苏哈托直接涉及哈比比政权的部分关键成员）和军队的双重职能（Dwi-fungsi）。这对于长期受益于苏哈托庇护和新秩序模式的哈比比和以维兰托为首的军队而言，等于要求他们进行毫无可能的"自我判决"，因而哈比比政权很难获得广泛的民众支持。随着国内族群冲突、经济衰退、资本外逃以及军事人权问题等不断深化，哈比比执政的不稳定性越发显著。例如，1998 年 11 月人协特别会议期间，学生示威者在"国民阵线"的退役军官和社群领袖的支持下，呼吁由高级领导人组成的主席团取代哈比比政府，示威引发的冲突迫使军警开火造成 7 名学生死亡，哈比比始终拒绝调查苏哈托及其家人和亲信，更加剧了哈比比政权的合法性危机。哈比比政权权力关系彻底崩溃发生在 1999 年 10 月人协全体会议上，哈比比发表的述职讲话遭到 355：322 否决，丹戎领导的专业集团党派系亦投反对票，并撤销了对哈比比总统候选人的提名。[1]

瓦希德于 1999 年 10 月的人协总统选举中击败梅加瓦蒂成为总统，其建立起来的民主转型后的第一个民主政权却是异常脆弱的，在权力关系上受到其他政治力量的强力牵制。瓦希德及其选举机器民族觉醒党在人协并不具备优势，结合瓦希德较差的健康状况（在前两次竞选中中风），在总统选举中本无获胜可能。不过，尽管领先的 5 个政党获得近 87% 的选票，但反哈比比政党在议席数量上没有人能够占据议会的多数，民族主义与伊斯兰教政党、改革派与建制派（专业集团党）之间出现多重分歧，胶着的选举结果、哈比比被迫退选、赖斯组建"中央轴心"（Poros Tengah），以及梅加瓦蒂对于当选总统的"过度自信"，让精通印

---

[1] "Indonesia's Habibie Withdraws", *AP News*, October 20, 1999.

尼精英政治"共谋之道"的瓦希德获得伊斯兰政党、军人集团以及专业集团党等人协派系的支持，成功以 373∶313 当选后苏哈托时代的第一位民选总统。① 瓦希德在当选总统后立刻着手搭建"民族团结内阁"，他对支持自己的政党和团体，甚至是竞争者梅加瓦蒂及其斗争民主党实施了混杂的权力分享（为此内阁成员从 25 人扩大到 35 人，以降低各个派系权力分配上的矛盾）：民族觉醒党得到了 4 个内阁职位；梅加瓦蒂成为副总统，斗争民主党获得 4 个内阁职位；军人集团（约占 7% 人协席位）得到 6 个内阁职位，维兰托担任最为核心的政治和安全事务统筹部长；专业集团党获得 5 个内阁职位；中央轴心的 4 个政党得到 8 个内阁职位；其余内阁职位分给无党派人士。②

尽管瓦希德通过老练的政治交易和权力分享建立了一个跨越意识形态差异和民主改革诉求的政治联盟，这却对瓦希德控制权力关系构成了巨大阻碍。传统而言，政党联盟下的议会制组阁产生的是一种最小获胜联盟，在尽力组合政治纲领和意识形态接近的政党的前提下，在有限的政党联盟内部实施权力分享，才能形成有效的、集中控制的行政权力。瓦希德为了缓解人协对总统的制衡和巩固政权支持基础，不得不实施混杂的权力分享，产生的是一个内部杂糅、缺乏共识的政府，因而内阁及其人选频繁更迭，导致瓦希德任内政策缺乏基本的连续性，改弦更张成为常态。

瓦希德就任总统仅一个月后，人民福利统筹部长（建设团结党主席）哈姆扎·哈兹因在以色列问题上（瓦希德呼吁同以色列建立贸易关系）的立场不同而离开民族团结内阁，成为瓦希德内政外交政策遭到内阁成员强烈抵制的第一次表征。随后，更为关键的是，2000 年 2 月瓦希德因东帝汶侵犯人权追责问题要求维兰托辞去政治和安全事务统筹部长

---

① Marcus Mietzner, "Abdurrahman's Indonesia: Political Conflict and Institutional Crisis", in Grayson Lloyd and Shannon Smith, eds., *Indonesia Today: Challenges of History*, Singapore: Institute of Southeast Asian Studies, 2001, pp. 41-42.

② Harold A. Crouch, *Political Reform in Indonesia After Soeharto*, ISEAS Publishing, 2010, p. 29.

职务，这让瓦希德失去了军队民族主义和改革派系的支持，甚至出现了政变谣言。① 4月，瓦希德又以涉嫌腐败的名义将工业和贸易部长优素福·卡拉和国有企业部长拉克萨马纳·苏卡迪从内阁除名，分别由卢胡特（无党派）和罗兹·穆尼尔（NU成员）接替，触动了专业集团党和斗争民主党的蛋糕，斗争民主党高层迪米亚蒂·哈托诺谴责瓦希德"在不征求党派意见的情况下这么做（解雇部长）是不道德的"。②

由于诸多政策遭到斗争民主党、专业集团党和军方的反对而无法落实，2000年8月瓦希德进行大规模内阁改组，将斗争民主党、专业集团党成员完全排除在内阁名单之外，导致瓦希德在人协的支持席位骤降40%，人协出现"反古斯杜尔联盟"。一个月后，瓦希德便被曝出挪用国家粮食局繁荣发展基金会（Yanatera）资金以及文莱苏丹给亚齐的捐款两宗腐败丑闻，斗争民主党和建设团结党控制的印尼国会（DPR-RI）随即成立委员会对此开展调查，紧接着要求瓦希德辞职的舆论开始酝酿，2000年10月人协主席赖斯公开声明要求瓦希德辞职。③

2000年11月底，151名国会议员向人协请愿要求弹劾瓦希德，人协与瓦希德的矛盾一触即发。瓦希德在2001年1月的一场活动中表达了自己可能解散国会以防止印尼陷入无政府状态，自己不会屈服于人协的弹劾。随后2月和4月国会以绝对多数通过了两份针对瓦希德的备忘录，并要求人协举行特别会议弹劾瓦希德。局势日益紧张，瓦希德多次要求任政治与安全统筹部长的苏西洛④以及军方宣布紧急状态，但遭到坚决拒绝，在第三次内阁重组中将其撤换。⑤ 在此次调整中，瓦希德希望通过增加斗争民主党的分成，以挽回梅加瓦蒂对他的支持，防止人协通过对他的弹劾案，但无济于事。瓦希德于2001年7月23日发布总统令要

---

① "Indonesian President Backs Down", *AP News*, February 13, 2000.
② "Parties Warn of Desertion from Cabinet", *The Jakarta Post*, April 27, 2000.
③ "Gus Dur：'SilakanMenggelarSidang Istimewa MPR'", *Liputan*, Oct 27, 2000.
④ Kurdi Mustofa and Yani Wahid, *Susilo Bambang Yudhoyono: Dalam 5 Hari Maklumat*, Jakarta: PT Aksara Karunia, 2001, pp. 75 – 86.
⑤ "Isolated Wahid Unleashes Cabinet Reshuffle", *CNN*, June 1, 2001.

求军警解散人协和众议院以及专业集团党，此番最后一搏也未能阻止当天人协通过弹劾案，军警部门拒绝遵守瓦希德的命令。① 哈罗德·克劳奇指出，"他（瓦希德）无法将自己的意志强加给他的合作伙伴，于是他解雇了那些顽固的部长，但每次解雇都进一步削弱了他在人协和国会的支持基础，最终转向反对他"②。

此外，在宪法层面，瓦希德任内人协通过《1945年宪法》的第一（1999年10月）和第二（2000年8月）修正案对总统行政权力进行了进一步限制。此两项修正案引入了对总统连任2次的限制，总统在任命大使或给予特赦时需要事先获得人协或最高法院的同意，同时撤销了总统制定法律的权力，立法权完全属于人协，总统只能提出法律，无法直接制定法律。③ 这在一定程度上实现了人协对总统权力的制约，将瓦希德执政的制度基础转变为一种半总统制环境，从制度和规范层面遏制了瓦希德对权力关系的集中控制。可见，无论是宪政制度还是政党格局都阻碍着瓦希德政权推行政策，其实施混杂的权力分享和频繁改组内阁正是总统与议会关系始终处于制衡状态的无奈选择。对此，斯莱特更是直言"瓦希德似乎同意了一个交换条件，即总统职位的代价是建立一个他无法控制的内阁"。④

2001年7月梅加瓦蒂成为总统。相比于瓦希德，她的优势在于人协的支持基础更为牢固：其一是拥有最多议席数量的斗争民主党，其二是军队民族主义派系对梅加瓦蒂的支持，其三是抛弃瓦希德的、以赖斯为首的伊斯兰派系。由于推翻瓦希德得到了诸多派系的支持，梅加瓦蒂在组建互助合作内阁时采取了与瓦希德相似的混杂权力分享策略（早在瓦

---

① "Presiden Umumkan Dekrit Pembekuan MPR-DPR", *Hukum Online*, July 23, 2001.

② Harold A. Crouch, *Political Reform in Indonesia After Soeharto*, ISEAS Publishing, 2010, p. 31.

③ Ari Welianto, *Amandemen UUD 1945: Tujuan dan Perubahannya*, February 6, 2020.

④ Dan Slater, "Indonesia's Accountability Trap: Party Cartels and Presidential Power after Democratic Transition", *Indonesia*, Vol. 39, No. 78, 2004, p. 78.

希德弹劾案通过之前便开始商议内阁席位的分配问题①），但也多了对于遭遇弹劾的警惕。②

在副总统的职位上，梅加瓦蒂选择支持最不可能对她构成威胁的哈姆扎·哈兹（其个人的政党支持基础仅限于建设团结党）。在内阁职位分配方面，梅加瓦蒂共设置了 33 个内阁职位：斗争民主党和专业集团党各获得 3 个职位；中央轴心获得 4 个职位；军人集团获得 4 个职位，将总司令设为内阁成员；其余 22 个职位分给非党派人士。梅加瓦蒂再次实施混杂的权力分享同样无法克服政策执行力和连续性等方面的缺陷，其满足于统治而非治理，不仅在施政方面缺少一个明确的框架和方向，而且自身对具体政策缺乏兴趣和了解，许多部长表示梅加瓦蒂"对于内阁存在的分歧和争端毫不在意"，这种"懒政"的领导人特质也让梅加瓦蒂政权的权力关系处于分散且低效的状态。③

在人协和众议院的控制上，梅加瓦蒂并没有发挥足够的主导作用，以至其任期内国会的宪法修正案以及许多立法都是自主协商运作的产物。例如，梅加瓦蒂本人反对修改宪法以实施直接选举总统和副总统，原因在于斗争民主党在 1999 年选举中并没有获得想象中的巨大优势，广泛曝光的党内成员腐败问题更削弱了民众对斗争民主党的支持。随着时间的推移以及由于民主改革进展缓慢，与专业集团党越走越近的斗争民主党所具备的转型合法性优势也在衰退，如梅加瓦蒂未能下定决心支持对专业集团党主席丹戎④的腐败案定罪而被许多学生和劳工组织称为"改革运动的叛徒"，斗争民主党执政后不断破坏自己的"民主改革神话"，因而直接选举总统很可能让梅加瓦蒂在 2004 年选举中落败。⑤

---

① "When Will this Boring Game End?", *Tempo*, April 9, 2001, p. 27.
② Mohamad Sobary, DKK, *Tak Ada Jalan Pintas: Perjalanan Panjang Seorang Perempuan*, Jakarta: Antara Pustaka Utama, 2003.
③ Harold A. Crouch, "Political Update 2002: Megawati's Holding Operation", in Edward Aspinall and Greg Fealy, eds., *Local Power and Politics in Indonesia: Decentralisation and Democratisation*, Singapore: Institute of Southeast Asian Studies, 2003, pp. 15 – 16.
④ Jeffrey A. Winters, *Oligarchy*, Cambridge University Press, 2011, p. 183.
⑤ "Gerakan Oposisi Serukan Anti Mega-Akbar", *Tempo*, March 11, 2004.

然而，在梅加瓦蒂反对的情况下，部分斗争民主党议员依旧通过与其他党派合作，成功推动了2001年9月第三修正案的通过，正式建立总统直选制度，显示了梅加瓦蒂对人协薄弱的控制力。此外，在选举法、地方自治、军警、反腐等领域的立法过程中，梅加瓦蒂提议的草案也经常遭遇延宕，许多关键立法在2004年大选前才得以通过，这也是梅加瓦蒂未能建立集中控制的权力关系的例证。[1]

（二）资源分配：从垄断走向分散的后威权政治经济秩序

与苏哈托威权体制的崩溃相伴而行的是印尼集中庇护式经济系统的崩盘。学者们普遍研究发现，印尼民主转型对经济秩序的修正远远落后于政治制度的调整。罗宾逊和哈迪兹更是直言不讳地指出，印尼转型后"对资源分配、商业合同和垄断行业的控制权已经从高度集中的国家权力体系转移到由政党、议会和省政府组成的更加分散和混乱的环境中"[2]。自哈比比上任起，IMF与世界银行等植入印尼的新自由主义改革和席卷整个印尼政治系统的民主改革浪潮彻底击溃了新秩序的集中庇护的资源分配模式，各派力量开始趁着私有化、企业破产和政府托底等契机大肆掠夺国有资产，抢占资源和市场，后苏哈托时代的政权缺少对资源分配的集中控制，这也是哈比比、瓦希德和梅加瓦蒂政府的显著特征和困境。

相比于菲律宾的"猪肉桶"制度，印尼初始民主转型政权仅有的制度性资源分配手段是总统内阁名单制以及对关键国有经济部门职位的分配，得到职位的精英获得资源的多少与腐败程度紧密挂钩。民主转型带来的针对腐败审查的舆论与制度压力让资源分配充满了不确定性，进一步限制了政权对资源分配的有效控制。世界银行等国际机构对印尼转型后的腐败程度感到震惊。据统计，世界银行向印尼支付的30%的款项被挪用于腐败目的，导致其决定将提供给印尼的贷款从20世纪90年代年平均13亿美元减

---

[1] Harold A. Crouch, *Political Reform in Indonesia After Soeharto*, ISEAS Publishing, 2010, p. 34.

[2] Richard Robison and Vedi R. Hadiz, *Reorganising Power in Indonesia: The Politics of Oligarchy in an Age of Markets*, Routledge, 2006, p. 215.

少至一半，2001年4月又取消了一笔用于扶贫的3亿美元贷款，原因是世界银行认为"这种贷款的落实无法得到保证"。① 腐败问题的猖獗及广泛披露（得益于媒体自由化）显示了印尼资源分配陷入了无序与混乱，极大地破坏了印尼国家和政府的信誉，阻碍了金融危机后的经济复苏，而这种情况对于政权建立对资源分配的控制也是一个坏消息。

转型初期资源分配趋向于政党化和个体化。前者是政治制度（选举与政党制度）变迁带来的后果，让各派力量寻求组建和扩大自身政党组织的影响力，获取政治权力和对关键经济与司法机构的控制。据统计，在为了参与1999年选举而成立的新政党中，有多达90个是由苏哈托家族及其裙带网络提供资金支持的，目的是瓜分民主政体的权力，并在必要时保护苏哈托家族，这种金钱政治和庇护网络驱动的政党政治造成了选票的分散，分化了民主转型为改革派带来的政治红利，这也是为何瓦希德和梅加瓦蒂不得不实施混杂的权力分享的原因之一。

资源分配的个体化体现为获取政治权力后带来的小圈子范围内的利益分配模式。对于总统而言，可以分配的关键资源是内阁职务，在新的政党制度的要求下官僚机构与政党不再兼容，而政客们往往希望谋得一个部委的职务以兑现自己在庇护关系中的承诺。原因在于，在后苏哈托时代初期，针对行政系统的改革尚在进行，相比于人协议席，各个部委从威权时代积攒了大量的经济、行政资源和非正式资金以及配套的公务待遇、政治声望与决策权。这种职位上的附属收益在金融、能源、工业、交通以及国企部门更加丰厚，这些部门不仅掌握政策决策权，而且附带有行业监管的职能和大量未被公开记录在案的资金账户，部分经济学者估计"如果能够回收这些预算外账户中的资金，甚至可能足以偿还印尼的全部国债"，因而谋求内阁席位成为印尼党争的关键议题。②

---

① World Bank, *Indonesia: Accelerating Recovery in Uncertain Times*, East Asia Poverty Reduction and Economic Management Unit, October 13, 2000, pp. 40 – 41.

② Dan Slater, "Indonesia's Accountability Trap: Party Cartels and Presidential Power after Democratic Transition", *Indonesia*, Vol. 39, No. 78, 2004, pp. 66 – 67.

此外，在经济自由化和债务重组的过程中，资源分配的个体化趋势也越发明显。例如，哈比比政府的经济统筹部长基南扎尔·卡塔斯米塔从印尼国家石油公司（Pertamina）向私人油气公司非法转移2480万美元，而在国家石油公司巴龙加炼油厂成本上涨导致8亿美元的账面损失中他也发挥了关键作用，同时他还涉嫌帮助阿布里扎尔·巴克利收购矿业巨头自由港公司10%的股份。在瓦希德担任总统后，他将自己的弟弟哈西姆任命为印尼银行重整局（BPPN）的顾问，该机构掌握关闭银行并没收债务人资产的最终权力。借此，哈西姆与担任国企部长的罗兹·穆尼尔以及其他伊斯兰教士联合会和民族觉醒党的高层成员参与了印尼国家石油公司、战略工业发展局（BPIS）、印尼国家电力公司（PLN）等企业和项目的商业募资、投资和合作活动，在此过程中瓜分了国有资产和项目收益。[①] 在梅加瓦蒂担任总统后，其丈夫陶菲克和斗争民主党领导人之一的阿瑞芬·帕尼格罗也开始加入瓜分国家资源的行列，前者从家乡巨港组织自己的亲信进入一系列主要的国家机构，包括议会委员会、国家社会保障基金和印尼银行重整局等部门。[②]

可见，尽管总统能够控制内阁名单的分配，但是对于各个部门所掌握的行政资源、非正式资金以及庇护网络等都缺少直接控制。受到政党化和个人化的影响，总统只能为资源分配提供机会，而无法直接决定资源的具体划拨和多寡，因而从哈比比到梅加瓦蒂期间腐败案件频出，政权始终无法对资源的分配实现有效控制。

（三）强制力量：政治影响、改革滞后和扭曲的文武关系

正如上文提及的，以维兰托为首的民族主义红白派系的军方在促成苏哈托威权政体倒台的过程中发挥了至关重要的作用，他们的支持帮助哈比比获得了总统职务，并开启了印尼的民主转型。但是，军队在转型

---

① George Aditjondro, "Chopping the Global Tentacles of the Soeharto Oligarchy", *Conference Towards Democracy in Indonesia*, University of Auckland, April 1, 2000.

② Richard Robison and Vedi R. Hadiz, *Reorganising Power in Indonesia: The Politics of Oligarchy in an Age of Markets*, Routledge, 2006, pp. 214–215.

初期的政治和社会影响力依旧强大，在军事改革迟缓且仍处于第一阶段改革①的情况下，从哈比比到梅加瓦蒂三个初始政权都无法完全控制强制力量（意味着"军方仍可以通过非体制性政治网络行使权力"②），而是选择争取军方的支持和保护，以"对抗他们的政治对手"③，维持政权存续，防止出现苏哈托政权末期（1998年2—5月）面临的军队不服从和拒绝镇压而被迫辞职的窘境。

首先，转型过程中军队扮演了关键角色。尽管民主改革力量和学生运动希望推动改革军队，但是初始民主政权对军队支持的政治需求延缓了军队去"双重职能"的节奏。军队派系之争对于哈比比掌握总统职权有着直接联系，以维兰托为首的民族主义派系虽然与苏哈托政权有着千丝万缕的联系，但是随着苏哈托在其统治末期越发依赖伊斯兰力量，（跳过传统晋升路径武装部—军分区—军区司令部）提拔女婿普拉博沃（1995年晋升特种部队司令部司令，准将军衔；1998年晋升战略后备司令部司令，中将军衔）等亲信，使得军队内部出现一股崇尚虔诚伊斯兰信仰的风潮，催生了新的"绿党"派系（包括穆赫迪控制的特种部队司令部，萨姆苏丁控制的大雅加达司令部等关键职位）。

这无疑挑战了印尼军队的传统理念，新秩序军事理论历来对极端伊斯兰势力保持警惕甚至排斥，将其视为印尼武装部队（ABRI）"内部威胁主导论"的核心对象。④ 然而，苏哈托统治的苏丹化和个人化趋势导致其在军队中重用"绿党"派系，表现为20世纪90年代苏哈托对中高层军

---

① Andrew Cottey, Timothy Edmunds and Anthony Forster, "The Second Generation Problematic: Rethinking Democratic Control of Armed Forces in Central and Eastern Europe", *Civil-Military Relations in Central and Eastern Europe Project*, Internet Resource Centre, 2001, pp. 5 – 10.

② Marcus Mietzner, "The Politics of Military Reform in Post-Suharto Indonesia: Elite Conflict, Nationalism and Institutional Resistance", *Policy Studies 23*, Washington, D. C.: East-West Center Washington, 2006, p. 3.

③ Dewi Fortuna Anwar, et al., *Gus Dur versus Militer: Studi Tentang Hubungan Sipil Militer di Era Transisi*, Jakarta: Gramedia and Pusat Penelitian Politik-Lembaga Ilmu Pengetahuan, 2002, p. 213.

④ Harold Maynard, *A Comparison of Military Elite Role Perceptions in Indonesia and the Philippines*, American University, 1976, pp. 154 – 155.

官改组越发频繁,规模扩大至任免数百名军官(每年两次,6月和10月宣布),从而"清洗忠于特定人物的军官,任命与总统有直接联系的军官,改善军队—伊斯兰关系,为该选举做准备"。[1] 在苏哈托政权面临金融危机和大规模民众示威时,军队派系之争导致苏哈托失去军队支持,后者拒绝镇压示威民众。普拉博沃和维兰托都判断苏哈托政权必然倒台。虽然前者扮演了镇压角色,挑起反华暴乱,但是其在苏哈托倒台之前私下拜访哈比比,"建议哈比比为总统职位做准备,因为雅加达日益恶化的局势最终会迫使苏哈托下台"。[2] 他还着手为军事接管做准备(未经维兰托批准),私自从望加锡和卡尔塔苏拉调集战略后备部队和特种部队司令部部队至雅加达。据称,由于苏哈托健康状况堪忧,哈比比曾许诺普拉博沃,"如果我成为总统,你将成为武装部队司令,成为四星将领(上将)"[3]。

不仅如此,普拉博沃在煽动暴力的同时,指责维兰托是"无法控制混乱的无能指挥官",树立自己能够控制军队行动的形象。[4] 然而,普拉博沃依靠裙带关系的晋升渠道导致他很难得到军队的完全支持,而他在暴乱中的镇压和煽动行为更无法逃脱人权问题的追责,哈比比的顾问对普拉博沃的评估是"非常不可靠,并且非常危险"。[5] 所以,哈比比很快便与维兰托结成临时同盟,后者不仅在军中拥有很高的声望和地位,还得到了澳大利亚国防和情报官员、美国太平洋司令部总司令普理赫上将(后任美驻华大使)的背书[6],温和派穆斯林组织也对维兰托的克制政策

---

[1] Siddharth Chandra and Douglas Kammen, "Generating Reforms and Reforming Generations: Military Politics in Indonesia's Democratic Transition and Consolidation", *World Politics*, Vol. 55, No. 1, 2002, pp. 104 – 105.

[2] Judith Bird, "Indonesia in 1998: The Pot Boils Over", *Asian Survey*, Vol. 39, No. 1, 1999, p. 28.

[3] Salim Said, "Suharto's Armed Forces: Building a Power Base in New Order Indonesia, 1966 – 1998", *Asian Survey*, Vol. 38, No. 6, 1998, p. 545.

[4] Jemma Purdey, *Anti-Chinese Violence in Indonesia, 1996 – 1999*, Honolulu, HI: University of Hawaii Press, 2006, p. 107.

[5] Tatik S. Hafidz, "Fading Away? The Political Role of the Army in Indonesia's Transition to Democracy", Singapore: Institute of Defence and Strategic Studies Monograph, No. 8, 2006, p. 106.

[6] Wiranto, *Witness in the Storm: A Memoir of Army General (Ret.) Wiranto*, Jakarta: Delta Pustaka Express, 2004, p. 197.

表达了支持①。因而,在得到维兰托保证不惩罚的情况下,苏哈托接受了辞职的过渡方案,促使哈比比成功登上总统之位。

不过,哈比比与维兰托的联盟关系是暂时性的和交易性的,表现为哈比比政府军队改革政策的局限性以及在国内安全政策上难以控制军方行为。哈比比就职当天,在维兰托的要求下撤除了普拉博沃的战略后备司令部司令职务(由维兰托的追随者、武装部队司令行动助理约翰尼·鲁明唐中将担任临时司令),将其调任位于万隆的"陆军参谋指挥学校"(Seskoad)校长一职。次日哈比比又将维兰托任命为武装部队总司令,通过人权案件的调查,迫使普拉博沃退伍。②作为交换,维兰托帮助哈比比在专业集团党内选举中推举丹戎成为党主席。在民主转型呼声强烈的军队改革问题上,哈比比赋予军方自主制定改革议程的权力,"作为回报武装部队必须保证支持哈比比,并避免干涉其他政治改革进程"③。1998年7—11月,维兰托宣布了一系列改革措施,提出"新范式"(Paradigma Baru)的军改概念:第一,军队接受不再站在所有国家事务的最前沿;第二,将以前占据政治地位的做法改为从远处影响政治;第三,这种影响是间接的;第四,军队承认有必要与其他国家武装力量分担责任。④据此,一是不再允许现役军官在官僚机构中担任职务;二是将军方在人协中的立法代表人数减少到38人(原有75人);三是将警察与军队分离;四是把军队名称从印尼武装部队(ABRI)改为印尼国民军(TNI)。不过,军队保留了地方指挥系统这一最为关键的体制(被军方高层称为"印尼军队的灵魂"⑤),让军队成为各地区社会政治生活中的

---

① Tatik S. Hafidz, "Fading Away? The Political Role of the Army in Indonesia's Transition to Democracy", Singapore: *Institute of Defence and Strategic Studies Monograph*, No. 8, 2006.

② Jun Honna, *Military Politics and Democratization in Indonesia*, London and New York: Routledge, 2003, p. 161.

③ Marcus Mietzner, "The Politics of Military Reform in Post-Suharto Indonesia: Elite Conflict, Nationalism and Institutional Resistance", *Policy Studies 23*, Washington, D. C.: East-West Center Washington, 2006, p. 11.

④ "Paradigma Baru Dwifungsi ABRI", *Tiras*, April 24, 1997.

⑤ 笔者访谈纳吉布·阿兹卡,加查马达大学社会与政治学学院高级讲师,2022年5月31日。

支柱，并在很大程度上保持了独立于中央政府的资金来源，对地方行政和治理施加控制，"其产生的财政独立性是武装部队的主要利益之一"，超过70%的国防开支由地方的非预算资金产生。①

尽管如此，哈比比在许多事务上触犯了军方的利益，并且无法控制军队。例如，军方高级将领长期以来对哈比比控制武器生产和采购外国硬件感到不满，导致军方高层认为其不尊重军方的现代化诉求。哈比比就任后开始推动东帝汶自治方案，1999年5月5日在国际社会压力下转向同意东帝汶就独立还是自治实施全民公投（由于军队在东帝汶的长期经营以及印尼情报部门递交的评估情报，哈比比预期东帝汶人民会在公投中留在印尼）。②然而到8月30日公投日之前，印尼军方推动亲印尼民兵武装在东帝汶实施暴力活动。9月4日安南宣布公投结果为支持独立后，印尼军方和亲印尼民兵实施焦土政策，造成1400名东帝汶人被杀，30万人被强制迁往西帝汶，东帝汶绝大多数（近80%）的基础设施遭到破坏，只留下了一个残破不堪的国家。此次事件使得哈比比政权的统治雪上加霜，东帝汶独立的结果让印尼民众对哈比比的支持骤然下降，军方自作主张的焦土政策更让哈比比政权失去了国际信誉，遭到多国制裁（以经济援助为威胁，欧美多国对印尼军售禁运）。③在1999年人协述职表决中，军人集团也对哈比比投出反对票，展现了双方联盟的交易性质。

在瓦希德任总统期间，其对军队的控制更是有限，其政权建立在依赖军队支持的基础上，关键在于1999—2004年军队在人协的席位成为其干预政权稳定和精英互动的有效渠道。瓦希德很早就意识到军队支持对

---

① Marcus Mietzner, "The Politics of Military Reform in Post-Suharto Indonesia: Elite Conflict, Nationalism and Institutional Resistance", *Policy Studies 23*, Washington, D. C.: East-West Center Washington, 2006, pp. 13 – 14.

② 笔者访谈普特丽·阿丽扎，克里斯蒂曼塔印尼国家研究和创新署研究员，2022年6月24日。

③ Joseph Nevins, *A Not-So-Distant Horror: Mass Violence in East Timor*, Ithaca, New York: Cornell University Press, 2005, pp. 85 – 90.

于其担任总统的重要性，他在获选总统之前便宣称："在印度尼西亚，如果没有军队（支持），你仍无法成为总统。"① 为了获选总统，瓦希德向维兰托承诺，其将在新政府中发挥更加重要的作用，甚至透露其有机会成为副总统，并且也将保护军队的利益。② 然而，瓦希德取巧地用政治和安全事务统筹部长一职"应付"维兰托，担心维兰托独揽军队权力，短短三个月后利用人权问题逼迫维兰托辞职，二人产生严重隔阂。③

同时，瓦希德采取激进的改革政策和人权调查对军方施加了巨大的政治压力。1999年年底，瓦希德成立人权侵犯调查委员会（KPP-HAM Timtim），调查军方在东帝汶1999年8月30日全民投票期间的侵犯人权罪行。④ 瓦希德还鼓励进步军官（军方内部称之为"沙龙军官"）积极讨论印尼军事机构重组以及军队双重职能等政治敏感问题。2000年，印尼人协通过两项法令，规定军队的任务完全集中在国防方面，而内部安全由警察负责，还确定了2004年军方完全离任国会席位的日期。此外，瓦希德政府广泛征求印尼社会各界意见，起草新的《国家防务法案》，以进一步规范印尼的文武关系。1999年10月至2000年10月的一年时间里，瓦希德进行了四次高级军事人员的改组，希望通过将指挥职位从高级军官有序地移交给更低级的军官，以缓解军队中高层对他的敌意。并且，瓦希德政府新上任的总司令维多多上将出身海军，相比于陆军更倾向于支持军改，他着手对100多名高级军官进行改组，以瓦解被瓦希德认为是改革阻碍的维兰托的庇护网络。

上述措施让人们误以为瓦希德"确保了文官对这个保障苏哈托将军

---

① Marcus Mietzner, "The Politics of Military Reform in Post-Suharto Indonesia: Elite Conflict, Nationalism and Institutional Resistance", *Policy Studies 23*, Washington, D. C.: East-West Center Washington, 2006, p. 17.

② "PDI – Perjuangan 'Unlikely to Pick Wiranto as Partner'", *Jakarta Post*, October 18, 1999.

③ Jun Honna, *Military Politics and Democratization in Indonesia*, London and New York: Routledge, 2003, pp. 178 – 179.

④ KPP-HAM Timtim, *Ringkasan Eksekutif: Laporan Penyelidikan Pelanggaran Hak Asasi Manusia di Timor Timur*, Jakarta: KPP-HAM Timtim, January 31, 2000, p. 17.

30多年独裁统治的机构的控制"①。随着瓦希德对军队步步紧逼，在维兰托被解雇后，2000年年初政变谣言四起（例如，印尼军方发言人德拉贾特·苏德拉贾特少将公开发表声明称"如果现任政府无法解决经济政治危机，军队将与众议院协商，暂时接管政府，并提前举行大选"②）。尽管改革派军官对瓦希德的政策表示了一定的支持，但是军事改革的阻力依旧强大，地区指挥系统"树大根深"，瓦希德则抱怨地方军区"不够忠诚"，并警告称自己将粉碎任何反对总统权威的行动。但是，瓦希德上任之初，陆军参谋长拥有人员任命上的更多自由度，使得其任内军方的高级职务大多数由国家军事学院的1970级和1971级的军官垄断，在一定程度上恢复了军方传统的级序晋升制度。③ 以维拉哈迪库苏马中将（战略后备司令部）为首的1973级军官希望打破上述垄断，开始联合瓦希德对地区指挥系统实施试点性改革（雅加达、泗水两地），同样遭到以维兰托为首的保守派军官的反对，他们认为"自1998年以来进行的军人改革已经足够，甚至还存在过度之处……他们决心确保军队的核心利益，即军队在组织上不能受到文官政府干预"④。"文官不可信"论在军队内部成为一致信念。⑤ 时任印尼情报局局长阿利·库马特多次向瓦希德汇报称其任内发生的多次恐怖袭击都可能是由军方策划的，这显示了印尼军方与瓦希德政权的激烈对抗。⑥

随着瓦希德激进政策遭遇的反对和阻碍越发强劲，政治联盟趋于瓦

---

① Tim Propatria, *Reformasi Sektor Keamanan Indonesia*, Jakarta: Propatria, 2004.
② "Kalau Genting, TNI Akan Turun", *OPOSISI*, June 6, 2000.
③ Siddharth Chandra and Douglas Kammen, "Generating Reforms and Reforming Generations: Military Politics in Indonesia's Democratic Transition and Consolidation", *World Politics*, Vol. 55, No. 1, 2002, pp. 115 – 116.
④ Marcus Mietzner, "The Politics of Military Reform in Post-Suharto Indonesia: Elite Conflict, Nationalism and Institutional Resistance", *Policy Studies 23*, Washington, D. C. : East-West Center Washington, 2006, pp. 23 – 24.
⑤ 笔者访谈穆罕默德·哈拉平，印尼国家研究和创新署研究员，2022年6月10日。
⑥ Kenneth Conboy, *Intel: Inside Indonesia's Intelligence Service*, Jakarta: Equinox, 2004, p. 204; Muhamad Haripin, "Intelijen dan Persepsi Ancaman: Dari Otoritarianismeke Profesionalisme", in Muhamad Haripin ed. , *Intelijen dan Keamanan Nasional di Indonesia Pasca-Orde Baru*, Jakarta: Yayasan Pustaka Obor Indonesia, 2022, hlm. 42.

解，他开始尝试缓和与军队保守派的关系。由于民主改革的停滞，少壮改革派的抬头是暂时性的，保守派很快便重新占据了军方的主导地位，"总统和议会之间的冲突为印尼军方提供了公开反对和不服从总统的机会和自信"[1]。例如，在军方保守派的压力下，2000年8月举行的人协年度会议之前（7月底），瓦希德解除了军方改革派领袖维拉哈迪库苏马对战略后备司令部的领导权，并在人协会议上中止其发起的军队改革倡议，以及在亚齐和巴布亚政策上向军方妥协，但对拉拢军方效果有限。[2] 弹劾案的进展让瓦希德在2001年5—6月的第二和第三次内阁改组中试图加强对军队和警察的控制，如借着东爪哇镇压穆斯林教士联合会事件将国家警察局长比曼托罗解职，却遭到后者抵制，瓦希德选择暂停其职务，任命以实玛利为副局长代行局长职权。此外，如前文提及的，瓦希德还以拒绝宣布紧急状态为由解除了苏西洛的职务。[3] 这引发了军方和警方高层的不满。2001年5月28日，苏西洛、总司令维多多、比曼托罗和新任政治与安全事务统筹部长古默拉尔亲自拜访梅加瓦蒂寻求她的支持，同时32名警察局长签署了联合声明谴责瓦希德解雇比曼托罗，象征着瓦希德彻底失去军警部门的支持。[4] 人协军警派系开始积极要求召开特别会议弹劾瓦希德，战略后备部队司令里亚库杜甚至在特别会议当天在总统府前的国家纪念碑公园举行陆军警戒集会（Apelkesiagaan），布置2000名士兵和数辆军用坦克向瓦希德和总司令维多多施压，让他们接受人协决议。[5]

梅加瓦蒂在各派精英和军警倒戈后取代瓦希德成为总统，鉴于瓦希德遭到全方位背叛的教训，梅加瓦蒂非常注重维持军方对自己的支持，重用保守派军官，尤其是陆军军官，并且对军方"不管不问"，默许军方捍卫

---

[1] Malik Haramain, *Gus Dur, Militer dan Politik*, Yogyakarta: LkiS, 2004, p. 224.

[2] Jun Honna, *Military Politics and Democratization in Indonesia*, London and New York: Routledge, 2003, p. 184.

[3] Ahmad Yani Basuki, *Reformasi TNI: Pola, Profesionalitas, dan Refungsionalisasi Militer dalam Masyarakat*, Jakarta: Yayasan Pustaka Obor Indonesia, 2013.

[4] Dan Slater, "Indonesia's Accountability Trap: Party Cartels and Presidential Power after Democratic Transition", *Indonesia*, Vol. 39, No. 78, 2004, p. 78.

[5] "Letjen TNI Ryamizard Ryacudu: 'Saya Bukan Palembangisme'", *Tempo*, April 7, 2002.

自己的利益（无论是国内安全政策还是参与社会政治和经济事务）。① 梅加瓦蒂任命陆军参谋长苏达尔托为国军总司令，苏达尔托是保守派军官代表，主张在军改中维护军队利益。不仅如此，梅加瓦蒂还支持将里亚库杜提升为陆军参谋长，相比苏达尔托，里亚库杜不仅是保守派，而且极力反对军改，在军队中颇具人气。在国防部长人选上，梅加瓦蒂任命缺少军队联系且隶属于瓦希德民族觉醒党的马托里担任此职。由于缺少政治支持，对军事领域缺少足够的认知，马托里担任国防部长后并没有对军方实施任何有意义的控制或改革政策，进一步扩大了军队自主运作的空间。②

瓦希德弹劾案的另一重要影响是，即印尼国内对民主转型成效的认知日益保守化，这为军队主导印尼国内安全政策提供了绝佳的政治环境。首先，东帝汶独立对印尼民族自尊产生了巨大冲击，因而对于亚齐、巴布亚等地分离运动的态度日益保守。其次，政治改革似乎并未让印尼经济取得实质复苏，国内安全环境的动荡促使印尼精英阶层也转向保守主义，希望军队能发挥维持作用，以巩固已有的转型成果。可以说，2001年梅加瓦蒂上台后，印尼对于经济和政治自由化的热情已然消退，民族主义悄然复苏。这种保守化集中体现在梅加瓦蒂对军方的态度上，她依赖军队防止政治精英的再次背叛，漠视民主改革人士和知识分子群体呼吁进一步改革的要求。其结果为，"民族主义精英的强硬政治倾向占据了对亚齐和巴布亚政策的高地"③，而其他"精英们也采取民族主义心态，越来越反对向分离主义团体采取包容、寻求妥协的政策……政治家们认为哈比比和瓦希德政府采用的软性方法是巨大的失误，因而急于通过军事手段解决问题"④。

---

① Marcus Mietzner, "The Politics of Military Reform in Post-Suharto Indonesia: Elite Conflict, Nationalism and Institutional Resistance", *Policy Studies 23*, Washington, D. C.: East-West Center Washington, 2006, p. 34.

② "Sebagai Menhan, Matoriakan Menjembatani Dikotomi Sipil-Militer", *Kompas*, August 9, 2001.

③ 笔者访谈纳吉布·阿兹卡，加查马达大学社会与政治学学院高级讲师，2022 年 5 月 31 日。

④ Richard Chauvel and Ikrar Nusa Bhakti, *The Papua Conflict: Jakarta's Perceptions and Policies*, Policy Studies 5, Washington, D. C.: East-West Center Washington, 2004, p. 52.

在寻求政权稳固和民族主义思想的影响下,梅加瓦蒂非常重视领土和主权完整,认同军方对镇压手段的偏好。基于此,印尼军方重新完全掌握了国内政策的主导权,成为"受分离主义运动和宗派冲突影响地区政策的决策中心"①。因而,为了防止军队能力弱化,梅加瓦蒂任内军改完全陷于停滞,国会国防和安全第一委员会称"现在不是试验军事改革的时候,现在是支持我们的军队与分离主义分子斗争的时候,是支持他们为维护印尼的领土完整而斗争的时候"②。梅加瓦蒂政府在马托里因病逝世后没有再任命新的国防部长,明显是为了让军方在没有文职部门监管的情况下更加自由地主导国内安全政策,将军事行动的策略和行动完全交给军方(2002年10月的巴厘岛爆炸案巩固了这一进程)。③ 与此同时,人协也在最大限度上放松了对军方的控制,其与军方领导人偶尔举行会议,并批准了军方提出的大部分财政请求。④

总之,从哈比比至梅加瓦蒂的初始转型政权与印尼军队的关系变迁来看,印尼民主转型初始政权对强制力量的控制聊胜于无,更多的是依附军方的支持以维持政权生存。因而,我们可以看到,印尼军方在民主转型期间掌握着与政权交易的政治资本,并且能够有效地抵制军改的实施,甚至恢复其对于国内安全政策的主导地位(相比之下"情报部门对于国内安全问题缺乏严肃参与")。⑤《雅加达邮报》编辑伊马努丁·拉扎克对此感叹道:"苏哈托政权之后印尼军政关系的一个重要主题是平民

---

① Harold Crouch, "Political Update 2002: Megawati's Holding Operation", in Edward Aspinall and Greg Fealy, eds., *Local Power and Politics in Indonesia: Decentralisation & Democratisation*, Singapore: Institute of Southeast Asian Studies, 2003, p. 20.
② Marcus Mietzner, "The Politics of Military Reform in Post-Suharto Indonesia: Elite Conflict, Nationalism and Institutional Resistance", *Policy Studies 23*, Washington, D. C.: East-West Center Washington, 2006, p. 38.
③ 笔者访谈穆罕默德·哈拉平,印尼国家研究和创新署研究员,2022年6月10日。
④ "U. S. \$291 Million in Military Emergency Funds Missing", *Acehkita*, September, 2004.
⑤ Putri Ariza Kristimanta, "Pola Relasi Presiden dan Kepala Intelijen Negara di Indonesia, 1945 – 2019", in Muhamad Haripin ed., *Membangun Intelijen Profesional di Indonesia: Menangkal Ancaman, Menjaga Kebebasan*, Jakarta: Yayasan Pustaka Obor Indonesia, 2022, p. 61.

精英内部的分裂在决定军队参与政治事务的程度方面起着关键作用。"①而在亚齐分离冲突中,印尼军方在操纵战场信息方面享有自主权,它对信息的控制使军方精英能够"制造现实,策划公共话语,并决定政府政策的方向"。②在梅加瓦蒂时代,民众领袖、媒体和政治批评家监督和遏制印尼军的强硬趋势的权力非常有限,"主要原因是总统和议会缺乏政治意愿"。③

三 和解试探与强硬整合:军事镇压及其升级

(一) 后威权时代印尼高层对亚齐问题的看法

正如上文所述,亚齐分离运动不认可印尼政府将自己视为荷兰东印度群岛的天然继承者,而印尼政府的政策出发点则是捍卫自己对这一区域领土的主权,苏哈托时代对东帝汶的整合以失败告终,但是哈比比之后的民主政权并不将这一认知适用于亚齐和巴布亚等地区。印尼政府认为自独立建国以来,亚齐精英和宗教领袖就在国家高层政治中拥有足够的代表性,这象征亚齐人民已经认同民族主义与反抗荷兰殖民主义的斗争历史,并已成为印尼民族国家不可或缺的一部分,所谓的亚齐民族在现代民族国家体系中缺少合法性,而印尼国族建构中对"多样性的统一"(Bhinekka Tunggal Ika)是整合性民族认同的最好体现,所以印尼无法容忍民族共同体中的任何一个部分再次成为"东帝汶"。苏联解体的前车之鉴让印尼政府非常警惕除东帝汶之外的印尼其他地区或族群寻求自决,这成为印尼大多数精英的共识,"在一定程度上扭转了具有不同国家安全观念总统的政策,最终回归到强硬路线之上"④。

---

① "Retired Officers in Cabinet: Assets or Liabilities?", *Jakarta Post*, October 28, 2004.
② Editors, "Current Data on the Indonesian Military Elite", *Indonesia*, Vol. 40, No. 80, 2005, p. 134.
③ Editors, "Current Data on the Indonesian Military Elite", *Indonesia*, Vol. 40, No. 80, 2005, p. 134.
④ 笔者访谈普特丽·阿丽扎,克里斯蒂曼塔印尼国家研究和创新署研究员,2022年6月24日。

亚齐的与众不同之处在于，其拥有丰富的石油天然气资源以及较为成熟的石油工业系统，这强化了处在金融危机和经济复苏时期的印尼高层精英对于亚齐不可分割的看法。亚齐丰富的资源和优越的地理位置，为中央政府的进出口贸易和财政收入做出重要贡献。1999年亚齐仅占印尼2%的人口，却占据了印尼石油和天然气出口总额的30%，占贸易出口总额的11%，这些收益长期以来都直接流向了中央政府。① 新秩序时期，印尼军方在亚齐经济和社会治理层面有着深度参与，依托地方指挥系统介入石油经济、出口贸易以及走私活动（包括非法伐木、大麻以及其他商品）②，干预亚齐地方政治，推动并分享了具有丰富回报的经济项目（如司马威的石化工业综合体项目），军事行动区时期更加深了军方在亚齐的利益存在，成为军方非预算资金的重要来源之一③。因而，军方历来的态度是不仅反对独立，而且反对政府与叛军进行谈判，认为这是一种"背叛"。

这种观点也适用于第三方协调的和谈，保守派精英和军官认为，政府与自由亚齐运动在第三方场合的接触是对印尼的羞辱，让自由亚齐运动在国际场合成为拥有与印尼政府对等的身份，因而在哈比比、瓦希德和梅加瓦蒂时期，只要政权提议军事镇压，人协和众议院往往予以足够的支持。印尼高层精英在东帝汶自决公投后普遍变得民族主义化，他们更愿意支持军方主导的意识形态——捍卫"统一的印度尼西亚共和国国家"（NKRI），对于分离运动不再有任何妥协意愿，许多精英开始呼吁对亚齐实施紧急状态。④

印尼内部无论是精英阶层还是社会大众，都没有任何一方为了推动

---

① Virtual Information Centre (VIC), *Mobil Oil Indonesia, Aceh Province*, The VIC was issued by Uscincpac (U.S. Commander-in Chief Pacific), December 20, 1999.
② Lesley Mc Culloch, Australian Broadcasting Commission, Asia Pacific, September 9, 2002.
③ International Crisis Group, *Indonesia: Impunity Versus Accountability for Gross Human Rights Violations*, Asia Report No. 12, Jakarta/Brussels: February 2, 2001, pp. 12–14.
④ 笔者访谈纳吉布·阿兹卡，加查马达大学社会与政治学学院高级讲师，2022年5月31日。

政府向亚齐妥协而对中央政府施加有组织的压力。可以说，这一时期内印尼国内民族主义的抬头，为军事镇压提供了合法性基础，因而在政权控制模式上处于分散制衡的状态，印尼政府对亚齐的镇压策略出现了不断升级的趋势。

（二）哈比比政府时期：慌乱的和解与镇压的回归

迫于政治转型和连任压力，哈比比政府在亚齐问题上一开始主张政治和解方案。[①] 但是，由于文官政府对军队的脆弱控制，以及面临着复杂多样的转型任务，哈比比的和解措施略显慌乱，且收效甚微，亚齐安全政策的主导权在短时间内转移到了军方手中。和解政策的慌乱体现为维兰托于1998年8月向亚齐人民道歉时，强调亚齐遭遇的侵犯人权事件是"个别士兵"（Oknum）的行为，而不应由印尼军事部门负责。随后，哈比比于1999年3月也公开对亚齐民众的遭遇道歉，同样的，他的道歉并没有承认政府或军队的责任，而是强调"因为安全部队偶然或无意地做了些什么"。1999年3月访问亚齐期间，哈比比希望能赢得亚齐人民的忠诚，承诺将采取一系列措施，军方将"不再采取猛烈行动而引起流血事件"，违反法律并虐待人权的军人将被调查，并释放政治犯，等等。[②]

哈比比落实和解承诺主要从四个方面着手。第一，哈比比政府提出"国家人权行动计划"，并派遣"国家人权委员会"（Komnas HAM）前往亚齐调查军事行动区时期违反人权的情况，印尼国会（DPR）也成立了真相调查团前往亚齐同步开展调查。[③] 第二，1998年8月，维兰托将军遵照哈比比的指示，访问了北亚齐首府司马威市，宣布亚齐军事行动

[①] Pokok-Pokok Reformasi Pembangunan Dalam Rangka Penyelamatan Dan Normalisasi Kehidupan Nasional Sebagai Haluan Negara, Majelis Permusyawaratan Rakyat Republik Indonesia, Nomor X/MPR/1998.

[②] Bacharuddin Jusuf Habibie, Detik-Detik yang Menentukan: Jalan Panjang Indonesia Menuju Demokrasi, Jakarta: THC Mandiri, 2006.

[③] Philip Eldridge, "Human Rights in Post-Suharto Indonesia", The Brown Journal of World Affairs, Vol. 9, No. 1, 2002, p. 131.

区状态的结束，并计划从亚齐撤出派驻部队，将保护公共秩序的责任从印尼军队转移到警察部队。① 第三，实施安抚政策，向军事行动区时期的受害者家属提供一定赔偿，为亚齐地区的宗教学校、基础设施等方面建设提供资金支持，特赦与自由亚齐运动有关的在押人员。② 第四，推动人协制定并通过1999年第22号地方自治法令和第25号中央与地方政府财政关系法令，确立地方政府的政治、行政和财政等方面的自治权，并出台为亚齐地区量身打造的第44号法令，明确乌莱玛在亚齐政府中的正式角色，特别赋予亚齐地区在宗教、文化和教育等方面的自治权，承认亚齐特别行政区的地位。③

然而，印尼军方同样面临民主改革的压力，军队去政治化转型将极大地威胁其既得利益，对亚齐分离运动采取强硬态度将延缓军队改革的推进，却也极大地限制了哈比比政府和解政策的效果，这得益于哈比比政权下军队的自主行动空间。穆罕默德·哈里宾（Muhamad Haripin）尖锐地指出："哈比比的政治立场薄弱，难以与维兰托的军队对抗；对抗对于哈比比来说是不可想象的，因为这是拿总统之位冒险。"④ 哈比比组建的内阁中军官占据着许多重要的核心职位，其中不乏曾经参与苏哈托时期"红网行动"的军事指挥官，他们不但未被追究侵犯亚齐人权的罪责，反而身居要职，这在很大程度上让哈比比的和解努力根本无法取得亚齐民众的信任。⑤ 在亚齐人权调查问题上，不少军队高层都公开发声反对相关调查，维兰托对印尼军人在亚齐的行为进行了公开道歉，但是并不支持调查亚齐发生的违反人权事件，印尼武装部队总参谋长苏达尔

---

① Michelle Ann Miller, *Rebellion and Reform in Indonesia*: *Jakarta's Security and Autonomy Polices in Aceh*, Routledge, 2009, p. 22.

② 张洁:《民族分离与国家认同：关于印尼亚齐民族问题的个案研究》，社会科学文献出版社2012年版，第146页。

③ 陈琪、夏方波:《后威权时代的印尼地方分权与政治变迁》，《东南亚研究》2019年第2期。

④ Muhamad Haripin, *Civil-Military Relations in Indonesia*: *The Politics of Military Operations Other Than War*, Routledge, 2020, p. 27.

⑤ Michelle Ann Miller, *Rebellion and Reform in Indonesia*: *Jakarta's Security and Autonomy Polices in Aceh*, Routledge, 2009, pp. 15 – 16.

托其至公开表示"侵犯人权是军事行动区时期不可避免的行为，对打击分离势力而言是必要的行动"①。

此外，1998年8月哈比比政府宣布撤军后短短一个月不到，9月3日维兰托以亚齐司马威市等地再度发生暴力冲突为由宣布武装部队将重返亚齐。随后，印尼军方派往亚齐的士兵人数不断增多。1999年5月，哈比比政府恢复了亚齐的军事行动区状态，额外部署了多达16000人的"大规模暴乱镇压部队"（Pasukan Penindak Rusuh Massa，PPRM）。实际上，哈比比政府时期的印尼安全政策依旧是军人主导的，并且在亚齐问题上军官的强硬态度很多时候都压过了哈比比的和解政策，导致军事镇压引发了亚齐更大规模的分离运动。最为直接的表征是哈比比政府于1998年11月9日组建的"安全与法律执行委员会"（DPKSH）成为哈比比时期亚齐安全政策的主要制定机构，委员会中的7位将军主导着亚齐安全和镇压行动的决策，标志着亚齐安全决策的权力从哈比比总统转移到维兰托将军手中。

哈比比时期印尼军方与自由亚齐运动的军事暴力冲突水平骤升。在哈比比刚刚接任总统以及军队撤出初期，亚齐基本陷入无法治状态，警察部队面临人手和资源不足的窘境，缺乏维持亚齐安全的基本训练和行动能力，亚齐的警民比例仅为1∶1200。此外，警察和部分留在亚齐的军队都分属不同指挥系统，无法执行协调的治安行动，并且这些部队在亚齐进入军队行动区状态后缺少纪律约束，各个部队的利益和辖区的错乱交织，致使军警系统维持秩序的功能处于瘫痪状态，自由亚齐运动得以相对有效地开展暴力袭击，而1998年5月至1999年5月亚齐约有450人在冲突中丧生。

在1999年5月亚齐恢复军事行动区状态后，军队部署的大规模增加导致双方冲突进一步升级。仅从官方公布的数据来看，1999年5月至1999年8月初，亚齐记录在案的冲突死亡人数为211人，其中包括44

---

① 张洁：《民族分离与国家认同：关于印尼亚齐民族问题的个案研究》，社会科学文献出版社2012年版，第154—156页。

名安全部队人员。① 这些数据还未包括亚齐频繁发生的"神秘枪击"（*Penembakan Misterius*）事件、无人负责的屠杀事件以及失踪人口等。例如，"亚齐非政府组织人权联盟"（*Koalisi NGO HAM Aceh*）提供的报告显示，从1999年2月16日至12月，亚齐共发生了281起神秘枪击的杀戮案件，而1998年10月至1999年2月15日，这一数字仅为15。②

（三）瓦希德政府时期：激进式和解与军事暴力回弹

瓦希德在获选总统之前就对亚齐问题提出激进式和解的主张，"我一直以来都同意在亚齐举行全民公投"。③ 而在获选总统的最开始的一段时间内，瓦希德依旧强调："如果我们能在东帝汶做到（举行公投），为什么我们不能在亚齐做到这一点？"④ 然而，瓦希德这种激进的和解主张是他个人的口头表态，并没有得到政府和军方的支持，因而引起了分离互动双方的误解，尤其是军方和民族主义派系的愤怒。⑤ 亚齐方面燃起了寻求公投和独立的更大希望，而军方和高层精英则对此感到愤怒，在政府内部引发混乱。在之后的国内各地的演讲中，瓦希德虽然继续发表着一些在保守派看来过激的言论，但总体上不再突出强调亚齐公投的优先性，最终他告诉人协称自己"无法容忍亚齐从印尼分离出去"。⑥

尽管充满宗教理想主义色彩的瓦希德开展的和解尝试更加激进，但如上文所讲，其政府凝聚力弱、缺乏政治信誉和权力相对分散（即分散制衡的政权控制模式），根本无法推动和解的落地和实施。例如，1999

---

① Michelle Michelle Ann Miller, *Rebellion and Reform in Indonesia：Jakarta's Security and Autonomy Polices in Aceh*, Routledge, 2009, p. 36.

② Koalisi NGO HAM Aceh, Daftar Nama-Nama Korban Penembakan Misterius (Petrus), October 19, 1998 – June 2, 1999; Koalisi NGO HAM Aceh, Kejamnya Petrus Aceh (Bentuk Pelanggaran HAM Berat di Aceh), April 4, 2000.

③ Priyambudi Sulistiyanto, "Whither Aceh?" *Third World Quarterly*, Vol. 22, No. 3, 2001, p. 448.

④ "Gus Dur Setuju Referendum Aceh Tapi Yakin Aceh Takkan Pisahkan Diri", *Republika*, No. 9, 1999.

⑤ 笔者访谈艾哈迈德·苏艾迪，印尼伊斯兰教士联合会大学努山塔拉伊斯兰学院院长、瓦希德研究所高级研究员，2022年5月24日。

⑥ Ahmad Suaedy, *Gus Dur, Islam Nusantara & Kewarganegaraan Bineka：Penyelesaian Konflik Aceh & Papua, 1999–2001*, Jakarta: Gramedia Pustaka Utama, 2018, pp. 33–46.

年11月初亚齐举行大规模公投集会时,瓦希德全然不顾印尼人协、国会、军队和内阁的(警告)阻拦,在外访问时公开同意亚齐举行全民公投,声称"只允许东帝汶决定自己的政治地位是不公平的",引发了印尼民族主义力量的恐慌以及随之而来的雅加达大游行、军队施压和国会传唤等,瓦希德立刻改弦更张,不再允许亚齐开展全民公投。

与哈比比相仿,瓦希德也制定了两项回应亚齐人权诉求的政策:第一,赦免亚齐政治犯。1999年11月和12月瓦希德分别特赦了15名和11名受到颠覆国家罪指控的亚齐政治犯。第二,下令调查亚齐人权问题。在开展独立调查的过程中,国会成立的"亚齐特别委员会"(Panitia Khusus Aceh)先后传唤瓦希德内阁的四名将军部长、哈比比内阁的三名将军成员以及数名与亚齐有关的将军,并且瓦希德于2000年1月以人权问题为由,将任政治与安全统筹部长的维兰托从内阁成员名单上除名。[1]

在军事部署上,瓦希德在其上任之初就宣布将会完全撤出部署在亚齐的军队,让警察部队负责安全行动。尽管军方极力反对撤出,但是到了1999年12月部署在亚齐的大部分军队都已撤出,在一段时期内降低了印尼政府在亚齐的军事行动强度。在与自由亚齐运动开展和谈上,瓦希德政府也迈出了重要一步。自2000年1月起,瓦希德接受了非政府组织亨利·杜南中心(Henry Dunant Centre,HDC)介入调停亚齐武装冲突问题,印尼政府开始与自由亚齐运动进行正式与非正式的联系、接触和谈判。2000年5月12日,双方在日内瓦签署《亚齐人道主义停火的联合谅解备忘录》,商定应当搁置分歧,专注于解决亚齐人权问题,约定实施三个月的停火期,并设立三个委员会以开展人道主义援助,实现停火,恢复社会稳定。[2] 2001年1月9日,双方进行了新一轮谈判并达成临时谅解协议,自由亚齐运动同意通过政治和民主

---

[1] Wiranto, *Bersaksi Di Tengah Badai: Dari Catatan Wiranto, Jenderal Purnawirawan*, Jakarta: Ide Indonesia, 2003, pp. 5 – 6.

[2] Henry Dunant Centre, *Joint Understanding on Humanitarian Pause for Aceh*, May 12, 2000.

的方式表达自身诉求，甚至承诺将会停止武装活动。① 此外，瓦希德政府着手执行哈比比执政最后一个月通过的有关亚齐特别行政区特殊地位的第44/1999号法令，支持亚齐省议会于2000年年中依据第44/1999号法令出台5项地方法规，主要规定包括：其一，实行伊斯兰法；其二，禁止销售和饮用含酒精饮料（非穆斯林只能在自己家中饮用）；其三，实行宗教教育；其四，实行习惯法（Adat）；其五，建立"乌莱玛协商委员会"（MPU）。②

然而，因为自身权威不足、民族主义力量和军队的牵制以及亚齐地方力量的内部冲突，瓦希德政府的和解尝试未能解决亚齐分离问题，相反朝令夕改的政策和阳奉阴违的军事镇压行动，导致自由亚齐运动在此期间实现了更加广泛的整合和发展，军事实力和政治动员能力进一步提升。对于瓦希德提出同意公投、愿意与"土匪"和"叛徒"交谈，大多数军官都感到沮丧。同时，有迹象表明，亚齐地面部队故意破坏瓦希德尝试推进的政治和谈。例如，2000年1月，瓦希德邀请自由亚齐运动军事指挥官赛菲伊参加亚齐领导人的会谈后，军方加强在赛菲伊活动的区域开展"例行军事行动"，最终导致2002年赛菲伊被杀，引发自由亚齐运动对和谈的不信任以及亚齐冲突的升级。尽管瓦希德同情亚齐和巴布亚民众的遭遇和请求，却无法有效拉拢军方为他的和解政策提供保障，反而加剧了高层精英和军方的不满和愤怒。③

民主改革初期军队的"双重职能"不断受到削弱，但是军队人员在内阁、国会以及地方政治层面仍然扮演重要角色，瓦希德撤出亚齐军队、调查人权案件等决定触动了军方利益，军方在亚齐经济生产、安全行动以及国家政治稳定等方面实施"要挟"（Pemerasan）。④ 政治压力在2000

---

① Henry Dunant Centre, *Provisional Understanding between the Government of the Republic of Indonesia and the Leadership of the Free Aceh Movement*, January 1, 2001.

② Michelle Ann Miller, *Rebellion and Reform in Indonesia: Jakarta's Security and Autonomy Polices in Aceh*, Routledge, 2009, pp. 91–92.

③ Harold A. Crouch, *Political Reform in Indonesia After Soeharto*, ISEAS Publishing, 2010, p. 316.

④ 笔者访谈艾哈迈德·苏艾迪，印尼伊斯兰教士联合会大学努山塔拉伊斯兰学院院长、瓦希德研究所高级研究员，2022年5月24日。

年积蓄起来，2000年8月16日瓦希德在对人协演讲中表露自己对亚齐失去耐心（施政纲领转向寻求社会稳定），在演讲中指责"以民主的名义为暴力行为辩护……利用政府过去的疏忽和错误为分裂运动正名……我们将无法利用民主作为解决冲突的渠道"。① 同年11月，瓦希德签署关于国家建设的第25号法律，将"建设民主、维护团结统一"置于首位。②

恰是在推进和谈努力期间，2001年1月瓦希德开始面临弹劾挑战，不得不花费更多精力在捍卫总统职位上。由于解除维兰托职务、主张激进和解和军改方案，瓦希德与军队的距离感已经尤其明显，因而瓦希德为了维持住军警部门对自己政权的支持，开始在亚齐问题上显著转向，让军方主导亚齐安全政策。在遭到军方施压和抵抗时，瓦希德很快就逆转了政策，2001年，4月瓦希德签署总统令，命令军方恢复在亚齐的进攻行动，大量印尼军队随即重新部署至亚齐（自2000年1—2000年年中，亚齐地区的安全部队人数达到了2万人），实施了更大规模的反叛乱行动。瓦希德政府于2000年2—3月发起了第三阶段的"觉醒短剑行动"（Operasi Sadar Rencong III，OSR-III），行动规模远大于前两个阶段。随后，瓦希德又批准了在亚齐开展"爱护清真寺行动"（Operasi Cinta Meunasah，OCM），试图营造温和的、防御性的安全部队形象，实际上冲突有增无减。在推动执行第44/1999号法令的问题上，瓦希德政府希望以此拉拢亚齐的乌莱玛团体，瓦解他们与自由亚齐运动的同盟关系，并将其整合于官方机构之中。然而，法令的执行过程却受到印尼乌莱玛委员会的干扰，将传统派乌莱玛排除在亚齐乌莱玛协商委员会之外，反而巩固了亚齐伊斯兰寄宿学校乌莱玛协会等乌莱玛团体与自由亚齐运动的紧密联系与合作。③

---

① Pidato Kenegaraan Presiden Republik Indonesia K. H. Abdurrahman Wahid Di Depan Sidang Dewan Perwakilan Rakyat, Agust 16, 2000, p. 3.
② Undang-Undang Republik Indonesia Nomor 25 Tahun 2000 Tentang Program Pembangunan Nasional (propenas) Tahun 2000 – 2004, Presiden Abdurrahman Wahid, November 20, 2000.
③ Arskal Salim, Islamising Indonesian Laws? Legal and Political Dissonance in Indonesian Shari'a, 1945 – 2005, Ph. D. dissertation, University of Melbourne, Melbourne, 2006, p. 197.

瓦希德做出的最重要的努力——与自由亚齐运动开展和平谈判,却给了后者稳固内部权威、扩大武装规模的契机。首先,瓦希德在正式与自由亚齐运动举行谈判之前,曾与自由亚齐运动内部分裂出来的反对派系"GAM 管理委员会"(MP-GAM)接触。1999 年年初,哈桑·迪罗第一次中风后身体抱恙,但其并没有向亚齐军事指挥官下达明确的后续政策或战略方向,导致秘书长祖法赫里、前参谋总长侯赛因·哈桑等高级领导人宣称迪罗已经不再具备担任领袖的条件,试图夺取自由亚齐运动的领导权。他们于 1999 年 5 月建立 GAM 管理委员会并在亚齐得到部分叛军的拥护。该组织自称为自由亚齐运动的领导机构,其在瓦希德上台之后与印尼政府进行接触并希望开展和平谈判。GAM 管理委员会不仅争取与印尼政府谈判,而且在亚齐当地的分离活动中争夺合法性,利用相同的话语和形象争取民众支持。GAM 管理委员会的和解行动导致迪罗和自由亚齐运动成员开始使用武力打击前者,其在马来西亚的领导层和亚齐的武装人员都受到了针对性的攻击。同时,为了进一步稳固内部权威,迪罗开始转变谈判态度,与印尼政府进行接触,希望夺回自由亚齐运动的唯一代表权,促成双方在 2000 年 1 月的谈判。

虽然 2000 年 1 月至 2001 年 7 月有长达 9 个月的人道主义停火阶段,但是随着自由亚齐运动武装能力的增强以及军队部署规模的增加,此阶段由亚齐暴力冲突引发的死亡规模已达到年死亡 1000 人的大规模内战水平。[1] 据 2000 年 12 月 9 日《雅加达邮报》报道,2000 年亚齐省治安环境不断恶化,死亡人数不断上升,其给出的数据显示,2000 年截至 12 月初,亚齐共有 841 人被杀,其中包括 676 名平民,124 名军队人员和 41 名自由亚齐运动武装人员,比 1999 年 350 的死亡人数高出一倍多。[2] 但是,根据人权组织和多位学者的估算,2000 年间亚齐至少有 1000 人

---

[1] Nicholas Sambanis, "What Is Civil War? Conceptual and Empirical Complexities of an Operational Definition", *The Journal of Conflict Resolution*, Vol. 48, No. 6, 2004, p. 826.

[2] Michelle Ann Miller, *Rebellion and Reform in Indonesia: Jakarta's Security and Autonomy Polices in Aceh*, Routledge, 2009, p. 84.

遭到杀害，是 1999 年的三倍，其中大部分受害者是平民以及部分自由亚齐运动的武装人员。2001 年仅 1—8 月（瓦希德于 7 月 23 日遭弹劾下台），亚齐暴力冲突造成的死亡人数便已超 1500 人。①

(四) 梅加瓦蒂政府时期：镇压升级

从政策变化的轨迹来看，梅加瓦蒂上台后先是单方面推出自治法案作为解决亚齐的唯一方案，强迫自由亚齐运动接受，在遭到拒绝后便加大军事镇压力度，基本上回到了 20 世纪 90 年代常态化军事管制的模式，暴力水平达民主转型后的最高程度。如前文所述，相比于瓦希德政府，梅加瓦蒂政府得到的军队支持更加充分，并且基本听从于军方高层的亚齐安全政策。她在亚齐问题上的立场倾向于认为军队能够发挥解决亚齐问题的作用，而哈比比与瓦希德自身都认为军队是亚齐问题的重要根源之一。因而，2001 年 11 月，梅加瓦蒂宣布"不再有与分离主义的妥协"，"不再进行对话游戏"。同月人协颁布的"关于印尼未来愿景人协决议"中将"捍卫民族团结、国家统一"置于首位，这一系列表态和文件宣示了梅加瓦蒂政权对强硬军事解决方案的偏好。②

首先，梅加瓦蒂上台批准的第一份法案（2001 年 8 月 9 日）——《亚齐自治邦法案》(NAD Law)。实际上，该法案在瓦希德时期就开始讨论和设计草案，在其遭遇弹劾前几天在众议院通过，梅加瓦蒂上台后顺势签署该法案。该法案在权力下放、收入分成以及伊斯兰教法等方面向亚齐做出重大让步，梅加瓦蒂政府将会把亚齐省未来 8 年的石油和天然气收入的 70% 作为税后收益返还给亚齐省（其他地区仅为 30%），亚齐省也将实行伊斯兰教法并建立伊斯兰法庭，并且还承诺将会在亚齐举

---

① Indonesia: Aceh (1998 – 2006), Project Ploughshares, January 2007; Michael L. Ross, "Resources and rebellion in Aceh, Indonesia", in Paul Collier and Nicholas Sambanis, eds., *Understanding Civil War: Evidence and Analysis*, Washington, D. C.: The World Bank, 2005, p. 36.

② Ketetapan Majelis Permusyawaratan Rakyat Republik Indonesia Nomor Vii/mpr/2001 Tentang Visi Indonesia Masa Depan, Majelis Permusyawaratan Rakyat, November 9, 2001; Media Indonesia, November 30, 2001.

行直接民主选举。①

尽管梅加瓦蒂政府在提出的新亚齐自治法案中看似做出前所未有的让步，但是其执行受到战时亚齐政府能力孱弱、官员腐败无法让收入分成落地，以及亚齐民众和分离组织对政府缺乏信任等问题的影响，导致该法案很难起到收买和拉拢的作用。② 梅加瓦蒂政府在亚齐自治与国家安全两个问题上有明显的倾向性，梅加瓦蒂在批准该法案大约半个月之后出访马来西亚时提醒亚齐民众，"你们将有一切自由来建立亚齐自治邦。我已经签署了特别自治法，请好好利用。但是，如果它被曲解为（印尼政府）支持分离主义运动，印尼政府将在亚齐省启动严厉的执法行动"，可见梅加瓦蒂的自治方案并不是妥协，而是单方面的"最后通牒"。③ 在2002年年终讲话中，梅加瓦蒂又重申尽快利用NAD解决亚齐问题以"创造政治和安全稳定"。④ 学者指出，NAD实际上成为印尼军方推进亚齐安全行动的"法律工具"（*alathukum*）。⑤

其次，在镇压方面，梅加瓦蒂政府态度非常强硬，其军事行动规模也远大于前两任总统。梅加瓦蒂将军事镇压作为推动亚齐人民放弃分离运动、接受亚齐自治邦法案的重要手段，2001年8月22日，梅加瓦蒂政府向亚齐派遣由苏西洛率领的代表团调研可能的和平方案，然而代表团得出的结论却是"自由亚齐运动不想要和平""没有一个国家能通过对话解决武装运动问题""减少亚齐的军事存在是不现实的"。⑥

---

① Presiden Republik Indonesia, Undang-Undang Tentang Otonomi Khususbagi Provinsi Daerah Istimewa Aceh sebagai Provinsi Nanggroe Aceh Darussalam, UU No. 18 Tahun 2001.

② Edward Aspinall and Harold Crouch, *The Aceh Peace Process: Why it Failed*, East-West Center Washington, 2003, pp. 25 – 26.

③ "Mega Tells Aceh to Focus on Autonomy", *The Jakarta Post*, August 29, 2001.

④ Michelle Miller, "The Nanggroe Aceh Darussalam Law: A Serious Response to Acehnese Separatism?", *Asian Ethnicity*, Vol. 4, No. 5, 2004, p. 341; Pidato Akhir Tahun 2002, Megawati Soekarnoputri, Jakarta, Desember 3, 2002.

⑤ 笔者访谈艾哈迈德·苏艾迪，印尼伊斯兰教士联合会大学努山塔拉伊斯兰学院院长、瓦希德研究所高级研究员，2022年5月24日。

⑥ Yandry Kurniawan, *The Politics of Securitization in Democratic Indonesia*, Palgrave Macmillan, 2018, pp. 115 – 116.

与此同时，军方强硬派对于和谈感到不满，并且东帝汶焦土事件后的人权压力迫使军方向梅加瓦蒂政府施压要求推进紧急状态法，在亚齐推进安全行动。迫于国际压力，2002年6月雅加达成立特别人权法庭，起诉涉嫌在东帝汶犯下暴行的高级将领，尽管法院审判的18名嫌疑犯中16人被无罪释放，但审判在军人集团内部引发不安。梅加瓦蒂政府为了回应军方的要求，于2002年7月30日签署第1/2002号总统令，将反叛乱置于政治框架内，即军事行动是领导人要求的，为军方提供保护。但是，军方想要的是更具保护力度和行动空间的紧急状态法。人协军方派系的时任领导人斯拉梅特·苏普里亚迪少将在访谈中表示，"自由亚齐运动只在他们感到虚弱的时候才想要谈判……如果他们再次巩固势力，还会继续叛乱"。① 国军总司令苏达尔托表达了同样的意愿："不能再这样下去了，我接受的是作战训练，所以为了结束亚齐问题，我宁愿选择战争，而不是谈判。"② 陆军参谋长里亚库杜明确表示，军方不希望进一步谈判，称"对话一千年也不会带来任何结果"。在2000—2002年担任战略后备司令部司令时，他多次抱怨称，"两年来，我们一直被推来推去，无法行动，就好像被绑住了脚，但自由亚齐运动的脚是自由的，导致我们的人遭到杀害……在任何国家，恐怖分子和叛乱分子都会被消灭，而我们怎么能跟他们讲和呢"。他还称，"我们随时准备执行消灭自由亚齐运动的任务……让他们永世不得翻身"。实际上，军方领导层一直设法保护违反停火协议的士兵和军官免受责罚，进一步将主张温和政策的苏西洛边缘化，使其彻底失去对亚齐安全政策的影响力。③

此外，印尼军方一边为亚齐警察部队提供人员和武器装备的支援，

---

① Michelle Ann Miller, *Robellion and Keform in Indonesia: Jakerta's Security and Autonony Policies in Aceh*, Routledge, 2009, p. 128.

② Rizal Sukma, "Security Operations in Aceh: Goals, Consequences, and Lessons", *Policy Studies 3*, Washington, D.C.: East-West Center Washington, 2004, p. 27.

③ Michelle Ann Miller, *Rebellion and Reform in Indonesia: Jakarta's Security and Autonomy Polices in Aceh*, Routledge, 2009, pp. 128 – 130.

一边扩大亚齐民兵组织,2001年约有5000—6000名民兵参与打击自由亚齐运动。不仅如此,2002年1月9日梅加瓦蒂在国会和军队的支持下,批准恢复了"亚齐军事司令部"(Kodam Iskandar Muda),以提升亚齐军事指挥和行动效率。[1] 随后,1月22日自由亚齐运动阿卜杜拉·赛伊菲遭到暗杀,而自梅加瓦蒂上台至2002年1月印尼军队不断压缩自由亚齐运动的活动范围,将后者占领亚齐的面积从60%—70%降低至30%—40%。[2]

需要指出的是,虽然2002年2月和5月梅加瓦蒂政府在日内瓦和巴沃与自由亚齐运动举行了两轮谈判,签署了一份联合声明,但是这并不足以证明梅加瓦蒂政府是积极追求政治和解的。

其一,双方在此声明上存在较大分歧,印尼政府希望通过签署声明促使国际社会以及自由亚齐运动支持维护印尼统一,并承认亚齐的自治地位;而自由亚齐运动接受亚齐自治邦法案作为对话的起点是想让印尼政府停止镇压行动,并将自治作为寻求政治独立的起点。[3]

其二,军事部署层面,梅加瓦蒂政府没有任何撤出派驻亚齐军队的计划,即使在谈判期间双方军事冲突仍旧持续进行,印尼军方和自由亚齐运动的前线指挥官都公开宣称"不会暂停军事行动"或"没有收到上级关于停火的命令"。[4]

其三,印尼军方自2002年5月起开始在亚齐开展"飞翔短剑行动"(Operasi Rencong Terbang),派遣空军战机前往亚齐执行安全任务。2002年8月19日,梅加瓦蒂政府还发布了一项"七点亚齐政策",要求进一步强化安全行动,力求击溃自由亚齐运动,并下达最后通牒要

---

[1] Lita Haryani, *Kodam Iskandar Muda Segera Dibentuk Liputan*, January 23, 2002.

[2] S. P. Harish, *Towards Better Peace Processes: A Comparative Study of Attempts to Broker Peace with MNLF and GAM*, Singapore: Institute of Defence and Strategic Studies, 2005, p. 11.

[3] Sastrohandoyo Wiryono, "Preventive Diplomacy and Conflict Resolution on Peace Operations in Jessica Howard and Bruce Oswald CSC, The Rule of Law on Peace Operations", Ph. D. dissertation, University of Melbourne, 2002, pp. 100 – 102.

[4] "Emergency Continues to Grip Aceh", *Tapol*, September, 2002.

求自由亚齐运动在当年斋月结束前必须接受亚齐自治邦法案,否则将发起军事打击。[1] 在国际社会的压力下,梅加瓦蒂政府同意参与 2002 年 12 月 3 日在日本东京召开的亚齐和平与重建筹备会议[2],其得到的《停止敌对框架协议》(CoHA)主要内容基本重复 2002 年 5 月的联合声明,双方对于此次和谈成果也是各有谋算[3],并不是真的打算放下武器或撤军[4]。

仅仅过了 2 个月的缓和期,双方再度陷入军事冲突。印尼军方在亚齐部署的军警部队达到 38000 人,成为民主转型后驻军人数最多的时期。2003 年 3 月,印尼政府与自由亚齐运动签署 CoHA 仅 3 个月后,印尼军方在亚齐的所谓"演习行动"便开始升级。[5] 军方动员亚齐中部"居民"(大部分是爪哇人)抗议和平进程,并袭击了监督停火的联合安全委员会(JSC)办公室,蔓延至东亚齐和比迪亚等地区。至 3 月中旬,类似的居民团体频繁游行抗议并要求解散联合安全委员会。紧接着,印尼军方于 3 月下旬选择在亚齐召开年度领导会议(Rapim),伊斯坎达尔·穆达军区的士兵强行动员数千名居民为年会举行欢迎演出,并要求增加驻扎亚齐的军队数量。对于居民的"自发行动和请愿",陆军参谋长里亚库杜回应称,"亚齐人民希望关闭联合委员会"。[6] 此后,军方开始动员南亚齐、东亚齐和西亚齐的民兵组织,前往联合委员会办公室,以暴力方式要求联合委员会撤离亚齐,而印尼军方则对暴力抗议予以默许,其结果是联合安全委员会工作人员被迫在 4 月初基本完全撤离。军方

---

[1] Larry Niksch, Indonesian Separatist Movement in Aceh, CRS Report for Congress, September 25, 2002, p. 4.

[2] Perdamaian Aceh dan Pencalonan SBY-JK, Kumparan, March 18, 2021.

[3] Kirsten E. Schulze, *The Free Aceh Movement: Anatomy of a Separatist Organization*, Washington, D. C.: East-West Center Washington, 2004, p. 25.

[4] *Cessation of Hostilities Framework Agreement between the Government of the Republic of Indonesia and the Free Aceh Movement*, United Nations Peacemaker, December 9, 2002.

[5] Staf Operasi Markas Besar TNI, COHA, Suatu Penyelesaian Konflik di Aceh, Jakarta: Markas Besar TNI, 2004.

[6] "Jenderal Ryamizard Ryacudu: Rakyat Bilang, Bubarkan Saja JSC", *Tempo*, April 7 – 13, 2003.

在亚齐策划的一系列反和平行动显然是针对主张和谈进程的苏西洛主导的温和派。据苏西洛助理回忆,"苏西洛作为政治安全事务协调部长,本应采取行动阻止里亚库杜等对政府政策的公开挑战,他却没有勇气这样做"[1]。

2003年5月17—18日在东京举行的联合理事会会议中,梅加瓦蒂政府的谈判代表要求自由亚齐运动放下武器,接受亚齐自治邦法案,后者在未能得到任何实质性政治让步和承诺的情况下,坚定地拒绝了这些要求。在谈判还未结束时梅加瓦蒂根据印尼武装部队高层的建议,于18日发布了2003年第18号总统令,宣布在亚齐实施戒严令。随后,梅加瓦蒂政府对亚齐发起全面军事进攻,共调动3万名军人和1.4万名警察,打击自由亚齐运动。[2] 在军事扫荡的战术上,军方通过将村民搬到临时难民营,从而识别躲藏在农村地区(特别是北部和东部沿海地区)的自由亚齐运动叛军,随后放手对留在村里的叛军进行攻击。戒严令期间,除了直接军事打击之外,印尼军方采取了以下手段镇压自由亚齐运动,如在乡村增设军事哨所和检查站,监视民众以切断叛军的供给来源;发起意识形态宣传,号召民众抵制自由亚齐运动;将民兵组织规模扩大至35万人,负责收集情报、巡视乡村以及支持军队镇压行动。[3]

梅加瓦蒂政府以军事镇压为主的策略性压制促使亚齐分离主义运动内部产生了分化。

首先,原本大力支持自由亚齐运动、并与之结成同盟的乡村乌莱玛组成的亚齐伊斯兰寄宿学校乌莱玛协会,受到梅加瓦蒂政府在亚齐实施偏重伊斯兰元素的自治法案的影响,他们在政治上相比于瓦希德时期更具优势地位,得到中央政府和亚齐乌莱玛协商委员会的包容和重视,得

---

[1] Editors, "Current Data on the Indonesian Military Elite", *Indonesia*, Vol. 40, No. 80, 2005, p. 131.

[2] "Major Military Attack Unfolds Against Rebels in Indonesia", *New York Times*, May 20, 2003.

[3] Rizal Sukma, *Security Operations in Aceh: Goals, Consequences, and Lessons*, Policy Studies 3, Washington, D. C.: East-West Center Washington, 2004, p. 21.

以与城市乌莱玛团体组成的印尼乌莱玛委员会一道分享亚齐自治的成果，影响亚齐省政府的政策，在地方政治权力和宗教资源上得到更多支持。该团体在亚齐自治邦法案中获得了实质性收益，成为被国家整合的温和派分离组织。[1]

其次，以亚齐公投信息中心为代表的亚齐学生运动和非政府组织日益激进化，与自由亚齐运动的整合程度提高。原因在于梅加瓦蒂政府对其施加了更为强硬的镇压政策，禁止其开展公众集会等政治活动，并将其成员污名化为恐怖分子，运用恐吓、逮捕、囚禁等手段逼迫其接受亚齐自治邦法案，导致亚齐公民社会被更多地推向了自由亚齐运动一边，在自治还是分离的问题上更加倾向于支持激进派的暴力独立方案。[2]

最后，在军事高压政策下，自由亚齐运动的社会支持基础不断扩大，组织韧性也得到进一步提升。在资源汲取方面，据印尼军事情报部门估计，到2003年，自由亚齐运动能够通过其在亚齐省覆盖个人、企业以及学校等主体的税收系统，征收到每月约11亿印尼盾（约13万美元）的税收收入。[3] 在武装规模方面，印尼情报机构披露的数据显示，2003年4月自由亚齐运动的正规武装人员已经达6000人左右，两倍于2002年8月瓦希德下台时的人数，其招募的人员主要来自比地亚、北亚齐和东亚齐等地区。[4]

自2001年8月上台执政到2003年4月宣布戒严，梅加瓦蒂政府与自由亚齐运动开展了持续的军事暴力冲突，亚齐地区的冲突死亡人数也随之增加。2002年，在两轮和平谈判的推动下，印尼政府在亚齐地区的

---

[1] Michelle Ann Miller, *Rebellion and Reform in Indonesia: Jakarta's Security and Autonomy Polices in Aceh*, Routledge, 2009, p. 111.

[2] Edward Aspinall, *Islam and Nation: Separatist Rebellion in Aceh, Indonesia*, Stanford: Stanford University Press, 2009, p. 173.

[3] Kirsten E. Schulze, *The Free Aceh Movement: Anatomy of a Separatist Organization*, Washington, D. C.: East-West Center Washington, 2004, p. 27.

[4] Michelle Ann Miller, *Rebellion and Reform in Indonesia: Jakarta's Security and Autonomy Polices in Aceh*, Routledge, 2009, p. 125; Kirsten E. Schulze, *The Free Aceh Movement: Anatomy of a Separatist Organization*, Washington, D. C.: East-West Center Washington, 2004, p. 18.

安全行动受到国际社会的高度关注,尽管如此,亚齐地区的暴力冲突依旧造成约1230人的死亡。[1] 在2003年亚齐进入戒严状态后,梅加瓦蒂政府对亚齐的信息披露进行严格管控,禁止外国记者、人权组织或国际机构进入亚齐,很难得到相对客观的冲突伤亡数据。

不过,其他信息来源提供的数据依旧可以显示暴力冲突的规模。据印尼国内媒体报道,戒严令实行的第一周,亚齐地区就有77名自由亚齐运动叛军被击毙,20人被捕,以及约23000名平民逃出亚齐。[2] 据时任印尼武装部队总司令苏达尔托所言,戒严时期至海啸发生之前(2003年5月—2004年12月)的亚齐安全行动中大约有9593名自由亚齐运动叛军遭击毙、逮捕或主动投降。[3] 其中,在戒严期间死亡的叛军人数为2409人,自2004年5月进入民事紧急状态后叛军死亡人数为440人。[4] 虽然上述死亡数字极有可能包含平民的死亡人数,但也足可见双方军事暴力冲突的剧烈程度之高。

军队对亚齐安全政策的"劫持"相当顽固。梅加瓦蒂本人曾在2003年10月的总统演讲中表示能够尽快结束亚齐战争和戒严令。[5] 作为具有独立地位的政府机构,印尼国家人权委员会在发现军方侵犯亚齐平民人权后,也呼吁结束戒严。尽管如此,在梅加瓦蒂10月5日的讲话后仅6天,亚齐美伦市就爆发了"自发"的示威活动,这些宣称代表亚齐公民的示威者要求延长戒严令,以维持亚齐社区的稳定,类似的游行示威在接下来的几周里于亚齐其他地区重演,与戒严令前的反和谈运动如出一辙。印尼政治专家普遍认为,"这些行动是污蔑反对戒严令和限制公众

---

[1] Michael L. Ross, "Resources and rebellion in Aceh, Indonesia", in Paul Collier and Nicholas Sambanis, eds., *Understanding Civil War: Evidence and Analysis*, Washington: The World Bank, 2005, p. 36.

[2] Michelle Ann Miller, *Rebellion and Reform in Indonesia: Jakarta's Security and Autonomy Polices in Aceh*, Routledge, 2009, p. 125.

[3] "TNI akan Taati Hasil Perundingan RI-GAM di Helsinki", *Detik News*, June 8, 2005.

[4] "Indonesia: New Military Operations, Old Patterns of Human Rights Abuses in Aceh (Nanggroe Aceh Darussalam, NAD)", *Amnesty International*, October 6, 2004, p. 16

[5] "Konflik di Aceh SegeraDiselesaikan", *Media Indonesia*, October 6, 2003.

辩论的图谋的一部分"[1]。陆军参谋长里亚库杜公然宣称,"那些反对戒严令的人都是自由亚齐运动的盟友"[2]。此后,亚齐建立了大规模的反GAM阵线,约有1万名亚齐公民"自愿"登记加入了该组织。在这些所谓的"公众支持"下,军方随后提议将戒严令再延长6个月。11月中旬,梅加瓦蒂宣布将军事紧急状态延长6个月,导致军方强硬派得以继续主导亚齐安全政策。

第三节　小结

本章的两个案例——拉莫斯末期—埃斯特拉达政府和哈比比—瓦希德—梅加瓦蒂政府共同验证了研究假设H2,即政府选择镇压策略。摩洛分离运动和自由亚齐运动的动员强度都处于组织聚合的状态,对埃斯特拉达和哈比比—瓦希德—梅加瓦蒂政府而言,其都构成了比较大的军事威胁,内部代表性统一带来的议价能力提升也让对话与和谈成为可以选择的政策方向。不过,这四个政府都深陷分散制衡政权控制模式的掣肘以及内部反对派的挑战,尽管都尝试开展对话,但没有足够的政治改革空间和能力推进妥协政策,这一过程体现了否决困境的作用机制。相反,四个政府都在执政压力倍增的情况下,开始转向寻求军方支持和转移政治压力,让军方主导应对政策,开展了较大规模的镇压。

拉莫斯末期—埃斯特拉达政府集中体现了政权内部变迁对政府选择的影响,随着后者的分散制衡政权面临国内政治压力和生存威胁越发强大,其在摩洛分离运动的应对上也越发强硬,不仅对和谈设置最后期限、忽视摩伊解诉求、扭转拉莫斯奠定的和谈基调(尽管埃斯特拉达控制国会能够在一定程度上推进改革),并且让军方主导安全政策,开展全面镇压。

---

[1] Rodd McGibbon, *Secessionist Challenges in Aceh and Papua: Is Special Autonomy the Solution?*, Washington, D.C.: East-West Center, 2004, p. 52.

[2] "You're Either with Us or Against Us", Laksamana.net, December 8, 2003.

本章对亚齐分离运动的案例检验选择了民主过渡时期，有助于检验政治和经济动荡状态对于理论解释的影响程度。从自由亚齐运动的发展来看，其得益于民主转型时期威权体制及其高压统治的垮台和盛行的民主（自决）环境，在哈比比和瓦希德时期取得了快速发展，同时此两届政府迫于经济制裁和国际人权压力而出现了一段政策摇摆的时期，其表现为二者都想对亚齐实施缓和与对话政策，却遭到国内民族主义和军方力量的强力抵制，最终改弦更张，所谓缓和政策只是昙花一现，这是本书理论未能充分预期的现象，但哈比比和瓦希德政府依旧回到了理论预期的镇压路径之上。

在梅加瓦蒂上台后，自由亚齐运动利用政策模糊期快速提升了实力，实现了稳固的组织聚合状态，军事威胁能力更盛以往（实现了对亚齐大部分地区的控制）。梅加瓦蒂政权的关键变化在于，领导人鉴于哈比比和瓦希德皆遭遇精英背弃而下台，她更加注重内防精英挑战，寻求（依赖）军方支持，开始大力提升军方民族主义和强硬派的地位，促成了戒严令的出台。

第七章

举政肃齐　绥怀远人

第一节　亚齐分离运动与苏西洛政府时期（2004—2005年）的政策选择

一　亚齐分离运动的动员强度：军事紧急状态下组织聚合的维持

（一）军事紧急状态的局限

2003年5月18日梅加瓦蒂颁布第18/2003号总统令（在亚齐实行戒严令）后，大批印尼军队和警方实施"综合行动"（Operasi Terpadu），进攻自由亚齐运动的据点。此次行动声势浩大，印尼政府模仿了三个月前刚开打的伊拉克战争中英美军事行动，向全世界直播伞兵空降、飞机轰炸等现代军事作战模式，显示梅加瓦蒂政府镇压叛乱分子的决心。2003年，亚齐军事戒严的影响深远，基本上改变了军方和自由亚齐运动武装人员的互动模式，将冲突水平推到新的高度。相比之前的亚齐安全政策，戒严令下的"综合行动"有着更加明确的长期目标——歼灭拥有2000件武器的5251名自由亚齐运动叛军。为此，梅加瓦蒂政府为军方提供了1.2万亿印尼盾（1.44亿美元）的初始预算，而只是象征性地为社会经济问题分配了4000亿印尼盾（4800万美元）。[1] 可以说，梅加瓦蒂政府将大笔财政资源投入军方主导的亚齐战争，从而换取军方强硬派

---

[1] Munir, *The Stagnation of Reforms in the Indonesian Armed Forces*, INFID, 2003.

的拥护和支持。

尽管投入了大量军力和财力，并为其提供法律和舆论（禁止外国记者进入）层面的保护，但是军警部门在亚齐的安全行动收效有限。在军事紧急状态实施的头六个月期间，戒严令指挥官苏瓦亚少将承认，"我们发现亚齐人民（对自由亚齐运动）的抵制仍然很弱，改善民众福利的努力并无回报，我们未能像预期的那样抓到很多叛军……也许我们在战场上的士兵使用了不恰当的方法，所以无法赢得民众的信任"。[1] 在镇压自由亚齐运动方面，尽管不同学者对其伤亡人数的评估存在出入，但大都认为戒严状态并没有击溃分离运动。

首先，军事行动取得的重要成就是压缩了自由亚齐运动的活动范围，迫使其转移到远离主要城市和人口的山区地带，在一定范围内帮助政府重新控制了亚齐地方行政机构。在紧急状态开始时，政府评估认为在亚齐的223个区级行政单位（Kecamatan）中，有25个停止运作，另有54个"运作不良"（kurang berfungsi），大多数位于自由亚齐运动活跃的比迪亚、美仑、北亚齐和西亚齐等地。军方在重新控制这些区后，通过为期一周的培训让初级军官成为区负责人和副手。在亚齐5862个村庄中，有1034个在戒严令开始时无法运作，1615个运作不良，大量地方官员在自由亚齐运动的威胁下逃离了办公机构。村级控制力度在戒严法实施后得到有效提升，其直接表征是亚齐约93%的登记选民在2004年4月的大选中投了票。[2]

其次，虽然自由亚齐运动控制区域缩小，但是其武装人员规模并没有发生大量缩减的现象。在紧急状态前，陆军参谋长里亚库杜曾估计自由亚齐运动的兵力已上升至5000人，拥有2100件武器。在紧急状态实施18个月后，印尼军方声称已击杀2879名自由亚齐运动成员，1954人

---

[1] "Aceh Under Martial Low: Inside the Secret War", *Human Rights Watch*, December 18, 2003.

[2] Michelle Ann Miller, *Rebellion and Reform in Indonesia: Jakarta's Security and Autonomy Polices in Aceh*, Routledge, 2009, p. 118.

投降，1798人被逮捕拘留（共6631人），完全超出了戒严前的人员规模估算数。苏西洛内阁的新任政法安全事务统筹部长维多多上将向印尼国会汇报称，自由亚齐运动仍有2423人和866件武器。亚齐地区军事指挥官恩当·苏瓦亚少将估计，自由亚齐运动至少有30%原有人员仍在持续活动。许多学者对印尼军方提供的数据表示质疑，认为夸大了戒严令期间自由亚齐运动的死亡、被俘和投降人数，军方"显然将亚齐民众的死亡数字纳入其中"。①

根据自由亚齐运动的武装人员自我评估，戒严令后军事行动造成的损失大约为10%—20%，班达亚齐周围地区的分离武装指挥官估计只有约10%的战斗人员被杀。大多数被杀成员都是外围人员，包括为分离武装提供食物、物资或情报的村民。② 在针对自由亚齐运动的中高层指挥人员的攻击方面，印尼军方取得的战果也较为有限，被击杀的最著名的分离武装领导人是东亚齐负责人伊萨克·达乌德。虽然人员损失不是特别巨大，但是戒严令依旧激发了分离武装的斗争精神，不少武装领导人称"物资匮乏和镇压带来的痛苦只是增加了人民的反抗精神，只要有一个亚齐人活着拿着步枪，我们就会继续战斗"③。

最后，虽然戒严令期间亚齐地区的武装冲突显著增加，但是印尼军方和分离武装之间的"默契"早已建立，许多一线军官和士兵努力避免与分离武装发生直接冲突，也限制了戒严令对自由亚齐运动的抑制作用。正如前文所述，印尼军方在亚齐存在诸多非正式利益，甚至军方内部中流传着一个笑话："如果你去了亚齐，回来的时候要么是个死人，要么是个富人。"④ 军方不仅参与经济收益分成和走私活动，而且一线士兵和

---

① International Crisis Group, *Aceh: A New Chance for Peace*, Brussels and Jakarta: International Crisis Group, 2005.

② Edward Aspinall, *The Helsinki Agreement: A More Promising Basis for Peace in Aceh?*, Washington, D. C.: East-West Center, 2005, pp. 8 – 9.

③ Edward Aspinall, *Islam and Nation: Separatist Rebellion in Aceh, Indonesia*, Stanford University Press, 2009, pp. 231 – 233.

④ Lesley Mc Culloch, "Greed: The Silent Force of the Conflict in Aceh", *Paper presented at Asian Studies Association of Australia*, July 1 – 3, 2002.

警察也借助安全行动及自由裁量权，从民众手中榨取钱财，并从主要企业征收大量的"安全服务费"。据称，亚齐分离武装的装备中有一部分是通过中间人与军官和军工厂接触，从雅加达将武器或弹药运往亚齐地区交付给分离武装。例如，美仑地区的分离武装领导人达维斯·德吉尼布透露，在他购买的武器弹药中，大约一半来自马来西亚，一半来自雅加达，也有小部分从亚齐军警那里购得（主要是弹药）。①

此外，军方部分士兵在其行动过的地方留下衣物、子弹等物资给分离武装人员，而后者则承诺不对其发动袭击；军队在实施巡逻前会用无线电通知可能相遇的分离武装人员，避免发生直接冲突。对于这种默契，自由亚齐运动的西海岸负责人赛义德·穆斯塔法称，"在2003年军事紧急状态之前，亚齐没有真正的战争"。②大亚齐地区的分离武装副指挥官腾古·穆哈拉姆也指出，他们不仅在冲突年代向军方购买武器，他自己甚至在军事紧急状态时期都长期住在一个印尼军官的楼下，"如果军人没有惹恼人民，我们为什么要伤害他？如果他是好人，我们会和他成为朋友。他会给我们武器，保护我们……我们的战争并不残酷"③。

当然，在亚齐开展安全行动的军方部队之间在镇压方面有着明显的行为差异。本土驻军往往更加老练，与分离武装有着密切的联系和默契。仅有一部分军人态度强硬，如警察移动旅（Brimob）等，采取坚定镇压的态度。因而，在实施戒严令后，尽管血腥暴力事件较少，但其中大部分仍然是针对平民的。分离武装和实施镇压的军警部门之间存在大量的绥靖和交易行为，双方都有动机避免直接冲突，自由亚齐运动保存有生力量，印尼军方则借助所谓战争场景从冲突中获利。因而，有学者论称：

---

① Lesley McCulloch, "Greed: The Silent Force of the Conflict in Aceh", in Damien Kingsbury ed., *Violence in between: Conflict and Security in Archipelagic Southeast Asia*, Clayton, Australia: Monash Asian Institute, 2005, pp. 203 – 227.

② "Sayed Mustafa Usab：'Saya Tidak Diperalat Tentara'", *Tempo*, September 19, 2004.

③ Edward Aspinall, *Islam and Nation: Separatist Rebellion in Aceh, Indonesia*, Stanford University Press, 2009, pp. 188 – 189.

"正是在这种阴暗的战争经济中,自由亚齐运动得以生存并发展壮大。"①

(二) 高压政策下自由亚齐运动的自我维持

自由亚齐运动的韧性让其无论是在军事高压还是短暂停火期间都能够很快地恢复和扩大实力,这种韧性得益于前文提及的与亚齐社会的紧密联系和牢固的组织关系建设,这也让戒严令期间分离武装能够维持足够的实力,进而提高之后与印尼政府谈判过程中的议价能力。

首先,自由亚齐运动通过收缩据点和防线,采取游击战术得以相对有效地保存实力。从上文关于戒严法实施后军方和自由亚齐运动自我报告的武装人数来看,分离武装的规模并没有出现断崖式的下降。印尼军方部分将领也承认其关于死伤数据的汇报存在错误,例如,军方发言人赛亚夫里·赛姆苏丁少将指出,"我们最初对自由亚齐运动人员损失的估计夸大了真实数字,因为许多被逮捕或投降的人是分离运动的同情者,而不是真正的武装叛乱分子"。② 实际上,学者评估认为,即使是在戒严令时期,自由亚齐运动的武装组织仍在继续招募新的战士,这更加否定了军方对其打击成效的渲染。在2004年亚齐海啸发生之前,自由亚齐运动在军事力量上并未发生显著衰落。③

其次,自由亚齐运动在戒严令期间利用其构建的财政汲取系统,源源不断地筹集资源,用于维持斗争,并借助社群联系,扎根乡村社会,得以获取情报,避免针对性军事打击。分离武装指挥官阿姆里·本·阿卜杜勒·瓦哈卜称,"建立平行政府是自由亚齐运动战略中最重要的内容之一,以便我们能够行使控制权,那么亚齐社会就不必与印尼政府打交道"。④ 他估计在2003年4月,亚齐约有70%的民众接受的是自由亚

---

① Edward Aspinall, *Islam and Nation: Separatist Rebellion in Aceh, Indonesia*, Stanford University Press, 2009, p.190.
② "INI akan Taati Hasil Perundingan RI-GAM di Helsinki", *Detik News*, June 8, 2005.
③ Harold A. Crouch, *Political Reform in Indonesia after Soeharto*, ISEAS Publishing, 2010, p.292.
④ Kirsten E. Schulze, *The Free Aceh Movement: Anatomy of a Separatist Organization*, Washington, D.C.: East-West Center Washington, 2004, p.27.

齐运动的控制政府机构提供的公共服务，而不是印尼政府的。自由亚齐运动的国务部长马利克·马哈茂德在 2002 年 2 月称，"在两年内，我们接管了印尼政府在亚齐的 60%—80% 的行政管理。我们利用了印尼官员。我们知道他们之前为印尼工作，但现在亚齐是我们掌权，我们希望改变他们"[1]。

因而，分离武装与亚齐社会，尤其是乡村居民的联系密切，其能够掌握"士兵在村庄停留时去了哪些人家，与谁交谈，谁给他们食物"等情况。不仅如此，分离武装针对存在背叛倾向的人员建立了清除机制，其长期关注政府部门和军营的来往人员，如果发现存在与政府合作、出卖分离武装的情况，将予以惩罚。自由亚齐运动的谈判代表索菲安·易卜拉欣·提巴承认，"如果某人被警告三次，我们便会执行战争法（处决）"[2]。在戒严令时期，由于嵌入正式行政系统的替代性治理遭到破坏，自由亚齐运动的武装人员开始通过针对与政府合作的商人和官员实施绑架勒索和收取保护费的方式获取更多资金，他们予以后者的承诺是"只要他们付钱，大部分的国家机器和经济都能正常运转"。[3] 2003 年 5 月，军事紧急状态开始后，印尼新闻媒体时常报道此类绑架事件，军方声称在 6 个月的时间内，大约有 157 人成为自由亚齐运动关押的囚犯，只有提供赎金才能得到释放。

最后，戒严令时期政府军和警察部队的行动加剧了亚齐民众的不满，提升了自由亚齐运动作为"抵抗领袖"组织的声誉，进一步稳固了后者组织聚合的民众支持和合法性根基。在戒严令宣布之后，大批军队和警察的涌入加剧了亚齐民众与印尼政府的冲突，军警部门在实施针对分离

---

[1] Kirsten E. Schulze, "Insurgency and Counter-Insurgency: Strategy and the Aceh Conflict, October 1976 – May 2004", in Anthony Reid ed., *Verandah of Violence: The Background to the Aceh Problem*, Singapore: Singapore University Press, 2006, p. 231.

[2] Edward Aspinall, *Islam and Nation: Separatist Rebellion in Aceh, Indonesia*, Stanford University Press, 2009, pp. 174–176.

[3] Rodd McGibbon, "Local Leadership and the Aceh Conflict", in Anthony Reid ed., *Verandah of Violence: The Background to the Aceh Problem*, Singapore: Singapore University Press, 2006, pp. 315–359.

武装的清扫任务时很难清楚地识别村民与叛军的区别,因而引发了诸多平民遭到迫害的事件。例如,在戒严令实施的第二天,士兵在与美仑地区的分离武装发生冲突后,又杀死了7名村民,其中包括一名13岁的男孩。尽管军方声称7人都是分离武装成员,但据印尼国家人权委员会所言,他们都是手无寸铁的平民。为了实施军事扫荡,军方设立了难民营接收军事行动区疏散的民众,然而当民众重返家园时却发现大量财产丢失,总司令苏达尔托对此公开道歉:"民众只在难民营待了三四天,当他们回家时却发现被洗劫一空",政府军士兵对此负有责任,并承诺将会把涉事人员送上法庭。类似事件频繁发生,然而军方涉案人员鲜被审判,进一步加剧了亚齐民众的不满。同时,军方还针对与自由亚齐运动联系密切的学生团体以及其他非政府组织(如前文提及的亚齐公投信息中心、学生声援人民组织等)采取了高压政策(如恐吓、逮捕、审讯、判刑等),反而促进了这些非暴力分离组织对自由亚齐运动的支持。[1]

国际移民组织(IOM)2005年12月至2006年1月对三个受冲突影响的县市(北亚齐、美仑和比迪亚)成年人进行的随机调查显示,戒严令时期暴力事件影响广泛:38%的受访者经历过建筑物起火,8%女性的丈夫在冲突中丧生,5%家庭的孩子在冲突中丧生,41%有家人或朋友被杀,33%的受访者朋友被绑架或失踪,45%声称财产被没收或毁坏,33%经历过勒索或抢劫。[2] 阿斯皮纳尔将这些遭受军警迫害的家庭后代称为"复仇者一代"(Generasi Pendendam),这些人"维持了自由亚齐运动的韧性,后者反过来又得到了渗透到亚齐社会的亲属关系和网络的滋养,发展出一个精心设计的正式组织,随着时间的推移,其不知不觉

---

[1] Michelle Ann Miller, *Rebellion and Reform in Indonesia: Jakarta's Security and Autonomy Policies in Aceh*, Routledge, 2009, p. 125.
[2] International Organization for Migration, Universitas Syiah Kuala, Harvard Medical School, *Psychosocial Needs Assessment of Communities affected by the Conflict in the Districts of Pidie, Bireuen and Aceh Utara*, Jakarta, Institute of Migration, 2006, pp. 2 – 14.

地嵌入了乡村社群的传统结构"①。根据笔者 2022 年在亚齐的田野访谈来看,"90 后"甚至"00 后"的复仇者一代由于其长辈被害问题未得到足够的补偿,仍然对印尼中央政府心存不满。

正如里扎尔·苏克玛指出的,"长期的军事行动虽然可能进一步打击自由亚齐运动的军事力量,但也可能延长对雅加达中央统治的怨恨"②。军方透露的高死亡人数并不一定意味着亚齐民众对分离运动的支持下降,亚齐警察局长在被问及自由亚齐运动的招募问题时道出了戒严令的负面效果——"如果某人的亲戚被枪杀,他们就会加入自由亚齐运动。"③

(三)东帝汶蓝图:自由亚齐运动的谈判策略

自 1999 年东帝汶成功争取到印尼政府允许自决的妥协应对后,自由亚齐运动就将其视为亚齐获取独立的"东帝汶蓝图",认为东帝汶得到的国际支持和干预同样适用于亚齐。因而,自由亚齐运动并不反对与印尼政府开展和谈。迪罗等高层领导人一致认为,对自由亚齐运动而言,只要启动正式谈判就是一场重大胜利,因为其意味着印尼政府对自由亚齐运动给予官方承认,而会谈在印尼境外举行能够进一步为其提供国内和国际的合法性,使其成为亚齐人民的唯一合法代表。所以,自由亚齐运动十分重视推动运动的国际化,并且对与印尼政府开展对话和谈判持相对积极的态度。

可以说,自由亚齐运动仿照东帝汶的案例对其国内和国际行动进行了系统性部署。首先,自由亚齐运动将公投纳入其政治诉求,公开呼吁亚齐可以接受在联合国的主持下进行国际和平谈判。其次,自由亚齐运动加强政治建设和军事活动,在亚齐实施替代性治理,传播其意识形态并招募人员,袭击政府部门和官方机构,以激怒印尼军警部门,使其做出过度的暴力反应。自由亚齐运动的预期是基于印尼军警部门的腐败和

---

① Edward Aspinall, "Anti-Insurgency Logic in Aceh", *Inside Indonesia*, October-December 2003.

② Rizal Sukma, "Security Operations in Aceh: Goals, Consequences, and Lessons", Washington, D. C.: East-West Center, 2004, pp. 36 - 37.

③ Michelle Ann Miller, *Rebellion and Reform in Indonesia: Jakarta's Security and Autonomy Polices in Aceh*, Routledge, 2009, p. 129.

缺乏专业训练（从东帝汶焦土政策可以看出），这些行动必然引发军警对自由亚齐运动的过度暴力反馈，迫使国际社会对此作出反应，创造印尼的"第二个东帝汶"。

为此，自由亚齐运动注重"制造"难民问题。在1999年6月印尼大选前，自由亚齐运动"组织"来自班达杜阿、比迪亚、北亚齐和东亚齐的村民开展"逃难"，向世界展示亚齐民众的苦难，"希望国际社会能够接受亚齐的独立事业"。① 2001年1月，许多报告认为，自由亚齐运动一直鼓励（包括使用金钱激励）亚齐民众离开村庄，要求难民留在难民营，让外国媒体看到并报道。自由亚齐运动也积极实施宣传开放政策，邀请外国媒体前往亚齐，报道亚齐民众的现状，并且努力培养与外国非政府人权组织的关系。在2002年的"斯塔万格宣言"中，自由亚齐运动将"在全世界范围内与友好国家和非政府组织建立联系"制定为正式"外交政策"，从而在未来某个时刻说服主要国家支持公投，最终实现亚齐独立。②

在此策略之下，自由亚齐运动领导人将梅加瓦蒂政府实施的戒严令视为争取国际支持和干预的重要契机。在2004年12月，即印度洋海啸发生前几天，其才暂时同意恢复和平谈判，原因在于"自由亚齐运动的领导人并不急于恢复谈判"。③ 实际上，自由亚齐运动"并不幻想通过自己微薄的军事力量将印尼军队完全赶出亚齐，也不相信印尼政府会因为谈判而撤出亚齐"④。自由亚齐运动长期战略的基础判断是"爪哇人的印尼不是一个可行的政治实体，并且迟早会解体……印尼的癌症已经扩散

---

① Kirsten E. Schulze, "Insurgency and Counter-Insurgency: Strategy and the Aceh Conflict, October 1976 – May 2004", in Anthony Reid ed., *Verandah of Violence: The Background to the Aceh Problem*, Singapore: Singapore University Press, 2006, pp. 237 – 238.

② Stavanger Declaration, Stavanger, Norway, July 21, 2002.

③ Michael Morfit, "The Road to Helsinki: The Aceh Agreement and Indonesia's Democratic Development", *International Negotiation*, Vol. 12, No. 1, 2007, pp. 111 – 143.

④ Kirsten E. Schulze, "Insurgency and Counter-Insurgency: Strategy and the Aceh Conflict, October 1976 – May 2004", in Anthony Reid ed., *Verandah of Violence: The Background to the Aceh Problem*, Singapore: Singapore University Press, 2006, p. 243.

得太深，是无法痊愈的"①。自由亚齐运动的目标是"生存下去，以便在印尼最终不可避免的崩溃之日到来时接管政权。同时，我们继续进行低水平的叛乱，以保持（印尼政府）反叛乱的高成本"②。

因此，历届印尼政府抱怨自由亚齐运动在谈判中"缺乏诚意"，根据其国际化战略，后者在争取独立的目标上不会做出让步，不仅"危及自己在支持者眼中的信誉"，而且将从根本上改变与印尼政府的谈判框架，议价的焦点将转变为以一国为前提的央地关系。通过对话和谈判，以及引入HDC、国际智囊团以及泰国、菲律宾组成的停火监督员机制等第三方参与，自由亚齐运动成为亚齐人的唯一代表，并有效促进了亚齐问题的国际化。尽管戒严令期间印尼要求调解和监督机构离开亚齐，禁止非政府组织、记者和访客进入，但是亚齐海啸的爆发和人道主义危机，迫使印尼政府向外界重新开放亚齐，其结果是数以千计的救援人员涌入，美国和新加坡派遣军用直升机救援幸存者，几十个国家的救援士兵建立了紧急避难所和医院，这让亚齐"几乎在一夜之间从朝鲜变成了伍德斯托克"。③

这迅速满足了自由亚齐运动对国际社会干预的战略需求。人道主义救援让国际社会支持谈判，各国领导人敦促双方达成解决方案，为救援提供安全环境，芬兰前总统马尔蒂·阿赫蒂萨里承担起中间协调人的角色，引入欧盟的支持和更强大的监督机制，促使自由亚齐运动开始认真思考与印尼政府的和平谈判，这成为苏西洛上台后解决亚齐分离问题的重要基础。

二 民主巩固与集中控制：苏西洛的政权控制模式

（一）权力关系：有限联盟与执政基础

作为印尼国家军事学院1973级出身的苏西洛在新秩序时期得以相对

---

① Edward Aspinall and Harold Crouch, *The Aceh Peace Process: Why It Failed*, Washington, D. C.: East-West Center, 2003, p. 4.

② Harold A. Crouch, *Political Reform in Indonesia after Soeharto*, ISEAS Publishing, 2010, p. 294.

③ Marcus Mietzner, "Local Elections in Papua and Aceh: Mitigating or Fueling Secessionism?", *Indonesia*, Vol. 44, No. 84, 2007, p. 22.

顺利地成长起来。1992年，苏西洛得到时任陆军参谋长埃迪·苏特拉查赏识，成功进入高级军官行列（任第二军区司令以及社会政治事务参谋长，中将军衔），在此期间多次作为代表参与国际军事合作，不仅积累了大量国际资源和声誉，而且能够避免参与国内安全行动，保持了比较优良的人权纪录（虽然在东帝汶和亚齐的暴力事件中发挥一定作用，但没有成为人权组织声讨的主要对象），在苏哈托政权垮台前他进一步成为印尼军方在人协的派系主席，得以接触到印尼的政党政治。民主转型后，苏西洛得到维兰托的赏识，将自己打造为军方改革派（支持政治和军事改革），进入瓦希德和梅加瓦蒂内阁后相继担任核心内阁职务（政治和安全事务统筹部长），成为具有丰富治国经验的退役将军，因而当其在2004年参与总统选举时，西方媒体将他称为"丑闻绝缘体"和"没有丑闻的总统"。[1]

苏西洛参与总统竞争的想法由来已久。2001年竞选副总统败于哈姆扎·哈兹后，苏西洛意识到自己在民主政治竞争中的劣势是缺少一个属于自己的政治机器，在商人文杰·鲁芒康的劝谏下，苏西洛开始着手组建民主党，其政党组织架构和纲领完全指向2004年参选总统，被学者们认为是典型的"个人主义政党"。[2] 2002年人协年度会议的一系列变革，坚定了苏西洛争夺总统职位的决心，此次会议对1945年宪法增加了14项修正案，包括重组立法机构，人协将由众议院（DPR）和地区代表委员会（DPD）组成，完全撤除军人集团的38个国会席位，同时所有席位和正副总统都由直接选举产生，这让苏西洛有了可以绕开精英议价竞选总统的制度渠道。[3]

2003年9月，民主党开始为支持苏西洛参选总统做准备。民调显示，苏西洛支持率仅次于梅加瓦蒂，导致苏西洛与梅加瓦蒂的关系迅速

---

[1] 《苏西洛：没有污点的总统》，《新华社》2004年10月5日。
[2] 夏方波：《政治转型、权力结构与政党制度化发展——以印度尼西亚为例》，《东南亚研究》2021年第2期。
[3] Blair Andrew King, *Empowering the Presidency: Interests and Perceptions in Indonesia's Constitutional Reforms, 1999–2002*, The Ohio State University, 2004, pp. 113–133.

恶化。梅加瓦蒂着手将苏西洛排除在一系列政府公开活动之外,并拒绝与他见面,陶菲克更是公开宣称苏西洛太过"幼稚"。2004年3月11日苏西洛向梅加瓦蒂致函辞去政治和安全事务统筹部长。[1] 虽然在4月5日举行的国会选举中苏西洛的民主党斩获不多,仅取得10%的国会席位,但是,梅加瓦蒂与苏西洛的"决裂"短时间内提高了后者的知名度和热度。苏西洛选择专业集团党的卡拉作为竞选搭档(其是出身苏拉威西的老牌商人,赢得了印尼东部地区的资金和选票支持),并与星月党、改革之星党和公正团结党结成政党联盟。苏西洛在竞选期间广泛向各界人士分发自己撰写的《变革愿景》,竞选纲领为四大支柱——繁荣、和平、正义和民主。首要议程是促进经济繁荣,实现至少7%的经济增长和中小企业的复兴,并改善金融信贷,减少行政程序,完善劳动法和自上而下铲除腐败,等等一系列改革愿景。[2] 此后,苏西洛长期出现在新闻和电视媒体上,能够与选民建立起更多联系,解释自己的政策纲领。媒体正面形象让82%的选民认为苏西洛"做事果断,有魅力,有感召力,有爱心,诚实,讨人喜欢和聪明,而认为梅加瓦蒂具有类似品质的比例要低得多,平均约为54%"[3]。因而,苏西洛开始领跑民意调查,并分别在7月5日和9月20日的第一轮和第二轮选举中占据领先位置,成功当选印尼第一任直选总统。

从国会议席数量上看,苏西洛的支持基础在胜选之初仅占14.72%,对于其建立集中控制的权力关系而言极为不利,当时甚至有声音称"政治对手打算在一年内结束他的政府"。[4] 在第二轮总统大选结束后,建设团结党加入了苏西洛的"人民联盟",但相比于梅加瓦蒂的"国民联盟"

---

[1] "Indonesia's Top Security Minister Quits", *Defense News*, March 11, 2004; DerakManangka, *Taufiq Kiemas: MemangLidahTakBertulang*, Jakarta: Gramedia Pustaka Utama, 2009.

[2] Usamah Hisyam, *DKK SBY: Sang Demokrat*, Jakarta: Dharmapena, 2004.

[3] R. William Liddle and Saiful Mujani, "Indonesia in 2004: The Rise of Susilo Bambang Yudhoyono", *Asian Survey*, Vol. 45, No. 1, 2005, p. 123.

[4] R. William Liddle, "Year One of The Yudhoyono-Kalla Duumvirate", *Bulletin of Indonesian Economic Studies*, Vol. 41, No. 3, 2005, p. 331.

仍处于劣势,前者在国会550个席位中拥有232个(占42%),后者则拥有264个席位(占48%)。瓦希德领导的民族觉醒党拥有52个席位(占9%),但尚未加入任何一个联盟,因而具有相当大的议价能力。为此,在保证有限联盟的基础上,苏西洛通过内阁名单分配的方式扩大执政支持基础,重点拉拢专业集团党这一大党(4个内阁席位,但未表态支持苏西洛),以及2—3个部长席位用于拉拢包括建设团结党、国民使命党、民族觉醒党(得到人民福利统筹部长这一高级内阁职务)、繁荣公正党等在内的4个伊斯兰政党,并且苏西洛支持将新近崛起的繁荣公正党主席希达亚特·努尔·瓦希德推选为人协主席,从而使得苏西洛的执政联盟扩大为国会议席的56.9%左右。不同于瓦希德和梅加瓦蒂混杂的权力分享,苏西洛对权力精英的拉拢更具操作性,重点扶持支持自己的竞选联盟(如星月党获得了2个内阁席位,尽管其国会议席数量仅有11个)。

1999—2017年印尼非执政联盟国会议席比例如图7—1所示。

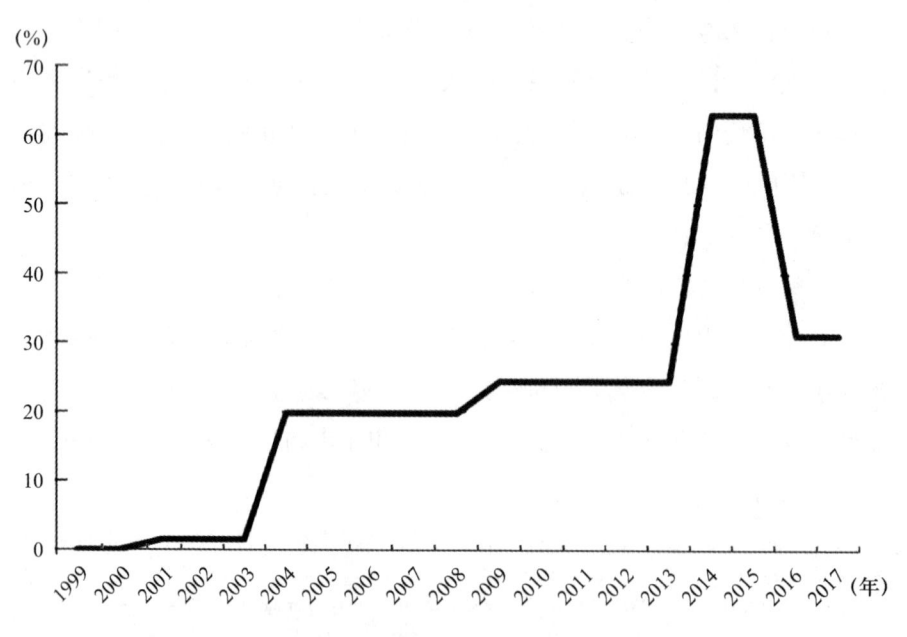

图7-1 印尼非执政联盟国会议席比例(1999—2017年)

苏西洛更加关键的纵横技巧是支持副总统卡拉干涉2004年12月专业集团党的党内换届选举，取代其原本支持与丹戎竞争的阿贡·拉克索诺（众议院议长）和苏里亚·帕洛（报业大亨）。由于丹戎坚持要与被排斥在内阁名单之外的梅加瓦蒂和斗争民主党站在一起，导致专业集团党高层和地区代表对其不满，他们希望能够加入执政联盟以换取政治资源。2004年12月19日，卡拉成功击败丹戎当选为专业集团党的新主席。① 苏西洛借助权力资源成功干涉专业集团党的内部领导层更迭，让国会第一大党的专业集团党完全转向支持苏西洛政权，从而稳固了自己在国会的支持基础，在国会议席占比达80%，见表7-1。②

表7-1　　　　2004年大选后苏西洛内阁职务分配情况

政党	国会比例（数）	统筹部长	内阁部长	政党内阁席位比
专业集团党	23.3%（128）	1（巴克利）	4	26.3%
建设团结党	10.6%（58）	0	3	15.6%
民主党	10%（55）	0	3	15.8%
国民使命党	9.6%（53）	0	2	10.5%
民族觉醒党	9.5%（52）	1（希哈布）	2	10.5%
繁荣公正党	8.2%（45）	0	3	15.8%
星月党	2%（11）	0	2	10.5%
斗争民主党	19.8%（109）	0	0	0

资料来源：笔者根据相关资料整理而成。③

除此之外，为了更加有效地控制政府权力，苏西洛在内阁名单的分配上注重将经济和安全政策的决定权牢牢把控在自己手中。在经济政策

---

① R. William Liddle and Saiful Mujani, "Leadership, Party, and Religion: Explaining Voting Behavior in Indonesia", *Comparative Political Studies*, Vol. 40, No. 7, 2007, pp. 832-857.

② Harold A. Crouch, *Political Reform in Indonesia after Soeharto*, ISEAS Publishing, 2010, p. 36.

③ Dan Slater, "Party Cartelization, Indonesian-Style: Presidential Power-Sharing and the Contingency of Democratic Opposition", *Journal of East Asian Studies*, Vol. 18, No. 1, 2018, p. 36.

方面，苏西洛接受卡拉坚持推荐的人选阿布里扎尔·巴克里担任经济事务统筹部长（在 2005 年 12 月的第一次内阁改组中苏西洛用技术官僚布迪约诺取代巴克里），而在主要经济部委的任命上使用具有专业知识背景的非党派人士和技术官僚，如任命冯慧兰为贸易部长，尼迪米哈尔贾为工业部长，优素福·安瓦尔为财政部长，尤斯基安多罗为能源和矿产资源部长，等等。同时，在安全政策方面，作为军方改革派出身的苏西洛将内阁席位分配给了温和派和改革派的退役将领（国防部长由文职官僚苏达索诺担任），如海军参谋长出身的维多多担任政治和安全事务统筹部长，马鲁夫中将担任内政部长，等等，从而实现了对经济和安全政策的主导作用。[1] 苏西洛有意使用自己"完全信任的退役军官"，因为"他们在多年的共同服务中对他的政治思想有一定了解……他们共同经历了军队从威权统治的支柱向民主政治的调解者和参与者的转变"。[2]

这里需要提及的是，苏西洛的领导风格对于其集中控制权力关系也具有重要意义。相比于瓦希德激进的个人主义和梅加瓦蒂的怠政风格，苏西洛以中间主义的领导方式著称。既有研究普遍认为，苏西洛生性谨慎，不轻易下决断，尽管被人诟病优柔寡断，却让处在民主过渡阶段的印尼政治和经济都走向了一个相对巩固的时期。因而，总体上看，苏西洛坚持的中间主义路线能够让其治理和权力的运用不致遭到强烈的精英反制和社会抵制。正如格雷格·费利指出的，苏西洛"只要有可能，就尽量避免与主要政治或经济力量发生冲突，尽量不与舆论潮流相抵触，在做出重要决策之前，会听取强大的利益相关者的意见，努力计算政治风险。在许多有争议的问题上，苏西洛准备在看到民意调查数据后再做出决定，并选择了完全符合多数人意见的行动方案。这种行为模式使他能够化解潜在的分裂问题"[3]。

---

[1] "Wacana Jusuf Kallauntuk Meningkatkan Ekonomi", *Business News*, September 27, 2004.

[2] Dan Slater, "Indonesia's Accountability Trap: Party Cartels and Presidential Power after Democratic Transition", *Indonesia*, Vol. 39, No. 78, 2004, p. 78.

[3] Greg Fealy, "Indonesian Politics in 2011: Democratic Regression and Yudhoyono's Regal Incumbency", *Bulletin of Indonesian Economic Studies*, Vol. 47, No. 3, 2011, p. 335.

民主党内部人士将苏西洛的政治领导风格称为"伊智提哈德政治"（ijtihad politik，意指"政治创新"），他们认为"这是政治突破的一部分，他意识到为了能够实施他的计划和政策，他需要一个联盟。如果总统像古斯都尔（瓦希德）一样与盟友们对抗，那么总统可能也会失败……他知道何时应该拥抱和包容，但同时又能坚持自己的议程和愿景，他是一个务实而有远见的人。"[1]

（二）资源分配：纠正燃料补贴与暂缓财政困境

苏西洛担任总统后并没有彻底改变民主转型后印尼相对分散的政治经济秩序，但是针对哈比比政府时期以来面临的政府财政问题，苏西洛政府予以了更好地应对，从而更加有效地提升了其能够用于分配的财政资源。因而，从这一维度上看，苏西洛政权具备向分离运动实施财政转移、赢得其信任的能力，也拥有了更多资源用以拉拢否决政治中的关键行为体，使其支持并推动政治改革（即亚齐自治法案的实施）。

苏西洛政府就职后面临的最紧迫的挑战，即国家财政压力的不断增加，其罪魁祸首是印尼实施的国家燃料补贴政策（BBM）。由于其与每个民众的生活息息相关，任何针对补贴的调整都可能产生巨大的社会政治效应，因而哈比比上台之后都未能及时修正苏哈托时期遗留的燃料补贴给国家财政带来的负担问题。在梅加瓦蒂任期的最后一年（即2004年），全球油价开始飙升，如图7-2所示。2004年10月达每桶50美元，意味着刚刚上台的苏西洛政府需要对国内消费者支付的燃料补贴大幅增加，原本2004年度财政预算中燃料补贴的金额是14.5万亿印尼盾，但2004年全年预计上升到63万亿印尼盾（约50亿美元），而实际数额更是达到了70亿美元。[2] 这一数额相当于印尼政府全年财政预算支出的15%，对此《华尔街日报》称，"苏西洛先生可能需要采取政治上不受

---

[1] Djayadi Hanan, *Making Presidentialism Work: Legislative and Executive Interaction in Indonesian Democracy*, Ohio State University, 2012, pp. 196-197.

[2] Haryo Aswicahyono and Hal Hill, "Survey of Recent Developments", *Bulletin of Indonesian Economic Studies*, Vol. 40, No. 3, 2004, p. 283.

欢迎的措施，在他上任后不久就削减补贴并提高国内燃料价格，否则极有可能看到财政赤字上升到市场所认定的危险水平"①。更加严峻的情况是，2005年印尼盾继续走弱，8月底突破1万印尼盾兑1美元的重要关口，雅加达股票市场的综合指数下降12%。因而，2005年国家燃料补贴预计达到140亿美元，约占印尼政府所有财政支出的四分之一。②

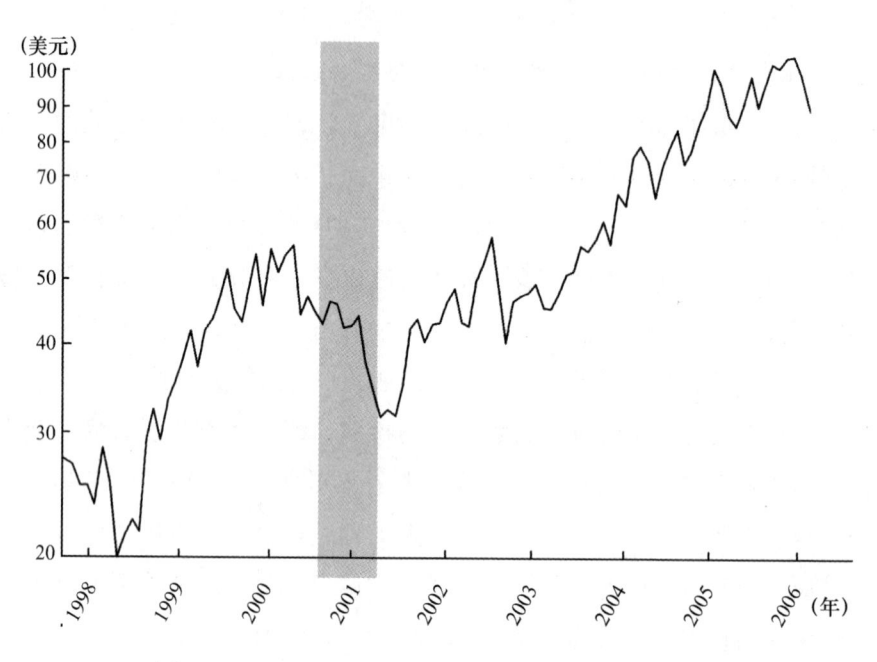

图7-2　国际原油价格（1998—2006年，美元/桶）③

由图7-2可知，苏西洛面临的情况十分严峻，原油价格持续上升且没有下降趋势，如果无法有效解决燃料补贴问题，那么将彻底破坏诸多关键的政治和经济发展议程（包括亚齐问题在内）。此外，印尼在2004

---

① "Indonesia's New Leader Hears Opportunity Call", The Wall Street Journal, September 22, 2004.

② R. William Liddle, "Year One of The Yudhoyono-Kalla Duumvirate", Bulletin of Indonesian Economic Studies, Vol. 41, No. 3, 2005, p. 328.

③ Crude Oil Prices-70 Year Historical Chart, Macro Trends.

年之前一直是石油出口国,但随着国内产量下降以及燃油机动车的增长改变了国内能源进出口结构,石油开始部分依赖进口才能补充国内产能的不足。从石油消费人口结构上看,燃料补贴的主要受益者是印尼的中产阶级,高补贴让印尼国内汽油的售价不到1美元/加仑,印尼也因此享受着"世界上汽油价格最低的国家之一"的美誉,政府财政和贫困人口却都陷入困境。① 因而,在此背景以及国内经济学者的游说之下,苏西洛政府在制定2005年国家预算时提出将会削减国内40%的燃料补贴。2005年10月,苏西洛政府采取果断行动,将主要燃料的平均价格提高一倍多。为了平息民众的不满情绪,苏西洛政府宣布向1500万贫困家庭提供"直接现金援助"(BLT),并实施其他补助政策。②

燃料补贴的削减帮助苏西洛有效缓解了政府财政的巨大压力,并且避免了大规模示威游行带来的压力政治,部分原因是2005年提高燃料价格的政策发布时间处于当年的伊历斋月期间,穆斯林民众上街游行的行动力有限,而贫困民众在得到政府补贴后也不愿再走上街头。可以说,此次提高燃料价格成为苏西洛政府改善财政收支的绝佳时机,有利于其进一步推动相关领域的改革。③ 学者认为,燃料补贴政策的调整对于苏西洛政府而言是一个更有"针对性的改革",因为其"遏制了不安分的精英阶层,同时也避免了面对一次潜在的社会暴乱"。④

(三)强制力量:扶持军方温和派

苏西洛政权相对于哈比比、瓦希德和梅加瓦蒂政权的最大优势在于,他在印尼军方内部享有的权威和支持,远高于技术官僚、宗教领袖和家族政客,以至有学者指出"尤多约诺博士享有印尼武装部队精英们的高度忠诚和信任,他们目前的关系可以被定义为伙伴关系,即总统保护印

---

① "Indonesian Risks Fury by Cutting Subsidy on Fuel", *The New York Times*, September 29, 2005.
② "Indonesia Raises Fuel Prices", *The Wall Street Journal*, October 3, 2005.
③ "Jakarta Readies Fuel-Price Rise", *The Wall Street Journal*, September 27, 2005.
④ R. William Liddle, "Year One of The Yudhoyono-Kalla Duumvirate", *Bulletin of Indonesian Economic Studies*, Vol. 41, No. 3, 2005, p. 336.

尼武装部队的机构利益，而作为回报，印尼武装部队将确保他的总统职位，并从中受益"①。从控制强制力量的角度来看，"苏西洛的上台在一定层面上是军人取代文官的一次威权的反向回归"②。苏西洛从高级军官任免、军队改革、国防预算以及安全决策等方面实现了对强制力量的更高水平的控制，这对于解决亚齐分离问题是至关重要的。

第一，在高级军官任免方面，苏西洛大力扶持温和派和改革派，打压激进派和强硬派，实现了军队整体的温和化转向，让军方高层能够理解国家解决分离冲突的政策含义。梅加瓦蒂在任期快要结束时要求国会同意武装部队总司令恩德里亚托诺·苏达尔托的辞职申请（未解释原因，但苏达尔托否认递交申请），并由强硬派领导人、时任陆军参谋长里亚库杜（其是亚齐和平进程中军方高层最激烈的反对者，许多人认为他在和平进程遭遇失败中扮演了重要角色）接替成为总司令。当苏西洛成为总统后，他立刻向国会发函撤回梅加瓦蒂的任命要求，由于其执政基础尚未稳固，专业集团党和斗争民主党领导的国民联盟开始在众议院质疑苏西洛的这个要求的合法性，指责苏西洛"视梅加瓦蒂为敌人""让里亚库杜将军难堪""骚扰众议院"，随后49名议员向苏西洛提交质询书，"警告政府在采取任何政策时都要小心谨慎，因为议会和总统处于同一级别"。③

尽管如此，由于里亚库杜是当时武装部队中最有发言权的反军改派代表，经常就各种问题发表个人意见，从文官治理的缺陷到国家分裂的威胁等，在个人层面也是梅加瓦蒂的坚定支持者，如若其成为总司令，非常不利于苏西洛的执政对国内安全政策的控制权。④ 因而，苏西洛不

---

① Leonard C. Sebastian, *Susilo Bambang Yudhoyono and His Generals*, Nanyang Technological University, Policy Brief: No 1/2007 January 2007.
② 笔者访谈纳吉布·阿兹卡，加查马达大学社会与政治学学院高级讲师，2022年5月31日。
③ R. William Liddle and Saiful Mujani, "Indonesia in 2004: The Rise of Susilo Bambang Yudhoyono", *Asian Survey*, Vol. 45, No. 1, 2005, p. 124.
④ Editors, "Current Data on the Indonesian Military Elite", *Indonesia*, Vol. 40, No. 80, 2005, p. 141.

仅取消了苏达尔托的辞职申请,还延长了他的总司令任期。① 对于里亚库杜的晋升问题,苏西洛强硬地予以打压,将其从陆军参谋长的职务上撤换,由佐科·山多索继任该职务,后者曾于苏西洛在日惹任职时跟随其工作,属于苏西洛颇为信任的军官,同时在军队内部其属于温和派,很少公开评论政府政策和政治事务。在2006年2月苏达尔托退休前,苏西洛让时任空军参谋长佐科·苏延多晋升国军总司令,后者是印尼国家军事学院1973级毕业生,与苏西洛是同班同学,成为苏西洛控制印尼军队的"亲密战友"。这一决定彻底终结了里亚库杜的军事生涯,他与苏西洛的矛盾日益激化。苏西洛对军官晋升的对策是"如果高级将领可能损害他的政治议程和声誉,他便会将他们解雇"。军队内部强硬派日益边缘化,很难继续阻挠苏西洛对印尼军队和国内安全政策的控制权。②

第二,在军队改革方面,苏西洛政府虽然没有以激进的方式推进改革,但是之前的军改成果在这一时期得到了巩固,他"小心翼翼地照顾印尼军方的机构利益"。③ 苏西洛曾在竞选期间表示,改革军队地方指挥体系或国防部等民事控制机构并不紧迫,甚至将其定义为"人民全面防御安全系统"(Sishankamrata)的不可分割的元素。④ 因此,在上任的第一年,他把更多的精力放在加强个人对国防机构的控制上,而不是推动结构性改革。西方学者对此提出批评,认为苏西洛"导致军队改革结构性停滞……在机构军事改革方面,尤多约诺政府发起的许多倡议都是缓慢而零散的"⑤。苏西洛在其上任后任命尤沃诺·苏达索

---

① "Military Kin Told to Vote for Pro-TNI Candidates", *Jakarta Post*, October 17, 2003; "TNI AD Akan Turun Jika Pemilu Berdarah", *Kompas*, December 23, 2003.

② Marcus Mietzner, "The Politics of Military Reform in Post-Suharto Indonesia: Elite Conflict, Nationalism and Institutional Resistance", *Policy Studies 23*, Washington, D. C.: East-West Center Washington, 2006, pp. 49 - 50.

③ 笔者访谈穆罕默德·哈拉平,印尼国家研究和创新署研究员,2022年6月10日。

④ Ikrar Nusa Bhakti, Sri Yanuarti and Mochamad Nurhasim, *Military Politics, Ethnicity and Conflict in Indonesia*, Oxford: Centre for Research on Inequality, Human Security and Ethnicity (CRISE) of Oxford University, 2009, p. 10.

⑤ Marcus Mietzner, "The Politics of Military Reform in Post-Suharto Indonesia: Elite Conflict, Nationalism and Institutional Resistance", *Policy Studies 23*, Washington, D. C.: East-West Center Washington, 2006, p. 49.

诺为国防部长，显示了自己推进军改的决心，但是苏西洛自己也意识到激进军改导致瓦希德遭遇政治上的巨大风险，因而他在选择军改议程上更加谨慎，注重落实军方退出印尼政治和经济事务的第一阶段进程。

相比于一般政客，苏达索诺作为文官，对于印尼军方的困难和复杂现实有着更加清晰的认识。他经常强调军方的困境，为他们辩护，反对公众的批评。他上任后提出两个主要优先事项：第一，起草新法案，使武装部队坚决服从国防部（文官控制）；第二，改革军队的融资系统，对其下属资产和企业进行更好的控制。① 在第一个方面，苏达索诺打算将国防部确立为印尼武装部队的主要行政控制机构，并计划解决现有法律没有规定的各种问题，包括警察和军队之间的合作规范，国家安全委员会的作用，以及武装部队在战争以外的军事行动中的角色，等等。在第二个方面，梅加瓦蒂政府末期国会通过了《武装部队法》，其中规定政府要在五年内接管所有的军事企业。② 苏达索诺上任后不久，要求印尼军方提交一份军方总部及其各单位经营的所有企业、基金和合作社的清单，而印尼军方也遵守了国防部的这一要求，见表7-2。2005年1月和2月，苏达索诺颁布部长令，禁止各军种自己采购设备。③

表7-2　　　2005年9月印尼军方向国防部申报的企业数量

企业形式	数量
基金会	25
基金会下设企业	89
商业合作社	105

---

① Editors, "Current Data on the Indonesian Military Elite", *Indonesia*, Vol. 40, No. 80, 2005.

② 要求政府接管大部分资产价值在50亿印尼盾以上的军事企业，较小的企业仍由印尼军队保留。

③ "Pengadaan Persenjataan TNI Penuh Dipegang Dephan", *Suara Pembaruan*, May 19, 2005.

续表

企业形式	数量
私人企业	1520

资料来源：笔者根据相关资料整理而成。①

上述措施存在一定局限，军方对改革的阻碍仍比较强烈。其一是军方依旧反感文官管制，如 2005 年 3 月苏达索诺试图将文官任命为国防系统规划总干事，但候选资格遭到军方反对，最终被苏西洛否决，而现役军官仍然占据着国防部的大部分核心职位。其二是军方拒绝交出核心资产和企业，原因在于其生存需要大量预算外资金的支持，在苏达索诺推动回收军企后，其被迫宣称军方 219 家核心企业（下有 1520 家子企业）中的大部分都被排除在移交计划之外，"因为它们对士兵的福利至关重要"。国防部秘书长斯雅夫里·斯雅姆索丁上将称，"如果一个企业是为军队内部和福利目的经营的，就不能被归类为企业"②。类似的抵制和抗争行动还出现在有关军队的地方指挥系统、立法、武器采购、部门关系等诸多方面，可以说苏西洛对军改的支持是有限度的，其底线是不触动军方的核心利益，以维持军方对政权的支持。

在国防预算方面，苏西洛开始划分更多资金注入军方，以换取军队的忠诚。国防预算历来是印尼军方十分重视的政策议题，由于军改开始触及军方的经济资产，因而苏西洛政府也重视由国家财政弥补军方在预算外资金来源方面的"损失"，见表 7-3。国防部长苏达索诺称，"理想的国防预算是每年 46 万亿印尼盾（约 50.6 亿美元）"③。2003 年 8 月，梅加瓦蒂政府要求国会将 2004 财政年度的国防和安全开支增加 100%，至 21.37 万亿卢比；在其任期的最后一年，为军方开出了 2005 年多达 21.97 万亿印尼盾的国防拨款，比 2004 年的预算增长 2.8%；为警察部

---

① Ministry of Defense letter to Human Rights Watch, December 22, 2005.
② "TNI Segera Verifikasi Bisnisnya", *Acehkita*, October 5, 2005.
③ "Transparency will be Instituted in Defence Ministry", *Jakarta Post*, November 4, 2004.

门的拨款为 11.2 万亿印尼盾, 增长 5.7%。① 苏西洛上台后在 2006 年财政预算中将国防开支进一步提高为 28.2 万亿印尼盾（约为 GDP 的 1%），相比于 2005 年的预算提高了 28% 左右。对于印度尼西亚军方在《2003 年白皮书》中提及的 GDP 的 3.65% 是"用于国防需求的合理预算"②，苏西洛在其任内予以肯定，认为"理想的国防预算应该在 GDP 的 3% 到 5% 之间"。③ 结合此时印尼财政赤字在高油价不断推高的背景下，可见苏西洛政府对利用国防预算提升军方对政权支持的重视程度。

表 7-3　　印尼财政部国防预算与决算（2002—2006 年）　　（单位：印尼盾）

年份	国防预算	国防决算
2002	12.7699 万亿（总额）	11.122 万亿（总额）
	9.8748 万亿（常规）	9.6 万亿（常规，6.6 万亿为人事开支）
	2.8951 万亿（发展）	1.5 万亿（发展）
2003	17.1884 万亿（总额）	14.954 万亿（总额）
	12.0219 万亿（常规）	11.7 万亿（常规，7.8 万亿为人事开支）
	5.1665 万亿（发展）	3.3 万亿（发展）
2004	21.4079 万亿（总额）	19.531 万亿（总额）
	13.7419 万亿（常规）	13.1 万亿（常规，8.8 万亿为人事开支）
	7.666 万亿（发展）	6.4 万亿（发展）
2005	22.0786 万亿（总额）	19.942 万亿（总额）
		9.0 万亿（人事开支）
		4.4 万亿（军事行动开支）
		6.4 万亿（采购）
2006	28.2292 万亿（总额）	23.37 万亿（总额）

资料来源：笔者根据相关资料整理而成。④

---

① "Megawati Raises Military Spending", *Jakarta Post*, August 18, 2004.
② Ministry of Defense of the Republic of Indonesia, *Mempertahankan Tanah Air Memasuki Abad 21*, 2003.
③ "Synergies Needed to Build Modern Defense Industry", *Jakarta Post*, January 29, 2005.
④ "Too High a Price: The Human Rights Cost of the Indonesian Military's Economic Activities", *Human Rights Watch*, June 2006, p.85.

在安全问题的决策方面,军队法案将权力更加集中于已得到军队支持的苏西洛政权。印尼发布的《2003年国防白皮书》认为,"战争以外的军事行动"(MOOTW)属于军队的管辖范围,并认定军队负责国内安全,构成了军方在亚齐实施军事行动的观念基础。这一观念得到第34/2004号法令的确认,该法令授权印尼军队开展战争以外的军事行动,重点是内部安全行动,如打击分裂运动、恐怖主义,以及处理海盗和非法移民等。[1] 不过,2002年新的《国防法》第14条规定设立国防委员会(常任成员包括副总统、国防部长、外交部长、内政部长,以及武装部队司令和国家警察总长等),将国家安全战略的规划和决策权力交到总统和内阁的手中,未对政府部署军队提出具体的制衡机制(尤其没有明确人协和众议院的角色),这在决策机制方面提高了苏西洛政府合法规制印尼军队的空间。[2]

总而言之,苏西洛政权更加看重控制军队和警察等强制力量,也更具能力和优势实现这一控制,这与苏西洛军人出身以及在军队内部拥有的权威地位有着密切关系。因此,米特兹内尔认为,"尽管苏西洛在武装部队服役期间曾是渐进式军事改革者的领袖,但他在2004年10月就任总统时并没有被期望对安全部门进行大范围改革……在他上任的第一年,他把更多的精力放在加强他个人对国防机构的控制上,而不是推动结构性改革"[3]。而这恰恰成为苏西洛政权得以有效提供妥协的方式解决亚齐分离问题的重要前提。

三 政策准备与政治妥协:亚齐和平协议的达成

(一)戒严令与印尼军方强硬派的兴衰

正如前文所述,2003年实施的戒严令是在军方强硬派的推动下,梅

---

[1] Leonard C. Sebastian, *Susilo Bambang Yudhoyono and His Generals*, Nanyang Technological University, Policy Brief: No 1/2007 January 2007.

[2] Leonard C. Sebastian, *Realpolitik Ideology: Indonesia's Use of Military Force*, Institute of Southeast Asian Studies, 2006, p. 352.

[3] Marcus Mietzner, "The Politics of Military Reform in Post-Suharto Indonesia: Elite Conflict, Nationalism and Institutional Resistance", *Policy Studies 23*, Washington, D. C.: East-West Center Washington, 2006, p. 49.

加瓦蒂政府将亚齐安全政策的主导权交到军方手中而产生的结果。戒严令的实施再度显示了民主转型之后军方对印尼政治的介入依旧能够在国内安全问题上与文官政府议价，导致军方强硬派得以攫取镇压自由亚齐运动的政治与经济收益。

首先，东帝汶公投独立后，对印尼政府和军方造成重要影响，民族主义情绪在印尼精英和大众中间高涨起来。梅加瓦蒂政府和军方开始渲染亚齐可能成为"另一个东帝汶"的危险性，从而引导印尼国内舆论，塑造社会团体和反对派对镇压政策的支持。实际上，梅加瓦蒂政府实施戒严令"有效地破坏了民间社会和政治精英旨在巩固文官对军队控制的改革……民族主义话语被军方劫持，抵消了改革派的压力，并重新确立起让人联想到新秩序的军队特权"[1]。

其次，戒严令和亚齐军事行动的开展迅速改变了印尼军队内部的权力平衡，增强了保守派和强硬派的力量。在民主转型的环境下，军事改革得到了大部分精英、社会力量以及国际机构的支持，但是随着梅加瓦蒂上台后越发依赖军方的支持，甚至成为"军队的工具"（Alat TNI），军事改革陷入停滞，保守派和强硬派在军队内部晋升中逐渐占据重要位置。[2] 典型例子是2002—2005年担任陆军参谋长的里亚库杜，他认为军事改革破坏了印尼军队的尊严，阻碍了印尼军方保护国家主权和安全，尤其是镇压分离运动方面的能力。以里亚库杜为代表的军方保守派和强硬派大多数出身战地指挥和情报部门，他们能够在与自由亚齐运动的武装冲突中产生更大的影响力。其直接表征为，负责监督亚齐的伊斯坎达·慕达军区的指挥官贾利·朱苏夫少将（亚齐人）被恩当·苏瓦里奥准将取代，军方强硬派认为后者没有能力对自己的亚齐同胞开展反叛乱

---

[1] Jun Honna, "Security Challenges and Military Reform in Post-Authoritarian Indonesia: The Impact of Separatism, Terrorism, and Communal Violence", in Hans Born, Jürgen Rüland and Maria-Gabriela Manea, eds., *The Politics of Military Reform: Experiences from Indonesia and Nigeria*, Springer, 2013, p.189.

[2] 笔者访谈艾哈迈德·苏艾迪，印尼伊斯兰教士联合会大学努山塔拉伊斯兰学院院长、瓦希德研究所高级研究员，2022年5月24日。

战争，恩当则因为曾担任班达亚齐军分区指挥官而被视为"亚齐专家"，得到强硬派的信任和重用。里亚库杜还在 2003 年干预了《印尼国民军法》的制定，在他的推动下该法案加入了一项强硬派偏好的条款（第 19 条），即允许军队在紧急情况下不经总统批准而派遣部队开展安全行动，将极大提升军方在印尼国内安全问题上的自主性和决策权，因而被媒体称为"政变条款"。① 尽管在民主力量的压力下此条遭到删除，但依旧显示了戒严令后军方强硬派的崛起。②

最后，戒严令在很大程度上破坏了文官对军队的控制。梅加瓦蒂政府听从军方强硬派的意见签署戒严令"暴露了文职领导人管理安全问题的劣势，他们很容易受到军队及其机构资源的压制"。③ 正如前文所述，在和平谈判的过程中军方时常开展破坏行动，对于和谈成果表示不屑与不服从。原因在于，里亚库杜等军队强硬派领导人认为，谈判只会对自由亚齐运动有利，后者利用停火来重新组织、招募战斗人员，提高亚齐问题的国际化水平，进一步获得亚齐民众对独立的支持。因此，在军队强硬派看来，为了防止印尼走向解体，绕过无能和无知的政治家是合法的。军方强硬派的两个核心信念：其一，文职官员和政治家在捍卫印尼的领土完整方面是不可靠的和容易妥协的；其二，印尼军队可以以拯救国家的名义独立于文官政府开展行动。戒严令让强硬派的上述信念得到了官方背书和文官政府的让步，从而进一步让民族主义和军方主导安全的叙事甚嚣尘上，在梅加瓦蒂签署戒严令和亚齐大规模军事行动开展时，人协没有任何一位议员对此提出公开的反对和警告。

军方强硬派的崛起对主张和谈路线的苏西洛—卡拉政府造成了巨大

---

① "More Analysts Give Thumbs-Down to Military Bill", *Jakarta Post*, February 25, 2003; "Ryamizard Ryacudu: Kudetaitu Binatang Apa, Sih?", *Tempo*, March 10–16, 2003.

② Editors, "Current Data on the Indonesian Military Elite", *Indonesia*, Vol. 40, No. 80, 2005, p. 131.

③ Jun Honna, "Security Challenges and Military Reform in Post-Authoritarian Indonesia: The Impact of Separatism, Terrorism, and Communal Violence", in Hans Born, Jürgen Rüland and Maria-Gabriela Manea, eds., *The Politics of Military Reform: Experiences from Indonesia and Nigeria*, Springer, 2013, pp. 189–190.

的阻碍,因而后者上台后最首要的任务就是获取对印尼军队的控制权,解除强硬派对亚齐安全政策的民族主义"绑架"。正如前文所述,苏西洛首先是边缘化里亚库杜,任用自己信任的佐科·山多索为陆军参谋长,并从国会收回了任命里亚库杜为总司令的申请,延长了苏达尔托的总司令任期。除此之外,新任的海军和空军总司令都是苏西洛在印尼国家军事学院的同学(1973级),其结识已有30多年。2005年3月,苏西洛开始进一步更换地方指挥系统的中层军官(涉及23名军官职务),如伊斯坎达·慕达、丹戎布拉以及乌达亚纳等三个军区的指挥官。其中,苏西洛力排众议,用更高的职务将亚齐戒严行动中高级指挥官调离亚齐,如作为戒严负责人之一的恩当·苏瓦里奥被提拔为陆军副参谋长。同时,苏西洛限制人协对亚齐戒严令下的军事行动存在的人权问题开展调查,尽管国内非政府组织一直在声讨军方的罪行(暴力和腐败问题)。

随后,苏西洛在2005年5月又再次实施改组,共调整78名军官的职务,再次更换3名军区指挥官,从而12名军区指挥官中有6名被苏西洛替换,使得新任陆军参谋长佐科·山多索巩固了自己在军队的领导地位。[1] 上述一系列调动的结果,即里亚库杜扶持的1974级军官不得不与1975级和1976级军官分享印尼军队总部职位以及地方指挥部的领导职位,削弱和分化了借助戒严令提高影响力的强硬派,建立了对军方指挥系统的有效控制。"苏西洛了解军队的工作机制,并尊重这一逻辑,他依靠自己的亲信来控制军官和士兵。通过这种组织管理,苏西洛能够严格控制军队在冲突地区的暴力行动。"[2]

(二)领导人主动性与和谈努力

苏西洛政府时期能够顺利解决亚齐分离问题不仅得益于其集中控制的政权控制模式,而且苏西洛和卡拉两人的密切配合与外交努力也是实现最终和平协议的重要因素。苏西洛于2004年10月就任总统,他与卡

---

[1] Editors, "Current Data on the Indonesian Military Elite", *Indonesia*, Vol. 40, No. 80, 2005, p. 127.

[2] 笔者访谈穆罕默德·哈拉平,印尼国家研究和创新署研究员,2022年6月10日。

拉的竞选纲领主张繁荣、和平、正义、民主四大支柱,寻求变革的形象使得他以60.87%的得票率击败梅加瓦蒂。① 从政策倾向上看,相比于梅加瓦蒂政府,苏西洛政府明显更加侧重通过政治对话解决亚齐问题。这与苏西洛政府领导层的独特经历联系密切。军人出身的苏西洛曾在瓦希德和梅加瓦蒂政府内阁中担任政治和安全事务统筹部长,并长期主张以综合方法(统合安全行动、执法、人道主义援助、恢复地方政府和经济复苏等手段)应对亚齐分离问题。卡拉任梅加瓦蒂内阁人民福利统筹部长时与苏西洛在亚齐问题上立场接近,二人都曾亲身参与过之前的亚齐和谈,不过卡拉更主张通过谈判解决亚齐问题。因而在第二轮总统选举中,对亚齐问题持相对温和立场、追求国内和平与发展的苏西洛和卡拉的组合在亚齐地区以78%的得票率取得压倒性的优势,也被寄予厚望能够在上任之后解决亚齐问题。②

在停火协议破裂后的2003年8月,卡拉指示他的副手法里德·胡塞因与位于亚齐、马来西亚和瑞典的自由亚齐运动的领导层建立私人联系,还通过芬兰商人与芬兰前总统马尔蒂·阿赫蒂萨里建立了密切联系,向后者表示希望能够利用危机管理倡议(CMI)促进亚齐争端的解决。不仅如此,卡拉本人与亚齐省长阿卜杜拉·普特建立联系,尽管当时后者因腐败指控正在雅加达等待审判,阿卜杜拉建议卡拉通过北亚齐承包商鲁斯利·宾当直接联系自由亚齐运动的军事指挥官穆扎基尔·马纳夫。在2003年5月CoHA失败后,卡拉向梅加瓦蒂主动请缨,寻求与自由亚齐运动重新谈判,为之后其担任副总统与自由亚齐运动接触、对话和谈判打下了基础,后者也更容易接受非军人出身的卡拉作为和平谈判的对象,这些私人关系是苏西洛政府就任后迅速推动和谈进程的关键所在。③

---

① "Mengalahkan Megawati di Tahun 2004?", *Opini & Analisis Direktur*, November 3, 2003.
② Edward Aspinall, "The Helsinki Agreement: A More Promising Basis for Peace in Aceh?", Washington, D. C.: East-West Center Washington, 2005, p. 14.
③ Michael Morfit, "The Road to Helsinki: The Aceh Agreement and Indonesia's Democratic Development", *International Negotiation*, Vol. 5, No. 12, 2007, p. 120; Hamid Awaludin, *Damai di Aceh: Catatan Perdamaian RI-GAM di Helsinki*, Jakarta: Centre for Strategic and International Studies, 2008.

实际上，苏西洛上台后并没有立刻修正梅加瓦蒂政府的亚齐政策（名义上已经由戒严令降为民事紧急状态，但与戒严令时期的安全政策区别不大），更没有就国际社会关注的亚齐人权问题进行公开道歉或发起人权调查，也没有赦免任何亚齐政治犯。相反，其于 2004 年 11 月 18 日将亚齐的民事紧急状态延长 6 个月，继续在亚齐开展安全行动，在随后 11 月 26 日访问亚齐期间苏西洛没有就如何解决亚齐问题公布任何具体方案。[1] 2005 年 8 月，苏西洛在《国际先驱论坛报》上回忆称，"尽管亚齐和平是我在去年总统选举时和 10 月份上台后公开提出的优先政治课题，但真正的政治机会是在去年 12 月的海啸之后才出现的"[2]。

部分学者认为，苏西洛政府上台时自由亚齐运动已经处在崩溃的边缘，其建立的行政系统遭到全方位破坏，而苏西洛维持安全行动是希望继续扩大对自由亚齐运动的军事优势，从而顺势解决亚齐问题。[3] 另外一些研究者则认为，自由亚齐运动在武装力量上尚有抵抗政府安全行动的能力，其将活动范围集中在农村和山地地区，开展游击战争，保留了很大一部分实力（约有 4000 余名武装人员）。[4] 因而，正如前文所述，双方举行谈判并不是因为自由亚齐运动已失去运用暴力开展分离运动的能力，而恰恰是因为自由亚齐运动内部的有效整合促进了海啸发生之后和谈的有效进行。[5]

苏西洛政府得以快速利用亚齐海啸推进和谈的原因在于以下几方面。首先，苏西洛政府上任起就开始与自由亚齐运动进行非正式接触，副总统卡拉负责联系自由亚齐运动在瑞典的海外领导层和在亚齐的游击队领

---

[1] "Presiden SBY Kunjungi Aceh", *Detik News*, November 26, 2004.

[2] International Herald Tribune, August 16, 2005.

[3] Edward Aspinall, "The Helsinki Agreement: A More Promising Basis for Peace in Aceh?", *Policy Studies 20*, Washington. D. C.: East-West Center Washington, 2005, pp. 5–7.

[4] 笔者 2022 年 9 月前往亚齐访谈了数位活跃于东亚齐、北亚齐、美伦、实格里、比迪亚等地的前自由亚齐运动成员，他们回忆称海啸并没有摧毁他们的军事能力，只是改变了亚齐社会的"优先事项"。

[5] International Crisis Group, *Aceh: A New Chance for Peace*, Brussels and Jakarta: International Crisis Group, 2005, p. 1.

导人，并取得了一些初步的进展和协议（如9项协议要点）。其次，苏西洛政府引入自由亚齐运动可以接受的国际机构"危机管理倡议"（CMI），搭建有第三方参与的、向国际社会公开的对话平台。再次，亚齐海啸造成的人员与财产损失导致苏西洛政府面临巨大的人道主义救援与灾后重建压力。最后，国际社会对敦促印尼政府尽快和平解决亚齐问题、开展灾后重建工作达成了普遍共识，这迫使印尼军方在戒严令下实施的安全行动不得不转化为救援行动，并重新允许国际援助及相关机构进入亚齐。据统计，亚齐海啸发生后，共有3000多人的外国部队，2000多名外国救援人员和数十名记者进入亚齐。[①] 国际力量的广泛介入满足了自由亚齐运动对军队停火和国际监督的要求（尽管这一结果是自然灾害的不可抗力带来的），因而卡拉在赫尔辛基和谈中称，"以前亚齐和解是70%的政治，30%的人道主义；现在是30%的政治，70%的人道主义"。[②]

对于卡拉团队在2004年10—11月推动的非正式和谈及其成果，2004年12月4日，自由亚齐运动成立28周年之际，创始人哈桑·迪罗向所有分离武装指挥官发出通知，"如果我们不小心，其结果可能是爆发亚齐人的内战……我强烈警告所有团体要警惕印尼政府的利用或愚弄"。[③] 迪罗对卡拉团队开展的非正式活动和成果感到紧迫，但是2004年年底苏西洛尝试以此为基础，利用经济激励措施说服穆扎基尔率先接受大赦，放下武器，后者的态度发生了巨大转变，称只有在所有其他武装指挥官同意的情况下他才会接受大赦。原因在于，"即使印尼政府提供了颇具诱惑性的条件，他（穆扎基尔）也知道如果独自接受了提议，瑞典（中央领导层）方面会直接取缔他"，而这也让苏西洛看到了推动

[①] Michelle Ann Miller, *Rebellion and Reform in Indonesia: Jakarta's Security and Autonomy Polices in Aceh*, Routledge, 2009, p.157.

[②] Damien Kingsbury, *Peace in Aceh: A Personal Account of the Helsinki Peace Process*, Jakarta: Equinox Pub, 2006, p.108.

[③] Pernyataan Amanat PYM Tengku Hasan M di Tiro Wali Negara Acheh Pada Peringatan Hari Ulang Tahun Acheh Merdeka Yang ke-28, Stockholm, December 4, 2004.

与位于瑞典的自由亚齐运动中央领导层开启正式谈判的契机。①

鉴于前几次和谈过程中印尼军方持续自主开展镇压、破坏和谈进程的教训，苏西洛政府着手限制印尼军方和国会民族主义派系继续推动在亚齐开展安全行动。

其一，稳定军队领导层对和谈的支持。梅加瓦蒂在其任期结束之前提名时任陆军参谋长里亚库杜担任下一任印尼武装部队总司令，里亚库杜作为坚定的反改革派和对亚齐强硬派得到军队的大力支持，被认为是之前亚齐和谈失败的重要推手，苏西洛上任后收回了梅加瓦蒂的提名，将时任总司令苏达尔托的任期延长2年，并用山多索替换掉了里亚库杜，苏达尔托在亚齐和谈问题上坚定地支持苏西洛政府的和谈路线，不允许任何军官公开反对政府政策，否则以撤职处置，帮助印尼军队在亚齐和谈问题上与政府保持一致。②

其二，海啸发生后不断为军方注入资金支持。2005年1月上旬，国防部向国会提交2370亿印尼盾（约2540万美元）预算申请，用于支付印尼军方的灾难援助。③ 2005年年中，国防部又申请了额外的5303亿印尼盾（5450万美元）用于2005年在亚齐军事行动的开支，其中3148亿印尼盾（3460万美元）用于安全行动，其余的用于后勤供应。④ 国防部长和当时的TNI负责人都证实，他们的意图是不将这笔款项计入国防预算。⑤ 在《赫尔辛基谅解备忘录》签署后，苏西洛政府又为印尼军方从亚齐撤军提供额外的财政支持，从政府紧急预算划拨5260亿印尼盾（约5000万美元）用于资助撤离，这一数额与亚齐军事行动后续所需资金相

---

① International Crisis Group, *Aceh: A New Chance for Peace*, Brussels and Jakarta: International Crisis Group, 2005, p.5.

② Marcus Mietzner, "The Politics of Military Reform in Post-Suharto Indonesia: Elite Conflict, Nationalism and Institutional Resistance", *Policy Studies 23*, Washington, D.C.: East-West Center Washington, 2006, pp.49–51.

③ "Free Aceh Movement Leaders Condemn 'sinister' Indonesian military", *BBC Monitoring Asia Pacific*, January 5, 2005.

④ "Ministry Seeks Defense Fund Payout", *Jakarta Post*, June 30, 2005.

⑤ "Defense Ministry Asks for More Funds", *Antara*, August 3, 2005.

一致。学者认为，这笔钱是印尼高级军官拖延亚齐军事行动的主要动力，顺利地利用国际援助涌入和财政分配的渠道解决了军方"安全生意"（bisniskeamanan）的问题①，使印尼军方相信和平协议不仅在政治上可行，而且能够在经济上得到补偿，极大地减少了军队对和谈造成的阻力。②

不仅如此，军队强硬派影响力衰落的另一大关键影响是亚齐反和谈运动的显著下降，原本参与袭击联合安全委员会办公室的一系列亚齐民间组织（印尼政府称之为"人民抵抗组织"，与东帝汶自决前频繁活动的亲印尼组织类似）开始减少活动，没有再出现类似于2003年的抗议和暴力示威活动，这些军队扶持起来的组织也开始借助和谈进程向印尼政府要价，提出军队撤离前应对其进行武器、资金等方面的补偿，并且准备组建地方政党，参与亚齐地方选举。因而，在进入和平谈判进程后，印尼军方最大限度地服从了苏西洛政府关于和平解决分离主义冲突的指令，军方这种"新奇做法"促进了和谈最终得以签署和落实。③

（三）赫尔辛基谈判及其成果

CMI于2004年12月24日（海啸袭击亚齐的前两天）向自由亚齐运动以及印尼政府发出正式会谈的邀请，海啸发生后邀请很快便被接受，双方于2005年1月在赫尔辛基正式开始谈判。在第一轮谈判中，双方代表对于CMI的议程和形式尚不清楚，处在初步接触和试探的过程之中。印尼代表团由政治和安全事务统筹部长威多多·阿迪·苏吉布托上将担任非正式领导，司法和人权部长哈米德·阿瓦卢丁担任首席谈判代表，其他成员包括通信和信息部长索菲安·贾利勒（亚齐人）、社会福利副

---

① 笔者访谈艾哈迈德·苏艾迪，印尼伊斯兰教士联合会大学努山塔拉伊斯兰学院院长、瓦希德研究所高级研究员，2022年5月24日。

② Marcus Mietzner, "The Politics of Military Reform in Post-Suharto Indonesia: Elite Conflict, Nationalism and Institutional Resistance", *Policy Studies 23*, Washington, D. C.: East-West Center Washington, 2006, pp. 51–52.

③ Jonathan T., "Chow ASEAN Counterterrorism Cooperation Since 9/11", *Asian Survey*, Vol. 45, No. 2, 2005, p. 312.

部长法里德·胡塞因等,其中印尼军方派出了曾任亚齐第12军分区指挥官赛里夫丁·蒂普少将为代表。自由亚齐运动的代表团由亚齐国政府(PNA)/亚齐—苏门答腊民族解放阵线(ASNLF)总理马利克·马哈茂德率领,成员包括外交部长扎伊尼·阿卜杜拉,新闻发言人巴赫蒂亚尔·阿卜杜拉,以及政治官员穆罕默德·努尔·朱利(吉隆坡)和努尔丁·阿卜杜拉曼(悉尼)等。第一次会谈中双方同意将中间人充分了解过程作为正式谈判的前提。谈判过程中,印尼政府要求自由亚齐运动接受亚齐特别自治法案;自由亚齐运动则提出冲突解决必须分阶段完成,以建立信任并保证安全(亚齐成为非军事区);阿赫蒂萨里则首次提出主导会谈的原则,即"在所有事情都达成一致之前,什么都不可能达成"。虽然第一轮谈判是接触和试探性质的,但为双方熟悉CMI的谈判方式提供了时间。①

在2005年2月21—23日的第二轮谈判中,自由亚齐运动在安全和国际监督方面寻求印尼政府的承诺,并接受进一步的自治谈判,这是一次具有实质性意义的让步,"在印尼共和国的领土主权框架内进行谈判"的基础得以建立起来,因而极大地推进了和谈进程。② 在此期间,美国、英国、日本、澳大利亚、新加坡、马来西亚和瑞典大使与谈判双方举行会议,这些国家一致强调希望通过谈判结束亚齐冲突,并维护印尼的领土完整。这一表态对印尼政府施加了直接压力,要求其在亚齐组织接受"特别自治"的立场上做出一定妥协,以促成谈判结果的产生(印尼代表团同意用不太政治化的自治来取代之前强调的"特别自治",在一定程度上取得了自由亚齐运动代表团的认可)。不仅如此,2月25日,苏西洛政府让陆军参谋长里亚库杜强制退休,为谈判释放了积极信号。③

---

① Damien Kingsbury, *Peace in Aceh: A Personal Account of the Helsinki Peace Process*, Jakarta: Equinox Pub, 2006.

② Edward Aspinall, *Islam and Nation: Separatist Rebellion in Aceh, Indonesia*, Stanford University Press, 2009, p. 234.

③ Damien Kingsbury, *Peace in Aceh: A Personal Account of the Helsinki Peace Process*, Jakarta: Equinox Pub, 2006, p. 73.

可以说，国际压力和印尼政府的实质性表态进一步稳固了自由亚齐运动向"自治"方案的转变。

在2005年4月的第三轮会谈中，印尼政府取消了军方强硬派代表蒂普的成员身份，卡拉认为蒂普是"一个无益的影响者"，直接原因是蒂普回国后呼吁停止会谈，声称"任何讨论只能在印尼国内进行"，从而减小了军方利益代表对谈判过程的直接影响。在本轮谈判中，马利克·马哈茂德着重表达了对"印尼军队和警察安全行动升级的担忧……增加了亚齐人民对印尼政府的不信任，破坏了印尼对和平和民主解决冲突的善意主张"①。印尼代表团方面提出的要求是外交事务、货币、正式承认和国防等方面的权力将由印尼共和国保留。而自由亚齐运动明确提出在亚齐建立"真正的民主"和地方政党的想法，印尼政府为此必须修改法律。同时，还要求讨论资源收入分配、武装人员及其家属赔偿、武装人员退役等问题。由于副总统卡拉对2004年非正式会谈协议表示积极认可，印尼政府对于自由亚齐运动的上述要求并没有做过多纠缠，关键问题在于地方政党的问题，前者没有提供明确承诺，认为其可能涉及修改宪法和政党法等复杂问题。而自由亚齐运动的代表指出，自己提出的"许多建议并不要求印尼政府做出任何重大改变"，只需国会修改政党法即可。② 双方对此争论不休，将这个问题拖入之后两轮的谈判。

在2005年5月26日开始的第四轮谈判中，双方在经济领域基本上没有激烈分歧，阿瓦卢丁建议可以通过印尼宪法法院重新解释政党法，允许在亚齐建立地方政党，让双方达成原则上同意建立亚齐地方政党的共识，而宪法法院机制是实现的可能手段。但是，阿瓦卢丁只是提供了可能途径，并不代表着印尼政府给予了切实承诺。2005年5

---

① Damien Kingsbury, *Peace in Aceh: A Personal Account of the Helsinki Peace Process*, Jakarta: Equinox Pub, 2006, p. 115.

② Damien Kingsbury, *Peace in Aceh: A Personal Account of the Helsinki Peace Process*, Jakarta: Equinox Pub, 2006, p. 124.

月 31 日，印尼宪法法院裁定无党派个人不能参加任何选举，因为与政党法精神相抵触，从而否定了通过宪法法院允许建立地方政党的可能性。此外，在第四轮谈判中自由亚齐运动意识到不可能让印尼军队完全撤出亚齐，但是其要求亚齐军区最多保留 6000 驻军，军分区限定为 4 个（海军和空军为 2 个）。但是，由于双方对具体人数尚存在争议，同样未能明确这一方面的协议。

谈判过程中，对于苏西洛政府整合自由亚齐运动而言，尤其有利的因素是自由亚齐运动内部的组织整合，这一点体现为身处瑞典的中央领导层与游击队领导人之间清晰的领导和权力关系。首先，自由亚齐运动的游击队领导人在作战与和谈的选择方面完全听从于其在瑞典的中央领导层。苏西洛政府在正式开始谈判之前，多次尝试接触亚齐游击队领导人，企图绕过或边缘化瑞典的中央领导层，与之直接开展和平谈判，但是遭到前者断然拒绝。卡拉的助理法里德·侯赛因指出，"自由亚齐运动拥有强有力的集体领导，我们无法将他们彼此孤立，只与其中一个建立单边关系"。苏西洛与卡拉也在相关访谈中承认，"（游击队领导人）他们礼貌地听取了我们的意见，但是他们指出，（与自由亚齐运动的）谈判完全取决于其在瑞典的中央领导层"。[①] 自由亚齐运动的军官也普遍认为整个运动"完全像一支军队，无论是平民还是军事部门，他们都会像军队一样服从命令"。[②]

其次，自由亚齐运动整合了亚齐主要的分离运动组织（如亚齐公投信息中心）和公民社会团体，成为唯一谈判代表组织。2005 年 5 月 23—24 日的第三轮谈判结束后，由于下一轮谈判涉及亚齐自治的具体细节问题，自由亚齐运动与公民社会团体代表共同商议了各自对特殊自治条款的看法。此次会面发布了一项声明，将会赋予自由亚齐运动以正式代

[①] Michael Morfit, "The Road to Helsinki: The Aceh Agreement and Indonesia's Democratic Development", *International Negotiation*, Vol. 5, No. 12, 2007, p. 122.

[②] Edward Aspinall, *Islam and Nation: Separatist Rebellion in Aceh, Indonesia*, Stanford University Press, 2009, p. 235.

表权。第五轮谈判前的7月9—10日,自由亚齐运动与公民社会团体代表于斯德哥尔摩再次举行协商会议,前者具体解释了前一轮谈判的问题和细节,在此次会议上亚齐公投信息中心等主张自决公投的团体接受了亚齐自治的解决方式,同意自由亚齐运动与印尼政府就最终和平方案进行谈判。① 这为最终的第五轮谈判提供了分离运动的内部共识基础——"在亚齐实现全面和可持续和平的唯一途径是通过谈判达成协议,从而使得亚齐人民有权利和能力在印尼共和国的范围内决定自己的事务。"②

在2005年7月12日开始的第五轮谈判中,自由亚齐运动发言人巴赫蒂亚尔·阿卜杜拉在谈判开场便呼吁修改印尼第31/2002号政党法,取消对地方政党的限制。③ 自由亚齐运动在地方政党问题上施加了更大的压力,要求印尼政府代表团作出明确承诺,因为前者认为"印尼政府在地方政党问题上总是说一套做一套"。④ 阿瓦卢丁告诉记者,此次谈判中他提议让印尼政府与各政党合作,帮助自由亚齐运动建成一个全国性的政党。然而,自由亚齐运动并不认可这种解决方案,因为其很难维持全国性的支持基础,巴赫蒂亚尔称"印尼政府的建议无法确保亚齐的政治代表权",他呼吁印尼政府在12个月内(最迟不超过18个月)为亚齐建立地方政党提供法律层面的便利。与此同时,为了向亚齐展示和谈决心,苏西洛政府也在致力于推动印尼国会和国内社会接受和平协议。第五轮谈判期间,印尼大部分议员开始公开支持在亚齐建立地方政党的想法。在7月27日众议院会议上,10个政党中有9个支持亚齐地方政党的提议(梅加瓦蒂的斗争民主党明确反对),将通过修改关于亚齐

---

① 薛松:《分权与族群分离运动:基于印尼的分析》,《国际政治科学》2019年第4期。
② Damien Kingsbury, *Peace in Aceh: A Personal Account of the Helsinki Peace Process*, Jakarta: Equinox Pub, 2006, pp. 161–162.
③ Bakhtiar Abdullah Spokesman, "GAM's Commitment to Democracy", Free Acheh Movement Helsinki, July 13, 2005.
④ Damien Kingsbury, *Peace in Aceh: A Personal Account of the Helsinki Peace Process*, Jakarta: Equinox Pub, 2006, p. 200.

特别自治的第 18/2001 号法律以及第 31/2002 号政党法，为其提供法律依据。① 此前，2005 年 6 月欧盟代表团访问亚齐，并在 7 月 30 日和 31 日收到自由亚齐运动指挥官和苏西洛政府的保证，双方将遵守和平协议，停止军事对抗，印尼军方领导层更是对协议公开表达了热情的期盼和支持，赞扬自由亚齐运动交出武器的诚意。

这一系列行动让自由亚齐运动代表团得以接受最终达成的《赫尔辛基谅解备忘录》，并于 2005 年 8 月 15 日正式签署。为了确保协议执行，2005 年 9 月 7 日，苏西洛在雅加达的印尼军方总部与最高将领举行了 3 小时的私人会议，详细解释谅解备忘录的内容，并回答了军方的问题。会后，内阁秘书苏迪·斯拉拉希称"军方没有对协议提出异议"。② 2005 年 12 月 27 日，自由亚齐运动的武装指挥部解散，29 日，25890 名军方部队和 55791 名警察部队完全撤出亚齐。

自由亚齐运动在与印尼政府的谈判中也进行了有效的内部收益分配，促成了和平协议能够为亚齐分离运动的各方所接受。在内部控制的基础上，自由亚齐运动在第二轮谈判中主动放弃了完全独立的政治诉求，这一重大让步使得印尼政府愿意在自治和补偿方面提供更多筹码。

第一，自治权方面，亚齐特别行政区将拥有对内行政和立法的自主权，其传统标志、习俗和边界都得到保留，同时印尼中央政府涉及亚齐的国际协议、法律和政策都必须与亚齐特别行政区相关机构商议并征求其同意，确保了亚齐自治的基本框架。

第二，选举方面，亚齐人能够建立自己的地方政党参与亚齐的地方选举，使得自由亚齐运动和亚齐公民社会团体能够在自治后充分参与亚齐民主政治，并分得亚齐自治的政治和经济红利，也避免亚齐行政和立法系统被全国性大党控制。

---

① International Crisis Group, *Aceh: A New Chance for Peace*, Brussels and Jakarta: International Crisis Group, 2005, p. 10.

② Michelle Ann Miller, *Rebellion and Reform in Indonesia: Jakarta's Security and Autonomy Polices in Aceh*, Routledge, 2009, p. 160.

第三，经济方面，亚齐能够获得外部贷款和资金，自主设定银行利率、税收，全权管理亚齐周边领海的自然资源并保留未来 70% 的自然资源收入（删去了亚齐自治邦法案中 8 年后降低为 50% 的条款），中央政府保证财政分配的透明度和公平性。

第四，安全与复员方面，印尼政府承诺撤出大部分军队和警察，仅保留 1.47 万名军人和 9100 名警察，对在亚齐犯下人权罪行的军人将由亚齐法庭审判，同时特赦所有参与自由亚齐运动的人员，无条件释放政治犯和在押人员，并设立重返社会基金，为前战斗人员、政治犯和受害民众提供经济支持，包括提供土地、就业机会、资金补偿以及社会保障。[①]

2005 年 8 月 15 日《赫尔辛基谅解备忘录》正式签署后，自由亚齐运动逐渐走向了和平化，解除了武装人员，并转型为"亚齐党"(*Partai Aceh*)，成为之后亚齐地方选举中最为强势的政党，其领导人也成功担任亚齐行政和立法机构的主要职务，是亚齐和平协议实施后最大的"赢家"。

印尼政府基本履行了在《赫尔辛基谅解备忘录》中的主要承诺，苏西洛政权的集中控制在立法层面有效解决了政治改革可能面临的否决困境，不仅促使亚齐成为诸多分离主义冲突中得到成功解决并呈现长期和平效果的典型地区，也在国内取得了维护国家统一、推进军队改革以及树立政府信誉等良性政治效应。

第二节 摩洛分离运动与杜特尔特政府时期 (2016—2019 年) 的政策选择

一 摩洛分离运动的动员强度：组织聚合与领导层更替

（一）摩洛民族解放阵线的体制化与边缘化

2016 年 6 月杜特尔特上台前，摩洛分离运动基本延续了埃斯特拉达

---

① "Memorandum of Understanding between the Government of the Republic of Indonesia and the Free Aceh Movement", United Nations Peacemaker, August 15, 2005.

时期的动员强度，摩伊解仍然是摩洛分离运动的主导组织，并且聚合了摩洛穆斯林的认同、支持和武装力量，在菲律宾政府看来，其也是邦萨摩洛问题最核心的和谈对象。一方面，是由于摩解这一民族主义组织融入正式体制而走向了衰落，不再具备威胁和议价能力；另一方面，是因为伊斯兰极端主义的兴盛，导致菲律宾政府积极追求解决摩洛分离问题，减少国内安全压力及对经济发展环境的影响。此外，摩伊解凭借较为坚韧的组织—群众关系和内部组织建构，得以长期维持组织韧性，即使在埃斯特拉达和阿罗约多次镇压之下，依旧拥有数量可观的武装力量。这些因素使得摩伊解在21世纪始终都是摩洛分离运动的核心组织，掌握对菲律宾政府谈判的唯一代表权，也是杜特尔特政府解决摩洛问题的关键条件之一。

密苏阿里由于对1996年和平协议的实施感到不满，且预期自己在棉兰老穆斯林自治区（ARMM）选举中无法获选，于2001年与阿罗约政府产生冲突，再度发动叛乱，并被阿罗约政府镇压。[①] 2002年，密苏阿里从马来西亚被引渡回菲律宾，随后遭到软禁。[②] 尽管如此，密苏阿里个人领导的叛乱不代表已经整合入自治区的摩解组织，其领导的武装组织被称为"密苏阿里分离团体"（MBG），也无法推翻已经建立的自治区。同时，由于对密苏阿里的领导感到不满，2001年摩解内部出现了一个名为15人执行委员会（EC-15）的派系，加剧了摩解的混乱。不过，密苏阿里的叛乱已无法有效动员其他在正式体制中继续活动的摩解成员，例如，伊斯纳吉·阿尔瓦雷斯取代密苏阿里担任ARMM的代理首长，随后同为摩解成员的帕鲁克·侯赛因赢得了ARMM的第二任首长职位。由于密苏阿里在2013年引发了三宝颜人质危机，2014年2月10日摩解中央委员会驱逐了密苏阿里，并选举阿隆托担任主席，这一决定也得到了伊斯兰会议组织的支持。[③] 2005年自治区选举后，摩解进一步失去了对

[①] "Al. Jacinto, Nur Misuari ousted as MNLF chairman anew", *GMA News*, April 2, 2008.
[②] "How to Arrest a Rebel Like Nur Misuari", *Rappler*, October 12, 2013.
[③] "MNLF Reorganized with Alonto as New Chair; Misuari Out", *Inquirer*, March 17, 2014.

自治区议会的控制,传统精英和部族领袖基本占据了 ARMM 的各大重要职位,导致摩解在 ARMM 内部被边缘化。摩解在进入正式体制之后领导权日益衰退,其对摩洛分离运动的影响力也已所剩无几。尽管其依旧能够依靠伊斯兰会议组织等外部支持催促菲律宾政府落实 1996 年和平协议,但 ARMM 内部权力丧失的结果是传统政客成为与菲律宾政府议价的新代理人。[1]

ARMM 的政治竞争中传统政客和部族领袖的崛起与菲律宾选举政治的庇护主义网络有着密切关系。对于马尼拉的国家政治精英而言,建立穆斯林棉兰老自治区可以产生集中获取大量选票的政治收益。第二次世界大战后,棉兰老岛的穆斯林省份就因频繁出现选举舞弊和操纵而变得"臭名昭著"。例如,人们普遍认为 1949 年选举存在欺诈,拉瑙省"鸟和蜜蜂"的投票让埃尔皮迪奥·基里诺成功赢得总统选举。在马科斯时代也有一个著名的政治笑话:"每当总统选举投票结束后,独裁者的坚定盟友、南拉瑙省长阿里·迪马波罗都会打电话到马拉卡南宫问道:阿坡,你还需要多少张选票?"[2] 穆斯林省份在菲律宾后马科斯时代的选举中还涉及一桩重大丑闻,即 2005 年 6 月爆出的"你好加西亚丑闻"。在 2004 年 5 月的总统选举中,数次民意调查中都占据领先优势的小费尔南多·坡却遭遇反转,败于竞选连任的阿罗约总统,随后菲律宾国内对阿罗约选举舞弊的指控愈演愈烈。2005 年 6 月 10 日举行的新闻发布会上,前国家调查局(NBI)副局长塞缪尔·昂声称自己手中掌握着阿罗约和选举委员会官员之间的录音,能够证明她操纵了 2004 年的选举。前选举委员会委员加尔西拉诺被任命为调查此次选举舞弊的负责人。据称这些录音可以证明阿罗约下令操纵全国选举(涉及穆斯林省份选票),最终

---

[1] Ronald J. May, "History, Demography and Factionalism: Obstacles to Conflict Resolution through Autonomy in the Southern Philippines", in Michelle Ann Miller ed., *Autonomy and Armed Separatism in South and Southeast Asia*, Institute of Southeast Asian Studies, 2012, pp. 278–295.

[2] Sheila S., Coronel, "Ate Glo in Hot Water, Lanao's Dirty Secret", *I Report*, Issue No. 4, November, 2005.

才能以约 100 万张选票的优势在选举中胜出。① 无独有偶，2007 年 5 月的参议院中期选举也出现了类似的问题。

菲律宾政客们认为，穆斯林省份的选民服从"集体投票制度"，只要"部落首领发出命令，人们就会服从"。部分学者指出，马尼拉的中央政府和执政党之所以支持 ARMM 的建立和运行，关键原因之一是这让他们拥有了更大的空间操纵选举结果，"摩洛人的省份充当了人造选票和幽灵选民的来源，以确保执政政权在选举中获胜"；而这正是为何"从马科斯时代到现在，没有政权的任命或支持，没有摩洛穆斯林政客就无法成为所谓的穆斯林自治区领导人"。② 可以说，ARMM 与中央政府之间存在密切的庇护关系（尽管这种关系可以追溯至第二次世界大战后菲律宾独立之初），摩解被边缘化似乎也在菲律宾政治精英的意料之中。

ARMM 成为马尼拉精英选票黑箱，以及摩解边缘化和衰落的走势，对于摩洛分离运动的现实意义为，摩解虽然拥有许多阿拉伯国家和穆斯林国际组织的支持，但是从菲律宾国内互动和历届政府议程的角度来看，摩伊解已经逐渐在摩洛分离问题的核心地带站稳了脚跟，无论是在内部资源和力量的整合上，还是在菲律宾和国际社会的关注程度上，摩伊解都已经成为摩洛分离问题中最为重要的政治代表和议价者，使得摩洛分离运动的动员强度得到提升并维持在组织聚合的状态。

（二）摩伊解的领导层更迭及影响

2016 年，国际危机组织撰写的评估报告认为，"摩伊解拥有大约 12000 名武装战士，是棉兰老岛最大的武装组织，近年来一直努力争取合法地位。它将在未来的谈判中保持核心作用。任何将其边缘化或削弱其领导权的进程或协议都有可能使冲突发生转移，因为这将导致摩伊解

---

① "Impeachment Complaints Filed Against President Arroyo in 2005", *GMA News*, November 5, 2007.
② Steven Rood, "Interlocking Autonomy: Manila and Muslim Mindanao", in Michelle Ann Miller ed., *Autonomy and Armed Separatism in South and Southeast Asia*, Institute of Southeast Asian Studies, 2012, pp. 266 – 268.

放松其对内部和外部潜在破坏因素的控制"①。该报告体现了在杜特尔特时期摩伊解实力强大，并且在摩洛分离运动中拥有足够领导地位；同时也表明，在2016年杜特尔特上台之前，摩伊解内部发生的领导层更迭对于其政治路线产生了不可替代的影响，对于杜特尔特政府实施妥协策略与和解政策意义重大。

2002年，摩伊解在军事和政治领域面临严峻挑战。首先，军事方面，埃斯特拉达针对摩伊解发起的全面战争虽然没有成功，但对摩伊解多年来的苦心经营造成了巨大破坏，摩伊解转向游击战术，不过也未能完全恢复至20世纪90年代的强盛期；而阿罗约虽然上台之初推行"全面和平"政策，但是停火协议中她并未完全规制军方的行为，双方依旧冲突不断，军事压力没有明显减少。其次，2001年"9·11"事件后，阿罗约加强与美国政府在反恐领域的合作，希望将菲律宾塑造成东南亚反恐前线国家，并且借助美军的进驻和军事演习之名，帮助菲律宾政府军打击活跃在南部的诸如阿布沙耶夫等恐怖主义组织，但是阿罗约政府同时计划对摩伊解施加军事压力，在外交层面游说布什政府将摩伊解划定为恐怖组织。从意识形态层面来看，萨拉马特对摩伊解政治蓝图的描绘是基于伊斯兰主义的，1985年萨拉马特为摩伊解战士写了一本名为《邦萨摩洛圣战者：他的目标和责任》的书籍，他在该书中对摩伊解政治目标的论述与阿卜杜加拉克·简加拉尼相近。萨拉玛特认为，"我们的职责是遵守《古兰经》，以此建立一个公正的社会秩序……将权力从恶人手中夺回来……交到那些正直虔诚的同志们手上"②。萨拉马特对伊斯兰主义和圣战的追求成为阿罗约将其标定为"恐怖组织"的重要依据。

对此，摩伊解实施了两项重要的应对和变革。

第一，2002年，摩伊解将官方网站名称从"摩洛圣战"（Moro Ji-

---

① International Crisis Group, "The Philippines: Renewing Prospects for Peace in Mindanao", Crisis Group Asia Report N°281, July 5, 2016, p.11.

② Hashim Salamat, *The Bangsamoro Mujahid: His Objectives and Responsibilities*, Mindanao: Bangsamoro Press, 1985.

had）改为"卢瓦兰"（Luwaran），后者指棉兰老穆斯林从古老的阿拉伯法律中挑选、翻译和汇编而成的摩洛穆斯林法律，是供不懂阿拉伯语的棉兰老岛大督、法官和伊斯兰学者学习和参考的文本，"卢瓦兰"的权威被棉兰老岛穆斯林普遍接受，与古兰经一样拥有神圣地位。[1] 这在很大程度上与强调《古兰经》原教旨主义的简加拉尼划清了界线，将政治诉求落在具有摩洛穆斯林传统色彩的治理形式上。[2] 不过，这也修正了萨拉马特在摩伊解建立之初提出的按照《古兰经》原则建立政府的要求，成为摩伊解转型的开始。

第二，2003年萨拉马特死于心脏病，导致摩伊解领导层发生巨大变动，穆拉德成为摩伊解中央委员会主席，开启了摩伊解转向温和化的进程。与萨拉马特不同，穆拉德不是传统意义上的宗教学者和伊斯兰主义者，他在"国家一体化委员会"奖学金的支持下在棉兰老哥打巴托圣母大学学习土木工程学。然而，1972年摩洛分离战争爆发后，他辍学加入当地叛军，并一直担任军事指挥官，从未流亡海外，而是一直在一线部队领导针对政府和军警的攻击，在摩伊解武装人员内部拥有很高的威望。在菲律宾政府看来，穆拉德是一位值得信赖的谈判对象，总统和平进程顾问卡尔利托·加维斯称穆拉德不是一位极端的伊斯兰主义者，而是希望"改变摩洛穆斯林遭遇的不公正"；总统府首席和平顾问戴勒也认为穆拉德是"摩伊解领导人的最佳人选"，因为"他并不只看重个人权力"。[3] 相对世俗的学习经历和多年的战斗经历，让穆拉德成为一个更具实用主义色彩的领袖，对于摩伊解和摩洛分离问题持有更加温和的观点。穆拉德在与菲律宾政府和谈时，任命信息部长莫哈格尔·伊克巴尔为首席谈判官，取代萨拉马特选择的强硬派阿卜杜勒·阿吉兹·米姆班塔斯，

---

[1] Thomas M. Mc Kenna, *Muslim Rulers and Rebels: Everyday Politics and Armed Separatism in the Southern Philippines*, University of California Press, 1998, p. 62.

[2] Marites Danguilan Vitug and Glenda M. Gloria, "Under the Crescent Moon: Rebellion in Mindanao", Quezon City: Ateneo Center for Social Policy and Public Affairs, 2000, p. 206.

[3] "Fighter to Chief Minister: MILF chief Murad Ebrahim's New 'Struggle'", *GMA News*, February 24, 2019.

在很大程度上推进了双方的和谈进程。

穆拉德和伊克巴尔在多次谈判和公开场合都表露过尽快解决摩洛分离问题的期望,并且对于很多问题持开放态度。2010 年,伊克巴尔在《祖传领地协议备忘录》(MOA-AD) 遭到菲律宾最高法院取缔后,依旧表明摩伊解坚持温和诉求,"我们组织想建立一个跟美国州政府一样的单位,它不是完全独立的,而是服从于单一的中央政府","州政府行使中央政府行使的四项权力——国防、外交事务、货币以及邮政,也不会维持独立的武装部队,只会为内部安全配备部队"[1]。穆拉德也多次表示,"希望邦萨摩洛问题尽快解决,以便该地区能够实现人们渴望已久的和平……希望我们的孩子们能在操场上玩耍,去上学时不用担心被流弹击中"[2]。穆拉德在 2015 年给马尼拉外交使团的一封信中也反映了温和立场,他在信中说,"不管立法程序如何,我们仍然致力于和平进程,通过政治而不是暴力手段来追求邦萨摩洛的愿望"[3]。虽然以穆拉德为首的新一代摩伊解领导层的路线变化造成了一定冲击和内部问题,但总体而言,摩伊解依旧能够对内实施相对有效的控制,这得益于其组织建设、社群关系和政治合法性的维系。

(三) 摩伊解与政府军的持续冲突及其合法性

在阿罗约时期 (2001—2010 年),摩伊解与政府的互动陷入打打谈谈的状态,阿罗约政府多次利用谈判僵局和反恐战略的契机,对摩伊解发动武力镇压。从阿罗约政府内部出现的腐败问题、总统弹劾和军政关系动荡 (2003 年奥克伍德兵变、2006 年镰刀锤子行动以及 2007 年马尼拉半岛起义等) 的情况来看,这与本研究的预期相符,政权控制处于分

---

[1] Oliver Teves, "Philippine Muslim Rebels Drop Independence Demand", *Associated Press*, September 23, 2010.

[2] Shamsuddin L. Taya, *Strategies and Tactics of the Moro Islamic Liberation Front (MILF) in the Southern Philippines*, Sintok: UUM Press, 2009.

[3] International Crisis Group, "The Philippines: Renewing Prospects for Peace in Mindanao", Crisis Group Asia Report N°281, July 5, 2016, p. 20.

散制衡状态的阿罗约利用镇压策略应对摩洛分离运动。① 不过，阿罗约对摩伊解的反复镇压却在一定程度上塑造了后者持续反叛的形象及其在摩洛穆斯林中间的合法性。2003 年 3 月 4 日，菲南达沃市国际机场发生爆炸，阿罗约利用美国反恐战略在菲南驻军打击摩伊解。② 2008 年年底，由于宪法法院的否决，双方的和平进程再一次陷入停顿，摩伊解袭击了 ARMM 的一些地区，阿罗约政府则解散了和平小组。与此同时，2008 年 11 月由马来西亚牵头组成的国际监督小组也宣布退出和谈。摩伊解与政府军的冲突一直持续至 2009 年年中。实际上，阿罗约政府的镇压并没能有效消灭摩伊解的武装力量，这无疑得益于摩伊解对游击战术的使用和牢固的社群关系，尽可能规避政府军的针对性打击。冲突的结果是阿罗约在 2009 年 7 月的国情咨文中承认"大规模报复政策在政治上受欢迎，却是目光短浅的，这加剧了棉兰老岛的冲突，只会激怒对方继续战争"，因而阿罗约政府再次恢复和谈进程，包括 2004 年 2 月由马来西亚加入调停，以及 2010 年 6 月阿罗约卸任之前，双方签署了一份粗略的和平谈判持续性宣言。③

阿罗约政府时期的打打谈谈状态让继任的阿基诺三世政府更加清晰地认识到摩伊解在摩洛穆斯林地区的长期经营和实力，即使在具备人员和装备优势的情况下，使用军方镇压的手段对于解决分离问题的收益仍是极低的。因而，阿基诺三世在 2010 年的国情咨文中指出，"我们将吸取上届政府的教训，即突然宣布未经有关各方协商达成的协议。我们并没有忽视这样一个事实，即这是出于政治动机，其背后的利益不是人民的利益"④。在冲突管理上，阿基诺三世认为，"继续加强对摩伊解的军

---

① Julio C. Teehankee, "Weak State, Strong Presidents: Situating the Duterte Presidency in Philippine Political Time", *Journal of Developing Societies*, Vol. 32, No. 3, 2016, p. 313.

② Thomas M. McKenna and Esmael A. Abdula, "Islamic Education in the Philippines: Political Separatism and Religious Pragmatism", in Robert W. Hefner ed., *Making Modern Muslims: The Politics of Islamic Education in Southeast Asia*, Honolulu: University of Hawaii Press, 2009.

③ Gloria Macapagal-Arroyo, Ninth State of the Nation Address, July 27, 2009.

④ Benigno S, Aquino Ⅲ, State of the Nation Address, July 26, 2010.

事打击适得其反，我们无法完全摧毁他们……如果开展军事打击，冲突将长期继续下去，摩伊解将继续为争取自决而同菲律宾共和国斗争"①。摩伊解领导人在官网发文称，"如果政府继续不公正地对待菲律宾南部的邦萨摩洛人，这一地区的血腥混乱就不会结束"，"各种各样的势力将继续对政府进行合法的攻击，邦萨摩洛将继续支持他们，正是他们事业的合法性支撑着他们斗争的相关性"。② 这进一步显示了菲律宾政府的镇压手段和持续冲突未能抑制分离运动，反而提升了摩伊解的合法性。

在社群关系方面，摩伊解建立了更为广泛的支持群体和更加公正的治理模式，为武装斗争和建立自治巩固了基础。摩伊解对伊斯兰主义和宗教社会功能的坚持，在一定程度上实现了公正和平等的社会关系，从而吸引了那些希望摆脱部族和经济不平等关系的支持者，"对于那些不属于强势氏族的人来说尤其如此，摩伊解成功地将自己标榜为一个具有透明度、践行平等和正义原则、可靠合法的选择，而不是屈服于高度腐败且由精英控制的选举民主制度"③。在此背景下，传统精英和部族领袖在长期庇护制度和腐败问题的影响下逐渐失去民众信任，对公正和平等的实践为摩伊解赢得了许多公民社会组织的支持，如摩洛妇女发展和文化中心（MWDECC），以及地方和平倡议—棉兰老和平与发展行动（LPI-MAPAD）等组织在摩伊解的控制区域承担着社会冲突管理和发展工作，有效调节了传统精英和部族领袖对穆斯林民众的权力压迫和经济剥削，帮助摩伊解建立起超越部族分歧的社群关系，得以团结更加广泛的穆斯林部族。

在社会治理方面，从 2005 年左右开始，摩伊解控制区发生的社会冲突和私人武装法外行刑等事件显著下降，这得益于摩伊解胁迫和管理能

---

① Shamsuddin Taya, Rusdi Omar and Laila Suriya, et al., "The Influence of Rational Dimension in the GPH-MILF Peace Process", *The Journal of Social Sciences Research*, Vol. 33, No. 6, 2018, p. 149.

② Peace Process or BBL, Luwaran.com, 2016.

③ Jeroen Adam and Hélène Flaam, "'I am nobody': Grievances, Organic Members, and the MILF in Muslim Mindanao", *LSE Justice and Security Research Programme*, 2016, pp. 3 – 4.

力的提升。在社会管理方面，摩伊解借助伊斯兰教法和宗教领袖的支持，将自己塑造为控制区穆斯林社群的仲裁性权威，针对部分私人武装和传统政客可能实施的敲诈勒索和其他压迫行为，摩伊解为平民提供了申诉和保护机制，有效遏制了穆斯林部族内长期存在的传统压迫形式。同时，在菲律宾政府的和谈进程中建立起来的停止敌对行动协调委员会（CCCH）和特设联合行动小组（AHJAG）等机制，为摩伊解提供了由国家授权的社会治理机构渠道，将自己定义为控制区合法的安全提供者，让摩伊解中央领导层拥有了"象征性的国家机构和强制性的权威，从而超越了分裂的部族政治"。[1]

此外，摩伊解继续强化与宗教领袖的同盟，巩固宗教税收制度。在征收天课等税收的同时，摩伊解也将这些税金用于社会发展和弱势群体保护，如为老年人和战士遗孀提供财政补助，为穆斯林青年提供奖学金和学费补贴等一系列的再分配政策，这同样增强了摩伊解的声望和合法性。可以说，摩伊解通过对传统精英、部族领袖、宗教教师以及公民社会组织等多元力量的整合，在与政府和谈和冲突复发的过程中不断强化了自己作为摩洛分离运动的领导地位和合法性，成为其控制区内代行政府职能的替代性治理机构。摩伊解的发展及军事和治理能力，在一定程度上让菲律宾政府认识到镇压摩伊解根本无法推动冲突和分离问题的有效解决，对话和谈判才是解决的正确途径（如上文提及阿罗约和阿基诺三世都表露过这一认识）。可见，正如本书对因果机制的分析，得以构建起组织聚合的分离运动动员强度能够在与政府的互动过程中拥有更高的军事威胁和议价能力。

正如许多学者和机构评估的那样，菲律宾的伊斯兰极端组织数量很少，只有几百名成员，而摩伊解拥有 1.5 万名武装战士……摩伊解在与菲律宾政府的长期斗争中正是避免了所有这些（极端）活动。摩伊解的国家建设实用主义与伊斯兰国结盟的武装组织的破坏性极端主义之间产

---

[1] Jeroen Adam and Hélène Flaam, "'I am nobody': Grievances, Organic Members, and the MILF in Muslim Mindanao", *LSE Justice and Security Research Programme*, 2016, pp. 7-10.

生了深刻的紧张关系，构成了当代菲律宾政治伊斯兰的核心动力……与 ISIS 最近犯下的可怕的宗派大屠杀形成鲜明对比的是，摩伊解从来没有实施针对非穆斯林平民的暴力政策。① 因此，"摩伊解超越了密苏阿里的摩解组织，成为过去二十年里摩洛分离运动的唯一合法代表"②。

二 民粹主义与强人政治：杜特尔特的政权控制模式

（一）杜特尔特的民粹主义政治

由于在达沃市的铁腕统治以及民粹主义风格的政治路线，2016 年 5 月 9 日杜特尔特的胜选被认为可能意味着菲律宾将进入"新威权主义"政权统治阶段。杜特尔特竞选期间多次宣称自己"将效仿费迪南德·马科斯的独裁统治方式，将动用军队和警察来解决犯罪问题"，而杜特尔特的父亲曾在马科斯内阁担任内政部长。③ 菲律宾学者胡里奥·蒂汉基认为，由于菲律宾总统制度植根于拉丁美洲，尽管名义上模仿美式宪政，但与美国总统相比，菲律宾总统传统上被赋予了更多的强制权力和财政特权，杜特尔特胜选总统可能"标志着 30 年前马科斯独裁垮台后得以重建的自由民主政权出现了重大分裂"，杜特尔特所预示的新威权主义是"强人统治的简化形式，通过竞争选举、避免或威胁使用暴力、通过蛊惑人心利用公众问题来获得大众支持，从而使自己合法化"。④ 杜特尔特得以当选总统，建立强人政治，与其在达沃的执政履历和民粹主义风格有着密切联系。

杜特尔特自小就性格外向，争强斗狠，多次因为打架入狱，甚至自曝在 16 岁杀过人，随后进入菲律宾学园大学政治系和圣贝达法学院学

---

① Amnesty International, *Shattered Peace in Mindanao: The Human Cost of Conflict in the Philippines*, London: Amnesty International Publications, 2008.

② Thomas M. McKenna, "Muslim Autonomy, Political Pragmatism, and the Challenge of Islamist Extremism in the Philippines", in Shahram Akbarzadeh ed., *Routledge Handbook of Political Islam*, 2021, p. 119.

③ "Duterte Vows to end Criminality in 3 Months", *The Philippine Star*, February 21, 2016.

④ Julio C. Teehankee, "Weak State, Strong Presidents: Situating the Duterte Presidency in Philippine Political Time", *Journal of Developing Societies*, Vol. 32, No. 3, 2016, p. 293.

习,成为执业律师,于1977年开始担任达沃市检察官。杜特尔特的政治生涯开始自1986年人民力量革命后,阿基诺夫人任命其为达沃市副市长,1988年正式当选市长,自此开始了长达20余年(1988—2010年)的达沃铁腕统治时期(1988—2001年担任众议员)。杜特尔特在达沃的治理依靠严刑峻法和亲力亲为,为了维持达沃市的社会治安,整治枪支毒品泛滥和其他犯罪行为,他推行了一系列针对性政策,包括推行严厉的学龄儿童宵禁政策;凌晨一点之后禁止买卖酒精饮料;划定吸烟区,规定其余场所禁烟;禁止深夜饮酒和卡拉OK;制定针对侵犯女性权利的惩罚措施;使用警察和戒毒所等手段开展禁毒运动;采取"替代策略"确保新人民军不危害达沃稳定;任命原住民和摩洛人担任副市长;等等。[1] 上述一系列注重严惩犯罪和构建安全秩序的措施被总结为杜特尔特的"达沃模式"。在杜特尔特的治理下,达沃市从"20世纪70—80年代初的共产主义者和右翼团体自相残杀的战场"变为一个社会稳定、治安良好的城市,从而吸引了大量投资,经济发展得以有序进行,让杜特尔特积累了大量民意支持。2016年达沃市雅典耀大学的民意调查显示,99%的受访者对杜特尔特在达沃市执政和治理表示满意。[2] 因而,在担任市长期间,杜特尔特"塑造了一个硬汉(Siga)的形象,成为犯罪猖獗的达沃的救世主"[3]。

基于20余年在达沃市取得的政绩以及积累的治理经验和民意支持,杜特尔特在2016年大选中掀起了新的民粹主义浪潮。杜特尔特在竞选中树立了反精英、反毒品的民粹话语,并在许多国家政治的关键议题上占据"历史首位":出身菲律宾最贫穷、最动荡的棉兰老岛的首位总统;首位从地方政治直接进驻马拉卡南宫的政治家;首位自称左派、社会主

---

[1] 吴杰伟:《超越裙带政治之路:"民粹主义"与杜特尔特的"强人政治"》,《东南亚研究》2018年第5期。

[2] Richard Javad Heydarian, *The Rise of Duterte: A Populist Revolt against Elite Democracy*, Singapore: Palgrave Macmillan UK, 2017, p. 35.

[3] Julio C. Teehankee and Mark R. Thompson, "The Vote in the Philippines: Electing a Strongman", *Journal of Democracy*, Vol. 27, No. 4, 2016, pp. 124–134.

义并将多个内阁职位交给共产主义人士的菲律宾最高领导人；首位公开夸耀自己拥有华裔血统和穆斯林传统的总统；首位诅咒天主教会和教皇的政治家；首位公开质疑与美国的百年同盟关系，并主张与俄罗斯、中国等东方强国建立"同盟"的总统；首位公开威胁要使用最大限度暴力的领导人。[1]

因而，作为一位非传统的"政治局外人"，杜特尔特在其竞选过程中大力塑造自己的领袖魅力形象，呼吁建立联邦制，利用"反马尼拉帝国"的情绪，对于非马尼拉周边地带（从棉兰老岛延伸到中部维萨亚斯群岛的部分地区）而言具有强大的号召力。而他对于菲律宾国家面临严重的犯罪、毒品等社会失序问题大加抨击，承诺将立即实施严刑峻法，以维护社会秩序，这对于马尼拉的中产阶级选民的吸引力非常大。杜特尔特成功将"达沃模式"构建成为其民粹话语的内核，不仅批判一直以来其他民粹领袖瞄准的精英腐败与贫困问题，而且把毒品犯罪问题作为民粹政策打击的重点，认为毒品是菲律宾诸多社会罪恶的根源所在，导致社会不稳定、经济环境恶化而阻止了外资的进入，只有恢复秩序才能促进菲律宾的发展，其解决方案是不惜利用法外执法的铁腕手段，冒着侵犯人权的指责对毒品宣战。[2]

这种鲜明的立场，成功地回应了广大中产阶级对菲律宾公共秩序恶化的压抑怒火，以及对滥用毒品日益严重的担忧，而这与阿基诺三世政府改革议程的局限性有关，"那些在几十年稳定增长后略微富裕起来的人们对猖獗的犯罪和走私、政府的腐败和无能充满了焦虑"[3]。因而，尽管杜特尔特参选较晚，但选民对他的支持率迅速上升，相比于颇受贫困民众欢迎的埃斯特拉达，杜特尔特的民粹主义支持者最初（且主要）集中在一些精英和中产阶层，临近大选前才得到部分穷人的

---

[1] Richard Javad Heydarian, *The Rise of Duterte: A Populist Revolt against Elite Democracy*, Singapore: Palgrave Macmillan UK, 2017, p.8.

[2] 吴杰伟：《超越裙带政治之路："民粹主义"与杜特尔特的"强人政治"》，《东南亚研究》2018年第5期。

[3] "Duterte and the Politics of Anger in the Philippines", *East Asia Forum*, May 8, 2016.

支持。面对诸多由政治家族和裙带网络支持的总统候选人，杜特尔特另辟蹊径，采取利用社交媒体直接联系民众和塑造自身权威魅力的典型民粹方法，收获了被戏称为"杜特尔特白痴"（Dutertards）的一众拥趸。① 人们希望杜特尔特的执政能够将"达沃模式"推广至菲律宾各地，从而实现社会稳定，推动经济发展，这为杜特尔特打造了坚实的民众支持基础。

2016 年大选中，杜特尔特在总统竞争中取得了显著优势，相比于第二名候选人罗哈斯多出约 16% 的得票率。阿基诺三世曾建议其余总统候选人联合起来，推举其中一位与杜特尔特展开竞争，但这些传统精英与寡头依旧选择各自为战，将主要精力花在相互诋毁上。杜特尔特巧妙地将这些对手描绘成腐败的（敏乃），或者是寡头政治的傀儡（民调多次领先的格丽丝·傅），抑或是太无能而无法成为国家元首（罗哈斯）。第四名对手——桑蒂雅各虽然履历出色（在 1992 年总统选举中接近胜选），但是当时身患癌症的她没有建立全国性的竞选活动，也没有定期访问全国各地，扩大支持，随着其竞选势头减弱，她的支持者选票逐渐转向了杜特尔特。② 在杜特尔特执政后，根据社会气象站（Social Weather Stations）的民意调查，他成为菲律宾自马科斯独裁政权垮台以来最受欢迎的总统，民意净满意度基本一直在 50% 以上，如图 7-3 所示。③

（二）强人政治建构：权力关系与资源分配

瓦尔登·贝罗等学者认为，杜特尔特可以被视为菲律宾自 1986 年马科斯独裁统治倒台以来"最有权力的总统"。④ 有些学者甚至指出，"杜特尔特甚至比马科斯更强大，因为他尚未使用戒严令，也不觉得有必要

---

① "Antonio Contreras, Inside the World of the Dutertards", *The Manila Times*, August 3, 2017.

② Richard Javad Heydarian, *The Rise of Duterte: A Populist Revolt against Elite Democracy*, Palgrave Macmillan, 2018, pp. 15-40.

③ "Duterte on Track to Become Philippines most Popular President", *Asian Review*, July 8, 2019.

④ Richard Javad Heydarian, *The Rise of Duterte: A Populist Revolt against Elite Democracy*, Singapore: Palgrave Macmillan UK, 2017, p. 7.

图 7-3　社会气象站调查杜特尔特净满意度（2016—2021 年）

这么做，就已经巩固了对国家机构的控制"①。杜特尔特建立强人政治的矛盾之处在于，他以打击犯罪、反精英和反自由的民粹主义话语和议程上台，但他的统治得到了大多数精英的支持和部分左翼人士的帮助。可以说，杜特尔特对政权的集中控制在上台之前就被广大学者成功"预言"了。

尽管在 2016 年选举中，杜特尔特的民主人民力量党仅赢得 3 个众议院席位，而在参议院毫无斩获（原有 1 席，即皮门特尔），但是与民族主义人民联盟（其分别在 2013 年和 2016 年参议院选举中获选 1 席和 2 席）签署联盟协议，以及总统阿基诺三世自由党也有 50 多人转投到杜特尔特阵营，民主人民力量党实际上已经成为菲律宾参众两院的"超级多数"，民主人民力量党的阿尔瓦雷斯和皮门特尔分别成为众议院和参议院议长。② 此外，在最高法院大法官的任命上，"随着杜特尔特自上任至 2019 年年底左右共任命了 9 名最高法院法官（至 2022 年共能任命 12 名最高法院法官，而最高法院共 15 名成员），我们将拥有一位非常强大的

---

① Gil Cabacungan, "Most Powerful PH leader Since Marcos", Inquirer. net, June 9, 2016.
② 鞠海龙：《杜特尔特治下菲律宾民力党的崛起及愿景》，《当代世界》2018 年第 7 期。

总统,这是自马科斯以来最强大的总统",批评人士更是直呼"政府机构之间的制衡濒临灭绝"。①

对于部分反对杜特尔特政策的精英,他选择施加压力、排除异己。例如,参议院司法与人权委员会主席莱拉·德利马极力批评政府,并对禁毒杀戮事件发起听证和调查,警告杜特尔特可能会面临国际刑事法庭的审判。杜特尔特指控德利马与收取非法毒品贿赂的司机发生不轨行为,随后他在参议院的盟友于2016年9月20日以16∶4罢免了德利马参议院司法与人权委员会主席的职务,并解除了她调查委员会主席的职务,众议院转而对德利马展开调查。② 不仅如此,在2019年中期选举中,9名杜特尔特支持的参议院候选人在12个参议院席位中获胜,进一步巩固了杜特尔特的多数支持。③

杜特尔特上台后立刻铁腕开展"反毒品战争",至2016年7月中上旬,已有207名涉嫌贩毒和吸毒人员被打死,自首者更是多达十几万。部分反对派期待司法部门遏制法外杀戮,然而自从阿基诺三世以相当明显的政治动机罢免首席大法官雷纳托·科罗娜以来,包括最高法院法官在内的很多法官都面临过干涉政治的指控,最高法院一直在政治上处于守势,对与总统正面交锋持谨慎态度。④ 虽然最高法院首席大法官塞雷诺批评杜特尔特将几名法官指名毒枭,敦促杜特尔特在打击毒品中遵守法治,但是他依旧下令调查了涉嫌参与毒品犯罪的四名法官,并且没有对杜特尔特的反毒品运动施加实质性干预。⑤

对于一直以来对菲律宾政府持批评态度甚至发动叛乱的左翼阵营,杜特尔特上任之初任命了几位左翼人士担任与社会问题有关的内阁职位

---

① "Deterte to appoint 5 more SC Justices in 2019", *The Philippine Star*, May 29, 2019.

② "De Lima Screwing Not Only Her Driver but Also the Nation", *The Philippine Star*, September 23, 2016.

③ "Duterte's Senate Bets Dominate 2019 Midterm Elections", *CNN Philippines*, May 22, 2019.

④ Marites Danguilan Vitug, *Hour Before Dawn: The Fall and Uncertain Rise of the Philippine Supreme Court*, Cleverheads Publishing, 2012.

⑤ "Philippines' Duterte Likens Himself to Hitler, Wants to Kill Millions of Drug Users", *Reuters*, October 1, 2016.

(劳工、社会福利和土地改革等部门），同时通过外交战略和美菲特殊关系的调整（单方面宣布终止《访问部队协议》），杜特尔特获得了大量军警低级军官、左翼和反美民族主义力量的支持，"建立了左翼和军警的统一战线，在外部对抗美国人，在内部对抗毒贩"，从而在很大程度上保证了左翼阵营对禁毒人权议题保持沉默，甚至部分左翼人士站出来支持杜特尔特的政策。[1]

对于菲律宾社会至关重要的天主教会，杜特尔特也拥有独特优势。自2005年教会的非正式领袖辛海棉去世后，教会领导层一直缺少整合性的领导力量，导致教会高层处于四分五裂的状态，这种分裂的格局在马尼拉大主教区重组成几个新的主教区后愈发严重。随着罗马天主教会性侵丑闻的曝光，天主教会内部分裂进一步加剧。上述一系列事件导致菲律宾天主教会很难再似辛海棉时期那样成为"人民力量革命"的旗手。例如，阿罗约在2004年大选中涉嫌操纵选举，天主教会的主教们对于2005年"你好加西亚事件"缺乏统一立场，阿罗约更是得以笼络一群支持自己的"马拉卡南主教"，因而天主教会无法对阿罗约的选举丑闻采取一致的制衡行动，成为其政治影响力衰落的开始。[2] 2012年菲律宾天主教会无法阻止自己极力反对的"促进人工避孕的生殖健康法案"，更是显露了天主教会处于政治衰弱期。杜特尔特上台后，承诺强化实施《负责任生育和生殖健康法》，并在公开场合威胁要曝光和调查天主教会的性丑闻（称自己小时候遭牧师性侵），成功震慑天主教会，使其对禁毒战争的批评相对克制。直到2016年9月中旬（杜特尔特上台两个半月后），作为"捍卫人权先锋"的菲律宾天主教主教会议才发布第一份反对法外处决的声明。[3]

---

[1] Mark R. Thompson, "Bloodied Democracy: Duterte and the Death of Liberal Reformism in the Philippines", *Journal of Current Southeast Asian Affairs*, Vol. 35, No. 3, 2016, pp. 53 – 54.

[2] Aries C. Rufo, *Altar of Secrets: Sex, Politics, and Money in the Philippine Catholic Church*, Manila: Journalism for Nationbuilding Foundation, 2013.

[3] "Once-Powerful Philippines Church Divided, Subdued over Drug Killings", *Reuters*, October 11, 2016.

在资源分配方面，杜特尔特提出"大建特建"的口号，推出"菲律宾雄心2040"，制定《2017—2022年菲律宾发展计划》和投资重点计划，希望以PPP方式进行大规模基础设施建设，因而杜特尔特非常重视菲律宾政府的税收能力。2017年年底，他通过修改1991年的《外国投资法》和《公共服务法案》，发起自由经济改革，以吸引外国投资者。通过签署《加速和包容税制改革法案》（简称TRAIN，第10963号共和国法案）和《企业复苏和企业税收优惠法》，改革税制，提高了非必需消费品的税率，同时提高燃料、汽车、煤炭和含糖饮料的关税。① 法案实施后，财政部长多明格斯表示，2018年第一季度，政府能够筹集6198.4亿比索。与2017年第一季度相比，收入增长16.4%，比上年增加874.4亿比索，公共建设资金增加25.1%。② 2018年全年，TRAIN带来的净收入为684亿比索，高于633亿比索的目标。③ 2019年前三个季度，TRAIN总收入达913亿比索，超过了773亿比索的预期，个人所得税（PIT）、进口石油消费税、甜味饮料（SB）消费税、烟草消费税和文件印花税（DST）等方面收入增长424亿比索。④

此外，更为关键的是，杜特尔特虽然承诺打击腐败，整治猪肉桶，但是其任期内用于收买议员的猪肉桶资金项目依旧处于运作状态，这表明猪肉桶制度对于低制度化的菲律宾政治而言仍是至关重要的非正式制度。由于2013年（纳波利斯"猪肉桶骗局"）最高法院全票裁定"优先发展援助基金"（PDAF）等猪肉桶制度违宪，相比于原有一次性发放资金，然后由议员自定用途的传统猪肉桶，分析人士认为杜特尔特政府使用的是让每位参众议员提前拟定特定价值的项目清单，将其纳入年度财政预算的新形式猪肉桶。例如，众议员需要提交一份价值8000万比索的

---

① "Duterte Signs tax Reform, 2018 Budget Into Law", *ABS-CBN News*, December 19, 2017.
② "TRAIN Law Raises Gov't Revenue by 16.4% in Q1", *Philippine News Agency*, May 11, 2018.
③ "Revenues from TRAIN Exceeded Gov't Target by 8.1% in 2018", *Inquirer*, May 10, 2019.
④ TRAIN Revenues Exceed January-September Estimates, Department of Finance, Republic of the Philippines, December 22, 2019.

拟议项目清单（每位参议员为2亿比索），而项目清单是议员与代表选取互动的结果，依旧具有很强的猪肉桶属性。① 2018年7月开始担任众议长、被视为杜特尔特盟友的前总统阿罗约，其在2019年财政预算中为家乡邦板牙省第二区分配了总额为24亿比索的资金，众议院多数党领袖罗兰多·安达亚为代表的南甘马林省第一区获得了19亿比索，同时还产生了"立法研究"资金等不同名目的分肥渠道，"杜特尔特联盟的议员往往能够获得更多预算资金分配"。②

（三）强制力量控制：军警同盟

杜特尔特上任后一方面依托禁毒提升警察部门地位，另一方面拉拢军人共享政治权力，建立起支撑强人政治的军警同盟。2016年6月，杜特尔特刚上任就表示警察可以开枪射杀拒捕的毒贩和吸毒人员，从而拉开了大规模"反毒品战争"的序幕。2016年8月25日，新上任的国家警察局长罗纳德·德拉罗萨（曾任达沃市警察局局长）成为杜特尔特的"禁毒战争总指挥"，他公开表示："你知道这些毒枭是谁。你想杀了他们吗？杀了他们。没关系，因为你是受害者。"③ 媒体估计，在杜特尔特担任总统的前10个月里，有7000多人在毒品战争中丧生。④ 到2018年2月，一位反对派参议员引用警方数据称，多达2万人在暴力禁毒行动中丧生。⑤

杜特尔特的毒品战争破除了菲律宾警察在政治中附属于政客的地位。杜特尔特的达沃模式体现了约翰·西得乐对菲律宾"老板主义"现象的研究，所谓"老板主义"的定义是地方掮客在各自管辖范围内对胁迫性资源和经济资源享有持久垄断地位，而杜特尔特长期利用强制手段对达

---

① "Alvarez Dares Accusers: Prove Pork Barrel is Back", *ABS-CBN News*, July 6, 2016.
② "The Pork Barrel Lives on Under the Duterte Regime", *The Defiant*, September 28, 2019.
③ "Dela Rosa to Former Drug Users: 'Burn down Houses of Drug Lords'", *Inquirer*, August 25, 2016.
④ "Special Report: Police Describe Kill Rewards, Staged Crime Scenes in Duterte's Drug War", *Reuters*, April 18, 2017.
⑤ "Senator: Rodrigo Duterte's Drug War Has Killed 20,000", *Aljazeera*, February 22, 2018.

沃市的治理也在一定程度上将其"视为私人领地"。① 长期以来,警察被人们视为"权势政客的强制武器",杜特尔特的新政策极大地提升了警察的地位,并赋予其国家战略意义,菲律宾警察部门对于成为禁毒运动的执行者"感到非常高兴",这也意味着杜特尔特上台后"迅速在国家层面篡夺了强制权力"。② 菲律宾警方对杜特尔特的政策大多持支持态度,一名警官甚至称"这是菲律宾警察的黄金时代"。③ 除此之外,2018年3月杜特尔特签署传票法,"赋予警察局长和另外两名高级警官发出传票以加快犯罪调查的权力",实际上赋予了警察一定程度的准司法权和检察调查权。④ 2021年10月,菲律宾国家警察报告称,在2016年7月以来的63个月里,犯罪总数下降近50%,成为杜特尔特整治社会治安的标杆性成就。⑤ 而作为对德拉罗萨支持的"奖励",杜特尔特的民主人民力量党于2019年参议员选举中支持其成功当选参议员,进一步巩固了警察部门对杜特尔特政权的支持。

在菲律宾武装部队的控制方面,杜特尔特采取一系列办法与军方建立"同盟关系"。杜特尔特上台之后越来越多的退役军事和警察将领进入政府担任要职,约占内阁席位的三分之一,有12位成为内阁成员和机构负责人(大多数是担任过武装部队参谋长等职务的高级将领,见表7-4),担任其他政府和国企高级职务成员达40位以上,见表7-5。杜特尔特解释称,"军人与'官僚'不同,从不与我辩论。他们是行动派,会忠实而迅速地执行命令"⑥。

---

① John Sidel, "Bossism and Democracy in the Philippines, Thailand, and Indonesia: Towards an Alternative Framework for the Study of 'Local Strongmen'", in John Harriss, Kristin Stokke and Olle Tornquist, eds., *Politicising Democracy: The New Local Politics of Democratisation*, Basingstoke, UK: Palgrave Macmillan, 2004, pp. 51 - 74.

② "The Killing Time: Inside Philippine President Rodrigo Duterte's War on Drugs", *Time*, August 25, 2016.

③ "Duterte to Revive Philippine Constabulary", *Rappler*, September 20, 2016.

④ "Duterte Signs Police Subpoena Law", *Aljazeera*, March 10, 2018.

⑤ "PH Crimes Drop by Almost 50% in last 5 Years", *Philippines News Agency*, Republic of the Philippines, October 29, 2021.

⑥ "In 2018, Duterte turns to Military for (almost) Everything", *Rappler*, December 12, 2018.

表7-4　　　　　　　　杜特尔特内阁退役将领名单

职务	姓名	职务	姓名	职务	姓名
内政部长	艾多瓦多·阿尼奥	国防部长	德尔芬·洛伦扎纳	社会福利部长	罗兰多·包蒂斯塔
环境部长	罗伊·西玛图	信息和通信技术部长	格利高里奥·霍纳森	和平进程总统顾问	卡利托·加尔维兹
住房和城市发展协调委员会主席	爱德华多·德尔·罗萨里奥	技术教育和技能发展局局长	伊西德罗·拉佩尼亚	国家安全顾问	赫莫基内斯·埃斯佩伦
马尼拉大都会发展局主席	林德才	海关局局长	雷伊·莱昂纳多·格雷罗	土地改革部长	约翰·卡斯特里西奥内斯

资料来源：笔者根据相关资料整理而成。①

表7-5　　　杜特尔特政府担任高级职务的退役军警将领名单

机构/职务	退役将领	机构/职务	退役将领	机构/职务	退役将领
安全、正义与和平主任	Emmanuel Bautista	国家铁路主席	Roberto Lastimoso	国家铁路主管	Michael Tulen
轻轨交通管理局局长	Reynaldo Berroya	环境部副部长	Rodolfo C. Garcia	国防部副部长（退休事务）	Reynaldo Mapagu
渔业和水产资源局主任	Eduardo Gongona	运输安全办公室主任	Gerardo Gambala	国家石油公司 CEO	Reuben Lista
国家石油公司董事	Oscar Rabena	国家石油公司董事	Benjamin Mag-a-long	国家石油公司董事	Adolf Borje
菲律宾开发银行董事	Miguel dela Cruz Abaya	克拉克发展公司董事	Francisco Villaroman	克拉克董事会副主席	Benjamin Defensor
基地转变和开发局主任	Ferdinand Golez	基地转变和开发局主任	Romeo Poquiz	退伍军人事务办公室主任	Ernesto Carolina

---

① "In 2018, Duterte turns to Military for (almost) Everything", *Rappler*, December 12, 2018.

续表

机构/职务	退役将领	机构/职务	退役将领	机构/职务	退役将领
菲律宾糖业公司主任	Raul Urgello	国防学院院长	Roberto Estioko	民航局局长	Jim Sydiongco
国家灌溉管理局副主任	Abraham Bagasin	社会福利部副部长	Rene Glen Paje	原住民委员会主席	Allen Capuyan

资料来源：笔者根据相关资料整理而成。①

实际上，杜特尔特的受欢迎程度和铁腕政策以及对权力的巩固吸引了军方与其建立伙伴关系。学者评论称，"在菲律宾马科斯戒严政权后的历史上，没有哪位总统比杜特尔特更偏爱军队"，杜特尔特将自己塑造为菲律宾军队的"教父"（Padrino）。② 杜特尔特主要依靠三个渠道拉拢军队的支持。首先，如上文所述，将高级军官纳入内阁，与其分享权力，从而形成与军方紧密联系的决策圈子。

其次，利用针对共产主义的反叛乱战略，明确军方在反共运动中的（传统意义上的）主导地位。在反叛乱资金上，杜特尔特政府从政府财政预算中拨款190亿比索用于"结束地方共产主义武装冲突国家特别小组"（NTF-ELCAC）下的反叛乱计划，其中164亿比索用于822个"不受红色恐怖主义影响的"巴朗盖的发展项目（每个巴朗盖2000万比索，用于道路、学校建筑、供水和卫生系统、电气化等建设）。实际上，所谓给NTF-ELCAC的建设拨款是供给菲律宾军队的"猪肉桶项目"，因为这些在巴朗盖的发展项目大多数由军队负责建设。③ 在行动权力方面，军方被赋予对具有共产主义倾向人员施加"红色标记"的权力，对菲律宾大学的校园活动进行干预，让军队渗透进"各个社会领域进行反叛乱"。④ 同

---

① "LIST: Duterte's Top Military, Police Appointees", *Rappler*, December 15, 2018.
② Aries Arugay, *The Generals' Gambit: The Military and Democratic Erosion in Duterte's Philippines*, Heinrich Böll Foundation, February 18, 2021.
③ "Duterte and the Left: A Broken Relationship", *GMA News*, December 27, 2020.
④ Aries Arugay, *The Generals' Gambit: The Military and Democratic Erosion in Duterte's Philippines*, Heinrich Böll Foundation, February 18, 2021.

时，在马拉维战役的刺激下，2020年7月杜特尔特依靠在参议院的支持联盟，以19票赞成的结果推出社会争议巨大的《2020年反恐怖主义法》，赋予军警部门能够实施长达24天逮捕、拘留和审讯的直接权力，进一步扩大了军警部门在反叛乱和安全执法过程中的自由裁量权。

最后，杜特尔特在竞选纲领中承诺要大幅度提高警察和军人的最低工资，"因为警察1.4万比索（301美元）的起薪只够支付通勤费用，无法支付饮食和其他费用"①。2018年，杜特尔特签署国会联合决议（No.1，S.2018），通过预算和管理部将菲律宾国家警察一级警官以及菲律宾武装部队二等兵的基本工资翻了一番（还包括监狱、消防等其他军警部门）。从2019年开始所有级别军警的收入平均增幅将达到72.18%，增加军警人员的危险津贴（每月540比索）。② 同时，加大对国防和军警福利体系的建设。在马拉维事件发生后，杜特尔特在2017年的国情咨文中指出，"为了果断地应对叛乱和恐怖主义，我们正在加倍努力，为国家建立一个更强大、更可信的国防体系。我们继续加强菲律宾武装部队的防御能力，以威慑恐怖分子、不法分子和其他威胁"，并为军警部门设立"一项计划，为他们提供全面的社会援助，包括财政援助，以防他们在履行职责时受到伤害。对因公殉职、全残者留下的家庭，提供住所、医疗救助、教育、就业等"。③

基于在权力关系、资源分配以及强制力量等方面的整合措施，杜特尔特上台后建立起具有典型"强人政治"色彩的、集中控制的政权模式，得以集中力量推进国内改革和叛乱应对等一系列政策和法案，其与军方甚至实现了对"民意支持"的共享，如图7-4所示。④ 在民粹主义

---

① Jon S. T. Quah, "Combating Corruption", in Mark R. Thompson and Eric Vincent C. Batalla, eds., *Routledge Handbook of the Contemporary Philippines*, 2018, p. 69.

② "President Duterte Fulfills Campaign Promise, Doubles Salaries of Cops, Soldiers, Department of Budget and Management", *Republic of the Philippines*, January 11, 2018.

③ Rodrigo Duterte, *Second State of the Nation Address*, July 24, 2017.

④ "Fourth Quarter 2019 Social Weather Survey: 79% of Filipinos are Satisfied with the Performance of the AFP", Social Weather Stations, March 5, 2020.

和高民意支持的基础上,杜特尔特能够在大多数情况下推动各方势力(无论是主动还是被迫)顺应其政策主张。

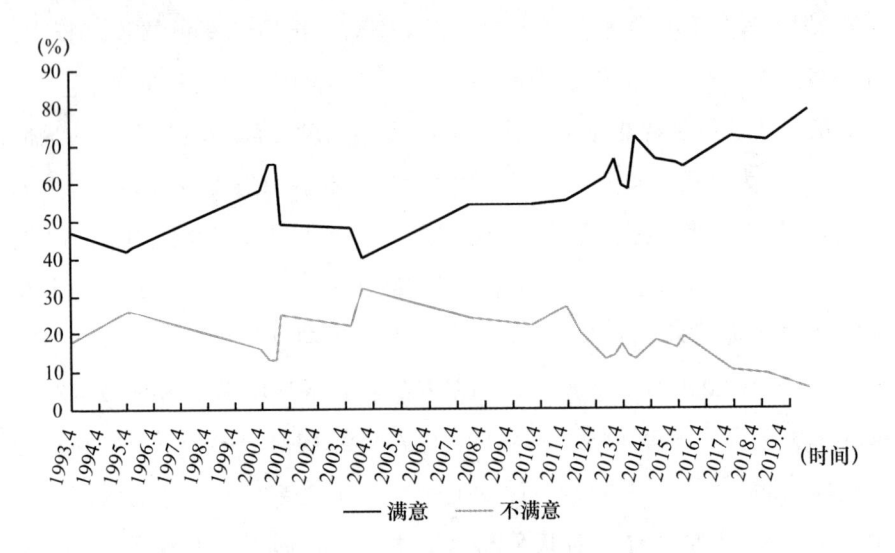

图 7-4 菲律宾武装部队的公众满意度(1993—2019 年)

三 和谈遗产与合作契机:摩伊解接受自治整合

(一)妥协的前置优势:和谈遗产

"9·11"事件发生前,阿罗约政府认为有必要与摩伊解展开和谈。双方都承认第三方调解和监督的重要性。阿罗约政府邀请马来西亚担任调解人,并要求国际机构支持监督停止敌对行动,促成了由马来西亚、印度尼西亚、文莱、利比亚和日本等国官员组成的国际监督小组(IMT)。为了协调和便利执法行动,打击在摩伊解控制区内活动的犯罪分子和恐怖分子,谈判各方同意组织特设联合行动小组(AHJAG)。①AHJAG 由摩伊解和政府代表组成,其主要目的是防止军警在摩伊解控制区打击恐怖分子时(有意或无意)攻击摩伊解武装和营地。②尽管在马

---

① Office the Presidential Adviser on the Peace Process (OPAPP), November 19, 2017.
② "John Unson, 68 MILF Rebels Killed in Pikit Offensive", *Philippine Star*, March 13, 2003.

来西亚的调停下，2001年6月22日双方在利比亚签署了《的黎波里和平协议》，并且8月7日和10月18日在马来西亚分别签署了停火协议与和平协议（据统计，1997—2006年，菲律宾政府和摩伊解就各种问题签署了63份协议），但是这些协议并没有得到实施，双方依旧冲突不断（在有关祖传地谈判有所推进时，政府军袭击了摩伊解，导致和平进程破裂，理由是怀疑后者协助阿布沙耶夫组织）。[1]

实际上，"9·11"事件发生后，阿罗约政府希望抓住美菲同盟关系回温和美国在东南亚建立反恐"第二战场"的机会，将矛头指向摩伊解，实际上采取了镇压的策略。在2002—2004年阿罗约政府对摩伊解多次开展打击行动，后者也予以暴力回应，双方的军事冲突持续多年，在此期间边打边谈成为互动的常态。例如，2003年2月10日双方和平协议的最终草案提交给国会，但第二天（伊历宰牲节），阿罗约政府便下令进攻位于马京达瑙省的摩伊解营地布力克伊斯兰中心，导致68—200名摩伊解成员死亡。[2]和平谈判在无法缓和冲突的停火协议上延宕，迟迟未能在核心议程上取得突破。这一状态一直持续至2004年。

2004年年初，阿罗约政府开始减少对摩伊解的军事行动，试图重启和谈，推进核心议程的谈判，尽管双方对祖传地的归属、范围及权利和独立问题存在不少分歧，但双方都作出一定让步，于2008年8月达成《祖传领地协议备忘录》（主要内容为停止暴力活动、尊重祖传地、扩大自治区范围等）。然而，该协议却在同年遭遇否决政治，来自北哥打巴托省的天主教地方官员在最高法院提起诉讼，最高法院于2008年10月裁定该法案违宪（8∶7），理由是"宪法不承认菲律宾境内除菲律宾共和国以外的任何邦国，也不可能为菲律宾领土的任何部分提供任何过渡到独立状态的可能性"，"和平小组、总统都无权做出此类保证，该权力

---

[1] Romy Elusfa, "Is there hope for a GRP-MILF Peace Pact?", *Minda News*, December 12, 2002.

[2] Chin Kin Wah, *Southeast Asian Affairs 2004*, Institute of Southeast Asian Studies, 2004, p.220.

属于国会"。① 这对阿罗约来说是一次重大打击,她当时正与悬而未决的选举舞弊丑闻和国会的第四次弹劾作斗争。否决政治让摩伊解与阿罗约政府再度陷入大规模军事冲突。② 正如麦肯纳指出的,"30多年来,这些协议要么失败,要么在谈判的最后阶段遭到破坏……几乎每一次,最后一刻的崩溃都是菲律宾政府造成的"③。

阿基诺三世上台后,菲律宾政府与摩伊解之间的冲突已经消耗了大量的财政资源,并给菲南地区的经济发展造成了严重的影响,长此以往,菲南穆斯林将会回到不再认同菲律宾政府的道路上,摩伊解也将得到更多民众支持以积累对抗政府的实力。因而,阿基诺三世希望尽快解决菲南分离运动问题,在竞选中也表明自己上任百日内就将与所有反叛武装进行和平谈判,实现国内和平。由于此时摩解已被整合进入正式自治体制,阿布沙耶夫组织也成了全球反恐的重点对象,基本脱离菲南穆斯林社群,而与政府长期对抗使得摩伊解成为能够整合菲南其余分离运动的领袖组织。同时,摩伊解在菲南穆斯林社群建立平行政府,为民众提供包括日常治安、宗教、婚姻、教育以及基础设施等在内的公共服务,摩伊解构建的协商委员会制度重视穆斯林社群及其领袖的参与,以集会的形式寻求支持社群的意见和帮助,因而得到许多菲南穆斯林社群的大力支持。④ 摩伊解成为阿基诺三世政府重点的和谈对象,加之较为清晰的自治诉求(在2003年穆拉德·易卜拉欣继任摩伊解主席后,摩伊解对自治方案持开放态度,并在2010年正式放弃了完全独立的政治诉求),此

---

① The Judgment for Province of North Cotabato V., The Government of the Republic of the Philippines Peace Panel on Ancestral Domain (GRP), G. R. No. 183591, October 14, 2008.

② 肖建明:《菲律宾南部和平进程的困境与前景》,《东南亚南亚研究》2012年第2期。

③ Thomas M. McKenna, "Muslim Autonomy, Political Pragmatism, and the Challenge of Islamist Extremism in the Philippines", in Shahram Akbarzadeh ed., *Routledge Handbook of Political Islam*, 2021, p. 119.

④ Rachael M. Rudolph, "Transition in the Philippines: the Moro National Liberation Front (MNLF), the Moro Islamic Liberation Front (MILF) and Abu Sayyaf's Group (ASG)", in Anisseh Van Engeland and Rachael M. Rudolph, eds., *From Terrorism to Politics*, Burlington, Vermont: Ashgate Publishing Group, 2008, pp. 151–169.

时双方的和解谈判得以相对顺利地展开。①

阿基诺三世多次亲自会见摩伊解中央委员会主席穆拉德·易卜拉欣，促成了 2012 年双方在马尼拉签署和平框架协议（FAB）。2014 年 3 月 27 日，摩伊解与阿基诺三世政府正式签署全面和平协议（CAB），该协议明确摩洛穆斯林的自治权，施行伊斯兰教法，摩伊解解除武装，自治区能够与中央政府分享自然资源收益。基于全面和平协议的共识，菲律宾政府邦萨摩洛过渡委员会起草了《邦萨摩洛基本法》（BBL），并于 2014 年 9 月提交菲律宾国会，但是在 2016 年 2 月菲律宾国会表决中未能通过。② 原因在于，2015 年 1 月 25 日，菲律宾军警在棉兰老岛马京达瑙省的马马萨帕诺市展开秘密行动，逮捕了隶属于伊斯兰祈祷团的两名爆炸专家，他们藏匿在邦萨摩洛伊斯兰自由战士（BIFF）的营地里，该营地位于摩伊解控制区内，但军警没有通知摩伊解便展开行动。当政府军进入 BIFF 营地时，三方展开了混战，44 名警察，18 名摩伊解成员，5 名平民和数目不详的 BIFF 人员被杀。③

此次事件后，菲律宾媒体和公众指责摩伊解造成警察死亡，导致邦萨摩洛组织法的共同起草人撤回了对该法案的支持。时任参议员小马科斯利用自己的职位（参议院几个关键委员会的主席）无限期推迟了对 BBL 的审议。④ 对马马萨帕诺事件的长期调查则加深了全国民众对和平进程的不信任，44% 的菲律宾人反对通过 BBL，只有 22% 的人支持其通过，这导致菲律宾社会舆论认为自治非但不会带来和平，反而会加强穆斯林分裂分子的力量，煽动极端暴力。⑤ 在反对派的煽动下，摩伊解被

---

① "Philippine Muslim Rebels Drop Independence Demand, Seek US-Style State", *Fox News*, September 23, 2010.

② 张墓珂、郑钦文：《政治和解何以成功？——基于印度尼西亚和菲律宾的比较分析》，《中国社会公共安全研究报告》2018 年第 1 期。

③ "At Least 17 MILF Fighters Die in Mamasapano Clash", *Rappler*, February 6, 2015.

④ "Angela Casauay, Maguindanao Clash Casts Doubt on Peace Process", Rappler.com, January 27, 2015; "Two Senators Withdraw as Authors of Bangsamoro Law", Rappler.com, January 27, 2015.

⑤ Andreo Calonzo, "44% of Pinoys Oppose Passage of BBL", *GMA News*, March 19, 2015.

塑造为恐怖主义者，进一步破坏了和平进程，导致 2016 年国会对 BBL 的否决。① 不仅如此，国会中对和平进程持怀疑态度的议员利用马马萨帕诺事件修改 BBL 草案。② 参议院将 BBL 改名为邦萨摩洛自治区基本法草案（BLBAR），重新定义权力分配的框架条款，再次确认了菲律宾对自治区的支配地位（宪法的至高地位和总统的监督权），众议院版本还将所谓"保留权力"重新定义为"BBL 未授予邦萨摩洛政府，而由中央政府独家保留的所有其他权力"。此外，BLBAR 删除了部分已经移交给 ARMM 的权力，包括外国投资、预算、公共事业运营以及农业土地和森林租赁权等。政府和平委员会的代理法律顾问萨吉萨格表示："和平支持者和邦萨摩洛的利益相关方对修正案提出了质疑"，"在 BLBAR 的框架中，邦萨摩洛政府在政治权力和地位上比 ARMM 更弱，这让多年的和谈变得毫无意义"。③ 摩伊解认为法律草案不符合 CAB 的规定，由于巨大的舆论效应 BBL 问题成了一个政治敏感话题，寻求连任的议员都不愿对其展开辩论，随着舆论发酵和大选来临，最终导致法案遭到否决。④

实际上，在和谈过程中，摩伊解积极发挥其对内控制的能力，促使其内部各方能够理解和接受相关协议。阿基诺三世的和平进程顾问特蕾西塔·德勒斯曾指出，摩伊解需要解决的问题"不是战斗人员，而是来自年轻的意识形态支持者正在成为强硬派"。⑤ 早在 2015 年 6 月，由 137 个青年组织组成的邦萨摩洛组织联盟（LBO）就散发请愿书，敦促摩伊解拒绝遭到稀释的 BBL，再次寻求独立。摩伊解政治事务副主席加扎

---

① Crisis Group Special Report, *Exploiting Disorder: Al-Qaeda and the Islamic State*, March 14, 2016.

② 法案参见：16th Congress, Senate Bill No. 2894, Basic Law for the Bangsamoro Autonomous Region, August 10, 2015.

③ "'Marcos' Bangsamoro bill 'Exercise in futility'", Inquirer. net, September 2, 2015.

④ "Murad: Senate Version 'Clearly Violated the Peace Agreement' but 'Will Wait Until the final Process'", *Minda News*, August 31, 2015; "Crisis Group Interviews, Columnist and Political Analyst", *Quezon City*, August, 2015; "Diplomats and International Contact Group Member", *Makati City*, September 2015.

⑤ Richard Jarad Heydarian, "The Quest for Peace: the Aquino Administration's Deace Negtiations with the MILF and CPP-NPA-NDF", *Norwegian Peacebuilding Resource Centre*, March 2015.

利·雅法立即呼吁各方保持冷静，共同支持和平进程。① 摩洛伊斯兰武装部队（BIAF）的一位地区指挥官表示："BIAF 的指挥系统是完整的，并支持着和平进程"，"战地指挥官不会与极端人员结盟"。② 总体而言，相比于菲律宾政府各方行为体，摩伊解对于和谈的态度是更加坚定的，"摩伊解领导层把政治资本都押在了和平协议上……无论如何都在致力于和平进程"③。尽管谈判存在僵局，但是双方谈判小组的负责人都希望能够"一劳永逸地结束邦萨摩洛冲突"。阿基诺政府的决心之大也体现在财政分配上，时任内政部长罗哈斯称："阿基诺政府在 5 年内为棉兰老岛分配了 2600 亿比索的财政预算，是埃斯特拉达和阿罗约合计 1300 亿比索的 2 倍。"④

双方在停火、武装人员复员和正常化等方面进行了初步尝试。2015 年 6 月 16 日，依据 FAB 和《正常化附件》，摩伊解上缴了第一批武器，145 名武装人员退役。⑤ 摩洛阵线主席穆拉德·易卜拉欣告诉他的指挥官们，这不是投降，而是摩洛阵线从武装革命组织向政治组织转型的开始。⑥ 退役过程由国际多方参与的独立退役机构（IDB）监督，由 7 人组成，土耳其大使穆斯塔法·普拉特担任主席，还包括谈判小组提名的 2 名外国专家和 4 名菲律宾专家。此外，总体和平进程顾问办公室（OPAPP）开展政府的"和平与生产社区"（PAMANA）项目，其拥有 2.73 亿美元预算，用于与摩伊解合作，改善治理、提供社会服务和建设道路和供水设

---

① MILF Urged to Reject Diluted BBL and Pursue Independence, League of Bangsamoro Organisations Press Release, June 10, 2015.

② International Crisis Group, "The Philippines: Renewing Prospects for Peace in Mindanao", Crisis Group Asia Report N°281, July 5, 2016, p. 11.

③ International Crisis Group, "The Philippines: Renewing Prospects for Peace in Mindanao", Crisis Group Asia Report N°281, July 5, 2016, p. 11.

④ I. A. L. Colina, P 260 – B for Mindanao Under PNoy, Twice the Amount Allocated by Erap and GMA, 2015.

⑤ Enrico Cau. Duterte, "The Bangsamoro Autonomous Region Conundrum and Its Implications", *Asia Japan Journal*, Vol. 16, No. 12, 2017, p. 83.

⑥ "Today, We Begin the Long Walk Towards Transformation, not Surrender: Chairman Al Haj Murad", Luwaran, June 17, 2015.

施等中等规模的基础设施，促进经济发展。① 同时，摩伊解组建了自己的政党——联合邦萨摩洛公正党（UBJP），为之后建立邦萨摩洛政府奠定基础。2014年举行第一次集会时，为期三天的活动有10万人聚集到哥打巴托省的摩伊解营地。2015年5月，它在选举委员会注册为一个地区政党，但前总统发言人阿比盖尔·瓦尔特表示，"他们将把自己的组织置于一个政党下参加2016年大选，这比拿武器反对政府要好"②。

上述和谈遗产，让出身棉兰老岛的杜特尔特能够更加快速地推动摩洛分离问题的解决。杜特尔特在第三次总统电视辩论中谈到了"穆斯林的历史不公"，他认为自己虽然是基督徒，但"拥有穆斯林血统，除了自治没有什么能安抚摩洛人"。③ 不过，杜特尔特偏好的解决方案是推动菲律宾建设联邦制。④ 从后续互动来看，由于涉及修改宪法，联邦制并不是一个可行的方案，相反和谈遗产成为让双方都能够接受的进一步和谈和政治解决的基础。

（二）合作契机：2017年马拉维危机

2014年伊斯兰国（IS）在中东地区崛起，吸引了许多东南亚地区穆斯林加入IS，同时鼓动东南亚本土组织效忠IS并开展恐怖活动。2016年，IS选择了阿布沙耶夫组织领导人伊斯尼龙·哈皮龙作为IS东南亚分支的领导人（他本人也被列为在世界范围内受到通缉的头号恐怖分子之一，美国国务院对其悬赏高达500万美元）。在IS的影响下，菲律宾境内恐怖主义的意识形态、暴恐手法、原有恐怖组织的复兴等方面都发生了显著变化。阿布沙耶夫组织主张必须回到哈里发制度的纯粹性上，而回归的最好办法就是"暴力"与"圣战"，以此创建"哈里发"，在暴恐

---

① International Crisis Group, "The Philippines: Renewing Prospects for Peace in Mindanao", Crisis Group Asia Report N°281, July 5, 2016, p. 18.

② "Stakeholders: MILF Political Party a Boost to Political Stability", Philstar.com, 9 Mai 2015; Nikko Dizon, "Iqbal Nephew Qualified-Palace", Inquirer, May 10, 2015.

③ "Third Presidential Debate", *Televised*, April 24, 2016.

④ International Crisis Group, "The Philippines: Renewing Prospects for Peace in Mindanao", Crisis Group Asia Report N°281, July 5, 2016, pp. 9 – 10.

手法上呈现出微型化、团伙化的趋势，参与 IS 圣战者的回流促使原有恐怖组织开始复兴。①

2017 年 5 月，菲律宾政府军发动了抓捕哈皮龙的反恐行动。为了报复政府军，5 月 23 日，阿布沙耶夫组织和穆特组织在菲南发起了占领主要城市的大规模武装行动，驻扎在拉瑙营地的陆军第 103 旅遭到至少 500 名穆特集团武装分子的袭击，短时间内恐怖分子便封锁了城市。② 马拉维市位于拉瑙湖岸边的高地地区，是南拉瑙省的首府，也是马拉瑙中心地带的商业、宗教和教育中心。作为菲律宾唯一的"伊斯兰城市"，这次马拉维围攻对许多棉兰老岛穆斯林，尤其是马拉瑙族而言具备很强的象征意义（菲律宾现代史上持续时间最长的一场城市战役）。菲律宾武装部队前参谋长爱德华多·阿诺将军表示，伊斯兰国至少为穆特组织提供了 150 万美元的资金用于围攻马拉维市。③ 5 月 23 日，杜特尔特政府宣布棉兰老岛戒严并暂停人身保护令特权（之后三次延期至 2019 年 12 月 31 日），随即派遣军队增援，于 5 月 24—31 日快速进入马拉维市并控制 90% 的地区。随后，双方进入城市战争阶段，围绕桥梁、警察局、医院、清真寺等战略地点展开争夺，一直持续至 10 月 23 日政府军才完全控制马拉维市。

马拉维武装对峙的极端模式与 IS 在中东的建"国"模式如出一辙，对一城、一地进行大规模攻击尚属首次，恐怖分子使用人质作为"人体盾牌"，这与 IS 在中东攻击摩苏尔的模式异曲同工。④ 持续五个月的马拉维对峙导致超过 1130 人丧生（据政府称，包括 974 名武装分子，165 名士兵和警察以及 47 名平民），约 1400 人受伤，造成约 60 万

---

① 李捷、靳晓哲：《转型与升级：近年菲律宾南部恐怖主义发展研究》，《国际安全研究》2018 年第 5 期。

② "Exclusive: Looted Cash, Gold Help Islamic State Recruit in Philippines", *Reuters*, January 23, 2018.

③ "Fears of Another Marawi as Islamic State Militants Regroup, Plan Suicide Bombings", *Channel News Asia*, November 6, 2017.

④ 李捷、靳晓哲：《转型与升级：近年菲律宾南部恐怖主义发展研究》，《国际安全研究》2018 年第 5 期。

居民逃离家园。① 政府军开展了长达五个月大规模轰炸，主战区 4 平方千米内 95% 的建筑物遭到严重破坏或完全倒塌，3152 座建筑物被完全摧毁，2145 座建筑物严重或部分被毁。战斗使军方损失 7000 万美元，而据菲律宾民防办公室估计，马拉维市的恢复和重建费用为 30 亿美元。②

在此期间，摩伊解为杜特尔特政府和菲律宾军方提供了重要支持，以证明自身的温和立场，借此推动双方和平进程。

首先，在人道主义援助方面，摩伊解与政府军合作建立"和平走廊"，向马拉维市"仍被困的平民提供人道主义援助，运输货物、食品、药品等"，"从马拉维市撤离受伤或被困平民"。③

其次，2017 年 6 月 4 日，摩伊解促成了菲律宾政府与留在马拉维市中心的恐怖分子的谈判，摩伊解为双方提供了谈判解决方案，并且达成短暂停火协议，使该市 179 名被困平民得以撤离。④

最后，摩伊解武装人员在打击极端组织方面与政府进行了合作，在马拉维市危机期间，摩伊解召集部队在菲律宾军队的支持下抵抗了多次 BIFF 等极端组织对其控制区的入侵。菲律宾政府官员表示，"摩伊解与 BIFF 的战斗对和平进程很有用，因为这表明摩伊解可以成为政府和军队可靠的伙伴"⑤。在马拉维危机中，摩伊解派遣数百名武装人员与政府军展开联合行动，后者为前者"提供间接火力支援、空中支援和其他情报分享"，菲律宾军方西棉兰老岛司令部负责人阿内尔·德拉·维加认为双方的合作"消除了与之前长期敌人并肩作战的尴尬"。⑥

---

① "Displaced Persons Due to Marawi Crisis Reach 600000", *CNN Philippines*, August 14, 2017.

② "Battle for Marawi Deepens Philippines' Military Budget Challenge", *The Diplomat*, September 22, 2017; "Marawi Rehab Could Cost up to P150 Billion", *GMA News Online*, October 17, 2017.

③ "Dharel Placido. MILF Ready to Assist Gov't in Marawi Crisis", ABS-CBN News, May 30, 2017.

④ "Terrorists Wound 2 soldiers During Marawi 'Humanitarian Pause'", *Rappler*, June 5, 2017.

⑤ "Has Marawi Killed the Philippines Peace Process?", *Lowy Institute*, August 29, 2017.

⑥ "Philippine Army and Armed Groups Join Forces in Marawi, Aljazeera", September 6, 2017.

可以说，马拉维战役虽然对杜特尔特政府形成了挑战，但是给了其与摩伊解进一步推动和谈的动力，尤其是摩伊解与政府军的合作促进了双方军事互信的建立以及前者在政府和棉兰老穆斯林社群的合法性。同时，马拉维危机也让杜特尔特政府意识到，如果继续拖延摩伊解的自治进程，将会引发穆斯林"幻想破灭和愤怒，可能会重振圣战分子和其他暴力团体，并破坏棉兰老岛的和平前景"。摩伊解前任谈判小组负责人伊克巴尔认为，尽快推进 BBL 的通过意义重大，"一旦通过，它将使暴力极端主义变得无关紧要"，"当我们（摩伊解）成为政府的一员时，将拥有对付恐怖分子的道德和法律权威"。①

（三）摩伊解接受自治整合

杜特尔特上台后修正了阿基诺三世的 2013 年第 120 号行政命令，于 2016 年 11 月 7 日发布第 8 号行政命令增加邦萨摩洛过渡委员会（BTC）代表人数（原有 15 名，增加 6 名），以推动修订邦萨摩洛基本法（BBL）草案，该委员会由摩伊解政治事务副主席雅法担任主席，并增加 ARMM 和棉兰老的基督教与原住民代表。随后，BTC 就 BBL 草案开展密集工作，在阿基诺三世时期起草的 BBL 法案的基础上进行修订。2017 年 5 月 30 日，马拉维事件发生期间，杜特尔特借着摩伊解与政府军开展有效合作的契机，敦促 BTC 主席雅法加快制定拟议措施，以尽早推动国会审议表决草案。② 随后，2017 年 7 月 17 日，BTC 向杜特尔特递交 BBL 草案，此草案相较原始条款只有 20%—30% 的内容发生了变化。

实际上，杜特尔特对于棉兰老地区的发展和自治问题有自己的系统考虑。对于邦萨摩洛寻求自治的分离运动，杜特尔特在任达沃市长期间就一直支持摩洛人寻求真正的政治自治，这可能是"因为杜特尔特一生大部分时间都生活在棉兰老岛，与摩洛穆斯林有一些亲缘关系，这也可能是因为杜特尔特认为棉兰老岛一直被中央政府忽视，杜特尔特支持菲

---

① International Crisis Group, "The Philippines: Militancy and the New Bangsamoro", Brussels: International Crisis Group, Asia Report, No. 301, 2019.

② "MILF Ready to Assist Gov't in Marawi Crisis", ABS-CBN News, May 30, 2017.

律宾建立联邦制度,并把一个摩洛自治区视为这种制度的典范"①。早在 2014 年杜特尔特就公开呼吁建立联邦制,他认为,"联邦制将促进政府更好地为人民提供服务……当前的制度已经过时……公共资金的分配不成比例地偏向马尼拉大都会……联邦制是解决棉兰老岛问题的最佳手段……鉴于菲律宾族群的多样性,目前单一政府形式运作不佳"②。所以,杜特尔特在上台之后虽然颇为重视审查 1987 年宪法,寻找修改宪法建立联邦制的具体方案,但是杜特尔特在此基础上赋予了支持摩伊解落实 BBL 以建立邦萨摩洛自治区很高的优先级,原因在于菲律宾社会对于修改 1987 年宪法存在很强的抵制情绪,率先推动 BBL 在国会的通过以落实一种接近联邦制自治区的做法更具可行性(2016 年 7 月杜特尔特对摩洛穆斯林的讲话第一次表达了自己对联邦制和邦萨摩洛自治关系的看法)。③

2017 年 10 月马拉维危机结束后,杜特尔特政府开始推动 BBL 接受菲律宾国会的重新审读、修订和表决,他为 BBL 设定了一个"最低限度"的条件——拟议中的新自治区不应拥有单独的警察和军队,应隶属于菲律宾国家警察和武装部队。④ 这对于之前就已接受武装人员复原和进入菲律宾军警部门条款的摩伊解而言,并不算一种强硬的立场。同时,杜特尔特利用集中控制的政权模式,多次强调应该在修订宪法之前尽快通过 BBL,敦促各方将其"排在第一位"。多位法律界人士,如最高法院大法官阿道夫·阿兹库纳公开为 BBL 草案提供"担保",认为其"不存在与宪法相冲突的缺陷",参议院多位议员也对 BBL 草案的重要性表示认同,"我们需要这项法律来解决邦萨摩洛地区的紧迫问题"。⑤ 在国

---

① Thomas M. Mc Kenna, "Muslim Autonomy, Political Pragmatism, and the Challenge of Islamist Extremism in the Philippines", in Shahram Akbarzadeh ed., *Routledge Handbook of Political Islam*, 2021, p. 125.
② "Duterte visits Dumaguete City to Promote Federalism", *The Freeman*, February 13, 2015.
③ "Duterte: If Filipinos don't Want Federalism, I will Support BBL", *Rappler*, July 8, 2016.
④ "Duterte on BBL: No Separate Bangsamoro Police, Military", *Rappler*, May 31, 2018.
⑤ "Tubeza. Duterte Wants BBL Passed Before Cha-Cha", Inquirer, February 1, 2018.

会审议期间，杜特尔特频繁敦促，甚至公开宣称："我向你保证，在5月底之前，它（BBL）必须通过。如果没有，我可能会辞去总统职务。"[1] 其结果是，2018年5月，参众两院都抓紧最后的会议时间，通宵审议BBL草案，在参议院版本中的重大修改包括以下几点：其一，任何未提及的保留权力属于中央政府；其二，废除了邦萨摩洛政府提议的创建、划分、合并、废除或大幅改变自治区省市的权力；其三，略微降低了邦萨摩洛地区的年度整笔拨款（占财政收入的6%将为5%）。国会参议院以全票（21票）三读通过《邦萨摩洛基本法》，随后众议院以227票赞成，11票反对和2票弃权的表决结果通过该法案。在经过国会会议委员会审议通过后，2018年7月26日该法案由杜特尔特正式签署生效，菲律宾政府的制度性融合措施迈出了最为关键的一步，结束了长达46年的分离冲突。[2] 菲律宾国内媒体将其称为杜特尔特任内"最伟大的政治遗产"，"证明了总统的政治意愿和极高的受欢迎程度"。[3]

摩伊解对该法案的通过表示支持，宣布将会让3万—4万名摩伊解武装人员退役，不再利用暴力形式实现分离诉求，摩伊解就此实现了政治自治的温和诉求。[4] 著名的菲律宾穆斯林研究学者麦肯纳认为，"这对于政治上务实的摩伊解来说是一次来之不易的胜利，对于穆斯林少数民族摩洛人来说也是一个值得骄傲的成功故事"[5]。2019年1月21日，在棉兰老自治区、哥打巴托市、伊萨贝拉市举行的第一阶段公投获得多数通过，而第二阶段的周边地区公投中67个乡村中有63个同意加入棉兰老穆斯林邦萨摩洛自治区（BARMM）。国会通过该法律后，穆斯林棉兰老岛的选民在2019年年初的两阶段公民投票中强烈支持该法案。公民投

---

[1] "Duterte: Pass BBL or 'I Might Just Resign'", *Philstar*, April 26, 2018.
[2] 靳晓哲：《〈邦萨摩洛组织法〉与菲南和平进程》，《国际研究参考》2018年第9期。
[3] "Bangsamoro Organic Law Can be Duterte's Greatest Legacy", *Aljazeera*, August 1, 2018.
[4] "Philippine Rebel Chief: 30000 Rebels to be Disarmed in Deal", *Philstar*, July 25, 2018.
[5] Thomas M. Mc Kenna, "Muslim Autonomy, Political Pragmatism, and the Challenge of Islamist Extremism in the Philippines", in Shahram Akbarzadeh ed., *Routledge Handbook of Political Islam*, 2021, p. 115.

票批准了新的自治区并确定了地理范围。随后，2019年2月13日，摩伊解主席哈基·穆拉德·易卜拉欣就任邦萨摩洛过渡管理局临时首席部长，该管理局由41位摩伊解代表和39位菲律宾政府代表组成。棉兰老穆斯林邦萨摩洛自治区政府于2019年3月30日正式成立，象征着摩伊解已经进入合法政治体制，走向了分离运动的和平化道路，并且初步实现了自治诉求。①

在棉兰老穆斯林邦萨摩洛自治区中，摩伊解基本上控制着自治区主要的权力和资源。根据BBL法案，每年由中央政府向自治区拨款，由直接选举产生的地区议会决定自治区的财政开支。邦萨摩洛政府还有权在自治区范围内征税，并与中央政府分享自治区内自然资源开发的财政收入，从而改变穆斯林长期贫困的问题，以造福自治区内的大约400万居民（其中近9%是非穆斯林，包括天主教徒和原住民）。2019年度，棉兰老穆斯林邦萨摩洛自治区政府拥有310亿比索（6亿美元）的财政预算用于自治区建设，杜特尔特政府此举是为了"激励摩伊解和其他武装团体的指挥官和战斗人员退役"。② 自治区获得相当于国家年度净收入5%的一整笔赠款，此外还有50亿比索（9600万美元）的年度拨款，为期10年，用于重建受冲突影响的自治区地区。③

此外，武装人员退役问题分为四个阶段实施，由独立退役机构（IDB）监督进行。第一个阶段是上文提及的2015年初步退役，摩伊解上缴了75支枪作为强制力量的象征性转让，有145名摩伊解战斗人员重返平民生活。第二阶段是计划让30%的战斗人员退役，在邦萨摩洛组织法授权通过后进行。2019年3月，摩伊解向退役机构提交了一份12000名战斗人员的名单，2019年11月完成该名单上所有人员的退役。在最

---

① 关向东：《杜特尔特参加棉兰老穆斯林邦萨摩洛自治区过渡政府成立大会》，《中国新闻社》2019年3月30日。
② International Crisis Group, "The Philippines: Militancy and the New Bangsamoro", Brussels: International Crisis Group, Asia Report N°301, 2019.
③ International Crisis Group, "The Philippines: Militancy and the New Bangsamoro", Brussels: International Crisis Group, Asia Report No. 301, 2019.

后两个阶段中，先退役 35% 的战斗人员，而后是剩余的全部战斗人员，预计在 2022 年过渡政府任期结束时完成。为了确保武装人员退役落实，杜特尔特政府承诺了一揽子福利计划，将为战斗人员及其家人提供职业培训和奖学金，促进其教育和就业。政府（来自总统和平进程顾问办公室的 2019 年预算）一次性向每位战斗人员提供 100000 比索（约 1925 美元）现金作为退役补贴。[1]

从上述互动过程来看，杜特尔特政府相比于阿罗约和阿基诺三世政府，具有无可比拟的优势。首先，摩伊解自身保持了分离运动组织聚合的动员强度，并且对内注重组织建设和社群关系，保持了分离运动的相对整合，领导层变迁后温和派实现了对内控制，对于和谈更加具有控制力和持续性。其次，杜特尔特依靠民粹主义和强人政治，建立了更具集中控制特征的政权控制模式，对国会、军警以及国内民众等关键行为体具有很强的号召力，确保了其在推动和谈、立法和反恐等工作中能够保持菲律宾政府和军警始终维持支持和谈的立场，因而在推进关键立法的时候，杜特尔特的个人影响力能够有效渗透国会和军警部门，让《邦萨摩洛基本法》得以通过和落实，发挥了充分的妥协和整合作用，让摩洛分离问题得到成功解决。

第三节 小结

本章两个案例——苏西洛政府和杜特尔特政府共同验证了研究假设3，即政府选择妥协策略。苏西洛与杜特尔特上台之初都具备一定强人政治的特点，前者依赖军事权威，后者依赖魅力形象，在控制权力、资源以及暴力等要素后，都得以搭建集中控制的政权控制模式。摩洛分离运动和亚齐分离运动都处于组织聚合的状态，具备统一代表性和较强的议价能力，从而推动两国政府选择妥协策略。集中控制的政权有效地规避

---

[1] "P1.2B needed as aid to MILF fighters", Inquirer.net, April 26, 2019.

了否决政治并确保了军事规制,推动了和平协议的签署和落实。

可见,杜特尔特和苏西洛得以成功解决分离问题都得益于组织聚合的分离动员强度和集中控制的政权控制模式,区别在于杜特尔特开展妥协具有良好的前期和谈成果基础,摩洛伊斯兰解放阵线和政府谈判小组之间的协商和议价已持续多年,双方在关键争议问题上取得不少共识和话语认同,能够更加顺利地推进谈判。苏西洛政府时期则是2004年亚齐海啸的发生促成了国际监督、人道主义援助和停火的达成,从而让对政府缺乏信任的自由亚齐运动能够在赫尔辛基谈判中逐渐放宽政治诉求,而面临外部压力和国内情绪的双重遏制因素,苏西洛得以更加顺利地整合政权,破解了否决政治,实现了军事规制。

相比于阿基诺三世时期,杜特尔特政府案例显示了组织聚合的分离动员强度和集中控制的政权控制模式有利于推进妥协策略真正落地,符合理论预期。苏西洛政府案例的特殊之处在于海啸发生的外部冲击,对于本书理论有一定挑战,但从变量关系上看,自由亚齐运动实力尚存,而苏西洛政权致力于建立集中控制的行动也相对显著,避免否决政治、实施军事规制,有利于妥协策略的实施。

第八章

总结与展望

第一节 "经略剿抚"的实证检验结果

在提出问题阶段，本书通过对印尼建国后出现的多次分离冲突的观察、比较和分析，发现印尼政府在不同时期对于分离运动采取了不同的应对选择，其在应对政策选择上不仅差异显著，而且呈现出摇摆性、反复性和不确定性等特征。利用全球分离运动的数据库以及东南亚地区经验做进一步分析发现，印尼政府行为选择的差异化特征在东南亚地区以及世界政治层面具有一定普遍性。

基于上述经验现象，本书提出的研究问题：对于频繁产生的、威胁主权和国家统一的分离主义冲突，在东南亚地区，为什么政府会采取不同的策略选择（镇压、分而治之、妥协）应对分离地区的自决诉求和挑战？为什么有的政府长期贯彻一种策略，有的政府策略却频繁更替？为什么执政基础迥异的政府会采取相同的策略，政治议程相近的政府却会选择背道而驰的策略？多民族国家政府应对分离主义冲突策略选择的逻辑是什么？

一 解释逻辑及研究假设

通过文献回顾，前人研究可以总结为四大视角：国家主权、接触反应、政治制度、国际压力。

第一,国家主权视角主要关注政府在分离主义问题上的收益判断问题,即如果采取镇压或妥协策略,政府可能获得的收益是什么。从这一视角出发的解释主要有两个——领土价值和权力维持。坚持领土价值解释的保罗·胡斯等学者认为,由于领土包含重要价值,国家在应对分离主义运动时,往往很难采取妥协策略。芭芭拉·沃尔特等学者则强调权力维持的逻辑,认为多民族国家政府为了维持信誉,如果预期挑战者(族群数量)多,政府越有可能选择镇压策略。

第二,接触反应视角强调政府与分离组织间的互动关系是影响政府策略选择的关键过程,产生了实力对比和战略互动两个解释。实力对比考虑分离组织实力(对政府选择的成本约束)以及国家实力(对政府选择的能力约束)两个方面,认为如果分离运动实力越强大、国家实力越脆弱,政府越有可能采取妥协策略以避免付出过大代价,分离主义运动越有可能获得独立。战略互动的基石是詹姆斯·费伦等提出的承诺理论。凯瑟琳·坎宁安等学者认为,在分离运动中行为体不是整体化的,其内部存在不同派系和团体,分离组织的组织特征能解释国家策略选择问题,政府会策略性地使用妥协改变分离组织内部不同派系间的权力分布,从而抑制分离主义运动。

第三,政治制度视角关注一国族群关系、政治制度、政体类型等结构或制度性因素如何影响国家应对策略选择。其中政体类型强调不同政体(民主政体、威权政体、选举式威权政体等)对国家策略选择的影响。对于政府选择而言,政体本质上是一种"行政约束"。政体类型相关文献也关注内战中的信息和承诺问题,重点讨论政体与制度如何通过这两个机制影响冲突和政府选择过程。族群关系强调一国族群构成、族群权力关系、央地制度等因素对政府策略选择的影响。

第四,国际压力视角关注国际体系下大国选择和国际规范对母国政府行为选择造成的压力,具体可分为国际规范和国际干预两个解释。国际规范坚持建构主义路径,认为国家在应对分离主义运动时受到国际规范的影响,如殖民地解放运动和民族自决权等潮流和观念的扩散与内化,让国家倾向于采取妥协策略应对分离问题。国际干预认为分离运动受到国际社会的物质性干预——经济与军事援助，或者合法性干预——国际承认，进而影响政府应对分离运动的策略选择。

在深入归纳、分析既有研究成果的基础上，本书识别了政府行为的三个基本维度。其一，政府应对分离运动的三种可能动机，即经济收益、权力稳定和国家秩序（安全）；其二，政府应对分离运动的三类约束难题，即承诺困境、否决困境和融合困境；其三，政府应对分离运动的两种基本选择，即妥协、镇压。

据此，本书将理论框架的基础设定为分离群体与母国政府之间的互动过程，二者的内生特征对于政府行为选择具有重要意义，并从政策需求—供给逻辑出发搭建理论。根据反叛组织建设和分离运动发生学的相关成果，将分离群体的内部维度展开，本书提炼了辨析分离群体特征的"分离运动动员强度"，涵盖了影响分离运动军事威胁与议价能力的三个方面——分离运动凝聚力、分离组织的社会支持以及国际化程度，从而进一步区分政府选择时面临的挑战强度。

此外，由于政府策略选择的内在差异无法得到"分离运动动员强度"的单一解释，本书基于国内冲突中政府动力学文献的相关成果，重点考虑政府内部特征的影响，将其提炼为"政权控制模式"，认为其对否决政治和军队规制有着关键影响，直接干预分离运动动员强度的作用方式。因而，政府在"经略剿抚"时，首先考虑分离问题需要何种政策予以应对，可用的参考系是分离运动形成了何种程度的威胁，即分离运动在运动凝聚力、社会支持和国际化等三个方面的动员情况，这决定了分离运动的动员强度。派系竞争的分离运动形成的军事威胁与议价能力较弱，内部存在战略性分化空间，政府无须付出大规模战争或政治改革成本，倾向于分而治之的组合策略。相比之下，分离运动实现组织聚合的动员意味着政府面临更强的军事威胁和议价对象，政府需要考虑自身的政策供给能力，这取决于政府能否控制利益相关者的干预。集中控制的政权能够规制军队，避免否决政治，推动妥协策略落地，而分散制衡的政权则难以承担政治改革成本,倾向于依赖强制力量维持政治生存,对分离运动实施镇压。此外,根据既有研究,本书还提炼了催化因素(外部军事和政治支持、领导人政治生存问题)和遏制因素(国际人权和经济制裁、社会舆论反战),有助于解释案例间存在的镇压和妥协程度差异问题。

根据上述理论解释,本书提出三个研究假设:第一,当分离运动动员强度处于派系竞争时,分离运动对于政府的军事威胁和议价能力偏弱,政府缺少改革和妥协的动力,会选择分而治之的组合策略(H1);第二,当分离运动动员强度处于组织聚合时,分离运动对政权具有更强的军事威胁和议价能力,若政权控制模式呈现分散制衡,政府会选择镇压的单一策略(H2);第三,当分离运动动员强度处于组织聚合时,分离运动对政权具有更强的军事威胁和议价能力,若政权控制模式呈现集中控制,政府会选择妥协的单一策略(H3)。

菲律宾、印尼、泰国三国主要案例的总结与比较,见表8-1、表8-2、表8-3。

表8-1　　　　主要案例的总结与比较(菲律宾)

案例	分离动员强度	对政府挑战状况		政权控制模式	政府内部互动		催化/遏制因素	应对选择
		军事威胁	议价能力		否决政治	军队规制		
案例1	摩洛分离运动:马科斯独裁时期(1972—1981年)							
1972—1975	弱派系竞争	较强威胁	较强议价	集中控制	弱否决	强规制	军事支持/经济制裁	强收买—强镇压
1975—1981	派系竞争	弱威胁	弱议价	集中控制	弱否决	强规制	政治支持	弱收买—强镇压
案例2	摩洛分离运动:拉莫斯末期—埃斯特拉达政府时期(1997—2001年)							
1997—1998	弱派系竞争	强威胁	较强议价	相对集中	较弱否决	较强规制	—	收买—镇压
1998—2001	组织聚合	强威胁	较强议价	分散制衡	较弱否决	弱规制	领导人生存	强镇压
案例3	摩洛分离运动:杜特尔特政府时期(2016—2019年)							
2016—2019	组织聚合	较强	较强	集中控制	弱否决	较强规制	—	妥协

表8-2　　　　　　　主要案例的总结与比较（印尼）

案例	分离动员强度	对政府挑战状况		政权控制模式	政府内部互动		催化/遏制因素	应对选择
		军事威胁	议价能力		否决政治	军队规制		
案例4	亚齐分离运动：哈比比—瓦希德—梅加瓦蒂政府时期（1998—2004年）							
1998—1999	弱组织聚合	较强威胁	较强议价	分散制衡	强否决	弱规制	领导人生存/经济制裁	镇压
1999—2001	弱组织聚合	较强威胁	较强议价	分散制衡	强否决	弱规制	领导人生存/国际人权	镇压
2001—2004	组织聚合	强威胁	强议价	分散制衡	强否决	弱规制	领导人生存/国际人权	强镇压
案例5	亚齐分离运动：苏西洛时期（2004—2005年）							
2004—2005	组织聚合	强威胁	强议价	集中控制	弱否决	较强规制	国际人权+反战情绪	妥协

资料来源：笔者自制。

表8-3　　　　　　　主要案例的总结与比较（泰国）

案例	分离动员强度	对政府挑战状况		政权控制模式	政府内部互动		催化/遏制因素	应对选择
		军事威胁	议价能力		否决政治	军队规制		
案例6	泰南分离运动：他信时期（2001—2006年）							
2001—2004	派系竞争	较弱威胁	弱议价	分散制衡	弱否决	弱规制	—	弱收买—强镇压
2004—2006	派系竞争	较强威胁	弱议价	分散制衡	弱否决	较弱规制	领导人生存	弱收买—强镇压

资料来源：笔者自制。

为了检验上述研究假设，本书运用案例研究法，综合使用案例内比较和案例间比较的混合方法。根据控制变量的研究设计，选取三场不同的分离主义运动——摩洛分离运动、泰南分离运动和亚齐分离运动，具体涉及 6 个（3 对）案例，包括第一，马科斯独裁时期（1972—1981年，案例 1）与他信政府时期（2001—2006 年，案例 6）；第二，拉莫斯末期—埃斯特拉达政府时期（1997—2001 年，案例 2）与哈比比—瓦希德—梅加瓦蒂政府时期（1998—2004 年，案例 4）；第三，苏西洛政府时期（2004—2005 年，案例 5）与杜特尔特政府时期（2016—2019 年，案例 3）。下面对这 6 个案例进行总结，提取其主要变量的变化、机制作用以及催化遏制因素的影响等，对三个假设进行验证性归纳，见表 8-4。

表 8-4　　　　　　　研究假设验证结果（案例间）

案例	指向假设	组间比较对假设的验证	组内差异的解释与发现
案例 1、案例 6	假设 1	充分验证	(1) 外部干预提升议价能力，经济制裁迫使政府强化收买；(2) 缺少对强制力量的控制，分离运动隐匿信息和代表性匮乏导致镇压水平提升
案例 2、案例 4	假设 2	充分验证	(1) 民主巩固与民主过渡的差异无法解释政府选择镇压，更重要的是政权控制模式；(2) 民主转型的脆弱期更容易引发外部干预和领导人生存压力
案例 3、案例 5	假设 3	充分验证	(1) 谈判基础和充分接触有利于建立共识，和谈恢复后得以顺利推进；(2) 外部冲击的作用机制在于帮助双方实现军事规制和国际监管

资料来源：笔者自制。

二　案例间比较对假设的检验

本书对案例的选取和搭配注重在进行比较分析时开展组内比较和组间比较，这里对检验假设的案例分布进行简要总结和分析。

首先，组间比较方面，见表 8-4，3 对案例分别呈现了在不同分离运动动员强度和政权控制模式下，政府做出的不同应对选择。案例 1 与案例 6 共同验证了假设 1（H1），当分离运动动员强度处于派系竞争状态,马科斯政府和他信政府都选择了分而治之的应对策略,此时摩洛分离运动和泰南分离运动的军事威胁和议价能力都比较弱。马科斯政府虽然与摩洛分离运动达成《的黎波里协议》,但基本将后者排斥在协议实施之外,并借此吸纳摩洛穆斯林贵族和地主,分化摩洛分离运动。相比之下,他信政府则在收买政策上存在灵活度不足的问题,面对以炳·廷素拉暖为首的王室—保皇派和军人集团的压力,收买政策更多是口号式的和表演式的,体现了政权控制模式对其政策选择的限制作用。

案例2和案例4共同验证了假设2(H2),摩洛分离运动和自由亚齐运动的动员强度都处于组织聚合的状态,对于埃斯特拉达和哈比比—瓦希德—梅加瓦蒂政府而言,都构成了比较大的军事威胁,内部代表性统一带来的议价能力提升也让对话与和谈成为可以选择的政策方向。不过,这四个政府都深陷分散制衡政权控制模式的掣肘以及内部反对派的挑战,尽管都尝试开展对话,但没有足够的政治改革空间和能力推进妥协政策,这一过程体现了否决困境的作用机制。四个政府反而都在执政压力倍增的情况下,开始转向寻求军方支持,转移政治压力,让军方主导安全政策,开展较大规模的镇压。

案例3和案例5共同验证了假设3(H3),苏西洛与杜特尔特上台之初都具备一定强人政治的特点,前者依赖军事权威,后者依赖魅力形象,在控制权力、资源以及暴力等要素后,都得以搭建集中控制的政权控制模式。摩洛分离运动和亚齐分离运动都处于组织聚合的状态,具备较强的军事威胁,以及统一代表性和较强的议价能力,从而推动两国政府选择妥协策略,集中控制的政权有效规避了否决政治并确保了军事规制,推动了和平协议的签署和落实。

其次,组内比较方面,见表8-5,3对案例展现了分离运动与政府选择之间的复杂互动过程和差异。案例1和案例6虽然都检验了政府实施分而治之策略的假设,但是在分离运动动员强度和政权控制模式以及催化/遏制因素方面都呈现细微差异,其中最不同的是分离组织议价能力和政权实施军事规制的差异。马科斯政府在1972—1975年面临来自伊斯兰会议组织的强力外部干预，后者提升了摩洛分离运动的议价能力，通过威胁实施石油禁运的经济制裁方式迫使马科斯政权与摩洛分离运动谈判。相比之下，他信政府没有受到显著的外部压力，更多的是缺少对强制力量的控制（军事规制），军人集团与王室—保皇派的联盟导致他信政府依赖警方的力量开展南部安全行动，取缔一系列军方安全机构，领导人生存压力以及分离运动呈现的"无形叛乱"特征（隐匿信息和代表性匮乏）让他信的缴抚并举（分而治之）策略更偏重于镇压手段的使用。

表 8-5　　　　　　　　　研究假设验证结果（案例内）

案例（阶段）	指向假设	案例超出理论预期的地方（解释）	对假设的验证程度
菲律宾政府应对摩洛分离运动的选择			
马科斯（1）	H1	1974年开始接受与摩洛民族解放阵线的和谈进程（外部干预和经济制裁的压力）	部分验证
马科斯（2）	H1	符合理论预期	充分验证
拉莫斯	H1	符合理论预期	充分验证
埃斯特拉达	H2	上任之初没有取消和谈（实际上无意妥协，为谈判设置最后期限，迫使和谈搁浅）	部分验证
杜特尔特	H3	符合理论预期	充分验证
印尼政府应对亚齐分离运动的选择			
哈比比	H2	任期前半段的政策模糊期，试图实施缓和与对话（经济制裁和国际人权压力，后半段符合预期）	部分验证
瓦希德	H2	任期前半段的政策模糊期，试图实施缓和与对话（经济制裁和国际人权压力，后半段符合预期）	部分验证
梅加瓦蒂	H2	符合理论预期	充分验证
苏西洛	H3	发生外部冲击海啸（没有改变变量状态和关系）	充分验证

续表

案例（阶段）	指向假设	案例超出理论预期的地方（解释）	对假设的验证程度
泰国政府应对泰南分离运动的选择			
他信（1）	H1	他信政权无法有效控制军方（重用警察开展安全行动）	充分验证
他信（2）	H1	分离运动采取"无差别袭击"，提升了威胁能力（代表性不统一，议价能力弱，迫于保守派压力实施一定收买，但坚持镇压）	充分验证

资料来源：笔者自制。

案例 2 和案例 4 的差异在于，埃斯特拉达政权属于菲律宾民主巩固后的政府，理论上拥有更加稳固的制度环境，但是民粹纲领和有限裙带关系造就了埃斯特拉达任内分散制衡的政权控制模式，相比于拉莫斯而言更加不稳定。埃斯特拉达的民粹政治构建的是魅力领袖与贫苦民众的政治联盟，不利于建立和维持与掌握实际权力和资源的寡头、精英和军方的合作关系，因而很快就遭遇较强的反对派挑战。印尼案例属于民主过渡时期，政权的不稳定性更加强烈，也更多地面临外部干预和领导人生存压力等因素的催化和遏制作用。但两个案例都共同指向了强力镇压的选择，体现了本书解释框架的稳健性。

在案例 3 和案例 5 中，杜特尔特政府和苏西洛政府成功解决分离问题，得益于组织聚合的分离动员强度和集中控制的政权控制模式。区别在于，杜特尔特开展妥协具有良好的前期和谈成果基础，摩洛伊斯兰解放阵线和政府谈判小组之间的协商和议价已持续多年，双方在关键争议问题上取得不少共识和话语认同，能够更加顺利地推进谈判；[1] 相比之下，苏西洛政府时期则是由于 2004 年亚齐海啸的发生，促成了国际监督、人道主义援助和关键的停火协议，从而让对政府缺乏信任的自由亚齐运动能够在赫尔辛基谈判中逐渐放宽政治诉求，而面临外部压力和国

---

[1] 笔者访谈菲律宾政府和平小组前主席 Miriam Coronel-Ferrer，2023 年 2 月 9 日。

内情绪的双重遏制因素,苏西洛政府得以更加顺利地整合政权,破解了否决政治,实现了军事规制。

三 案例内比较对假设的检验

本书研究的6个案例内部也存在一定变化。从过程来看,有助于我们检验变量与机制的作用方式,提升对理论解释及现实张力的理解。这里从三个分离运动内部的政府应对变迁展开讨论与总结,见表8-5。

第一,菲律宾政府应对摩洛分离运动的选择。马科斯建立威权统治之后针对处于弱派系竞争的摩洛分离运动采取了分而治之策略,这与理论预期一致,但是随后其在1974年开始接受与摩洛民族解放阵线的和谈进程,似乎有采取妥协策略的趋势,这在一定程度上偏离了理论预期。不过,从当时的参与作用的因素来看,在马科斯案例中第一阶段的接受和谈是一种"强收买",更多的是迫于外部干预和经济制裁的压力而选择的权宜之计,第二阶段马科斯排除摩解实施自治协议的行动以及后者继续叛乱的事实更证实了这一判断。在伊斯兰会议组织成员国囿于自身国内民族问题,使得其施加的经济制裁压力显著下降的情况下,马科斯的政策开始转向"弱收买—强镇压",显示了政府应对选择的过程性差异。这种差异也发生于政权控制模式从集中走向分散的过程中,如拉莫斯末期—埃斯特拉达政府时期体现了政权内部变迁对政府选择的影响,随着埃斯特拉达政府的分散制衡政权面临的国内政治压力和生存威胁越发强烈,其在摩洛分离运动的应对上也越发强硬,不仅对和谈设置最后期限,忽视摩伊解诉求,扭转拉莫斯政府奠定的和谈基调,并且让军方主导安全政策,开展全面镇压。相比于阿基诺三世时期,杜特尔特政府案例显示了组织聚合的分离运动动员强度和集中控制的政权控制模式有利于推进妥协策略真正落地,符合理论预期。

第二,印尼政府应对亚齐分离运动的选择。亚齐分离运动的案例检验选择了印尼民主过渡时期和巩固时期,有助于检验政治和经济动荡状态对理论解释的影响程度。得益于威权体制和高压统治的垮台及其后盛行的民主（自决）环境，自由亚齐运动在哈比比和瓦希德时期取得了快速发展。同时，哈比比和瓦希德两届政府迫于经济制裁和国际人权压力而出现了一段政策摇摆的时期，表现为二者都想对亚齐实施缓和与对话政策，却遭遇国内民族主义和军方力量的强力抵制，最终改弦更张，缓和政策昙花一现，这是本书理论未能充分预期的现象，但最终无一例外都回到了理论预期的镇压路径之上。在第三阶段，即梅加瓦蒂上台之后，自由亚齐运动利用政府的政策模糊期快速提升了实力，实现了稳固的组织聚合状态，军事威胁能力更盛以往（实现了对亚齐大部分地区的控制）。梅加瓦蒂政权的关键变化在于，梅加瓦蒂鉴于哈比比和瓦希德皆遭遇精英背弃而下台，更加注重内防精英挑战，寻求（依赖）军方支持，开始大力提升军方民族主义派和强硬派的地位，促成了戒严令的出台。苏西洛政府案例的特殊之处在于海啸产生的外部冲击，对于本书理论有一定挑战，但从变量关系上看，自由亚齐运动实力尚存，而苏西洛政权致力于建立集中控制的行动也相对显著，实现军事规制并且避免否决政治，有利于妥协策略的实施。

第三，泰国他信政府应对泰南分离运动的选择。他信案例在第一阶段基本符合理论预期，较为特殊的一点是在泰国精英关系中，军方与王室—保皇派站在一起，加之泰国的军事政变传统，他信政权很难有效控制军方，而选择重用警察部队作为分而治之政策的主力（侧重镇压）。第二阶段变化的特殊之处在于泰南分离运动中少壮派兴起，开始采取"无差别袭击"策略，这在一定程度上提升了威胁能力，但并没有解决议价能力匮乏的问题，因而仍未发展为组织聚合的动员强度。他信政权实现连任之后，泰国保守派力量开始集结挑战他信的民粹政权，构成了领导人政治生存压力，也迫使他信采取了更多收买手段，但在分而治之的组合策略中仍以镇压为主体策略。本书还分析了后他信时代的变迁，由于泰南分离运动始终处于"无形叛乱"状态，无论政权如何变迁，基本延续了分而治之的策略选择，也符合预期。

第二节 主要研究发现与创新之处

第一，本书的研究与既有分离运动研究中政府行为相关文献形成了对话，并推进了对民族国家建设和政府行为逻辑的理解，为解释政府应对分离运动的策略选择提供了新的见解，系统性地提出并阐述了"政府经略剿抚"的理论逻辑。分离主义是国际政治中的重要现象，是政治冲突的重要类型，与族群冲突联系紧密（95%的分离主义冲突都是族群冲突），大部分国家都经历过与之相关的冲突。据统计，在所有独立国家中，82%是由两个或两个以上的民族组成。[①] 与此同时，联合国成员中仅有少于25个国家完全不受领土问题影响。[②] 自1945年以来，平均每年有52个分离主义运动，截至2011年仍有约55个活跃的分离主义运动。[③] 在民族自决权观念的推动下，分离主义呈现较强的对抗性，往往产生巨大的政治和社会经济效应，因而成为得到历史学、法学、政治学、民族学、经济学等多个学科研究者关注的重要问题。

既有研究对政府行为选择的解释尚处于理论相对缺乏的状态，具有代表性的理论成果是芭芭拉·沃尔特的"国家信誉理论"[④]、凯瑟琳·坎宁安的"适度分化理论"[⑤] 以及阿赫桑·巴特的"地缘安全理论"[⑥]，但是这些理论对国家与政府行为选择的解释偏重单一侧面（族群结构、否决派系以及地缘格局），缺少对分离运动与政府互动的过程性和多维度

[①] Monica Duffy Toft, *The Geography of Ethnic Violence: Identity, Interests, and the Indivisibility of Territory*, Princeton University Press, 2003, p. 17.

[②] Milica Zarkovic Bookman, *The Economics of Secession*, New York: St Martin's Press, 1993.

[③] Coggins Bridget, "Friends in High Places: International Politics and the Emergence of States from Secessionism", *International Organization*, Vol. 65, No. 3, 2011, pp. 433–467.

[④] Barbara F. Walter, *Reputation and Civil War: Why Separatist Conflicts are So Violent*, Cambridge: Cambridge University Press, 2009.

[⑤] Kathleen Gallagher Cunningham, *Inside the Politics of Self-Determination*, New York: Oxford University Press, 2014.

[⑥] Ahsan I. Butt, *Secession and Security: Explaining State Strategy against Separatists*, Ithaca and London: Cornell University Press, 2017.

视角，局限性较强。

为了打开分离问题互动中的诸多维度，本书辨析了其中最重要的四个行为体（政府、分离组织、社会、外部力量），搭建起理解分离互动的总体性框架，并归纳了既有文献关于各方行为体的动机、影响方式和行为策略等关键知识成果。基于此，从政府行为选择的基本动机（经济收益、权力稳定、国家安全）和约束难题（承诺困境、否决困境、融合困境）入手，提炼核心自变量——"分离运动动员强度"，综合了既有关于国家建构、反叛组织建设和分离运动发生学的相关成果，将分离运动和地区的内部特征纳入解释框架，从而突破了沃尔特对一国族群数量这一结构性因素过度重视的局限，将研究维度向下扩展，构建起更具微观性的解释逻辑。实现这一贡献的关键在于引入冲突研究中的承诺与信息理论，寻找到威胁能力、议价能力、否决政治以及军事规制等四个影响分离运动与政府互动的过程性机制。

在理论构建和实证检验方面，本书发现分离运动动员强度无法单独决定政府的策略选择，基于国内冲突中的政府动力学文献，剖析分离运动政治诉求和军事威胁层面的应对需求，重点考虑政权控制模式。政权控制模式直接影响了政府政治改革和军事规制的机制，进一步扩展了坎宁安的"适度分化"模型，突出了政府内部分化的复杂性和动态性及对政府策略选择的最终影响，即政府选择不仅是对威胁的单纯反馈，而且受到自身内部互动的限制，行为体的私人利益可能破坏和阻碍政府的有效选择。

总结而言，政府在"经略剿抚"时，首先考虑分离问题需要何种政策予以应对，可用的参考系是分离运动形成了何种程度的威胁，即分离运动在运动凝聚力、社会支持和国际化等三个方面的动员情况，这决定了分离运动的动员强度。派系竞争的分离运动形成的军事威胁与议价能力较弱，内部存在战略性分化空间，政府无须付出大规模战争或政治改革成本，倾向于分而治之的组合策略。相比之下，分离运动实现组织聚合的动员意味着政府面临更强的军事威胁和议价对象，政府需要考虑自身的政策供给能力,这取决于政府能否控制利益相关者的干预。集中控制的政权能够规制军队,避免否决政治,推动妥协策略落地;而分散制衡的政权则难以承担政治改革成本,倾向于依赖强制力量维持政治生存,对分离运动实施镇压。

这一理论解释进一步发展了既有关于分离运动中政府行为选择的重要理论成果,建立起更具解释力和创新性的理论,并得到了实证过程较为充分的检验。因而,本书在一定程度上突破了分离运动政治学对政府行为的静态预设,拓展了政府作为复合多元行为体的解释空间,为不同分离问题场景中政府动机、约束及策略选择逻辑提供了新的见解。

第二,菲律宾、印尼和泰国等东南亚国家普遍面临分离主义挑战,分离运动的兴起与发展过程印证了传统研究所强调的殖民遗产、国家建设与政策歧视等因素的影响,但是本研究发现分离运动动员强度存在显著差异,这取决于分离地区的精英族内整合。以泰南分离运动与亚齐分离运动为例,伊斯兰教育的流散化和外部支持的多元化,导致泰南马来穆斯林精英存在多层次分化问题,既有与泰国当局合作的瓦达赫集团,又有与马来西亚吉兰丹州联系密切的精英群体,也有得到沙特等阿拉伯国家支持的组织。在意识形态方面,伊斯兰主义、社会主义、马来民族主义等多元思想进一步分化了精英群体,让泰南分离运动迟迟无法实现有效的族内整合。这一问题也出现在菲律宾的摩洛分离运动之中,但是其分裂程度更低,并且有效实现了派系消长和代际更替,最终得以构建起组织聚合的分离运动动员强度。相比之下,亚齐分离运动植根于伊斯兰教国运动的人员基础,在建立之初便注重构造中央集权的组织结构,以及吸纳各个阶层的精英和成员(大学生、伊斯兰学者、游击队员等),这一过程伴随多次镇压与复兴,从而在民主转型初期建立起组织聚合的动员强度。

第三,本书为理解东南亚分离主义运动的互动,尤其是政府如何经略剿抚,解决分离问题提供了新的启示。东南亚地区的多样性为检验本研究的理论提供了理想的案例对象,在过程追踪的案例研究当中,本书着眼于比较菲律宾、印尼和泰国三国中分离组织、政权变迁以及政府策略选择的具体变化，得到以下如何理解东南亚分离运动的启示。

其一，东南亚地区对民族国家的想象具有脆弱性，却也拥有一定韧性，复杂的族群地理分布与权力关系让地方叛乱和分离运动能够寻找到足够的怨恨来实施政治动员，而政权应对分离挑战时却也努力维持民族国家的框架稳固，其与领土和主权概念实现了紧密绑定。

其二，各国在政体层面的威权与民主之分无法完全决定政府的应对选择，其影响指向的是镇压力度，实际上是不同政府内部的互动过程牵制着具体选择。国家建设与政治转型中的民族主义情绪容易导致政府采取更加过激的镇压手段，对分离地区的资源贪婪也不足以解释妥协政策的实施。

其三，东南亚国家在军政关系方面的失衡导致领导人极易遭到军事精英在安全政策上的"绑架"，破坏和平进程、恶化分离冲突，强制力量内部的派系化和竞争性安全行动增加了分离冲突的持续时间和烈度。同时，精英关系的派系化将会极大地限制领导人维护国家稳定的意愿和能力，东南亚原生的王室权威、寡头与家族政治威胁着政权稳定，制造政治危机和否决政治制衡/挑战领导人，也让分离问题成为领导人转移矛盾、争取支持的政策抓手。

其四，东南亚民主转向后构建起的政治制度仍未成熟，使得领导人个人权威与魅力对于政权实现集中控制有着重要支撑作用，这与东南亚非正式的权威主义文化、庇护关系有一定联系，强人政治的崛起在特定情况下（搭建起集中控制的政权控制模式）有利于分离问题的解决。此外，亚洲金融危机后，东南亚各国面临日益严峻的外部干预和经济改革压力，但是分离运动利用此契机推动国际化及其对政权的制约是有限度的，外部干预只能在短期内限制政府的应对选择，并且可能引发镇压政策的反弹与加码，关键还是在于母国政府能否实现自身政权控制的稳固，并顺势推动分离问题的解决。

第四，本书基于东南亚多民族国家整合政治提出的理论框架对于理解世界其他地区和国家的分离主义运动变迁及政府应对逻辑同样具有参考意义。例如，爱尔兰南北分治的历史解决方案使得北爱尔兰的天主教群体处于弱势和在部分政策上遭遇歧视（如公有住房分配问题）的状态，受美国黑人民权运动启发在20世纪60年代掀起大游行活动，却触发了新教徒与天主教徒的冲突而升级为暴动，天主教徒在地方政府和警察偏袒新教徒的情况下开始采取暴力手段。沉寂许久的爱尔兰共和军重新活跃起来，但其内部正统派与临时派的分歧巨大。作为激进派的临时爱尔兰共和军不断分裂并采取大量针对英国高官和新教徒平民的边缘暴力行动，其分离运动动员强度处于派系竞争状态，武装规模相对有限（约500人），存在战略分化空间。因而，英国政府派出军队以天主教社区为目标进行封锁和搜捕，对北爱实施直接统治，以"分而治之"的策略镇压民族主义激进派的暴力活动，并在一定程度上牺牲联合主义派的利益，以建立机制允许爱尔兰对北爱发挥作用为筹码努力安抚民族主义派（如新芬党）与爱尔兰政府推动和谈，但北爱两派集团的不妥协导致1973年太阳谷谈判和《桑宁代尔协议》的失败。20世纪80年代，英国政府的策略主体不变，谈判步骤有略微调整，希望率先与爱尔兰政府达成共识以通过后者协调北爱民族主义派的谈判问题，但《英爱协议》遭遇联合主义派的抵制，共和军与联合主义派进入"持久战"的长期冲突阶段。20世纪90年代，英国政府推动北爱多党会议并宣布《唐宁街宣言》以囊括所有北爱主要政治团体参与和谈，需要注意的是，此时英国政府并未完全转变分而治之的策略，上述和谈也并未给予北爱额外主权层面的让步，英国坚持了《桑宁代尔协定》以来的一贯立场，并要求共和军、新芬党必须停火方可参与谈判。[1] 1994年共和军宣布停火及接受和谈的根本原因是新芬党转向和谈路径、寻求和平导致的共和军社会政治支持的弱化以及美国克林顿政府外部斡旋并提供承诺等，方才有了1998年《友好星期五协议》这一关键协议的达成。[2] 但是，共和军之后

---

[1] 章毅君：《北爱尔兰和平进程述论》，《中央民族大学学报》（哲学社会科学版）2007年第4期。

[2] 刘金源：《布莱尔当政后的北爱尔兰和平进程》，《世界民族》2005年第1期。

又多次因解除武装等问题重新实施暴力袭击，而英国政府针对激进分子的打击政策逐渐确立起来。[1] 此外，"组织聚合的分离运动动员强度——集中控制的政权控制模式——政府选择妥协策略"的理论路径对厄尔特里亚、南苏丹等国的独立进程也具有一定的解释力，这里不做过多讨论。当然，这并不意味着本书的解释框架可以直接用于任何地区和国家案例的分析当中，还需要注意研究讨论的对象是"采取暴力方式的分离主义冲突"，需要辨析不同地区和国家自身民族国家历史和族群关系的影响，避免一概而论。

第五，本书对国家思考如何应对分离运动具有一定现实和政策意义。分离运动动员强度和政权控制模式共同影响了政府的应对选择，从冲突解决的效果来看，镇压与分而治之的组合策略都难以长效解决分离冲突，相比之下在分离运动处于组织聚合的动员强度之时，国家如果能够规避否决政治并实现军事规制，那么将有利于推动分离问题的和谈，并借此推动落实。族群冲突与内战议题的研究中长期持续争论的是如何有效地整合多民族国家中可能发生的分离主义问题，在相关政策层面提出了相互竞争的代表性观点。其中，"赋权派"认为，多民族国家应当承认国内族群之间的差异性、特殊性，赋予少数族群充足的自治和权利，说服分离运动放弃独立诉求；[2] 相比之下，"压制派"认为，单纯保证群体利益的特殊性效果有限，反而可能会壮大分离运动的势力，国家应当有选择地使用强制性力量和扶持政策以实现策略均衡，从而抑制分离运动。[3]

本书对此凝练的针对性政策启示包括以下三点。

---

[1] 邱显平、杨小明《北爱尔兰民族冲突化解途径分析》，《世界民族》2008 年第 6 期。

[2] Alfred Stepan, *Arguing Comparative Politics*, Oxford University Press, 2001, pp. 315 – 362; Mikhail Filippov, Peter C. Ordeshook and Olga Shvetsova, *Designing Federalism: A Theory of Self-Sustainable Federal Institutions*, New York: Cambridge University Press, 2004.

[3] Stathis N. Kalyvas, *The Logic of Violence in Civil War*, Cambridge: Cambridge University Press, 2006; Barbara F. Walter, *Reputation and Civil War: Why Separatist Conflicts Are So Violent*, Cambridge: Cambridge University Press, 2009; Kathleen Gallagher Cunningham, "Divide and Conquer or Divide and Concede: How Do States Respond to Internally Divided Separatists?", *American Political Science Review*, Vol. 105, No. 2, 2011, pp. 275 – 297.

其一，多民族国家的整合无法单纯依靠强制性力量长期维持内部稳定，也无法持续输血供养存在分离倾向的地区，二者的代价都是高昂的。治理分离地区时，"一刀切"的政策选择可能激化矛盾或放纵分离运动成长，需要研判其动员强度，对症下药。如果分离运动处于萌芽阶段，应防患于未然，通过经济发展和思想教育遏制分离思想传播和组织化动员；如果进入快速发展阶段，需要依托当地情报和社会网络，以同族平叛为主要方式，及时"扑灭"分离组织。同时，坚持和落实民族自治，提高分离地区对国家的认同感和归属感。

其二，在分离运动已成规模且威胁社会稳定的情况下，单纯依靠强制手段抑制分离运动的难度较大。因而，多民族国家整合更有效的做法是建立与分离群体的联系，辨析其内部动员强度，寻找到政策发力点，为温和派提供建立对内控制的必要条件和资源，从而搭建与内部整合的、温和的分离运动的对话平台，更可能实现长期有效的政治和解。由于激进派同样依赖分离地区民众或外部渠道的资源和合法性供给，多民族国家还应注意遏制分离运动的国际化，同时为分离地区民众提供可信的政治权利、社会福利和经济发展承诺。

其三，上述对症下药的政策实施，对多民族国家自身改革与政策供给能力提出更高的要求。政府应注意自身能力建设，做好内部共识与协调的建立，避免出现"政出多门"的问题，创建多主体（政党、社会、国家机构、国际社会）、跨部门（军队、立法、司法、政府）的合作与协调基础，有助于推动分离问题的长效解决。对于脆弱国家和政体而言，关键点是领导人需要足够的权威和政治支持，并有效推动安全部门职业化改革，塑造国内共识和政治基础，增进国际社会的理解和支持，阻断外部干涉的有效渠道，让和解措施切实落地。

第三节 未来研究展望

首先，本书的关键不足在于囿于资料的可获得性和研究问题的敏感性，未能完全打开政府应对选择决策的微观过程的"黑箱"。本书在案例检验的过程中主要借助各派力量的公开发言、访谈资料、当事人回忆录以及实际行动判断政府决策时的可能选项和主导行为体的构成，能在一定程度上观察政府内部行为体互动对最终应对选择的影响，尤其是关键节点上的领导人话语与政策转变成为验证理论预期的直接证据。当然，这是未来研究进一步扩展的方向，寻求更多突破口获取一手资料，尝试厘清微观决策的过程，包括在相关国家的内阁或相关安全委员会会议上主要的决策模式、关键部分负责人态度、博弈过程以及实际决策权归属等，有助于增进对政权控制模式这一干预变量的理解。

其次，由于分离运动直接涉及国家安全问题，强制力量在其中扮演着重要角色，作为本书解释框架中的重要构成也在案例检验和分析中得到了较为深入的探讨。但是，各国复杂的军政关系需要更为细致的区分和追踪，对于军队内部动态的分析尚存不足。未来研究可以尝试进一步细化军政关系、军队派系以及军事理念等对国家应对分离运动选择的影响、机制及其因果联系。不仅有助于增进在军事与安全维度中对分离运动的理解，而且由于发展中国家政治现代化普遍存在的低制度化问题导致军事干政、军队腐败等冲突频发，以分离运动为出发点进行分析也能够与既有军政关系的研究形成新的对话。

最后，随着武装冲突数据的发展和完善，分离主义运动数据库也能得到更为充分的数据收集，搭建起更具覆盖性、准确性和科学性的数据库。不过，近些年来针对分离运动数据库的构建处于相对停滞的状态，较为完善的最新数据库仍是尼古拉斯·桑巴尼斯等学者整理并在 2018 年《冲突解决杂志》上发布的"自决运动数据集"。[1] 但是，该数据集在研究对象筛选、政府应对选择以及分离群体特征方面与本书定义的"分离

---

[1] Nicholas Sambanis, Micha Germann and Andreas Schädel, "SDM: A New Data Set on Self-Determination Movements with an Application to the Reputational Theory of Conflict", *Journal of Conflict Resolution*, Vol. 62, No. 3, 2018, pp. 656–686.

主义运动"存在一定差异,且样本覆盖时段为1945—2012年,未能涵盖新近分离运动的信息。如果能够构建起一个涵盖主要分离运动、政权控制模式以及政府应对选择等变量在内的数据集,从而在量化层面检验本书提出的理论解释和研究假设,能进一步提升本书理论框架的适用性和稳健性,是未来研究可以努力挖掘的方向。

参考文献

一 中文专著

陈衍德等：《多民族共存与民族分离运动：东南亚民族关系的两个侧面》，厦门大学出版社2009年版。

关凯：《族群政治》，中央民族大学出版社2007年版。

金应熙：《菲律宾史》，河南大学出版社1990年版。

梁英明：《东南亚史》，人民出版社2010年版。

马燕冰、黄莺：《菲律宾》，社会科学文献出版社2007年版。

孙中山：《孙中山选集》，人民出版社2011年版。

田野：《国家的选择：国际制度、国内政治与国家自主性》，上海人民出版社2014年版。

王建娥、陈建樾：《族际政治与现代民族国家》，社会科学文献出版社2004年版。

吴崇伯：《当代印度尼西亚经济研究》，厦门大学出版社2012年版。

徐进、李巍：《改革开放以来中国对外政策变迁研究》，社会科学文献出版社2017年版。

薛松：《印度尼西亚族群动员的政治逻辑（1998—2017）》，中国社会科学出版社2020年版。

阎学通、孙学峰：《国际关系研究实用方式》，人民出版社2007年版。

张洁：《民族分离与国家认同——关于印尼亚齐民族问题的个案研究》，社会科学文献出版社2012年版。

周光俊:《分离运动的政治学——亚齐、魁北克、南苏丹和瑞士的比较分析》,中国社会科学出版社 2020 年版。

二 中文译著

[美] 芭芭拉·沃森·安达娅、伦纳德·安达娅:《马来西亚史》,黄秋迪译,中国大百科全书出版社 2010 年版。

[美] 本尼迪克特·安德森:《想象的共同体——民族主义的起源与散布》,吴叡人译,上海人民出版社 2011 年版。

[美] 戴维·K.怀亚特:《泰国史》,郭继光译,东方出版社 2009 年版。

[美] 道格拉斯·诺斯:《经济史中的结构与变迁》,陈郁、罗华平译,上海人民出版社 1994 年版。

[美] 托马斯·谢林:《承诺的策略》,王永钦、薛峰译,上海人民出版社 2009 年版。

[美] 西达·斯考切波:《国家与社会革命:对法国、俄国和中国的比较分析》,何俊志、王学东译,上海人民出版社 2007 年版。

[美] 亚当·普沃斯基:《国家与市场:政治经济学入门》,郦菁、张燕译,格致出版社 2009 年版。

[英] 安东尼·史密斯:《民族主义:理论、意识形态、历史》,叶江译,上海世纪出版集团 2006 年版。

[英] 戴维·米勒、韦农·波格丹诺:《布莱克维尔政治学百科全书》,邓正来译,中国政法大学出版社 1992 年版。

[德] 马克斯·韦伯:《论经济与社会中的法律》,张乃根译,中国大百科全书出版社 1998 年版。

三 中文期刊

岑容林:《泰南四府民族分裂主义的由来、演变与出路》,《东南亚研究》2007 年第 2 期。

查雯:《族群冲突理论在西方的兴起、发展及局限》,《国外社会科学》

2013年第6期。

陈冲：《机会、贪婪、怨恨与国内冲突的再思考——基于时空模型对非洲政治暴力的分析》，《世界经济与政治》2018年第8期。

陈琪、夏方波：《后威权时代的印尼地方分权与政治变迁》，《东南亚研究》2019年第2期。

陈衍德、彭慧：《菲律宾现代化进程中摩洛人的处境与反抗（1946—1986）》，《南洋问题研究》2007年第1期。

杜继锋：《后苏哈托时期印尼军队的职业化改革》，《当代亚太》2006年第11期。

杜继锋：《民主治理与民主巩固——东南亚国家的政治发展困境》，《南洋问题研究》2007年第4期。

方金英：《东帝汶独立的由来及其前景》，《现代国际关系》1999年第12期。

冯雷：《菲律宾天主教会同马科斯政权的关系》，《东南亚研究》2000年第4期。

冯雷：《马科斯政府时期美国政府与菲律宾基督教组织关系探讨》，《东南亚研究》2016年第6期。

傅聪聪等：《南海争端视域下马菲两国领土主权纠纷：陆海联动与潜在风险》，《印度洋经济体研究》2021年第3期。

韩志斌：《利比亚政治危机的历史探溯》，《阿拉伯世界研究》2012年第2期。

郝诗楠、高奇琦：《分离主义的成与败：一项基于质性比较分析的研究》，《世界经济与政治》2016年第6期。

贺圣达：《朱拉隆功改革与泰国的现代化进程》，《世界历史》1989年第4期。

金勇：《泰国銮披汶时期的文化政策及其意涵》，《东方论坛》2013年第5期。

靳晓哲：《"后伊斯兰国"时代东南亚的恐怖主义与反恐合作》，《东南亚研究》2020年第2期。

靳晓哲：《东南亚地区分离运动的发展路径与现实走向研究——以东帝汶、印尼亚齐、泰国南部为例》，《南洋问题研究》2019年第1期。

靳晓哲：《菲律宾南部摩洛问题的演进、症结与前景》，《南亚东南亚研究》2019年第2期。

李捷、靳晓哲：《21世纪以来中国的分裂主义研究——李捷教授访谈》，《国际政治研究》2022年第6期。

李捷、靳晓哲：《转型与升级：近年菲律宾南部恐怖主义发展研究》，《国际安全研究》2018年第5期。

李捷、雍通：《权力下放与分离主义治理——基于亚齐与菲南的案例分析》，《东南亚研究》2019年第5期。

李一平：《1999年以来印尼马鲁古地区民族分离运动探析》，《南洋问题研究》2011年第3期。

李一平：《冷战后东南亚的民族分离主义运动——以印度尼西亚为例》，《当代亚太》2002年第9期。

李一平：《亚齐民族分离主义运动述评》，《世界历史》2006年第4期。

李一平、吴向红：《冷战后泰南穆斯林分离运动的原因探析》，《南洋问题研究》2007年第3期。

刘丰：《概念生成与国际关系理论创新》，《国际政治研究》2014年第4期。

刘丰：《国际关系理论研究的困境、进展与前景》，《外交评论》2017年第1期。

刘丰：《类型化方法与国际关系研究设计》，《世界经济与政治》2017年第8期。

刘倩、翟崑：《从对抗性要素联盟看泰国政治怪圈的形成机制》，《东南亚研究》2016年第4期。

刘若楠：《大国安全竞争与东南亚国家的地区战略转变》，《世界经济与政治》2017年第4期。

卢光盛、胡辉:《身份与利益——东南亚恐怖主义根源探析》,《世界民族》2020 年第 2 期。

卢凌宇:《西方学者对非洲国家能力（1970—2012）的分析与解读》,《国际政治研究》2016 年第 4 期。

卢凌宇、古宝密:《怨恨、机会，还是战略互动？——国内冲突起因研究述评》,《国际观察》2019 年第 2 期。

罗圣荣、王跻崭:《菲律宾当代摩洛分离组织的发展及和谈历程》,《东南亚南亚研究》2010 年第 4 期。

孟庆顺:《菲南和平进程的回顾与思考》,《南洋问题研究》2008 年第 4 期。

孟庆顺:《泰国南部问题的成因探析》,《当代亚太》2007 年第 6 期。

聂宏毅、李彬:《中国在领土争端中的政策选择》,《国际政治科学》2008 年第 4 期。

彭慧:《20 世纪以来泰国马来穆斯林民族主义的演化与发展》,《南洋问题研究》2009 年第 4 期。

彭慧:《菲律宾南部穆斯林分离运动的缘由——反抗组织领导层与普通穆斯林的意识形态错位》,《南洋问题研究》2004 年第 2 期。

钱雪梅:《民族自决原则的国际政治限制及其含义》,《民族研究》2005 年第 6 期。

钱雪梅:《宗教民族主义探析》,《民族研究》2007 年第 4 期。

曲博:《因果机制与过程追踪法》,《世界经济与政治》2010 年第 4 期。

施雪琴:《试论当代菲律宾天主教社会行动之肇始》,《南洋问题研究》2012 年第 4 期。

施雪琴:《战后东南亚民族分离主义运动评述》,《世界历史》2002 年第 6 期。

史田一:《天主教会推动菲律宾民主化转型的意愿与优势》,《武汉科技大学学报》（社会科学版）2017 年第 6 期。

宋菁菁:《论分离主义冲突的持续路径差异——基于印尼、泰国和菲律宾的比较研究》,《东南亚研究》2020 年第 5 期。

孙学峰:《国际关系研究中的"研究问题"及其选择》,《世界经济与政治》2002 年第 6 期。

孙学峰、阎学通:《国际关系研究中的文献回顾》,《世界经济与政治》2007 年第 6 期。

唐世平:《"安全困境"和族群冲突——迈向一个动态和整合的族群冲突理论》,《欧洲研究》2014 年第 3 期。

唐世平等:《石油是否导致族群战争?——过程追踪法与定量研究法的比较》,《世界政治研究》2018 年第 1 期。

田野:《国际制度对国内政治的影响机制——来自理性选择制度主义的解释》,《世界经济与政治》2011 年第 1 期。

王凯、唐世平:《安全困境与族群冲突——基于"机制+因素"的分析框架》,《国际政治科学》2013 年第 3 期。

王联:《试析民族问题的国际化及其影响》,《世界民族》2000 年第 2 期。

韦红:《印尼国内政治对中国印尼共建海上丝绸之路的影响及对策》,《社会主义研究》2016 年第 3 期。

吴崇伯:《印尼国有企业发展与改革问题研究》,《南洋问题研究》2011 年第 3 期。

吴杰伟:《超越裙带政治之路:"民粹主义"与杜特尔特的"强人政治"》,《东南亚研究》2018 年第 5 期。

吴杰伟:《菲律宾穆斯林问题溯源》,《当代亚太》2000 年第 12 期。

吴志成、迟永:《领土争端研究评析》,《教学与研究》2015 年第 10 期。

夏方波、陈琪:《双重整合博弈与分离主义运动的进程性模式分异》,《世界经济与政治》2022 年第 6 期。

许利平:《印度尼西亚的多元民主改革及前景》,《南洋问题研究》2011 年第 1 期。

许利平:《印尼的地方自治:实践与挑战》,《东南亚研究》2010 年第

5 期。

薛松：《分权与族群分离运动：基于印尼的分析》，《国际政治科学》2019 年第 4 期。

闫健：《非洲的分离主义运动：类型、特征与演变趋势》，《国际政治研究》2023 年第 2 期。

严庆：《民族分裂主义及其治理模式研究》，《国际安全研究》2015 年第 4 期。

阳举伟、左娅：《缅甸族群冲突与族群和解进程探究》，《东南亚研究》2018 年第 4 期。

杨迪、漆海霞：《外国干涉族群冲突的研究综述》，《国际政治科学》2015 年第 2 期。

杨恕：《分裂主义产生的前提及动因分析》，《世界经济与政治》2011 年第 12 期。

杨恕、李捷：《分裂主义国际化进程研究》，《世界经济与政治》2009 年第 12 期。

叶成城、唐世平：《基于因果机制的案例选择方法》，《世界经济与政治》2019 年第 10 期。

张勇、杨光斌：《国家自主性理论的发展脉络》，《教学与研究》2010 年第 5 期。

周方冶：《政治转型中的制度因素：泰国选举制度改革研究》，《南洋问题研究》2011 年第 3 期。

周光俊：《何种分离？谁之命运？——一项关于分离运动概念的梳理》，《世界经济与政治》2017 年第 10 期。

周光俊：《三重政治结构中的分离主义政党》，《世界经济与政治》2021 年第 9 期。

庄礼伟：《印度尼西亚社会转型与族群冲突——亚齐民族分离运动个案研究》，《世界民族》2005 年第 1 期。

左宏愿：《族群冲突与制度设计：协和民主模式与聚合模式的理论比

较》,《民族研究》2012 年第 5 期。

四 英文著作

Abraham Iribani, *Give Peace a Chance*: *The Story of GRP-MNLF Peace Talks*, Magbassa Kita Foundation, 2006.

Adam Schwarz, *A Nation in Waiting*: *Indonesia's Search for Stability*, Boulder, CO: Westview Press, 2000.

Ahsan I. Butt, *Secession and Security*: *Explaining State Strategy against Separatists*, Ithaca and London: Cornell University Press, 2017.

Alan James, *Sovereign Statehood*: *The Basis for International Society*, London, UK: Allen and Unwin Publishers, 1986.

Aleksandar Pavković and Peter Radan, *Creating New States*: *Theory and Practice of Secession*, UK, USA: Ashgate Publishing, 2007.

Alfred Stepan, *Arguing Comparative Politics*, Oxford University Press, 2001.

Amando Doronilla, *The State, Economic Transformation, and Political Change in the Philippines, 1946 – 1972*, Singapore: Oxford University Press, 1992.

Amando Doronilla, *The Fall of Joseph Estrada*: *The Inside Story*, Pasig: Anvil Publishing, Inc., 2001.

Amy Blitz, *The Contested State*: *American Foreign Policy and Regime Change in the Philippines*, Rowman & Littlefield, 2000.

Ana Arjona, Nelson Kasfir, Zachariah Mampilly *Rebel Governance in Civil War*, Cambridge: Cambridge University Press, 2015.

Andreas Schedler, *The Politics of Uncertainty*: *Sustaining and Subverting Electoral Authoritarianism*, Oxford University Press, 2013.

Anthony Reid, *The Blood of the People*: *Revolution and the End of Traditional Rule in Northern Sumatra*, Oxford University Press, Kuala Lumpur, 1979.

Anthony Reid, *An Indonesian Frontier*: *Acehnese & Other Histories of Sumatra*,

Singapore: Singapore University Press, 2005.

Anne Noroha Dos Santos, *A Theory of International Intervention in Secessionist War*, University of California Riverside, 2004.

Aprodicio A. Laquian and Eleanor R. Laquian, *The Erap Tragedy: Tales from the Snake Pit*, Pasig: Anvil Publishing, Inc. , 2002.

Arend Lijphart, *Democracy in Plural Societies: A Comparative Exploration*, New Haven: Yale University Press, 1977.

Aries Arugay, *Democracy's Saviors and Spoilers: A Study of the Causal Conditions and Mechanisms behind "Civil Society Coups" after the Third Wave of Democratization*, Georgia State University, 2014.

Aries C. Rufo, *Altar of Secrets: Sex, Politics, and Money in the Philippine Catholic Church*, Manila: Journalism for Nationbuilding Foundation, 2013.

Arskal Salim, *Islamising Indonesian Laws? Legal and Political Dissonance in Indonesian Shari'a, 1945 – 2005*, University of Melbourne, Melbourne, 2006.

Aslihan Saygili, *Democratization, Ethnic Minorities and the Politics of Self-Determination Reform*, Columbia University, 2019.

Barbara F. Walter, *Committing to Peace: The Successful Settlements of Civil Wars*, Princeton, NJ: Princeton University Press, 2002.

Barbara F. Walter, *Reputation and Civil War: Why Separatist Conflicts are So Violent*, Cambridge: Cambridge University Press, 2009.

Blair Andrew King, *Empowering the Presidency: Interests and Perceptions in Indonesia's Constitutional Reforms, 1999 – 2002*, The Ohio State University, 2004.

Bridget Coggins, *Power Politics and State Formation in the Twentieth Century: The Dynamics of Recognition*, USA: Cambridge University Press, 2014.

Bruce Bueno de Mesquita, Alastair Smith and James Morrow et al. , *The Logic of Political Survival*, Cambridge, MA: MIT Press, 2003.

Cesar Adib Majul, *Muslims in the Philippines*, Quezon City: Philippines Press, 1973.

Cesar Adib Majul, *The Contemporary Muslim Movement in the Philippines*, Berkeley, CA: Mizan Press, 1985.

Cesar Pobre ed., *In Assertion of Sovereignty: The 2000 Campaign against the MILF*, Quezon City: AFP, 2009.

Christa Deiwiks, *Ethnofederalism: A Slippery Slope towards Secessionist Conflict?* ETH Zurich, 2011.

Christian Davenport, *State Repression and the Domestic Democratic Peace*, Cambridge: Cambridge University Press, 2007.

Clive J. Christie, *A Modern History of Southeast Asia: Decolonization, Nationalism and Separatism*, London: Tauris, 1996.

Damien Kingsbury, *Peace in Aceh: A Personal Account of the Helsinki Peace Process*, Equinox Publishing, 2006.

Dan Slater, *Ordering Power: Contentious Politics and Authoritarian Leviathans in Southeast Asia*, Cambridge: Cambridge University Press, 2010.

David C. Kang, *Crony Capitalism: Corruption and Development in South Korea and the Philippines*, New York: Cambridge University Press, 2002.

David N. Gibbs, *The Political Economy of Third World Intervention: Mines, Money, and U. S. Policy in the Congo Crisis*, University of Chicago Press, 1991.

Davide Commission, *The Final Report of the Fact-Finding Commission Ⅱ: Political Change and Military Transmition in the Philippines, 1966 – 1989: From the Barracks to the Corridors of Power*, October 3, 1990.

Dawn Brancati, *Peace by Design: Managing Intrastate Conflict through Decentralization*, Oxford: Oxford University Press, 2009.

Delfin Castro, *A Mindanao Story: Troubled Decades in the Eye of the Storm*, Bibliography: Delfin Castro, 2005.

Desmond Ball and David Scott Mathieson, *Militia Redux Or Sor and the Revival of Paramilitarism in Thailand*, Bangkok: White Lotus, 2007.

Djayadi Hanan, *Making Presidentialism Work: Legislative and Executive Interaction in Indonesian Democracy*, Ohio State University, 2012.

Donald L. Horowitz, *Democratic South Africa? Constitutional Engineering in a Divided Society*, Berkeley: University of California Press, 1991.

Donald L. Horowitz, *Ethnic Groups in Conflict*, Berkeley, Los Angeles, London: University of California Press, 2000.

Doug Mc Adam, *Political Process and the Development of Black Insurgency, 1930 – 1970*, Chicago: University of Chicago Press, 1999.

Duncan Mc Cargo, *Rethinking Thailand's Southern Violence*, Singapore: NUS Press, 2006.

Duncan Mc Cargo, *Tearing Apart the Land: Islam and Legitimacy in Southern Thailand*, Cornell University Press, 2008.

Edward Aspinall and Harold Crouch, *The Aceh Peace Process: Why it Failed*, East-West Center Washington, 2003.

Edward Aspinall, *The Helsinki Agreement: A More Promising Basis for Peace in Aceh?* Washington, D. C. : East-West Center, 2005.

Edward Aspinall, *Islam and Nation: Separatist Rebellion in Aceh*, Indonesia Stanford: Stanford University Press, 2009.

Edward D. Mansfield and Helen V. Milner, *Votes, Vetoes, and the Political Economy of International Trade Agreements*, Princeton: Princeton University Press, 2012.

Elise Giuliano, *Constructing Grievance: Ethnic Nationalism in Russia's Republics*, Cornell University Press, 2011.

Eric Eugene Morris, *Islam and Politics in Aceh: A Study of Center-Periphery Relations in Indonesia*, Ithaca, New York: Cornell University, 1983.

Eric U. Gutierrez, Ildefonso C. Torrente and Noli G. Narca, *All in the Family:*

A Study of Elites and Power Relations in the Philippines, Quezon City: Institute for Popular Democracy, 1992.

Erez Manela, *The Wilsonian Moment: Self-Determination and the International Origins of Anticolonial Nationalism*, Oxford: Oxford University Press, 2009.

Eva-Lotta Hedman and John T. Sidel, *Philippine Politics and Society in the Twentieth Century*, London: Routledge, 2000.

Fortunato U. Abat, *The Day We Nearly Lost Mindanao: The CEM-COM Story*, Quezon City, Philippines: SBA Printers, 1993.

Gary Goertz and James Mahoney, *A Tale of Two Cultures: Qualitative and Quantitative Research in the Social Sciences*, Princeton University Press, 2012.

Gary King, Robert O. Keohane and Sidney Verba, *Designing Social Inquiry: Scientific Inference in Qualitative Research*, Princeton: Princeton University, 1994.

Geoffrey Robinson, *Rawan Is as Rawan Does: The Origins of Disorder in New Order Aceh*, Indonesia, Vol. 66, 1998.

George Tsebelis, *Veto Players: How Political Institutions Work*, Princeton: Princeton University Press, 2002.

Glenda Gloria, *The RAM Boys; Where are They Now?* Philippine Center for Investigative Journalism Reports, December 1, 1999.

Glenda Gloria, *We Were Soldiers*, Quezon City, Philippines: Friedrich-Ebert Stiftung, 2003.

Harold A. Crouch, *The Army and Politics in Indonesia*, Equinox, 2007.

Harold A. Crouch, *Political Reform in Indonesia After Soeharto*, ISEAS Publishing, 2010.

Harold Maynard, *A Comparison of Military Elite Role Perceptions in Indonesia and the Philippines*, American University, 1976.

Hasan di Tiro, *The Legal Status of Acheh-Sumatra Under International Law*, National Liberation Front of Acheh-Sumatra, 1980.

Hashim Salamat, *The Bangsamoro Mujahid: His Objectives and Responsibilities*, Mindanao: Bangsamoro Press, 1985.

Helen Milner, *Interests, Institutions, and Information*, Princeton: Princeton University Press, 1997.

Henry E. Hale, *The Foundations of Ethnic Politics: Separatism of States and Nations in Eurasia and the World*, Cambridge University Press, 2008.

Herbert Feith, *The Decline of Constitutional Democracy in Indonesia*, Equinox Publishing, 2006.

Ikrar Nusa Bhakti, Sri Yanuarti and MochamadNurhasim, *Military Politics, Ethnicity and Conflict in Indonesia*, Oxford: Centre for Research on Inequality, Human Security and Ethnicity (CRISE) of Oxford University, 2009.

Jack Synder, *Myths of Empire: Domestic Politics and International Ambition*, Cornell University Press, 1991.

Jack Snyder, *From Voting to Violence: Democratization and Nationalist Conflict*, W. W. Norton & Company, 2000.

Jacques Bertrand, *Nationalism and Ethnic: Conflict in Indonesia*, New York: Cambridge University Press, 2004.

Jeff Goodwin, *No Other Way Out: States and Revolutionary Movements, 1945–1991*, Cambridge University Press, 2001.

Jeffrey A. Winters, *Oligarchy*, Cambridge University Press, 2011.

James Crawford, *The Creation of States in International Law*, Oxford: Oxford University Press, 2006.

James Klein, *Democracy and Conflict in Southern Thailand: A Survey of the Thai Electorate in Yala, Narathiwat, and Pattani*, Washington, D. C.: The Asia Foundation, 2010.

Janchitfah Supara, *Violence in the Mist*, Bangkok: Kobfai Publishing Project,

2004.

Jemma Purdey, *Anti-Chinese Violence in Indonesia, 1996 – 1999*, Honolulu, HI: University of Hawaii Press, 2006.

Jennifer Conroy Franco, *Campaigning for Democracy: Grassroots Citizenship Movements, Less-Than-Democratic Elections, and Regime Transition in the Philippines*, Quezon City: Institute for Popular Democracy, 2000.

Jennifer Conroy Franco, *Elections and Democratization in the Philippines*, New York: Routledge, 2000.

Jennifer Gandhi, *Political Institutions under Dictatorship*, UK: Cambridge University Press, 2008.

Jennifer Marie Keister, *States within States: How Rebels Rule*, University of California, San Diego, 2011.

Jessica Weeks, *Dictators at War and Peace*, Ithaca, New York: Cornell University Press, 2014.

Jeremy M. Weinstein, *Inside Rebellion: The Politics of Insurgent Violence*, Cambridge University Press, 2007.

Joel Rocamora, *Breaking Through: The Struggle within the Communist Party of the Philippines*, Manila: Anvil Press, 1994.

Joel S. Migdal, *Strong Societies and Weak States: State-Society Relations and State Capabilities in the Third World*, Princeton University Press, 1988.

John A. Vasquez, *The War Puzzle*, Cambridge: Cambridge University Press, 1993.

John F. Kantner and Lee McCaffrey, eds., *Population and Development in Southeast Asia*, London: Lexington Books, 1975.

Jongseok Woo, *Security Threats and the Military's Domestic Political Role: A Comparative Study of South Korea, Taiwan, the Philippines, and Indonesia*, The University of Texas at Austin, 2007.

Jose F. Lacaba, *Days of Disquiet, Nights of Rage: The First Quarter Storm &*

Related Events, Manila: Salinlahi Pub. House, 1982.

Jose Veloso Abueva, et al., *The Ramos Presidency and Administration: Record and Legacy (1992 – 1998)*, Quezon City: University of the Philippines Press, 1998.

Jose Veloso Abueva, et al., *The Macapagal-Arroyo Presidency and Administration: Record and Legacy (2001 – 2004)*, Quezon City: University of the Philippines Press, 2004.

Joseph Chinyong Liow, *Muslim Resistance in Southern Thailand and Southern Philippines: Religion, Ideology, and Politics*, East-West Center, 2006.

Joseph Chinyong Liow and Don Pathan, *Confronting Ghosts: Thailand's Shapeless Southern Insurgency*, Lowy Institute for International Policy, 2010.

Joseph Nevins, *A Not-So-Distant Horror: Mass Violence in East Timor*, Ithaca, New York: Cornell University Press, 2005.

Juan Ponce Enrile, *Juan Ponce Enrile, A Memoir*, ABS-CBN Publishing, 2012.

Julie A. George, *The Politics of Ethnic Separatism in Russia and Georgia*, New York: Palgrave Macmillan, 2009.

Jun Honna, *Military Politics and Democratization in Indonesia*, London, New York: Routledge, 2003.

Kathleen Gallagher Cunningham, *Inside the Politics of Self-Determination*, New York: Oxford University Press, 2014.

Kenneth Conboy, *Kopassus: Inside Indonesia's Special Forces*, Equinox Publishing, 2003.

Kenneth Conboy, *Intel: Inside Indonesia's Intelligence Service*, Jakarta: Equinox Publishing, 2004.

Kirsten E. Schulze, *The Free Aceh Movement: Anatomy of a Separatist Organization*, Washington, D. C.: East-West Center Washington, 2004.

Kirsten E. Schulze, *Mission not so Impossible: The Aceh Monitoring Mission and Lessons Learned for the EU*, Rajaratnam School of International Studies, 2007.

Leonard C. Sebastian, *Realpolitik Ideology: Indonesia's Use of Military Force*, Institute of Southeast Asian Studies, 2006.

Leonard C. Sebastian, *Susilo Bambang Yudhoyono and His Generals*, Nanyang Technological University, Policy Brief: No 1/2007 January, 2007.

Lim Joo-Jock, *Armed Separatism in Southeast Asia*, Singapore: Institute of Southeast Asian Studies, 1984.

Lisa L. Martin, *Democratic Commitments: Legislatures and International Cooperation*, Princeton, New Jersey: Princeton University Press, 2000.

Lukman Thaib, *Political Dimension of Islam in Southeast Asia*, Kuala Lumpur: National University of Malaysia, 1996.

Marc Askew, Conspiracy, *Politics, and a Disorderly Border: The Struggle to Comprehend Insurgency in Thailand's Deep South*, Policy Studies 29, Washington, D. C. : East-West Center in Washington, 2007.

Marcus Mietzner, "The Politics of Military Reform in Post-Suharto Indonesia: Elite Conflict, Nationalism and Institutional Resistance", *Policy Studies 23*, Washington, D. C. : East-West Center Washington, 2006.

Marites Danguilan Vitug and Glenda M. Gloria, *Under the Crescent Moon: Rebellion in Mindanao*, Quezon City: Ateneo Center for Social Policy and Public Affairs, 2000.

Marites Danguilan Vitug, *Hour Before Dawn: The Fall and Uncertain Rise of the Philippine Supreme Court*, Cleverheads Publishing, 2012.

Mark R. Thompson, *The Anti-Marcos Struggle: Personalistic Rule and Democratic Transition in the Philippines*, New Haven: Yale University Press, 1995.

Max Weber, John Dreijmanis and Gordon C. Wells, *Max Weber's Complete Writings on Academic and Political Vocations*, New York: Algora Publishing, 2008.

Menandro Sarion Abanes, *Ethno-Religious Identification and Intergroup Contact Avoidance: An Empirical Study on Christian-Muslim Relations in the Philippines*, Nijmegen Studies in Development and Cultural Change, LIT Verlag, 2014.

Michael Hechter, *Containing Nationalism*, Oxford: Oxford University Press, 2001.

Michael J. Diamond and Peter G. Gowing, *Islam and Muslims Some Basic Information*, Quezon City: New Day Publishers, 1981.

Michael Leifer, *A Dictionary of the Modern Politics of South-East Asia*, London and New York: Routledge, 1996.

Michelle Ann Miller, *Rebellion and Reform in Indonesia: Jakarta's Security and Autonomy Polices in Aceh*, Routledge, 2009.

Mikhail Filippov, Peter C. Ordeshook and Olga Shvetsova, *Designing Federalism: A Theory of Self-Sustainable Federal Institutions*, New York: Cambridge University Press, 2004.

Mikio Oishi, *Contemporary Conflicts in Southeast Asia: Towards a New ASEAN Way of Conflict Management*, Springer Publishing, 2015.

Milan W. Svolik, *The Politics of Authoritarian Rule*, Cambridge University Press, 2012.

Milica Zarkovic Bookman, *The Economics of Secession*, New York: St Martin's Press, 1992.

Monica Duffy Toft, *The Geography of Ethnic Violence: Identity, Interests, and the Indivisibility of Territory*, Princeton University Press, 2003.

Monica Duffy Toft, *Securing the Peace: The Durable Settlement of Civil Wars*, Princeton, N. J.: Princeton University Press, 2010.

Moshe Yegar, *Between Integration and Secession: The Muslim Communities of the Southern Philippines, Southern Thailand, and Western Burma/Myan-*

mar, Lexington Books, 2002.

Muhamad Haripin, *Civil-Military Relations in Indonesia: The Politics of Military Operations Other Than War*, Routledge, 2020.

Munir, *The Stagnation of Reforms in the Indonesian Armed Forces*, INFID, 2003.

N. John Funston, *Southern Thailand: The Dynamics of Conflict*, Washington: East West Center, 2008.

Nasir Tamara, *Witness in The Strom: A Memoir of an Army General (ret) Wiranto*, Jakarta: Delta Pustaka Express, 2004.

Nicholas Tarling, *Sulu and Sabah: A Study of British Policy towards the Philippines and North Borneo from the Late Eighteenth Century*, Kuala Lumpur: Oxford University Press, 1978.

Olli Hellmann, *Political Parties and Electoral Strategy: The Development of Party Organization in East Asia*, Springer, 2011.

Patricio N. Abinales, *Making Mindanao: Cotabato and Davao in the Formation of the Philippines Nation-State*, Manila: Ateneo De Manila University Press, 2000.

Paul A. Kramer, *The Blood of Government: Race, Empire, the United States, and the Philippines*, The University of North Carolina Press, 2006.

Paul J. Carnegie, Victor T. King and Zawawi Ibrahim, *Human Insecurities in Southeast Asia*, Springer, 2016.

Paul K. Huth, *Standing Your Ground: Territorial Disputes and International Conflict*, Ann Arbor: The University of Michigan Press, 1996.

Paul K. Huth and Todd L. Allee, *The Democratic Peace and Territorial Conflict in the Twentieth Century*, Cambridge: Cambridge University Press, 2003.

Paul Rafaelle, *Harris Salleh of Sabah*, Hong Kong: Condor Publishing, 1986.

Paul Staniland, *Networks of Rebellion: Explaining Insurgent Cohesion and Col-

lapse, Ithaca, New York: Cornell University Press, 2014.

Peter Chalk, *The Malay-Muslim Insurgency in Southern Thailand: Understanding the Conflict's Evolving Dynamic*, Rand Corporation, 2008.

Peter Chalk, et al., *The Evolving Terrorist Threat to Southeast Asia: A Net Assessment*, Santa Monica: RAND Corporation, 2009.

Peter G. Gowing and Robert D. McAmis, *The Muslim Filipinos*, Manila: Solidaridad Publishing House, 1974.

Philip G. Roeder, *Where Nation-States Come From: Institutional Change in the Age of Nation*, Princeton University Press, 2007.

Rames Amer, *Conflict Management and Dispute Settlement in East Asia*, Ashgate Publishing, 2013.

Richard Barber, *Aceh, the Untold Story: An Introduction to the Human Rights Crisis in Aceh*, Bangkok: Asian Forum for Human Rights and Development, 2000.

Richard Javad Heydarian, *The Rise of Duterte: A Populist Revolt against Elite Democracy*, Singapore: Palgrave Macmillan UK, 2017.

Richard Robison and Vedi R. Hadiz, *Reorganising Power in Indonesia: The Politics of Oligarchy in an Age of Markets*, Routledge, 2006.

Robert L. Youngblood, *Marcos Against the Church: Economic Development and Political Repression in the Philippines*, Ithaca: Cornell University Press, 1990.

Rohan Gunaratna, Arabinda Acharya and Sabrina Chua, eds., *Conflict and Terrorism in Southern Thailand*, Singapore: Marshall Cavendish, 2005.

Ruben Guevarra, *The Story Behind the Plaza Miranda Bombing*, Quezon City: Katotohanan at Katarungan Foundation, 1989.

Roger D. Petersen, *Resistance and Rebellion*, Cambridge: Cambridge University Press, 2001.

Rodd McGibbon, *Secessionist Challenges in Aceh and Papua: Is Special Auton-*

omy the Solution? Washington, D. C.: East-West Center, 2004.

Russell Cheetham and Edward K. Hawkins, *The Philippines: Priorities and Prospects for Development*, Washington, D. C.: The World Bank, 1976.

Ryan D. Griffiths, *Age of Secession: The International and Domestic Determinants of State Birth*, Cambridge, U. K.: Cambridge University Press, 2016.

Salah Jubair, *Bangsamoro: A Nation under Endless Tyranny*, Kuala Lumpur: IQMarin SDN BHD, 1999.

Samuel K. Tan, *The Filipino Muslim Armed Struggle 1900 – 1972*, Filipinas Foundation Inc, 1977.

Shamsuddin L. Taya, *Strategies and Tactics of the Moro Islamic Liberation Front (MILF) in the Southern Philippines*, Sintok: UUM Press, 2009.

Shanti Nair, *Islam in Malaysian Foreign Policy*, Routledge, 2013.

Stathis N. Kalyvas, *The Logic of Violence in Civil War*, Cambridge: Cambridge University Press, 2006.

Stephen Krasner, *Defending the National Interest: Raw Materials Investment and U. S. Foreign Policy*, Princeton: Princeton University Press, 1978.

Surin Pitsuwan, *Islam and Malay Nationalism: A Case Study of the Malay-Muslims of Southern Thailand*, Bangkok: Thai Khadi Research Institute, Thammasat University, 1985.

Susilo Bambang Yudhoyono, *Transforming Indonesia: Selected International Speeches*, Jakarta: Gramedia Pustaka Utama, 2005.

Tatik S. Hafidz, *Fading Away? The Political Role of the Army in Indonesia's Transition to Democracy*, Singapore: Institute of Defence and Strategic Studies, 2006.

Ted R. Gurr, *Peoples Versus States: Minorities at Risk in the New Century*, Washington, D. C.: United States Institute of Peace, 2000.

Thanet Aphornsuvan, *Rebellion in Southern Thailand: Contending Histories*,

Singapore: ISEAS Publishing, 2007.

Thomas M. McKenna, *Muslim Rulers and Rebels: Everyday Politics and Armed Separatism in the Southern Philippines*, University of California Press, 1998.

Tim Kell, *The Roots of Acehnese Rebellion*, Ithaca, New York: Cornell Modem Indonesia Project, 1996.

Tomuschat Christian, *Modern Law of Self-Determination*, Dordrecht, Boston, London: Martinus Nijhoff Publishers, 1993.

Viva Ona Bartkus, *The Dynamic of Secession*, UK: Cambridge University Press, 1999.

W. K. Che Man, *Muslim Separatism: The Moros of Southern Philippines and the Malays of Southern Thailand Singapore*, Oxford University Press, 1990.

W. Scott Thompson, *Trustee of the Nation: The Biography of Fidel V. Ramos*, Mandaluyong City: Anvil Publishing, Inc., 2011.

Wayne Normann, *Negotiating Nationalism: Nation-Building, Federalism, and Secession in the Multinational State*, New York: Oxford University Press, 2006.

Wiranto, *Witness in the Storm: A Memoir of Army General (Ret.) Wiranto*, Jakarta: Delta Pustaka Express, 2004.

Yandry Kurniawan, *The Politics of Securitization in Democratic Indonesia*, Palgrave Macmillan, 2018.

五 英文期刊

Ahmad Amir Bin Abdullah, "Southern Thailand: Some Grievances of the Patani Malays", *Journal of International Studies*, Vol. 4, 2008.

Alberto Alesina and Enrico Spolaore, "On the Number and Size of Nations", *The Quarterly Journal of Economics*, Vol. 112, No. 4, 1997.

Aijaz Ahmad, "Class and Colony in Mindanao", *Southeast Asia Chronicle*, Vol. 82, 1982.

Alexis Heraclides, "Secessionist Minorities and External Involvement", *International Organization*, Vol. 44, No. 3, 1990.

Allen Buchanan, "Toward a Theory of Secession", *Ethics*, Vol. 101, No. 2, 1991.

Alyssa K. Prorok, "Leader Incentives and Civil War Outcomes", *American Journal of Political Science*, Vol. 60, No. 1, 2016.

Anders Engvall and Magnus Anderson, "The Dynamics of Conflict in Southern Thailand", *Asian Economic Papers*, Vol. 13, No. 3, 2014.

Andreas Wimmer and Yuval Feinstein, "The Rise of the Nation-State across the World, 1816 to 2001", *American Sociological Review*, Vol. 75, No. 5, 2010.

Andrew D. W. Forbes, "Thailand's Muslim Minorities: Assimilation, Secession, or Coexistence?", *Asian Survey*, Vol. 22, No. 11, 1982.

Arend Lijphart, "Consociational Democracy", *World Politics*, Vol. 21, No. 2, 1969.

Aurel Croissant, "Unrest in South Thailand: Contours, Causes, and Consequences Since 2001", *Contemporary Southeast Asia*, Vol. 25, No. 1, 2005.

Aya Watanabe, "The President-led Peace Process and Institutional Veto Players: The Mindanao Conflict in the Philippines", *Asian Journal of Comparative Politics*, Vol. 3, No. 1, 2018.

Barbara Geddes, "What Do We Know About Democratization After Twenty Years?", *Annual Review of Political Science*, Vol. 2, 1999.

Barry R. Posen, "The Security Dilemma and Ethnic Conflict", *Survival*, Vol. 35, No. 1, 1993.

Ben J. Kadil, *History of the Moro and Indigenous Peoples in Minsupala*, Marawi City, 2002.

Benedict R. O'G. Anderson, "Cacique Democracy in the Philippines: Origins and Dreams", *New Left Review*, No. 169, 1988.

Benjamin A. T. Graham, Michael K. Miller and Kaare W. Strøm, "Safeguarding Democracy: Powersharing and Democratic Survival", *American Political Science Review*, Vol. 111, No. 4, 2017.

Benjamin I. Page and Robert Y. Shapiro, "Effects of Public Opinion on Policy", *The American Political Science Review*, Vol. 77, No. 1, 1983.

Benjamin O. Fordham, "Power or Plenty? Economic Interests, Security Concerns, and American Intervention", *International Studies Quarterly*, Vol. 52, No. 4, 2008.

Benjamin Smith, "Life of the Party: The Origins of Regime Breakdown and Persistence under Single-Party Rule", *World Politics*, Vol. 57, No. 3, 2005.

Bridget Coggins, "Friends in High Places: International Politics and the Emergence of States from Secessionism", *International Organization*, Vol. 65, No. 3, 2011.

Bruce Bueno De Mesquita and Randolph M. Siverson, "War and the Survival of Political Leaders: A Comparative Study of Regime Types and Political Accountability", *The American Political Science Review*, Vol. 89, No. 4, 1995.

Chong Chen and Kyle Beardsley, "Once and Future Peacemakers: Continuity of Third-Party Involvement in Civil War Peace Processes?", *International Peacekeeping*, Vol. 28, No. 2, 2021.

Christopher Balttman and Edward Miguel, "Civil War", *Journal of Economic Literature*, Vol. 48, No. 1, 2010.

Clayton L. Thyne, "Information, Commitment, and Intra-War Bargaining: The Effect of Governmental Constraints on Civil War Duration", *International Studies Quarterly*, Vol. 56, 2012.

Coggins Bridget, "Friends in High Places: International Politics and the Emergence of States from Secessionism", *International Organization*, Vol. 65, No. 3, 2011.

Dan Slater and Erica Simmons, "Informative Regress: Critical Antecedents in Comparative Politics", *Comparative Political Studies*, Vol. 43, No. 7, 2010.

David B. Carter, "The Strategy of Territorial Conflict", *American Journal of Political Science*, Vol. 54, No. 4, 2010.

David S. Siroky and John Cuffe, "Lost Autonomy, Nationalism and Separatism", *Comparative Political Studies*, Vol. 48, No. 1, 2015.

Dawn Brancati, "Decentralization: Fueling the Firs or Dampening the Flames of Ethnic Conflictand Secessionism?", *International Organization*, Vol. 60, No. 3, 2006.

Erik Gartzke and Kristian Skrede Gleditsch, "Why Democracies May Actually Be Less Reliable Allies", *American Journal of Political Science*, Vol. 48, No. 4, 2004.

Erika Forsberg, "Do Ethnic Dominoes Fall? Evaluating Domino Effects of Granting Territorial Concessions to Separatist Groups", *International Studies Quarterly*, Vol. 57, No. 2, 2013.

Friederike Luise Kelle, "To Claim or Not to Claim? How Territorial Value Shapes Demands for Self-Determination", *Comparative Political Studies*, Vol. 50, No. 7, 2017.

Giacomo De Luca, Petros G. Sekeris and Juan F. Vargas, "Beyond Divide and Rule: Weak Dictators, Natural Resources and Civil Conflict", *European Journal of Political Economy*, Vol. 53, 2018.

Hasan di Tiro, "Denominated Indonesians", Address Delivered to UNPO General Assembly, The Hague, January 20, 1995.

Hashim Salamat, "Jihad All-Out War/All-Out Jihad Series", Camp Abu Bakre As-Siddique, AlKhutbah, July 15, 2000.

Havard Hegre, Tanja Ellingsen and Scott Gates et al., "Toward a Democratic Civil Peace? Democracy, Political Change, and Civil War, 1816 – 1992", *The American Political Science Review*, Vol. 95, No. 1, 2001.

Henry E. Hale, "The Parade of Sovereignties: Testing Theories of Secession in the Soviet Setting", *British Journal of Political Science*, Vol. 30, No. 1, 2000.

Husaini Hasan, "Condolences on the Assassination of Teuku Don Zulfahri", *Free Aceh Movement in Europe*, June 1, 2000.

Ivan Molloy, "The Decline of the Moro National Liberation Front in the Southern Philippines", *Journal of Contemporary Asia*, Vol. 18, No. 1, 1988.

James D. Fearon, "Rationalist Explanations for War", *International Organization*, Vol. 49, No. 3, 1995.

James D. Fearon and David D. Laitin, "Explaining Interethnic Cooperation", *American Political Science Review*, Vol. 90, No. 4, 1996.

James D. Fearon, "Signaling Foreign Policy Interests: Tying Hands versus Sinking Costs", *Journal of Conflict Resolution*, Vol. 41, No. 1, 1997.

James D. Fearon and David D. Laitin, "Ethnicity, Insurgency, and Civil War", *American Political Science Review*, Vol. 97, No. 1, 2003.

James D. Fearon, "Why Do Some Civil Wars Last So Much Longer Than Others?", *Journal of Peace Research*, Vol. 41, No. 3, 2004.

James Mahoney, "Strategies of Causal Inference in Small-N Analysis", *Sociological Method & Research*, Vol. 28, No. 4, 2000.

Jessica L. Weeks, "Autocratic Audience Costs: Regime Type and Signaling Resolve", *International Organization*, Vol. 62, No. 1, 2008.

Jessica L. Weeks, "Strongmen and Straw Men: Authoritarian Regimes and the Initiation of International Conflict", *American Political Science Review*, Vol. 106, No. 2, 2012.

Joel Selway and Kharis Templeman, "The Myth of Consociationalism? Conflict

Reduction in Divided Societies", *Comparative Political Studies*, Vol. 45, No. 12, 2012.

John R. Wood, "Secession: A Comparative Analytical Framework", *Canadian Journal of Political Science*, Vol. 14, No. 1, 1981.

José G. Montalvo and Marta Reynal-Querol, "Ethnic Polarization, Potential Conflict, and Civil Wars", *American Economic Review*, Vol. 95, No. 3, 2005.

Joseph Chinyong Liow, "The Security Situation in Southern Thailand: Toward an Understanding of Domestic and International Dimensions", *Studies in Conflict & Terrorism*, Vol. 27, No. 6, 2004.

Julian Wucherpfennig, Philipp Hunziker and Lars-Erik Cederman, "Who Inherits the State? Colonial Rule and Postcolonial Conflict", *American Journal of Political Science*, Vol. 60, No. 4, 2016.

Julio C. Teehankee and Mark R. Thompson, "The Vote in the Philippines: Electing a Strongman", *Journal of Democracy*, Vol. 27, No. 4, 2016.

Kaitlyn Webster, Priscilla Torres and Chong Chen, et al., "Ethnic and Gender Hierarchies in the Crucible of War", *International Studies Quarterly*, Vol. 64, No. 3, 2020.

Kathleen Gallagher Cunningham and Nils B. Weidmann, "Shared Space: Ethnic Groups, State Accommodation, and Localized Conflict", *International Studies Quarterly*, Vol. 54, No. 4, 2010.

Kathleen Gallagher Cunningham, "Divide and Conquer or Divide and Concede: How Do States Respond to Internally Divided Separatists?", *The American Political Science Review*, Vol. 105, No. 2, 2011.

Kathleen Gallagher Cunningham, "Understanding Strategic Choice: The Determinants of Civil War and Nonviolent Campaign in Self-Determination Disputes", *Journal of Peace Research*, Vol. 50, No. 3, 2013.

Kathleen Gallagher Cunningham and Katherine Sawyer, "Is Self-Determination

Contagious? A Spatial Analysis of the Spread of Self-Determination Claims", *International Organization*, Vol. 71, No. 3, 2017.

Kenneth F. Greene, "Dominant Party Strategy and Democratization", *American Journal of Political Science*, Vol. 52, No. 1, 2008.

Kristin M. Bakke, Kathleen Gallagher Cunningham and Lee J. M. Seymour, "A Plague of Initials: Fragmentation, Cohesion, and Infighting in Civil Wars", *Perspectives on Politics*, Vol. 10, No. 2, 2012.

Krzysztof Trzcinski, "Hybrid Power-Sharing in Indonesia", *Polish Political Science Yearbook*, Vol. 46, No. 1, 2017.

Lars-Erik Cederman and Luc Girardin, "Beyond Fractionalization: Mapping Ethnicity onto Nationalist Insurgencies", *American Political Science Review*, Vol. 101, No. 1, 2007.

Lars-Erik Cederman, Kristian Skrede Gleditsch and Julian Wucherpfennig, "Predicting the Decline of Ethnic Civil War: Was Gurr Right and for the Right Reasons?", *Journal of Peace Research*, Vol. 54, No. 2, 2017.

Lars-Erik Cederman, Kristian Skrede Gleditsch and Julian Wucherpfennig, "The Diffusion of Inclusion: An Open-Polity Model of Ethnic Power Sharing", *Comparative Political Studies*, Vol. 51, No. 10, 2018.

Lela G. Noble, "The Moro National Liberation Front in the Philippines", *Pacific Affairs*, Vol. 49, No. 3, 1976.

Lela G. Noble, "Muslim Separatism in the Philippines, 1972 – 1981: The Making of a Stalemate", *Asian Survey*, Vol. 2, No. 11, 1981.

Lindy Washburn, "Muslim Resistance: With or Without the Elite", *Southeast Asia Chronicle*, Vol. 75, 1980.

Louis Q. Lacar, "Neglected Dimensions in the Development of Muslim Mindanao and the Continuing Struggle of the Moro People for Self-Determination", *Journal of the Institute of Muslim Minority Affairs*, Vol. 9, No. 2, 1988.

Marcus Mietzner, "Local Elections and Autonomy in Papua and Aceh: Mitigating or Fueling Secessionism?", *Indonesia*, Vol. 84, 2007.

Mark R. Thompson, "Bloodied Democracy: Duterte and the Death of Liberal Reformism in the Philippines", *Journal of Current Southeast Asian Affairs*, Vol. 35, No. 3, 2016.

Mary Ann O. Arguillas, "The Non-Traditional Moro Elites and the Organization of Islamic Conference (OIC)", *Philippine Political Science Journal*, Vol. 22, No. 45, 2001.

Micha Germann and Nicholas Sambanis, "Political Exclusion, Lost Autonomy, and Escalating Conflict over Self-Determination", *International Organization*, Vol. 75. No. 1, 2020.

Michael Horowitz and Stam Allan, "How Prior Military Experience Influences the Future Militarized Behavior of Leaders", *International Organization*, Vol. 68, No. 3, 2014.

Michael K. Connors, "War on Error and the Southern Fire: How Terrorism Analysts Get It Wrong", *Critical Asian Studies*, Vol. 38, No. 1, 2006.

Michael L. Ross, "What Do We Know about Natural Resources and Civil War?", *Journal of Peace Research*, Vol. 41, No. 3, 2004.

Michael Morfit, "The Road to Helsinki: The Aceh Agreement and Indonesia's Democratic Development", *International Negotiation*, Vol. 12, No. 1, 2007.

Michael Vickery, "Thai Regional Elites and Reforms of King Chulalongkorn", *Journal of Asian Studies*, Vol. 29, No. 4, 1970.

Michaela Mattes and Burcu Savun, "Fostering Peace after Civil War: Commitment Problems and Agreement Design", *International Studies Quarterly*, Vol. 53, No. 3, 2009.

Nathan Gilbert Quimpo, "Options in the Pursuit of a Just, Comprehensive, and Stable Peace in the Southern Philippines", *Asian Survey*, Vol. 41, No. 2, 2001.

Nicholas Sambanis, "What Is Civil War?", *Journal of Conflict Resolution*, Vol. 48, No. 6, 2004.

Nicholas Sambanis, Micha Germann and Andreas Schädel, "SDM: A New Data Set on Self-Determination Movements with an Application to the Reputational Theory of Conflict", *Journal of Conflict Resolution*, Vol. 62, No. 3, 2018.

Nils B. Weidmann, "Geography as Motivation and Opportunity: Group Concentration and Ethnic Conflict", *The Journal of Conflict Resolution*, Vol. 53, No. 4, 2009.

Nils-Christian Bormann and Burcu Savun, "Reputation, Concessions, and Territorial Civil War: Do Ethnic Dominoes Fall, or Don't They", *Journal of Peace Research*, Vol. 55, No. 5, 2018.

Nils-Christian Bormann, Lars-Erik Cederman and Scott Gates, et al., "Power Sharing: Institutions, Behavior, and Peace", *American Journal of Political Science*, Vol. 63, No. 1, 2019.

Patricio N. Abinales, "Life after the Coup: The Military and Politics in Post-Authoritarian Philippines", *Philippine Political Science Journal*, Vol. 26, No. 49, 2005.

Paul Chambers, "A Precarious Path: The Evolution of Civil-Military Relations in the Philippines", *Asian Security*, Vol. 8, No. 2, 2012.

Paul D. Hutchcroft, "Re-Slicing the Pie of Patronage: The Politics of the Internal Revenue Allotment in the Philippines, 1991 – 2010", *Philippine Review of Economics*, Vol. 49, No. 1, 2012.

Peter Chalk, "Separatism and Southeast Asia: The Islamic Factor in Southern Thailand, Mindanao, and Aceh", *Studies in Conflict & Terrorism*, Vol. 24, No. 4, 2001.

Peter King, "Morning Star Rising? Indonesia Raya and the New Papuan Nationalism", *Indonesia*, Vol. 73, 2002.

Philipp Hunziker and Lars-Erik Cederman, "No Extraction without Representation: The Ethno-Regional Oil Curse and Secessionist Conflict", *Journal of Peace Research*, Vol. 54, No. 3, 2017.

Philip Roessler and David Ohls, "Self-Enforcing Power Sharing in Weak States", *International Organization*, Vol. 72, No. 2, 2018.

R. William Liddle and Saiful Mujani, "Indonesia in 2004: The Rise of Susilo Bambang Yudhoyono", *Asian Survey*, Vol. 45, No. 1, 2018.

Richard Chauvel and Ikrar Nusa Bhakti, "The Papua Conflict: Jakarta's Perceptions and Policies", *Policy Studies 5*, Washington, D. C. : East-West Center Washington, 2004.

Rizal Sukma, "Security Operations in Aceh: Goals, Consequences, and Lessons", *Policy Studies 3*, Washington, D. C. : East-West Center Washington, 2004.

Robert Powell, "War as a Commitment Problem", *International Organization*, Vol. 60, No. 1, 2006.

Sabine Flamand, "Partial Decentralization as a Way to Prevent Secessionist Conflict", *European Journal of Political Economy*, Vol. 59, No. 59, 2019.

Salim Said, "Suharto's Armed Forces: Building a Power Base in New Order Indonesia, 1966 – 1998", *Asian Survey*, Vol. 38, No. 6, 1998.

Siddharth Chandra and Douglas Kammen, "Generating Reforms and Reforming Generations: Military Politics in Indonesia's Democratic Transition and Consolidation", *World Politics*, Vol. 55, No. 1, 2002.

Scott Gates, "Recruitment and Allegiance", *Journal of Conflict Resolution*, Vol. 46, No. 1, 2002.

Shamsuddin L. Taya, "Conflict and Conflict-Resolution in the Southern Philippines", *Journal of International Studies*, Vol. 3, 2007.

Srisompob Jitpiromsri and Panyasak Sobhonvasu, "Unpacking Thailand's

Southern Conflict: The Poverty of Structural Explanations", *Critical Asian Studies*, Vol. 38, No. 1, 2006.

Stephen M. Saideman, "Explaining the International Relations of Secessionist Conflicts: Vulnerability versus Ethnic Ties", *International Organization*, Vol. 51, No. 4, 1997.

Stephen M. Saideman, "Ties versus Institutions: Revisiting Foreign Interventions and Secessionist Movements", *Canadian Journal of Political Science*, Vol. 40, No. 3, 2004.

Syed Serajul Islam, "The Islamic Independence Movements in Patani of Thailand and Mindanao of the Philippines", *Asian Survey*, Vol. 38, No. 5, 1998.

Ukrist Pathmanand, "The Failure of Hawkish Approaches in the Thai South", *Critical Asian Studies*, Vol. 38, No. 1, 2006.

Vincent G. Boudreau, "State Building and Repression in Authoritarian Onset", *Southeast Asian Studies*, Vol. 39, No. 4, 2002.

Walden Bello and John Gershman, "Democratization and Stabilization in the Philippines", *Critical Sociology*, Vol. 17, No. 1, 1990.

Wendy Pearlman, "Spoiling Inside and out: Internal Political Contestation and the Middle East Peace Process", *International Security*, Vol. 33, No. 3, 2008.

William G. Nomikos, "Why Share? An Analysis of the Sources of Post-Conflict Power-Sharing", *Journal of Peace Research*, Vol. 58, No. 2, 2021.

六 印尼文文献

Abu Jihad, *GAM Hasan Tirodalam Pentas Perjuangan Bangsa Aceh*, Titian Ilmu Insani, 2000.

Abu Jihad, *Hasan Tiro dan Pergolakan Aceh*, Jakarta: PT Aksara Centra, 2000.

Abu Jihad dan Abu Kamilah, *Pemikiran-Pemikiran Politik Hasan Tirodalam Gerakan Aceh Merdeka*, Jakarta: Titian Ilmu Insani, 2000.

Abdul Murat Mat Jan, "Gerakan Darul Islam di Aceh 1953 – 1959", *Akademika*, Vol. 8, No. 1, 1976.

Abdurrahman Wahid, "Pidato Presiden Republik Indonesia Terpilih Masa Jabatan 1999 – 2004 K. h. Abdurrahman Wahid Pada Upacara Sumpah Jabatan Presiden Republik Indonesia Di Hadapan Sidang Umum Majelis Permusyawaratan Rakyat Republik Indonesia", Jakarta, 20 Oktober, 1999.

Abdurrahman Wahid, "Keterangan Pemerintah Tentang Rancangan Anggaran Pendapatan Dan Belanja Negara Tahun 2000 Pada Sidang Dewan Perwakilan Rakyat", Jakarta, 20 Januari, 2000.

Abdurrahman Wahid, "Pidato Presiden Republik Indonesia Di Depan Sidang Tahunan Majelis Permusyawaratan Rakyat Republik Indonesia", Jakarta, 7 Agustus, 2000.

Abdurrahman Wahid, "Pidato Kenegaraan Presiden Republik Indonesia K. H. Abdurrahman Wahid Di DepanSidang Dewan Perwakilan Rakyat", Jakarta, 16 Agustus, 2000.

Abdurrahman Wahid, "Pidato Presiden Republik Indonesia Pada Sidang Tahunan Majelis Permusyawaratan Rakyat Republik Indonesia", Jakarta, 1 Nopember, 2001.

Abdurrahman Wahid, *Islamku Islam Anda Islam Kita: Agama Masyarakat Negara Demokrasi*, Jakarta: The Wahid Institute, 2006.

Abdurrahman Wahid ed., *Ilusi Negara Islam: Ekspansi Gerakan Islam Transnasional di Indonesia*, Jakarta: The Wahid Institute, 2009.

Ahmad Bahar, *Biografi Politik: Megawati Soekarnoputri, 1993 – 1996*, Yogyakarta: Pena Cendekia, 1996.

Ahmad Suaedy, *Gus Dur, Islam Nusantara, & Kewarganegaraan Bineka: Penyelesaian Konflik Aceh & Papua, 1999 – 2001*, Jakarta: Gramedia

Pustaka Utama, 2018.

Ahmad Yani Basuki, *Reformasi TNI: Pola, Profesionalitas, dan Refungsionalisasi Militerdalam Masyarakat*, Jakarta: Yayasan Pustaka Obor Indonesia, 2013.

Bacharuddin Jusuf Habibie, "Pidato Kenegaraan Presiden Republik Indonesia Bacharuddin Jusuf Habibie Di DepanSidang Dewan Perwakilan Rakyat", Jakarta, 15 Agustus, 1998.

Bacharuddin Jusuf Habibie, *Detik-Detik yang Menentukan: Jalan Panjang Indonesia Menuju Demokrasi*, Jakarta: THC Mandiri, 2006.

Bambang Satriya, Andi Suwirta dan Ayi Budi Santosa, "Ulama PejuangdariSerambiMekkah: Teungku Muhammad Daud Beureueh dan Peranannyadalam Revolusi Indonesia di Aceh, 1945 - 1950", *INSANCITA: Journal of Islamic Studies in Indonesia and Southeast Asia*, Vol. 4, No. 1, 2019.

Daniel Hutagalung, "Memahami Aceh DalamKonteks: Kajian Atas Situasi Darurat Militer Di Aceh 2003 - 2004", Aceh Working Group, 2004.

Darmansjah Djumala, *Soft Power untuk Aceh*, Jakarta: Gramedia Pustaka Utama, 2013.

Derak Manangka, *Taufiq Kiemas: Memang Lidah Tak Bertulang*, Jakarta: Gramedia Pustaka Utama, 2009.

Dewi Fortuna Anwar, et al., *Gus Dur versus Militer: Studi Tentang Hubungan Sipil Militer di Era Transisi*, Jakarta: Gramedia and Pusat Penelitian Politik-Lembaga Ilmu Pengetahuan, 2002.

Diandra Megaputri Mengko ed., *Intelijen dan Kekuasaan Soeharto*, Jakarta: Yayasan Pustaka Obor Indonesia, 2022.

Hadi Kusnan, DKK, *Endriartono Sutarto: Prajurit Professional yang Humanis*, Bandung: Dinas Sejarah Angkatan Darat, 2016.

Hamid Awaludin, *Damai di Aceh: Catatan Perdamaian RI-GAM di Helsinki*, Jakarta: Centre for Strategic and International Studies, 2008.

Hasan M. di Tiro, "Pernyataanamanat PYM Tengku Hasan M di TiroWali Negara Acheh Pada Peringatan Hari Ulang Tahun Acheh Merdeka Yang ke-28", Stockholm, 4 December, 2004.

Hendro Subroto, *Sintong Panjaitan Perjalanan Seorang Prajurit Para Komando*, Jakarta: Kompas, 2009.

Ikrar Nusa Bhakti ed., *Beranda Perdamaian: Aceh Tiga Tahun Pasca MoU Helsinki*, Yogyakarta: Pustaka Pelajar, 2008.

Ikrar Nusa Bhakti, Diandra Megaputri Mengko dan Sarah Nuraini Siregar, eds., *Intelijen dan Politik Era Soekarno*, Jakarta: LIPI Press, 2018.

Kadisjarahad, DKK, *Jenderal TNI Ryamizard Ryacudu: Sosok Prajurit Profesional*, Bandung: Dinas Sejarah Angkatan Darat, 2014.

Koalisi Ngo Ham Aceh, "Daftar Nama-nama Korban Penembakan Misterius (Petrus)", 19 October 1998 – 2 June, 1999.

Koalisi Ngo Ham Aceh, "Kejamnya Petrus Aceh (Bentuk Pelanggaran HAM Berat di Aceh)", 4 April, 2000.

Kontra S., *Aceh, Damai Dengan Keadilan? Mengungkap Kekerasan Masa Lalu*, Seri Aceh II, Jakarta: KontraS, 2006.

KPP-HAM Timtim, *Ringkasan Eksekutif: Laporan Penyelidikan Pelanggaran Hak Asasi Manusia di Timor Timur*, Jakarta: KPP-HAM Timtim, 31 January, 2000.

Kurdi Mustofa and Yani Wahid, *Susilo Bambang Yudhoyono: Dalam 5 Hari Maklumat*, Jakarta: PT AksaraKarunia, 2001.

Lembaga Bantuan Hukum, *Laporan Observasi Lapangan di Propinsi Daerah Istimewa Aceh*, Jakarta: December 1990.

M. Nur El. Ibrahimy, *Teungke Muhammad Daud Beureueh: Peranannya Dalam Pergolakan Di Aceh*, Jakarta: PT Gunung Agung, 1986.

Malik Haramain, *Gus Dur, Militer dan Politik*, Yogyakarta: LkiS, 2004.

Megawati Soekarnoputri, "Pidato Presiden Republik Indonesia Megawati Soekarnoputri di Sidang Tahunan Dewan Perwakilan Rakyat", Jakarta, 1 Agustus, 2002.

Megawati Soekarnoputri, "Pidato Kenegaraan Presiden Republik Indonesia Dan Keterangan Pemerintah Atas Rancangan Undang-Undang Tentang Anggaran Pendapatan Dan Belanja Negara Tahun Anggaran 2003 Serta Nota Keuangannya Di Depan Sidang Dewan Perwakilan Rakyat", Jakarta, 16 Agustus, 2002.

Megawati Soekarnoputri, "Pada Upacara Prasetya Perwira (Praspa) TNI Dan PolriTahun 2002", Jakarta, 19 Desember, 2002.

Megawati Soekarnoputri, "Pidato Akhir Tahun 2002, Megawati Soekarnoputri", Jakarta, 31 Desember, 2002.

Megawati Soekarnoputri, "Pidato Presiden Republik Indonesia Pada Sidang Tahunan Majelis Permusyawaratan Rakyat Republik Indonesia", Jakarta, 1 Agustus, 2003.

Megawati Soekarnoputri, "Pidato Kenegaraan Presiden R. I. Dan Keterangan Pemerintah Atas Ruu Tentang RAPBN 2004 Serta Nota Keuangannya di Depan Sidang DPR RI", Jakarta, 15 Agustus, 2003.

Megawati Soekarnoputri, "Sambutan Presiden Republik Indonesia Pada Dialog Mengenai Kerjasama Antar Agama Pembangunan Komunitas Dan Keharmonisan", Yogyakarta, 6 Desember, 2004.

Mohamad Sobary, DKK, *Tak Ada Jalan Pintas: Perjalanan Panjang Seorang Perempuan*, Jakarta: Antara Pustaka Utama, 2003.

Muhamad Haripin, *Reformasi Sektor Keamanan Pasca Orde Baru: Melacak Pandangan dan Komunikasi Advokasi Masyarakat Sipil*, Tangerang: Marjin Kiri, 2013.

Muhamad Haripin ed., *Membangun Intelijen Profesional di Indonesia: Menangkal Ancaman, Menjaga Kebebasan*, Jakarta: Yayasan Pustaka Obor Indonesia, 2022.

Muhamad Haripin ed., *Intelijen dan Keamanan Nasional di Indonesia Pasca-Orde Baru*, Jakarta: Yayasan Pustaka Obor Indonesia, 2022.

Muhammad Rifai, *Gus Dur: Biografi Singkat 1940 – 2009*, Jogjakarta: Garasi, 2021.

Rusdy Nurdiansyah, *Jejak Sang Pendobrak*, Jakarta: One Peach Media, 2022.

Safrida, dan Soraya, *Catatan Harian Sandera GAM: Kisah Nyata Safrida dan Soraya*, Jakarta: Pustaka Populer Obor, 2005.

Soeharto, "Pidato Pertanggungjawaban Di Depan Sidang Umum Majelis Permusyawaratan Rakyat Republik Indonesia", Jakarta, 1 Maret, 1998.

Soleman B. Ponto, *TNI dan Perdamaian di Aceh Catatan 880 Hari Pra dan Pasca-MoU Helsinki*, Jakarta: Rayyana Komunikasindo, 2013.

Staf Operasi Markas Besar TNI, *COHA, Suatu Penyelesaian Konflik di Aceh*, Jakarta: Markas Besar TNI, 2004.

Suadi Zainal, "Transformasi Konflik Aceh dan Relasi Sosial Politik di Era Desentralisasi", *Masyarakat: Jurnal Sosiologi*, Vol. 21, No. 1, 2016.

Susilo Bambang Yudhoyono, "Pidato Politik Dr. Susilo Bambang Yudhoyono Sebagai Presiden RI Terpilihuntuk Masa Jabatan 2004 – 2009", Cikeas, 9 Oktober, 2004.

Susilo Bambang Yudhoyono, "Pidato Kenegaraan Presiden Republik Indonesia", Jakarta, 20 Oktober, 2004.

Susilo Bambang Yudhoyono, "Pidato Kenegaraan Presiden Republik Indonesia Serta Keterangan Pemerintah Tentang Rancangan Undang-Undang Tentang Anggaran Pendapatan Dan Belanja Negara Tahun 2006 Beserta Nota Keuangannya Di Depan Rapat Paripurna Dewan Perwakilan Rakyat Republik Indonesia", Jakarta, 16 Agustus, 2005.

Susilo Bambang Yudhoyono, "Sambutan Presiden RI pada Peringatan Hari TNI ke-60", Jakarta, 5 Oktober, 2005.

Susilo Bambang Yudhoyono, "Pidato pada Gala Dinner Tender oleh American Indonesia Chamber of Commerce", New York, 15 September, 2005.

Susilo Bambang Yudhoyono, "Pidato Dr. Susilo Bambang Yudhoyono Presiden Republik Indonesia Pada Peringatan Satu Tahun Tsunami", Banda Aceh, 26 Desember, 2005.

Susilo Bambang Yudhoyono, "Pidato Presiden Republik Indonesia Dalam Menyambut Tahun Baru 2006", Jakarta, 31 Desember, 2005.

Syamsul Ma'arif, "Prajurit Profesional-Patriot: Menuju TNI Profesional pada Era Reformasi", *Masyarakat: Jurnal Sosiologi*, Vol. 19, 2015.

Tim Propatria, *Reformasi Sektor Keamanan Indonesia*, Jakarta: Propatria, 2004.

Usamah Hisyam, DKK, *SBY: Sang Demokrat*, Jakarta: Dharmapena, 2004.

Wiranto, *Bersaksi Di Tengah Badai: Dari CatatanWiranto, Jenderal Purnawirawan*, Jakarta: Ide Indonesia, 2003.

YLBHI, *Dapatkah Operasi Militer Menyelesaikan Persoalan Aceh?*, Jakarta: YLBH, 2003.

后　　记

　　本书脱胎于我在清华大学国际关系学系和发展中国家项目的博士学位论文，在导师陈琪教授的指导下，论文从选题到成稿经历了许多，也让我得到了成长，可以说博士学位论文写作是让我从逃避走向坚定、从懵懂迈向成熟的重要一步。东南亚的分离主义运动与政府应对选择是这一地区民族国家建构与政治经济纠葛的集中体现，时代的洪流下东南亚分离主义运动充斥着各种团体、枪炮、理论与观念的碰撞，我清楚地感受到局内人的怨恨、激情与斗争，其功过得失，本书无意评判。不过，分离主义运动的发起与解决在相关国家和地区留下了不可磨灭的印记，作为局外人的我在书中写了许多在中国、印度尼西亚、菲律宾读到的、听到的和见到的，尝试为"桌案上的协议"提供一个可能的解释，也希望其中的道理能为读者带来一定的启发。

　　感谢导师陈琪教授孜孜不倦的指导和关心，此书付梓离不开老师的鞭策与鼓励，愿不辱老师厚爱。本书的出版得到了北京外国语大学国际关系学院的大力支持，北外国关是政治学青年教师的温馨港湾，包容、鼓励其在自己的研究领域勇敢探索。本书主要内容是我在清华大学发展中国家研究博士项目就读期间完成的，特别感谢清华大学国际与地区研究院将本书纳入地区研究丛书专著系列，希冀此书能为区域国别学增添一抹色彩。感谢中国社会科学出版社侯聪睿编辑以极高的专业素养对本书内容进行了审改。另外，在我的求学路上，学界诸多师友提供了帮助和指导，向大家道声谢谢！这里还要特别感谢我的妻子熊婉琪，不离不弃、无悔相伴。

　　当然，书中不免有错漏之处，责任皆在我个人，也望读者海涵指正。